Prinz Roman Romanow

Am Hof des letzten Zaren

SERIE PIPER

Zu diesem Buch

Die märchenhafte Pracht des Zarenhofes, das persönlich eher bescheidene Auftreten der Zarenfamilie, die großen Feste in St. Petersburg, aber auch auf den großen Familiengütern der Romanows an der Ostsee und auf der Krim, wo Nikolaus II. oft zu Besuch weilte – diese Geschichten aus der »guten alten Zeit«, aber auch den Ausbruch von Krieg und Revolution schildert Prinz Romanow, ein Cousin des letzten Zaren, in diesen sehr persönlichen Jugenderinnerungen. Die prachtvollen Landgüter, ihre Häuser und Gärten »sind die Girlanden, die blütenreichen Kränze, die sich um die Darstellung des Lebens, der Riten und Rituale in den obersten Kreisen ranken« (Birgit Weidinger, Süddeutsche Zeitung).

Prinz Roman Romanow, 1896 bis 1978, war ein Cousin des letzten russischen Zaren Nikolaus II. Nach der Revolution wurden die überlebenden Mitglieder der Familie Romanow auf einem britischen Kriegsschiff aus Rußland evakuiert. Prinz Romanow lebte in Südfrankreich, Italien und Ägypten. Er starb 1978 in Rom. Seine Erinnerungen wurden postum von seinen Söhnen Nikolai (geb. 1922) und Dimitri (geb. 1926) herausgegeben.

Prinz Roman Romanow

Am Hof des letzten Zaren 1896–1919

Herausgegeben von
Prinz Nikolai und Prinz Dimitri Romanow

Aus dem Dänischen von
Lothar Schneider

Mit 80 Abbildungen

Piper München Zürich

Ungekürzte Taschenbuchausgabe
April 1997

Titel der dänischen Erstausgabe, die auf dem russischen
Originalmanuskript beruht:
»Det var et right hus, et lykkeligt hus«,
Gyldendal, Kopenhagen 1991

Umschlag: Büro Hamburg
Simone Leitenberger, Susanne Schmitt, Andrea Lühr
Umschlagfoto: Ullstein Bilderdienst, Berlin
Satz: Offizin Andersen Nexö Leipzig GmbH
Druck und Bindung: Clausen & Bosse, Leck
Printed in Germany ISBN 3-492-22460-1

Inhalt

Vorwort der Herausgeber

Unser Vater begann seine Erinnerungen im Jahr 1954 in Rom aufzuzeichnen. Von da an stand er in einem intensiven Briefwechsel mit seinen beiden Schwestern, Fürstin Marina Galitsine und Fürstin Nadeschda Orlowa (Nadja).

Zusammen mit ihnen gelang es ihm, die scheinbar längst versunkenen Bilder von ihrem Leben in Rußland wiederzubeleben. Die fünf Jahre ältere Marina wußte besonders über die Ereignisse Bescheid, die mit den Eltern zu tun hatten, während er sich mit Nadeschda, die zwei Jahre jünger war, fast vergessene Erlebnisse ihrer gemeinsamen Kindheit in Erinnerung rufen konnte.

Andere Verwandte, wie Prinz Gawriil Konstantinowitsch, Nikita und Dimitri Alexandrowitsch sowie Prinzessin Jelena Wladimirowna (verheiratet mit Nikolaos von Griechenland), konnten Details über das Leben und die Bräuche am kaiserlichen Hof in Rußland berichten. Während Vater von den Ereignissen in seiner Kindheit und Jugend erzählte, war er sich dessen bewußt, daß er sich weniger als Zeuge der Begebenheiten äußerte, denn als Vermittler von Bemerkungen und Erinnerungen, die er von seinen Eltern und seinem berühmten Onkel, dem Oberbefehlshaber Großfürst Nikolai Nikolajewitsch, gehört hatte. Dessen persönliches Archiv – oder was davon noch existierte – sowie andere Dokumente waren für Vater außerordentlich hilfreich: Briefe und Telegramme an und von der Provisorischen Regierung, Protokolle der Befehle an die verschiedenen militärischen Einheiten, ein Entwurf von Nikolai Nikolajewitschs Erinnerungen, die nie abgeschlossen wurden, samt unzähliger Seiten mit Notizen und Zettel mit allerlei Kommentaren.

Vater hatte zunächst die Absicht, seine Erinnerungen in zwei Bücher aufzuteilen, das erste über sein Leben in Rußland und das zweite über sein Leben im Exil. Leider kam das zweite Buch nie zustande.

Statt sich bei der Schilderung seiner Kindheit und seines Lebens in Rußland streng an eine chronologische Reihenfolge zu halten, entschied sich Vater dafür, seine Geschichte an verschiedene Örtlichkeiten zu binden, wo er seine Kindheit und Jugend verbracht hatte: Znamenka, Djulber, Kiew ...

In jedem Abschnitt hält er sich an eine mehr oder weniger chronologische Reihenfolge, wenn er sein Leben als junger Prinz beschreibt, sein Aufwachsen als jüngeres Mitglied des regierenden kaiserlichen Hauses in Rußland, und er geht auf Details des Alltags an einem großfürstlichen Hof ein, auf Sitten und Gebräuche, auf die Lebensform.

Vater stand den letzten Jahren der Regierung Nikolais II. gewiß nicht unkritisch gegenüber, aber er brachte es nie über sich, den letzten Zaren offen zu kritisieren; weil er kurzzeitig als Offizier gedient und den Treueeid abgelegt hatte, fühlte er sich für immer zur Loyalität verpflichtet.

Im letzten Teil seiner Erinnerungen behandelt Vater die schrecklichen Jahre 1917–1919, als die Zarin-Mutter Maria Fjodorowna – Prinzessin Dagmar von Dänemark – und ihre Tochter Xenia mit Mann und Söhnen für einige Zeit gezwungen waren, sich in Djulber aufzuhalten, unserem Schloß an der Südküste der Krim. Hier lebten sie in ständiger Angst, hingerichtet zu werden, hier schlugen sie entrüstet das Angebot Kaiser Wilhelms II. aus, nach Deutschland überzusiedeln. Im Frühjahr 1919 aber machte der unmittelbar bevorstehende Zusammenbruch der antikommunistischen weißen Truppen auf der Krim klar, daß die Zeit zum Aufbruch gekommen war.

Schließlich schickte die britische Admiralität eine von dem Schlachtschiff Marlborough angeführte Flotte nach Jalta, und am 11. April 1919 verließen alle Mitglieder der Familie Romanow die Krim und zogen ins Exil, verließen für immer ihr Rußland.

Vaters sehnlichster Wunsch war es, seine Erinnerungen gedruckt zu sehen; bei verschiedenen Gelegenheiten wandte man sich an europäische Verlage, die aber, als sie erfuhren, daß das Manuskript russisch war, nicht bereit waren, es anzunehmen, bevor eine komplette Übersetzung vorlag. Vater muß tief im Innern gespürt haben, daß er die Herausgabe seines Werkes nicht mehr erleben würde. Er starb 1978 in Rom. Als wir gut zehn Jahre später dieses Manuskript für die Herausgabe vorbereiteten, fanden wir in einem versiegelten

Kuvert, das wie eine Art Testament mit einem Kreuz versehen war, den kurzen Text, den er sich als Widmung vorgestellt hatte:

»Das erste Buch meiner Erinnerungen widme ich dem Andenken meiner Eltern in Dankbarkeit für ein glückliches Aufwachsen in meinem Vaterland.

Das zweite Buch widme ich meiner Frau, die mir im Exil Freude und Zuversicht schenkte.

Sollten meine Söhne und Enkel diese Seiten lesen, mögen sie sich an den erinnern, der sie liebte, auf Gottes Gnade vertraute und stets die Hoffnung nährte, daß ihnen der Herr die Freude bereite, einmal sein fernes Rußland zu sehen. *Roman*«

Nun sind diese Erinnerungen veröffentlicht. Es ist ganz richtig, daß sie zuerst in Dänemark herausgekommen sind, weil Vater eine besonders herzliche und innige Hochachtung empfand für die Zarin-Mutter Maria Fjodorowna von Rußland – Prinzessin Dagmar von Dänemark.

Rougemont, 3. Februar 1991 *Nikolai und Dimitri Romanow*

Vorwort des Autors

Als ich mir vornahm, die Erinnerungen über all die Begebenheiten niederzuschreiben, deren Zeuge ich im Juli 1914 geworden war, wollte ich mich dabei auf Familiendokumente stützen, die meiner Meinung nach von historischem Interesse waren. Und ich wollte nicht detailliert beschreiben, sondern lediglich meine persönlichen Eindrücke und Erlebnisse kurz wiedergeben. Allerdings hielt ich es für notwendig, einige Personen zu erwähnen, die nicht direkt in Verbindung mit diesen Begebenheiten standen. Und ich mußte eingehen auf bestimmte Orte, etwa auf Znamenka, das Gut unserer Väter, an das ich so viele Kindheits- und Jugenderinnerungen habe.

Durch diese Hinzufügungen und Erklärungen nahm mein Bericht unmerklich an Umfang zu, und ich ging über meine ursprüngliche Absicht hinaus. Ich ließ mich mitreißen von den Erinnerungen an eine ferne Vergangenheit …

Nachdem ich meine Aufzeichnungen durchgelesen hatte, kam mir der Gedanke, unserem Gut Znamenka einen eigenen Abschnitt zu widmen und einiges mit hineinzunehmen, was ich früher darüber geschrieben hatte. Denn ungeachtet meiner bescheidenen literarischen Fähigkeiten sollten diese Erinnerungen auch von unserem Familienleben in Rußland erzählen, von Bräuchen und Traditionen, von all dem, was mir noch lebendig vor Augen steht, dabei aber eine Epoche kennzeichnet, die heute wie eine ganz andere Welt erscheint. Nicht nur die Lebensumstände, auch die menschlichen Beziehungen waren ganz andere als heutzutage.

Als ich meinen Bericht über Znamenka abgeschlossen hatte, ging ich unverzüglich daran, von unserem Aufenthalt auf der Krim zu erzählen. Mein Erinnerungsvermögen war nun in Gang gekommen, und ich füllte ein Schreibheft nach dem andern, schilderte die Städte und Orte Rußlands, die ich kennengelernt hatte.

Diese Beschäftigung bereitete mir großes Vergnügen, denn während ich schrieb, kehrten meine Gedanken zurück in mein Vaterland und die Bilder der Vergangenheit entrollten sich vor meinen Augen – eines nach dem anderen. Es drängte mich, sie festzuhalten, ihnen Dauer zu verleihen. Gleichzeitig wollte ich meine Dankbarkeit den Eltern gegenüber aussprechen und meine herzlichen und innigen Gefühle für all die Menschen, die ich nie vergessen werde.

Aber es gab noch etwas, das mich zum Schreiben veranlaßte. Ich hatte die Hoffnung, daß meine Söhne und Nachkommen Freude daran haben könnten, diese Seiten zu lesen, die von unserer Familie und ihren Traditionen berichten.

Diese Erinnerungsseiten sollen eigentlich nicht als Autobiographie betrachtet werden, obgleich ich genötigt war, über mich selbst zu sprechen. Hätte ich meine eigenen Interessen, meine Sympathien und Antipathien weggelassen, wären viele Zusammenhänge nur schwer zu schildern gewesen, und ich hätte meine persönlichen Eindrücke nicht wahrheitsgemäß beschreiben können.

In den Abschnitten des Buches, die je einem bestimmten Aufenthaltsort gewidmet sind, halte ich mich beim Erzählen an eine chronologische Reihenfolge. Meine Kindheit und Jugend wird deshalb an jedem Ort behandelt.

Außer Notizen, Briefen und Dokumenten aus dem Familienarchiv waren mir die Bücher in meiner Bibliothek von großem Nutzen.

Aber von unschätzbarem Wert war mir die Hilfe meiner Eltern, ihre Auskünfte und Schilderungen vergangener Tage.

Rom 1962 *Roman Petrowitsch Romanow*

Znamenka

»Du kühle Gegend mit den schönen abwechselnden Orten!
Wo die Luft durchbrochen wird von den rauschenden Säulen
der Springbrunnen ...«

»Peterhof«, Derschawin

Znamenka unter meinem Großvater

Znamenka lag etwa 20 Kilometer außerhalb von Sankt Petersburg, am Ufer des Finnischen Meerbusens, in unmittelbarer Nähe von Peterhof. Die große Straße, die von der Hauptstadt nach Peterhof führte, verlief in einigem Abstand von der Küste und durchschnitt unser Gut in zwei Teile; hin zum Wasser lagen das Gutshaus und die Kirche. Hier befanden sich auch viele Vorrats- und Wirtschaftsgebäude. Auf der anderen Seite der Petersburger-Straße erstreckten sich die Felder des Gutes mit vereinzelten Birken- und Pappelhainen.

Schloß Znamenka war an einem Hang gebaut. Unterhalb des Schlosses lag eine große Wiese, die fast bis zum Meer reichte. Zur Linken und zur Rechten stand eine Reihe dunkler Tannen. Auf der anderen Seite des Schlosses befand sich der Garten mit den Blumenrabatten und einem großen Park, der bis zur Petersburger-Straße ging.

Unser Znamenka gehörte zu den wenigen Landsitzen, die sich aus früheren Zeiten an der Petersburger-Straße erhalten hatten, als diese Straße ob ihrer Schönheit berühmt war. Ausländer, die am Hofe von Katharina der Großen zu Gast waren, verglichen die Straße sogar mit der, die von Paris nach Versailles führte. Früher galt sie als beliebtes Ausflugsziel für die feine Gesellschaft von Sankt Petersburg. Die aufwendigen Equipagen des Adels rollten vorbei an Parks und Gärten mit den vielen herrschaftlichen Gebäuden und hübschen Pavillons.

Bis zur Mitte des 19. Jahrhunderts hat die Petersburger-Straße dieses Aussehen bewahrt, doch danach, als viele Besitztümer verkamen oder verkauft wurden, verwandelte sich die einst so schöne Straße zu einem zweckmäßigen Verkehrsweg zwischen Sankt Petersburg und den Küstenorten.

Mit Znamenka, wo ich geboren wurde, verbinde ich Erinnerungen aus zwei Perioden meines Lebens: Erinnerungen aus meiner frühen Kindheit und Erinnerungen aus etwas späteren Jahren, in denen wir bis zum schicksalsträchtigen Jahr 1914, dem Beginn des Ersten Weltkrieges, unsere Sommeraufenthalte dort verbrachten.

Das Schloß wurde 1754 im Rokokostil erbaut und seine verschiedenen Besitzer waren Personen hohen historischen oder gesellschaftlichen Ranges. Die siebte Eigentümerin Znamenkas war meine Urgroßmutter, Zarin Alexandra Fjodorowna, die das Gut nach dem Tod ihres Mannes, Nikolai I., 1855 meinem Großvater Nikolai Nikolajewitsch vermachte. Mein Großvater war also der achte Besitzer von Znamenka. Er übertrug dem Architekten Stakenschneider die Einrichtung und Restaurierung des Eigentums, und die beiden Flügel wurden durch neue Anbauten verlängert, um dem wachsenden Bedarf der jungen Familie abzuhelfen.

Mein Großvater war sehr an der Bewirtschaftung des Schlosses, des Gutshofes und der beiden großen Treibhäuser interessiert. Er zeichnete neue Pläne für Garten und Park, die von den früheren Besitzern etwas vernachlässigt worden waren.

Der Park selbst nahm nur einen unbedeutenden Teil des ganzen Gutes ein, etwa zwölf Hektar. Er wurde von zwei Alleen begrenzt, die beide in die Petersburger-Straße mündeten, rechts die Hetman-Allee und links die Linde-Allee.

Zwischen den Bäumen und Büschen des Parks liefen schmale Wege; einer davon führte zu einem kleinen Platz mit Bänken, umgeben von beschnittenen Büschen. Hier hatte mein Großvater ein Denkmal zu Ehren seiner verstorbenen Mutter aufgestellt. Entsprechend dem Wunsch meines Großvaters wuchsen um den Gedenkstein stets Vergißmeinnicht und Stiefmütterchen.

Auf der anderen Seite der Petersburger-Straße erstreckten sich die Felder, wo mein Großvater mit Windhunden auf die Jagd ging. Als sein Sohn, mein Onkel Großfürst Nikolai Nikolajewitsch, groß genug war, gingen sie gemeinsam auf die Jagd (Großfürst Nikolai Nikolajewitsch wird in den Erinnerungen meist Onkel Nikolascha genannt). Da die Felder in dieser Gegend ziemlich sumpfig und voller Steine waren, zog es mein Großvater jedoch vor, auf seinem Gut Chesmenka im Gouvernement Woronesch zu jagen. Federwild gab es auf Znamenka nicht viel, und mein Großvater betrieb die Aufzucht von Fasanen, um diesem Mangel abzuhelfen.

Die Ländereien samt dem Dorf Schuwalowka (»Poesie«) hatte meine Urgroßmutter ebenfalls ihrem Sohn geschenkt. Sie grenzten an Michailowska, das Gut seines jüngeren Bruders, Großfürst Michail Nikolajewitsch, das in Richtung Strelna und Sankt Petersburg lag.

Dieses Gebiet, eigentlich eine Verlängerung von Znamenka, zeichnete sich durch vortreffliche Wiesen aus, die als Weide für das Vieh des Gutshofes Kreit dienten. Mein Großvater ließ auch den Hof vergrößern und wollte die Milchproduktion verbessern, denn sie nutzte den Leuten der Gegend und verschaffte meinem Großvater zusätzliche Einnahmen. Man legte dabei besonderen Wert auf Sauberkeit und einwandfreie Hygiene, und das Vieh stand unter ständiger tierärztlicher Kontrolle. Aus Europa wurden die besten Milchrassen angeschafft. Eine Kreuzung zwischen der holländischen und der Jaroslaw-Rasse bewährte sich in diesem Landstrich mit seinen feuchten Klimaverhältnissen.

Auf Znamenka gab es viele ansässige Arbeiter. Hier wohnten Schreiner, Zimmerleute, Schmiede und Gärtner. Im Sommer mußte man für den Garten zusätzliche Helfer von außerhalb dingen.

Mein Großvater vergrößerte die Treibhäuser, baute neue und installierte ein System von Rohren zu ihrer Erwärmung. Die Gesamtlänge der Rohre betrug über 200 Meter. Im mittleren Treibhaus, in dem die Temperatur das ganze Jahr über ziemlich hoch war, wuchsen große, von immergrünen Büschen und exotischen Blumen umgebene Palmen. Zwischen den Pflanzen hatte man kleine Wege angelegt, mit feinem, gelbem Sand bestreut, und mitten im Treibhaus war ein kleiner Platz mit einem Springbrunnen und Gartenbänken.

In den anstoßenden kleineren Treibhäusern züchtete man Blumen aus den Mittelmeerländern, die später die Zimmer auf Znamenka zierten und die Gemächer im Palais meines Großvaters in Sankt Petersburg schmückten. Manche Blumen kamen auf Ausstellungen und gewannen diverse Preise. In besonderen Abteilungen wuchsen Orchideen – in anderen Rosen. Es gab auch Abteilungen für Zwiebelgewächse: Lilien, Tulpen und Hyazinthen, die mein Großvater besonders schätzte. Am meisten liebte mein Großvater Pelargonien, eine Pflanzensorte, die im Europa des 19. Jahrhunderts neu war. Die Treibhäuser wurden bis zum Kriegsausbruch 1914 sorgfältig in Ordnung gehalten.

An Znamenkas dritter großer Allee, der Kirchen-Allee, 100 Meter westlich des Hauptgebäudes, lag unsere kleine Kirche, die Sankt

Iljas Kirche. Diese Holzkirche war ziemlich groß, die Wände weiß, das Dach und die Kuppel dagegen blau. Der neoklassizistische Stil der Kirche stimmte nicht überein mit dem Stil des Hauptgebäudes, aber weil die Gebäude ein Stück auseinander lagen, war der Stilbruch nicht so auffällig.

An der Kirchen-Allee standen hintereinander Holzhäuser, Wohnungen für unseren Stab und den Oberjagdmeister. Hinter der Kirche in der Nähe des Pferdestalles befanden sich noch zwei Wohnungen zum selben Zweck. Zur Zeit meines Vaters wohnte in der einen der Gutsverwalter, Baron Stahl, mit Familie – und in der anderen der Stallmeister Kotzebue.

In den 60er Jahren des vorigen Jahrhunderts umfaßte der Stab meines Großvaters eine Menge Leute, und trotz der Größe von Znamenka gab es Schwierigkeiten, für alle ein Quartier zu finden. Der Stab bestand unter anderen aus einem Hofmeister, einem Bibliothekar, einem Arzt, zwei Generälen, einigen Adjutanten und Sekretären, und meine Großmutter hatte in ihrem Stab eine Hofmeisterin und zwei Hofdamen – alle in staatlichen Diensten.

Auf der Ostseite des Hauptgebäudes befand sich ein großes, weißes Gebäude, in dem die Hauptküche und die Wohnungen für die Köche und anderes Gesinde untergebracht waren. An der Grenze zum Gut Michailowska stand eine kleine Holzkirche, an die sich ein Friedhof anschloß.

Auf Znamenkas Grund und Boden gab es zwei Dörfer: »Poesie« beim Gutshof Kreit mit etwa 20 Höfen und das Dorf Znamenka in der Nähe von Peterhof an der Petersburger-Straße.

Als meine Großmutter zum ersten Mal als Herrin nach Znamenka kam, empfing sie mein Großvater an der Haupttreppe mit einem Blumenstrauß, den ein Band umschlang, an dem eine Brosche befestigt war.

Auf der Brosche, die jetzt mir gehört, ist das großfürstliche Wappen zu sehen. Doch der mittlere Teil wurde verändert. Statt des Doppeladlers auf blauem Emaille sieht man zwei Goldäxte, umgeben von einem Rosenkranz kleiner Rubine mit diamantenen Blättern. Das Schild wird vom Sankt Andreasorden eingerahmt; darüber sieht man einen Warägerhelm mit einer Adelskrone und dem russischen Doppeladler. Die überkreuzten Äxte waren das Emblem der Pioniere und wiesen auf das Amt meines Großvaters als Generalinspekteur dieser Truppengattung hin. Das Wappenschild auf der Brosche bildete den Deckel für ein schön ausgeführtes Miniaturportrait meines Großvaters in der Pionierbataillonsuniform der Leibgarde.

Zar Alexander II. war so begeistert von dem Wappenschild, das mein Großvater entworfen hatte, daß er für sein Gut sowie für die Nachbargüter seiner drei Brüder bei Newa dasselbe Schild haben wollte. Einziger Unterschied sollten die auf das Amt des Besitzers hinweisenden Waffen sein: Alexandria von Zar Alexander II. hatte ein Schwert im Schild, das Znamenka meines Großvaters dagegen eben zwei Äxte. Großfürst Michail Nikolajewitsch, Generalfeldzeugmeister und Besitzer von Michailowka, hatte Kanonen, und Großfürst Konstantin Nikolajewitsch, Generaladmiral und Besitzer von Strelna, hatte einen Anker in seinem Schild. Die Brüder benutzten diese Wappenschilder auch auf ihren Fahnen. Die weiße Fahne mit dem Wappen des Besitzers wurde auf dem Gut gehißt, sobald sich der Besitzer dort aufhielt.

Bis Anfang der 70er Jahre des 19. Jahrhunderts verbrachte mein Großvater mit seinen Söhnen Nikolai und Pjotr längere Perioden auf Znamenka. Die Brüder wurden unter Leitung eines Stabs von Lehrern, von denen die meisten vom Militär kamen, zu Hause erzogen. Von Kindesbeinen an erhielten sie eine militärische Ausbildung, wie sie obligatorisch war für Mitglieder der Zarenfamilie.

Mein Großvater nahm oft seinen ältesten Sohn Nikolai zum Exerzieren und zu Musterungen und Wachtparaden in die Michail Manege zu Sankt Petersburg mit, bei denen auch Alexander II. anwesend war. Nikolais früher Umgang mit dem Militärwesen schuf die Grundlage für sein späteres Wirken. Schon als 15jähriger war er vertraut mit dem militärischen Reglement und interessierte sich für die Artillerie und die damals neuen Berdangewehre.

Mein Vater wuchs unter ganz anderen Bedingungen auf. Er war acht Jahre jünger als der Bruder, als sich meine Großeltern trennten. Er fühlte sich oft einsam. Nikolai lebte getrennt von ihm und trat bald als Offizier in das Gardehusarenregiment Seiner Majestät ein. Nach der Trennung wohnte mein Großvater in Sankt Petersburg, während meine Großmutter oft nach Kiew reiste, wo sie an der Verwirklichung eines lange verfolgten Ziels arbeitete, der Errichtung von Krankenhäusern in Verbindung mit einem Nonnenkloster, das sie gründen wollte.

Die ersten zehn Ehejahre meiner Großmutter waren immer dann am schönsten, wenn sie im Sommer von Sankt Petersburg nach Znamenka umzog. Das gesamte großfürstliche Gefolge reiste mit, darunter ihre Hofmeisterin, Gräfin Kuschelwa, zwei Hofdamen, Baronesse Offenberg und Frau Paschkowa. Die Kinder wurden von Gouvernanten begleitet, die später von einer langen Reihe von Lehrern abgelöst wurden.

Meine Großmutter, die sich nichts aus dem mondänen Leben machte, genoß das Leben auf Znamenka. Sie »empfing nicht« und beschränkte sich auf die Gesellschaft der Familie und der Freunde. Nach Znamenka kamen oft die Brüder meines Großvaters mit ihren Frauen zu Besuch sowie seine Schwester, Großfürstin Maria Nikolajewna. Einen großen Teil des Tages verbrachte meine Großmutter mit den Kindern im Garten oder bei Ausflügen rund um das Gut.

Sie hatte einige sehr progressive Ansichten über Kindererziehung. So legte sie großen Wert auf die physische Entwicklung der Kinder und deren Hygiene und bediente sich ihrer Kenntnisse der Medizin und medizinischer Anwendungen. Auf einem Gebiet hatte sie ihre eigene Anschauung: Ihre Kinder durften weder Obst noch rohes Gemüse essen! Der Tod ihres Bruders Georgi hatte bei ihr nämlich einen starken Eindruck hinterlassen: Er war an der Cholera gestorben.

Um meiner Großmutter eine Freude zu machen, hatte ihr Mann beim Gutshof eine Krankenstation eingerichtet. Hier versorgte sie Kranke aus den umliegenden Dörfern und hatte so reichlich Gelegenheit, ihr ärztliches Wissen anzuwenden und den Kranken und Leidenden persönlich zu helfen. Sie hatte auch eine besondere Gabe, Kranke zu trösten und ihnen Mut zu machen. So ging sie den Ärzten zur Hand, betreute die Patienten in der Krankenstation, und wenn jemand entlassen wurde, besuchte sie ihn zu Hause, brachte Medizin und half auch materiell.

Meine Großmutter hatte außerdem eine künstlerische Ader. Sie malte wunderschön, und die Bilder hängte man in den Räumen auf Znamenka auf. Trotz ihres feinen Geschmacks waren ihr Aussehen und Kleidung gleichgültig. Sie kleidete sich sehr bescheiden – allzu bescheiden für den Geschmack meines Großvaters!

Es bestand ein großer Unterschied zwischen meiner Großmutter und ihrer hübschen, stets eleganten Schwägerin, Großfürstin Alexandra Josephowna. Tante Sani, wie sie genannt wurde, kam oft von Strelna zu Besuch. Sie liebte solche Besuche – und war gern Gastgeberin. Beide Großfürstinnen besaßen wunderbaren Schmuck, aber während Tante Sani sich immer damit schmückte, trug ihn Großmutter nur bei offiziellen Anlässen, beispielsweise zu Empfängen im Winterpalast oder bei Taufen und Hochzeiten der Zarenfamilie.

Gleich zu Beginn seiner Regierungszeit führte Alexander II. die Tradition der »Familienessen« ein und hielt sein Leben lang daran fest. Jeden Sonntag versammelte er alle erwachsenen Mitglieder der Familie, die sich in der Nähe aufhielten, um sich. Diese Tradition wurde in Sankt Petersburg ebenso wie in den übrigen kaiserlichen Residenzen gepflegt. Diese Essen, zu denen nur Angehörige geladen wurden, waren ganz zwanglos und stärkten den Zusammenhalt der Familie. Der Zar war sehr gastfreundlich und Zarin Maria Alexandrowna schuf mit ihrer natürlichen Freundlichkeit eine gemütliche und behagliche Atmosphäre.

In den 60er Jahren war mein Vater noch zu klein, um an diesen Familienessen teilzunehmen, doch Onkel Nikolascha war schon groß genug, um dabeizusein. Mein Onkel erzählte mir, daß es an den Abenden auf Alexandria oft fröhlich zuging und daß es dem Zar gefiel, seine Verwandten in guter Laune zu sehen. Er erzählte mir aber auch, daß der Zar die Gelegenheit benutzte, die Kinder seiner Geschwister wegen eventueller Verfehlungen zu tadeln. Vor dem Essen rief er den »Sünder« in sein Kabinett, um ihn zurechtzuweisen. War die Angelegenheit in Ordnung gebracht und hatte der Schuldige um Verzeihung gebeten und den Zaren nach der Tradition auf die linke Schulter geküßt, gingen sie gemeinsam zu den übrigen Verwandten und die »Angelegenheit« war erledigt.

Mit der Thronbesteigung Alexanders III. wurden die Familienessen seltener und nahmen außerdem einen anderen Charakter an. Sie waren jetzt auch Gelegenheiten, Gäste aus dem Ausland zu empfangen.

Mein Vater hielt viel von Alexander II. und seiner Gemahlin Zarin Maria Alexandrowna. Wie meine Großmutter widmete sie ihre freie Zeit sozialen Belangen, der Verbesserung der Ausbildungsmöglichkeiten der Frauen und der Organisation des russischen Roten Kreuzes.

Meine Mutter erinnerte sich voll Dankbarkeit der herzlichen Fürsorge von Zarin Maria Alexandrowna. Im Jahre 1875 hatte Fürst

Nikolai von Montenegro seine zwei ältesten Töchter Zorka und Militsa, meine Mutter, nach Sankt Petersburg geschickt, damit sie ihre Ausbildung auf dem Smolnyj Institut erhielten. In dieser Zeit erkrankte meine Mutter schwer an Typhus. Als die Zarin von der Krankheit meiner Mutter hörte, fuhr sie sofort nach Smolnyj und übertrug die Pflege den besten Ärzten. Während der kritischsten Krankheitstage saß sie selbst am Krankenbett meiner Mutter und versorgte sie. Täglich telegrafierte sie meinem Großvater, um vom Zustand der Kranken zu berichten. Als meine Mutter gesund war, kehrte sie auf Wunsch der Zarin mit der Schwester Zorka nach Montenegro zurück. Beim Abschied von der Zarin äußerte sie den Wunsch, nach Rußland zurückkommen zu dürfen. Es kam, wie sie gehofft hatte; meine Mutter kehrte nach Sankt Petersburg zurück, wo sie 1882 ihre Ausbildung in Smolnyi mit Auszeichnung abschloß.

Meine Großmutter, Großfürstin Alexandra Petrowna, machte sich nicht viel aus dem öffentlichen Leben. Nur wenn es unbedingt sein mußte, nahm sie an offiziellen Zeremonien und Empfängen im Winterpalast teil. Dann mußte sie das »russische Kleid« anlegen, das reich mit Schmuck und kostbaren Edelsteinen besetzt war.

Das soziale Engagement meiner Großmutter nahm mit den Jahren zu. Nicht nur auf Znamenka beschränkte sie ihr wohltätiges Wirken. In Sankt Petersburg gründete sie die Pokrowski Gesellschaft für Krankenschwestern, ließ mit eigenen Mitteln Krankenhäuser, eine Poliklinik und eine weiterführende Schule für Krankenschwestern bauen. Als Vorsitzende für Kinderasyle, die unter der Protektion von Zarin Maria standen, sammelte sie zwei Millionen Rubel für den Unterhalt von 5000 elternlosen Kindern.

Die Scheidung meiner Großeltern war für das weitere Leben meiner Großmutter von entscheidender Bedeutung. Erfüllt von starker Religiosität, reiste sie nach Kiew, um Wohnungen, Krankenhäuser und Asyle einzurichten, alles mit Hilfe der Schwestern und Novizinnen des Klosters. Später werde ich vom Pokrowski Kloster in Kiew berichten, in dem meine Großmutter, Großfürstin Alexandra Petrowna, ihre letzten Jahre als »Schwester Anastasia« verbrachte.

Als 1877–78 der Krieg gegen die Türken ausbrach, meldete sich Onkel Nikolascha als junger Offizier an den Balkan, wo mein Großvater Oberkommandierender war. Mein Vater, damals 13 Jahre alt, blieb in Sankt Petersburg zurück, im riesigen Nikolai-

Palais – ohne meine Großmutter, die nach Kiew gereist war. Das Leben in dem verlassenen Palais war sehr einsam für meinen Vater, und er freute sich, als er erfuhr, daß seine Eltern die Erlaubnis gegeben hatten, in den Winterpalast umzuziehen, wo sich Alexander II. um ihn kümmern wollte.

Zar Alexander nahm sich seines Neffen brüderlich an, beaufsichtigte dessen Studien und sorgte dafür, daß sich der Junge nicht langweilte. Im Winterpalast wohnte zu dieser Zeit der jüngste Sohn des Zaren, Großfürst Pawel Alexandrowitsch, mit dem mein Vater eine innige Freundschaft schloß. Sie bekamen oft Besuch von ihren Vettern, den Großfürsten Dmitri Konstantinowitsch, Michail, Georgi und Alexander Michailowitsch, und gemeinsam erfanden sie unzählige Spiele. Ihr größtes Vergnügen war es, mit dem Veloziped (Fahrräder mit großem Vorderrad) durch die weiträumigen Säle des Winterpalastes zu toben. Das Veloziped meines Vaters überstand diese wilden Fahrten und wurde zu meiner Zeit im Pferdestall auf Znamenka aufbewahrt.

Jeden Morgen trank mein Vater mit Alexander II. Tee in dessen Kabinett. Eines Morgens, als mein Vater in das Kabinett kam und seinen Onkel begrüßen wollte, fiel ihn Midor, der Lieblingsneufundländer des Zaren – der immer beim Morgentee anwesend war – an und biß ihn ins Bein. Als der Zar sah, wie das Bein zu bluten anfing, erhob er sich auf der Stelle, schlug den Hund und führte meinen Vater ins Badezimmer, wo er persönlich die Wunde auswusch und sachkundig einen Verband anlegte. Am Abend, als mein Vater bereits im Bett lag, trat der Zar in sein Zimmer und vergewisserte sich, daß sich die Wunde nicht entzündet hatte.

Mein Vater wohnte über ein Jahr im Winterpalast und schloß enge Freundschaft mit seinem Onkel, Alexander II. Er war ungemein dankbar für die Güte und Fürsorge, die ihm der Zar in einem Abschnitt seines Lebens erwiesen hatte, in dem er sich sehr einsam gefühlt hatte. Als der Balkankrieg beendet war, kehrte mein Vater zurück ins Nikolai-Palais. Die Sommer verbrachte er auf Znamenka, jedoch ohne die Mutter und den Bruder Nikolai.

Nach dem Sieg im Balkankrieg wurde mein Großvater, Nikolai Nikolajewitsch, zum Generalfeldmarschall befördert. Gleichzeitig behielt er seinen Posten als Generalinspekteur der Kavallerie und der Pioniertruppen. Die Dienstpflichten brachten es mit sich, daß er sich den größten Teil des Jahres in Sankt Petersburg aufhalten oder häufige Reisen absolvieren mußte.

Mein Großvater, selbst ein ausgezeichneter Kavallerist, war ein Pferdenarr. Als er Znamenka übernahm, standen bald noch mehr Pferde in den riesigen Ställen. Man züchtete englische Rassepferde wie auch Gebrauchspferde, Pferde für die Jagd und besondere Ardennenpferde für den Einsatz in der Landwirtschaft. Die Zugpferde wurden vor allem auf meines Großvaters Gut Chesmenka im Gouvernement Woronesch gezüchtet.

Er besuchte oft das Gestüt auf Chesmenka und wurde auf diesen Reisen von seinem Lieblingskutscher Maxim Prokowjewitsch Molchanow begleitet, der die Chesmenka-Pferde betreute, die in den Ställen auf Znamenka oder in Sankt Petersburg standen. Mein Großvater schätzte Maxims Erfahrung und Tüchtigkeit und vertraute seinem Urteil vollständig.

Nachdem er den Frieden von San Stefano unterzeichnet hatte, traf sich mein Großvater am 14. März 1878 in Konstantinopel mit Sultan Abdul Hamid. Das Treffen fand in dem Palast Dolma-Bakhche am Bosporus statt. Mein Großvater kam mit der Yacht Liwadia nach Konstantinopel, begleitet von seinem Sohn, Großfürst Nikolai Nikolajewitsch, von Prinz Alexander Petrowitsch von Oldenburg (dem Bruder meiner Großmutter) und von Herzog Eugen von Leuchtenberg. Auf der Yacht Liwadia hatte man den großfürstlichen Stander gehißt. Nach dem Tod meines Großvaters ging er über auf seinen Sohn, Onkel Nikolascha. Ich habe ihn später aufbewahrt und an meinen Sohn Nikolai weitergegeben.

Hier am Ufer des Bosporus trafen sich Sieger und Besiegte. Sie führten stundenlange Gespräche, von deren Inhalt Alexander II. Bericht erstattet wurde.

Nach dem ersten Treffen überquerte mein Großvater den Bosporus, wo man ihm in Bejlerbe einen Palast zur Verfügung gestellt hatte. Es dauerte kaum eine Stunde, da tauchte Sultan Abdul Hamid in Bejlerbe auf, um seinen Besuch abzustatten. Hier führten sie ihr zweites intimes Gespräch. An dessen Ende schlug der Sultan meinem Großvater vor, mit ihm nach Dolma-Bakhche zurückzukehren, um dort ein drittes Gespräch zur politischen Situation zu führen.

Am nächsten Tag lud Sultan Abdul Hamid meinen Großvater zum Essen in den Palast Ildiz-Kiosk ein. Diesmal hieß es in dem Bericht an den Zaren, daß es sich um ein freundschaftliches Gespräch gehandelt habe, das ganze drei Stunden gedauert und bei dem man keine politischen Fragen berührt habe.

Der Sultan war offenbar von seinen Gästen angetan und dankbar für die Achtung, die ihm mein Großvater und die russischen Sieger in diesen für ihn so schweren Zeiten erwiesen hatten. Um dies zu zeigen, lud Abdul Hamid meinen Großvater zu einer Besichtigung Konstantinopels, der Paläste und besonders der berühmten Ställe des Sultans ein.

Hunderte von prachtvollen Pferden wurden meinem Großvater vorgeführt. Er war besonders begeistert von einigen seltenen Pferden aus Zentralasien, die er sich immer wieder zeigen ließ.

Als mein Großvater nach Rußland zurückgekehrt war, erhielt er ein Telegramm aus Konstantinopel mit dem Ersuchen, einen verläßlichen Mann zu schicken, der ein Geschenk des Sultans abholen sollte. Abdul Hamids Geschenk waren sieben prachtvolle Araberhengste, eben die, die meinem Großvater beim Besuch der Ställe des Sultans so gefallen hatten!

Die Wahl des Boten fiel natürlich auf Maxim Molchanow, der, von ein paar Stallknechten begleitet, nach Konstantinopel fuhr. Das Geschenk des Sultans kam wohlbehalten zu Hause an, und Maxim brachte eine türkische Medaille und ein Diplom mit der Unterschrift des Sultans mit.

Nach Maxims Tod bewahrte seine Tochter Mascha – unser Kindermädchen – dieses Dokument sorgfältig auf. Sie verwahrte es in ihrem Zimmer neben dem Portrait des Vaters.

In diesen Erinnerungen werde ich immer wieder unser geliebtes Kindermädchen Mascha erwähnen, hier aber möchte ich mich damit begnügen, einige ihrer Geschichten über ihren Vater zu erzählen.

Maxim Molchanow wurde auf Znamenka geboren und diente bei meinem Großvater von frühester Jugend an. Er begann als Stallbursche und brachte es bis zum persönlichen Kutscher meines Großvaters. Seine Verpflichtungen als Generalinspekteur zwangen meinen Großvater zu häufigen Reisen durch ganz Rußland. Jedesmal fuhr ihn Maxim. Auch 1872 auf seiner Reise ins Heilige Land begleitete er meinen Großvater.

Mein Großvater legte Wert auf die Gespräche mit Maxim, wollte dessen Urteil über bestimmte Pferde, und er wollte beraten werden, was die Auswahl an Trabern von Chesmenska für die Rennbahn betraf. Er schätzte Maxims Wissen und seine Geradlinigkeit. Waren sie unterschiedlicher Meinung, scheute sich Maxim nie, ihm zu widersprechen. Nur einmal war mein Großvater böse auf Maxim. Das war, als er erfuhr, daß Maxim krank geworden war, weil er bei sehr kaltem Wetter für ihn gefahren war, obwohl er bereits eine starke Erkältung gehabt hatte. Mein Großvater ließ ihn seinen Zorn spüren, und zur Strafe mußte Maxim bei der nächsten Reise zu Hause bleiben.

Als Maxim Prokowjewitsch Molchanow nach vielen Jahren treuen Dienstes starb, wurde er auf dem Friedhof unserer kleinen Kirche am Meer begraben. Dem Sarg folgte mein Großvater mit seinen beiden Söhnen zu Fuß, das Ende des Zuges bildete meine Großmutter, die in der Equipage fuhr. Jedes Mal, wenn mein Großvater am Friedhof vorbeikam, sagte er: »Hier ruht mein getreuer Maxim«, und dann nahm er die Mütze ab und schlug das Kreuzzeichen.

Meine Großeltern wie meine Eltern waren auch Maxims Witwe sehr zugetan. Ich erinnere mich genau an unser liebes altes Mütterchen, wenn sie kam, um ihre Tochter Mascha zu besuchen, in einem grauen Kleid, ein Kopftuch auf, das ihr graues Haar verbarg. Sie war eine bescheidene, würdige Frau, die ebenso natürlich mit der Dienerschaft redete wie mit meinen Eltern. Die Dienstboten wußten nur zu genau, was Nastasia für meine Familie empfand, und manchmal neckten sie unser Mütterchen – absichtlich –, indem sie einen von uns kritisierten. Dann verlor die ruhige und stille Nastasia die Selbstbeherrschung, lief rot an und zischte: »Es ist eine große Sünde, so zu reden, Gott wird euch dafür strafen!« Wenn die alte Nastasia, die in Sankt Petersburg in einer Pension wohnte, nach Znamenka kam, um ihre Tochter zu besuchen, liefen meine Schwester Nadja und ich hinein zu Mascha und baten sie, etwas Böses zu uns zu sagen, nur damit wir diesen Satz hören konnten.

Nach Nastasias Tod hängte mein Vater ein Bild der heiligen Anastasia in unserer Kirche auf – etwa an der Stelle, wo sie gewöhnlich während der Gottesdienste gestanden hatte.

Die Tochter von Maxim und Nastasia, unser Kindermädchen Mascha, wurde in Sankt Petersburg »auf dem Parkettboden« des Nikolai-Palais geboren, wie sie gerne erzählte. Mascha verbrachte ihre Kindheit und Jugend mit den Eltern in Sankt Petersburg und auf Znamenka. Wie die übrigen festen Angestellten hatte die Familie freie Wohnung. Für die Dienstboten wurde gut gesorgt. Neben dem Lohn und der freien Unterkunft bekamen sie günstig Nahrungsmittel vom Gut. Der Schulbesuch ihrer Kinder war ebenso gewährleistet; viele der Söhne absolvierten eine Mittelschulausbildung, und manche studierten auf der Universität.

Schon als Kind sang Mascha im Kirchenchor; ihrer schönen Singstimme und ihres Fleißes wegen erhielt sie von meinem Großvater ein Geschenk: eine Uhr, auf deren Deckel das Monogramm meines Großvaters »N-N« in Gold zu sehen war. Innen auf dem Zifferblatt befand sich ein Miniaturportrait meines Großvaters. An Festtagen trug Mascha diese Uhr wie einen Orden, befestigt mit einem blauen Band an der linken Schulter. Neben der Uhr trug sie später noch eine goldene Medaille, geprägt zur Erinnerung an die Silberhochzeit meiner Eltern, und mein Goldmonogramm, das unsere Dienerschaft 1916 bekam, weil ich mündig wurde.

All diese »Regalien«, wie Mascha sie nannte, ergänzte sie mit einer weiteren Medaille mit der Aufschrift: »Rennen zum Fünfzehnjährigen Jubiläum der Semjonow-Rennbahn zu Sankt Petersburg«.

Unter den Dienstboten genoß Mascha großes Ansehen als Tochter des beliebten Kutschers. In der Gesindehierarchie des Gutes nahm Mascha nach der persönlichen Kammerzofe meiner Mutter den zweiten Platz ein. Eine solche Position bot viele Vergünstigungen, sowohl in materieller Hinsicht wie auch in bezug auf die Annehmlichkeiten, die ihr auf dem Gut ebenso zugebilligt wurden wie auf Reisen. Ihre privilegierte Stellung wurde insbesondere bei offiziellen Anlässen deutlich, etwa bei Gottesdiensten. Nach der Messe oder dem Dankgebet ging die Dienerschaft hinter der Herrschaft und dem Stab, um das Kreuz zu küssen; zuerst kamen die weiblichen, dann die männlichen Dienstboten in »hierarchischer« Reihenfolge, wobei die private Dienerschaft meiner Eltern die ersten Plätze einnahm. An der Spitze der langen Reihe der Dienstboten ging zur Zeit meiner Mutter ihre älteste Kammerzofe, hinter ihr ging Mascha. Trotz seiner wichtigen Stellung folgte unser Hofmeister Zajetschew als letzter – hinter dem jüngsten Küchenjungen. Nachdem Zajetschew das Kreuz geküßt hatte, verbeugte er sich tief vor meinen Eltern und begab sich würdig zurück auf seinen Platz.

Es ist mir eine große Freude, Mascha hier zu erwähnen. Mit uns Kindern teilte sie Freud und Leid; sie war stets unsere verläßliche Freundin, in Rußland ebenso wie später im Exil.

Meine Eltern schätzten sie ebenfalls sehr. Sie genoß das volle Vertrauen meiner Mutter, sowohl was die Beaufsichtigung von uns Kindern betraf wie auch, wenn Mutter sie mit besonderen Aufgaben betraute. Meine Mutter schickte sie häufig fort, um besonders Notleidenden etwas zu bringen, schärfte ihr aber ein, nicht zu sagen, von wem die Hilfe käme. Wenn Mascha zurückkam, seufzte und jammerte sie, weil meine Mutter nicht den wohlverdienten Dank für ihre Güte erntete.

Mein Vater hörte gerne Maschas Geschichten aus vergangenen Tagen, als ihr Vater, der Kutscher Maxim, seinen Herrn durch ganz Rußland fuhr. Mascha erinnerte sich genau an meinen Großvater, dem sie als Kind so oft im Garten des Nikolai-Palais begegnet war.

Als Mascha in unsere Dienste trat, begrüßte sie immer meinen Vater – wie es Sitte war –, indem sie seine linke Schulter küßte. Es kam vor, daß sie Onkel Nikolascha begrüßen mußte, der fast zwei Meter groß war, und dann traf ihr Kuß – trotz eifriger Anstrengung – nur seinen Arm. Lief sie ihm später über den Weg, bat sie ihn immer im voraus um Erlaubnis, »seinen Arm küssen zu dürfen«! Onkel Nikolascha liebte Mascha ebenfalls sehr, und wenn er im Sommer nach Znamenka kam, ertönte im Garten seine laute Stimme: »Wo ist die berühmte Mascha?«

Nach Beendigung des Russisch-Türkischen Krieges hielt sich mein Großvater immer seltener auf Znamenka auf. Er wohnte in Sankt Petersburg und unternahm häufig Reisen ins Ausland.

Im Jahre 1880 bat er den Zaren, ihn von seinen Pflichten als Oberkommandierender der Gardetruppen und des Militärdistrikts Sankt Petersburg zu befreien. Er behielt nur den Titel des Generalinspekteurs der Kavallerie.

Seine Söhne lebten jeder sein eigenes Leben. Onkel Nikolascha diente im Gardehusarenregiment Seiner Majestät, als Kommandant des Zweiten Schwadron. 1884 übernahm er das Kommando über das Regiment und wohnte in Zarskoje Selo, bis er 1890 von diesem Posten zurücktrat.

Das Verhältnis zwischen meinem Großvater und Onkel Nikolascha war nicht gerade herzlich, und mit den Jahren wurde es so schlecht, daß sie sich immer seltener sahen. Die Mißstimmung zwischen ihnen hatte zwei Gründe. Zum einen einen dienstlichen: Onkel Nikolascha stieß konstant auf Widerstand seines Vaters, wenn er versuchte, die Kavallerie neu zu organisieren. Zum zweiten einen familiären: Mein Onkel hatte bei der Scheidung der Eltern die Partei seiner Mutter ergriffen. Sein aufbrausendes und störrisches Wesen trug dazu bei, ihr Verhältnis so zu verschlechtern, daß es im Laufe der Jahre unwiderruflich in die Brüche ging.

Die Jugend meines Vaters verlief unter ganz anderen Bedingungen. Während der acht Jahre ältere Bruder bereits am Beginn einer glänzenden militärischen Karriere stand, hatte sich mein Vater gerade erst – parallel zu seiner allgemeinen Ausbildung – auf den Militärdienst vorbereitet. Die Brüder verband in ihrer Jugend keine besondere Zuneigung, auch weil sie selten Gelegenheit hatten, sich zu sehen.

Mein Onkel sagte oft, daß er seinen Bruder erst richtig kennengelernt habe, nachdem dieser geheiratet habe, als sich also meine Eltern auf Znamenka niederließen. Von da an trafen sie sich oft, und es entstand eine Freundschaft zwischen ihnen, die sie für das ganze Leben verband.

Am 10. Januar 1884 wurde mein Vater 20 Jahre alt und nach dem Gesetz mündig. Er bekam das Recht, sein Vermögen zu verwalten, wenn auch unter einem vom Zaren bestimmten Vormund. In der Regel suchten sich die Mitglieder des Zarenhauses selbst ihren Vormund aus, und der Zar bestätigte diesen in seinem Amt. Die Aufgabe des Vormunds war rein juristisch. Beim An- und Verkauf von festem Eigentum z. B. war der Handel ohne seine Unterschrift ungültig.

Als mein Vater mündig wurde, erhielt er, wie die anderen Großfürsten seiner Generation, jährlich einen Unterhalt von 245 000 Rubel ausbezahlt (45 000 aus der Staatskasse und 200 000 aus den Krongütern des Zaren). Er begann seinen eigentlichen Dienst bei dem Ulanen-Regiment der Leibgarde, zu dem er von Geburt an gehörte und dessen oberster Befehlshaber mein Großvater war – ebenfalls von Geburt an. Wie die übrigen Mitglieder der Zarenfamilie erhielt mein Vater seinen Rang dem Alter entsprechend mit 16 Jahren, unabhängig vom Zeitpunkt seiner Beförderung zum Offizier.

Als mein Vater seinen Dienst bei der Leibgarde des Ulanen-Regiments antrat, ließ er sich auf Znamenka nieder, während die Kaserne des Regiments in Peterhof war. Er wurde oft von seinem guten Freund und Regimentskameraden, Großfürst Georgi Michailowitsch begleitet, der damals auf dem Nachbargut Michailowska wohnte.

Im September 1884 schickte mein Großvater aus Sankt Petersburg unerwartet nach meinem Vater, damit er ihn nach Skierniewice begleite, wo sie einem Treffen zwischen den drei Kaisern Alexander III., Wilhelm I. und Franz Joseph I. beiwohnen sollten. Das Treffen dieser drei Monarchen war ein letzter Versuch, die freundschaftlichen Verbindungen zwischen Rußland, Deutschland und Österreich-Ungarn zu erhalten. Die Uneinigkeit zwischen den drei Mächten hatte mehr und mehr zugenommen; nun hoffte Bismarck, in Skierniewice eine Lösung für die Fragen zu finden, die einem künftigen Bündnis im Wege standen.

Mein Vater erzählte mir, daß Alexander III. in Skierniewice dem altehrwürdigen Wilhelm I. großen Respekt entgegenbrachte und ihm stets den Ehrenplatz überließ. Beim Abschiedsessen gab er ihm einen Platz an der Tischmitte, zwischen sich und Franz Joseph, der während des ganzen Essens ziemlich schweigsam und mürrisch war.

Vor dem Essen machten die drei Monarchen einen Spaziergang im Garten, in gebührendem Abstand gefolgt von ihren Ministern und den anderen Begleitern, unter denen sich auch mein Vater befand. An diesem Tag gab es eine Neuerung. Zum ersten Mal hatten die Fotografen die Erlaubnis erhalten, zu fotografieren, ohne vorher die gekrönten Häupter darauf aufmerksam zu machen.

Mein Vater erzählte mir, daß man am Abend nach dem offiziellen Essen die Bilder der drei Monarchen gezeigt habe. Sich auf diese Weise verewigt zu sehen, frei und ungezwungen im Garten spazierend, fanden die drei Monarchen sehr ungewöhnlich – und zugleich komisch – so daß sie die Vervielfältigung der Bilder verboten! Die Fotografen hatten auch Bilder von den Ministern gemacht, doch die hatten sich vorsorglich ehrwürdig in Positur gestellt, und so wurden die Fotografien von Bismarck, Graf Kalnoky und Giers an russische und ausländische Zeitungen geschickt.

Zwei Monate nach dem historischen »Treffen in Skierniewice« legte mein Vater am 26. November sein Gelöbnis in der Kirche des

Winterpalastes ab. Nach Abschluß der Offizierskavallierschule, wohin er seit Anfang 1884 abkommandiert war, wurde er wie erwähnt am 4. Juli 1884 in die Erste Schwadron der Leibgarde des Ulanen-Regiments aufgenommen. Mit dem Gelöbnis, das er dabei ablegte, wurde mein Vater Flügeladjutant Alexanders III. Er tat dort oft Dienst, und der Zar war immer freundlich zu ihm, was nicht heißt, daß er etwas gegen Onkel Nikolascha hatte, um den er sich einfach nicht kümmerte.

Mein Vater stand fünf Jahre im Dienste der Ulanen. Kurz nach seiner Heirat wurde er zum erstenmal lungenkrank und mußte zu einem Kuraufenthalt nach Ägypten.

Meine Mutter nahm während dessen an den »Familienessen« Alexanders III. teil und wurde an Fest- und Feiertagen von Zarin Maria Fjodorowna (Prinzessin Dagmar von Dänemark) zusammen mit ihren Schwestern Stana und Jelena ins Anichkow-Palais eingeladen. Die junge Fürstin von Montenegro traf hier die Kinder des Zaren und deren Freunde. Bei Tisch hatte meine Mutter die jungen Großfürsten um sich – und oft saß sie neben meinem Vater ...

Meine Mutter besaß glänzende musikalische Fähigkeiten. Im Smolnyj-Institut war sic von den besten Lehrern unterrichtet worden, unter anderen von Professor Kross vom Sankt Petersburger Konservatorium. Sie spielte hervorragend Klavier, so daß Kross ihr ans Herz legte, das Klavierspiel auch nach ihrer Institutszeit fortzusetzen.

Anfang 1889 fand die offizielle Verlobung meiner Eltern statt. Die frisch Verlobten begegneten sich öfter auf Festen und Bällen in der höheren Sankt Petersburger Gesellschaft. Dabei tanzte aber meine Mutter nicht gern, sie saß lieber mit meinem Vater und anderen Gästen im Salon und unterhielt sich.

Eines Tages, kurz nach der Verlobung, wurde sie ohne meinen Vater von der Prinzessin von Oldenburg zu einem musikalischen Abend eingeladen. Dazu sollte auch der berühmte Pianist und Komponist Anton Rubinstein kommen. Meine Mutter, die dem Essen nicht beiwohnte, saß allein im Salon und wartete darauf, bis man fertig gegessen hatte. Im Salon stand ein Flügel, und meine Mutter setzte sich daran und spielte eines ihrer Lieblingsstücke von Chopin. Danach spielte sie ihre eigene Bearbeitung eines montenegrinischen Volksliedes. Das Lied war kaum zuende gespielt, da sah sie Rubinstein neben dem Flügel stehen! Sie wurde verlegen, da sie ihn nicht persönlich kannte und nicht wußte, was sie zu ihm sagen sollte. Da meinte er: »Fräulein, ich weiß nicht, wer Sie sind oder was Sie machen – aber geben Sie alles auf und widmen Sie sich der Musik!« Meine Mutter lachte und erwiderte ihm, daß sie nicht beabsichtige, »alles aufzugeben«, denn sie habe sich eben erst verlobt.

Als Rubinstein erfuhr, wer sie war, beglückwünschte er meine Mutter und bot ihr – als »Verlobungsgeschenk« – an, einige Kompositionen von Chopin zu spielen. Meine Mutter nahm dieses Geschenk dankbar an. Rubinstein setzte sich an den Flügel, aber zu ihrem großen Erstaunen hörte sie – anstelle von Chopin – ihr montenegrinisches Volkslied! Dieser geniale Komponist hatte während ihres Spiels das Lied erfaßt, und er begnügte sich nicht damit, es nur zu spielen, sondern führte einige glänzende Improvisationen dazu vor. Er schloß mit Präludien, Nocturnes und anderen Werken von Chopin.

Die Hochzeit meiner Eltern wurde auf den 26. Juli 1889 in der Peterhof Schloßkirche festgesetzt. Zur Hochzeit seiner Tochter traf Fürst Nikolai I. von Montenegro ein, jedoch ohne seine Frau, die im September niederkommen sollte (mit Fürst Peter, der 23 Jahre jünger als meine Mutter war!).

Meine Mutter erhielt unzählige Hochzeitsgeschenke. Alexander III. schenkte ihr eine Halskette mit fünf Perlen-Reihen. Auch von anderen Mitgliedern der Familie bekam sie Geschenke, aber die kostbarsten waren natürlich die, die sie von ihren Schwiegereltern entgegennahm. Darunter befand sich ein Schmuck, der sie in Erstaunen versetzte. Es war eine außergewöhnlich große Brosche aus Brillanten mit vier prachtvollen, glänzenden Saphiren. Sie kannte die Brosche von einem Portrait der Zarin Alexandra Fjodorowna, das im Saal des Smolnyj-Instituts hing. Als Kind war sie mit ihren Geschwistern oft unter diesem Portrait stehengeblieben, um es zu bewundern. Dann hatten die Mädchen sich darüber unterhalten, welches der Schmuckstücke der Zarin jede von ihnen gerne besitzen würde. Eine entschied sich für das Brillant-Diadem, die andere für die Perlenkette – meine Mutter wünschte sich immer die Brosche mit den Saphiren, eben die Brosche, die sie als Hochzeitsgeschenk von ihrem Schwiegervater bekommen hatte, der dieselbe ehemals von seiner Mutter geerbt hatte.

»Das Anziehen der Braut« war von alters her ein festes Ritual am russischen Hof, wurde jedoch im Laufe der Zeit nicht mehr so streng gehandhabt. Früher hatten die Ehrendamen des Hofes der Braut im Beisein der Zarin das Brautkleid angezogen. Später übernahmen diese Rolle die Kammerzofen, während die Ehrendamen der Braut nur den traditionellen, mit Hermelin gesäumten Samtumhang umlegten. Hatte die Braut den Hochzeitsschmuck angelegt, endete das Bekleidungsritual damit, daß die Zarin der Braut die Krone der Zarin Anna Iwanowna aufsetzte.

Meine Mutter erzählte von dieser Zeremonie, die am Peterhof-Schloß im Hauptankleideraum vor sich ging. Als sie fast angezogen war – mit Umhang und Schleppe – bat Zarin Maria Fjodorowna sie, sich an den Toilettentisch zu setzen. Die Zarin legte meiner Mutter das Band des Sankt Katharinaordens an und den gesamten Schmuck. Unterstützt von der Oberhofmeisterin, Fürstin Kochubei, befestigte sie am Haar meiner Mutter einen langen, gehäkelten Schleier. Sie begann daraufhin, sorgfältig eine falsche traditionelle Haarlocke in die Frisur zu flechten, die auf die rechte Schulter hängen sollte. Zum Schluß setzte die Zarin die kleine, häßliche Krone Anna Iwanownas – funkelnd vor Brillanten – auf den Kopf meiner Mutter.

Meine Mutter war nun bereit, in die Kirche zu treten, doch das Arrangieren der falschen Haarlocke hatte der Zarin und Fürstin Kochubei so viel Mühe gemacht, daß dadurch der traditionelle Hochzeitszug verspätet startete.

Nach dem Tod meines Großvaters im Jahre 1891 im Schloß Alupka auf der Krim wurden seine Besitzungen unter den Söhnen aufgeteilt. Das riesige Nikolai-Palais kaufte der Staat, und nach 1894 wurde hier das Xenia Institut untergebracht.

Mein Vater erbte Gut Chesmenka im Gouvernement Woronesch, einschließlich des Gestüts. Außerdem erbte er drei Grundstücke in Sankt Petersburg und die Hälfte von Borisowo im Gouvernement Minsk, ein Areal von 165 000 Hektar, davon 125 000 Hektar Wald, dessen Holz beträchtliche Einnahmen garantierte.

Bei der Aufteilung des Erbes schlug Onkel Nikolascha vor, Znamenka mit dem dazugehörenden Grund und Boden dem Anteil meines Vaters zuzuschlagen. Mein Onkel, der damals 35 Jahre alt war, erklärte, er wolle Junggeselle bleiben und finde es deshalb richtig, daß mein Vater Znamenka haben solle. Außerdem machte sich

Onkel Nikolascha wegen der Erinnerungen an den Vater nicht viel aus Znamenka.

Mein Vater hatte eine ganz andere Beziehung zu Znamenka. Für ihn war dieser Ort von früher Kindheit an mit glücklichen Erinnerungen verbunden, wie auch von der Zeit her, da er als junger Offizier dort wohnte.

Znamenka unter meinem Vater

Nach der Krönung von Nikolai II. reisten meine Eltern von Moskau nach Znamenka, um hier den Sommer und den Herbst 1886 zu verbringen. Sie zogen in den westlichen Flügel des Schlosses ein, wo auch mein Großvater seine Gemächer gehabt hatte. Die Räume wurden hergerichtet und die Möbel aus den Speichern wieder benutzt.

Es war ein ungewöhnlich lauer Herbst, und meine Eltern verbrachten viele Abende auf der Terrasse vor dem »griechischen Zimmer« meiner Urgroßmutter.

Am fünften Oktober 1896 wurde ich auf Znamenka geboren. Einige Wochen später wurde ich im Beisein der ganzen Familie in der guten Stube getauft. Der Zar war mein Pate und meine Großmutter, Großfürstin Alexandra Petrowna, die Patin. Nach der Familientradition war es üblich, mehrere Taufpaten zu haben, und meine zweite Patin wurde die erst vierjährige Schwester Marina. Über das Taufbecken hielt mich eine dritte: Gräfin Jelisaweta Andrejewna Worontsowa-Daschkowa (meine Großmutter mütterlicherseits), weil meine eigene Großmutter aus gesundheitlichen Gründen an der eigentlichen Taufzeremonie nicht teilnehmen konnte und sich in einem Nebenzimmer befand. Und die erst vierjährige Marina das Kind »halten zu lassen«, wagte man nicht.

Die traditionellen Rituale, die in der Zarenfamilie zu einer Taufe gehörten, wurden genau eingehalten. Die Ikone »Gottesmutter von Kasan« wurde aus Sankt Petersburg geholt, und als man mich ins Wasser senkte, wurde auf der großen Wiese vor dem Haus von einer Batterie Salut geschossen. Die Wachen trugen an diesem Tag die Uniform der Leibgarde des Ulanenregiments, in dem mein Vater diente.

Kurz vor meiner Taufe kam ein sehr erzürnter Feldmarschall, Großfürst Michail Nikolajewitsch (der jüngste Sohn von Nikolai I.), vom Nachbargut Michailowka zu Besuch. Der Grund seines Zornes war, daß meine Eltern – mit ausdrücklicher Genehmigung des Zaren – entschieden hatten, mir den Namen Roman zu geben! Das war ein Bruch der Familientradition, die vorschrieb, daß ich als erstgeborener Sohn nach meinen zwei Großvätern Nikolai hätte heißen müssen. Seiner Meinung nach war der Name Roman in unserer Familie neu und unbekannt. Meine Eltern hielten nun aber an ihrer Entscheidung fest und beruhigten den alten Onkel damit, daß der Name Roman im Stammbaum zu finden war – vor 400 Jahren! (Roman Jurewitsch war der Schwiegervater Iwan des Schrecklichen).

Wegen der Lungenkrankheit meines Vaters hielten sich meine Eltern im Winter oft im Süden auf, zuerst in Kairo und Luxor, danach in der Schweiz oder an der Französischen Riviera. Sie stiegen in Beaulieu ab, in der Nähe von Nizza, wo sie die Villa Sicard mieteten. Mein Vater kaufte das Segelschiff Mechta und war oft draußen auf langen Segeltörns. In Monte Carlo nahm er ab und zu an den internationalen Wettkämpfen »Tir au Pigeon« teil, wo er unter dem Pseudonym »Strelok« Tauben schoß und viele Preise gewann, die in seinem Kabinett auf Znamenka aufbewahrt wurden.

Nach meiner Geburt, als mein Vater schon wieder ganz gesund war, hielten meine Eltern an ihrem Winteraufenthalt in Beaulieu fest, wo sie viele Freunde und Verwandte trafen.

Im letzten Jahrzehnt des Jahrhunderts hielt sich die betagte englische Königin Victoria mit Tochter Beatrice von Battenberg oft in Nizza auf. Königin Victoria, die eine richtige Kupplerin war, bemühte sich, den jüngsten Prinz von Battenberg – Franz Joseph – mit der Schwester meiner Mutter, Fürstin Anna von Montenegro, zusammenzubringen. Sie lud sie oft zusammen mit meinen Eltern ein und freute sich aufrichtig, als die Heirat Wirklichkeit wurde. Nach der Hochzeit besuchten Onkel Franz und Tante Anna oft Königin Victoria in Schottland auf Balmoral Castle, wo sie die beiden sehr herzlich aufnahm.

Ich war knapp zwei Jahre alt, als ich Königin Victoria in Beaulieu zum ersten Mal »begrüßte«. Eines Tages, als meine Eltern bei der Königin zum Essen eingeladen waren, verspäteten sie sich, weil sie einen Unfall mit ihrer Equipage hatten. Irgend etwas mußte die Pferde erschreckt haben, sie brachen aus, und die Riemen des Geschirrs zerrissen. Mit einer Verzögerung von zehn Minuten erschienen sie zum Essen, wo sie eine besorgte Königin Victoria empfing.

Am nächsten Tag kam Königin Victoria zu unserer Villa Sicard, um sich zu erkundigen, wie sich meine Mutter nach dem »schrecklichen« Erlebnis befinde. Meine Eltern waren aber nicht zu Hause, und die Königin ging in den Garten, um Marina und mich zu begrüßen. Meine Schwester küßte der Königin die Hand, wie es sich für eine wohlerzogene Fünfjährige gehörte. Ich dagegen, in meinem Kinderwagen, begegnete ihr mit völliger Gleichgültigkeit, und als sich die Königin über den Wagen beugte, streckte ich ihr respektlos den Fuß zum Kuß entgegen!

Nach der Hochzeit meiner Eltern wurde ihr großfürstlicher Hof nach den Anordnungen des Zaren konstituiert. Der Adjutant und Regimentskamerad meines Vaters, Baron Alexej Iwanowitsch Stahl von Holstein, vorher Rittmeister in der Leibgarde des Ulanenregiments, wurde zum Gutsverwalter ernannt. Ein weiterer Regimentskamerad, Otton Rjurikowitsch Kotzebue, wurde Stallmeister. Meine Mutter bekam als Hofdame Anna Alexandrowna Puschkina, die Enkelin des großen Dichters. Im Hofstab meines Vaters befanden sich ein Sekretär, ein Arzt und die persönlichen Kammerdiener meines Vaters. Alle diese Personen standen formell im Staatsdienst, obwohl sie von meinem Vater bezahlt wurden.

Sowohl Baron Stahl wie Anna Alexandrowna Puschkina blieben bis zur Revolution 1917 bei meinen Eltern.

Mit Znamenka übernahm mein Vater einen Großteil des Dienstpersonals sowie einige von denen, die noch von der Zeit meines Großvaters her auf dem Altenteil saßen. Die meisten wohnten in dem Gebäude, das wir »Pferdestall« nannten, und viele hatten dort auch ihre Familie.

Ich erinnere mich sehr genau an den Hofmeister meines Großvaters, Kotonow, der seine Ehre dafür einsetzte, daß die Traditionen bewahrt blieben. Er war von kleinem Wuchs und hatte graue Koteletten. Kotonow konnte die Etikette an den Fingern hersagen. Als mein Vater ihn von meinem Großvater »erbte«, versah Kotonow seinen Dienst nur auf Znamenka, wo auch seine Familie wohnte. Er herrschte über Dutzende unserer Lakaien und achtete darauf, daß sie ihre Arbeit korrekt ausführten. Die alten Gewohnheiten und Sitten aus der Zeit meines Großvaters behielt er im Dienst meines Vaters hartnäckig bei. Aus Respekt vor Kotonows achtenswerten Prinzipien tolerierte mein Vater bis zu einer gewissen Grenze dessen

Eigenmächtigkeit, mußte allerdings hier und dort die veralteten Regeln brechen.

Kotonow war ein Meister im Servieren von Mittagessen und Festmahlen. Im Eßzimmer stand er unbeweglich hinter dem Stuhl meiner Mutter und wachte wie ein Habicht über die Lakaien. Er dirigierte sie mit unauffälligen Kopfdrehungen oder indem er – auf eine drollige Art – die Augenbrauen hob oder zusammenzog.

Damals wurden die Mittagessen und Festmahle in »offizielle«, »große« oder »gewöhnliche« eingeteilt. Kotonow nahm nie das Wort »Mittagessen« in den Mund, er nannte die Mahlzeit »Frühstück«. Man aß nicht zu Mittag, man »frühstückte«.*

Kotonow kannte nicht nur die Eßgewohnheiten der näheren Familienmitglieder, er merkte sich auch die einiger unserer Gäste. War Nikolai II. zu Besuch, wußte er selbstverständlich, daß der Zar keinen Kaviar mochte, aber das Gericht »canard en daube« sehr liebte, das unsere Köche nach einem ganz speziellen Rezept zubereiteten.

War Onkel Nikolascha zu Gast, der als besonderer Gourmet bekannt war, hörte sich Kotonow aufmerksam die Sonderwünsche meines Onkels an, um sie dann an den Chefkoch weiterzuleiten.

Er hatte seine ganz bestimmte Vorstellung, wenn es um das Einhalten des Prestiges an der großfürstlichen Tafel ging. Jeden Tag stellte der Chefkoch ein Menü zusammen, das er über Kotonow meinen Eltern zur Billigung zukommen ließ. Kotonow hatte dadurch die Möglichkeit, den Menüvorschlag mit Bemerkungen zu versehen, die seinen eigenen hofkulinarischen Anschauungen entsprachen. Er war der Überzeugung, daß die Tafel meines Vaters privilegiert sei und nicht anderen Tafeln gleichen solle!

Einmal mußte er für seine ultrakonservativen Ansichten büßen. Trotz des Verbotes meines Vaters, Federwild vor der Jagdsaison zu kaufen, servierte Kotonow eines Tages zum »Frühstück« junge Birkhühner in Sahnesoße. Das war Anfang Juni – also vor Beginn der Jagdsaison. Das Menü war zwar von meiner Mutter gutgeheißen worden, aber da sie selbst nicht auf die Jagd ging, wußte sie nicht, daß es verboten war, dieses Gericht um diese Jahreszeit auf den Tisch zu bringen. Als meiner Mutter zuerst die Schüssel gereicht wurde, machte mein Vater ihr ein Zeichen, das Essen nicht anzurühren und wandte sich an Kotonow mit der Frage: »Welches Da-

* beide Male die deutschen Ausdrücke. Anm. d. Ü.

tum haben wir heute – und welchen Monat?« Statt einer Antwort neigte der arme Kotonow nur sein schuldiges Haupt ... Aber seine Verlegenheit wurde noch größer, als meine Eltern an Stelle der Birkhühner kein anderes Gericht zu essen wünschten.

Eine ähnliche Situation erlebte Kotonow bei einer anderen Gelegenheit in Verbindung mit unserem »Kindertisch«. Unsere Gouvernante, Madam Taylor, beklagte sich bei meiner Mutter, daß man uns Kindern harte und geschmacklose Birnen serviere statt der herrlich reifen Erdbeeren, die in den Küchengärten Znamenkas wüchsen. Meine Mutter bat Baron Stahl, Kotonow eine Zurechtweisung zu erteilen. Kotonows Antwort war kurz und klar und stimmte mit seinen Prinzipien überein: »An der großfürstlichen Tafel kann man nicht servieren, was alle und jeder essen!«

Auf Znamenka wohnten außer Kotonow die zwei alten, vom Staat angestellten Kammerdiener meines Vaters, Gordenko und Golenischjew, die ihm beide seit frühester Kindheit gedient hatten. Neben ihnen hatte mein Vater andere, privat angestellte Kammerdiener, die jeweils zu zweit abwechselnd Dienst taten. Ich habe ein Geschenk aufgehoben, das sie meinem Vater überreichten, als er 25 Jahre alt wurde: Eine große Haarbürste in Silber gefaßt, wo unter dem Monogramm meines Vaters mit blau emaillierten Buchstaben eingraviert stand: »Von Gordenko, Golenischjew, Schurawlew, Webeko und Zinowjew«. Diese Bürste lag stets auf dem Toilettentisch meines Vaters.

Neben ihren allgemeinen Pflichten mußten alle diese Kammerdiener wissen, wann und wie die verschiedenen Uniformen zu tragen waren, beispielsweise zur Gala, im gewöhnlichen Alltag oder im Dienst mit all den Rangabzeichen, die abhingen von der Situation, der Jahreszeit und so weiter. Die Expertise des Kammerdieners war für meinen Vater, der meistens die einfache Generalsuniform trug, von ungeheuer großer Bedeutung. Manchmal mußte er Uniformen anderer Einheiten, denen er angehörte, anziehen, und in einigen Fällen kam er nicht umhin, in aller Eile die Uniform zu wechseln, wenn es die Situation forderte. Die Kammerdiener wußten ebenfalls genau, wann und wie mein Vater russische und ausländische Orden, Sterne, Bänder und Medaillen tragen mußte.

Wenn meine Eltern ins Ausland reisten, wurde mein Vater gewöhnlich von Schurawlew begleitet, der bis ins Kleinste die Regeln der korrekten zivilen Bekleidung beherrschte und außerdem mit seinen guten Kenntnissen der französischen Sprache eine große Hilfe war.

Fuhren meine Eltern auf die Krim, wurden sie neben Schurawlew von dem Kosaken Zinowjew begleitet, der stets in einer braunen Tscherkesska herumlief. Die beiden hatten häufig Dienst bei meinem Vater, und sie tauchen stets in meinen Erinnerungen an Znamenka, die Krim und an Sankt Petersburg auf.

Wenn ich an meine Kinderjahre auf Znamenka zurückdenke, sehe ich deutlich meine Mutter vor mir, wie sie im Garten vor dem »griechischen Zimmer« sitzt. Sie sitzt in einem hellen Sommerkleid mit einem Buch in der Hand da. Mein Vater sitzt daneben an einem Gartentisch und zeichnet etwas auf einen Bogen Papier. Zu seinen Füßen liegt sein Lieblingshund, der Pointer Patron. Meine Schwester Nadja und ich spielen an der Hauswand Ball und müssen ihn oft in den Blumenbeeten suchen, wo wir unbarmherzig in Reseda, Vergißmeinnicht und Petunien herumtrampeln.

In diesem Teil des Gartens wuchsen unglaublich viele Blumen, und im Schatten der hohen Bäume standen weiße Marmorstatuen, Kopien altgriechischer Werke, die meine Urgroßmutter – Zarin Alexandra Fjodorowna – gerne von ihrem »griechischen Zimmer« aus betrachtete.

Dieser Teil des Gartens war die ganz private Domäne meiner Eltern. Wollte ein Mitglied ihres Stabes sie unbedingt sprechen, wurde der wachhabene Lakai zu ihnen herausgeschickt, um die Angelegenheit vorzutragen.

In meiner Erinnerung sehe ich auch unser Kindermädchen Mascha herrannahen und ruhig stehenbleiben, bis meine Eltern auf sie aufmerksam werden. Sie hat leere Körbe in den Händen und macht uns Zeichen, daß es Zeit ist für einen Spaziergang in den Park, um Pilze zu sammeln.

Im Park mit Mascha und unserer Gouvernante, Madame Taylor, auf Pilzjagd zu gehen, bedeutete ein großes Vergnügen. Wir kannten die Stellen genau, an denen sie wuchsen, und wußten, daß wir gleich beim Eingang zum Park unter den Tannen gelbe Röhrlinge finden konnten, die wir aber nicht sammeln durften, da sie klebrig waren und unsere Kleidung verschmutzten.

Wenn wir zu der kleinen Holzbrücke über dem schmalen Teich kamen, blieben wir stehen, um die Fische mit Brotkrumen zu füttern. Bei dem Denkmal meines Großvaters zu Ehren seiner Eltern setzte sich Madame Taylor gerne mit ihrem Strickzeug auf eine Bank, während wir Kinder und Mascha zwischen den Bäumen herumkrochen, um Birkenröhrlinge, Milchlinge, schokoladenbraune Maronen und die herrlichen, weißstieligen Steinpilze zu suchen. Wir liebten auch die kleinen, gelben Pfifferlinge sehr, die Nadja ihren Puppen vorsetzte, wenn wir heimkamen.

Wenn wir mit übervollen Körben vom Park zurückkamen, zeigten wir die Pilze unseren Eltern, und zu unserer großen Freude bat Vater Mascha oft, die Steinpilze in die Küche zu bringen, damit sie am Mittagstisch als Vorspeise serviert würden.

Außer den Pilzen sammelten wir manchmal Walderdbeeren im Park. Davon gab es viele, doch die Körbe wurden um einiges leerer, bis wir damit nach Hause kamen.

Anstelle von Spaziergängen im Park wurden wir oft im großen Landauer zu Fahrten nach Peterhof und Umgebung mitgenommen. Dann erschien Madam Taylor in ihrer »Stadtkluft«, das heißt in einem feinen Kleid mit Kragen, einem Hut und einem Sonnenschirm in der Hand.

Zur festgesetzten Zeit fuhr der Landauer an der Haupttreppe vor, wo der wartende Stallbursche sich sogleich zu den Pferden stellte. Aus dem Hausflur trat Fedorow in seiner Livree, den dreieckigen Hut in der Hand. Wenn er für uns Kinder fuhr, setzte er den Hut so auf, daß eine Spitze nach vorne und eine nach hinten zeigte. Fuhren die Bereiter für die Herrschaft – Großfürsten oder Großfürstinnen – setzten sie den Hut quer auf. Meine Eltern, die keine Aufmerksamkeit erregen wollten, nahmen deshalb nur bei offiziellen Anlässen einen Bereiter.

Wir rollten davon, und als wir die Hauptwache von Peterhof erreichten, ertönte eine Glocke, und aus einem kleinen Schilderhaus in gotischem Stil kam ein Posten gelaufen, um auf einer hölzernen Plattform Habtachtstellung einzunehmen. Das amüsierte Nadja und mich. Und jedesmal, wenn wir uns der Hauptwache näherten, warteten wir ungeduldig darauf, zu sehen, wie der Wachtposten aus seinem Häuschen eilte und in Habtachtstellung ging.

Von der Hauptwache fuhren wir durch den sehr schönen Park mit hübschen Pavillons und unzähligen Springbrunnen zu unserem Ziel – dem kleinen Schloß Marly. Auf dem Weg durch den Park hielten wir oft auf der Brücke über dem Kanal an, der von Schloß Peterhof hinaus in die Bucht lief. Wir bewunderten das eindrucksvolle, hoch gelegene Schloß mit seinen gelben und weißen Farben sehr lange. Wir freuten uns über die riesige Kaskade mit den vergoldeten Brunnenfiguren und Samsons hohem Wasserstrahl in der Mitte.

Sobald wir Marly erreicht hatten, stiegen wir Kinder zusammen mit Mascha aus, während Madame Taylor im Landauer sitzenblieb. Sie öffnete ihren Sonnenschirm und vertiefte sich in ein Buch, und wir liefen zum Teich.

Das nette kleine Schlößchen Marly wurde von Peter dem Großen fast gleichzeitig mit Monplaisir gebaut. Vor dem Schloß hatte man einen viereckigen Teich angelegt. Hier warteten wir auf Marlys alten Aufseher. Er trug immer eine komische Uniform mit Medaillen auf der Brust. Sobald er uns sah, kam er uns mit langsamen Schritten entgegen. An einem Riemen über der linken Schulter hing ein Holzkistchen voller Brotstücke, und in der Hand hielt er eine alte Silberglocke. Dann kam der Augenblick, auf den ich so gespannt gewartet hatte. Der Aufseher läutete mit der Glocke, und vor uns kam das Wasser in Aufruhr, aufgepeitscht von den Fischen. Der Aufseher öffnete sein Kistchen, und wir durften die Fische füttern, bis es leer war.

Die Stellung des Aufsehers am Marly-Teich hatte seit der Zeit Peter des Großen bestanden. Nach einer Europareise, bei der der Zar miterlebt hatte, wie Fische mittels einer Glocke an die Wasseroberfläche gerufen wurden, wollte er dieses Schauspiel auch in Peterhof einführen. Man sagt, der Zar persönlich habe den ersten Fisch in den Marly-Teich gesetzt, und einige riesige Karpfen hätten bis in unsere Tage überlebt. Das muß nicht ganz verkehrt sein, denn es ist bekannt, daß Karpfen über 200 Jahre alt werden können.

Oft machten wir Ausflüge zur Anhöhe Babigony, die weniger als eine Stunde Fahrt mit der Equipage südlich von Peterhof lag. Wir bogen ab zur Lindenallee am zwei Kilometer langen, schmalen Samson-Kanal entlang, auf dessen Grund wir dicke Eisenrohre erkennen konnten, die den Samson-Springbrunnen in Peterhof mit Wasser versorgten. Landeinwärts mündete der Kanal in einen kleinen See, an dessen Ufer der kleine, zauberhafte Pavillon Oserki stand, umgeben von Terrassen und einem hübschen, gepflegten Garten.

Hinter Oserki begann der Aufstieg zur Anhöhe Babigony, auf deren Spitze der Pavillon Belvedere auf eine große Terrasse gebaut war, von der eine breite Treppe nach unten führte. Mir gefiel diese Böschung mit ihrem Gestrüpp und dem hohen Gras. Als wir in Belvedere ankamen, wartete bereits eine Equipage aus Znamenka, die alles mitbrachte, was wir zu unserem »Teetisch« benötigten. Manchmal erblickten wir noch eine Hofequipage und wußten dann, daß die Töchter des Zaren ebenfalls unterwegs waren.

Die Töchter des Zaren unternahmen des öfteren Ausflüge nach Belvedere, begleitet von ihrer Gouvernante und ihrem Kindermädchen Maria, die wir alle sehr liebten. Wenn wir uns hier trafen, spielten wir zuerst auf der Terrasse, dann liefen wir hinunter in den Garten, um Verstecken zu spielen. Doch unsere Lieblingsbeschäftigung war es, uns in dem dichten, hohen Gras hinunterkullern zu lassen.

Wenn die »Alexandrowitscher« – die Kinder von Alexander Michailowitsch und Xenia Alexandrowna – ebenfalls auf Babigony auftauchten, kullerten wir den Abhang hinunter und schlugen so wild und ausgelassen Purzelbäume, daß unsere Gouvernanten es mit der Angst bekamen. Sie verhielten sich unserer Wildheit gegenüber sehr reserviert, vor allem wegen der Grasflecken auf unserer Kleidung. Zu unserer unsäglichen Freude beteiligte sich Tante Xenia einmal an unserem Spiel. Sie rollte mit uns den Abhang hinunter – gefolgt von den stummen, mißbilligenden Blicken der Gouvernanten.

Die »Alexandrowitscher« – Irina, Andrej und Fjodor – kamen von Alexandria mit den ältesten Töchtern des Zaren, Olga und Tatjana gerne in einer großen Kutsche, während die Kleinen – Maria und Anastasia – mit den jüngeren »Alexandrowitschern« und ihren Gouvernanten in einem kleineren Landauer folgten. Zu dieser Zeit spielten Nadja und ich allerdings mehr mit den Töchtern des Zaren als mit den Kindern von Tante Xenia, die wir nicht so oft trafen.

Manchmal gesellte sich Zarin Alexandra Fjodorowna gegen 17 Uhr zu uns nach Babigony, wenn wir auf der Terrasse Tee tranken. Nachdem sie uns begrüßt und ein paar freundliche Worte mit den Gouvernanten gewechselt hatte, ging sie hinunter in den Garten, um sich an der guten Luft zu laben. Die große und schlanke Zarin war zu dieser Zeit außerordentlich schön – in ihrer Haltung ebenso wie in ihrem Gang und den Bewegungen bewundernswert.

Der Abschied zwischen uns Kindern war in der Regel langwierig und laut. Wir waren schwer zu bändigen und hörten nicht auf mit dem Versteckspiel zwischen den Statuen und Blumenkübeln, von denen es eine Menge beim Pavillon gab. Hier stand auch eine große Bronzegruppe mit einem fürchterlichen Ungeheuer mit offenem Rachen, das wir mit abgerupftem Gras fütterten. Damals hatten wir keine Ahnung, daß dieses Ungeheuer Österreich personifizierte!

Meine Erinnerungen an Znamenka sind eng verknüpft mit meinem Kindheits- und Jugendfreund Alexej Stahl, der immer nur Alescha genannt wurde. Wir wuchsen wie Brüder auf, und wo immer wir wohnten – auf Znamenka, der Krim oder in Sankt Petersburg – nahm er stets an unseren Spielen und Ausflügen teil. Unsere enge Freundschaft hielt bis 1916, als er, erst 18 Jahre alt, an einer Blinddarmentzündung starb.

Alescha wohnte jeden Sommer mit seinen Eltern, Baron Alexej Iwanowitsch und Baronesse Jelena Alexejewna, und seiner Schwester Maria (Muscha) auf Znamenka, und zwar im »Baron-Haus« gleich beim Pferdestall. Die Gouvernante der Kinder, Mademoiselle Monnier, unterrichtete auch meine Geschwister und mich in Französisch.

Muscha war vier Jahre älter als Alescha und deshalb mehr Marinas Freundin. Trotzdem kamen wir gut miteinander aus und spielten begeistert in den kleinen hölzernen Spielhäusern, die mein Vater hatte bauen lassen. Diese Spielhäuser hatten einen Holzboden, und man konnte sie leicht an verschiedenen Stellen im Garten aufstellen. Manchmal kam mein Vater zu Besuch. Er mußte sich sehr bücken, um sich in eines der kleinen Häuschen zu zwängen. Als wir ihn auf einen niedrigen Stuhl bugsiert hatten, servierten wir ihm zerschnittene Blumen, Blätter und Gras auf einem kleinen Teller.

Viel Spaß machte es uns auch, mit einer kleinen Equipage, gezogen von Marinas dickem, hellgrauen Pony Slonik (kleiner Elefant) zu fahren. Dann hielten abwechselnd Alescha, Nadja und ich die Zügel. Ziel dieser Fahrten war meistens der Gutshof Kreit. Am besten war die Stelle, wo es steil bergauf ging und dann wieder hinunter in eine Senke. Dort unten befand sich eine Brücke, die über einen Bach führte, worauf erneut eine Steigung folgte. Jedesmal, wenn wir zu der Senke kamen, rannte Slonik im Galopp bergab, bis wir die Brücke erreichten. Bergauf bewegte er sich im Schritt, blieb ab und zu stehen, schaute sich um und ging erst weiter, wenn einer von uns aus der Equipage sprang, ihn am Halfter nahm und hinter sich herzog.

Im Gutshof besuchten wir den Hühnerstall und fütterten die Hühner. Mein Vater interessierte sich sehr für die Hühnerzucht und hatte auf Kreit einen großen Hühnerhof gebaut, wo er die neuesten englischen und amerikanischen Methoden der Hühnerhaltung und -zucht ausprobierte. Zuerst hielt er nur gewöhnliche Hühner, doch später kaufte er andere Arten, die keinen praktischen Wert hatten. Der Hühnerhof war aufgeteilt in Einheiten, und auf einem Pfosten vor jeder Einheit war ein kleines Schild genagelt, auf dem der Name der entsprechenden Rasse stand.

Im Hauptgebäude waren Zimmer hergerichtet, die benutzt wurden, wenn die Herrschaft zu Besuch kam. Hier wurden wir mit einem Becher Milch und herrlichem Brot mit Butter und Marmelade bewirtet. Beim Abschied versorgte man uns mit Honigkuchen, die uns Madame Taylor abluchste, wenn wir heimkamen.

Wenn es regnete, spielten wir Kinder auf unseren Zimmern oder in den zwei großen Sälen. Wir spielten recht friedlich mit einem rot gesattelten Elefanten auf Rädern, einem Obstladen mit Äpfeln, Birnen und anderen Früchten, in natürlicher Größe hergestellt aus Pappmaché, oder mit unserer weichen Stoffpuppe Wasja, die meine Großmutter genäht hatte. Das Gesicht der Puppe war mit Aquarellfarben bemalt und hatte einen fragenden Ausdruck. Meine Großmutter hatte überdies Wasja mit einer vollständigen Garderobe ausgestattet. Als uns erlaubt wurde, mit der Puppe zu spielen, war sie bereits fast 40 Jahre alt, denn mein Vater hatte sie bekommen, als er ganz klein war. Unser Kindermädchen Mascha ging sehr behutsam mit Wasja um, die ihren eigenen kleinen Korb hatte, in den sie nach dem Spielen gelegt wurde.

Morgens sahen wir unsere Eltern nur selten. Wir standen sehr zeitig auf und verbrachten den Vormittag im Garten oder im Park, wenn es das Wetter zuließ. Nach dem Mittagessen begaben sich Nadja und ich in das private Eßzimmer der Eltern, die dort noch bei Tisch saßen. Während sie aßen, bewunderten wir ihre merkwürdige Sammlung von Schnapsgläsern, Aschenbechern, allerhand Zigarettenanzündern und altmodischen Tabaksdosen. Besonders angezogen wurden wir von kleinen silbernen Bären, die jeder einen Docht hatten, um Zigaretten anzuzünden. Außerdem bewunderten wir eine vergoldete Lokomotive, aus deren Schornstein anstelle von Rauch ein Docht stieg. Viele dieser Kostbarkeiten, die in einem Glasschrank aufbewahrt wurden, stammten von dem Juwelier Fabergé.

Nach dem Mittagessen saßen meine Eltern ein Weilchen in der Wohnstube meiner Mutter, wo sie Kaffee tranken. Meinem Vater wurde ein rundes Tablett mit einigen Flaschen selbstgemachten Obstlikörs gebracht sowie eine kleine türkische Kaffeekanne aus rotem Kupfer und kleine Tassen aus Silberfiligran. Die Flaschen mit den verschiedenfarbigen Obstlikören reizten mich sehr – aber damals war ich natürlich noch zu klein, um davon zu kosten. Mein Vater schätzte besonders einen goldenen Moltebeer-Likör, der stets auf seinem Kaffeetablett stand, egal wo er gerade war – auf Znamenka, der Krim oder in Sankt Petersburg. Wir liebten diese Mußestunden in der Wohnstube. Meine Mutter setzte Nadja und mich neben sich auf das Sofa und zeigte uns illustrierte Blätter. Ich erinnere mich, daß diese Blätter voll waren von Bildern des Burenkrieges. Meine Mutter vertrat die Meinung, daß England in der internationalen Politik Rußlands Feind Nummer eins war, während Österreich-Ungarn der Feind Montenegros war. Ihre Sympathie für die Buren zeigte sich unter anderem darin, daß ich einen Burenanzug genäht bekam und einen richtigen Burenhut mit breiter Krempe, auf den ich mächtig stolz war. Eine Photographie von mir in diesem Anzug befand sich immer in Mutters Wohnstube.

Während wir diese illustrierten Blätter anschauten, hatte meine Mutter oft ihren geliebten, kleinen, zottigen Hund Kate auf dem Schoß. Er war von unbestimmbarer Rasse, erinnerte aber ein bißchen an die weißen, maltesischen Papillons. Meine Mutter machte sich eigentlich nichts aus Hunden, erklärte sogar, sie habe Angst vor ihnen. Als sie heiratete, kam sie allerdings nicht umhin, sich daran zu gewöhnen, denn mein Vater besaß damals nicht weniger als elf Hunde. Kate, der erste und einzige Hund meiner Mutter, wurde gekauft, bevor ich geboren wurde, und zwar in Nizza von dem Kutscher, der meine Eltern gewöhnlich in seinem Fiaker fuhr. Mutter war völlig vernarrt in Kate, der immer auf dem Kutschbock neben dem Kutscher saß, so daß mein Vater ihm das Tier schließlich abkaufte, als sie Nizza verließen. Kate lebte sehr lang und beschloß seine Tage auf unserem Gut Djulber auf der Krim, wo er an der Hausmauer unter den Fenstern meiner Mutter begraben wurde.

Wie erwähnt unternahmen wir viele Ausflüge. Die schönsten waren jedoch die zum Angeln an den Weiher von Znamenka, wo es viele Forellen gab, oder die in die Bucht, wo wir von den kleinen Stegen aus angelten, die weit hinausführten über das flache Wasser zu den Badehütten, die dort auf Pfählen standen. Wenn wir an der Küste angelten, in der Nähe des Pavillons Renella, schlossen sich uns die Töchter des Zaren – Olga, Tatjana und Maria – an.

Wenn wir bei Renella angelten, suchten wir uns immer einen Tag aus, an dem es ganz ruhig war. Wir älteren Kinder, Olga, Tatjana und ich, setzten uns, zusammen mit deren Kindermädchen Maria, in ein Ruderboot, das so klein war, daß es mir heute unerklärlich scheint, warum wir nicht umkippten. Maria und Nadja setzten sich mit Mascha auf die Steine bei Renella. Zuerst versuchten wir es mit der Angel, aber soweit ich mich erinnere, fingen wir damit selten etwas. Viel lustiger und erfolgreicher war es mit dem Netz, denn an der Küste entlang schwammen die kleinen Fische in ganzen Schwärmen zwischen den Steinen.

Wenn wir nach Hause mußten, bekam jeder einen kleinen Eimer, in den wir den Fang des Tages legen sollten. Es passierte oft, daß einer von uns überhaupt nichts gefangen hatte. Dann erschien die gute Mascha und schmuggelte rasch ein paar Fische in den leeren Eimer ...

Oft kam Nikolai II. persönlich, um seine Töchter abzuholen. Wenn er durch die Pforte an der Grenze zwischen Znamenka und Alexandria ging, salutierte die Wache, die dort postiert war. Manchmal blieb der Zar stehen und wechselte ein paar Worte mit dem Mann. Oft kam der Zar auch an der Küste entlangspaziert. Wir sahen ihn immer schon von weitem – in seiner Sommeruniform mit dem Stock in der Hand. Hatte er uns erreicht, machte er Nadja und mir ein Zeichen, daß wir nicht zu ihm kommen und ihn begrüßen brauchten. Nachdem er die Gouvernanten mit militärischem Gruß begrüßt hatte – worauf sie ihm ihre Reverenz erwiesen – ging er in die Wohnstube von Renella, die er sehr liebte. Der Zar hatte sogar versucht, meinem Vater den Pavillon abzukaufen – doch ohne Erfolg, denn mein Vater mochte ihn selbst sehr gern.

Nadja und ich hatten keine besondere Lust, nach Alexandria zu kommen und zogen es vor, uns mit den Töchtern des Zaren bei Renella am Meer oder auf Babigony im Wald zu treffen. Waren wir aber auf Alexandria, vertrieben wir uns die Zeit mit Spaziergängen im Park, oder wir spielten vor dem Pavillon »Cottage«, in dem die Zarenfamilie wohnte.

Pünktlich um 17 Uhr tranken wir auf der Terrasse Tee. Danach gesellten wir uns zum Zaren und der Zarin auf der anderen Terrasse, die mit einer rot-weiß gestreiften Markise überdacht war und einer richtigen Wohnstube glich, weil sie voller Möbel war. Auf dem Tisch neben dem Stuhl der Zarin stand eine große Vase mit einem Strauß schöner weißer Lilien. Das waren die Lieblingsblumen von Zarin Alexandra Fjodorowna. Im Sommer stellte sie in ihren privaten Gemächern so viele Lilien auf, daß die Luft ganz von ihrem Duft durchdrungen war. Meine Mutter konnte den Geruch dieser Blumen nicht ertragen, und wenn sie bei der Zarin zu Gast war, setzte sie sich stets in die Nähe eines offenen Fensters.

Wenn wir Kinder den Zaren und die Zarin begrüßten, baten deren Töchter immer, uns nicht aufzuhalten, denn wir wollten lieber in den Garten und spielen. Nachdem sie ein bißchen mit uns gesprochen hatte, ließ uns die Zarin gehen, und der Zar verließ in der Regel zusammen mit uns die Terrasse, um Tennis zu spielen oder auszureiten.

In meiner Kindheit trafen sich meine Eltern häufig mit der Zarenfamilie, die jeden Sommer zwei Monate in Peterhof verbrachte. Meistens kam die Zarenfamilie nach Znamenka zum Essen, und danach wurden die Abende auf der Terrasse vor dem »griechischen Zimmer« genossen. Ich erinnere mich, daß der Zar und die Zarin ab und zu während dieser Abende bei meinen Eltern zu uns Kindern ins Schlafzimmer kamen. Das freute Nadja und mich sehr, besonders, weil die Zarin uns gerne mit Kandis verwöhnte, der zu dieser »verbotenen« Stunde noch besser als sonst zu schmecken schien. Eines Tages kamen sie, während wir das Abendgebet sprachen, in dem wir immer für den Zaren beteten, bevor wir für die Eltern beteten. Meine Mutter hat mir später erzählt, daß der Zar ihr gegenüber seine Verwunderung geäußert hätte und darum bat, in unseren Gebeten nicht zuerst genannt zu werden. Doch trotz dieses Wunsches gab es keine Änderungen an unserem Abendgebet.

Während Nadja und ich noch unter der Obhut von Madame Taylor standen, hatte Marina Anna AlexejewnaWitkowskaja als Erzieherin, die sie in russischer Sprache, Geschichte und Arithmetik unterrichtete. Anna Alexejewna wurde in diesen Fächern später auch meine Lehrerin. Als Madame Taylor uns verließ, blieb Anna Alexejewna Nadjas Lehrerin bis zu dem Tag, an dem sich Nadja mit Fürst Orlow verlobte. Anna Alexejewna, die wir Seni nannten, wohnte ständig in unserem Haus, bis uns die Revolution von 1917 trennte.

Es war eine große Freude für uns, sie in Antibes an der Französischen Riviera wieder zu treffen, als ich schon verheiratet war. So hatte ich die Möglichkeit, Seni zu fragen, ob sie meine Söhne in der russischen Sprache unterrichten wolle. Von da an blieben wir bis zu ihrem Tod 1939 in Rom zusammen.

Anna Alexejewna Witkowskaja erhielt ihre Ausbildung im Katharina Institut in Sankt Petersburg. Sie beherrschte Französisch, Deutsch und Englisch und übersetzte moderne westliche Literatur ins Russische. Seni unterrichtete außerdem Fürstin Jelena Petrowna Karageorgjewna (meine Kusine) in Russisch. Als meine Tante Zorka 1890 starb, war Jelena erst sechs Jahre alt. Sie wohnte eine Zeitlang bei ihrem Vater – seit 1903 König von Serbien – in der Schweiz, danach bei ihrem Onkel in Sankt Petersburg, bis meine Mutter sie zu sich nahm. In der Familie nannten wir meine Kusine immer Jabe (auf serbisch »Apfel«), weil sie ein Kind mit roten Apfelbäckchen war. Neben serbisch sprach sie nur französisch, aber dank Senis Unterricht lernte Jabe schnell russisch. Sie war befreundet mit Marina und unserer Kusine Jelena von Leuchtenberg, aber ihre beste Freundin war die jüngste Schwester meiner Mutter, FürstinWera von Montenegro, die meine Mutter oft nach Rußland einlud. Jabe war drei Jahre älter als ihre eigene Tante!

Otton Rjurikowitsch Kotzebue, der Regimentskamerad meines Vaters, verließ nach der Hochzeit meines Vaters seine Dienststelle bei der Leibgarde des Ulanen-Regiments und wurde Adjutant und Stallmeister bei meinem Vater. Er war ein feiner und nobler Mensch und ein aufrichtiger Freund meines Vaters. Er konnte jähzornig sein, wußte sich aber zu beherrschen, wenn es notwendig war, und mein Vater schätzte seine Redlichkeit und Aufrichtigkeit sehr.

Kotzebues Titel eines Stallmeisters war nur nominell, denn seine

Pflichten bestanden darin, meine Eltern zu begleiten, wenn sie zu offiziellen Festlichkeiten fuhren – auch nachdem die Pferde von Automobilen abgelöst worden waren. Als Stallmeister des großfürstlichen Hofes mußte er außerdem Personen, die zur Audienz kamen, empfangen und begleiten.

Wenn mein Vater Audienz hielt, empfing Kotzebue den Gast im Vorzimmer und führte ihn ins Empfangszimmer. Wollten meine Eltern gemeinsam Audienz geben, erledigte Kotzebue seine Pflichten zusammen mit der Hofdame meiner Mutter. Empfing meine Mutter alleine Gäste, wurden diese nur von der Hofdame meiner Mutter begleitet. Diese Audienzregeln am großfürstlichen Hof waren vom Hofmarschall festgesetzt und verpflichteten unter anderem die Stallmeister, beim Empfang ausländischer Gesandter Galauniform zu tragen.

Hielten meine Eltern Audienz, war es uns Kindern streng verboten, uns zwischen Vorzimmer und Empfangszimmer aufzuhalten, was ein klarer Bruch des Protokolls gewesen wäre.

Otton Rjurikowitsch Kotzebue erfüllte seine Pflichten tadellos. Trotzdem er die traditionellen Regeln der Etikette streng einhielt, war er natürlich und unbefangen im Umgang mit meinem Vater, der seine Fähigkeiten sehr schätzte. War mein Vater im Ausland, liebte er es, sich als Privatperson zu fühlen, frei von allen offiziellen Pflichten, die ihn belasteten, und es war ihm ein besonderes Vergnügen, Kotzebue auf seinen Reisen mitzunehmen, weil sie ein sehr freundschaftliches Verhältnis verband.

Kotzebue hatte auch zu seinem früheren Regimentskameraden Baron Stahl – dem Gutsverwalter meines Vaters – ein gutes Verhältnis. Stahl war sonst bekannt für seine Eifersucht Personen gegenüber, die die Sympathie meiner Eltern besaßen. Kotzebue beendete seinen Dienst 1917 als Generalmajor in Petrograd. Wir trafen ihn im Ausland wieder, wo er 1938 in San Remo starb.

Zur gleichen Zeit wie Kotzebue hatte Baron Alexej Iwanowitsch Stahl von Holstein in der Leibgarde des Ulanenregiments gedient, in derselben Zweiten Schwadron wie mein Vater. Als Gutsverwalter am Hof meines Vater erfüllte auch er seine Pflichten einwandfrei. Er war äußerst rechtschaffen und besaß das volle Vertrauen meines Vaters. Im Dienst verlangte er viel und konnte im Umgang mit anderen ziemlich schroff sein. Obwohl unsere Dienerschaft ihn fürchtete, war er sehr geachtet, weil er die, die eine Krankheit oder ein Unglück belastete, mit großer Teilnahme und herzlichem Mitleid behandelte. In solchen Fällen zeigte Baron Stahl eine Seite seines Wesens, die er in der täglichen Arbeit hinter einer kühlen Fassade verbarg.

Mein Vater hatte auch einen Arzt in seinem Stab. Der erste war Tichanow, der meinen Vater während seiner Lungenkrankheit nach Ägypten begleitete und danach an die Französische Riviera.

Er wurde von Jaroschewski abgelöst, einem umgänglichen und hervorragenden Arzt. Im russisch-japanischen Krieg fuhr er ins Kriegsgebiet, um in den Lazaretts des Roten Kreuzes zu arbeiten. Mein Vater, der Jaroschewskis Eigenschaften und seine ungeheuere Tüchtigkeit kannte, schlug ihm nach dem Krieg vor, als Chefarzt in den Krankenhäusern, die meine Großmutter beim Pokrowski-Kloster in Kiew gebaut hatte, zu arbeiten. Jaroschewski wurde von Hofarzt Warawka abgelöst, den ich mehrfach in meinen Erinnerungen erwähnen werde.

Die Pflichten der Hofdame meiner Mutter vereinfachten sich dadurch, daß meine Mutter wenig Wert auf das »offizielle Leben« legte. Die Arbeit der Hofdame – der späteren Hofmeisterin Anna Alexandrowna Puschkina – bestand darin, einen Teil der Korrespondenz meiner Mutter zu erledigen und Bittschriften von verschiedenen wohltätigen und erzieherischen Institutionen entgegenzunehmen, die meine Mutter interessierten. Wie vorher angesprochen, mußte sie meiner Mutter bei deren offiziellen Audienzpflichten zur Hand gehen. In solchen Fällen besprach sich Anna Alexandrowna vorher mit meiner Mutter, um ihr Auskünfte zu geben, die ihr in den folgenden Gesprächen mit den um Audienz Bittenden von Nutzen sein konnten.

Als wir Kinder waren, hatten die Tage, an denen meine Mutter Audienz gab, etwas Besonderes. Hofmeister Zajetschew (Kotonows Nachfolger) ging dann mit einem kleinen, silbernen Rauchfaß durch die Räume, aus dem er »Eau de la Cour« umhersprengte. Dieses Parfüm – ebenso wie »Eau de Lubin« – wurde speziell für das Hofministerium hergestellt, das die Flakons an die großfürstlichen Höfe lieferte. Manchmal ließ der feierliche Zajetschew uns Kinder an diesem Ritual teilnehmen, obwohl wir uns zu diesem Zeitpunkt auf »verbotenem Gebiet« aufhielten. Waren wir unvorsichtig mit den

Flakons und bekamen Parfüm auf die Finger, entlarvte der Duft unser Vergehen – und dann setzte es was!

Wenn sich meine Eltern im Sommer auf Znamenka aufhielten, gab es selten offizielle Empfänge, es kamen vor allem unsere Verwandten, die auf den naheliegenden Gütern wohnten.

In meiner Kindheit sah ich meine Tante Stana am meisten, die von Sergjewka herüberkam, ca. sechs Kilometer westlich von Znamenka.

Zu den ungünstigsten Zeitpunkten tauchte Onkel Alexander von Oldenburg auf – immer alleine. Er wohnte im Sommer mit seiner Frau, Tante Eugénie, auf deren großem Gut, dem Oldenburgischen Herrensitz, der zwischen Peterhof und Sergjewka lag. Meine Eltern mochten Onkel Alexander gern, obwohl er ihre Gewohnheiten störte, wenn sie auf der Terrasse vor dem »griechischen Zimmer« Tee tranken. Er konnte nicht stillsitzen, und es ging ihm am besten, wenn er durch die Alleen des Parks schritt, gefolgt von meinen atemlosen Eltern. Hatte meine Mutter endlich eine Bank gefunden, um auszuruhen, lief er vor der Bank auf und ab und redete dabei ununterbrochen. Wenn er uns Kinder begrüßte, stellte er mir jedesmal eine Reihe von Fragen, die mich völlig verwirrten, weil sie so schnell hintereinander kamen, daß ich kaum Zeit fand, zu antworten. Onkel Alexander war ein großer, stattlicher Mann, und obwohl er damals bereits über 60 war, waren seine Bewegungen und sein Gang immer noch so lebhaft wie bei einem jungen Mann. Sein rotes Gesicht mit dem grauen Schnauzbart hatte einen sympathischen und gutmütigen Ausdruck, der übereinstimmte mit seiner freundlichen Art.

Seine Frau, Tante Eugénie, gab sich den Anschein einer sehr belesenen und kulturell interessierten Frau. Sie bekam Besuch von Künstlern, Schriftstellern und geistigen Größen der Wissenschaft und der Medizin, sowie von weniger berühmten Personen, die sie wegen ihrer ausgefallenen Auffassungen von Diagnosen und Behandlungsmethoden verschiedener Krankheiten interessierten. In ihrer Mitte ließ sich Tante Eugénie so von den Diskussionen hinreißen, daß sie Zeit und Ort vergaß. Auf ihre Initiative hin entstanden viele kunsthandwerkliche Ateliers, und Sammlungen mit Zeichnungen und Kunsthandbücher wurden herausgegeben. Gleichzeitig nahm sie an einer Vielzahl von wohltätigen Arbeiten teil.

Ihre Nichten nannten sie unter sich meistens »Tante Mops«. Diesen respektlosen Spitznamen hatten wir Kinder von den Töchtern Alexanders III., Xenia und Olga, übernommen. Wenn Tante Eugénie bei ihrer Mutter, Zarin Maria Fjodorowna, zu Besuch war, hatte sie oft ihren Lieblingshund dabei – einen Mops. Die Töchter des Zaren nannten sie anfangs »die Tante mit dem Mops«, was später zu »Tante Mops« verkürzt wurde. Komischerweise heiratete Olga später den einzigen Sohn von Tante Mops, Pjotr Alexandrowitsch von Oldenburg. Mit Tante Eugénies Gesundheit stand es nie zum besten, und mit den Jahren wurde sie aufgrund einer Gehirnblutung fast vollständig gelähmt, wodurch alle ihre öffentlichen Tätigkeiten ein Ende fanden.

Großfürst Dmitri Konstantinowitsch war ebenfalls ein häufiger Gast. Er kam immer vom Gut Strelna her an der Küste entlang geritten, und obwohl er meistens unangemeldet erschien, wurde er immer mit offenen Armen empfangen. Sofort wurde der Teetisch auf der Terrasse vor dem »griechischen Zimmer« gedeckt, und meine Mutter gab Anweisung, für Onkel Dmitri Himbeeren mit Sahne zu bringen. Das war eine Leckerei, die er gerne mochte – und manchmal fiel auch für uns Kinder etwas davon ab.

Wenn Onkel Dmitri zum Essen kam, stand der Abend im Zeichen der Musik. Wie sein Bruder Konstantin hielt er viel von guter Musik und liebte es, wenn meine Mutter auf dem Flügel klassische Musik spielte. Ab und zu setzte er sich selbst an den Flügel, spielte Volks- und Militärlieder und sang dazu aus voller Kehle.

Als alter Junggeselle hatte Onkel Dmitri nicht vor, die eingefleischten Gewohnheiten, die er sich in der Jugend angeeignet hatte, zu ändern, und viele betrachteten ihn deshalb als einen Sonderling. Seine Neffen, die »Konstantinowitscher«, liebten seine Gutmütigkeit, fürchteten sich aber trotzdem ein bißchen vor ihm. Er unterließ es nämlich nie, ihnen moralische Grundsätze beizubringen. Er war ein sehr religiöser Mensch und ging oft in die Kirche. Fanden die Gottesdienste in privaten Kirchen auf Strelna oder im Marmorpalast von Sankt Petersburg statt, sang er des öfteren im Kirchenchor.

Onkel Dmitri war leidenschaftlich an Pferden interessiert. Er selbst war ein hervorragender Reiter und kannte die Regeln der Kavallerie in allen Details. Er mochte auch Traber, und auf seinem Gut

Dubrowka im Gouvernement Poltawa hatte er ein Gestüt, wo man ausschließlich reinrassige Orlowtraber züchtete, ebenso wie auf Chesmenka, dem Gestüt meines Vaters.

Großfürst Dmitri und seine drei Brüder wurden von ihrem Vater, Generaladmiral Konstantin Nikolajewitsch, für den Dienst bei der Marine bestimmt. Außerdem gehörten sie alle von Geburt an zum Corps der Garde. Doch keiner der Söhne erfüllte den Wunsch des Vaters und ging zur See. Nur Dmitri hatte Freude am Meer, mußte diese Karriere aber wegen seiner stetigen Seekrankheit aufgeben. Er kam stattdessen in das Reiterregiment der Leibgarde, in dem er Oberst wurde. Onkel Dmitri starb 1919 in Petrograd, wo ihn die Bolschewiken erschossen.

Nur selten kamen meine Eltern während des Sommers mit Onkel Dmitris Bruder, Großfürst Konstantin Konstantinowitsch, zusammen, weil er zu dieser Jahreszeit auf Schloß Pawlowsk, etwa 40 Kilometer von Znamenka entfernt, wohnte.

Die Schwester der beiden, Königin Olga Konstantinowna von Griechenland, war oft bei ihren Brüdern sowohl auf Pawlowsk wie auf Strelna zu Gast. Sie hatte immer große Sehnsucht nach der Heimat, und wenn sie aus Griechenland zu Besuch kam, wohnte sie lange Zeit bei ihren Verwandten, die sie alle sehr gerne mochten. Bereits als Sechzehnjährige wurde sie mit König Georg I. von Griechenland, dem Sohn Christian X. von Dänemark, verheiratet, und sie verließ Rußland mit einer reichen Aussteuer und allen ihren Lieblingspuppen. In ihrem Herzen blieb Königin Olga stets russisch, und obwohl sie in ihrem neuen Vaterland sehr mit wohltätigen Veranstaltungen beschäftigt war, wurde sie in Regierungskreisen immer als »russophil« bezeichnet. Olga Konstantinowna war die älteste Tochter von Generaladmiral Konstantin Nikolajewitsch, Kommandant der Zweiten Flottenbesatzung und der Besatzung des Kreuzers Admiral Makarow. Diesen Titel schätzte sie sehr, und wenn russische Kriegsschiffe den Hafen von Piräus anliefen, liebte sie es, »ihre Matrosen« zu besuchen.

In den Jahren vor dem Russisch-Japanischen Krieg wohnten Tante Olga und meine Halbvettern, die »Konstantinowitscher«, im Sommer auf Strelna bei Onkel Dmitri, weil in diesen Jahren am Schloß Pawlowsk Reparaturarbeiten vorgenommen wurden. Da Strelna nicht weit von Znamenka entfernt war, hatten wir Kinder oft die Möglichkeit, mit den »Konstantinowitschern« zusammenzusein. In einem dieser Sommer erhielten wir, auf Wunsch meiner Mutter, in einem der großen Säle auf Znamenka Tanzunterricht. Teilnehmer dieser Tanzstunden waren meist die sechsjährige Nadja, Marina und ich, Alescha und Muscha Stahl, die »Konstantinowitscher« (Igor, Oleg, Tatjana, Konstantin, Gavriil und Johann), Jelena und Sergej von Leuchtenberg, Cecilie von Mecklenburg und Prinz Christopherus von Griechenland. Unser Tanzlehrer hieß Troitski. Er verstand es, uns auf vergnügliche Weise zu unterrichten.

Manchmal schauten Tante Olga von Griechenland und Anastasia von Mecklenburg (die Mutter der späteren Königin Alexandrine von Dänemark) bei unserem Tanzunterricht zu, und soweit ich mich erinnere, sah ich nur einmal Zarin Alexandra Fjodorowna, deren Töchter aus irgendeinem Grund nicht teilnahmen. Vor ihrer Ankunft holten die Lakaien aus dem anstoßenden Speisezimmer einen Lehnstuhl für sie. Das wunderte mich sehr, denn ich hatte keine Ahnung, daß die Zarin damals hochschwanger war und ihren Sohn Alexej erwartete.

Nach unseren Stunden gingen wir alle in das große Speisezimmer, wo es Tee und viele gute Sachen für uns gab.

Ich erinnere mich deutlich an diese Begebenheit, es war irgendwann im Sommer 1904, an einem heißen Tag im Juli. Nadja und ich sollten mit Madame Taylor einen Spaziergang machen. Als wir hinaus in den Garten kamen, begegneten wir meinen Eltern, die, nachdem sie ein paar Worte zu unserer Gouvernante gesagt hatten, uns ermahnten, nicht zu weit weg zu gehen. Das machte unsere Pläne zunichte, denn wir hatten vorgehabt, tief in den Park hineinzugehen, um Walderdbeeren zu sammeln und nach den ersten Pilzen des Jahres Ausschau zu halten. Obwohl Nadja und ich betrübt waren, auf dieses Vergnügen verzichten zu müssen, ließen wir uns doch trösten, denn nach dem Gesichtsausdruck unserer Eltern zu schließen, war das Verbot mit irgend etwas Angenehmen oder Spannenden verbunden. Wir stellten uns vor, daß wir Geschenke bekommen würden und fingen an zu raten, was es wohl sein mochte. Ich weiß nicht, was Nadja sich am sehnlichsten wünschte, ich hoffte jedenfalls, eine neue Schachtel Zinnsoldaten zu bekommen.

Wir hatten kaum den Park erreicht, als der atemlose Kammerdiener Schuralew uns mitteilte, daß wir sofort umkehren sollten. Als wir heimkamen, bot sich uns ein ungewohnter Anblick. In unserem »privaten« Garten bei der Kirche war ein runder Tisch mit vielen Flaschen und Gläsern gedeckt. Um den Tisch saßen unsere Eltern, Onkel Nikolascha, Onkel Alexander von Oldenburg und Onkel Georg von Leuchtenberg mit seiner Frau, unserer Tante Stana. Als wir angelaufen kamen, rief Onkel Nikolascha mit seiner dröhnenden Stimme: »Ein Prosit auf ...«, und es folgten einige Worte, die ich nicht verstand; ich hörte nur den Namen Alexej. Gleichzeitig drückte mir Onkel Nikolascha ein Glas in die Hand – und zum erstenmal in meinem Leben kostete ich Champagner! Es stellte sich heraus, daß Onkel Nikolascha mich aufforderte, auf Großfürst Alexej Nikolajewitsch zu trinken – den neugeborenen Zarewitsch und Thronfolger!

Bereits seit den frühen Morgenstunden hatte man gespannt auf das Ergebnis der bevorstehenden Geburt gewartet und gebetet, daß der Zar einen Sohn bekäme – und keine fünfte Tochter. Neben das Telefon auf Znamenka hatte man eine Wache postiert, und sobald die frohe Nachricht von Alexandria übermittelt wurde, eilte Baron Stahl hinaus in den Garten, um meinen Vater davon zu unterrichten. Alle, die der Zarenfamilie nahestanden wußten, daß der lang ersehnte Thronfolger den Namen Alexej bekommen würde, deshalb wartete man nicht auf die offizielle Bekanntgabe und nannte den Neugeborenen gleich bei diesem Namen.

Verdutzt über das, was um uns geschah, guckten Nadja und ich in die lächelnden Gesichter unserer Eltern, des Onkels und Tante Stanas, die mein leeres Glas bemerkt hatten. Sie schenkte mir Champagner nach – doch diesmal nicht bis ganz zum Rand. Ich stieß mit Mitgliedern vom Stab meiner Eltern und den Adjutanten von Onkel Nikolascha an, die gerufen worden waren, um zum einen das freudige Ereignis zu feiern und zum andern Anordnungen anläßlich dieses Tages entgegenzunehmen. Die allgemeine Begeisterung und Freude steckte auch mich an – vielleicht hatte zudem der Champagner, den ich getrunken hatte, das Seine bewirkt. Ich erinnere mich jedenfalls, daß ich ziemlich schnell auf mein Zimmer geschickt und für irgend etwas bestraft wurde ...

Knapp zwei Wochen nach diesem bedeutungsvollen Tag sollte die Taufe des Thronfolgers stattfinden. Im weißen Matrosenanzug wartete ich mit meinen Schwestern in der Vorhalle auf meine Eltern. Hier standen bereits die Hofdame Puschkina, Baron Stahl und

Kotzebue. Als unsere Eltern die Treppe herunterkamen, gab Madame Taylor uns in die Obhut von Baron Stahl.

Mein Vater trug seine Galauniform und meine Mutter das »russische Kleid«, das – ebenso wie ihre fächerförmige Kopfbedeckung – mit Schmuck besetzt war. An der Haupttreppe warteten geschlossene Kutschen sowie ein Landauer mit Lakaien in Galalivreen, die golden glänzten. Als unsere Eltern sich in die erste Kutsche setzten, hielt der Kutscher die Peitsche in die Höhe, eine Ehrenbezeigung, die die Hofkutscher der Herrschaft machten. Ich erinnere mich, daß die Lakaien große Schwierigkeiten hatten, für die lange, aprikosenfarbene Schleppe meiner Mutter, mit einer breiten Borte aus Zobel, einen Platz in der Kutsche zu finden.

Als die Kutsche meiner Eltern abgefahren war, setzte sich die Puschkina in die zweite Kutsche, um meiner Mutter zu folgen. Wir drei Kinder wurden in den großen Landauer gesetzt, und dem folgten Baron Stahl und Kotzebue.

Als wir am großen Schloß Peterhof ankamen, wurden wir von unseren Eltern getrennt und einem Höfling übergeben, der eine goldbestickte Uniform mit Ordensband über der Schulter und weiße, enge, wollene Beinkleider trug. Er führte uns die Treppe hinauf in ein großes Zimmer, wo unsere Halbcousins und -cousinen – die »Konstantinowitscher« und die »Alexandrinowitscher« – bereits warteten. Mitten im Zimmer, in einem Rollstuhl, saß eine fremde Dame mit kränklichem Aussehen. Ich erfuhr später, daß es sich um Fürstin Sophia Iwanowna Orbeliani handelte, die Hofdame von Zarin Alexandra Fjodorowna, die seit einigen Jahren gelähmt war.

Kurz darauf stießen die Töchter des Zaren – Olga, Tatjana und Maria – zu uns. Wir scharten uns alle um die Fenster, um die Aufstellung der Truppenparade und der Höflinge, die bei der Haupttreppe standen, zu beobachten. Für uns Kinder war dieser Anblick ungeheuer spannend. Plötzlich ertönte ein militärisches Kommando, die Soldaten bezeigten ihre Ehre, die Höflinge nahmen ihre Plätze ein, und von rechts sahen wir eine lange Reihe vergoldeter Prachtequipagen langsam heranrollen. Dazwischen erspähte ich sofort eine enorme Kutsche, die in meinen Augen aussah wie ein herrlich geformtes Behältnis aus Gold. Als dieses imponierende Gefährt langsam an die Haupttreppe heranfuhr, erkannte ich hinter den großen Fenstern ein großes weißes Kissen, das eine ältere Dame auf dem Schoß hatte. Eine der Zarentöchter rief sogleich: »Seht, sie kommen mit Alexej!«

Als sie den Neugeborenen ins Schloß getragen hatten, rannten wir sofort zur Tür, um ihn zu sehen, aber zu unserem großen Ärger blieb die Tür geschlossen, und wir kehrten zurück zu den Fenstern, um die Truppenparade zu bewundern.

In der Zwischenzeit wurde der neugeborene Thronfolger, Zarewitsch Alexej, in der Schloßkirche von Peterhof getauft, Pate stand der Onkel des Zaren, Großfürst Alexej Alexandrowitsch. Der deutsche Kaiser Wilhelm II. war zweiter Taufpate. Wir mußten sehr lange auf das Ende der kirchlichen Zeremonie warten und nützten die Abwesenheit unserer Gouvernanten für einige lärmende und recht wilde Spiele aus, was die hilflose Fürstin Orbeliani in ziemliche Angst versetzte.

Schließlich gingen die Türen auf, und herein traten Zarin-Mutter Maria Fjodorowna, begleitet von Großfürst Alexej Alexandrowitsch, der mich wegen seiner enormen Größe und einem blonden Bart sehr beeindruckte. Danach folgte der Zar in der glänzend hellblauen Uniform des Atamanischen Garderegiments des Thronfolgers, und am Ende meine Eltern mit einer Unzahl von Onkeln und Tanten. Als die Zarin-Mutter uns begrüßt hatte, trat sie zu der unbeweglichen Fürstin Orbeliani, die trotz aller Anstrengungen die hingestreckte Hand von Zarin Maria Fjodorowna nicht erreichen und küssen konnte. Ich erinnere mich deutlich, wie sich die Zarin-Mutter, bekleidet mit einem Silberbrokatkleid, über die kranke Frau, deren Halskette aus riesenhaften Brillanten blitzte, beugte und sie zärtlich küßte.

Wir kehrten ohne unsere Eltern nach Znamenka zurück, sie waren offenbar auf Peterhof geblieben, um am offiziellen Mittagsmahl teilzunehmen. Zu Hause erfuhren wir, daß dort am Abend auf der großen Wiese beim Wasser ein Feuerwerk abgebrannt werden sollte. Nicht nur bei uns, sondern entlang der ganzen Küste um Alexandria wurden unablässig Tausende von Raketen abgefeuert, und ganz Peterhof mit all seinen Springbrunnen in den Parks wurde von den verschiedenfarbenen Lichtblitzen erleuchtet. Wir wurden in den unteren Park gefahren, wo wir auf eine ausgelassene und festliche Volksmenge trafen, die in dem blinkenden Feuerwerk herumspazierte.

Als meine Mutter zehn Jahre später dieser Tage gedachte, erzählte sie mir von einer Begebenheit, die sich als schicksalsträchtiges Vorzeichen für das Los der Zarenfamilie herausstellen sollte. Gleich nach der Geburt des Thronfolgers waren meine Eltern nach Alexandria gefahren, um dem Zaren und der Zarin ihre Glückwünsche zu überbringen. Als sie am Abend nach Znamenka zurückgekehrt waren, fiel meinem Vater ein, daß der Zar ihm beim Abschied erzählt hatte, Alexej sei zwar ein großes und gesundes Kind, doch seien die Ärzte beunruhigt über die häufigen Blutflecken in den Windeln des Kindes. Als meine Mutter das hörte, erschrak sie und bestand darauf, die Ärzte auf die Möglichkeit einer Bluterkrankheit aufmerksam zu machen, die ab und zu aus der weiblichen Linie von der englischen Königin Victoria, der Großmutter der Zarin, vererbt würde. Mein Vater versuchte sie zu beruhigen und versicherte, daß der Zar beim Abschied glänzender Laune gewesen sei. Schließlich rief mein Vater doch im Schloß an, um den Zaren persönlich zu fragen, was die Ärzte zu den Blutflecken sagten. Als der Zar erwiderte, die Ärzte hofften, die Blutungen würden bald aufhören, nahm meine Mutter den Hörer und fragte, ob die Ärzte irgendeinen Grund für die Blutungen angeben könnten. Als ihr der Zar keine klare Antwort geben konnte, bat sie ihn mit so ruhiger Stimme wie möglich: »Ich flehe dich an, frag sie, ob es Anzeichen für die Bluterkrankheit gibt«, und sie fügte hinzu, daß in diesem Fall die Ärzte heutzutage in der Lage seien, bestimmte Verhaltensregeln zu geben. Der Zar schwieg lange ins Telefon, fing dann an, meine Mutter auszufragen und wiederholte am Ende leise das Wort, das ihm einen Schock versetzt hatte: Bluterkrankheit.

Einige Wochen nach der Taufe des Thronfolgers ernannte der Zar meinen Vater zum Generalinspektor der Pioniereinheiten. Diese Ernennung veränderte das Leben und die Gewohnheiten meines Vaters radikal. Die neuen Pflichten machten es erforderlich, daß er in Sankt Petersburg wohnte, und um seine Familie um sich zu haben, mietete er unten an der Newa am Englischen Kai ein Haus, damit meine Mutter und wir Kinder den Winter und das Frühjahr zusammen mit ihm verbringen konnten.

Meine Schwestern und ich spürten die Veränderung des Familienlebens sofort. Wir sahen unseren Vater nur abends, und im Haus tauchten neue Adjutanten auf: Burman, Subbotin und Stawinski, alles Offiziere der Pioniereinheiten. Wir standen ziemlich rasch auf freundschaftlichem Fuß mit ihnen, besonders mit Stabskapitän Stawinski, den mein Vater oft mitbrachte, wenn er nach Znamenka fuhr oder zum Schloß Djulber auf der Krim, um sich zu erholen.

Gegen Ende dieses Jahres, 1904, trat eine weitere Veränderung in unserem Familienleben ein, die meine Schwestern und mich betraf. Unsere Madame Taylor, die wir alle sehr liebten, verließ uns und kehrte zu ihrer Tochter nach Genf zurück.

Nicht lange nach Madame Taylors Abreise bekamen wir einen neuen Arzt auf das Gut, Sergej Michailowitsch Warawka, der, wie schon erwähnt, an die Stelle von Jaroschewski trat. Unser neu ernannter junger Arzt, Doktor Warawka, der aus Krementschug in der Ukraine stammte, gewann mit seinem lebensfrohen und heiteren Wesen bald unsere Herzen. Warawka war verheiratet und hatte einen vierjährigen Sohn, Sergej, den wir Sescha nannten. Sowohl Sescha wie seine Mutter, die sanfte und schüchterne Antonina Nikolajewna, kamen jedesmal mit, wenn wir uns auf Znamenka oder Djulber aufhielten und wohnten dort in dem von uns so genannten »Doktorhaus«. Als Sescha größer wurde, zählte er zusammen mit Alescha Stahl zu unseren treuesten Spielkameraden.

Als Madame Taylor uns verließ, wurde ich von Nadja getrennt, die Mascha allein als Kindermädchen bekam, und jedem von uns wurde jetzt, auf Znamenka wie auf Djulber und in Sankt Petersburg, ein eigenes Zimmer zugewiesen. Anstelle von Mascha bekam ich Scharkow, der zugleich »Kindermädchen« und Kammerdiener sein sollte; mein Vater hatte ihn für mich ausgewählt. Iwan Dawidowitsch Scharkow stammte aus Nischni Nowgorod (heute Gorki) und war Schreiner von Beruf. Bevor er zu meinem »Kindermädchen« ernannt wurde, überwachte er sämtliche Schreinerarbeiten auf Znamenka, und mein Vater wandte sich oft an ihn, wenn in den Schreinerwerkstätten – nach Entwürfen meines Vaters – Möbel oder andere Holzarbeiten gefertigt wurden.

Scharkow war eine unentbehrliche Hilfe für meinen Vater, der in den Jahren vor dem russisch-japanischen Krieg die Idee hatte, ein Flugzeug zu basteln, das ausschließlich durch die physische Kraft des Piloten funktionieren sollte. Natürlich waren meinem Vater alle Versuche bekannt, die seit Leonardo da Vinci auf diesem Gebiet gemacht worden waren, trotzdem studierte er die Dynamik und Anatomie des Menschen und der Vögel, da er vermutete, daß ein Zusammenarbeiten sämtlicher Muskeln im menschlichen Körper sowie ein Flügelsystem, das man auf und ab bewegte, genügend Kraft entwickeln müßte, ein Flugzeug in der Luft zu halten. Mein Vater sagte spaßeshalber, daß seine Erfindung keine Gefahr für den Piloten darstellen würde, da sein Fluggerät sich nicht mehr als ungefähr einen Meter über den Erdboden erhebe! Ein Modell dieses Fluggeräts in Miniaturausgabe wurde mit peinlicher Genauigkeit konstruiert. Scharkow eignete sich hervorragend für diese Aufgabe, denn er war nicht nur ein erstklassiger Schreiner, sondern auch ein Spezialist in der Verarbeitung von dünnem Holz.

Anfang der 90er Jahre war Scharkow damit beauftragt worden, die Holzarbeiten im Innern der Zarkajüte auf der kaiserlichen Yacht »Polarstern« auszuführen. Er erzählte mir gerne von dieser Arbeit, bei der kostbare, vielfarbige Hölzer verwendet wurden. Es beeindruckte mich immer, die Bezeichnung der Holzsorten zu hören, die Scharkow aufzählte, wobei er mir gleichzeitig deren Qualitäten, Besonderheiten und Unterschiede erklärte: Vogelaugenholz, Palisander, Rosenholz, Akazie und Teakholz.

Ich verstand mich gut mit Scharkow, der in meiner Jugend so manches Mal bei meinen Vergehen und Streichen ein Auge zudrückte. Als ich älter wurde, wurde er mein tüchtiger Kammerdiener und behielt diesen Posten, bis ich zum Offizier ernannt wurde.

Bis mir ein Erzieher zugeteilt wurde, bekam Scharkow seine Anweisungen direkt von meinem Vater, während die Erziehung meiner Schwestern in die Hände von Anna Alexejewna Witkowskaja – unsere Seni – gelegt wurde, die uns die ersten Stunden im Lesen, Schreiben und Rechnen gab. Rechnen übte ich auch mit meiner Mutter, die am Smolnyj-Institut in Mathematik, Physik und Astronomie zu den Besten gezählt hatte. Meine Mutter erzählte mir, sie hätte in ihrer Jugend Galilei so sehr verehrt, daß sie errötete, wenn nur sein Name genannt wurde ... Mein Interesse für diese Fächer – besonders für die Astronomie – zeigte sich bereits in diesem Alter, und mein Wissensdurst wurde von den wissenschaftlichen Erklärungen meiner Mutter geweckt.

Von frühester Jugend an sprachen wir zu Hause französisch. Wir hatten uns angewöhnt, mit unserer Mutter französisch zu reden und wurden, dank der Gouvernante von Muscha und Alescha Stahl – Mademoiselle Monnier – völlig vertraut mit dieser Sprache.

Mademoiselle Monnier war Pariserin und hatte eine typische Pariser Aussprache. Obwohl sie nicht mehr ganz jung war, sprühte sie vor Lebenslust und Energie. Wir amüsierten uns sehr über ihre Schlagfertigkeit und ihren originellen und lebendigen Wortschatz. Ich weiß nicht, ob sie Royalistin oder Bonapartistin war, sie machte sich jedenfalls ziemlich über ihre republikanische Regierung lustig und war ganz vernarrt in das Militär.

Mademoiselle Monnier kannte sich gut in französischer Literatur aus. Manchmal deklamierte sie begeistert Corneille und Racine für uns – offensichtlich, damit wir uns die richtige Aussprache aneignen konnten. Wenn wir zuhörten, verstanden wir den Inhalt des Gesagten nicht, uns faszinierte nur das Klangvolle und Erhabene der Sätze. Nach so einer Vorlesung mußten wir Auszüge des Gehörten nachsprechen, während Mademoiselle kontrollierte, daß die Aussprache korrekt wurde. Aus ihrem eindrucksvollen Vortrag gefielen uns einzelne Phrasen so sehr, daß wir sie im Laufe des Tages in unseren Gesprächen benutzten. Nadja wandte sich dann beispielsweise mit dem Ausruf: »Tigre altéré de sang!« (blutrünstiger Tiger) an mich.

Auf Initiative von Mademoiselle Monnier begannen wir, auf Znamenka Kindertheater zu spielen. Marina, Muscha Stahl, Jelena und Sergej von Leuchtenberg traten auf, und auch Nadja, Alescha Stahl und ich spielten in den einfacheren Rollen mit. Die Aufführungen fanden in der Wohnstube neben dem Saal statt, in dem wir Tanzunterricht hatten. Den abgerundeten Teil des Zimmers gestalteten wir mittels einer Erhöhung zu einer Bühne um, deren Rand verkleidet wurde. Nach Plänen und Anweisungen meines Vaters wurden eine Drehbühne für das Bühnenbild und Möbel für die verschiedenen Akte konstruiert. Ein großer Vorhang, der von der Decke aus gehoben und gesenkt werden konnte, führte oft zu Auseinandersetzungen zwischen Alescha und mir, denn beide wollten wir ihn bedienen.

Diese Kindervorstellungen hatten ein großes Publikum, das vorwiegend aus der Familie bestand. Bei einer solchen Vorstellung, während der Nadja, Alescha und ich – als Mäuse verkleidet – mit großem Pathos französische Gedichte deklamierten, rief unser Auftritt einen derartigen Beifall bei Wladimir Alexandrowitsch hervor, daß er nach dem Fallen des Vorhangs mit seiner dröhnenden Stimme »les acteurs« erneut aufforderte, zu erscheinen.

Auf Sergejewka führte man eine andere Art von Theater vor. Hier war unsere Sani Veranstalterin und Regisseurin. Mit den Jahren wurde unser Repertoire um russische Stücke erweitert, in denen wir

Kleinen Statisten spielten und nur in seltenen Fällen kurze Nebenrollen bekamen. Solche Vorstellungen machten häufige Proben erforderlich, und wir fuhren mit großem Vergnügen nach Sergejewka, das wir sehr liebten, obwohl es dort keine Kinder in Nadjas und meinem Alter gab.

Das prachtvolle Sergejewka lag etwa sechs Kilometer westlich von Znamenka auf der anderen Seite von Peterhof. In meiner frühesten Kindheit, als wir oft auf dem Schloß zu Besuch waren, gehörte es Tante Stanas Mann, Onkel Georg von Leuchtenberg. Das Schloß, in italienischem Renaissancestil erbaut, war besonders im Sommer sehr hübsch, wenn der Garten in voller Blütenpracht stand. Wie meine Mutter war Tante Stana eine Blumenliebhaberin, und sie hatte eine besondere Fähigkeit, Blumen so zu arrangieren, daß die Farben ein schönes Gesamtbild ergaben. Neben dem Schloß hatte sie einen Rosengarten mit den neuesten und ausgefallensten Sorten angelegt. Eine ganze Hecke von Schmetterlingsblütlern trennte den Garten von der großen, grünen Wiese, die an den Park grenzte. Den Rosenduft konnten wir schon von weitem riechen, wenn wir uns dem Schloß näherten.

Auf der Haupttreppe standen zwei Wölfe aus Bronze – Kopien der antiken Wölfe, die sich im Vatikanmuseum befinden. Diese Kopien wurden in der Gießerei von Onkel Georgs Vater – Herzog Maximilian von Leuchtenberg – hergestellt. Im Vorsaal stand eine glänzende Negerfigur mit einer Schale auf der ausgestreckten Hand, auf die man seine Visitenkarte legte.

Onkel Georg – ein freundlicher, gutmütiger und beliebter Mann mittlerer Größe – hatte einen hübschen, gestutzten Schnauzbart. Wenn er sich im Ausland aufhielt, kleidete er sich sehr ausgesucht und elegant, doch in Rußland trug er gewöhnlich die Uniform des Ulanen-Regiments Seiner Majestät, dem er seit seiner Geburt angehörte. Wenn ich ihn im Garten spazierengehen sah, wunderte ich mich jedesmal über sein gelbes Mützenband. Es unterschied sein Regiment von den Uniformen des Ulanen-Regiments Ihrer Majestät Zarin Alexandra Fjodorowna, die ein rotes Mützenband trugen, wie ich es auch von meinem Vater, Baron Stahl und Kotzebue kannte.

Ich war elf Jahre alt, als ich Onkel Georg zum letzten Mal in Frankreich traf. Onkel Georg liebte das mondäne Leben und reiste des öfteren an die Riviera oder nach Paris, wo er in großem Stil lebte.

Als er Tante Stana von Montenegro heiratete – seine zweite Frau – meinte er, eine schöne und elegante Begleiterin gefunden zu haben, die teilnehmen konnte an seinem ausschweifenden Gebaren. Doch das Leben in den besten Hotels und Villen an der Riviera, seine aufwendige Yacht »Roxana«, die großen Empfänge und häufigen Reisen machten Ausgaben erforderlich, die Onkel Georgs Mittel weit überstiegen. Nach der Geburt von Sergej und Jelena empfand Tante Stana diese Lebensform mehr und mehr als Last und begleitete ihren Mann nur noch selten auf seine Auslandsreisen. Der Zwist zwischen den Eheleuten wuchs, und trotz Onkel Georgs Gutmütigkeit besaß er nicht genug Willensstärke, seine teuren Gewohnheiten zu ändern, und die Ehe endete 1906 mit der Scheidung. Wegen dieser Umstände verbinde ich in meiner Erinnerung das Schloß Sergejewka mehr mit Tante Stana als mit Onkel Georg.

Von frühester Kindheit an war Tante Stana wie eine Mutter für mich. Sie zeigte mir ihre herzliche Zuneigung in einem Maße, daß ich darin einen der Gründe vermute, warum ihr Sohn Sergej mich verabscheute. Von allen Schwestern stand Tante Stana meiner Mutter am nächsten. Sie war eineinhalb Jahre jünger, und ich glaube, daß meine Tante Onkel Georg auch deswegen geheiratet hatte, um in die Nähe ihrer Schwester zu kommen.

Wenn wir in meiner Kindheit Sergejewka besuchten, spielten wir fast den ganzen Tag auf der kleinen Insel eines Weihers, auf der die frühere Besitzerin des Schlosses – die Tochter von Nikolai I. – Großfürstin Maria Nikolajewna (Onkel Georgs Mutter) für ihre drei Kinder ein kleines Holzhaus hatte bauen lassen. Zur Insel führte ein schmaler Steg, dessen Geländer aus weißen Birkenzweigen bestand. Hier spielten wir mit Sergej, Jelena, Marina und ihren Kameraden, obwohl sie alle älter waren als Nadja und ich. Manchmal kochten wir und bereiteten phantastische Gerichte und Piroggen zu, die wir später unseren Gouvernanten servierten. Die Gouvernante meiner Kusine Jelena, Mademoiselle Lilienkron aus der Schweiz, verfolgte unsere kulinarischen Experimente genau und bemühte sich, den Mädchen die Grundregeln der Kochkunst beizubringen. Jedesmal war es mein Los, die Kartoffeln zuzubereiten, die ich mit meinem eigenen, sehr stumpfen Messer schälte.

Auf Sergejewka gab es auch einen Tennisplatz, auf dem die älte-

links oben: Prinz Romans Großvater, Feldmarschall Nikolaj Nikolajewitsch der Ältere.
rechts oben: Prinz Romans Großmutter, Großfürstin Alexandra Petrowna, geborene Prinzessin von Oldenburg.
unten: Die Brosche, die Prinz Romans Großmutter, Großfürstin Alexandra Petrowna, von ihrem Mann, Großfürst Nikolaj Nikolajewitsch bekam, als sie um 1860 zum ersten Mal als Herrin auf Schloß Znamenka einzog.

Prinz Romans Großmutter mütterlicherseits, Königin Milena von Montenegro.

Prinz Romans Großvater mütterlicherseits, König Nikolaj von Montenegro.

Prinz Romans Vater, Großfürst Pjotr Nikolajewitsch.

Prinz Romans Mutter, Großfürstin Militza Nikolajewna, Tochter von König Nikolaj von Montenegro.

oben: Schloß Znamenka am Finnischen Meerbusen, wo Prinz Roman geboren wurde.
unten links: Zar Alexander III. bei seiner Krönung in Moskau im Mai 1883.
unten rechts: Zarin Maria Feodorowna, geborene Prinzessin Dagmar von Dänemark, bei der Krönung in Moskau im Mai 1883.

Großfürstin Militza Nikolajewna mit ihren Kindern: Von links: Prinz Roman, Prinzessin Marina Petrowna und Prinzessin Nadezhda (Nadja) Petrowna, ca. 1899.

Prinz Roman, um 1900.

ren Kinder des öfteren mit ihren Gouvernanten und Lehrern spielten. Ich war schon damals an diesem Spiel interessiert und wollte gern mitspielen, obwohl mir der Schläger noch viel zu schwer war.

Einmal beschloß Tante Stana, die Aufführung eines Kindertheaters zu arrangieren, so wie bei uns auf Znamenka. Ich war damals zwischen elf und zwölf Jahre alt, und wir sollten zwei Akte aus Tolstois Trilogie »Zar Fjodor Iwanowitsch« spielen. Ich übertreibe sicher meine Bedeutung in dem Stück, wenn ich »wir« schreibe, denn ich mußte den Stummen spielen!

Das Bühnenbild und die Kostüme waren sehr gut geworden, wobei mit der Anfertigung der Kostüme sogar ein Spezialist aus Sankt Petersburg beauftragt wurde. Regisseure waren Anna Alexejewna Witkowskaja und Wladimir Alexandrowitsch Makschejew, ein äußerst sympathischer Mensch, der neben Sergej und Jelena auch mich in Naturkunde unterrichtete.

Die Rollen wurden folgendermaßen verteilt: Jelena war Zar Fjodor Iwanowitsch, Marina: Zarin Irina, Makschejew: Boris Godunow, Mascha Stahl mit großem, weißem Bart: Schujski, Nadja: Oberhofmeister, und ich spielte den stummen Sekretär. Obwohl unser Publikum dasselbe war wie auf Znamenka, waren wir sehr nervös und probten unzählige Male. Meine ganze Rolle bestand darin, Dokumente mit Siegeln zu versehen. Wenn Zar Fjodor sagte: »Versiegle das!«, führte ich freudig seine Anordnung aus. Nadjas Rolle war wesentlich verantwortungsvoller. In das schöne Kostüm des Oberhofmeisters gehüllt, mußte sie, wenn die bärtige Muscha Stahl auf der Bühne erschien, ausrufen: »Fürst Iwan Petrowitsch Schujski!« – was sie übrigens nicht richtig aussprechen konnte.

Ich habe nur die angenehmsten Erinnerungen an Sergejewka, an das schöne Schloß und den herrlichen Garten. Als Onkel Georg und Tante Stana geschieden wurden, hörten unsere Besuche auf Sergejewka auf.

In den Jahren nach dem Russisch-Japanischen Krieg verbrachten wir die Sommer nicht mehr auf Znamenka. Die Pflichten meines Vaters als Generalinspektor der Pionier-Einheiten erforderte fast während des ganzen Jahres seine Anwesenheit in Sankt Petersburg. Im Sommer verbrachte er seine freie Zeit meistens auf der Krim oder unternahm kürzere Reisen ins Ausland. In dieser Periode wurden umfangreiche Instandsetzungen auf Znamenka vorgenommen. Viele der für Gäste vorgesehenen Zimmer wurden ummöbliert und so eingerichtet, daß gesonderte Bereiche mit eigenen Bädern entstanden. Es wurden auch spezielle Zimmer mit eigenen Küchen für die Dienerschaft eingerichtet. Böden und Parkett wurden repariert, es kam ein neues Dach auf das Schloß, und die Wanddekorationen in den Sälen und Wohnstuben wurden nach den ursprünglichen Formen aus dem 18. Jahrhundert restauriert.

In diesen Jahren besuchten meine Schwester und ich Znamenka nur im Winter, wo wir einige Tage im Doktorhaus an der Kirchen-Allee verbrachten. Diese kurzen Aufenthalte fanden meistens in den Weihnachtstagen oder zum Jahresbeginn statt. Mit uns kamen Alescha Stahl, Sescha Warawka und manchmal auch andere Gleichaltrige. Wir wurden von Anna Alexejewna Witkowskaja und meinem Erzieher Wasili Wasiljewitsch Fursenko begleitet.

Wasili Wasiljewitsch, der bis Ende 1914 bei mir diente, war einige Zeit bei Sergej und Jelena von Leuchtenberg als Lehrer für russische Sprache, Literatur und Geschichte angestellt. Er unterrichtete mich in zwei Fächern, die mich absolut nicht interessierten: Geschichte und Literatur. Trotz redlicher Anstrengungen vermochte der arme Wasili Wasiljewitsch bei mir kein Interesse für diese Fächer zu wecken! Trotzdem hoffte er, daß meine negative Haltung der Geschichte und der Literatur gegenüber sich mit der Zeit ändern würde, doch leider mußte er erkennen, daß mein Widerwille nur zunahm. Als ich zwölf Jahre war, packte mich im übrigen – zu seinem großen Erstaunen – ein Interesse für das alte Ägypten, und ich fing an, Hieroglyphen zu studieren, um die Inschriften auf den Statuetten, die mein Vater in jungen Jahren aus Ägypten mitgebracht hatte, entziffern zu können. Seine kleine, aber kostbare Sammlung von Statuetten, schönen Skarabäen, farbigen Steinen und vielen anderen Gegenständen aus dem alten Ägypten, die sich in einem seiner Privatzimmer befand, hatte mich von jeher angezogen. Manchmal durfte ich einige Stücke mit auf mein Zimmer nehmen, um sie für kurze Zeit genauer in Augenschein nehmen zu können.

Wasili Wasiljewitsch billigte dieses Interesse und ermunterte mich in der vergeblichen Hoffnung, ich würde mich nach Ägypten für das alte Griechenland und Rom interessieren und später eben auch für den Geschichtsunterricht. Doch seine Hoffnung wurde enttäuscht, denn meine Wißbegier lief chronologisch in die entgegengesetzte

Richtung, ich stürzte mich auf die Vor- und Frühgeschichte der Menschheit.

Ich hatte ein sehr gutes Verhältnis zu Wasili Wasiljewitsch und werde ihm stets zutiefst dankbar dafür sein, daß er es verstand, mein vorgegebenes Unterrichtsprogramm der Kadettenschule zu erweitern und meine Anlagen und Neigungen zu fördern. Er unterstützte gleichfalls meine Begeisterung für das Tennisspielen und Skilaufen. Dank seines Einsatzes wurden auf Znamenka und Djulber Tennisplätze angelegt, und im Winter bekam ich die Möglichkeit, in der Umgebung von Sankt Petersburg Ski zu laufen. Allerdings war ich im Winter so sehr mit meinen Schularbeiten beschäftigt, daß aus dem Skilaufen nicht viel wurde, deshalb bat Wasili Wasiljewitsch meine Eltern um Erlaubnis, in der unterrichtsfreien Weihnachtszeit für einige Tage nach Znamenka fahren zu dürfen. Nach solchen Tagen und den herrlichen Naturerlebnissen auf Znamenka machte es keinen Spaß, nach Sankt Petersburg zurückzukehren, wo ein neues Lernpensum und langweilige Spaziergänge durch die Straßen der Hauptstadt warteten.

Wie erwähnt, hielten wir uns mehrere Jahre nicht auf Znamenka auf. Erst von 1911 an verbrachten wir wieder einige Sommermonate hier. In den Jahren dazwischen reisten wir mit unseren Eltern in die Schweiz, nach Deutschland oder an die Französische Riviera. Auf diesen Auslandsreisen wurden wir gewöhnlich von Otton Rjurikowitsch Kotzebue, Anna Alexandrowna Puschkina, Seni, meinem Erzieher Fursenko und manchmal von Doktor Warawka begleitet. Außerdem nahmen wir persönliche Kammerdiener, Dienstmädchen und natürlich meinen Kammerdiener Scharkow und Nadjas Kindermädchen Mascha mit.

Vor einer Auslandsreise waren die Mitglieder des kaiserlichen Hauses verpflichtet, die Erlaubnis des Zaren einzuholen, aus Rußland ausreisen zu dürfen. War diese gegeben, erhielten die Reisenden nach Vorsprache beim Außenministerium die Pässe ausgehändigt. Meine Eltern reisten fast immer inkognito ins Ausland, d. h. sie bekamen einen Paß mit dem erfundenen Namen »Djulber«. Dann sollten sich die russischen diplomatischen Vertreter im Ausland den Anschein geben, als sei ihnen der Name nicht bekannt, obwohl sie natürlich von unserer Reise unterrichtet waren. Sie waren jedoch nicht verpflichtet, meine Eltern bei der Ankunft zu empfangen oder sie während ihres Aufenthaltes zu besuchen. Diese Regel galt auch für Botschafter, Konsuln und andere diplomatische Vertreter.

Mein Vater fühlte sich vom »offiziellen Leben« immer eingeengt und mied es, wo es ging. In Rußland verlangte es seine Stellung, sich den geltenden lästigen Vorschriften und Gebräuchen zu unterwerfen, aber im Ausland genoß er die Freiheit, die ihm sein Paß – auf den Namen »Herr Djulber« – ermöglichte. So konnte er sich völlig als Privatperson fühlen. In der Öffentlichkeit und bei Anwesenheit von Fremden war es Baron Stahl und Kotzebue verboten, ihn zu titulieren oder sich bei seinem Erscheinen zu erheben. Anna Alexandrowna durfte meinen Eltern gleichfalls keine Reverenz erweisen. Auf diese Weise hielten sie streng ihr Inkognito ein.

Trotzdem blieb mein Vater einmal nicht unerkannt – und daran war er selbst schuld. Wir waren ohne ihn nach Baden-Baden gefahren, denn er wurde in Sankt Petersburg von Amts wegen aufgehalten. Er wollte einige Tage später in Begleitung von Baron Stahl nachkommen und beabsichtigte, unterwegs in Berlin Station zu machen. Als der Zug in den Bahnhof einfuhr, stand mein Vater bereits an der Waggontür. Zu seinem großen Erstaunen und Ärger sah er, daß der rote Teppich auf dem Bahnsteig ausgerollt war und an der Tür, die in die »Kaiserlichen Räume« führte, zwei Schildwachen standen. Da war nichts zu machen. Mein Vater stieg aus, schritt artig über den roten Teppich, vorbei an den Schildwachen, die das Gewehr präsentierten, hinein in die »Kaiserlichen Räume«, die mit frischen Blumen geschmückt waren. Außer einem Polizeioffizier war allerdings niemand da. Mein Vater war ganz schön wütend und ließ seinen Unmut an Baron Stahl aus, der sich an den Polizeioffizier wandte und eine Erklärung verlangte. Der verlegene Offizier antwortete, daß die Polizei »selbstverständlich« von der Ankunft meines Vaters benachrichtigt worden sei, auch von dessen Inkognito, daß er aber, als er den Großfürsten erkannt hätte, nicht gewagt habe, ihn zurückzuhalten. Dieser Empfang war nämlich eigentlich zu Ehren des österreichischen Erzherzogs vorbereitet, der mit dem nächsten Zug kommen sollte, da er dem deutschen Kaiser einen offiziellen Besuch abstatten wollte!

In Baden-Baden trafen wir oft Tante Anna und Onkel Franz von Battenberg, die meine Eltern von ihrem Gut in der Nähe Darmstadts aus besuchten. In Baden-Baden sah ich außerdem Onkel Michail

Nikolajewitsch – den jüngsten Sohn von Nikolai I. und den Bruder meines Großvaters – zum letzten Mal, der 1909 bereits gelähmt war und sehr krank aussah. Wir wurden bei einem Besuch zu ihm gebracht, und es gehörte sich, daß wir ihm die Hand küßten. Onkel Mischa, wie wir ihn nannten, saß bewegungslos in seinem Lehnstuhl und machte durch sein Äußeres einen schrecklichen Eindruck auf Nadja. Er sah Rußland nicht mehr wieder und starb in Cannes, wohin man ihn von Baden-Baden gebracht hatte.

Im Jahre 1909 verbrachten wir den ganzen Sommer in Homburg nicht weit von Frankfurt am Main. Hier bekam ich zum erstenmal von einem guten Trainer Tennisunterricht und spielte jeden Tag einige Stunden mit ihm. Am Ende des Sommers spielte ich so gut, daß mein Trainer vorschlug, mich für ein Turnier in meiner Altersklasse – ich war damals zwölf Jahre – anzumelden, aber meine Eltern verboten mir, öffentlich zu spielen. Diese Tennisstunden mit meinem Homburger Trainer verstärkten mein Interesse an diesem Sport in einem Maße, daß ich mir wünschte, auf Znamenka und Djulber Tennisplätze anlegen zu dürfen. Meine Träume gingen in Erfüllung, und bald konnten wir auf beiden Gütern Tennis spielen.

Im folgenden Jahr unternahmen wir abermals eine Auslandsreise, aber diesmal an die Französische Riviera. Zuerst wohnten wir in Beaulieu, zogen später aber nach Nizza um, wo wir im Hotel Majestic logierten, einem riesigen Hotel, das im Villenvorort Cimiez lag. Dieses Hotel ist mir aus zwei Gründen deutlich in Erinnerung geblieben. Zum einen verbinde ich damit ein Ereignis, das meine Neugier auf die Naturwissenschaften weckte. Zum andern mußte ich gegen Ende unseres Aufenthaltes in Nizza mit einem gebrochenen Bein im Hotel liegen. Nach Meinung meiner Eltern würde dieser komplizierte Bruch für meinen Militärdienst in der Kavallerie hinderlich sein, ebenso wie für meinen Eintritt in das Ulanen-Regiment, ein Vorhaben, das besonders Onkel Nikolascha verfolgte. Inzwischen bin ich der Meinung, daß durch eine Änderung der Pläne für meine kommende Militärkarriere der innigste Wunsch meines Vaters, mich bei den Pionieren zu sehen, die größte Bedeutung bekam.

Mein Interesse für die Astronomie wurde bereits auf der Krim geweckt, als meine Mutter uns abends beibrachte, die verschiedenen Sternbilder zu unterscheiden. Sie nannte die Namen der hellsten Sterne und erläuterte mir später die Bewegungen am Himmel in einer meinem Alter gemäßen Sprache. Die ersten Bücher über Astronomie, die mir meine Mutter gab, waren populärwissenschaftlicher Art. Unter diesen schätzte ich besonders diejenigen, die Abt Moreux, der Direktor des Observatoriums von Bourges, verfaßt hatte.

Meine Freude kannte keine Grenzen, als ich erfuhr, daß Abt Moreux, der an die Riviera gekommen war, einen Vortrag in Monaco halten wollte, ich also einen »richtigen« Astronomen kennenlernen sollte. Ich fuhr mit meinen Eltern nach Monaco. Moreux hielt seinen Vortrag in einem großen Konferenzsaal des damals neu eröffneten Museums für Meeresforschung, im Beisein von Prinz Albert von Monaco, dem Stifter des Museums. Nach dem Vortrag gingen Prinz Albert und meine Eltern in den angrenzenden Wohnraum, in dem sich Abt Moreaux befand. Ich freute mich sehr, ihn zu begrüßen, und meine Freude steigerte sich noch, als ich hörte, daß meine Mutter ihn für den nächsten Tag in unser Hotel zum Essen eingeladen hatte.

Nach diesem Essen hatte ich die Gelegenheit, mit Abt Moreux zu reden, der freundlich und aufmerksam die Fragen beantwortete, die mich interessierten. Seiner Freundlichkeit verdankte ich es, daß ich darüberhinaus die Erlaubnis erhielt, das astronomische Observatorium von Nizza zu besichtigen, dessen Leiter – von dem Abt auf meinen Besuch vorbereitet – mir die Instrumente und verschiedene Apparate zeigte und mir deren Anwendung erklärte. In der Bibliothek des Observatoriums zeigte mir der Mann eine Serie von Fotografien des Sternenhimmels, die mich tief beeindruckten.

Zu dieser Jahreszeit war die Frühjahrssaison in Nizza in vollem Gange. Nach dem Karneval wurden die traditionellen »Batailles des Fleurs« auf der Promenade des Anglais veranstaltet, und wir nahmen begeistert daran teil. Am meisten wurde ich jedoch von den internationalen Tennismeisterschaften angezogen, die 1910 besonders spannend waren. An diesem Turnier nahm auch König Gustav von Schweden – unter dem Pseudonym M.G. (Monsieur Gustave) –, der nur einigermaßen spielte, teil. Nadja und ich spielten häufig im Tennisclub von Nizza, wo uns der Trainer unterrichtete.

Am Rande von Nizza wurde Ende März ein internationaler Wettstreit »La Semaine de l'Aviation« veranstaltet. Hier sah ich zum ersten Mal ein Flugzeug! Das Flugzeug vom Typ Wright kreiste in einigen hundert Metern Höhe über einer großen Wiese. Wir saßen auf einer Tribüne am Rande der Wiese mit Aussicht über das Meer. Es ging bei diesem Wettkampf weniger darum, die Eigenschaften der verschiedenen Flugzeuge zu erproben, sondern vielmehr um einen Wettstreit unter den Piloten, die Preise gewinnen konnten für Geschwindigkeitsrekorde, Flugdauer oder die geglückte Ausführung einer Aufgabe, die eine besondere Geschicklichkeit beim Steuern der Maschinen erforderte. Alle ersten Preise gewann der russische Pilot Jefimow, die zweiten ergatterten die Franzosen und Engländer. Auf der Tribüne saßen viele Russen, die unseren Piloten Jefimow und Popow zujubelten. Eine besondere Begeisterung legte Kapitolina Alexandrowna Makarowa an den Tag, die Witwe des berühmten Admirals. Sie war für ihren Zitatenreichtum und ihre Originalität bekannt. Ihr riesenhafter Hut – nach der Mode von 1910 – war übersät mit künstlichen Blumen und schwankte gefährlich, wenn sie ihr Gesicht zum Himmel richtete, um die Kunststücke ihrer fliegenden Landsleute zu verfolgen; aber Admiralin Makarowa kümmerte sich nicht um einen eventuellen »Absturz« ihres Hutes – auf den Nadja vergeblich wartete.

Kurze Zeit nach der Flugschau kam Tante Anastasia eines Morgens in unser Hotel Majestic und wollte zu meiner Mutter. Als sie erfuhr, daß sie noch schlafe, stürmte sie in das Zimmer meines Vaters, der gerade dabei war, sich anzukleiden. Bevor er sich von seiner Überraschung erholen konnte, verkündete sie ihren Triumph: Sie war eben mit Jefimow geflogen! Zu der Zeit betrachtete man so etwas als ziemlich ungewöhnlich und gefährlich.

Wie erwähnt, brach ich mir gegen Ende unseres Aufenthaltes in Nizza das Bein. Ich war mit Nadja und Anna Alexejewna mit der Kutsche unterwegs, sprang aus der noch fahrenden Equipage und geriet unter das Hinterrad. Der Arzt, den wir ins Hotel Majestic rufen ließen, erzählte meinen Eltern einige furchtbare Geschichten, beabsichtigte aber nicht, von meinem Bein ein Röntgenbild zu machen. Meine Mutter, die dem französischen Arzt nicht mehr vertraute, schickte nach unserem Doktor Warawka in Sankt Petersburg, welcher sofort einen komplizierten Bruch diagnostizierte, der nach zwei Wochen falscher Behandlung spezielle Aufmerksamkeit erfordere. Es wurde beschlossen, den berühmten deutschen Chirurgen Czerny zu konsultieren, und wir reisten nach Wiesbaden. Nach einer Röntgenuntersuchung entschieden die Ärzte nach längerer

Beratung, die ziemlich komplizierte Operation nicht durchzuführen und erklärten uns, daß mein Knie allerdings nie wieder ganz heilen würde.

Was mich dabei hauptsächlich bedrückte, war die Vorstellung, daß ich nicht mehr in der Lage sein würde, Tennis zu spielen oder Ski zu laufen. Um meine Traurigkeit zu mildern, erhielt ich ein Geschenk nach dem anderen. In Nizza hatte ich bereits spannende Bücher bekommen und ein kleines Stück eines Meteorsteins, das ich immer noch besitze. In Wiesbaden bekam ich außerdem einen wunderschönen Fotoapparat. Das schönste Geschenk war allerdings ein schwarzer Welpe, der mir unglaubliche Freude bereitete. Mäuschen, wie er in seinem Stammbaum genannt wurde, war mein erster eigner Hund. Als wir später nach Rußland zurückkamen und meine Eltern Onkel Nikolascha von diesem Geschenk erzählten, wurde er sehr ärgerlich, weil er sich immer gewünscht hatte, daß mein erster Hund ein Geschenk von ihm sein sollte.

Mäuschen wurde nach kurzer Zeit umgetauft zu Muzi. Sie wurde der Liebling meiner Mutter, die sich sonst nichts aus Hunden machte. Bis 1916 lebte und »herrschte« Muzi in meinen Zimmern, und als ich an die Front fuhr, nahm meine Mutter sie zu sich. Während der Revolution und auf der Krim waren Muzi und ich wieder zusammen. Später »emigrierte« sie mit uns und lebte noch bis 1921.

Nach einigen Monaten in Wiesbaden reisten wir auf die Krim. Die Fahrt ging über Leipzig, Krakau und durch ganz Galizien bis Wolotschisk, wo wir den internationalen Schlafwagen verließen und in einen russischen Waggon stiegen, der uns direkt nach Odessa brachte. Nach zwei Tagen Aufenthalt in Odessa wollten wir an Bord eines Schiffes gehen und direkt nach Sewastopol fahren. In dem Jahr wurde Odessa von einer schlimmen Cholera-Epidemie heimgesucht, und viele hatten die Stadt verlassen, um nicht angesteckt zu werden. Unsere Ankunft, in der Lokalzeitung gemeldet, übte einen guten Einfluß auf die ängstlichen Bürger aus. Auf Bitten des Stadtgouverneurs, und um den besonders verschreckten Teil der Bevölkerung zu beruhigen, besuchte meine Mutter die Krankenhäuser, und wir wurden losgeschickt, um uns die Stadt und die Umgebung anzusehen. In Odessa gefiel mir der Stadtteil, der unten am Meer lag, am meisten. Außerdem imponierte mir die gewaltige Treppe, die zum Hafen hinunterführt.

Meine Mutter benutzte unseren Aufenthalt in Odessa, um mein gebrochenes Bein dem berühmten Professor Obraszow der Universität Kiew, den sie nach Odessa einlud, zu zeigen. Obraszow machte meiner Mutter und mir neue Hoffnung, indem er erklärte, daß ich bis Ende des Jahres nicht nur ohne Hilfe wieder gehen können würde, sondern auch in der Lage sein würde, Sport zu treiben.

Die Seereise von Odessa zur Krim bedeutete ein großes Vergnügen für mich, ich empfand dieselbe Freude wie auf meinen späteren zahlreichen Reisen auf anderen Meeren. Auf dem Weg nach Sewastopol, wo wir an Land gehen wollten, legte unser Schiff bei der Stadt Jewpatoria an, die ich durch mein Fernrohr betrachtete, währenddessen mein Vater mir von der Landung der englisch-französischen Truppen während des Krimkrieges 1853–55 erzählte.

Als ich auf der Krim ankam, wurde ich, dem Rat von Professor Obraszow folgend, nach kurzer Zeit von dem festen Verband um mein Bein befreit, und nach Massagen und gymnastischen Übungen konnte ich mich auf Krücken bewegen. Im Winter, als wir nach Sankt Petersburg zurückgekehrt waren, konnte ich wieder fast normal gehen.

Der langwierige Heilungsprozeß verzögerte meine Aufnahme in die Kadettenschule, und so erhielt ich meine Kadettenuniform erst zu Beginn des Jahres 1911. Ich wurde an die Wladimir Kadettenschule in Kiew einberufen, und obwohl ich weiterhin zu Hause lernte, mußte ich mich an das Unterrichtsprogramm halten, das an militärischen Lehranstalten obligatorisch war. Auf Wunsch meines Vaters und meines Erziehers kamen viele andere Fächer hinzu. Um die Gewehrgriffe, das militärische Grüßen und die grundlegenden Formationen zu lernen, bekam ich den Unteroffizier der Leibgarde des Pionierbataillons, Rjabschenko, zum Lehrer, der fast täglich in unser Haus in der Fontaka-Straße in Sankt Petersburg kam. Als wir im Sommer nach Znamenka umzogen, wurde ich von einem Kadetten der Sankt Petersburger Kadettenschulen unterrichtet. Er wohnte in Peterhof.

Von dem Tag an, an dem ich die Uniform trug, verlangte mein Vater des öfteren eine bessere Haltung von mir, besonders, wenn wir uns außer Haus befanden. Er bestimmte auch, daß ich in Zukunft den Zaren nicht mehr als Onkel Nicki, sondern als »Seine Majestät« anzusprechen hatte. Seit 1911 verbrachten wir nurmehr zwei Sommermonate auf Znamenka. Trotz dieser kurzen Zeit wurden wir immer vom gesamten Stab meiner Eltern, sowie von unzähligen Dienstleuten begleitet.

Sobald wir in das Gut hineinfuhren, wurde unsere Flagge mit dem Wappen auf weißem Grund auf dem Turm des Schlosses gehißt.

An den folgenden Tagen statteten meine Eltern Besuche bei der Zarenfamilie und den Verwandten, die in der Nähe wohnten, ab. Auf Michailowska wohnten nach Onkel Mischas Tod seine beiden Söhne Nikolai und Sergej Michailowitsch, zu denen mein Vater nie eine nähere Beziehung hatte. Doch auf Strelna traf er sich mit großer Freude mit dem Freund, Onkel Dmitri Konstantinowitsch, der dort den größten Teil des Jahres lebte. Von den übrigen Verwandten in Peterhof-Nähe gab es nur noch Onkel Alexander und Tante Eugénie von Oldenburg, da Sergejewka nach der Scheidung von Tante Stana und Onkel Georg leerstand.

Onkel Nikolascha wohnte verhältnismäßig weit weg, auf dem Gut Bessabotnoje, das ungefähr acht Kilometer südlich von Strelna lag. Hier hielt er sich mit Tante Stana im Sommer auf. Nur etwa zehn Kilometer vom Gut entfernt befand sich das Truppenlager in Krasnoje Selo. Tante Stana und Onkel Nikolascha hatten übrigens 1907 geheiratet.

Das Znamenka meiner Kindheit war ein anderes als das, das ich nun, nach fünfjähriger Pause, antraf. In der ersten Periode war ich ein Kind gewesen. Nadja und ich hatten unsere Kinderzimmer und wurden von Mascha und Madame Taylor beaufsichtigt. Wir unternahmen Ausflüge, sammelten Pilze und angelten.

Ganz andere Erinnerungen habe ich von meiner zweiten und letzten Periode auf Znamenka. Ich betrachtete die Stätten der Kindheit, die ich so gut kannte, mit anderen Augen. Vieles hatte sich geändert – nicht nur meine Lebensweise, auch unser Familienverhältnis. Die neuen Eindrücke verdrängten die alten, und wenn ich in Gedanken zu diesen späteren Jahren meiner Jugend zurückkehre, erscheint mir Znamenka völlig verändert.

Wenn ich zurückdenke an die Sommermonate der letzten Periode auf Znamenka, sehe ich das große, gepflegte Schloß, umgeben von schattigen Gärten mit hundertjährigen Eichen, deutlich vor mir. Ich erinnere mich an die frühen Morgenstunden, wenn ich auf meinen Freund Alescha wartete, damit wir gemeinsam auf unseren Fahrrädern hinunter zur Küste fahren konnten oder die Allee entlang zum Gut Ropscha, wo der Flieder in voller Blüte stand. Von den offenen

Fenstern meiner neuen Zimmer im Erdgeschoß sah ich hinaus auf den grünen Rasen, der nach frisch gemähtem Gras duftete. Ich sah farbenprächtige Blumenbeete und die sich dahinschlängelnden Wege, bestreut mit gelbem Sand. Über das Schloß schossen zwitschernd die Schwalben und bauten Nester unterm Dach.

War es ein Sonntagmorgen, blieb Alescha bei mir im Zimmer, bis wir die Kirchenglocken zum Gottesdienst läuten hörten. Dann nahm ich meine Kadettenmütze mit dem roten Band und begab mich zu Nadja, um mit ihr auf unsere Eltern zu warten, damit wir gemeinsam zur Kirche gehen konnten. Am Sonntag mußten Nadja und ich am Gottesdienst teilnehmen. Wir hatten uns zu einer bestimmten Zeit in der Nähe der Tür zu den Zimmern meines Vaters in der unteren Etage aufzuhalten. Oft erschienen meine Eltern zusammen mit Marina, die als Älteste das Privileg hatte, sie vor Nadja und mir zu sehen. Wenn wir uns begrüßt hatten, gingen wir hinter den Eltern zur Kirche. Mein Vater, in Sommeruniform mit Generalsachselklappen, hatte seine Mütze bei sich, obwohl die Kirche dicht beim Hauptgebäude lag. In der Kirche war es üblich, daß Militärpersonen ihre Mützen bei sich trugen, die sie in der linken Hand hielten, und mein Vater hielt sich immer an diese Vorschrift – auch in seiner eigenen Kirche. Tauchte ich aus Vergeßlichkeit ohne meine Kadettenmütze auf, erteilte mir mein Vater einen Verweis.

Wir betraten die Kirche durch die Seitentür und stellten uns neben den linken Chor an unseren üblichen Platz, an eine von Ikonen verzierte Holzwand. Ein großer Teil davon stammte aus der Kirche des Nikolai Palais von Sankt Petersburg. Hinter dieser Wand wurde zur Erinnerung an Alexander II. dessen Uniform vom Leibregiment der Pioniere aufbewahrt. Auf der anderen Seite der Kirche, beim rechten Chor, standen die Puschkina, Baron Stahl mit Familie, Kotzebue mit Frau, die Adjutanten meines Vaters und der Bürovorsteher Pleschejew.

An Sonn- und Feiertagen war die Kirche voller Menschen, denn außer unserer Dienerschaft und den Bauern der umliegenden Dörfer kamen auch viele Bewohner von Peterhof. Der Kirchenchor war hervorragend, die Sänger stammten allesamt aus der Dienerschaft und deren Familien auf Znamenka. Sie wurden von einem Kantor geleitet, der große musikalische Fähigkeiten besaß. Vor vielen Jahrzehnten, als Mascha ein junges Mädchen war, sang auch sie im Kirchenchor.

Zur Mittagszeit, kurz vor Schluß des Gottesdienstes, wanderten meine Augen zu einem der Fenster bei der kleinen Eingangstür. Durch die Quadrate des gefärbten Glases konnte ich das Meer sehen, das bald rot, gelb oder blau war. Während ich aus dem Fenster schaute, überlegte ich bereits, wie wir den Sonntag auf die angenehmste Weise verbringen konnten.

War die Kirche aus, verließen Nadja und ich unsere Eltern, die sich draußen noch mit Mitgliedern des Stabes unterhielten. Wir trafen Alescha und Sescha Warawka und fuhren mit den Rädern in den Park, um die halbe Stunde bis zum Mittagessen noch zu radeln.

Am Namenstag meines Vaters, wenn wir in der Kirche die heiligen Apostel Peter und Paul feierten, und ebenso am 19. Juli, dem Namenstag meiner Mutter und mir, fielen die Kirchgänge anders als an gewöhnlichen Sonntagen aus.

Vor dem Gottesdienst gingen meine Schwestern und ich hinüber in den weit entfernten Flügel des Schlosses, in dem meine Eltern ihre Zimmer hatten, und beglückwünschten sie. Meine Schwestern trugen ihren besten Staat, und ich befestigte ein Ordensband mit einem montenegrinischen Orden auf meinem weißen Sommerrussenkittel.

Betraten wir an solchen Sonntagen die Kirche, bemerkte ich sogleich den Unterschied zu gewöhnlichen Sonntagsgottesdiensten. Ich sah Baron Stahl und Kotzebue mit Band und Orden, die Adjutanten in Galauniformen, Pleschejew im weißen Frackanzug, daneben standen ihre Frauen, Hofdame Puschkina und andere Damen – alle in schmucken, hellen Kleidern.

Nach der Messe folgte ein feierlicher Danksagungssegen, und daraufhin beteten alle um ein langes Leben für unsere Familie. Gewöhnlich stieg die Stimme des Diakons, während er unsere Namen samt Titeln und Zunamen hersagte, immer höher. Wenn der Diakon – nachdem er mich und danach Marina genannt hatte – Nadjas Namen ausrufen sollte, war er mit seiner Stimme in einer solchen Höhe, daß ihr Name durch die ganze Kirche schallte. Je näher dieser Augenblick kam, um so mehr errötete Nadja und wäre vor Verlegenheit am liebsten in den Erdboden versunken. War das Gebet beendet, verließen wir mit unseren Eltern die Kirche und standen neben ihnen im Garten, während der Stab und alle Bekannten ihre Glückwünsche überbrachten.

An einem solchen Festtag bekam ich einmal eine ordentliche Rüge von meinem Vater. Von dem Tag an, an dem ich Kadettenuniform trug, hatte er von mir verlangt, daß ich die festgesetzten Vorschriften streng einzuhalten hätte. Dies betraf vor allem die Achtung vor höheren Dienstgraden und die Vorschriften für eine korrekte Ehrenbezeigung. Waren wir im Kreise der Familie, erlaubte mein Vater natürlich, daß wir die Umgangsformen beibehielten, die seit unserer Kindheit üblich waren. Aber außerhalb des Hauses, und im Beisein von Fremden – ganz zu schweigen von offiziellen Gelegenheiten –, beachtete mein Vater stets die bestehenden Vorschriften im gesellschaftlichen Umgang, sogar wenn es sich um enge Freunde von ihm handelte. Darin lag vielleicht der Grund, warum mein Vater immer die häusliche Umgebung bevorzugte, wo er nicht gezwungen war, seinen natürlichen Empfindungen Zwang anzutun, und daß er stets versuchte, offizielle Zeremonien zu vermeiden.

Die Rüge, die ich von meinem Vater also bekam, war durchaus verdient. An diesem Tag, dem Namenstag meiner Mutter und mir, unterhielten sich meine Eltern im Garten mit dem Stab und ein paar Fremden, die von Peterhof gekommen waren. Nachdem ich ein bißchen dabeigestanden hatte, ging ich weg und suchte Alescha, um mit ihm zu plaudern. Auf dem Rückweg begegnete mir mein Vater mit einer mir unbekannten Militärperson. Damals fiel mir nicht im geringsten ein, daß ich in so einem Fall eigentlich stehenzubleiben hatte. Ich war zu sehr daran gewöhnt, meinem Vater im Garten von Znamenka ständig einfach so zu begegnen. Doch bei dieser Gelegenheit galt unser Garten als öffentlicher Ort, denn es waren fremde Menschen anwesend. Viele, die aus der Kirche kamen, waren in der Nähe. Vor aller Augen rief mich mein Vater zu sich, erteilte mir eine scharfe Zurechtweisung und sagte mit lauter Stimme: »Wenn ein Kadett einem General – er meinte sich selbst – begegnet, hat er vor ihm strammzustehen!«

Wie an den anderen großfürstlichen Höfen, zogen auch bei uns die Lakaien an Festtagen ihre »alten« Hofuniformen an, die im Laufe der letzten Jahre gegen bequemere und modernere Modelle für den täglichen Bedarf ausgewechselt worden waren. Die Hofuniform, die bei festlichen Gelegenheiten getragen wurde, bestand aus einem braunen Kaftan, eingefaßt mit breiten Goldtressen mit aufgestickten Doppeladlern und einer Reihe von großen Goldknöpfen. Die Diener hatten nur ein Epaulett, das sie mit einem Schulterband auf der rechten Schulter trugen. Die Kordel des Schulterbandes hatte

Goldfransen und drohte, wenn die Diener servierten, in die Schüsseln zu hängen.

Unter dem Kaftan trugen die Lakaien eine rote Weste, die ebenfalls mit drei Reihen Tressen mit Adlern eingefaßt war. Die schwarzen Samthosen der Lakaien reichten bis zum Knie und waren seitlich mit Metallknöpfen gesäumt. Mit solchen Knöpfen schlossen sie auch ihre hohen braunen Gamaschen. Die Lakaien hatten ausschließlich offene, mit goldenen Schnallen verzierte Schuhe an, wenn sie im Eßzimmer Dienst taten. Alle diese Details zur Bekleidung der Höflinge waren durch das Kaiserliche Hofministerium genau festgelegt und registriert.

Wenn meine Eltern Namenstag feierten und wir das Festessen im großen Speisesaal einnahmen, trugen die Diener ihre Galalivree – mit Ausnahme des Hofmeisters, der, im Unterschied zu seinen Mitarbeitern mit all ihrem Goldgeglitzer, nur eine einfache dunkelblaue Uniform anhatte. Unser ehrwürdiger Hofmeister Zajetschew stellte sich stets hinter den Stuhl meiner Mutter, um von dort aus mit kleinen, unauffälligen Zeichen die Diener zu dirigieren. Wenn es Zeit für das Dessert wurde, verschwand Zajetschew und kam später mit einem Lakai wieder, der auf einem großen silbernen Tablett Champagner brachte. Die Hand in eine Serviette gewickelt, öffnete Zajetschew geübt Flasche um Flasche und reichte sie weiter an die Lakaien, die den Champagner in die Gläser einschenkten.

Gewöhnlich wurde von meinen Vater ein Toast ausgebracht. Fand das Essen an seinem eigenen Namenstag statt, stand mein Vater rasch auf – um zu vermeiden, daß der Toast von dem ältesten Gast der Gesellschaft gesprochen wurde –, hob sein Glas und sagte aus Spaß: »Meine Damen und Herren, darf ich vorschlagen, daß wir auf mein Wohl trinken!«

In meiner zweiten Periode auf Znamenka, die 1911 begann, bekam ich im Erdgeschoß des Schlosses, direkt unter unseren früheren Kinderzimmern, meine persönlichen Räume. Auch Nadja zog nach unten und bekam die »Oldenburger-Zimmer« zugeteilt.

Das Erdgeschoß lag nur einen Meter über dem Meeresspiegel, und von meinem großen Wohnzimmer aus führten Türen hinaus zu einer überdachten Terrasse, von der aus es einen direkten Zugang zum Meer gab. Meine Räume umfaßten dieses große Wohnzimmer, ein Ankleide-, ein Bade- und ein Schlafzimmer, sowie ein paar kleinere Räume. Zwischen den beiden Fenstern im Schlafzimmer, das zum Meer hinausging, stand ein kleiner, sehr hübscher Toilettentisch im Empire-Stil. In der Ecke über dem Kamin stand eine sehr alte Uhr, die in polierten schwarzen Basalt eingefaßt war. Sie zeigte neben den Stunden auch die Wochentage, die Monate und die Mondphasen an.

Als ich jung war, habe ich mich sehr für Uhren begeistert. In einem Zimmer hinter meinem Schlafzimmer bewahrte ich meine Uhrensammlung in einem Vitrinenschrank auf. Das war eine bunte Sammlung von billigem Tand, guten modernen Chronometern, seltenen alten Uhren mit Glockenspiel und russischen Uhren mit Schlagwerk. Alle Uhren – ich besaß etwa ein Dutzend – funktionierten tadellos.

Mein großes Wohnzimmer lag im zentralen Westteil des Schlosses und hatte in der zwei Meter dicken Grundmauer drei Fenster. Hinter dem Wohnzimmer befand sich ein kleines Gemach in einem Erker des Schlosses. Dieser halbrunde Raum hatte drei Fenster, von denen das linke zur Haupttreppe zeigte. Es diente mir immer als ein ausgezeichneter »Ausguck«, denn von hier aus konnte ich verfolgen, wer an der Haupttreppe vorfuhr.

Am mittleren Fenster meines großen Wohnzimmers stand ein riesiger Schreibtisch. Darin befand sich eine Vielzahl von Schubladen verschiedener Größen und Ausziehplatten, die man zum Lesen von Landkarten und Plänen benutzen konnte. Ich war ungeheuer fasziniert von dem Schreibtisch und erfreute mich an den zahlreichen Schubladen, obwohl ich nicht recht wußte, was ich eigentlich hineintun sollte. Vor dem Schreibtisch stand ein kleiner alter Lehnstuhl, mit abgewetztem Leder. Er hat mir von Anfang an nicht gefallen, und ich habe ihn eigenhändig entfernt. Zu meinem großen Erstaunen stand der alte Lehnstuhl am nächsten Morgen wieder an seinem Platz. Ich äußerte einem Bediensteten gegenüber meinen Unmut und wollte von ihm wissen, wie der Lehnstuhl wieder auftauchen konnte. Der beklommene Lakai antwortete, daß sein hochwohlgeborener Baron Stahl ihm aufgetragen hatte, den Stuhl zum Schreibtisch zurückzubringen. Die Einmischung des Barons ärgerte mich, denn ich fühlte mich erwachsen genug, um Herr in meinen eigenen Zimmern zu sein. Da ich Baron Stahls Charakter kannte, befürchtete ich eine unangenehme Unterredung. Aber zu meinem großen Erstaunen bat mich Stahl vielmals um Entschuldigung und sagte, er habe keine Zeit gehabt, um mich zu treffen und eine Erklärung abzugeben. Es stellte sich heraus, daß der große Schreibtisch früher im Kabinett meines Großvaters im Nikolai Palais in Sankt Petersburg gestanden hatte und der Sessel immer von meinem Großvater benützt worden war. Stahl gab der Hoffnung Ausdruck, daß ich – trotz meiner erst 15 Jahre – den Grund für seine Einmischung in meine Angelegenheiten verstehen möge. Meine negative Einstellung zu dem alten und unbequemen Lehnstuhl änderte sich sogleich, und ich versicherte Stahl, daß der Sessel wieder seinen festen Platz vor dem Schreibtisch meines Großvaters bekommen würde. Der Baron atmete erleichtert auf, er hatte stets das Andenken meines Großvaters geehrt. Als Stahl ein junger Kornett war, hatte er bei meinem Großvater als Ordonnanz gedient.

Als ich ihm erzählte, daß ich nicht recht wüßte, was ich in meine Schreibtischschubladen tun und was auf all meine Regale stellen sollte, meinte er, ich könnte eine Menge interessanter Dinge in den Depots und Speichern finden, von deren Existenz ich keine Ahnung hätte. Er riet mir, meinen Vater um Erlaubnis zu bitten, in den Depots nach Möbeln zu suchen, die für meine Zimmer taugten. Diese unerwartete Aussicht weckte meine Neugier, und ich beschloß, bei nächster Gelegenheit eine Entdeckungsreise in unsere Depots zu unternehmen. Als ich mich an meinen Vater wandte, um die Erlaubnis zu erhalten, sagte er nicht bloß ja, er gestattete mir, alles zu holen, woran ich Geschmack fände und was zur Einrichtung meiner Zimmer brauchbar sei.

Am festgesetzten Tag stieg ich hinauf in das oberste östliche Stockwerk des Schlosses, in dem ich noch nie gewesen war. Ich wurde von Scharkow und einem Diener begleitet, die beide große Körbe mitgebracht hatten. Vor der Tür des Depots trafen wir einen Aufseher mit Schlüsseln und einem Verzeichnis des Inventars. Der Aufseher führte mich in den ersten Speicherraum, wo ich große Schränke mit Schnitzwerk und andere, zum Schutz eingehüllte, Möbel sah. Als ich die Überzüge entfernte, stand vor mir eine vollständige Wohnzimmereinrichtung im »bischöflichen« Stil, den mein Vater nicht mochte. Hier entdeckte ich ein paar gute Bilderrahmen, die ich mitnahm. Dann gingen wir in Räume mit Möbeln, die mir überhaupt nicht zusagten, und der Aufseher führte mich daraufhin in einen Speicher, wo – nach seiner Auffassung – nur beschädigte Möbel aufbewahrt wurden. Entlang der Wände standen hier Sessel und

Stühle aus verschiedenen Epochen und in unterschiedlichen Stilarten. Sehr wahrscheinlich waren viele davon ziemlich selten und wertvoll, doch damals interessierten sie mich nicht. Die alten, vergoldeten und wackligen Stühle reizten mich absolut nicht. Mitten im Raum hatte man Tische und Tischchen verschiedener Größen und Formen zusammengestellt. Mir fiel ein kleiner Tisch mit einer Steinplatte auf. Als ich ihn genauer betrachtete, entdeckte ich, daß es ein schönes Schachtischchen war. Die Oberfläche bestand aus 64 hellen und dunklen Quadraten aus Malachit, Porphyr, Granit und Alabaster. In der Schublade fand ich einige noch heile Schachfiguren, manche aus Bernstein mit Silberfuß, andere aus dunkelviolettem Jaspis. Dieser Fund freute mich sehr, obwohl ich bemerkte, daß die massive Holzkonstruktion, auf der die Schachplatte ruhte, beschädigt war. Der Aufseher versicherte mir, daß unsere ansässigen Schreiner den Schaden leicht beheben könnten.

Neben dem Möbelspeicher befand sich ein Korridor, wo an den Wänden entlang große Kisten mit Büchern und Alben standen. Hier gab es auch einen großen Tisch, übersät mit Vasen, Porzellanfiguren und vielen anderen Gegenständen. Auf dem Tisch fiel mir ein dreieckiges Lederetui auf; ich wurde neugierig und wollte sehen, was sich darin verbarg. Als ich es öffnete, erstarrte ich vor Erstaunen … Riesige Diamanten lagen glitzernd auf braunem Samt vor mir. Jeder Diamant ruhte in einer eigenen Vertiefung, jeder war mit einem kleinen Bronzeschild versehen, auf dem eingraviert war: »Kohinoor«, »Großmogul«, »Sancy«, »Orlow«, »Polarstern« und viele andere der berühmtesten Diamantennamen der Welt. Ich beschloß, das Etui mitzunehmen und meinem Vater zu zeigen, in der Hoffnung, es aufbewahren zu dürfen. Ich wurde nicht enttäuscht, denn mein Vater – mit der für ihn charakteristischen Gutmütigkeit – ließ mir nicht nur diese »Diamanten« sondern erlaubte mir außerdem, tatsächlich alles zu nehmen, was mir in den Speichern gefiel. Er erklärte mir, daß es sich bei meinem gefundenen Schatz um exakte Nachbildungen historischer Diamanten handle; nicht nur Größe, Form und Schliff seien korrekt, sondern auch die Farbnuancen. Ich erinnere mich besonders an den hellblauen Diamanten »Hope«, der Unglück brachte, sowie an den gelben »Großherzog der Toscana«.

Als ich meine erste Expedition in die Depots beendet hatte – von der ich das Schachtischchen und das Etui mit den »Diamanten« mitgebracht hatte –, erzählte ich meinem Vater von all den Dingen, die ich gesehen hatte. Er wurde nun auch neugierig, und am nächsten Tag begaben wir uns gemeinsam auf einen Streifzug in die Depots.

Da mein Vater meinem Kunstsinn und Geschmack nicht so recht vertraute, wählte er selbst einige schöne Möbel für meine Zimmer aus und schenkte mir eine große Bronzefigur, die meine Urgroßmutter darstellte, Alexandra Fjodorowna zu Pferd in einem Mittelalterkostüm, das sie bei Kostümbällen getragen hatte. Ich freute mich sehr über das Geschenk; die Figur war nicht allzu groß und fand deshalb Platz auf dem Regal am Ende meines Schreibtisches.

Einige Zeit später nahm ich Alescha mit, und wir zogen aus auf eine letzte Expedition in den Pferdestall, wo es ebenfalls Magazine und Speicher gab. Das erste, was uns in die Augen stach, war das uralte Veloziped meines Vaters, mit dem er in seiner Kindheit zusammen mit seinen Vettern durch die Säle des Winterpalais geprescht war. Natürlich wollten Alescha und ich sogleich eine Proberunde fahren, aber das Veloziped war so wacklig, daß es höchstwahrscheinlich zusammengebrochen wäre, wenn wir versucht hätten, aufzusteigen.

Wir gingen in den anstoßenden Raum, wo eine Sammlung von steinernen und schmiedeeisernen Bänken stand, sowie mythologische Statuen, die früher den Park geziert hatten. Ich suchte mir ein paar Bänke für meine Terrasse aus und beschloß, die Expedition mit einem Blick in den Teil des Stalles zu beenden, in dem man das Zaumzeug aufbewahrte. Hier bewunderte ich ein silbernes Halfter – übersät mit Türkisen – das Sultan Abdul Hamid seinerzeit meinem Großvater geschenkt hatte.

Im Sommer 1911 begann ich wieder, Tennis zu spielen. Nach dem Unfall mit meinem Bein konnte ich nun wieder richtig laufen und hatte nur Schmerzen, wenn ich das Knie längere Zeit beugen mußte. Deshalb war ich fast zwei Jahre nicht imstande zu reiten.

Als ich mir das Bein brach, meinte Rasputin übrigens, das sei die Strafe für meine Eltern wegen ihrer negativen Haltung ihm gegenüber: Sie hatten sich geweigert, ihn bei Zarin Alexandra Fjodorowna zu treffen. Nach ihrer Absage war die gute Nachbarschaft zwischen Znamenka und Alexandria für immer zerstört – dazu aber noch später.

In diesem Sommer wurden auf Znamenka zwei wunderschöne Tennisplätze vor dem Ostteil des Schlosses, wo keine hohen Bäume wuchsen, angelegt. Mit der Arbeit betraute man einen Experten, einen Trainer eines Clubs in Sankt Petersburg, der bei der Anlage des Fundaments nach neuesten Methoden vorging. Den Platz bedeckte er mit einer Schicht gemahlener Ziegel, die nach Regenwetter rasch wieder trockneten, was bei dem hiesigen Klima von großem Vorteil war. Beide Plätze, die genau das internationale Maß hatten, wurden von einem hohen Drahtzaun umgeben. An einer Längsseite errichtete man eine Zuschauertribüne und außerdem einen hohen Sitz für den Schiedsrichter. Am Zaun hing eine große Tafel, auf der die Ergebnisse notiert wurden. Mit anderen Worten – unsere Plätze glichen den klassischen Courts, wie ich sie in Deutschland und Frankreich gesehen hatte.

Manchmal spielten wir den ganzen Tag Tennis. Morgens übte ich mit Nadja und Alescha, dessen Erzieher – ein junger Engländer – ein tüchtiger Spieler und brauchbarer Partner war. Tagsüber wurden die Plätze und die Tribüne von Marina, Muscha Stahl und ihren Lehrern belegt, unter denen nur zwei gute Spieler waren: die Australierin Miss Sharland und der Deutschlehrer Arthur Iwanowitsch Khopp. Mein Erzieher Wasili Wasiljewitsch Fursenko und Doktor Warawka spielten ebenfalls mit großem Enthusiasmus – aber ziemlich schlecht. Von Sergejewka kam Jelena von Leuchtenberg des öfteren, um zu spielen, und von Krasnoje Selo kamen Georgi, Nikolaj und Wera, die Kinder von Onkel Nikolaschas Adjutanten, Graf Mengden.

In den Jahren vor dem Ausbruch des Ersten Weltkriegs veranstalteten wir im Sommer Tennisturniere, an denen mehr als 20 Spieler teilnahmen.

Meine Eltern hatten im Jahre 1913 für die Gewinner im Herren- und Damen-Einzel, im Doppel und im Gemischten Doppel ein paar prächtige Preise und Medaillen ausgesetzt. Als ersten Preis erhielten die Spieler in jeder Kategorie eine Goldmedaille, auf die zwei goldene Schläger und ein Ball mit der Aufschrift »Znamenka« geprägt waren. Die Medaillen für die Zweiten bestanden aus Silber mit Goldschlägern und die Medaillen für den dritten Preis waren nur aus Silber. Für die schlechten Spieler gab es außerdem Trostpreise. Obwohl ich es nicht ganz verdient hatte, gewann ich 1913 eine Goldmedaille, da mein wichtigster Gegner, Aleschas Engländer,

der ein Glas Whisky zu viel getrunken hatte, vor dem Finale ausschied.

Eine Silbermedaille, die Alescha bei einer der Meisterschaften gewann, wurde von seiner Mutter, Baronesse Stahl, aufbewahrt. Nach dem Tod des Sohnes befestigte sie diese Medaille zusammen mit dem Emblem seines Lyzeums an einem Rahmen mit seiner Fotografie. Auf Wunsch der Baronesse bekam ich diese eingerahmte Fotografie nach ihrem Tod im römischen Exil.

Ein anderes Vergnügen, dem ich in jenen Jahren nachging, war das Radfahren. Täglich fuhr ich mit Nadja und Alescha auf den Wegen des Gutes, und oft veranstalteten wir Wettfahrten mit Freunden. Manchmal machten wir mit dem armen Sescha Warawka tollkühne und akrobatische Kunststücke. Wir setzten ihn auf ein langes Brett zwischen unsere Fahrräder und forderten ihn auf, sich darauf umzudrehen, während wir in voller Fahrt dahinbrausten.

Des öfteren veranstalteten wir auch eine Fuchsjagd auf Rädern und verfolgten dabei eine Spur, das heißt kleine Papierfetzen, die einer von uns vorher ausgelegt hatte. Es kam vor, daß diese Spur in die Treibhäuser führte, wo es spannend war, keinen der Blumentöpfe umzuwerfen oder zu beschädigen. Wenn es regnete, veranstalteten wir unsere Jagden in den Sälen und Gängen des Schlosses – zum großen Entsetzen unseres Hofmeisters Zajetschew.

Ich verspürte nie Lust, den Bereich des Gutes mit dem Rad zu verlassen, denn als Kadett mußte ich jeden Offizier grüßen, und wenn mir ein General begegnete, mußte ich absteigen und grüßen und das Rad dabei mit der linken Hand halten.

Eines Tages, als ich im unteren Teil des Parkes radelte, bog ich in einen engen Pfad ein, der zwischen hohen Tannen entlanglief. Er führte nach Alexandria zur großen Wiese unterhalb des Schlosses. Schon von weitem erblickte ich den Zaren, der mit einer Eskorte angeritten kam. Der Pfad war schmal, und ich wußte nicht, was ich mit meinem Fahrrad anfangen sollte, nachdem ich abgestiegen war, wenn ich ihm den Weg nicht versperren wollte. Während er sich näherte, gelang es mir, das Rad in den Graben zu werfen; dann stand ich zum Grüßen in Habtacht-Stellung bereit. Als der Zar bei mir angekommen war, grüßte er und entdeckte sogleich mein Gefährt im Graben, dessen Vorderrad sich noch drehte. Er forderte mich auf, es zu holen und fragte, wohin ich unterwegs sei. Auf meine Antwort, daß ich nur eine Spazierfahrt mache, wollte der Zar, daß ich wieder aufsteige und neben ihm herfahre. Sein Pferd ging im Schritt, und es fiel mir schwer, in diesem Tempo das Rad auf dem schmalen Pfad zu halten. Darüberhinaus mußte ich jedesmal, wenn mich der Zar ansprach, noch meine Ehrenbezeigung machen – wie es sich gehörte. Als er meine Verlegenheit bemerkte, sagte er lächelnd: »Du kannst die Hand unten lassen!«, und er fuhr fort, mich über das Leben auf Znamenka und über meinen Unterricht auszufragen. Als wir Alexandrias Portal erreicht hatten, verabschiedete sich der Zar und bat mich, meine Eltern zu grüßen.

Fast jeden Tag ritt der Zar im Alexandra Park bei Alexandria oder durch das Gebiet von Znamenka und Michailowska an der Bucht entlang. Deshalb begegneten wir ihm oft auf dem unteren Teil unseres Gutes, wohin – außer an Festtagen – sonst niemand Zugang hatte.

Im Sommer bestand mein Unterricht aus Frontlektionen, die ein Kadett gab, der einmal die Woche nach Znamenka kam, sowie aus einer Wiederholung des verhaßten Deutschkurses bei meinem Lehrer Arthur Iwanowitsch Khopp. Deutsch und Französisch waren obligatorische Fächer im Programm der Kadettenschule. Deutsch fiel mir sehr schwer, und außerdem hatte ich damals einen starken Widerwillen gegen alles, was deutsch war. Mein Widerwille richtete sich sogar gegen den armen Arthur Iwanowitsch, der gar kein Deutscher war, sondern aus einer russifizierten Familie aus einer der baltischen Provinzen stammte.

Mein Vater sprach kein deutsch, während meine Mutter, die so viele Sprachen konnte, auch ausgezeichnet das Deutsche beherrschte. Da sie von meiner Aversion dieser Sprache gegenüber wußte, führte sie als Beispiel immer Onkel Nikolascha an, der, obwohl er Deutschland eher ablehnend gegenüber stand, mit einem sehr feinen Akzent fließend deutsch sprach.

Zu Hause sprachen wir immer russisch, aber mit meiner Mutter sprachen wir oft französisch, und so bereitete mir diese Sprache keine Schwierigkeiten beim Examen. Bereits von frühester Kindheit an war ich mit dem Französischen vertraut, da ich es so oft hörte, wenn sich meine Mutter mit Tante Stana, mit Anna Alexandrowna Puschkina, Baron Stahl oder mit Kotzebue unterhielt. Meine Mutter und ihre Schwestern sprachen untereinander immer französisch – sogar wenn sie sich Briefe schrieben. Ich vermute, daß das mit dem ständigen Umgang mit ihrer Schweizer Erzieherin zu tun hatte.

Die Erzieherin meiner Mutter, Mademoiselle Neukomm, kam des öfteren sowohl nach Znamenka wie auch nach Djulber zu Besuch. Ich habe sie als eine imposante ältere Dame in Erinnerung, voller Lebenslust und Energie. Sie sprach immer mit Autorität und redete ihre früheren Schülerinnen mit ihren Kosenamen an. Als wir noch ganz klein waren, hatten wir ein bißchen Angst vor Mademoiselle Neukomm, obwohl sie immer sehr nett zu uns war. Der Grund für unsere Furcht war sicher eine Strafe, die Nadja und ich wegen ihrer rothaarigen Perücke bekommen hatten. Während eines Spazierganges riß ein Windstoß ihr plötzlich den Hut vom Kopf und dazu – ihre Perücke. Damals wußten wir noch nicht, daß Perücken überhaupt existieren, und als wir Mademoiselle Neukomms Kopf glatt wie ein Ei erblickten, erstarrten wir zuerst vor Erstaunen und fingen dann so hysterisch zu lachen an, daß wir eine sehr harte Strafe erhielten.

Ab und zu kamen Tante Anna und Onkel Franz von Battenberg aus der Schweiz und brachten Mademoiselle Neukomm mit. Dann war die alte Gouvernante sehr glücklich, denn sie konnte mit drei ihrer früheren Schülerinnen gleichzeitig zusammensein: meiner Mutter, Tante Stana und Tante Anna.

Onkel Franz war ein sehr sympathischer Mann, mit dem sich mein Vater stets eng verbunden fühlte. Wie die meisten der Großherzöge von Hessen konnte Onkel Franz Kaiser Wilhelm II. und dessen »preußischen Geist« nicht leiden. Da Onkel Franz von Natur aus ein friedliebender Mensch war, wandte er sich beim Ausbruch des Ersten Weltkrieges an den Kaiser und ersuchte um Freistellung vom Militärdienst. Er wolle nicht gegen England und Rußland kämpfen, wo er so viele nahe Verwandte hatte. Stattdessen würde er es vorziehen, beim Roten Kreuz Dienst zu tun. Das Ergebnis dieses Ersuchens war eine sofortige Ausweisung aus dem Deutschen Reich! Weil er kein passiver Zeuge der Kriegstragödien sein wollte, zog er mit Tante Anna in die Schweiz, wo er während des ganzen Krieges im internationalen Komitee des Roten Kreuzes arbeitete. Nach Kriegsende kehrte Onkel Franz nie mehr nach Deutschland zurück, sondern blieb mit Tante Anna in der Schweiz.

Vor dem Ersten Weltkrieg führte Tante Anna ein ausgeprägt gesellschaftliches Leben und achtete sehr auf ihre Toilette. Sie glänzte in ihren neuen modernen Kleidern, war lebensfroh und heiter und verbreitete mit ihrem Witz und ihren Scherzen überall gute Laune. Nach dem Krieg änderte sie ihr Auftreten völlig, legte weniger Wert auf elegante Kleider und zog sich sehr bescheiden an. Sie stürzte sich voll und ganz in ein humanitäres Wirken und interessierte sich für sozialpolitische Fragen.

Tante Anna und Onkel Franz liebten den Fortschritt und neue Erfindungen. Die letzte Neuheit der Zeit waren Automobile, und sie erwarben einen Mercedes, den sie beide fahren konnten. Ich war sieben Jahre alt, als ich zum ersten Mal versuchte, ein Auto zu fahren. Das war in Baden-Baden, als Onkel und Tante uns abholen wollten, um zu ihrem Gut Heiligenberg zu fahren. Es war ein offener Wagen, und obwohl es Sommer war, mußte man einen Mantel anhaben, um sich vor dem Fahrtwind zu schützen, denn das Auto brauste mit der hohen Geschwindigkeit von 30 Stundenkilometern dahin. Die Frauen mußten ihre Gesichter mit Schleiern bedecken, denn auf den damaligen Straßen erzeugten die Automobile enorme Staubwolken.

Onkel Franz und Tante Anna waren auch sehr an der Luftfahrt interessiert. Onkel Franz war noch ein begeisterter Anhänger von Luftschiffen, als schon die ersten Flugzeuge »Wright« und »Blériot« auftauchten. Er prophezeite dem Luftschiff eine strahlende Zukunft, eine Auffassung, die mein Vater nicht teilte, was zu mancher hitzigen Diskussion zwischen ihnen führte. Onkel Franz und Tante Anna waren besonders vernarrt in die Luftschiffe vom Typ »Parzival«, und sie flogen sogar einmal mit.

Tante Anna und ihre Schwestern waren ungeheuer musikalisch. Obwohl meine Mutter die beste am Flügel war, spielte Tante Anna auf Znamenka viele Kompositionen ihres Lieblingskomponisten Chopin. Von frühester Kindheit an hörte ich oft Musik von Chopin. Er und Tschaikowski waren immer meine bevorzugten Komponisten.

Mein Vater hielt ebenfalls viel von Musik, doch konnte er überhaupt nicht Klavier spielen – auch nicht mit einem Finger! Deshalb schaffte er sich auf Znamenka, auf Djulber und in Sankt Petersburg ein mechanisches Klavier an: Ein Pianola, das an die Klaviatur eines Klaviers angeschlossen wurde. Durch die Bedienung von zwei Pedalen konnte man solche Musikstücke recht genau wiedergeben, die auf einem breiten Papierband als kleine Löcher eingestanzt waren. Jedes Loch entsprach einer Taste auf dem Klavier, und wenn man die Pedale bediente, ging ein Luftstrom durch die Löcher, und die entsprechende Taste wurde niedergedrückt. Das Pianola war leicht zu bedienen. Es war so eingestellt, daß es nur normale Klangstärke und normales Tempo spielte. Um ein gutes Ergebnis zu erzielen, war ein gewisses Verständnis für Musik erforderlich, ein gutes Gedächtnis und – Übung. Durch fleißiges Üben und häufiges Wiederholen gelang es meinem Vater, ganz passable Erfolge zu erzielen. Meine Mutter war ihm eine große Hilfe, denn viele der Musikstücke, die in die Papierstreifen gestanzt waren, hatte er sie auf dem Flügel spielen hören.

Wenn Tante Anna uns besuchte, setzte sie sich ebenfalls ans Pianola, wählte sich einen Papierstreifen unter den Hunderten, die wir im Schrank hatten, und spielte neue Musikstücke, die sie nicht kannte. Wenn sie wieder heimkam, übte sie diese Stücke nach Noten. Nach dem Krieg, als wir uns im Exil in Antibes niedergelassen hatten, erhielten meine Eltern ein Geschenk von Onkel Franz und Tante Anna, das sie sehr rührte: Ein Pianola der Art, wie es mein Vater so gerne in Rußland gespielt hatte.

Außer von Tante Anna bekamen wir häufig Besuch von den jüngeren Schwestern meiner Mutter: Fürstin Xenia und Wera von Montenegro. Tante Xenias Besuche waren kürzer als Weras, weil sie ihre Eltern nicht alleinlassen wollte, um die sie sich sehr kümmerte.

Meine Großmutter hatte eine Leberkrankheit und benötigte bei ihren Anfällen oft ärztliche Hilfe. Durch die Sorge für ihre Mutter hatte sich Tante Xenia für die Medizin zu interessieren begonnen, und wenn sie in Deutschland oder Paris war, wo meine Großmutter operiert wurde, war Tante Xenia immer dabei und übernahm die Verantwortung für die Entscheidungen der Ärzte.

Mein Großvater profitierte ebenfalls vom gesunden Menschenverstand und dem Organisationstalent seiner Tochter. Allmählich vertraute er ihr seine private, wie auch die geschäftliche und sogar seine politische Korrespondenz an, und ernannte sie zu »seinem Sekretär«. Tante Xenia widmete sich während ihres ganzen Lebens ihren Eltern. Obwohl sie sehr hübsch und anziehend war, hat sie nie geheiratet.

Die jüngste Schwester meiner Mutter, Tante Wera, hatte einen ganz anderen Charakter als Tante Xenia, die sie übrigens gerne mochte. Sie war von schwacher Gesundheit, und ihr schönes Gesicht hatte etwas Wehmütiges. Sie war zurückhaltend, verträumt und im Gegensatz zu Tante Xenia nicht praktisch veranlagt. Sie interessierte sich mehr für Literatur, Geschichte und Musik. Wie ihre Schwester hat sie nie geheiratet, obwohl sie die Aussicht auf mehrere gute Partien hatte (einer der Kandidaten war König Alfonso XIII. von Spanien). Tante Weras Besuche auf Znamenka und Djulber waren von längerer Dauer. Sie war mit meiner Kusine Jabe befreundet, ihrer Nichte. Wie schon erwähnt, war die Nichte drei Jahre älter als ihre Tante.

In den Jahren vor dem Ersten Weltkrieg führte meine Schwester Marina ein völlig anderes Leben als Nadja und ich, denn sie war schon erwachsen. Sie hatte ihren eigenen Freundeskreis und verkehrte vor allem mit Jelena von Leuchtenberg und Muscha Stahl. Man sprach bereits davon, daß es für Marina Zeit werde, zu heiraten. Einmal hörten Nadja und ich zufällig, daß Großfürstin Maria Pawlowna – Tante Miechen – Pläne hatte, den Herzog von Montpensier in Rußland zu verheiraten. Montpensier war der jüngere Bruder des französischen Kronprätendenten und bei Tante Miechen in Zarskoje Selo zu Besuch. Er hatte begonnen, bei den Mitgliedern der Zarenfamilie, die in der Umgebung von Sankt Petersburg wohnten, Besuche zu machen. Wir neckten Marina bereits im voraus und machten unsere Späße mit dem Namen Montpensier, den wir aus Geschichten kannten.

Als der Tag für den Besuch des Herzogs von Montpensier gekommen war, standen Nadja und ich rechtzeitig am Ausguck bei meinem Wohnzimmer. Als der Wagen vor der Haupttreppe anhielt, stieg eine lange, unsympathische Gestalt mit einer so großen Nase aus, daß wir uns sofort einig waren, dieser Montpensier passe nicht zu unserer Schwester. Offenbar kam Marina zur selben Einsicht.

Von Pawlowsk kamen die jüngeren »Konstantinowitscher« oft zu Besuch: Oleg und Igor, neben Alescha meinem besten Freunde. Oleg besuchte damals, genauso wie Alescha, das Lyzeum. Daß Oleg in das Kaiserliche Alexander Lyzeum kam, war sehr ungewöhnlich in unserer Familie. Traditionellerweise bereiteten sich die Söhne des Kaiserlichen Hauses auf den Militärdienst vor. Sie wurden in Kadettenschulen einberufen, lernten aber meistens zu Hause, wo sie das Programm der militärischen Lehranstalten absolvierten. Das »Neumoderne«, daß einer von uns auf einer zivilen Lehranstalt zu studieren anfing, rief bei vielen unserer Onkel ein Murren hervor, doch Oleg blieb bei seinem Entschluß, erhielt die Erlaubnis des Zaren und trug von 1910 an die zivile Uniform des Lyzeums. Damals war er 17 Jahre alt.

Oleg war begabt. Schon sehr früh unterschied er sich von seinen Brüdern sowohl durch seinen Fleiß bei den Schularbeiten wie durch sein intensives Interesse an Literatur. Als Junge schrieb er kleine Aufsätze, die seine Fähigkeit, Standpunkte klar und interessant darzulegen, zeigten. Neben der Silbermedaille, die er 1913 bei seinem Abgang vom Lyzeum erhielt, nahm Oleg auch die Puschkin-Medaille für die Abhandlung »Feofan Prokopowitsch als Jurist« entgegen. Vom Wesen her war Oleg fröhlich, lebendig und umgänglich. Obwohl er nicht vorhatte, beim Militär Karriere zu machen, bereitete er sich doch – gewissenhaft wie er war – auf seinen Dienst im Gardehusarenregiment Seiner Majestät vor. Hier wollte er einige Jahre Dienst tun und dann sein Leben einer sozialen und literarischen Tätigkeit widmen.

Im Mai 1913 reisten meine Eltern und Marina nach Moskau, um das 300jährige Jubiläum des Hauses Romanow zu feiern. Nadja, Igor und ich hatten keine Einladung erhalten, weil wir noch nicht mündig waren. Nadja und ich waren ziemlich erzürnt darüber und fanden, daß man in diesem Fall leicht eine Ausnahme hätte machen können, da es doch ein Festakt war, der unser ganzes Geschlecht betraf.

Was Oleg anging, war es direkt ungerecht, ihn nicht einzuladen, denn er war als 20jähriger dem Gesetz nach mündig. Offenbar hatte man es am Hof als unüberwindliches Hindernis betrachtet, daß er eine Lyzeums- und keine Militäruniform trug.

Während wir uns auf Znamenka aufhielten und unsere Eltern in Moskau waren, wurde Oleg ans Telefon gerufen. Groß war seine Freude, als er erfuhr, daß der Zar ihn zum Offizier ernannt hatte, zum Kornett des Gardehusarenregiments! Oleg war dem Zaren sehr dankbar und sagte damals zu mir, er wollte alles tun, um sich dieser Gunst würdig zu erweisen. Es verging gut ein Jahr, und im September 1914 dekorierte der Zar den tödlich verwundeten Oleg mit dem Sankt Georgskreuz.

Von den sechs »Konstantinowitscher« Brüdern waren Oleg und Igor etwa in meinem Alter. Ich war im Winter und im Frühjahr in Sankt Petersburg ständig mit ihnen zusammen, danach trennten sich unsere Wege. Sie fuhren zu ihrem Vater, Onkel Konstantin, dessen Gut Ostaschewo im Gouvernement Moskau lag, und wir begaben uns nach Znamenka, um hier zwei Monate zu verbringen und dann auf die Krim zu fahren, wo wir uns bis zum Herbst aufhielten.

Wenn uns die Brüder im Sommer auf Znamenka besuchten, nutzten wir die Zeit, um Tennis zu spielen, und am Abend waren wir mit verschiedenen Kartenspielen beschäftigt. Manchmal fuhren wir aus, um im Unteren Park von Peterhof zu »promenieren«. Nachdem er in die Kavalierschule von Jelisawetgrad eingetreten war, hatte Igor eine große Freude daran, auf unseren Spaziergängen in seiner Junkeruniform zu glänzen, und ich beneidete ihn sehr um seine rote Mütze.

Ungefähr acht Kilometer südlich von Strelna, dem Gut von Onkel Dmitri Konstantinowitsch, lag an dem Fluß Strelka das Gut Bessabotnoje. Onkel Nikolascha kaufte es 1909, zwei Jahre nach seiner Hochzeit mit Tante Stana. Das Gut war nicht groß, aber der Onkel hielt sich gerne dort auf, wenn er sich erholen wollte. Die Lage in der Nähe von Krasnoje Selo war außerdem für ihn vorteilhaft, weil Onkel Nikolascha die Möglichkeit hatte, vor Beginn des Truppenlagers und Manövers mit dem Oberkommando in Verbindung zu sein, ohne in unser Haus in Krasnoje Selo ziehen zu müssen. Erst wenn sich Onkel Nikolaschas Stab offiziell in Krasnoje Selo niederließ, kam er dorthin und blieb bis zum Ende des Manövers.

Bessabotnoje war ein einfaches, architektonisch aber sehr schönes Holzhaus. Neben dem eigentlichen Hauptgebäude lagen kleine Häuser für den Stab und für Gäste. In einem davon wohnten oft Tante Stanas Kinder Sergej und Jelena Leuchtenberg, in den anderen hielten sich die Jagdfreunde meines Onkels auf, die nach Bessabotnoje eingeladen wurden.

Ein Teil des Gutes bestand aus Feldern, wo sogar Fasane lebten, und nicht weit vom Haus gab es ein Reservat für sibirische Hirsche – und sogar für Elche. Die Milchwirtschaft auf Bessabotnoje war Onkel Nikolaschas ganzer Stolz. Die neuesten technischen Einrichtungen waren nach den Anweisungen meines Onkels installiert worden. Alles Neue, auf das er sich stürzte, war Ausdruck seines speziellen Charakters. Zuerst vertiefte er sich in das Wesentliche des Problems, und wenn er sich dann eine eigene Meinung über die Sache gebildet hatte, wich er nicht mehr von seinem Standpunkt ab – obwohl er offen für andere Meinungen und den Rat von Spezialisten war. Er führte seine Pläne mit viel Begeisterung und sehr bestimmt durch, egal ob es die Milchwirtschaft, die Fuchsjagd oder seine Tätigkeit im militärischen Bereich betraf. Sein oldenburgisches Blut zeigte sich in seiner Energie und Beharrlichkeit.

Mein Onkel hatte es gerne, seinen Freunden die Milchwirtschaft vorzuführen, und es freute ihn, mein Interesse an dem Betrieb zu sehen. Anders war es, als er mir sein Reservat zeigte. Er hatte große Pläne, einen Jäger aus mir zu machen ... Das Ergebnis war traurig, und er erkannte schnell, daß ich mehr aus zoologischen Gesichtspunkten an den Tieren in seinem Reservat interessiert war und seine Jagdkommentare mir ziemlich gleichgültig waren. Trotzdem verlor er den Mut nicht, und als er erfuhr, daß ich mit einer Francotte-Flinte, die ich von meinem Vater bekommen hatte, recht gut schoß, meinte er, das sei ein guter Anfang.

Ich war etwa 16 Jahre alt, als ich das erste Mal zu einer Jagd auf Bessabotnoje eingeladen wurde. Onkel Nikolascha führte mich persönlich über die Felder oberhalb des Flusses. Wir wurden von zwei Jägern begleitet, einem ossetischen Kosaken, Zatsojew, und dem Lieblingshund meines Onkels, dem Schnauzer Zambo. Ich habe Tiere immer gemocht – und besonders Hunde; und deshalb achtete ich mehr auf Zambo als auf die Erklärungen Onkel Nikolaschas, wie man auf lebende Ziele schießen müsse. Mein erster Schuß rief große Begeisterung und Anerkennung bei meinem Onkel hervor und nicht weniger Freude bei dem Jäger, der mir eine tote Ente überreichte. Als ich meine Trophäe sah, konnte ich ihre Freude absolut nicht teilen, sondern hörte nur die Stimme meines Gewissens.

Als ich mit meinem Vater nach Znamenka zurückfuhr, gab ich ihm gegenüber offen zu, daß die Jagd auf mich nicht den geringsten Reiz ausübte. In diesem Jahr wurde ich nicht mehr nach Bessabotnoje auf die Jagd eingeladen. Im übrigen mußte mein Onkel kurz darauf in amtlichen Geschäften verreisen, und wir fuhren auf die Krim. Vor unserer Abreise empfing ich ein Paket aus Sankt Petersburg, und es stellte sich heraus, daß es meine unglückselige Ente enthielt – in ausgestopftem Zustand.

Als ich im Jahr darauf einen Besuch auf Bessabotnoje abstattete, stellte ich fest, daß mein Onkel über meine Gleichgültigkeit seinem Lieblingssport gegenüber betrübt war. Das schmerzte mich, weil er immer herzlich und freundlich zu mir gewesen war. Deshalb beschloß ich, es wiedergutzumachen, und bei der ersten Gelegenheit bat ich darum, an der Jagd teilnehmen zu dürfen.

Hätte ich damals bloß die Folgen meines Entschlusses voraussehen können, ich hätte anders gehandelt. Denn von dem Tag an war es mit meinen Sommerferien auf Znamenka so ziemlich vorbei. Fast jede Woche mußte ich nach Bessabotnoje fahren und immer an Tagen, an denen es mir schlecht paßte. Ich mußte auf meine Badefreuden in der Bucht verzichten, auf das Tennisspielen und auf die Ausflüge mit Freunden. Aber da war nichts zu machen. Die Einladungen meines Onkels kamen immer so unerwartet wie das Auto, das mich gleich nach Bessabotnoje mitnehmen sollte. Ziemlich rasch wurde aus meiner Gleichgültigkeit eine Abscheu vor der Jagd.

Für die Jagd überließ mir mein Onkel stets ein Reitpferd und vertraute mich – zum Glück – seinem Zureiter Andrejew an, einem sehr netten Mann, der meine ablehnende Haltung zur Jagd kannte. Auf mein Bitten war er oft lange damit beschäftigt, mir beizubringen, ein Hindernis zu nehmen. Auf diese Weise konnten wir die Zeit der verhaßten Touren über die Felder, das Gewehr im Anschlag, begleitet vom Adjutanten meines Onkels und einigen Jägern, verkürzen.

Im Sommer, wenn die Manöver vorüber waren, fuhren wir oft von Znamenka nach Krasnoje Selo. Wir wohnten in unserem Haus, das in der Hauptstraße der Stadt lag. Wenn ich sage »unser Haus« meine ich, daß mein Vater und Onkel Nikolascha es gemeinsam besaßen. Sie hatten es von meinem Großvater geerbt, der dieses Holzhaus auf einem Grundstück baute, das ihm von Zar Alexander II. zugeteilt worden war, als mein Großvater Kommandant der Garderegimenter und des Militärdistrikts Sankt Petersburg war. In Krasnoje Selo gab es mehrere Häuser, die während der Manöver von Mitgliedern der Zarenfamilie bewohnt wurden. Normalerweise wohnten Großfürsten nebst ihren Söhnen in bestimmten Häusern, die sie zwar nicht besaßen, die aber inoffiziell den Namen ihrer Bewohner trugen, so beispielsweise das »Wladimirowitscher Haus« oder das »Michailowitscher Haus«.

Während der Manöver bewohnte Onkel Nikolascha etwa einen Monat die obere Etage unseres Hauses. Auf dieser Etage gab es ein Wohnzimmer mit Balkon und ein Eßzimmer. Die Einrichtung der Zimmer war sehr bescheiden, aber schön. Im Wohnzimmer standen englische Möbel, und an den Wänden hingen seltene englische Radierungen. In der unteren Etage war der Stab meines Vaters untergebracht, während man die Dienerschaft in einem kleinen Nebenhaus einquartiert hatte, wo es auch Vorratskammern, Küche, Pferdestall und eine Autogarage gab.

Als ich noch ein Kind war, kam ich nur an den Paradetagen, die am Ende des Truppenlagers stattfanden, mit nach Krasnoje Selo. Damals hatte ich noch keinen Zutritt zur »Macht des Zaren«, wo der Zar jeden Sommer die Truppen, die an den Manövern in Krasnoje Selo teilgenommen hatten, Revue passieren ließ. Ich erinnere mich schwach an diese Paraden, wo mich am meisten die Kavallerie mit den prächtigen farbigen Uniformen beeindruckte.

Als ich Kadett wurde, hatte ich immer noch keinen Zutritt zur »Macht«, sicher deshalb, weil Kadetten zu den unteren Dienstgraden gehörten. Mein großes Vergnügen während meines Aufenthaltes in Krasnoje Selo bestand darin, von den frühen Morgenstunden an auf unserem Balkon zu stehen und mir die Truppengattungen, die auf der Straße vorbeizogen, anzuschauen. Besonders spannend war es, wenn es sich um Einheiten handelte, die zur Parade unterwegs waren. Schon als Kind hatte man mir beigebracht, die verschiedenen Militäruniformen zu unterscheiden, und ich erkannte deshalb sofort die Regimenter unserer Garde. Sah ich ein Regiment vorbeimarschieren, das nicht dem Militärdistrikt Sankt Petersburg angehörte, rief ich sogleich einen Adjutanten meines Onkels, der mir Auskunft geben konnte. In solchen Fällen war mir mein guter, aber sehr »ziviler« Erzieher, der einen Husaren nicht von einem Matrosen unterscheiden konnte, keine Hilfe.

Bei Beendigung des Truppenlagers, nach den Manövern, wenn die Einheiten gemustert wurden, waren manchmal Übungen angesetzt, zu denen man ausländische Gäste einlud, gekrönte Häupter oder hohe Dienstgrade ausländischer Militärmissionen. So eine Gelegenheit bot sich 1913, als der französische Generalstabschef zu Besuch kam – General Joffre, künftig ein Oberkommandierender im Ersten

Weltkrieg. Ich traf General Joffre in Bessabotnoje, wo seine Frau zu Gast bei unserer Tante Stana war, und sah ihn außerdem in Krasnoje Selo an dem Tag, als er mit Onkel Nikolascha den für die Kavallerie vorgesehenen Übungen beiwohnte. General Joffre war ein korpulenter, aber sehr agiler Mann. Seine Militäruniform gefiel mir nicht; sie war viel zu kurz, und das Käppi, das er bis zu den Brauen gezogen hatte, sah seltsam und häßlich aus. Joffre machte einen guten Eindruck auf mich, er war sympathisch und freundlich. Onkel Nikolascha gegenüber zeigte Joffre großen Respekt, und ich meine, daß sie ein gutes Verhältnis zueinander hatten. Außerdem glaube ich, daß General Joffres Besuch für meinen Onkel eine willkommene Gelegenheit war, in seiner Eigenschaft als Oberkommandierender im Militärdistrikt Sankt Petersburg offiziell seine frankophilen Gefühle zu zeigen.

Nach der Revolution, als Onkel Nikolascha sich in Frankreich niederließ, verhielt sich Marschall Joffre sehr entgegenkommend und bemühte sich in jeder Weise, meinem Onkel bei den Schwierigkeiten, die er als Emigrant hatte, behilflich zu sein. Madame Joffre ihrerseits unterstützte Tante Stana bei ihrem Hilfsprogramm für russische Invaliden, die sich in Frankreich aufhielten.

Ich erinnere mich deutlich an den Tag, an dem Joffre als Begleiter Onkel Nikolaschas bei der Musterung der Kavallerie von unserem Haus in Krasnoje Selo wegritt. Mein Onkel ritt ein rotbraunes Pferd. Ihm folgten Truppenführer, Adjutanten und ein Kosake, der auf einer Lanze die Sankt Georgsflagge des Oberkommandierenden mitführte.

Hier muß ich anmerken, daß mein Onkel keine Schimmel mochte. Er mochte überhaupt keine weißen Tiere, weil er der Meinung war, sie brächten ihm Unglück. Obwohl er sonst nicht abergläubisch war, hatte mein Onkel trotzdem gewisse Eigenheiten, die um so verwunderlicher waren, als sie nicht mit seinem ausgeprägten Wirklichkeitssinn übereinstimmten. Sein Mißtrauen gegen die traditionelle Farbe der Pferde im Gardehusarenregiment Seiner Majestät, dem Regiment, dem er seit seiner Geburt angehörte und das er seit so vielen Jahren kommandierte, erstaunte mich in allerhöchstem Maße. Solche Anzeichen von Aberglauben zeigte mein Onkel ansonsten nicht, und im übrigen gab er ihnen nur in seinem Privatleben nach. Zum Beispiel bekümmerte es ihn sehr, wenn er auf dem Weg zur Jagd einen weißen Hund oder eine weiße Katze erblickte. Im Gegensatz zu vielen anderen liebte er die Zahl dreizehn und nahm an, sie würde ihm Glück bringen. Er freute sich deshalb sehr, als er erfuhr, daß das Haus, das er in Sankt Petersburg gemietet hatte, in der Italienstraße (heute Ul. Rakova) Nummer dreizehn lag.

Ich war so selten in Krasnoje Selo und hielt mich dort so kurze Zeit auf, daß meine Erinnerungen daran vor allem mit Regimentern verbunden sind, die zu den Klängen der Marschmusik an unseren Fenstern vorbeimarschierten. Krasnoje Selo war für mich ein lauter, staubiger und merkwürdiger Ort, wo alle mit ernsten Gesichtern herumliefen und mir bekannte Gesichter völlig fremd erschienen. Sogar Onkel Nikolascha war hier ein ganz anderer Mensch, der bei seinen Untergebenen Angst und Schrecken verbreitete.

Auch meinen Vater kostete es Überwindung, an all den offiziellen Zeremonien teilzunehmen, während derer er oft ausländische Generale oder deutsche Prinzen, die zu den Manövern eingeladen worden waren, unterhalten mußte. Manchmal bat der Zar meinen Vater und die anderen Großfürsten, die in der Gegend wohnten, die ranghöchsten Personen zu einem Essen oder an eine festliche Tafel einzuladen. Es kam dann des öfteren vor, daß die ausländischen Gäste ferne Verwandte deutscher Herkunft waren, von deren Existenz mein Vater keine Ahnung hatte. Um Irrtümer zu vermeiden, mußte meine Mutter ihm anhand des Gotha-Kalenders den Verwandtschaftsgrad erklären, damit er sich, ohne sich zu blamieren, nach beinahe unbekannten Tanten und Onkeln erkundigen konnte. Nach Beendigung der Manöver war die Gefahr solcher Besuche vorüber, und das Leben auf Znamenka nahm wieder seinen gewohnten Gang.

Im Jahre 1913, nach den Festlichkeiten anläßlich des 300jährigen Jubiläums für das Haus Romanow, kamen Onkel Franz von Battenberg und Tante Anna auf einen kurzen Besuch nach Znamenka. Meine Eltern freuten sich immer sehr, die beiden zu sehen, und wollten sie so nahe wie möglich bei sich haben. Statt sie im Gästetrakt unterzubringen, der im entgegengesetzten Schloßflügel lag, beschlossen sie, ihnen meine Zimmer zu geben, die den ihren näher waren. Ich zog deshalb in die weit entfernten Zimmer im gegenüberliegenden Flügel des Schlosses um, der sonst für Onkel Nikolascha reserviert war, wenn er auf Znamenka wohnte. Nachdem er das Gut Bessabotnoje erworben hatte, standen diese Zimmer fast immer leer, wurden aber trotzdem in Ordnung gehalten, falls er dennoch kommen sollte.

Der Trakt meines Onkels lag im Obergeschoß und bestand aus vier Zimmern, einem Badezimmer und Zimmern für die Dienerschaft. Er war über eine private Treppe mit einem eigenen Eingang verbunden, den wir »Für-die-Hofdamen« nannten. Der Name stammte aus der Zeit, als die Hofdamen meiner Großmutter in diesem Teil des Schlosses logierten. Zu meiner Zeit wohnte die Hofmeisterin meiner Mutter im Erdgeschoß.

Neben den Zimmern meines Onkels lag die Bibliothek, die ich vor meinem Umzug selten aufgesucht hatte. Die Bibliothek füllte drei Zimmer, und in den Schränken, die vom Boden bis zur Decke reichten, wurden hauptsächlich die Bücher meines Vaters aufbewahrt, die vorwiegend das Militärwesen betrafen. In einigen Schränken standen seltene Ausgaben über Militärgeschichte und Ingenieurkunst sowie prächtige, reich illustrierte Bände über russische Militäruniformen. In der Abteilung für russische und ausländische Literatur gab es viele uralte, schön gebundene Exemplare, und in einem Extraschrank stand eine Gesetzessammlung, die ungeheuer viele Bände umfaßte. In einem Zimmer stand ein Schrank, der Dokumente und Briefe enthielt, die die Familie betrafen. Die Bibliothek auf Znamenka war seit der Zeit meines Großvaters unverändert. Es kamen selten neue Bücher hinzu, weil meine Eltern in Sankt Petersburg ihre privaten Bibliotheken hatten.

Ich mußte mehrmals am Tag durch die Bibliothek gehen, die meine Zimmer vom übrigen Schloß trennte. Manchmal blieb ich auf dem Weg hängen und blätterte in den schönen Ausgaben und Sammlungen mit Radierungen und Farbdrucken altmodischer Militäruniformen. Mich faszinierten auch die Bücher sehr, die Karten und Pläne der Kriege des 19. Jahrhunderts enthielten, zusammengestellt von berühmten russischen und ausländischen Militärhistorikern. Die besten Ausgaben behandelten die Verteidigung Sewastopols und den Krimkrieg 1854–56. Diese Bücher fesselten mich so, daß ich mich seitdem für diesen Abschnitt der russischen Militärgeschichte besonders interessiert habe. In den Werken suchte ich eifrig nach Beschreibungen von Sewastopol, seinen Bastionen, Befestigungen und Ankerplätzen. Es gefiel mir, über die berühmten Schiffe dieser Zeit zu lesen, deren Namen viele Kriegsschiffe der Schwarzmeerflotte geerbt haben. Von ganz klein auf hatte ich Sewastopol gekannt und die Schwarzmeerflotte geliebt, deren Schiffe ich oft an der Reede vor Sewastopol sowie auf dem offenen Meer gesehen hatte, wenn sie an Djulber vorbeifuhren.

Zum Abschluß meiner Beschreibung von Schloß Znamenka möchte ich noch erwähnen, daß ich jeden Morgen in den gegenüberliegenden Flügel hinübergegangen bin, um meinen Eltern »Guten Morgen« zu sagen. Das war ein richtiger Marsch von mehr als 200 Metern.

Anschließend an diese lange Wanderung durch die Bibliothek, den Speisesaal und viele andere Räume standen mein Dackel Muzi und ich endlich vor der Tür der kleinen Wohnstube meiner Mutter. Nachdem ich an die Tür geklopft hatte, ging ich hinein, und Muzi flitzte zu meiner Mutter und sprang auf ihren Schoß. Nach dem Tod der kleinen Kate war Muzi der einzige Hund, vor dem meine Mutter keine Angst hatte. Wenn ich die Wohnstube meiner Mutter betrat, saß sie gewöhnlich schon an ihrem Schreibtisch und schrieb Briefe. Nachdem sie mit mir über alles, was mich damals interessierte, gesprochen hatte, ließ sie mich laufen, denn sie wußte, daß ich mich danach sehnte, hinaus in den Garten zu kommen, Alescha zu treffen und mit ihm in den Park, zum Gutshof oder zur Bucht zu radeln – zu unserem geliebten Pavillon Renella.

Unsere letzten Jahre auf Znamenka

Am 10. Januar 1914 wurde mein Vater 50 Jahre alt, und im Sommer desselben Jahres wollten meine Eltern ihre silberne Hochzeit feiern. Diese zwei Begebenheiten sollten nicht nur im Schoße der Familie gefeiert werden, sondern auch offiziell.

Der 10. Januar war auch der 50. Jahrestag der Einschreibung meines Vaters in verschiedene Regimenter, und es wurden anläßlich dieses Jubiläums eine Reihe von Festlichkeiten veranstaltet. Was den silbernen Hochzeitstag meiner Eltern betraf, sollte ihnen zu Ehren auf Schloß Peterhof ein offizielles Essen stattfinden.

Mein Vater schätzte natürlich all diese Ehrungen, auch wenn sie nicht ganz seiner Vorstellung entsprachen. Besonders unangenehm waren ihm die offiziellen Empfänge und die Dankesreden, die er wegen des Jubiläums halten mußte. Als die Feierlichkeiten überstanden waren, beschlossen meine Eltern, im Frühling ins Ausland zu verreisen, um sich zu erholen, und dann nach Znamenka zurückzukehren und ihre Silberhochzeit zu feiern.

Ehe ich über unsere letzten Jahre auf Znamenka berichte, möchte ich von dieser Reise sprechen, die wir nur einen Monat vor dem Ausbruch des Ersten Weltkrieges beendeten.

Nachdem wir am Comer See und in Florenz gewesen waren, besuchten wir auch meinen Großvater, König Nikolaus von Montenegro, der sich für einige Zeit in Venedig aufhielt, und rundeten die Reise mit einem kurzen Parisbesuch ab. Über den Aufenthalt in Paris möchte ich hier nur von dem Tag vor dem großen Grand Prix in Longchamp erzählen, und von dem Tag, an dem ich die Nachricht von einem Ereignis erhielt, das die politischen Verwicklungen, die zum Ausbruch des Ersten Weltkrieges führten, ankündigte.

Wenn meine Eltern sich in Paris aufhielten, wohnten sie nicht im Ritz oder in einem anderen großen Hotel, wo sie Gefahr liefen, russischen Bekannten, die an diesen Orten zu wohnen pflegten, zu begegnen. Sie zogen das kleinere Hotel Vendôme vor, das in der Nähe des gleichnamigen Platzes und nicht weit vom Stadtzentrum lag. Als wir im Juni 1914 nach Paris kamen, war Hochsaison, und das kleine Hotel Vendôme hatte nicht genügend Zimmer für uns alle. Meine Eltern wichen deshalb aus in das große neue Hotel Kléber, nicht weit vom Triumphbogen.

Am 28. Juni fand der Pariser Grand Prix auf der Pferderennbahn in Longchamp statt. Im Foyer des Hotels traf sich ein elegantes Publikum, das sich die Rennen ansehen wollte. Die Damen trugen moderne Kleider und die Herren »Spazierfräcke« mit Zylinder und waren mit Feldstechern ausgerüstet. Pferderennen hatten meinen Vater von jeher interessiert, obwohl er nie Toto spielte oder Wetten abschloß. Der Grand Prix interessierte ihn auch wegen der Zuschauer, die sich an diesem Tag auf den Tribünen und am Sattelplatz versammelten. Meine Mutter war weder an Pferden noch an Zuschauern interessiert, und deshalb nahm mein Vater nur meine Schwester und mich mit. Als wir ins Auto stiegen, bemerkte ich zu meinem großen Erstaunen, daß mein Vater die rote Rose der Ehrenlegion ins Knopfloch gesteckt hatte, was er sonst in Frankreich nie machte, wenn er inkognito reiste. Es stellte sich heraus, daß meine Eltern an diesem Tag in die Loge des Präsidenten geladen waren, und obwohl sie die Einladung wegen ihres Inkognito ausgeschlagen hatten, schien es mein Vater für korrekt zu halten, den französischen Orden für den Fall, daß er offizielle Personen in Longchamp treffen sollte, zu tragen.

Wir gingen sofort hinunter zum Sattelplatz, und ich genoß es, mich in die dichte Menge der Zuschauer zu mischen und mich so richtig erwachsen zu fühlen. Hier begegneten wir Dmitri Pawlowitsch, dem Sohn von Großfürst Pawel Alexandrowitsch, der sich offenbar langweilte. Er fragte mich sofort, wo ich den Abend zubrächte. Auf meine ausweichende Antwort murmelte er mit einem schmierigen Grinsen: »Du bist ja auch noch zu jung!« Diese Bemerkung kränkte mich sehr.

Wir trafen auch Tante Anastasia von Mecklenburg, die mit einem ihrer Brüder in die Loge des Präsidenten geladen war. Als sie meinen Vater erblickte, versuchte sie vergeblich, ihn zu überreden, mit ihr in Poincarés Loge zu gehen.

Am nächsten Morgen gingen mein Vater und ich in die Stadt, um verschiedene Einkäufe zu erledigen, und als wir ins Hotel zurückkehrten, begaben wir uns sogleich ins Restaurant, wo meine Schwestern mit Jelena von Leuchtenberg zu Mittag aßen. Unser Tisch stand an einem Fenster zur Straße hin. Als wir mit dem Essen fertig waren, hörten wir durch das offene Fenster einen Zeitungsverkäufer immer ein und denselben Satz mit hoher und monotoner Stimme wiederholen. Zuerst konnten wir die Worte nicht verstehen, aber dann kam er näher und näher und rief direkt unter unserem Fenster: »Assassinat de l'Archiduc François-Ferdinand!« Mein Vater wandte sich an Kotzebue, der am Nachbartisch saß, und bat ihn, einige Zeitungen zu kaufen und ein Exemplar meiner Mutter aufs Zimmer zu schicken.

Als wir zu meiner Mutter hinaufkamen, fanden wir sie tief erschüttert, nachdem sie von dem Mord am Erzherzog und seiner Frau in Sarajewo gelesen hatte. Sie befürchtete mögliche politische Verwicklungen, weil der Mord an dem österreichischen Thronfolger von einem Serben begangen worden war. Meine Mutter, die gut unterrichtet war über die Lage auf dem Balkan, wußte genau Bescheid über die slawophilen Gefühle des ermordeten Erzherzogs und seinen Widerwillen gegen die Ungarn. Sie meinte, wir müßten die Reaktion von Kaiser Franz Joseph abwarten, der im übrigen seinen Schwiegersohn nicht leiden konnte und offen dessen politische Ansichten verurteilt hatte.

Meine Mutter wollte gerne die Meinung ihres Vaters über das Attentat hören und dachte daran, ihm einen Brief nach Venedig zu schreiben, in dem sie ihren Befürchtungen Ausdruck verleihen wollte, der Mord von Sarajewo könne als Beweis für die feindliche Haltung der Habsburger den Serben und allen Slawen gegenüber benutzt werden. Ich lauschte ihren Worten und muß zugeben, daß ich ihre Befürchtung nicht verstand, denn die Erwähnung dieses Mordes in der Presse hinterließ keinen tieferen Eindruck in mir als irgendein anderes Verbrechen. Ich erinnere mich, daß mein Vater dagegen war, den Brief mit der Post zu schicken, denn falls mein Großvater bereits nach Montenegro zurückgekehrt war, bestand die Gefahr, daß der Brief durch Österreich ging und von den Österreichern gelesen wurde. Er riet deshalb, den Brief anschließend an unsere Rückkehr nach Rußland von Sankt Petersburg aus mit der Kurierpost abzuschicken.

Es vergingen noch einige Tage, dann saßen wir wieder im Zug in Richtung Heimat. An der russischen Grenze, in Wirballen, wo ich vor einem Monat Zivil angezogen hatte, schlüpfte ich wieder in die Kadettenuniform, und wir stiegen in die großen, gemütlichen russischen Waggons um, die uns geradewegs nach Znamenka brachten.

Als wir an unserer kleinen Nebenstation bei Znamenka ankamen, wurden wir von Baron Stahl nebst Familie, Pleschtschejew und meinem Erzieher Fursenko empfangen. Nach zwei Tagen im Zug tat es gut, an die frische Luft zu kommen. Die Station lag mitten in der Landschaft, rundum herrschte Stille, und es duftete nach frisch gemähtem Gras.

Vor der Station warteten unsere Automobile, und während meine Eltern und Schwestern in den ersten Wagen stiegen, setzte ich mich ans Steuer des offenen Peugeot. Wir fuhren durch das geöffnete schmiedeeiserne Tor, das in den Park führte und an dem der alte Wachmann mit seinen Medaillen auf der Brust stand und grüßte. Als ich in den Park und die Hetman-Allee hinauffuhr, erblickte ich schon von weitem unsere Flagge auf dem Dach des Schlosses, ein Zeichen, daß die Besitzer Znamenkas heimgekehrt waren.

Die ersten Tage brauchte ich, um meine Zimmer in Ordnung zu bringen und die Dinge auszupacken, die ich mir im Ausland gekauft hatte. Alescha half mir, und ich erzählte ihm, was ich alles erlebt hatte. Alescha kam bei unserem Gespräch immer wieder auf die beunruhigenden Gerüchte zurück, die in Sankt Petersburg bezüglich der politischen Verwicklungen kursierten, die als Folge des Mordes in Sarajewo entstehen konnten. Ich verhielt mich diesen Überlegungen gegenüber eigentlich ziemlich gleichgültig und versuchte ihn zu überzeugen, daß sich dank der russischen Unterstützung Serbiens und unserer diplomatischen Geschicklichkeit schon wieder alles einrenken würde.

Als wir aus dem Ausland zurückkamen, war weder die Zarenfamilie auf Alexandria eingezogen, noch wohnten unsere Verwandten auf Michailowka, auf Strelna oder dem Oldenburgschen Herrensitz. Deshalb mußten sowohl meine Eltern wie auch wir Kinder keine Pflichtbesuche abstatten. So sah ich einigen herrlichen, unbeschwerten Tagen auf Znamenka entgegen. Bis wir auf die Krim reisen würden, blieben mir hier zwei ganze Sommermonate Zeit für Tennisturniere, Radtouren und Autofahrten in der Umgebung.

Einige Tage nach unserer Heimkehr lud uns Onkel Nikolascha zum Essen nach Bessabotnoje ein. Er war glänzender Laune, und

Tante Stana freute sich, ihre Schwester wiederzusehen. Als Tante Stana während des Essens die politische Situation ansprach, wechselte mein Onkel sofort das Thema ... Als wir uns verabschieden wollten, erzählte Onkel Nikolascha meinem Vater, daß er ein Namenstagsgeschenk für ihn habe. Ich war sehr neugierig, und unauffällig fragte ich Tante Stana, was es sei. Sie war mir immer sehr gewogen und erzählte mir in aller Heimlichkeit, daß das Geschenk zwei schwedische Pferde seien, die meinen Vater so begeisterten.

Am Tag vor dem Namenstag meines Vaters, am 29. Juni nach alter Zeitrechnung (dem julianischen Kalender, der dem gregorianischen vor dem 1. 3. 1900 12 Tage und danach 13 Tage voraus ist), kam Onkel Nikolascha nach Znamenka und ging sofort in den Pferdestall, wo sich sein »Geschenk« bereits befand. Er schickte einen Adjutanten mit dem Bescheid zu mir, mich unverzüglich im Pferdestall einzufinden. Mein Onkel war offenbar der Meinung, daß er den Stallburschen von Znamenka nur Anordnungen geben wollte, wenn der Sohn des Besitzers anwesend war. Unter den vielen Equipagen wählte mein Onkel einen kleinen Phaeton, und nachdem er die nötigen Anordnungen gegeben hatte, machte er sich auf den Weg zu meinem Vater.

Wir fanden meine Eltern im Garten, und mein Onkel bat sie, sich in die Nähe unserer Kirche zu begeben. Kurz darauf kam der Phaeton die Kirchenallee heruntergefahren, gezogen von den prachtvollen Falben. Onkel Nikolascha nahm die Mütze ab, machte vor meinem Vater eine tiefe Verbeugung und bat ihn, diese Namenstagsgabe von ihm entgegenzunehmen.

Mein Vater freute sich unglaublich über das Geschenk, und nachdem die Brüder über die Vorteile schwedischer Pferde gefachsimpelt hatten, schlug Onkel Nikolascha vor, mit den Pferden eine Probefahrt zu machen, damit mein Vater sehen könnte, wie sie liefen. Sie nahmen mich mit, und wir fuhren zuerst Richtung Garten. Hier wollte Onkel Nikolascha auf die Hetman-Allee einbiegen, und er streifte deshalb das linke Pferd mit der Peitsche. Das hatte eine ungeahnte Wirkung. Unser Phaeton schleuderte scharf nach rechts, das Pferd machte einen Satz auf die andere Seite, erschreckte das zweite Pferd, und wir rasten in vollem Galopp die Hetman-Allee hinunter. Obwohl mein Onkel die Pferde ziemlich rasch wieder unter Kontrolle hatte, endeten wir doch im Graben – mitten im Flieder! Ein Stallknecht, der aus der Entfernung unser »Abenteuer« beobachtet hatte, kam zu Hilfe geeilt und zog den Phaeton auf die Allee. Da sah ich Tante Stana, die mit einem offenen Sonnenschirm in der Hand auf uns zugelaufen kam. Beim Anblick dieses Schirms wurden die Pferde erneut nervös, aber alles ging gut und wir fuhren zurück. Diese Episode hatte mich wirklich amüsiert, doch Onkel Nikolascha war sichtlich verlegen, denn er wußte, daß mein Vater ein hervorragender Kutscher war ...

Auch mein Namenstag näherte sich, der 19. Juli. Ich rechnete damit, unter den Geschenken den Peugeot, über den Baron Stahl verfügte, zu finden. Ich begeisterte mich damals sehr für Autos und träumte von einem Rolls-Royce, doch meinte mein Vater sehr richtig, daß ich mich vorerst mit dem Peugeot begnügen sollte, mit dem ich auf dem Gelände des Gutes fahren durfte. Zu meinem Namenstag hoffte ich trotzdem sehr, ein eigenes Auto zu bekommen, aber ich hatte große Angst, mein Vater könnte entdeckt haben, daß ich mit dem Peugeot außerhalb von Znamenka gefahren war – auf der großen Straße nach Sankt Petersburg. Meine Angst steigerte sich noch aufgrund eines Ereignisses, das meinen Vater sehr erzürnte.

Als ich eines Tages an den Fenstern des Kabinetts meines Vaters vorbeiging, erblickte ich ihn in der Tür zum Garten. Er trug eine Uniform, die ich noch nie an ihm gesehen hatte. Als er meine Verwunderung bemerkte, fragte er:

»Von welchem Regiment ist meine Uniform?«

»Vom Astrachanschen!« antwortete ich, als ich die gelbe Farbe der Uniform sah.

»Genauer!« – verlangte mein Vater.

»Das Astrachansche Dragoner ...«

»Genauer!«

»Das Achte Astrachansche Dragonerregiment ... Großvaters Regiment.«

Mein Vater verlor die Geduld, schalt mich und sagte, daß ich ohne zu zögern hätte antworten sollen: »Generalfeldmarschall Großfürst Nikolai Nikolajewitschs Achtes Astrachansches Dragonerregiment!«

Ich wurde auf mein Zimmer geschickt, um die genauen Namen der Einheiten zu lernen, deren Uniformen mein Vater zu tragen berechtigt war. Obwohl ich heute vergessen habe, warum mein Vater an besagtem Tag diese Uniform trug, erinnere ich mich ganz deutlich, daß ich am selben Abend mein »Examen« mit Glanz bestand.

Das Leben auf Znamenka ging seinen gewohnten Gang, wenngleich wir den Aufenthalt für einige Tage unterbrechen mußten, um ins Truppenlager Krasnoje Selo zu fahren. Die Luft war sehr warm und voller Staub, aufgewirbelt von den ständigen Truppentransporten, von Automobilen und Pferden.

Die Beendigung des Truppenlagers fiel mit dem offiziellen Empfang des französischen Präsidenten Raymond Poincaré zusammen, der am siebten Juli (alter Zeitrechnung) in Kronstadt mit dem Schlachtschiff »France« ankam. Der Besuch des Präsidenten zu einem Zeitpunkt, wo sich das Verhältnis zwischen Österreich und Serbien derart zugespitzt hatte, gab in Onkel Nikolaschas Kreisen Anlaß zu widersprüchlichen Vermutungen. Auch die Nachrichten aus Wien und Belgrad waren beunruhigend, und ich hörte Gerüchte über die Möglichkeit einer Teilmobilmachung. Zum ersten Mal begriff ich die Wichtigkeit der Ereignisse, denen ich vorher keine Bedeutung beigemessen hatte.

Die »Kaiserliche Truppeninspektion«, die üblicherweise jedes Jahr vor der großen Parade stattfand, wurde für den neunten Juli angesetzt.

Als mein Vater rechtzeitig von zu Hause aufbrach, um zusammen mit den übrigen Großfürsten den Zaren zu begleiten, ging ich hinauf in das Wohnzimmer im ersten Stock, in dem sich bereits meine Mutter und Tante Stana mit Onkel Nikolaschas wachhabendem Adjutanten, Rittmeister Derfelden, aufhielten.

Als ich aus dem Fenster schaute, sah ich auf der Straße eine Gruppe von Obrigkeiten bei dem großen, offenen roten Fiat stehen, den mein Onkel bei offiziellen Gelegenheiten benutzte. Unter den Generalen, alle in Gala-Uniform mit Ordensband, erkannte ich van der Viet und Krupenski, die den Hof meines Onkels verwalteten.

Zum abgemachten Zeitpunkt der Abfahrt trat mein Onkel in Gala-Uniform mit dem Band des Andreasordens ins Wohnzimmer. Ihm folgte Kammerdiener Smirnow mit der Mütze meines Onkels, den Handschuhen und einem großen versiegelten Kuvert in der Hand. Nachdem er meine Mutter begrüßt hatte, flüsterte er ihr einige Worte ins Ohr, nahm Mütze und Handschuhe und ging mit langen Schritten und klirrenden Sporen zur Treppe. Smirnow übergab das Kuvert an Derfelden, der sich sputen mußte, um meinen

Onkel einzuholen, der bereits die Treppe hinunterging. Ich sah vom Fenster aus, wie mein Onkel zusammen mit irgendeinem General und Derfelden in den roten Fiat stieg. Neben dem Militärfahrer saß ein Kosake mit der zusammengerollten Flagge des Oberkommandierenden in der Hand. Meine Mutter machte ein besorgtes Gesicht. Ich erfuhr später, daß Onkel Nikolascha sie, bevor er ging, über die jüngsten, sehr ungünstigen politischen Nachrichten informiert hatte.

Wenn ausländische Monarchen, Prinzen oder hohe militärische Dienstgrade zur »Kaiserlichen Truppeninspektion« eingeladen waren, ritten sie bei der Inspektion hinter dem Zaren, während die Damen mit der Zarin in einer Kalesche folgten. Diesmal saß neben Zarin Alexandra Fjodorowna keine Dame in der Equipage, die an den Truppen vorbeifuhr, sondern Raymond Poincaré, im Gehrock und mit dem Band des Andreasordens.

Zu Ehren des französischen Präsidenten lud Onkel Nikolascha anschließend zu einer Abendtafel, bei der Zar und Zarin zugegen sein würden. Das Essen sollte im Garten beim Haus stattfinden. Der Haupttisch stand auf einer kleinen Lichtung unter einem Baldachin, die übrigen Tische waren unter den Bäumen verteilt.

Obwohl Nadja und ich nicht an dem Essen teilnehmen durften, standen wir mit unseren Eltern da und erwarteten die Gäste, etwa hundert an der Zahl.

Als diese versammelt waren, kamen Zar und Zarin und der französische Präsident gleichzeitig an, und Onkel Nikolascha und Tante Stana führten sie hinauf in das Wohnzimmer im ersten Stock. Wir folgten und trafen oben außer den »Konstantinowitschern« etliche Onkel. Igor, der seine Ausbildung im Pagenkorps beendet hatte, war mit Aussicht auf eine Beförderung zum Offizier im selben Sommer zum Gardehusarenregiment versetzt worden und deshalb nicht anwesend. Nach einem kurzen Gespräch gingen die Zarin und Poincaré hinunter in den Garten, begleitet vom Zaren, den Gastgebern und den übrigen Mitgliedern der Familie.

Wenn sie an diesen Tag zurückdenke, so erzählte meine Mutter, habe Poincaré während des Essens einen nervösen Eindruck auf sie gemacht. Offensichtlich besorgt über die politischen Nachrichten bemühte er sich, seine Unruhe zu verbergen und über alles mögliche andere zu reden. In der Unterhaltung vermied auch meine Mutter Themen, die die internationale Situation betreffen könnten. Sie fragte den Präsidenten zum Beispiel, in welcher familiären Beziehung er zu dem berühmten Mathematiker Henri Poincaré stünde, da sie davon ausging, die Verwandtschaft könnte schmeichelhaft für den Präsidenten sein. Zu ihrer großen Verwunderung antwortete Poincaré schroff, daß sie nicht Brüder seien – sondern nur Vettern.

Nachdem sie sich von der Tafel erhoben hatten, begann Poincaré mit meiner Mutter sofort ein politisches Gespräch. Er wollte wissen, ob sie in den letzten Tagen einen Brief von ihrem Vater erhalten habe, in dem er seine Auffassung über die Ereignisse und über das Risiko einer Ausweitung des Konflikts in Verbindung mit den neuen österreichischen Forderungen an Serbien erläutere. Poincaré fügte hinzu, daß er von der politischen Erfahrung des montenegrinischen Königs eine sehr hohe Meinung habe. Meine Mutter erwiderte dem Präsidenten, daß sie einen Brief von ihrem Vater erhalten habe, in dem er schreibe, daß seiner Auffassung nach Österreich – allein – nie riskieren würde, in seinen Forderungen zu weit zu gehen, und daß die eigentliche Gefahr beim Bündnispartner Deutschland und der Unfähigkeit der deutschen Diplomatie liege. Der Präsident gab seinem Premierminister Viviani, der in der Nähe stand, ein Zeichen und bat meine Mutter, vor ihm zu wiederholen, was sie eben gesagt habe. Beim Abschied informierte meine Mutter den Zaren über den Inhalt des Gesprächs.

Die Neuigkeiten, die von Wien, Belgrad und den übrigen europäischen Hauptstädten hereinströmten, wurden immer beunruhigender. Ich las eifrig die Zeitungen und fuhr mit Alescha jeden Morgen an die Bahnstation in Peterhof, um nicht warten zu müssen, bis sie nach Znamenka gebracht wurden.

Die Mobilmachung des österreichischen Heeres, das Abbrechen der diplomatischen Beziehungen zwischen Wien und Belgrad und die darauffolgende Kriegserklärung Österreich-Ungarns an das kleine Serbien – all diese Neuigkeiten waren in den Zeitungen zu lesen. Die beigefügten Kommentare prophezeiten keinen allgemein europäischen Konflikt, verurteilten aber offen und scharf die kurzsichtige und zynische Vorgehensweise der österreichischen Regierung.

Auf Znamenka hofften wir, Deutschland würde seinem Bündnispartner nicht gestatten, mit den Drohungen gegen Serbien ernst zu machen und keine übermäßigen Kriegshandlungen beginnen. Die deutschen Diplomaten und die der anderen Großmächte müßten doch einen Ausweg aus dieser kritischen Situation finden können, und diese Ansicht teilte auch der französische Gesandte Paléologue, wie er es in seinem letzten Gespräch mit Onkel Nikolascha äußerte.

Ich erinnere mich, daß mein Erzieher Fursenko unsere Hoffnung nicht teilte. Als Historiker verstand er die Ereignisse als einen jahrhundertealten deutschen Kampf gegen die slawischen Nationen.

Als wir am 17. Juli gegen Abend von der Bombardierung Belgrads hörten, fuhren meine Eltern nach Bessabotnoje.

Am 18. Juli kam Alescha wie gewöhnlich morgens zu mir, und wir diskutierten lange die Möglichkeit der Mobilmachung. Etwas verärgert gingen wir davon aus, daß sie uns beide nicht berühren würde, da ein »europäischer« Krieg höchstens zwei, drei Monate dauern würde ... Alescha mußte mehr als drei Jahre warten und ich zwei, ehe wir alt genug wären, einberufen zu werden.

Noch im Laufe des Tages erhielten wir die Mitteilung, daß der Zar die Generalmobilmachung befohlen habe. Am selben Abend zog Onkel Nikolascha von Bessabotnoje nach Znamenka, dessen größere Nähe zu Alexandria, wo sich der Zar aufhielt, für ihn von großem Vorteil war. Er belegte im äußersten Flügel des Schlosses die Zimmer, die traditionellerweise als seine persönlichen betrachtet wurden. Tante Stana kam nicht mit, sie blieb auf Bessabotnoje. Ein bißchen ahnte sie wohl, daß sie von diesem Tag an nicht mehr unter demselben Dach wie ihr Mann wohnen würde – jedenfalls nicht bis zum Herbst des folgenden Jahres.

Der 19. Juli 1914 war der Namenstag von meiner Mutter und mir, und am Morgen bekam ich mein erstes Geschenk von Nadja. Als ich gerade unterwegs zu meiner Mutter war, um ihr zu gratulieren, begegnete ich meinem Vater, der mich herzlich umarmte, mir Glück wünschte zum Namenstag und versprach, daß ich nach dem Dankgottesdienst mein Geschenk bekäme. Dann bat er mich – völlig unerwartet –, den ganzen Tag zu Hause zu bleiben. Erst da bemerkte ich seinen wehmütigen und nachdenklichen Gesichtsausdruck.

Meine Freunde waren schon seit langem zu meinem Namenstag eingeladen, doch die Ereignisse hatten mir so sehr zugesetzt, daß ich darum bat, sie telefonisch auszuladen. Nach dem Dankgottesdienst in unserer Kirche wurde die traditionelle Mittagstafel im großen

Speisezimmer abgesagt, und meine Eltern fuhren plötzlich mit Onkel Nikolascha nach Bessabotnoje.

Der Anordnung meines Vaters folgend, blieb ich an diesem Tag zu Hause – oder genauer – zusammen mit Nadja und Alescha im Garten. Alles war so anders, und ich hatte sogar das Geschenk vergessen, das mir mein Vater nach dem Dankgottesdienst versprochen hatte.

Gegen Abend ging ich aus irgendeinem Grund in mein Wohnzimmer, von wo aus ich die Haupttreppe im Auge hatte. Auf dem Hofplatz war es noch hell, und an diesem stillen Sommerabend standen alle meine Fenster weit offen. Während ich dastand und aus dem linken Fenster guckte, sah ich plötzlich Baron Stahl hastig die Haupttreppe hinunterlaufen. Als er mich sah, kam er mit schnellen Schritten zu meinem Fenster. Er zwängte sich durch die gestutzte Dornenhecke und stellte sich vor mich.

»Gratuliere zum Namenstag! Deutschland hat uns den Krieg erklärt!« sagte Baron Stahl mit lauter und erregter Stimme.

»Ihr werdet gebeten, Euch bereitzumachen, um nach Bessabotnoje zu fahren!« fügte er hinzu und verschwand um die Hausecke.

Während ich in Gedanken seine Worte und dieses »Gratuliere« wiederholte, das so seltsam geklungen hatte, holte ich mir rasch meine Mütze und die Handschuhe. Ein paar Minuten später stand der offene Wagen bereits an der Haupttreppe und wartete auf uns – genau der Peugeot, den ich mir als Namenstagsgeschenk erhofft hatte.

Auf Bessabotnoje wurde ich von meinen Eltern, Marina und Jelena von Leuchtenberg, die alle in Tante Stanas Wohnzimmer versammelt waren, empfangen. Ich war meinem Vater dankbar, daß er mich hatte holen lassen, denn hier erfuhr ich Einzelheiten über das Treffen des deutschen Botschafters, Graf Purtales, und unseres Außenministers Sasonow. Einige Stunden vorher hatte der Graf den Minister davon unterrichtet, daß »Deutschland sich im Zustand des Krieges mit Rußland betrachte« ... Man erzählte mir, der Botschafter sei sehr aufgewühlt und den Tränen nahe gewesen, als er Sasonow von der schicksalsträchtigen Entscheidung der deutschen Regierung und des deutschen Kaisers unterrichtete. Viele hielten Purtales für russophil, und er genoß große Sympathie in Sankt Petersburg.

Als Onkel Nikolascha über die deutsche Kriegserklärung benachrichtigt worden war, begab er sich unverzüglich zum Zaren nach Alexandria. Von dem Moment der Kriegserklärung an wurde Onkel Nikolascha – in seiner Eigenschaft als Oberkommandierender der Gardetruppen und des Militärdistrikts Sankt Petersburg – automatisch Oberkommandierender der Sechsten Armee, deren Aufgabe die Verteidigung von Sankt Petersburg, des Finnischen Meerbusens und ganz Finnlands, sowie der »Schutz des Wohnsitzes des Thronfolgers« ist. Der Zar seinerseits hatte – gemäß eines bestimmten Erlasses – das Oberkommando über sämtliche bewaffneten Streitkräfte des Reiches.

Als Onkel Nikolascha nach Alexandria fuhr, um vor den Zaren zu treten, war er ziemlich sicher, daß dieser das Oberkommando behalten wolle. Seine Überzeugung lag darin begründet, daß sie bei ihrem letzten Zusammentreffen die Frage überhaupt nicht berührt hatten. Es wurde schon dunkel, als wir per Telefon erfuhren, daß Onkel Nikolascha von Alexandria weggefahren war. Tante Stana bat Nadja, Jelena und mich, mit ihr in die Kirche zu gehen und bei den Ikonen Öllämpchen und Kerzen anzuzünden. Die schöne kleine Holzkirche, die nach Entwürfen meines Vaters gebaut worden war, lag in einem Kiefernwäldchen unweit des Hauses.

Wir waren immer noch damit beschäftigt, Kerzen vor den Ikonen zu entzünden, als Onkel Nikolascha in Felduniform in die spärlich erleuchtete Kirche trat, gefolgt von Tante Stana und meinen Eltern. Er ging ganz vor bis zu den Türen des Altarraums, kniete sich hin und beugte den Kopf bis hinunter zum Boden. Dann erhob er sich, küßte die Heiligenbilder an der Ikonostase und verließ mit schnellen Schritten die Kirche.

Nach seiner Rückkehr von Alexandria blieb mein Onkel nicht lange auf Bessabotnoje, sondern fuhr unverzüglich nach Znamenka, wo er sich einrichtete. Meine Eltern blieben etwas länger bei Tante Stana, die die Ereignisse und die Veränderung ihres Familienlebens sehr aufregten. Wir kehrten spät nach Znamenka zurück, und als wir heimkamen, gaben mir meine Eltern das Namenstagsgeschenk. Außer den »kleinen« Gaben erhielt ich die Erlaubnis, den Peugeot wie mein Eigentum zu betrachten und ihn zu fahren. Gleichzeitig erfreute mich mein Vater mit dem Versprechen, für mein großes Wohnzimmer anstelle der bisherigen Einrichtung im »bischöflichen« Stil, die ich gründlich satt hatte, eine neue, moderne Möbelgarnitur anzuschaffen.

Diese Möbel sollte ich niemals sehen ..., der Peugeot dagegen war mir 1916 kurze Zeit in Kaukasien dienlich.

Schon von den Morgenstunden des 20. Juli an herrschte auf Znamenka eine ungewöhnlich lebhafte Betriebsamkeit. Als Oberkommandierender der Sechsten Armee nahm Onkel Nikolascha die Berichte seiner Untergebenen entgegen, seine Adjutanten wurden hierhin und dorthin geschickt, und er selbst mußte an diesem Morgen mehrmals wegfahren.

Alles was sich da um mich abspielte, interessierte mich brennend, aber natürlich wagte ich keine Fragen zu stellen. Ich wagte mich auch nicht in die Nähe der Haupttreppe und verfolgte deshalb alles mit gespannter Neugier von meinem »Ausguck« aus.

Es war ein Sonntag, und obwohl ich mich sehr verspätet hatte, ging ich in unsere Kirche, wenngleich auch meine Eltern nicht am Gottesdienst teilnahmen. Nach der Messe begab ich mich in das Wohnzimmer meiner Mutter, wo ich Onkel Alexander von Oldenburg traf. Ein wenig verwirrt versuchte er, meinen Eltern etwas zu erklären und lief dabei erregt im Zimmer auf und ab. Als Onkel Alexander gefahren war, erzählten sie mir, daß er tief besorgt war über Gerüchte, nach denen der Zar Pläne haben sollte, das Oberkommando dem Kriegsminister General Suchomlinow zu übertragen. Man hatte meinem Onkel erzählt, daß der General – seiner Ernennung sicher und in der Erwartung, der Zar werde ihn kommen lassen – bereits Freunde zum Essen eingeladen hatte, um mit Champagner seinen Sieg über Onkel Nikolascha zu feiern, den er als Hauptrivalen für den Posten des Oberkommandierenden ansah.

Die Frage des Oberkommandos rief in diesen Tagen viele widersprüchliche Gerüchte hervor. In den höchsten militärischen Kreisen warteten die Verantwortlichen ungeduldig auf eine Lösung der Frage, was nun werde. Mit anderen Worten: sie wollten wissen, ob der Zar das Oberkommando behalten oder an einen anderen übertragen wollte. Man erzählte mir, daß es für den Fall eines Verzichts des Zaren auf diesen Posten bereits verschiedene Kandidaten gäbe, von denen Onkel Nikolascha und General Suchomlinow die naheliegendsten waren. Einige Intriganten benutzten die zwischenzeitliche Ungewißheit, um Gerüchte zu verbreiten, die ihren eigenen Interessen dienten.

Vieles von dem, was damals in Verbindung mit der Ernennung

von Onkel Nikolascha zum Oberkommandierenden gesagt wurde, hatte nichts mit der Wirklichkeit zu tun, und im nachhinein wurden des öfteren historisch ungenaue Angaben über die tatsächlichen Umstände gemacht. Hier scheint es mir angebracht zu sein, meine eigenen Erinnerungen zu unterbrechen, um das Wort Onkel Nikolascha selbst zu übergeben, der in seinen unveröffentlichten Erinnerungen schreibt:

»Am 20. Juli, 14 Uhr ließ mich Seine Majestät der Zar rufen.

Ich betrat das Kabinett. Der Empfang – und alles andere – war wie gewohnt. Seine Majestät der Zar teilte mir sogleich mit, daß er mich hiermit zum Oberkommandierenden ernenne. Worte können nicht ausdrücken, was ich in dem Augenblick empfand. Alles, was mit dieser Ernennung verbunden war, fuhr mir schneller als ein Blitz durch den Kopf und hinterließ in mir ein unbeschreibliches, unauslöschliches und überschwengliches Gefühl.

Ich antwortete, daß mir der Wille Seiner Majestät stets heilig gewesen sei – und heilig sein werde. Abzulehnen besaß ich kein Recht, ich erkannte meine ungeheuere Verantwortung dem Vaterland gegenüber, doch es war meine Pflicht, darauf hinzuweisen, daß ich mich unvorbereitet und sehr unsicher fühlte, was mein Vermögen anginge, diese Aufgabe mit Zuversicht und einer glücklichen Hand zu erfüllen. Vom Aufmarschplan der Streitkräfte hatte ich keine Kenntnis. Ich sollte unverzüglich – in Übereinstimmung mit der strategischen Truppenkonzentration – einen Plan ausführen, den ich nicht entworfen hatte.

Trotz meiner Erklärung war Seine Majestät der Zar völlig davon überzeugt, daß ich – mit Gottes Hilfe – Sein Vertrauen nicht enttäuschen würde.

Dann sagte Seine Majestät der Zar: ›Setzen wir uns. – Ich habe noch eine Bitte. Ich möchte gerne, daß General Januschkewitsch Stabschef wird.‹ Ich erwiderte, daß ich General Januschkewitsch nicht kennte und ihn nur ein paarmal gesehen hätte, aber daß ich den Wunsch Seiner Majestät gerne erfüllen werde.

Ich meinerseits bat Seine Majestät den Zaren, mir auf Ehre und Gewissen zu versprechen, daß, was immer auch geschehen möge: Verlust von Sankt Petersburg, Moskau, der Wolga, des Ural – sogar ganz Sibiriens, er keinen Frieden schließen werde. Seine Majestät der Zar gab mir hierzu sein feierliches Versprechen. Damit endete unser Gespräch, und ich empfahl mich. Beim Abschied und während des ganzen Gesprächs war Seine Majestät der Zar herzlich, offen und sehr ruhig.«

Vom 20. Juli an wurde Znamenka umgestaltet in das vorläufige Hauptquartier des Oberkommandierenden mit direkter Telefon- und Telegraphieverbindung nach Alexandria und zu den wichtigsten militärischen und staatlichen Institutionen. Der gesamte östliche Flügel des Schlosses wurde Onkel Nikolascha überlassen. Während er seine üblichen Zimmer am Ende des Flügels bewohnte, belegten seine Adjutanten, Rangpersonen seines Stabes und seiner Kanzlei alle geeigneten Räume in den zwei Etagen bis zur Haupttreppe. Dieser Eingang wurde nicht nur vom Stab des obersten Befehlshabers benutzt, sondern auch von den offiziellen Personen, die er empfing. Persönlich benutzte Onkel Nikolascha einen anderen Eingang, der eine direkte Verbindung zu seinen Zimmern hatte. Als ich mich am 21. Juli bei diesem Eingang aufhielt, wurde ich Zeuge einer interessanten Szene.

Am Morgen erfuhr ich, daß das Manifest Seiner Kaiserlichen Majestät am selben Tag im Winterpalais verlesen werden sollte. Mitglieder unserer Familie erhielten von Peterhof die Aufforderung, im Winterpalais zu erscheinen, doch da ich noch nicht mündig war, erhielt ich keine. Darüber war ich sehr verärgert und bat meinen Vater inständig, es vielleicht so einzurichten, daß ich »inoffiziell« dabeisein durfte. Mein Vater war bereit, den Zaren persönlich zu bitten, eine Ausnahme im Hofreglement zu machen, um mir die Möglichkeit zu geben, einem solchen historischen Ereignis beiwohnen zu können. Onkel Nikolascha billigte die Absicht meines Vaters, und ich bekam Bescheid, mich um 14 Uhr mit Onkel Nikolaschas Stab beim Eingang »Für-die-Hofdamen« einzufinden. Ich sollte mit meinem Vater in dessen Auto mitfahren, das den Wagen meines Onkels nach Sankt Petersburg begleiten würde.

In meiner Gala-Kadettenuniform stand ich da und wartete zusammen mit dem Stab auf Onkel Nikolascha. Unter den Mitgliedern des Stabes herrschte tiefes Schweigen, sie standen mit konzentrierten Gesichtern da und starrten gespannt auf die Eingangstür. Endlich trat Onkel Nikolascha, mit dem Band des Andreasordens über der Schulter, heraus. Auf der obersten Treppenstufe blieb er stehen, und zu unserer großen Überraschung sahen wir, wie er plötzlich die zur Faust geballte Hand in die Luft streckte. Seine riesenhafte Gestalt wirkte noch imposanter, und dieser unerwartete Auftritt wirkte ziemlich befremdlich.

Es stellte sich heraus, daß Onkel Nikolascha ein Bündel Ordensbänder mit deutschen Orden in seiner Faust hielt. Mit einer weiten Armbewegung schleuderte er sie quer über den Hofplatz, so, daß sie in den Büschen landeten, die am Hang zur Bucht wuchsen.

»Verbrenne die magdeburgische Uniform!« rief er mit donnernder Stimme seinem Kammerdiener Smirnow zu, der hinter ihm in der Diele stand.

Später stellte sich heraus, daß der arme Smirnow auf das Ordensband mit den Orden und Medaillen meines Onkels auch die deutschen und hessischen geheftet hatte, die mein Onkel auf seiner Gala-Uniform zu tragen pflegte. Damals trug man die ausländischen Ehrenzeichen nur zu ganz besonderen Gelegenheiten, während die hessischen und dänischen Orden (von den Ländern, aus denen die Zarin und die Zarin-Mutter stammten) zusammen mit den russischen getragen wurden.

Als mein Onkel auf seiner Brust diesen hessischen Orden bemerkte, fielen ihm die anderen deutschen Orden ein, die er von verschiedenen regierenden Fürsten des Deutschen Reiches erhalten hatte. Der Kammerdiener wurde angewiesen, diese Orden zu holen, und trotz der Beschwichtigung meines Vaters konnte Onkel Nikolascha seine antideutschen Gefühle nicht zügeln. Zum Schicksal der preußischen Uniform vom Zehnten Magdeburgischen Husarenregiment, in dem mein Onkel als Kommandant aufgeführt war, kann ich nur sagen, daß sein Befehl nicht ausgeführt wurde … Tante Stana erzählte scherzend, daß sie es unterlassen habe, die feindliche Uniform zu verbrennen, um den prächtigen Kragen aus Biberpelz zu erhalten.

Mit mehreren Automobilen brachen wir nach Sankt Petersburg auf. Onkel Nikolascha fuhr mit seinem diensthabenden Adjutanten im roten Fiat; dahinter kam mein Vater mit mir und Baron Stahl in seinem Wagen, und den Schluß bildete der Stab in Militärfahrzeugen. Wir kamen gegen 13 Uhr ins Winterpalais. Nachdem er mich vor den Gemächern des Zaren und der Zarin zurückgelassen hatte, ging mein Vater hinein, um den Zaren um Erlaubnis zu bitten, daß ich an dem geplanten kurzen Gottesdienst teilnehmen dürfe. Einige Minuten später kam mein Vater zurück und teilte mir zu meiner großen Freude mit, daß der Zar bereitwillig seine Zustimmung gegeben habe. Wir gingen dann in einen Raum neben dem berühmten Malachitsaal. Hier sah ich meine Mutter, Tante Stana und viele andere Verwandte, die zu diesem Zeitpunkt in Sankt Petersburg und Umgebung wohnten.

Die Neuigkeit von der totalen Mobilmachung hatte Zarin-Mutter Maria Fjodorowna in England erreicht, wo sie bei ihrer Schwester, der Königin-Witwe Alexandra zu Besuch war. Die Zarin-Mutter kehrte einige Tage später nach einer langen, beschwerlichen Reise nach Rußland zurück. Unterwegs wurde ihr Zug in Berlin von den Deutschen aufgehalten; nach einem unhöflichen Auftritt seitens des Kaisers fuhr sie von Berlin nach Dänemark weiter und von dort über Schweden nach Sankt Petersburg.

Großfürst Konstantin Konstantinowitsch, seine Frau und die jüngeren Kinder bekamen gleichfalls die preußische Unfreundlichkeit zu spüren. Trotz des kränklichen Zustands Onkel Konstantins, und obwohl er seine ärztliche Behandlung in einem deutschen Kurort hatte abbrechen müssen, wurde er mit Gewalt in den Zug zur russischen Grenze gesetzt. Gleichzeitig wurde ihm und seiner Familie mitgeteilt, daß die Wachmannschaft, die den Zug begleitete, die Anordnung bekommen hätte, sich – mit dem Gewehr in der Hand – davon zu überzeugen, daß niemand die heruntergelassenen Gardinen in den Waggons hochhebe. Nicht einmal Tante Jelisawetas deutsche Herkunft konnte sie oder die Familie vor der unfreundlichen Behandlung bewahren.

Oleg und Igor, die einige Tage vorher zu Offizieren ernannt worden waren, machten sich große Sorgen über das Schicksal ihrer Eltern, weil sie noch nichts Neues von ihnen gehört hatten. Während wir dastanden und miteinander redeten, streifte mein Blick durchs Zimmer, um zu sehen, was vor sich ging. Mitten im Raum hatten sich einige meiner Onkel versammelt und diskutierten eifrig, aber leise über irgend etwas. Am großen Fenster hinaus zur Newa stand Großfürstin Maria Pawlowna, umringt von Kirill Wladimirowitsch mit Frau, seinen Brüdern Boris und Andrej und Maria Pawlownas Tochter Jelena, die sie mit ihrem Mann, Nikolaos von Griechenland, in Zarskoje Selo besuchte. Die übrigen Verwandten saßen in einer Ecke des Raumes und redeten mit meiner Mutter. Nur Onkel Nikolascha saß für sich in einem Sessel bei den Türen zum Malachit-Saal, die Beine übereinandergeschlagen. Von Zeit zu Zeit blickte er auf seine Uhr und wippte dabei unruhig mit dem Fuß. Er war sichtlich nervös.

Endlich traten der Zar und die Zarin, gefolgt von der Schwester des Zaren, Xenia Alexandrowna, ins Zimmer. Als sie alle begrüßt hatten, gingen sie in den Malachit-Saal. Wir Jungen sollten als letzte gehen, und ich überlegte voller Unruhe, wie ich es vermeiden könnte, meinen Vater aus den Augen zu verlieren. Er hatte mir streng befohlen, in seiner Nähe zu bleiben.

Als wir den Nikolai-Saal betraten, hatte ich trotz der enormen Größe des Raumes den Eindruck, daß die anwesenden Militärs – Gardeoffiziere und Generäle – nur mit Mühe und Not hineinpaßten. In der Menge erkannte ich nur ab und zu Minister und Hofleute. Gleich beim Eingang des Saales erblickte ich die zwei einzigen Diplomaten – den französischen Botschafter und den serbischen Gesandten.

Anschließend an den kurzen Gottesdienst und nachdem der Diakon das Manifest Seiner Kaiserlichen Majestät zur Kriegserklärung verlesen hatte, wandte sich der Zar mit einer kurzen Rede an die Vertreter seiner Garde und der Einheiten des Militärdistrikts von Sankt Petersburg. Die Rede, die mit schöner und klarer Stimme vorgetragen wurde, hinterließ bei uns allen einen unvergeßlichen Eindruck und endete mit den Worten: »Solange noch ein einziger feindlicher Soldat auf dem Boden des Vaterlands weilt, schließe ich keinen Frieden.« Darauf ertönte ein so donnerndes »Hurra«, daß die Grundmauern des Winterpalais zu beben schienen.

Es war deutlich, daß der Zar sehr bedrückt war. Er trat zu seiner Gemahlin, die Tränen in den Augen hatte, nahm ihren Arm und führte sie zum Ausgang des Nikolai-Saales. Als der Zar an Johanns Frau Jelena, der Tochter des Serbischen Königs Peter vorbeikam, ging sie zu ihm und küßte ihm die Hand. Sie erzählte mir später, daß sie mit dieser Geste die Dankbarkeit ihres Vaterlandes Serbien über den Beistand Rußlands ausdrücken wollte.

Wir folgten dem Zaren und der Zarin in den Saal, der zum Schloßplatz ging. Ich unternahm alles, um in der Nähe meines Vaters zu bleiben, und als wir zusammen aus dem Fenster schauten, sah ich, daß der riesige Platz voller Menschen war. Zu Füßen der prächtigen granitenen Alexandersäule mit Engel und Kreuz auf der Spitze standen Studenten und schwenkten die Nationalflagge. Die Volksmenge erwartete, daß sich der Zar zeigte. Als er, gefolgt von seiner Gemahlin, auf den Balkon trat, empfing ihn ein ohrenbetäubendes, lang andauerndes »Hurra«. Viele von denen, die ganz vorne standen, fielen auf die Knie.

Als wir mit Zar und Zarin in deren private Gemächer zurückkehrten, verabschiedeten sie sich von uns. Der Zar machte die Runde, verbeugte sich ein letztes Mal und verließ den Raum. Wir traten einer nach dem anderen vor die Zarin. Zum Abschied gab sie jedem, der mit seiner Einheit in den Krieg mußte, ein kleines Heiligenbildchen. Als ich an der Reihe war und sie meine Kadetten-Uniform sah, reichte sie mir kein Heiligenbild, sondern sagte: »Für Dich ist es noch zu früh!« Und das stimmte ja, ich zog erst zwei Jahre später an die Kaukasische Front.

Als ich zurück nach Znamenka kam, erfuhr ich von dem Befehl des Zaren, daß mein Vater dem Oberkommandierenden attachiert werden sollte, und das hieß – früher oder später –, Onkel Nikolascha zum Hauptquartier des Generalstabs zu begleiten. Meinen Schwestern und mir tat es leid, daß dadurch meine Eltern ihre silberne Hochzeit vielleicht nicht zusammen feiern konnten, aber es stellte sich heraus, daß die Abreise Onkel Nikolaschas erst nach dem 26. Juli stattfinden sollte.

An diesem Tage wurde in unserer Kirche ein Festgottesdienst von Vater Georgi Schawelski abgehalten, der in seiner Eigenschaft als Oberpriester der militärischen und maritimen Geistlichkeit dem Generalstab des Höchstkommandierenden zugeteilt war. Nach dem Gottesdienst nahmen meine Eltern im Garten bei der Kirche die Glückwünsche entgegen. Zuerst wurde ihnen von Vertretern des Zaren und der Zarin gratuliert sowie von Vertretern der Familienmitglieder, die wegen der Ereignisse nicht persönlich am Gottesdienst teilnehmen konnten. Dann kamen Puschkina, die an diesem Tag zur Hofmeisterin ernannt wurde, und Baron Stahl, der zum Generalleutnant befördert worden war, und schließlich folgte der übrige Hof meiner Eltern. Nach diesen Glückwünschen wurde meinen Eltern von unseren Hofbeamten gratuliert, und dann kam die unendliche Reihe von Znamenkas Dienerschaft sowie die Arbeiter mit ihren Familien. Viele der Dienstleute, vor allem die jüngeren, waren nicht anwesend, weil man sie eingezogen hatte. Meine Mutter versprach an diesem Tag den Familien, deren Angehörige im Krieg waren, persönliche Hilfe und Unterstützung.

Die silberne Hochzeit meiner Eltern wurde ganz anders gefeiert als es Sitte war. Wegen der besonderen Umstände wurden sowohl der Gottesdienst in der Schloßkirche von Peterhof wie auch die offizielle Mittagstafel abgesagt, an der alle Mitglieder der Zarenfamilie teilgenommen hätten. Ich persönlich glaube nicht, daß meine Eltern darüber traurig waren, daß ihnen diese offiziellen Ehrungen entgingen.

Trotzdem wurde in unserem großen Speisesaal ein Festessen gegeben. Onkel Nikolascha konnte wegen seiner Amtspflichten nicht teilnehmen, erschien aber trotzdem gegen Ende der Tafel, trank ein Glas Champagner auf das Wohl meiner Eltern und begab sich danach gemeinsam mit ihnen in »Großmutters Wohnstube«, in der er sein Geschenk überreichte. Ich erinnere mich, daß er sie hier von der Verfolgung der deutschen Kreuzer Goeben und Breslau durch die englische Flotte unterrichtete.

Meine Eltern erhielten an diesem Tag viele Geschenke, das des Zaren und seiner Familie aber war am prächtigsten. Ich möchte zum einen davon berichten, weil es unglaublich schön war und zum andern, weil mein Vater unfreiwillig die Idee dazu geliefert hatte.

Ende 1913 bekam mein Vater Besuch von seinem guten Freund Großfürst Georgi Michailowitsch, der auf Anweisung des Zaren mit ihm reden sollte. Onkel Georgi berichtete, daß der Zar ihm vorgeschlagen habe, meinen Eltern anläßlich ihrer Silberhochzeit ein gemeinsames Geschenk zu machen. Onkel Georgi war nun beauftragt worden, auf »diplomatische« Weise herauszufinden, was sich meine Eltern am meisten wünschten, und er bat meinen Vater, ihm behilflich zu sein und ihm eine wohlüberlegte Antwort zu geben. Das brachte meinen Vater in eine schwierige Situation. Der Onkel begann mit Vorschlägen: Schmuck, Silber ... Doch mein Vater antwortete schmunzelnd, von dem »Zeug« hätte er ohnehin genug. Als Onkel Georgi einsah, daß da nichts zu machen war und er sich bereits auf dem Weg zur Tür befand, fiel ihm plötzlich ein, daß meine Eltern davon gesprochen hatten, einige Wohnräume auf Znamenka neu möblieren zu wollen. Er machte einen letzten Versuch: Ob sich meine Eltern nicht einige antike Stilmöbel vorstellen könnten? Mein Vater antwortete, die Möbel seien bereits bestellt – fügte aber scherzend hinzu: »Es fehlt nur ein kleines Tischchen«.

Onkel Georgi verabschiedete sich und sagte, er werde dem Zaren mitteilen, daß sein Auftrag erfolglos gewesen sei. Der Zar fand auf eine sehr geglückte und originelle Weise eine Lösung. Der Wunsch meines Vaters wurde erfüllt und meinen Eltern als Geschenk »nur ein kleines Tischchen« überreicht. Doch es war sehr kostbar, bestellt bei dem berühmten Juwelier Fabergé.

Das Geschenk kam am 26. Juli nach Znamenka. Das kleine Tischchen bestand aus Palisander, der nach Veilchen duftete, die Füße und die Fugen waren aus Silber. Die ovale, glänzend polierte Platte war aus hellgrüner Jade und von einem breiten rosenroten Emaillerand umrahmt. Zur Herstellung eines Emaillerandes von dieser Größe hatte Fabergé einen speziellen Brennofen konstruieren müssen. Die Seiten des Tisches waren mit einer Silberborte aus kleinen Säulen verziert – äußerst kunstvoll ausgeführt. Dieses kleine Tischchen, ein wahres Meisterwerk von der Hand des weltberühmten Juweliers, war höchstwahrscheinlich Fabergés letzte bedeutende Arbeit.

Die ersten Tage als Oberkommandierender verließ Onkel Nikolascha nur selten seine Zimmer auf Znamenka, weil er Berichte seiner Untergebenen und der neuen Mitarbeiter entgegennahm. Außerdem erhielt er Besuch von vielen hohen Staatsbeamten und etlichen Diplomaten. Vom frühen Morgen bis zum späten Abend kamen – für mich – unbekannte Personen an der Haupttreppe vorgefahren. Später erfuhr ich ihre Namen von den Adjutanten meines Onkels. Am häufigsten sah ich General Januschkewitsch, der zum Generalstabschef ernannt worden war. Manchmal nahm Onkel Nikolascha mit ihm zusammen das Mittagessen ein, und dabei lernte ich General Januschkewitsch kennen. Später, in den Jahren 1915 und 1916, sah ich ihn ständig in Kaukasien.

General Januschkewitsch, den Onkel Nikolascha vor seiner Ernennung zum Chef des Generalstabs kaum gekannt hatte, gewann sofort das Vertrauen meines Onkels, ein Vertrauen, das der General auch in den Jahren genoß, als Onkel Nikolascha Statthalter in Kaukasien war. Januschkewitschs besonnenes und gelassenes Wesen übte in vielen Fällen einen beruhigenden Einfluß auf Onkel Nikolascha aus. Mußten besonders wichtige Entscheidungen getroffen werden, besaß General Januschkewitsch die Fähigkeit, seine Meinung auf eine Art auszudrücken, daß sein ruhiges und wohlüberlegtes Wort meinem Onkel immer eine wertvolle Hilfe war – eine Hilfe, die der Onkel unumwunden anerkannte.

An einem dieser Tage kam der französische Gesandte Maurice

Paléologue mit Brigadegeneral de Laguiche nach Znamenka und wurde von dem diensthabenden Adjutanten empfangen. Onkel Nikolascha war offensichtlich beschäftigt, und ich beobachtete von meinem »Ausguck«, wie sich der Gesandte nach einer kurzen Unterredung mit dem Adjutanten umdrehte und zusammen mit ihm hinunter in den Garten ging. Paléologue gestikulierte wild, blieb bei jedem Schritt stehen und stellte sich in eindrucksvolle Posituren. An der Haupttreppe war General de Laguiche ruhig stehengeblieben und wartete darauf, empfangen zu werden. Er stand bewegungslos da, stützte sich auf seinen Säbel und rauchte eine Zigarette.

Nach etwa fünf Minuten kam ein zweiter Adjutant, um den Gesandten und den General zu Onkel Nikolascha zu bringen. Die Audienz war kurz, und bald darauf fuhr der französische Gesandte wieder ab. Vor seiner Abreise schrieb er seinen Namen in das Gästebuch meiner Eltern. Trotz seines korrekten Auftretens stieg das Ansehen des Gesandten Paléologue weder bei meinem Vater noch bei meiner Mutter. Sie hielten ihn für sehr taktvoll, aber schlecht informiert, außerdem fehle ihm in vielen Fragen, die die russische Innen- und Außenpolitik betrafen, die Objektivität. Mit anderen Worten, sie hielten ihn für einen »oberflächlichen« Diplomaten. Onkel Nikolascha war derselben Meinung.

Marquis de Laguiche aber, Militärattaché der französischen Botschaft, wurde nach diesem Gespräch dem Oberkommandierenden attachiert. Im Hauptquartier des Generalstabs begegnete mein Vater später General de Laguiche, und zwischen ihnen entwickelte sich rasch ein gutes Verhältnis. Mein Vater schätzte den General wegen seiner Aufrichtigkeit, seinem Edelmut und seiner Ergebenheit Rußland gegenüber sehr.

Am selben Tag, an dem der französische Gesandte bei Onkel Nikolascha zu Besuch war, kam Außenminister Sasonow. Und um die Wahrheit zu sagen, er scherte sich überhaupt nicht um Diplomaten – weder um russische noch um ausländische. Das Mißtrauen meines Vaters unserem Außenminister gegenüber war bekannt, denn er verheimlichte seine Ablehnung nicht und nannte Sasonow, dessen Mitarbeiter und die ganze Institution das »Ministerium für Anderer Länder Angelegenheiten«. Die Abneigung meiner Mutter gegen Sasonow war noch größer. Sie betrachtete ihn als Feind Montenegros, dessen Interessen er ihrer Meinung nach zugunsten Serbiens opferte. Sasonow hatte oft Gelegenheit gehabt, die montenegrinischen Probleme mit meiner Mutter zu diskutieren, er schätzte die politischen Fähigkeiten ihres Vaters, doch was meine Mutter betraf, so war die Abneigung gegenseitig.

Auch der Botschafter Großbritanniens, Sir George Buchanan, kam mit dem englischen Oberstleutnant Knox, der zum Militärsprecher im Hauptquartier des Generalstabes ernannt worden war, nach Znamenka. Gleichzeitig erschien sein Botschaftssekretär und ein Beamter unseres Außenministeriums. Ich erinnere mich, daß Sir George nach dem Besuch bei meinem Onkel an der Haupttreppe stehenblieb, um sich mit den Stabsmitgliedern meines Onkels zu unterhalten. Von meinem Fenster aus hatte ich reichlich Gelegenheit, Buchanan zu beobachten, dessen natürliche und ruhige Manieren einen angenehmen Eindruck hinterließen. Ich kannte ihn nicht persönlich – nur seine Tochter Meriel, die ab und zu nach Znamenka kam, um Tennis zu spielen. Das Gespräch des Gesandten an der Haupttreppe dauerte nicht lange, er verabschiedete sich freundlich von allen, trat auf den Vorplatz und fuhr mit seinem Rolls Royce davon.

Mein Vater und Onkel Nikolascha kannten Buchanan beide, doch war dies nur eine formelle Bekanntschaft, so wie die Bekanntschaften zu anderen ausländischen Botschaftern in Sankt Petersburg. Wenn er an diesen ersten näheren Kontakt mit dem englischen Gesandten zurückdenke, sagte Onkel Nikolascha später, habe er damals einen sehr günstigen Eindruck gewonnen, denn Buchanan erschien ihm nicht nur als ein erfahrener und tüchtiger Diplomat, sondern auch als ein aufrichtiger Freund Rußlands ...

Wer hätte damals voraussagen können, daß derselbe Sir George Buchanan Anfang 1917 eine so hinterhältige und gemeine Rolle spielen würde? Als sich der Erste Weltkrieg auf seinem Höhepunkt befand, begrüßte Sir George Buchanan vom Balkon der Botschaft aus den aufrührerischen Pöbel, der nach einem Separatfrieden schrie.

Als ich ihm nach der Revolution zufällig in Rom begegnete, unterließ ich es, ihn zu grüßen.

Neben den vielen Militärs und Zivilisten in höheren Stellungen besuchten uns auch Familienmitglieder, die Onkel Nikolascha oder meine Eltern sehen wollten. Ein Teil der Familienmitglieder, die ich erwähnen werde, erlitt einen tragischen Tod, und ich sah sie nach diesen Sommertagen 1914 nie mehr wieder.

Ich erinnere mich an den Besuch von Großfürstin Jelisaweta Fjodorowna, die unmittelbar nach der Kriegserklärung von Moskau kam, um den Zaren und ihre Schwester, Zarin Alexandra Fjodorowna zu treffen. Sie wollte auch Onkel Nikolascha sehen, um mit ihm über die Hilfe für Verwundete zu reden, eine Hilfe, die sie in Moskau organisieren wollte. Nach diesem Gespräch empfingen meine Eltern und ich Tante Ella, wie wir sie nannten, in der Diele. Als meine Mutter ihr erschöpftes Aussehen bemerkte, schlug sie vor, statt ins Wohnzimmer hinaus in den Garten zu gehen. Tante Ella sah wirklich sehr bekümmert aus. Anfangs war sie ziemlich zerstreut, als aber meine Mutter anfing zu erzählen, daß sie die Absicht habe, die Krankenhäuser des Pokrowski Klosters zu erweitern, um die Verwundeten pflegen zu können, lebte Tante Ella auf und erzählte sogleich von ihren eigenen Hilfsprojekten für die Verwundeten. Ihr Gespräch dauerte sehr lange, und sie waren beide darin einig, daß das Rote Kreuz gleich von Kriegsbeginn an von privater Seite bei seiner bevorstehenden riesigen Arbeit unterstützt werden müsse.

Großfürstin Jelisaweta Fjodorowna sah in ihrer hellgrauen Tracht der Diakonissinnen des Martha-Maria Klosters, das sie in Moskau gegründet hatte, ausgesprochen schön aus. Sie hinterließ einen tiefen Eindruck in mir. Ihr bekümmertes Gesicht spiegelte die Trauer wider, die sie wegen des Krieges und der Leiden, die er mit sich brachte, in sich trug.

Ich freute mich sehr über den Besuch von Oleg und Igor, die nach Znamenka kamen, um sich vor der Abfahrt zur Front bei Onkel Nikolascha zu melden. Nadja war sehr bewegt, doch Olegs Freude, seine Pflicht für Rußland erfüllen zu dürfen, war so intensiv, daß sie die bevorstehende Trennung für Nadja wie auch für mich milderte. Auch Igor wirkte froh und unbekümmert wie immer. Wir nahmen Abschied von den zwei Brüdern und glaubten – wie so viele andere –, daß der Krieg nicht lange dauern würde.

Ich habe noch deutlich vor Augen, wie das Auto mit Oleg und Igor, die fröhlich mit ihren Mützen winkten, von Znamenka wegfuhr …

Großfürst Georgi Michailowitsch kam nach Znamenka und führte ein längeres Gespräch mit meinen Eltern. Ich begegnete ihm später im Garten. Ich hatte stets ein herzliches und gutes Verhältnis zu ihm, und er fragte mich nach allem, was mich damals interessierte. Er wollte wissen, ob ich nach Abschluß der Kadettenschule die Ingenieurakademie besuchen würde und begann auszurechnen, wann ich in diesem Fall zum Offizier befördert werden könnte. Selbst wenn die Entlassung aus der Schule in Kriegszeiten beschleunigt würde, könnte ich nach seiner Rechnung erst 1916 befördert werden – und da sei der Krieg bereits zu Ende! Onkel Georgi ging davon aus, daß der Krieg nicht mehr als ein Jahr dauern würde. Er sehnte sich sehr nach seiner Frau und seinen Töchtern, die nach einem Besuch bei der Königin-Witwe in England geblieben waren. Onkel Georgi erzählte mir auch, was er mit meinen Eltern besprochen hatte. Er hatte nämlich vorgeschlagen, daß alle Mitglieder der kaiserlichen Familie für einen gemeinsamen Fonds stiften sollten, um davon Krankenhäuser und Sanitätsstationen einrichten und betreiben zu können. Meine Mutter hatte ihm erzählt, daß die Zarin und die Zarin-Mutter beide selbst den Verwundeten helfen wollten und daß mein Vater und Onkel Nikolascha beschlossen hatten, die Krankenhäuser und Klinken des Pokrowski-Klosters zu erweitern und auszustatten, um ein paar Hundert Verwundete aufnehmen zu können.

Als ich Onkel Georgi zum Auto begleitete, sagte er, daß er den Höchstkommandierenden – mein Onkel betonte diese zwei Worte, indem er die Stimme hob – in bester Laune und voller Energie vorgefunden habe. Er gab seiner Hoffnung Ausdruck, daß wir uns bald wiedersehen würden.

Onkel Georgi, Tante Ella und Igor wurden von den Kommunisten umgebracht, während Oleg an der preußischen Front tödlich verwundet wurde.

Der Zeitpunkt für Onkel Nikolaschas Abreise ins Hauptquartier des Generalstabes in Baranowitschi kam näher. Mein Vater begab sich nach Alexandria, um sich vom Zar und der Zarin zu verabschieden, und dann nach Michailowska, wohin er mich mitnahm. Meine Michailowski-Onkel empfingen meinen Vater sehr herzlich, und man sprach lange über die Ereignisse. Ich erinnere mich, daß der arme Onkel Sergej Michailowitsch halb liegend in seinem Sessel saß, die Beine mit einem Plaid bedeckt. Damals litt er schlimm an der Gicht.

Am selben Tag fuhren wir mit meinen Eltern, Onkel Nikolascha und Tante Stana zum Oldenburgischen Herrensitz, um uns von Onkel Alexander und Tante Eugénie zu verabschieden. An der Haupttreppe wurden wir von Onkel Alexander und seinem Sohn Pjotr empfangen, der sehr nervös wirkte. Onkel Alexander umarmte meinen Vater und dann, besonders liebevoll, Onkel Nikolascha. Als wir noch in der Diele standen, verschwand Onkel Alexander plötzlich, kehrte aber ebenso plötzlich zurück und führte uns ins Wohnzimmer. An der Tür murmelte er hastig irgend etwas und fügte besorgt hinzu: »Sagt nichts zu Eugénie«.

In diesem Jahr hatte meine Tante einen weiteren Schlaganfall gehabt und war nun fast gelähmt. Sie saß in ihrem Lehnstuhl am Fenster und begrüßte uns trotz ihrer Krankheit fröhlich und heiter. Nach einem kurzen Gespräch, bei dem wir vermieden, die politischen Ereignisse zu erwähnen, erhoben wir uns und verabschiedeten uns von der Tante. Als mein Vater zu ihr trat, gab er – nachdem er sie geküßt hatte – seiner Hoffnung Ausdruck, daß der Krieg nicht zu lange dauern möge ...

»Was für ein Krieg?« rief Tante Eugénie erschrocken aus.

Mein Vater, der Onkel Alexanders Worte in der Diele nicht verstanden hatte, hatte unbeabsichtigt ausgesprochen, was man der kranken Tante verheimlichen wollte.

Mein Vater, der ja dem Oberkommandierenden zugeteilt worden war, verließ am folgenden Tag Znamenka, um Onkel Nikolascha ins Hauptquartier des Generalstabes in Baranowitschi zu begleiten. Der Zug sollte um Mitternacht an der Bahnstation Peterhof abfahren, und hier sollten sich alle, die zum Stab und dem Gefolge des Oberkommandierenden gehörten, einfinden.

Bevor Onkel Nikolascha zum Bahnhof aufbrach, ging er in unsere Kirche. Hier waren bereits meine Eltern, meine Schwestern, Tante Stana, Jelena von Leuchtenberg, Onkel Pjotr von Oldenburg und ich versammelt.

Als Onkel Nikolascha in die Kirche kam, trat er sogleich zur Ikonenwand, um die Heiligenbilder zu küssen, und stellte sich danach mitten in die Kirche. Der Abschiedsgottesdienst wurde von unserem Priester auf Znamenka gehalten. Nach dem Gottesdienst überreichte der Priester Onkel Nikolascha eine Flagge, die Standarte des Oberkommandierenden, die mein Vater während seines Kommandos im Russisch-Türkischen Krieg 1877–78 gehabt hatte. Diese Flagge ist nun in meinem Besitz. Sie ist anderthalb Quadratmeter groß und zeigt ein hellblaues Kreuz mit acht Spitzen auf weißem Seidengrund. Darunter steht in gestickten Silberbuchstaben: »Gott ist mit uns«.

Onkel Nikolascha nahm die Flagge knieend entgegen. Daraufhin übergab er sie seinem Adjutanten und lief mit hastigen Schritten aus der Kirche. Wir folgten und begaben uns zu den Autos, die uns zum Bahnhof fahren sollten. Es war dunkel und kühl. An der Nachtluft spürte man, daß der feuchte nördliche Herbst vor der Tür stand, eine Jahreszeit, zu der wir uns sonst auf unsere Reise südwärts zur Krim vorbereiteten.

Auf der Bahnstation von Peterhof, in den »Zarengemächern«, wurde Onkel Nikolascha von seinem Generalstabschef, Generalleutnant Januschkewitsch und dem Generalquartiermeister, Generalleutnant Danilow, empfangen. Onkel Nikolascha umarmte beide und sprach mit ihnen. Kurz darauf kamen Vater, Georgi Schawelski und der Hofverwalter meines Onkels, General Krupenski. Es war fast Mitternacht. In diesen letzten Minuten vor der Abfahrt, in denen jedes Gespräch verstummte, kam General Wojejkow, um die Wünsche des Zaren für eine glückliche Reise an den Oberkommandierenden zu überbringen.

Nachdem sie sich in den »Zarengemächern« von uns verabschiedet hatten, traten Onkel Nikolascha und mein Vater hinaus auf den Bahnsteig, wo die Mitglieder des Stabes sowie die Vertreter der Alliierten vor dem langen Zug warteten. General Laguiche, Oberstleutnant Knox und der serbische Oberst Leonkewitsch waren dem Generalstab attachiert. Mein Onkel drückte jedem die Hand und bestieg mit meinem Vater den Waggon, in dem er sich bis Baranowitschi aufhalten sollte, um das »schwere Kreuz« – wie er sagte – des Oberkommandos auf sich zu nehmen.

Mit der Abreise meines Vaters und Onkel Nikolaschas war es auf Znamenka plötzlich sehr still. Wir fühlten alle, daß die sorglose Zeit vorbei war, und all unsere Gedanken weilten an der Front. Wir dachten viel an meinen Vater, dem keine leichte Aufgabe bevorstand. Er mußte seinem Bruder bei allen Entscheidungen beratend zur Seite stehen. Außer meinem Vater hatte Onkel Nikolascha noch einen anderen »Schutzengel«, den Fürsten Golitzyn, bei sich. Mein

Onkel hielt große Stücke auf seinen Freund Generaladjutant Fürst Dmitri Borisowitsch Golitzyn, den er wegen seiner Offenheit und seines Edelmutes schätzte.

Wir blieben noch einige Wochen auf Znamenka, bevor wir nach Kiew fuhren, wo meine Mutter Hilfsmaßnahmen für die Verwundeten organisieren wollte. In dieser Zeit bereiteten sich meine Schwestern auf die Arbeit in den Krankenhäusern des Pokrowski-Klosters in Kiew vor. Bereits Anfang August fuhr Marina täglich nach Petrograd (Sankt Petersburg hatte einen neuen Namen), um Kurse zu besuchen und Examina zu bestehen, damit sie Krankenschwester werden konnte. An diesen Kursen nahmen auch Jelena von Leuchtenberg und Muscha Stahl teil, während meine Mutter Nadja, die noch zu jung war, versprochen hatte, für sie einen passenden Pflegedienst im Pokrowski-Kloster zu finden.

Ich sollte meine letzten Studienjahre an der Wladimir-Kadettenschule in Kiew absolvieren, in der ich bisher noch nie gewesen war, da ich als externer Schüler immer zu Hause gelernt hatte. Wir bereiteten uns auf eine baldige Abreise nach Kiew vor.

Es wurde Herbst, auf den Wegen des Parks lagen verwelkte Blätter, und die Sommerblumen um das Schloß waren verblüht. Die Tage vergingen unmerklich – die letzten Tage, die ich auf Znamenka verbringen sollte, diesem wunderschönen Schloß, das ich nie mehr sehen würde.

Djulber

»Ich sah dich aufgehn einst, du längst vertraute Leuchte,
Im Land, wo alles lieb dem Herzen vormals deuchte,
Wo in den Tälern sich die Pappel schlank erhebt,
Wo zarte Myrthe träumt und die Zypresse strebt,
Wo Tauriens Wellen süß verrauschen und verrinnen …«

»Wie lichten fliehend sich die Wolkenreihen fern …«, Puschkin
Nach der Übersetzung von J. v. Guenther

Zarin Maria Feodorowna.

oben: Schloß Djulber auf der Krim mit dem Gebirgskamm des Aj-Petri im Hintergrund. Es wurde von dem Architekten N. P. Krasnow nach Entwürfen von Prinz Romans Vater, Großfürst Pjotr Nikolajewitsch, gebaut.
unten: Der Strand unterhalb der Schlösser Koreiz und Djulber. Zwischen den herrschaftlichen Gütern der Pavillon des Fürsten Jusupow. Von dort fuhr er hinaus auf das Schwarze Meer zum Angeln.

Prinz Roman im Buren-Anzug, ca. 1902.

oben: Prinz Romans Tante, Großfürstin Anastasia (Tante Stana). Sie war zweimal verheiratet; zum ersten Mal mit Herzog Georg von Leuchtenberg und dann mit Großfürst Nikolaj Nikolajewitsch dem Jüngeren.
unten: Prinz Romans Onkel, Großfürst Nikolaj Nikolajewitsch (Onkel Nikolascha), Höchstkommandierender über die gesamten russischen Streitkräfte im Hauptquartier des Generalstabes, 18. Februar 1915.

Kindertheater auf Gut Sergijewka, das Prinz Romans Onkel, Herzog Georg von Leuchtenberg, gehörte. Von links: Herzogin Jelena von Leuchtenberg, Prinz Roman, Prinzessin Marina Petrowna und davor auf dem Boden Prinzessin Nadeschda (Nadja) Petrowna.

oben: Empfang der Zarenfamilie im Jahre 1912 an der Mole von Jalta vor der »Standart«, der Yacht Zar Nikolaus II. Von links: Großfürst Pjotr Nikolajewitsch, Prinzessin Nadeschda (Nadja) Petrowna, der Zar (mit dem Rücken zum Betrachter), Prinz Roman, Großfürstin Militza Nikolajewna und Prinzessin Marina Petrowna.
unten: Die russische kaiserliche Familie. Von links: Großfürstin Olga, Großfürstin Maria, Zar Nikolaus II, Zarin Alexandra Feodorowna, Großfürstin Anastasia, Thronfolger Alexej und Großfürstin Tatiana. Sie wurden alle bei der Revolution 1918 getötet.

Prinz Roman im Hotel Bristol in Beaulieu an der Französischen Riviera, 1906.

oben links: Hausarzt Warawkas Sohn Sergej Sergejewitsch (Sesja) Warawka, Baron Alexej Alexejewitsch (Alescha), Prinzessin Nạdeschda (Nadja) Petrowna und Prinz Roman.
oben rechts: Baron Alexej Alexejewitsch (Alescha) Stahl, Prinz Roman und Prinzessin Nadeschda (Nadja) Petrowna auf dem Gut Djulber auf der Krim.
unten: Beaulieu an der Französischen Riviera, 1904. Prinz Roman mit seinem Kammerdiener Iwan D. Zharkow, der bis 1916 bei ihm war.

Ankunft in Djulber

Als sich der Zeitpunkt unserer Abreise auf die Krim näherte, wurden Nadja und ich immer ungeduldiger. Wir sehnten uns nach dem Schwarzen Meer und dem Garten von Djulber, wo es so viele herrliche Stellen gab, an denen wir spielen konnten. Wir träumten schon davon, baden zu können, Ausflüge in die Umgebung zu machen und Picknicks am Fuße des Aj-Petri. Am Tag vor der Abreise hatte unsere Ungeduld ein Maß erreicht, daß wir auf einen ganztägigen Ausflug geschickt wurden, um Scharkow und Mascha nicht beim Einpacken zu stören.

Zur Krim fuhren wir fast immer mit einem Sonderzug bis Sewastopol und von dort auf dem Landweg nach Djulber. Gewöhnlich begleiteten uns Kotzebue, Hofdame Puschkina, die Adjutanten meines Vaters, der Arzt, Seni, mein Erzieher und einige Lehrer. Außer unserer privaten Dienerschaft kam noch eine große Zahl an Personal mit. So viele Reisende brauchten viele Waggons, und deshalb war es einfacher und bequemer, einen Sonderzug zu nehmen.

Als endlich der Tag der Abreise gekommen war, zählten Nadja und ich die Stunden bis zur Ankunft. Obwohl diese lange Reise jedesmal spannend war und wir neugierig die Veränderung von Land und Leuten bemerkten, war unsere Freude grenzenlos, als wir endlich den Bahnhof von Sewastopol erreicht hatten!

Am Bahnhofsvorplatz begann die Landstraße nach Jalta, auf der wir noch 75 Kilometer fahren mußten, um Djulber zu erreichen. In meiner frühen Kindheit fuhren wir diese Strecke in großen Landauern, bespannt mit vier Pferden, und machten auf halbem Wege an der Poststation Bajdar eine Pause, um die Pferde zu wechseln. Anstelle der anstrengenden und langen Reise zu Lande nahmen wir manchmal den Seeweg bis Jalta. Von dort dauert es mit der Equipage nur noch ungefähr eine halbe Stunde bis Djulber.

Wir Kinder fuhren mit unseren Eltern in eigenen Automobilen, während der Stab und unsere private Dienerschaft mit Mietautos vorlieb nehmen mußte. Die übrigen Dienstleute reisten mit dem schweren Gepäck per Schiff nach Jalta, was fünf Stunden dauerte. Dadurch kamen sie erst gegen Abend nach Djulber. Trotzdem war bei unserer Ankunft in Djulber alles vorbereitet, denn unser Hofmeister Zajetschew war mit einigen Lakaien und Dienstleuten vorausgeschickt worden, damit alles fertig war.

Wenn der Wagen am Bahnhof losfuhr, schaute meine Mutter stets auf ihre Uhr und notierte sich die ungefähren Zeiten, wann wir bestimmte Etappen auf unserem Weg nach Djulber passiert hatten. Damit hatte sie einen Überblick, konnte unsere Ungeduld dämpfen, und die Fahrt erschien nicht so lange. Die Gegend war sehr abwechslungsreich. Wir fuhren über den Berg Sapun und in Serpentinen hinunter in die uralte Stadt Balaklawa – von den Skythen gegründet und in Homers Odyssee erwähnt.

Vor uns lag jetzt der letzte Höhenzug, den wir überwinden mußten, bevor wir die Aussicht auf das Schwarze Meer genießen konnten. Die Straße schlängelte sich steiler und steiler durch Buchenwälder und um Felsen, und mit jeder Kurve kamen wir der Bajdarpforte, dem höchsten Paß auf der Strecke, näher. Nadja und ich waren außer uns vor Aufregung. Das Auto verlangsamte die Geschwindigkeit, kurvte zwischen kleinen Felsen hindurch und hinein in den dunklen, kurzen Bergpaß. Noch eine Sekunde ... und dann lag das unendliche blaue Meer vor unseren Augen, beschienen von einer glitzernden Sonne am klaren Himmel. Von hier oben sah das Meer bis hin zum Horizont völlig ruhig und glatt aus. Um die Aussicht zu genießen, stiegen wir immer bei dem kleinen Platz an der Bajdarpforte aus den Autos – dort, wo griechische Händler Postkarten und allen möglichen unnützen Kram an Touristen verkauften. Nicht weit von der Pforte lagen ein Restaurant und ein Obstladen, der unseren Doktor Warawka jedesmal anlockte. Er versorgte sich mit großen Papiertüten voller Pfirsiche, mit herrlichen Krim-Aprikosen und anderen Früchten, die er uns großzügig kosten ließ. Ich nutzte diesen Aufenthalt, um Muzi, der mit im Auto war, an die frische Luft zu lassen und machte einige Fotos.

Von der Bajdarpforte führte die Straße in vielen Schleifen rasch nach unten. An einer Kurve fuhren wir an einer großen schönen Kirche im byzantinischen Stil vorbei, die etwas abseits von den grauen Felsen auf einem rötlichen Felsblock errichtet worden war. Sie war

1883 aus den Mitteln Kusnetsows zur Erinnerung an die Rettung der Zarenfamilie bei einem Eisenbahnunglück gebaut worden. Nachdem wir Foros, das Gut der wohlhabenden Kusnetsows, passiert hatten, fuhren wir durch einen langen Tunnel, den man durch den Fels getrieben hatte, und danach setzten wir unsere Reise fort durch eine wild anmutende Ebene, bedeckt mit Steinblöcken, die in früherer Zeit vom Bergkamm des Jajla-Gebirges gestürzt waren. Je weiter wir nach unten kamen, desto höher erschien das Jajla-Gebirge vor dem Hintergrund des blauen Himmels. Es zog sich weiter und weiter vom Meer zurück, und die Südküste wurde dafür breiter und breiter.

Auf der linken Straßenseite erspähten wir zwischen den Felsen die ersten Pflanzen. Zuerst waren es niedrige Eichen und stechende Wacholderbüsche, dann Mispeln und Pistazienbäume. In der Luft lag bereits der unverwechselbare harzige Duft der südlichen Gewächse. Auf der rechten Seite – weit unten – erstreckten sich wunderschöne Gärten bis hinunter zum blauen Meer, mit Hecken aus immergrünen Bäumen, hohen Zedern und Zypressenalleen, und in den Gärten konnten wir die Dächer von hellen Gebäuden erkennen.

Nach dem Gut Kastropol, das mein Vater Anfang der 90er Jahre beinahe gekauft hätte, fuhren wir durch Kikeneis und Lemeny und umrundeten dann den Katzenberg, der von Djulber aus zu sehen war. Jetzt war das Auto schon vor dem Observatorium von Simeis, in dem ich viele spannende Stunden zugebracht habe.

Nach einer scharfen Straßenbiegung eröffnete sich eine wunderbare Aussicht über die Berge. In der Ferne zeichneten sich die Zinnen des Aj-Petri am Himmel ab, die wir von Djulber aus immer betrachteten. Nach weiteren Kurven bog unser Auto von der großen Sewastopol-Landstraße ab und fuhr einen gewundenen Weg hinunter zur unteren Landstraße. Beide Landstraßen führten nach Jalta, doch während die obere eine praktische, kurze Verbindung zwischen Sewastopol und Jalta war, zog die untere, die sich vorbei an Gütern und durch schöne Naturparks wand, eher die Touristen und Sommergäste an.

Als wir durch die Güter Alupka, Mischkor, Oleis und Koreis gefahren waren – Güter, auf die ich später zurückkommen werde –, erreichten wir endlich die weiße Steinsäule mit der Aufschrift:

GROSSFÜRST PJOTR NIKOLAJEWITSCHS GUT DJULBER

An der Steinsäule begann eine mehr als drei Meter hohe weiße Mauer, die, parallel zur Straße laufend, die Grenze des Gutes bildete. Dahinter war unser Garten, der sich von der Straße bis hinunter ans Meer erstreckte. Bald kamen wir an einer quadratischen Öffnung in der Mauer vorbei, einer Art Fenster, durch dessen Bronzegitter wir zum erstenmal unser Schloß erkennen konnten.

Das Auto verringerte die Geschwindigkeit, als das Tor, das in den Garten von Djulber führte, erreicht war. Ein großer weißer Rundbogen verband ein kleines Schilderhaus mit einem hohen weißen Turm, der ähnlich wie ein Minarett gebaut war. Beim offenstehenden Tor stand der Wachposten, der Tatar Jejib, den wir sehr schätzten. Er trug eine schwarze, goldbestickte Weste und weite, schwarze Tataren-Pluderhosen mit einem breiten scharlachroten Gürtel. Der Wagen steuerte unter dem Rundbogen langsam nach rechts, und Jejib machte seine Ehrenbezeigung, indem er die Hand an seine schwarze Schaffellmütze legte, die oben golden eingefaßt war.

In einem großen Bogen fuhr das Auto nun abwärts, vorbei an einer Reihe hoher Zypressen, und blieb auf dem großen, mit feinem gelben Sand bedeckten Vorplatz beim Haupteingang stehen. Auf der niedrigen Steintreppe stand unser Hofmeister Zajetschew, um uns zu empfangen. Er öffnete ehrerbietig die Autotür und begrüßte meine Mutter mit seiner brummenden Baßstimme.

Die Eingangstüren zum Schloß waren sehr schön. Auf das feine und kompliziert geschnitzte Holz war eine klare Bronzeverzierung gesetzt, die Kopie eines Ornaments, das eine der Moscheen in Kairo zierte. Zu beiden Seiten der Türen standen blank polierte graue Steinsäulen, ebenfalls nach uraltem arabischem Vorbild ausgeführt.

Die Vorhalle war mit Steinen gefliest, und zur Rechten führte eine gewundene Marmortreppe in den ersten Stock, in dem unsere privaten Zimmer lagen. Von der Vorhalle aus gingen alle zuerst in das »große Wohnzimmer«, wo jedesmal nach der Ankunft ein Dankgottesdienst abgehalten wurde.

Zur Rechten führte eine Tür von der Vorhalle in einen breiten hellen Wendelgang, der im arabischen Stil eingerichtet war. Nur dieser Gang mit seinen drei großen, zum Hofplatz zeigenden Fenstern und das sich anschließende »arabische Zimmer« waren orientalisch eingerichtet, während die übrigen Räume modern möbliert waren. Die Wände des Wandelganges waren zur Hälfte mit blaugrau gemusterten Fayencen bedeckt, die, ebenso wie die Wände und die Stuckverzierungen der Decke, genaue Kopien klassischer arabischer Muster waren. An den Wänden standen zwischen den weichen, seidenbezogenen Ottomanen antike, mehreckige Tischchen mit Schalen aus Porzellan und Glas, Silbergefäßen, Dolchen und anderen Gegenständen, die man vor vielen Jahren aus Ägypten mitgebracht hatte. Zu beiden Seiten eines kleinen Marmorkamins mit zierlichen Schnitzereien standen hohe Kandelaber aus heller Bronze, die mit Türkisen geschmückt waren. An einer Wand hing eine sehr alte arabische Waffe mit einem Schild und darüber ein sehr schönes Seidenkleid mit dem Monogramm der türkischen Sultane. Der Boden war von zahllosen kleinen Teppichen belegt, denn orientalische Läufer waren die Leidenschaft meines Vaters, und er besaß eine beachtliche Sammlung davon.

Am Ende des Ganges führte eine Tür in das arabische Zimmer, doch vorher ging es rechts hinein in das zentral gelegene große Wohnzimmer. Im Unterschied zu den übrigen Wohnräumen stand dieser große quadratische Aufenthaltsraum unserem Stab, den Erziehern und den Lehrern zur freien Verfügung.

Wenn wir, müde von der Reise, in dieses Wohnzimmer kamen, stellten meine Eltern und wir Geschwister uns immer an dieselbe Stelle neben ein Holzregal, auf dem ein blaues Fayance-Kaninchen stand. Am linken Fenster war ein kleiner Tisch mit einer weißen Decke für den Gottesdienst vorbereitet.

Nadja und ich warteten ungeduldig darauf, daß der Gottesdienst beginne, denn es war uns verboten, vorher den Raum zu verlassen. Ein Weilchen harrten wir unruhig aus, dann trat Zajetschew ein, ging zu dem Tischchen und entzündete die Kerzen in den Silberleuchtern. Gleich darauf kam Vater Wassili Smirnow, der Prior der Kirche von Koreis. Unser Religionslehrer Vater Wasili war ein wunderbarer Mensch, und wir mochten ihn alle sehr. Er war groß und hatte einen grau melierten Bart. Als Vater Wasili sich vor meinen Eltern verbeugt hatte, begann der Gottesdienst.

Nadja und mir schien er viel länger zu dauern als gewöhnlich. Wir guckten ständig aus dem Fenster, hinaus auf den großen Hofplatz. Wir schauten zur weißen Mauer beim Haupteingang, die in der heißen Luft, die von den brennenden Kerzen aufstieg, zu zittern und zu vibrieren schien. Mit unseren Gedanken waren wir ganz und gar im Garten und am Meer. Der Gottesdienst ging seinem Ende zu. Mit dem Kreuz in der Hand nannte Vater Wasili unsere Namen und fing an, das Dankgebet zu singen, in dem uns allen ein langes Leben gewünscht wurde. Als der Kantor schließlich einfiel und mit leicht klagender Stimme sang: »Vie-ie-le Jahre«, traten wir nach unseren Eltern vor, um das Kreuz zu küssen. Nun kamen die übrigen im Zimmer an die Reihe, und als letzter küßte Zajetschew das Kreuz, ging dann zwei Schritt zurück und verbeugte sich vor meinen Eltern.

Nachdem er sein Epitrachelion abgenommen hatte, begrüßte Vater Wasili meine Eltern, und sie unterhielten sich ein Weilchen, während Nadja und ich ungeduldig darauf warteten, daß sie endlich fertig würden. Dann trat ein Augenblick des Schweigens ein, und wir traten mit unseren Eltern vor Vater Wasili, um den Segen zu empfangen, worauf er und der Kantor sich verabschiedeten.

Endlich durften wir gehen. Nadja und ich rannten glücklich aus dem Schloß – zu unserem Lieblingsort im Garten, den wir »unter den Zedern« nannten.

Das Schloß und der Garten

Als sich mein Vater von der Lungenkrankheit, die er nach der Hochzeit bekommen hatte, zu erholen begann, rieten die Ärzte meinen Eltern – nachdem sie aus Ägypten zurückgekehrt waren –, so lange bis mein Vater nicht ganz gesund sei, nicht in den Norden zu ziehen. Nachdem er also einige Jahre an der Französischen Riviera verbracht hatte, wurde mein Vater für völlig gesund erklärt, und meine Eltern begannen, Znamenka zu besuchen, anfangs allerdings nur im Sommer.

Weil sie sich in den vergangenen Jahren an die Wärme gewöhnt hatten, beschlossen meine Eltern, sich ein Gut an der Schwarzmeerküste anzuschaffen. Baron Stahl wurde damit beauftragt, etwas Geeignetes zu suchen. Der Baron fuhr die gesamte Südküste der Krim ab, aber es erwies sich als schwierig, ein Gut in der richtigen Größe zu finden. Deshalb kamen meine Eltern auf die Idee, auf der Krim ein Stück Land zu erwerben und ein Schloß nach ihrem Geschmack und der ihren Bedürfnissen entsprechenden Größe zu bauen.

Beeinflußt von Ägypten, von Kairos schöner arabischer Architektur, beschlossen meine Eltern, das Schloß in einem Stil zu bauen, der sowohl mit der südlichen Natur wie auch mit den lokalen Bauten der Tataren und den Moscheen harmonierte. Die Krimschen Moscheen mit ihren typisch orientalischen Kuppeln und schlanken, von einem Halbmond gekrönten Minaretten, glichen architektonisch dem arabischen Stil, wie man ihn in Kairos Moscheen finden kann, sehr. Die privaten und öffentlichen Gebäude auf der Krim waren dagegen eher im türkischen Stil erbaut.

Mein Vater wollte diesen türkischen Stil nicht imitieren, er zog die arabische Architektur vor, in der er solche Elemente fand, die ihm für den Bau seines sehr großen Hauses – oder, genauer gesagt, seines Schlosses – geeignet erschienen. Mit jugendlicher Begeisterung stürzte sich mein Vater auf die Arbeit, zeichnete Pläne und Entwürfe für die Fassade, an denen sich der Architekt des zukünftigen Djulber orientieren sollte. Meine Mutter ihrerseits fing an, Figuren für den äußeren Schmuck des Hauses auszusuchen, und orientierte sich dabei an Reproduktionen arabischer Ornamente, die sie in Ägypten gesammelt hatte.

Die Wahl meiner Eltern fiel auf Poleschaews Gut Ali-Sarai, das zwölf Kilometer westlich von Jalta lag. An diesem Küstenabschnitt waren die Berge etwas weiter vom Meer entfernt und bildeten eine kompakte, hellgraue Mauer, die die russische Riviera vor kalten Winden schützte. Der höchste Gipfel dieser Bergkette, der Aj-Petri, ragt mit 1232 Meter in die Höhe, und seine zwei Zacken zeichneten sich klar am Himmel ab. Am Fuß des Aj-Petri wuchsen Kiefernwälder bis zur oberen Landstraße, die durch das große Tatarendorf Koreis führte.

Von Koreis ging eine gewundene Straße durch die Besitzungen Fürst Jusupows zum Meer hinunter und traf bei einer Brücke über einem kleinen Bergbach auf die untere Landstraße. Poleschaews Gut grenzte mit den oberen Grundstücken an diese Landstraße und war seitlich durch zwei Bergbäche begrenzt. Der westliche Nachbar war Jusupow, der östliche Tituschkin. Poleschaews Gut maß zehn Hektar und erstreckte sich bis hinunter zum Meer, wo es in einem großen Privatstrand endete.

Als mein Vater das Gut Ali-Sarai kaufte, taufte er es um in Djulber, ein tatarisches Wort, das »zauberhaft« oder »schön« bedeutet. Gleichzeitig erwarb er einige Hektar Land von Gräfin Kleinmichel, deren Gut oberhalb der Landstraße lag. Später kaufte mein Vater von Tituschkin noch einen bewaldeten Hügel samt einem Weinberg, der ebenfalls auf der anderen Seite des Bergbachs lag.

Ein Jahr vor meiner Geburt hatte mein Vater seine Pläne für das Schloß fertig, und jetzt galt es, einen geeigneten Architekten zu finden. Ein so großes und außergewöhnliches Bauvorhaben erforderte einen ortsansässigen Architekten, der während des Baus den Fortgang der Arbeiten überwachen konnte. Djulber war wirklich ein ziemlich schwieriges Projekt, das an der Südküste größenmäßig nur von Schloß Alupka übertroffen wurde, welches ohne Gänge, Korridore, Badezimmer, Küchen, Vorratsräume und Dienstzimmer mindestens noch 70 Zimmer hatte. Man empfahl meinem Vater den Architekten Nikolai Petrowitsch Krasnow aus Jalta, der nach einer

Prüfung der Skizzen und Aufzeichnungen meines Vater anmerkte, daß er mit dem arabischen Stil nicht genügend vertraut sei. Er bat um eine bestimmte Frist, um sich näher mit dem Projekt befassen und sich eine Meinung bilden zu können, inwieweit es realisierbar sei. Meinem Vater gefiel diese bedächtige Gewissenhaftigkeit Krasnows sehr. Als er ihn später näher kennenlernte, fand er den Architekten äußerst sympathisch, und im Laufe der Jahre entstand eine freundschaftliche Verbindung zwischen ihnen.

Der Bau von Schloß Djulber machte Krasnow berühmt. Er bekam eine Menge Aufträge an der Südküste, und zwar nicht nur von Bauherren, die neue Häuser bauen wollten, sondern auch von bedeutenden Gutsbesitzern, die Anbauten oder Umbauten an ihren Anwesen vornehmen wollten. Ich kann hier nicht alle Bauwerke aufzählen, die unter Krasnows Leitung entstanden, will aber die erwähnen, zu denen ich ohnehin später noch komme. Er baute Tante Stanas Haus Chair, Großfürst Georgi Michailowitschs Haus und Kirche Kharaks, Großfürst Alexander Michailowitschs Kinderflügel auf Aj-Todor, das Zarenschloß Liwadia und das Schloß des Emirs Buchara in Jalta.

Fast jedes Jahr wandte sich mein Vater an Krasnow, wenn ihm neue dekorative Bauten für den Garten von Djulber einfielen. Auch Fürst Jusupow ließ ihn holen, denn er hatte auf Gut Koreis immerzu Bauten oder Umbauten in Arbeit. Krasnows langes und erfolgreiches Wirken, das mit dem Bau von Djulber begann und ihm den Ruf eines erstklassigen Architekten einbrachte, setzte sich auch nach der Revolution von 1917 fort. In seinem Exil wohnte er unter sehr ärmlichen Bedingungen in Belgrad, bis sich mein Vetter, König Alexander von Jugoslawien, wegen einiger Projekte für königliche Gebäude und staatliche Institutionen an ihn wandte.

Aus der Entfernung glich das riesige Schloß Djulber mit seinen orientalischen Kuppeln einer befestigten Burg. In den Strahlen der untergehenden Sonne bekam das weiße Schloß manchmal einen rosa Schimmer, während es in mondklaren Nächten ganz silbrig wirkte.

Das Schloß war von einem wunderschönen großen Park voller blühender Gewächse, immergrüner Büsche, hoher Zypressen und riesiger Bäume verschiedener Art umgeben. In der Mitte der Hauptfassade, westlich zum Hofplatz hin, befand sich das Portal, bedeckt mit der ersten der vier Kuppeln auf Djulber. Das Portal hatte dort, wo der Haupteingang war, eine Vertiefung, und hier ragten zwei in Art und Höhe verschiedene Seitenflügel hervor. Auch die anderen Außenmauern des Schlosses unterschieden sich sowohl durch ihre Höhe wie durch ihre Architektur voneinander. Blickte man vom Hofplatz auf die Hauptfassade, endete sie rechts mit einem großen Turm, der mit einer schönen Kuppel versehen war. An diesen rechten Turm schloß sich die südliche Schloßseite, die zum Meer zeigte, an. In die Mauernischen der oberen Etage waren große Balkons eingelassen, von denen man eine herrliche Aussicht auf den Strand und das offene Meer hatte. Das Schloß lag tiefer als der große Hofplatz, und deshalb war am rechten Turm entlang eine Steintreppe angelegt. Die Ostseite des Schlosses, mit drei Stockwerken die höchste, zeigte zu dem Teil des Meeres, der von einem Bergbach begrenzt war. Dahinter lag die bewaldete Höhe, die mein Vater von Tituschkin gekauft hatte. Die Nordseite des Schlosses lag auf einer Ebene mit dem Hofplatz. Entlang der Mauer lief ein Weg, der beim Hofplatz von einer schönen Arkade überwölbt wurde, die, von der Schloßmauer ausgehend, durch eine hohe Mauer mit der oberen Gartenterrasse verbunden war.

Kopien der Ornamente, die meine Mutter in mehreren Alben gesammelt hatte, wurden von Krasnow genau studiert, und er fand tüchtige, in der Gegend ansässige Handwerker, die die Reliefarbeiten kunstvoll, fein und genau ausführen konnten. Die arabischen Ornamente schmückten die Fenster, die an den verschiedenen Seiten des Schlosses einzeln und im Ensemble angeordnet waren, außerdem hatten sie verschiedene Größen und Formen. Einige Fenster waren mit schlanken Steinsäulen unter schön gearbeiteten Kapitellen versehen. Nicht nur die Fenster, sondern auch die Türen, die auf die Terrassen oder direkt zum Meer führten, waren von Stukkaturen umrahmt.

Mit den dekorativen Holzschnitzarbeiten, die an einigen Stellen die Schloßmauer zieren sollten, wurden Schreiner und Dreher aus Bachtschisarai beauftragt, die mit der Herstellung von orientalischen Moresken große Erfahrung hatten. Größere Moresken wurden gelegentlich für Türen zwischen zwei Zimmern verwendet, und die tatarischen Schreiner aus Bachtschisarai zeichneten sich besonders durch kunstvolle Filigranarbeiten aus.

Wie in den südlichen Ländern üblich, waren Djulbers Dächer ganz flach und befanden sich wegen der verschiedenen Höhen des Schlosses auf unterschiedlichen Ebenen. Die Türme, die ebenfalls verschieden hoch waren, hatten alle eine Kuppel nach dem Vorbild einer der Moscheen in Kairo. Alle vier Kuppeln unterschieden sich in Größe, Form und Ornamentik. Auf der Spitze jeder Kuppel war ein Mast angebracht, an dem anstelle der mohammedanischen Halbmonde Goldscheiben befestigt waren. Diese Änderung hatte mein Vater trotz Krasnows heftigem Protest bestimmt, denn er wollte nicht, daß das Schloß aussähe wie eine Moschee. Krasnow war sehr enttäuscht über die Goldscheiben, und wenn er uns auf Djulber besuchte, blickte er oft hinauf und stotterte vorwurfsvoll: »Ich ho-ho-hoffe, Ihnen ge-ge-gefal-len Ihre Te-Teller!«

Mein Vater unterhielt sich gerne mit Krasnow und schätzte seine gestalterischen Fähigkeiten. Wenn Krasnow wegen seines Stotterns sehr lange brauchte, um sich zu äußern, half ihm mein Vater soufflierend aus der Verlegenheit. Djulbers komplizierter Bau macht es mir unmöglich, die einzelnen Bereiche und die Lage der Zimmer zu beschreiben. Ich möchte mich deshalb darauf beschränken, die Zimmer sowie die Teile des Schlosses auszuwählen, die für unser tägliches Leben von Bedeutung waren und mit denen ich Episoden aus meiner Jugend verbinde.

Unsere privaten Zimmer lagen im zweiten Stock des südlichen Schloßteils. Aussicht zum Meer hatten die Schlafzimmer meiner Eltern, das Boudoir meiner Mutter und Marinas Trakt. Richtung Osten – mit Ausblick zu der kleinen Anhöhe, die wir »Doktorhügel« nannten – befanden sich die Zimmer von Nadja und mir. Auf derselben Etage lag das obere Kabinett meines Vaters, sein Ankleidezimmer, das Badezimmer meiner Mutter und die Zimmer ihrer Dienstmädchen. Unter Nadjas und meinen Zimmern befand sich ein großes Eßzimmer und ein Billardraum.

Im Westteil lag im ersten Stock außer Maschas Zimmer, das zum Hofplatz zeigte, unser altes Klassenzimmer, das jetzt von Marina benutzt wurde, wenn sie zeichnen oder malen wollte. Von da führte ein Gang an Zimmern vorbei, in denen die Dienstmädchen, Seni, Gäste und die Adjutanten meines Vaters untergebracht waren. Der Nordteil des Schlosses hatte ein zusätzliches Stockwerk, das für Küchen und Dienstbotenzimmer Platz bot. Vom oberen Anbau führte eine Tür auf das flache Dach des Schlosses, wo unter einem Vorsprung die Gartenmöbel aufbewahrt wurden. Hier saß ich besonders gerne in lauen Sommernächten und betrachtete den Sternenhimmel.

Parterre und erster Stock waren durch zwei Treppen verbunden. Die breitere mit den Marmorstufen ging hinunter in die Vorhalle, und die andere, eine Holztreppe, führte von den Zimmern meiner Eltern hinunter in das zentrale Wohnzimmer. Im Südteil des Schlosses befanden sich außer diesem Wohnzimmer auch das blaue, das arabische und das King-James-Zimmer. Der letztgenannte Raum hatte seinen Namen behalten, obwohl die ursprüngliche Möbelgarnitur nach Znamenka gebracht worden war.

Neben dem King-James-Zimmer lag das untere Kabinett meines Vaters mit zwei Ausgängen zum Garten. Der eine führte durch den Eckturm, während der andere direkt auf eine Terrasse ging. Von diesem Kabinett aus gelangte man auch in das Atelier meines Vaters, das er benutzte, wenn er Entwürfe oder Skizzen anfertigte.

Im Nordteil des Schlosses – ebenfalls im Erdgeschoß – lag hinter der Vorhalle eine Art Comptoir, das als Empfangszimmer für die Gäste meiner Eltern diente. Von dort führte ein Korridor in Zimmer, die mein Erzieher und die Hofdame meiner Mutter bewohnten.

Wenn ich jetzt meine kurze Beschreibung des Schlosses beende, möchte ich noch in Erinnerung rufen, daß es an einem Hang gebaut war und deshalb auf der südöstlichen Seite eine Reihe von Zimmern hatte, die auf einer Ebene mit dem untersten Teil des Gartens lagen. Hier befand sich der untere Teil des blauen Zimmers mit seiner Innentreppe. Daneben gab es ein kleines »ägyptisches« Zimmer, darauf folgte Kotzebues Trakt mit eigenem Ausgang zum Garten, und dahinter waren die Weinkeller.

Trotz der Größe des Schlosses konnte es doch nicht alle Menschen, die wir auf die Krim mitbrachten, beherbergen. Deshalb mußte ein Teil der Dienerschaft in Gebäuden auf der anderen Seite der Straße untergebracht werden, dort, wo mein Vater von Gräfin Kleinmichel Land gekauft hatte. Hier wohnte Baron Stahl in einem kleinen Haus für sich, wenn er mit seiner Familie auf die Krim kam.

In östlicher Richtung, auf der anderen Seite des Bergbaches auf dem »Doktorhügel«, stand ein altes einstöckiges Holzhaus, das später um einen Anbau erweitert wurde. Hier wohnte Doktor Warawka mit seiner Familie.

Die schönsten Erinnerungen an meine Kindheit und Jugend sind mit Djulber verbunden, das wir 16 Jahre lang jedes Jahr besuchten. Wir Kinder hingen ebensosehr an Djulber wie unsere Eltern. Hier konnten sie ein ruhiges Familienleben führen, das nur in seltenen Fällen von unumgänglichen offiziellen Pflichten gestört wurde.

Jeden Tag gingen wir in das Boudoir meiner Mutter und wünschten ihr einen guten Morgen. Wir klopften stets an die Tür, bevor wir ihr Wohnzimmer betraten. Sie saß meistens in ihrem Lehnstuhl an einem Tisch, auf dem ein Silbertablett mit Kaffeekanne und Tassen stand. Der Lehnstuhl meiner Mutter und das Sofa, auf das wir uns setzten, hatten ihren Platz in der Lieblingsecke meiner Eltern, dem »cosy-corner«, wie sie die Ecke nannten. Das war ein vom übrigen Zimmer durch ein Bücherregal abgetrennter Raum. Über dem Sofa hing eine Radierung, die die Gottesmutter mit Kind zeigte, die auf den Stufen vor der Sphinx schliefen, und den heiligen Josef, der neben einem fast niedergebrannten Feuer vor sich hin döste. Wenn meine Mutter in diesem Lehnstuhl mit dem Rücken zum Bücherregal saß, konnte sie durch das niedrige, längliche Fenster direkt hinaus aufs Meer sehen. In dieser Ecke verbrachten meine Eltern ihre Morgenstunden und die Abende, wenn alle im Haus sich in ihre Gemächer zurückgezogen hatten.

Vom Boudoir meiner Mutter führte eine Tür auf einen großen Balkon. Ein schönes Holzgitter, kunstvoll nach arabischen Mustern geschnitzt, endete zu beiden Seiten in einem quadratischen Vorsprung aus Stein. Auf dem einen war eine Sonnenuhr mit einer kleinen Bronzekanone befestigt, die mit Pulver geladen war. Zur Mittagszeit, wenn die Sonnenstrahlen mittels eines Vergrößerungsglases die Ladung entzündete, ging die Kanone los.

In diesem Zimmer saß meine Mutter morgens und schrieb Briefe oder sammelte Informationen über verschiedene Themen, die sie interessierten. In ihrer zierlichen, regelmäßigen Handschrift schrieb sie Schreibheft um Schreibheft voll mit Wissenswertem, zum Beispiel über Rußlands Geographie; manchmal beschäftigte sie sich mit der persischen Literatur, oder sie saß da und kopierte orientalische Ornamente. Ab und zu markierte sie solche Stellen in Büchern, die von der Geschichte Rußlands oder Montenegros handelten und übertrug diese Unterstreichungen und Anmerkungen in spezielle Hefte. Meine Mutter war außerdem damit beschäftigt, einen Kirchenkalender zusammenzustellen, in dem sie für jeden Tag über den Heiligen oder die Heilige des Tages Überlieferungen aus verschiedenen Quellen heraussuchte. Obwohl es in der umfassenden Literatur über das Leben der Heiligen bereits viele Übersichten gab, stellte die Arbeit meiner Mutter, die sie erst in ihren letzten Lebensjahren beendete, eine umfassende und wertvolle Bereicherung des Vorhandenen dar.

Neben den vielen unterschiedlichen Themen, mit denen sich meine Mutter befaßte, war sie auch am Kochen interessiert. Sie schrieb alle möglichen Rezepte auf, von denen sie annahm, unsere talentierten Köche würden schon damit zurechtkommen.

Auf dem Schreibtisch meiner Mutter lag immer ein Stoß aufgeschlagener Bücher, und auf dem Regal daneben stapelten sich die numerierten, verschiedenfarbigen Hefte.

Außer uns und Tante Stana hatte kaum noch jemand Zutritt zu diesem Wohnraum. Nur in seltenen Fällen rief meine Mutter ihre Hofdame Puschkina dorthin, um ihr die Beantwortung geschäftlicher Briefe aufzutragen. Wir Kinder liebten dieses Zimmer, wo wir es uns mit den Eltern gemütlich machen konnten.

Wenn Tante Stana zum Mittagessen da war und mein Vater sich von der Tafel erhoben hatte, um im großen Kabinett seinen türkischen Kaffee zu trinken, machten es sich die beiden Schwestern auf dem Sofa im King-James-Zimmer bequem, das beim Balkonfenster stand. Hier konnten sie stundenlang sitzen, sich unterhalten und handarbeiten.

Einmal wurde ich in das King-James-Zimmer gerufen. Das war im Sommer 1905. Als ich hereinkam, sah ich auf dem Balkon meine Mutter, Tante Stana und Kotzebue stehen und aufs Meer hinausblicken. Sie reichten mir das Fernrohr, deuteten auf eine ferne Rauchsäule am Horizont und baten mich festzustellen, was das für ein Schiff sei. Als ich einen Blick durch das Fernrohr geworfen hatte, wußte ich sofort, daß das Schiff, das unterwegs nach Sewastopol war, Sinop hieß. Als sie weiter in mich drangen und bestätigt haben wollten, ob es wirklich die Sinop sei und nicht der Panzerkreuzer 'Potemkin, fühlte ich mich sehr gekränkt. Obwohl ich damals erst acht Jahre alt war, kannte ich, und darauf war ich stolz, alle Schiffe der Schwarzmeerflotte und deren Namen. Ein solches Mißtrauen erschien mir verletzend, denn ich war mir ganz sicher, daß die Potemkin ein vollkommen neuer Panzerkreuzer mit zwei Masten war, ein völlig anderer Schiffstyp als die alte Sinop. Als ich wiederholte, daß der Rauch, den man in der Ferne sah, bestimmt aus dem Schornstein der Sinop und nicht aus dem der Potemkin stammte, ließen sie mich gehen, ohne mir zu sagen, warum das so wichtig für sie war.

Ich verstand damals den Hintergrund dieser Episode nicht. Aber die Erwachsenen hatten natürlich Angst, die von einer Meuterei heimgesuchte Potemkin könnte nach ihrem mißglückten Versuch, Odessa zu beschießen, vor Jalta auftauchen.

Die südwestliche Ecke des Schlosses bildete ein etwa 20 Meter hoher quadratischer Eckturm mit einer der großen, typisch orientalischen Kuppeln. Vom Garten führte eine schöne Steintreppe zum Eingang des Turmes, und im Inneren ging eine Treppe bis zur Spitze hinauf. Von hier oben hatte man eine prachtvolle Aussicht in alle vier Himmelsrichtungen. Vom Ostfenster konnte man ohne weiteres auf das flache Schloßdach springen. Als ich mich für die Astronomie zu interessieren begann, saß ich oft nachts mit dem Fernrohr hier oben und beobachtete den Sternenhimmel. Die Positionen der Gestirne erfuhr ich aus Tabellen in astronomischen Almanachen.

Ich träumte davon, im obersten Teil des Turmes ein Observatorium mit einer wunderbaren Kuppel einzurichten. Als ich später meinem Vater von diesem Gedanken erzählte, war er zuerst skeptisch, wurde dann aber auch von der Idee gepackt und fing an, verschiedene Entwürfe zu zeichnen, wie man die Kuppel zu einem solchen Zweck verwenden konnte, ohne das Aussehen des Turmes zu verändern. Die Skizzen meines Vaters ließen mich auf eine Verwirklichung meines Traumes hoffen.

Auch das große Speisezimmer, das im Erdgeschoß neben dem Billardzimmer lag, ist für mich mit besonderen Erinnerungen verbunden. Auf Djulber nahmen wir Kinder die Mahlzeiten immer zusammen mit unseren Eltern ein. Im Sommer wurde sehr oft draußen im Garten unter der großen Paulownie gedeckt, doch das Mittagessen wurde stets im Speisezimmer serviert. Vor dem Essen versammelten sich alle, die teilnahmen, im großen Wohnzimmer. Das waren unter anderem die Mitglieder des Stabes, unsere Lehrer und Lehrerinnen. Hier wurde geplaudert und man guckte Zeitschriften an, bis meine Eltern die blaue Treppe herunterkamen.

Wenn meine Mutter eintrat, erhob sich zuerst die Hofdame meiner Mutter, Anna Alexandrowna Puschkina, und erwies ihre Reverenz. Dann begrüßten meine Eltern die übrigen Anwesenden und redeten noch ein bißchen im Stehen mit ihnen. Sobald Hofmeister Zajetschew in der Tür erschien und stumm eine unmerkliche Verbeugung machte, trat Kotzebue zu meiner Mutter, um ihr mitzuteilen, daß das Essen bereitet sei. Vom Wohnzimmer folgten wir Kinder unseren Eltern durch den arabischen Gang und das Billardzimmer in das Speisezimmer, wo die andern bereits versammelt waren. Diese waren mit Hofdame Puschkina durch eine andere Tür in das Speisezimmer gekommen. Unter einem riesigen quadratischen Fenster, von dem man zum Doktorhügel hinüber sehen konnte, stand auf einer Art Podest der gedeckte Mittagstisch. Nachdem sich meine Mutter gesetzt hatte, stellte mein Vater sich auf die Erhöhung und lud mit einer Handbewegung diejenigen, die Lust hatten ein, Platz zu nehmen. Ich glaube, daß alle Lust hatten, denn der Tisch war mit den leckersten Gerichten gedeckt.

Als Nadja und ich ganz klein waren, durften wir nicht an den Mittagstisch. Wir blieben im Billardzimmer, wo wir unseren Spaß mit den Kugeln hatten, die wir auf dem Billardtisch hin und her rollten. Als ich später die Erlaubnis bekam, am Mahl teilzunehmen – wenn auch ohne Wodka –, machte ich immer einen weiten Bogen um die geräucherten Fische, die Pilze in Sahnesoße, sowie um ein paar andere kalte und warme Gerichte und füllte meinen Teller am liebsten mit frischem Kaviar.

Als wir etwas älter waren, mußte einer von uns – ehe wir uns zu Tisch setzten – mit Blick auf ein hoch oben in der Zimmerecke hängendes Heiligenbild im Goldrahmen das Tischgebet aufsagen.

Meine Mutter setzte sich immer an das obere Ende der langen Tafel, mit meinem Vater zu ihrer Rechten und mir zur linken Seite. Nadja saß neben mir, während Marina – wenn wir keine Gäste hatten – neben meinem Vater saß, wo sie Puschkina zu ihrer Rechten hatte. Den übrigen Anwesenden wurde ihr Platz von Baron Stahl oder Kotzebue zugeteilt, die beiden selber saßen immer meiner Mutter gegenüber am anderen Tischende.

Außer unseren Verwandten kamen häufig Krasnow und General Dumbadsche zum Mittagessen. Krasnows Stottern machte Nadja ganz verlegen, und sie saß manchmal während des ganzen Essens nur da, starrte auf ihren Teller und Wellen der Schamröte liefen über ihr Gesicht. Generalmajor Iwan Antonowitsch Dumbadsche war damals Stadtgouverneur von Jalta. Sein Äußeres war sympathisch, und sein Gesicht hatte grusinische Züge. Er sprach sehr laut und mit leicht grusinischem Akzent. Kam das Gespräch auf Themen, die ihn besonders interessierten, blitzten seine lebhaften, klugen Augen, und er vertrat kategorisch seine Meinungen, ohne Rücksicht auf seine Zuhörer zu nehmen, die ihm in vielen sozialen und politischen Fragen nicht unbedingt folgten. Meine Eltern ließen den Stadtgouverneur gewähren, denn er war dem Zaren bedingungslos ergeben. Sie schätzten seine energische Art, seine Geradlinigkeit und seine unabhängige Haltung.

Kamen Gäste wie Tante Stana, Onkel Nikolascha oder andere Verwandte – oder kam Fürst Jusupow mit Frau vorbei –, speisten meine Eltern alleine mit ihnen. In den letzten Jahren waren der Zar und die Zarin selten auf Djulber zu Besuch, denn sie verbrachten den Sommer nicht auf der Krim, sondern kamen erst im Herbst nach Liwadia. Im übrigen war die Nachbarschaft zwischen der Zarenfamilie und meinen Eltern nach 1910 nicht mehr so gut wie früher, als man sich häufig auf Znamenka oder Alexandria getroffen hatte. Ich erinnere mich an eines dieser seltenen Essen, die auf Djulber zu Ehren des Zaren und seiner Gemahlin gegeben wurde. Der lange Tisch im großen Speisezimmer war durch einen runden ersetzt worden, der in der Mitte mit Veilchen geschmückt war. Ich wurde gegen Ende der Tafel ins Zimmer gerufen. Die Zarin küßte mich und sagte, daß sich ihre Töchter auf Liwadia nach Nadja und mir sehnten. Der Zar, der von meinen Eltern erfahren hatte, daß ich mich sehr für Astronomie und Ägyptologie interessierte, fragte mich, ob ich die altägyptischen Dynastien aufzählen und die Namen der berühmtesten Pharaonen nennen könne. Das ließ ich mir nicht zweimal sagen und nannte so viele Namen, daß mich der Zar schließlich unterbrach und meinte: »Ja, damit kennst Du Dich zweifellos aus!«

Ich war immer noch im Eßzimmer, als die Zarin von einem Unwohlsein befallen wurde. Sie konnte die sommerliche Hitze nicht vertragen, ihr Gesicht wurde rot, und sie bekam keine Luft mehr. Erst als Türen und Fenster aufgerissen wurden und ein Durchzug hergestellt war, ging es ihr besser. Um die Sommerhitze zu vermeiden, unternahm die Zarin mit der kaiserlichen Yacht Kreuzfahrten im Finnischen Meerbusen. Der Zar, der die Sommer auf der Krim liebte, war jedesmal unglücklich, daß sie erst im Herbst nach Liwadia kam.

Meine Beschreibung von Schloß Djulber will ich mit der Vorhalle beschließen. Beim Haupteingang stand eine ganze Sammlung verschiedenartigster Spazierstöcke, von denen ich zwei besonders mochte. Der eine bestand aus dickem Bambus und sah sehr leicht aus, überraschte aber jeden, der ihn zum erstenmal in die Hand nahm, mit seinem enormen Gewicht. Im Innern des Stockes verbarg sich nämlich eine massive Eisenstange. Der andere war aus einem vertrockneten Kohlstrunk gemacht. Diesen Spazierstock schnappte ich mir, als wir 1919 Djulber verließen.

In der Vorhalle lagen außerdem Gästebücher mit den Monogrammen meiner Eltern, in die sich die Gäste eintrugen. Wir amüsierten uns immer über die Unterschrift von Fürst Jusupow. Sie nahm eine halbe Seite ein, auf die er mit großen Buchstaben geschrieben hatte: Fürst Jusupow, Graf Felix Felixowitsch Sumarokow-Elston, und er verlängerte seinen Namen noch mit zusätzlichen Schnörkeln und Kringeln!

Diesem Kapitel habe ich die Überschrift »Das Schloß und der Garten« gegeben, und wenn ich nun übergehe auf die Beschreibung des Gartens von Djulber, will ich auch vom Strand bei Djulber erzählen.

Wie schon erwähnt, war der Garten zwischen zwei Bergbächen angelegt. Die obere Grenze zur Landstraße war die drei Meter hohe Mauer, von der aus der Garten bis zu dem breiten Uferstreifen steil abfiel. Mitten im Garten lag das glänzende weiße Schloß. Der große Hofplatz vor dem Haupteingang war teilweise eingerahmt von den beiden ungleich langen Vorsprüngen der Schloßmauern. Gegenüber des Haupteinganges wurde der Platz von einer hohen, grauen, gewundenen Steinmauer begrenzt, die einen Hang stabilisierte. Oberhalb der Steinmauer stand eine riesige einzelne Zypresse. Rechts an der Mauer entlang führte eine Steintreppe zum Rosengarten. Von der Treppe, die sich an der rechten Ecke des Hofplatzes befand, lief eine zweite Mauer, die völlig von Efeu überwuchert war, bis zum Haus, mit dem sie ein großer Bogen in arabischem Stil verband. In einer Nische bei der Treppe stand ein viereckiger, steinerner Springbrunnen von etwa einem Meter Höhe. In der glatten Rückwand der Nische befand sich eine Ritze, aus der ein dünner Wasserstrahl spritzte. Oberhalb dieser Ritze war ein ovales Ornament im arabischen Stil eingemeißelt. Eine Inschrift erinnerte an die erste Ankunft der Herrschaft auf Djulber und an ihr Einweihungsfest im neu erbauten Schloß. Ich erinnere mich heute nicht mehr genau an den Wortlaut der kunstvollen Inschrift des scharfsinnigen Krasnow, die er übrigens ohne Wissen meines Vaters verfaßt hatte. Ich erinnere mich bloß, daß sie von der glücklichen Ankunft meiner Eltern, Marinas und mir im Jahre 1897 handelte. Diese fein gestaltete Inschrift ärgerte Nadja sehr, weil ihr Name nicht genannt war. Und wie sollte das anders sein, schließlich erblickte sie erst ein halbes Jahr später auf Djulber das Licht der Welt.

Gegenüber eines Springbrunnens endete der Hofplatz mit einer niedrigen Steinmauer, die einen Hang begrenzte. An diesem Hang, wo zwei schöne Magnolien wuchsen, wurde jeden Frühling ein »maurischer Rasen« angelegt, das waren niedrig blühende Pflanzen, die den Hang in einen dichten bunten Teppich verwandelten.

Die Stelle im Garten, die wir alle am liebsten mochten, lag dem Abhang gegenüber. Hier verbrachten wir mit unseren Eltern die heißeste Zeit des Tages unter zwei riesigen Libanon-Zedern in der Nähe eines von Lorbeerbäumen und hohem beschnittenem Buchsbaum umgebenen Platzes. Dort hingen zwei Hängematten – eine für Nadja und eine für mich. Hinter dem Platz, der von Büschen und einigen Kastanienbäumen begrenzt war, lief ein kleiner Pfad entlang. Jedes Jahr, wenn wir auf Djulber ankamen, liefen Nadja und ich gleich nach dem Gottesdienst hinunter unter die Zedern. Hier hingen bereits unsere Hängematten, und wir schwangen uns sofort hinein – wenn auch nur für einen kurzen Augenblick –, um richtig das Gefühl zu haben, endlich auf Djulber zu sein.

Wenn es zur Mittagszeit sehr heiß war, kam meine Mutter häufig unter die Zedern, mit einem Heft oder Buch, das sie gerade beschäftigte, und hier blieb sie, bis mein Vater – kurz vor Sonnenuntergang – auftauchte. Nachdem sie ein Weilchen beisammengesessen waren, erhoben sie sich und machten Hand in Hand eine Runde durch den Garten. Nicht weit weg von den Zedern wuchs die große Paulownie, und unter diesem Baum wurde fast jeden Abend ein langer Tisch gedeckt. Zur Beleuchtung hatten wir Petroleumlampen, die während des Essens auf den Tisch gestellt wurden. Oft flogen Nachtschwärmer und Insekten in die Flamme – zum großen Entsetzen meiner Mutter, die behauptete, vor Insekten mehr Angst zu haben als vor Tigern. Nach dem Abendessen zog sich mein Vater meist in sein unteres Kabinett zurück, um in einem bequemen Lehnstuhl eine Zigarre zu rauchen. Oft begleitete Marina ihn, denn sie saßen gern zusammen und diskutierten über Malerei.

Schon als ganz kleines Kind hatte Marina eine deutliche Begabung zum Zeichnen gezeigt, und später studierte sie mit großer Begeisterung Malerei, zuerst bei einem Lehrer am Gymnasium von Jalta und dann in Sankt Petersburg unter Professor Kordowskis Anleitung. Der Zeichenlehrer Orlow aus Jalta unterrichtete auch Nadja und mich. Er war ein hervorragender Lehrer und ein liebenswürdiger Mensch, dem wir alle drei Dank schulden, weil er in uns die Lust zum Zeichnen und Malen geweckt hat. Allmählich entwickelte Marina ihre Begabung und fing an, Bilder zu malen, die ihre Lehrer nicht nur wegen der technischen Qualität, sondern auch wegen ihrer gelungenen Komposition erstaunten. Meinem Vater, der selbst so von der Malerei angetan war, bereitete Marinas Talent sehr viel Freude.

Während Vater und Tochter sich im unteren Kabinett in Diskussionen vertieften, führte meine Mutter Nadja und mich zu einem anderen Lieblingsplätzchen – auf die oberste Stufe einer großen Steintreppe, die den Hang hinunter zum Meer führte. Hier setzten wir uns auf die Steine, die von der Hitze des Tages noch warm waren. Hinter den Büschen im unteren Teil des Gartens lag vor unseren Augen das Meer, das sich in mondklaren Nächten silbern widerspiegelte. In solchen Nächten war der untere Teil des Gartens so hell, daß wir deutlich das große runde Bassin mit den Blumenrabatten rundherum erkennen konnten. In der Ferne hoben sich dunkel und spitz die Silhouetten der Zypressen vom Sternenhimmel ab. Hier saßen wir also, die Mutter zwischen uns, und warteten darauf, daß sie zu erzählen anfing. Viele der Geschichten meiner Mutter, die ich auf dieser Treppe hörte, sind mir noch gut im Gedächtnis. Sie erzählte uns oft von Kleinasien, das auf der anderen Seite des Meeres vor uns lag. Sie erzählte von Trapezunt, von der Zerstörung Sinopes und Nachimows durch die osmanische Flotte, von Konstantinopel und von Konia, wo ihr Lieblingsschriftsteller Dschelaled-Din-Rumi einstmals lebte. Wenn meine Mutter von ihm erzählte, steigerte sie sich in eine solche Begeisterung hinein, daß sie lange über das Schicksal dieses wunderbaren, geheimnisvollen persischen Dichters redete. Er lebte im 13. Jahrhundert in Konia, wo er seine lyrischen Werke schrieb, die von einem tiefen Pessimismus durchdrungen waren.

In diesen Krimschen Sommernächten – auf der Treppe neben meiner Mutter – hörte ich auch zum erstenmal die Namen vieler Sterne und Sternbilder. Meine Mutter erklärte uns, wie man sie voneinander unterscheiden und am Firmament finden konnte. Sie deutete auf das Sternbild Skorpion mit dem rötlichen Hauptstern Antares und zählte alle übrigen Tierkreiszeichen auf, deren Namen ich mir merken sollte. Unter den Sternen entdeckte sie die bläuliche Wega, die wie ein Brillant über uns funkelte und die sie als »ihren« Stern bezeichnete. Ich wollte auch gern einen Stern haben, den ich als »meinen« bezeichnen konnte, und schwankte lange zwischen dem schönen Antares und Arktur, der gegen Abend im Westen deutlich glitzerte. Ich entschied mich für Arktur, weil der Konkurrent Antares zum Sternbild Skorpion gehörte, ein Sternbild, dessen Namen mir nicht zusagte.

Wir hielten alle drei Ausschau nach einer Sternschnuppe. Sobald eine herunterfiel und eine flüchtige Silberspur am dunklen Himmel hinterließ, wollte jeder sie zuerst gesehen haben. Wenn im August die »Tränen des Laurentius« fielen, blieben wir so lange auf der Treppe, daß Nadja und ich viel später ins Bett kamen als wir sollten. All die interessanten Erklärungen meiner Mutter, ihre klaren Antworten auf meine Fragen, weckten meine Wißbegier und erzeugten den Wunsch, noch mehr über die Geheimnisse des Himmels zu erfahren. Auf dieser Treppe begann mein Interesse an der Astronomie.

Als Nadja und ich klein waren, liebten wir es, barfuß im Garten herumzulaufen. Schon früh am Morgen rannten wir hinunter zu den Zedern oder zum Kaninchenstall am Fuße des Doktorhügels. Danach liefen wir meistens zurück zum Schloß zu dem runden Bassin, an dem wir mit Segelschiffen spielten. Manchmal fielen wir hinein – und das geschah häufig mit Absicht. Obwohl nicht viel passieren konnte, weil das Bassin nur einen halben Meter tief war, wurde es später zu unserem großen Ärger entfernt. Das Bassin lag bei der Terrasse, die an der Südseite des Schlosses angelegt war. Ein Teil der Terrasse, die an das Atelier meines Vaters stieß, war überdacht, und hier empfingen meine Eltern ab und zu Gäste zum Tee.

Eines Tages zur Mittagszeit, als Nadja und ich mit den Schiffen am Bassin spielten, ritt auf einmal der Zar auf den Vorplatz. Er hielt am Ende der Zypressenallee, die zum Hofplatz herunterführte, an und rief uns. Als wir zu ihm kamen, stieg er vom Pferd und bat mich, meinen Vater von seiner Ankunft zu unterrichten. Ich sauste ins Schloß, wo ich meinen Vater auf der Treppe antraf. Er war bereits telefonisch durch den Wachtposten bei der Einfahrt vom Besuch des Zaren informiert worden. Als wir auf den Vorplatz hinaus kamen, sahen wir den Zaren, wie er sich königlich über Nadja amüsierte, die wegen des heißen Sandes, der ihre nackten Fußballen zu verbrennen drohte, von einem Fuß auf den andern hüpfte. Als der Zar und mein Vater auf die Terrasse gingen, kehrten wir zu unserem Spiel am Bassin zurück. Nach einer Weile rief uns mein Vater, damit wir den Zaren verabschieden und zu seinem Pferd begleiten konnten, das von einem Stallburschen gehalten wurde. Doch Nadja weigerte sich entschieden, noch einmal barfuß auf den heißen Sand zu treten.

Als der Zar fortgeritten war, folgten wir unserem Vater auf die Terrasse, wo ich auf einem Tisch eine Flasche und einige Gläser stehen sah. Mein Vater schenkte ein bißchen Portwein für mich in das Glas, aus dem der Zar getrunken hatte, während sich Nadja mit einem Keks zufriedengeben mußte. Ich bin mir ganz sicher, daß Nadja diese Ehre teils aus Altersgründen, teils aber auch weil sie sich geweigert hatte, den Zaren ein Stück zu begleiten, entging.

Bei der Haupteinfahrt zum Schloß stand, wie schon erwähnt, ein kleines Schilderhaus im arabischen Stil. Es war unbewohnt, und Nadja bettelte bei den Eltern darum, es zu bekommen. Das Haus hatte zwei Zimmer, und im unteren befand sich ein Ofen. In den oberen Stock führte eine Außentreppe. Nadja gebärdete sich wie die Hausherrin und bereitete oft seltsame und ungenießbare Gerichte. Sie spülte eifrig, fegte den Boden und ruhte sich nach ihren Mühen im oberen Zimmer aus, wo sie sich mit einer orientalischen Decke, die mein Vater ihr geschenkt hatte, auf ein niedriges Liegesofa legte. In »ihr« Haus lud sie manchmal Nina und Xenia ein, die Töchter von Onkel Georgi Michailowitsch, und die drei spielten hier Tataren. Nadja teilte sie häufig zur »Arbeit« ein, und dann mußten sie von einem nahegelegenen Bassin Wasser holen. Das trugen sie in Krimschen Kupferkannen auf dem Kopf, wie sie es bei den richtigen Tatarenfrauen im Dorf Koreis gesehen hatten.

Hundert Meter weiter in Richtung Jalta befand sich ein Tor in der Mauer. Hier führte ein Weg zur Rückseite des Schlosses hinunter, vorbei am Gärtnerhaus und an Depots. Es war eine Art Dienstboteneingang. Zwischen diesem Weg und dem Bergbach, der am Doktorhügel vorbeifloß, hatte man in den letzten Jahren einen Tennisplatz angelegt. Hier spielten wir Geschwister fast täglich mit einem unserer Lehrer, mit Doktor Warawka oder meinem Erzieher Fursenko, die – mit Ausnahme unseres Mathematiklehrers Bilibin, dem Bruder des berühmten Künstlers – alles eher schlechte Spieler waren.

Vor dem östlichen Teil des Schlosses befand sich ein Bassin, neben dem ein Kirschbaum wuchs, auf den wir gerne kletterten, wenn die Kirschen reif waren. Weiter unten im Garten führte ein Pfad an einer Reihe von Zypressen entlang zu einer Steinterrasse hinunter, die man am Hang zum Meer angelegt hatte. Hier übte sich mein Vater häufig im Schießen auf mechanische Tauben, das heißt auf Tonteller, die eine Maschine unterhalb der Terrasse in die Luft schleuderte. Manchmal schoß er auch auf Flaschen im Wasser, die man vom Ufer aus ins Meer geworfen hatte. Auf dieser Terrasse bekam ich zum ersten Mal eine Waffe in die Hand und zerschoß mit großem Vergnügen die Flaschen, die auf den Wellen schaukelten.

Rechts von der Terrasse, hinter einem Gebüsch aus duftender Heckenkirsche, lag der untere Teil des Gartens, der völlig eben war. Hier befand sich das große runde Bassin, umgeben von Iris und anderen Blumen, die wir in den späten Abendstunden von der Steintreppe aus sahen, auf der wir mit unserer Mutter die Sterne beobachteten.

Unterhalb des Gartens krümmte sich die Küste ein wenig und bildete eine Bucht mit hellgrauen Kieselsteinen. Unser privater Strand lag in der Verlängerung von Jusupows und war abgetrennt durch den Bergbach, der an der rechten Grenze ins Meer floß. An der linken Begrenzung unseres Strandes, wo der zweite Bergbach mündete, war die Küste felsig. Dort gab es eine vorspringende Klippe, die wir »die Schildkröte« nannten. Ein Steg, der an der Grenze zu Jusupows Strand entlang lief, führte zu unserem Strand, wo einige große, mit Sand bedeckte Felsblöcke lagen. Einer davon lag am Auslauf des Bergbaches und daneben schon draußen im Wasser ein zweiter. Fürst Jusupow, der gerne angelte, benutzte diesen Felsen häufig, um sein Boot zu besteigen und besser hinaus ins Meer zu kommen. Waren wir am Strand, wenn der Fürst von seiner Angeltour zurückkehrte, sahen wir ihn in einem weißen Leinenhemd am Ruder sitzen. Wenn er uns erblickte, winkte er uns vom Boot aus zu. Hatte er einen besonders reichen Fang gemacht, wählte der Fürst den besten der Fische aus und schickte seinen Helfer damit zu meinen Eltern ins Schloß hinauf. Doch zuerst kam der Mann meistens zu uns, um uns seine Trophäe zu zeigen: Eine große runde Flunder, eine Brachse oder eine Makrele.

Als wir klein waren, machte uns das Fischen an der Küste des Schwarzen Meeres wenig Spaß. Es glückte uns selten, etwas zu fangen, weil sich die Fische weit entfernt von der Küste aufhielten und nicht in Ufernähe herumschwammen wie bei Renella auf Znamenka. Wir guckten lieber den tatarischen Fischern zu, die ihre Netze von den großen Felsblöcken bei Djulber weit ins Meer hinaus warfen und ganze Körbe mit Sardellen füllten. Wie man vom Boot aus fischte, wußten wir nicht, doch hatten wir viel Freude an Ausflügen aufs Meer in kleinen Fischerbooten. War so ein Ausflug geplant, wurde zum Gut Oleis telefoniert, wo nicht nur Fischerboote lagen, sondern auch Passagierschiffe, die hier auf ihrer Route von Jalta nach Alupka anlegten.

Das Boot, das wir mieteten, gehörte dem sehr netten Tatarenfischer Seid-Umér. Wenn er mit seinem Boot an unseren Strand kam, grüßte er uns, indem er die Hand an seine tatarische Kappe legte. Waren wir im Boot, griff jeder von uns sofort nach einem Paddel und ruderte los, solange die Kraft reichte. Richtig rudern braucht Übung und eine gewisse Technik. Seid-Umér brachte es uns bei, indem er sich abwechselnd neben einen von uns setzte. Dank seiner Anweisungen wurden wir mit der Zeit ganz gut – aber das kostete so einige Blasen! Seid-Umér erzählte uns von den verschiedenen Arten zu angeln. Er erzählte auch vom Feind des Fischers – dem Delphin –, der die Netze zerreißt. Seid-Umér sprach ziemlich gut russisch, wenn auch mit starkem Akzent, und verwendete viele tatarische Wörter, die Nadja und ich uns zu merken versuchten. Manchmal hatte er seine kleinen Söhne mit im Boot, die wie er mit einem weißen Hemd, weiten schwarzen Pluderhosen, einem herrlichen bunten Gürtel um den Bauch und der traditionellen tatarischen Kappe auf den kurzgeschnittenen Haaren bekleidet waren.

Wir fuhren gerne Richtung Jalta an der Küste entlang, zum Leuchtturm bei Gut Aj-Todor. Zuerst umschifften wir den Doktorhügel, der ins Meer hineinragte. Hier war die Küste felsig und voller Klippen. Dann passierten wir den Nachbarn Kramarsch und Tante Stanas Haus Chair, wo man das Ufer mit einer senkrechten Mauer befestigt hatte, hinter der sich der Garten zu dem von Bäumen umgebenen Haus hinaufzog. Nach Chair kam Alexander Michailowitschs riesiges Gut Aj-Todor, das mehrere hundert Hektar umfaßte, und dann ruderten wir vorbei am Haus seines älteren Bruders, Großfürst Georgi Michailowitschs Gut Kharaks, das – auf Wunsch seiner Frau Maria Georgejewna – wie ein englisches Landhaus gebaut war, ein Stil, der auf die Krim so gar nicht paßte. Unser Ausflug endete beim Leuchtturm Aj-Todor, der auf drei hohen Klippen stand.

An der Küste ging ein Weg entlang, der von Jusupows Strand an unserem Gut vorbeiführte und an dem Felsvorsprung Aj-Todor endete. Das war ein ganz gewöhnlicher Weg, der in einem gewissen Abstand zum Wasser für jedermann zugänglich war. Hier waren häufig Grenzposten und Patrouillen unterwegs. An der Grenze zum Nachbarn Kramarsch gab es ein Türchen, und außerdem führte von dort ein Weg hinauf zu unserem Weinberg und dem Obstgarten, der am Doktorhügel angelegt worden war.

Der Doktorhügel nahm die Hälfte des gesamten Djulber Areals ein. Der Hügel stieg von der Landstraße aus leicht an und fiel steil ab ins Meer, wo er ein kleines Kap bildete. Der Bergbach trennte diesen Teil des Gutes von Djulbers Park. In der Senke des Abhangs, durch die der Bergbach floß, wuchsen Zwergeichen, Wacholderbüsche und Zypressen. Ich habe bereits erwähnt, daß mein Vater diesen Hügel von dem Winzer Tituschkin kaufte, der ein großes Gut besaß, auf dem er auch Tabak anbaute. Der Hügel wurde Barba-Kristo genannt, ein Name, der höchstwahrscheinlich aus der Zeit stammte, als es auf der Krim Handelskolonien der Genuesen gab. Meinem Vater gefiel dieser Name nicht, wir nannten diesen Teil des Gutes deshalb entweder Barba oder Doktorhügel, weil zuerst Doktor Tichonow und später Doktor Warawka mit Familie hier wohnte. Auf dem höchsten Punkt des Hügels stand ein Fahnenmast, wo jedesmal, wenn mein Vater auf Djulber ankam, seine Flagge gehißt wurde. Diese Flagge war eine großfürstliche und anders als die, die zu Znamenka gehörte. Die großfürstliche Flagge zeigte das Wappen des kaiserlichen Hauses auf weißem Grund. Der Hügel um den Fahnenmast war mit einem niedrigen Wald bewachsen, der hauptsächlich aus Zwergeichen mit flaumigen Blättern, Wacholderbüschen und Pistazien bestand.

In einer kleinen Lichtung unweit des Fahnenmastes lagen, halb in und halb über der Erde, einige regelmäßige Kalksteinblöcke. Diese Steine bildeten einige Rechtecke, die Gräbern ähnelten. Die Steine stammten wahrscheinlich aus längst vergangenen Zeiten. Ich war bereits ziemlich groß, als Marina hier zufällig eine Tonscherbe fand, die höchstwahrscheinlich zu einem kleinen Krug gehörte. Uns alle machte dieser Fund sehr neugierig, und auf Marinas Betreiben hin wurde ein Archäologe aus Jalta über Alter und Ursprung der auf Barba gefundenen Gräber um Rat gefragt. Nach genauer Untersuchung war sich der Archäologe sicher, daß sie aus einer Zeit stammten, zu der die Goten die Krim bevölkert hatten – also aus den ersten Jahrhunderten nach Christus. Mein Vater erteilte die Erlaubnis zu Ausgrabungen, bei denen aber nur einige Tonscherben zutage gefördert wurden. Trotzdem waren wir sehr interessiert an diesen Funden, denn wir hatten Grund zu der Annahme, daß vor gut tausend Jahren eine Kolonie auf Barba gewesen war, die in der Senke beim Bergbach gelebt hatte. Und wir fanden folgerichtig dieselbe Art von Tonscherben wie auf dem Barba-Hügel in der lehmigen Erde der Senke.

In dem Gebiet zwischen Fahnenmast und Doktorhaus wurden ab 1911 eine Menge metereologischer Instrumente aufgestellt, die Onkel Nikolascha mir zum Geburtstag geschenkt hatte. In regelmäßigem Abstand hatte man an weiß gestrichenen Holzpfeilern Regenmesser, Psychrometer, Sonnensensoren und andere metereologische Meßinstrumente aufgebaut. Das Geschenk meines Onkels war das Ergebnis eines himmelschreienden Irrtums. Da mein Onkel mein Interesse für die Astronomie kannte und mir mit einem Geburtstagsgeschenk eine Freude machen wollte, hatte er seinen Bürovorsteher beauftragt, sich bei einem Fachmann zu erkundigen, welche Ausrüstung einem Knaben meines Alters, der am »Himmel« interessiert sei, Freude bereiten könnte. Der Bürovorsteher gab die Sache an einen Untergebenen weiter, einen wohl etwas einfältigen Mann, für den das Interesse an Himmelsphänomenen die Beschäftigung mit der Astronomie wie auch mit der Meteorologie bedeutete und der solchermaßen die großfürstliche Anordnung ausführte. Onkel Nikolascha, den seine militärischen Pflichten sehr in Anspruch nahmen, ordnete an, die empfohlene Ausrüstung zu kaufen – ohne jedoch zu merken, daß der Fachmann, der die Ausrüstung zusammengestellt hatte, kein Astronom war – sondern der Direktor des meteorologischen Observatoriums von Sankt Petersburg. Als meine Eltern vor ihrer Abreise auf die Krim davon unterrichtet wurden, daß eine meteorologische Ausrüstung, abgeschickt vom Büro Onkel Nikolaschas, wohlbehalten in Djulber angekommen sei, war ihnen schon klar, daß es sich hierbei um ein Mißverständnis handeln mußte – aber da war es zu spät. Weil meine Eltern nicht wollten, daß der, dem mein Onkel den Auftrag erteilt hatte, in Schwierigkeiten geriet, verschwiegen sie den Irrtum und forderten mich auf, meinem Onkel für das Geschenk zu danken.

Als ich auf Djulber ankam, sah ich zwischen den Bäumen auf dem Doktorhügel die glänzend weißen Pfosten mit den unglückseligen Meßinstrumenten, und auf meinem Zimmer fand ich außerdem ein Thermometer, einen Feuchtigkeitsmesser und ein Barometer in Riesenausfertigung. Mein Herz krampfte sich bei dem Gedanken zusammen, daß ich anstelle all dieser teuren und für mich uninteressanten Instrumente der glückliche Besitzer eines neuen und prächtigen Teleskops hätte sein können!

Das Doktorhaus lag unweit meiner »meteorologischen Station« am Rande der Senke, in der der kleine Bergbach floß. Die Aussicht von den beiden überdachten Balkonen, die nach Westen – zum Garten von Djulber – gingen, war zauberhaft schön. Der gesamte Bergkamm Jajla, vom Aj-Petri bis zum Bajdar-Paß, hob sich klar vom Himmel ab. Am Fuße des Aj-Petri erstreckten sich dunkle Kiefernwälder bis zum Dorf Koreis, das von Weingärten und Tabakplantagen umgeben war. Zwischen den niedrigen Häusern und Tatarenhütten des Dorfes ragte das schlanke Minarett der Moschee empor. Von der Landstraße aus erstreckten sich private Gärten und Parks bis hinunter zur Küste, die man bereits von dem Vorgebirge bei Simeis im Westen sehen konnte. Dieses ganze Panorama, mit dem schneeweißen Schloß Djulber im Vordergrund, umgeben von blühenden Gärten und einem Park mit vielen Zypressen, war berühmt für seine Schönheit. Diese Ansicht hatte man auf ganzen Postkartenserien und in illustrierten Zeitschriften und Reisehandbüchern verewigt, und sie war außerdem auf Souvenirs zweifelhafter Qualität zu sehen, die man an Touristen verkaufte. Die Genehmigung zum Fotografieren oder Malen der Gegend konnte man auf der Amtsstube in Djulber erhalten.

Mein Vater liebte das kleine Holzhaus auf Barba sehr. Er verband damit Erinnerungen an einen kurzen Besuch meiner Großmutter auf Djulber im Jahre 1898. Da lebte sie schon mehrere Jahre als Nonne unter dem Namen Anastasia. Sie kam wegen der Geburt meiner Schwester nach Djulber – der Zwillinge Nadeschda (Nadja) und Sofia, die zu früh zur Welt kamen. Als Anastasia von Kiew eintraf, war die neugeborene Sofia so schwach, daß die Ärzte meinen Eltern keine Hoffnung mehr machten. Meine Großmutter, die meinen Eltern nicht lästig sein wollte, zog in das kleine Haus am Hügel, wo sie nur so lange blieb, bis Sofia gestorben war. Mein Vater bat den Zaren um Erlaubnis, Sofia in Kiew auf dem Friedhof des Pokrowski-Klosters begraben zu dürfen und nicht in Sankt Petersburg in der Familien-Kapelle der Peter-Pauls-Kathedrale. Die Erlaubnis wurde erteilt, und meine Großmutter begleitete den Sarg meiner Schwester Sofia nach Kiew. Auf dem Friedhof des Klosters wurde sie an der Stelle begraben, die die Großmutter für sich selbst ausgesucht hatte. Als meine Großmutter abgereist war, zog unser Doktor Jaroschewski und später Doktor Warawka samt Familie in das Haus am Hügel. Seitdem hieß es nur noch das Doktorhaus.

Warawka und seiner Familie ging es gut auf Barba. Das Haus, das durch einen Anbau erweitert worden war, entsprach platzmäßig völlig ihren Bedürfnissen. Außerdem verfügten sie über einen kleinen Küchengarten, um den sich einer der Gärtner von Djulber kümmerte. Als wir klein waren, besuchten wir das Doktorhaus sehr gern, wo Warawkas Frau Antonia Nikojalewna uns selbstgemachte Leckereien anbot. Am liebsten mochten wir ihre Aprikosenbonbons. Sie bereitete auch verschiedene kleine russische Gerichte zu.

Warawka und seine Frau stammten aus Kleinrußland, beide aus der Stadt Krementschug. Sergej Michailowitsch Warawka, der seine Ausbildung auf der Universität von Kiew erhalten hatte, war ein äußerst begabter Arzt, der ständig den wissenschaftlichen Fortschritt und neue Behandlungsmethoden verfolgte. Wegen seines herzlichen und heiteren Wesens war er bei seinen Patienten sehr beliebt. Er nahm sich oft auch der Kranken an, die aus Geldmangel oder anderen Gründen keine ärztliche Hilfe bekommen konnten. Auf Drängen meiner Mutter gab mein Vater Warawka die Erlaubnis, eine private Praxis zu führen, obwohl er am Hof meines Vaters festangestellt war. Meine Mutter hielt es für ungerecht, daß die Kranken keinen Nutzen von den Fähigkeiten dieses hervorragenden Arztes haben sollten. Sie wußte genau Bescheid über das, was Warawka machte, und kam über ihn mit Kranken in Kontakt, die in schlimmen Verhältnissen lebten, und denen sie materiell helfen konnte. Im Laufe der Zeit wuchs der Kreis seiner Patienten sowohl auf der Krim wie auch in Sankt Petersburg, wo er sich auch um die Zarin-Mutter kümmerte. Hierauf ernannte der Zar ihn zu seinem Leibarzt.

Nicht weit entfernt vom Haus der Warawkas lag eine kleine Hütte, in der der Wachtposten von Barba mit seiner Familie wohnte. Der Wachtposten Korsch war ein glänzender Gärtner. Er kümmerte sich um den Weinberg und den Obstgarten, wobei ihm die Arbeiter von Djulber halfen. Der Weinberg, den Korsch betreute, maß einen Hektar und befand sich an der Grenze zum Nachbarn Kramarsch. Er war an einem Südhang angelegt, und darüber lag der Obstgarten, der ebenfalls einen Hektar groß war. Hier wuchsen viele Obstbäume, so zum Beispiel Birnen, Aprikosen und Pfirsiche. Hier befand sich der Barba auf einer Höhe mit der Landstraße, und hier lag auch die dritte Einfahrt nach Djulber, die zwischen hohen Eichen zum Doktorhaus führte. Bei der Einfahrt stand ein riesiger alter Nußbaum, an dem die hohe weiße Mauer, die an der Landstraße entlanglief und Djulbers Park nach Norden begrenzte, endete.

Das Gut Djulber dehnte sich auch auf der Nordseite der Landstraße zwischen den beiden Bergbächen aus, ein Areal, das mein Vater von Gräfin Kleinmichel erworben hatte. Auf diesem Teil des Gutes lagen verschiedene Häuser, von denen das größte, in dem Baron Stahl einige Jahre hintereinander im Herbst mit seiner Familie wohnte, zwei Etagen hatte. Manchmal wurde das Haus für Gäste gebraucht, und auch ich wohnte zweimal einige Monate dort. Das Stahl- oder Baron-Haus, wie es genannt wurde, war durch einen Gang mit den Garagen und den Pferdeställen verbunden, die ein Stück weiter oben standen, wo sich ein weiteres Haus befand. Hier wohnten Chauffeure, Kutscher, Stallburschen, mehrere Lakaien sowie Küchenpersonal, für die im Schloß kein Platz war.

Im Frühling 1912 wohnten wir zum ersten Mal in diesem Haus. Unsere Eltern waren in Sankt Petersburg geblieben, weil an Schloß Djulber einige Handwerksarbeiten ausgeführt werden mußten. In dem Jahr fuhr meine Mutter zu einem kurzen Besuch nach Montenegro, das damals während des ersten Balkan-Konflikts mit der Türkei Krieg führte. Obwohl es für uns bequemer war, in unseren eigenen Räumen im Schloß zu wohnen, fühlten wir uns in den behaglichen und komfortablen Zimmern des Baron-Hauses sehr wohl. Bei uns wohnten noch Seni und Miss Sharland, die mit Marina Englisch lernte, während mein Erzieher und ein zweiter Lehrer im Schloß untergebracht waren.

Ich erinnere mich, daß Seni eines Tages, als wir zu Mittag essen wollten, eine Morgenzeitung aus Jalta mitbrachte. Sie las laut über die gerade geschehene Katastrophe der Titanik vor, die mit einem Eisberg zusammengestoßen war. Die Zeitung war voll von Schilderungen über die letzten Minuten der unglücklichen Passagiere, Schilderungen, die auf Miss Sharland einen so großen Eindruck machten, daß die arme Australierin in Ohnmacht fiel.

Auch 1915 wohnte ich zwei Monate im Baron-Haus, als ich von Kiew nach einer Typhus-Erkrankung zur Erholung geschickt wurde. Alescha Stahl, der zu der Zeit das Lyzeum besuchte, kam mit mir, so daß wir die Sommerferien gemeinsam verbrachten. Djulber selbst war damals verschlossen, weil sich mein Vater im Generalstab des Oberkommandierenden befand und meine Mutter mit meinen Schwestern in Kiew weilte, wo sie sich in den Krankenhäusern des Pokrowski-Klosters der Verwundeten annahmen. Der Typhus, den ich mir in Kiew unmittelbar vor dem Abschlußexamen auf der Kadettenschule geholt hatte, war sehr ernst und schwächte mich ziemlich. Was mir aber nach der Krankheit am meisten zu schaffen machte, war die Angst, daß die erzwungene Verschiebung meines Examens meine Aufnahme in die Junkerschule verzögern würde.

In den Zeitungen verfolgten Alescha und ich eifrig den Gang der Kriegshandlungen an den russischen und alliierten Fronten und hielten alle Veränderungen der feindlichen Linien auf Landkarten fest. Für unsere zahlreichen und großen Karten hatten wir im Baron-Haus nicht genug Platz und benutzten deshalb das große Speisezimmer im Schloß, wo wir sie auf mehreren Tischen ausbreiteten. Wir träumten davon, die »Goeben« oder die »Breslau«, die an der russischen Küste unterwegs waren, zu sehen, falls es ihnen gelingen sollte, der Schwarzmeerflotte zu entwischen. Jedesmal, wenn wir eine Rauchsäule am Horizont erspähten, sprangen wir in Aleschas

Auto, ausgerüstet mit einem Fernrohr – eines von denen, die ich für meine Sternguckerei benutzte. Dann brausten wir entweder Richtung Jalta oder hinauf zur Bajdarpforte, wo wir von hoch oben einen Blick über das weite Meer hatten. Nur einmal erspähten wir die »Breslau« am Horizont, nämlich als sie versuchte, vor unseren Torpedo-Booten zu entfliehen, die von Sewastopol ausgelaufen waren.

Sankt Petersburg

Ich lieb dich, Peters Werk, vor allen,
Ich lieb dein Bild so streng und schlank
Der Newa majestätisch Wallen
Durch den granitnen Uferhang ...

»Der eherne Reiter«, Puschkin
Nach der Übersetzung von Johannes von Guenther

Am Englischen Kai

Es ist ein Wintermorgen des Jahres 1905. Ich stehe an der kalten Fensterscheibe und schaue hinaus auf die großen Schneeflocken, die in der stillen, frostklaren Luft langsam auf den Kai und auf die weiße Eisdecke der zugefrorenen Newa schweben.

Wir sind gestern Abend von der Krim gekommen. Ich war acht Jahre alt und noch nie in Sankt Petersburg gewesen. Ich war begierig darauf, so schnell wie möglich unsere Hauptstadt kennenzulernen, von der ich bisher nur immer die anderen hatte erzählen hören. Von meinem Fenster aus war es schwierig, durch den dichten Schneeteppich das entfernte, gegenüberliegende Ufer der Newa zu erkennen, an dem sich eine lange Reihe großer Gebäude dunkel abzeichnete. Neugierig beobachtete ich die Pferdeschlitten, die sanft über den Schnee glitten, und die Fußgänger, die auffällig dick angezogen waren. An dem Morgen erschien mir Sankt Petersburg als eine sehr stille Stadt, weil jedes Geräusch von den dreifachen Scheiben meines Fensters gedämpft wurde.

Als Scharkow mich zum erstenmal auf einen Spaziergang mitnahm, trug ich einen dreiviertellangen Mantel, der mit einem rötlichen Fuchsfell gefüttert war, und Gamaschen, die mir bis zum Knie reichten. Über meine Schuhe zog ich Galoschen, und eine Fellmütze mit Ohrenklappen vervollständigte meinen Aufzug, in dem ich mir etwas sonderbar vorkam – ja beinahe lächerlich. Besonders die Ohrenschützer machten mich verlegen, und ich weigerte mich so lange, sie aufzusetzen, bis Scharkow mich davon überzeugte, daß alle anderen Jungen, die ich auf unserem Spaziergang sehen würde, dieselben Ohrenschützer trugen. Als ich von der erwärmten Diele in den Schnee auf den Englischen Kai (heute Nab. Krasnowo Flota) hinaustrat, wo wir wohnten, hätte mir die ungewohnt kalte Luft beinahe den Atem verschlagen. Diese erste Begegnung mit dem Winter in Sankt Petersburg habe ich noch sehr deutlich in meinem Gedächtnis, und ich erinnere mich auch an den ersten Eindruck, den ich von den Menschen auf den Straßen bekam. Auf den ersten Blick sahen sie sehr einförmig aus, doch bei näherem Hinsehen bemerkte ich viele Eigenheiten im Aufzug der Männer und Frauen. Ich sah Frauen in schwarzen Persianer- und anderen Pelzen, einfache Frauen mit warmen Wollkopftüchern und Männer mit Pelzmützen. Ich begegnete Gymnasiasten mit schwarzen Käppchen und tatsächlich denselben Ohrenschützern, wie ich sie hatte. Besonderes Augenmerk legte ich jedoch auf die vielen Militärpersonen, die ich auf den Straßen traf. Ich betrachtete die hellgrauen Mäntel der Offiziere, die roten Revers und Biesen der Generale und die verschiedenfarbigen Schulterklappen auf den rotbraunen Capes der Soldaten. Als ich Scharkow fragte, warum die Schulterklappen verschiedene Farben hatten und die Bedeutung der Gold- und Silberstreifen der Offiziere wissen wollte, antwortete er so vage, daß ich unbedingt so schnell wie möglich die Namen der verschiedenen Regimenter lernen und die Offiziersränge kennen wollte.

Bei meinem ersten Winteraufenthalt in Sankt Petersburg dauerten meine Spaziergänge nicht besonders lange. Meine erste Bekanntschaft mit der Hauptstadt begann an der Nikolai-Brücke (heute Most Leitenanta Schmidta), die unweit unseres Hauses lag. Befand ich mich auf der Mitte dieser langen Brücke, bekam ich wirklich ein Gefühl für die Breite der prächtigen Newa, und ich betrachtete von dort aus die herrlichen Bauwerke und Paläste aus hellrosafarbenem Granit, die entlang der beiden Ufer standen. Am Ende der Brücke gab es eine schöne Kapelle, die Scharkow sehr in Ehren hielt; er ging gerne hinein und zündete Kerzen vor den Ikonen an.

Wenn wir auf die Wasiljewski-Insel hinüber kamen, wandten wir uns gewöhnlich nach rechts zur Anlegebrücke, wo auf Erhöhungen zu jeder Seite der Steintreppe zwei seltsame ägyptische Sphinxe mit hohen Pharao-Kronen auf dem Kopf saßen. Diese zwei Steinbilder faszinierten mich ungeheuer, und es ist durchaus möglich, daß sie den Grundstein für mein späteres Interesse an der Ägyptologie legten. Oberhalb der Anlegestelle stand ein außergewöhnlich schönes Gebäude, dessen flache Kuppel ich von den Fenstern unseres Hauses aus sehen konnte. Es war die Kunstakademie, die ich ein paar Jahre später mit meinem Vater besuchte.

Das Haus am Englischen Kai, wo wir einige Winter verbrachten, mieteten meine Eltern von Herrn von Derwiz, einem Neffen des bekannten Eisenbahnbauers. Als mein Vater im Herbst 1904 zum Generalinspekteur der Pioniereinheiten ernannt wurde, war er gezwungen, den größten Teil des Jahres in Sankt Petersburg zu verbringen. Weil das Geburtshaus meines Vaters, das Nikolai-Palais, verkauft worden war, wohnten meine Eltern bei Onkel Nikolascha, wenn sie zur Teilnahme an offiziellen Empfängen in die Stadt mußten. In Sankt Petersburg besaß mein Vater mehrere Mietwohnungen, doch da sie nicht unseren Bedürfnissen entsprachen, entschlossen sich meine Eltern, zwischenzeitlich ein Haus zu mieten und später eines auf einem Grundstück, das mein Vater am Peterskai besaß, zu bauen.

In dem Derwiz-Haus lagen die privaten Zimmer meiner Eltern sowie die meisten Wohnzimmer im Erdgeschoß. Von den Fenstern, die nach Norden zeigten, hatte man eine herrliche Aussicht auf die Newa und die Wasiljewski-Insel. Die Zimmer meiner Schwestern und mir lagen in der oberen Etage. Von meinem nach Süden gehenden Schlafzimmer konnte ich zwischen den gegenüberliegenden Dächern die Mariä-Verkündigungs-Kirche erkennen, deren oberer Teil von Gold funkelte.

Im Winter, wenn alle Dächer schneebedeckt waren und die niedrig stehende, goldene Sonne am trüben Himmel schien, stellte ich unverzüglich die ersten Krimschen Eichensamen auf die Fensterbänke, damit sie Sonne bekamen. Es waren Schößlinge, die ich von Djulber mitgebracht und in Töpfe gesteckt hatte. Auf dem Sims vor meinem Schlafzimmerfenster lag eine dichte Schneedecke mit feinem Kohlenstaub und deutlichen Fußabdrücken von den Tauben. Die Aussicht von meinen Fenstern machte mich mißmutig. Die Hausdächer der Stadt, der Rauch aus den Kaminen, der in den grauen Himmel stieg, an dem kreischende Raben flogen – das alles deprimierte mich.

In diesen Jahren gefiel mir Sankt Petersburg nur, wenn wir Spaziergänge machten oder im großen Landauer unterwegs waren. Herrschte besonders strenger Frost, durften Nadja und ich den geschlossenen Landauer nicht verlassen, und auf solchen Fahrten erfanden wir ein Wettspiel, das darin bestand, daß Nadja auf einem Stück Papier alle Männer aufschrieb, denen wir begegneten und die einen steifen, runden Filzhut auf dem Kopf hatten, während ich alle

Generale zählte. Weil es davon nicht so viele gab, war Nadja damit einverstanden, daß ich zu den Generalen auch ... Hunde zählen durfte!

Wenn das Wetter gut war, brachen wir mit großem Vergnügen zum Sommergarten auf, in dem wir gerne spazierengingen. Ich liebte es, am Kai entlangzufahren. Links sah ich die zugefrorene und schneebedeckte Newa, auch ab und zu einige Pferdeschlitten, die von der einen Flußseite zur anderen fuhren. Rechts vom Englischen Kai lagen – abgesehen von einer langen Reihe Privathäuser – viele schöne einzelstehende Villen aus der Regierungszeit Katharinas der Großen und Alexanders I. Wir hielten des öfteren am Ende des Englischen Kais bei der abgerundeten Ecke des prächtigen Senatsgebäudes an, das durch eine Arkade mit einem ähnlichen Gebäude verbunden war, in dem die Heilige Synode untergebracht war. Vor diesen beiden gelb-weißen Fassaden lag der große Alexander- Garten. Hier machten wir häufig eine Pause, um spazierenzugehen, während der Landauer am Kai wartete. Auf dem Rückweg blieben wir natürlich bei dem Granitblock stehen, wo der »Bronzene Reiter« mit ausgestrecktem Arm über seine Hauptstadt blickte.

»Von Peter I. – Katharina II.«. Ich stutzte jedesmal über die kurze, bescheidene Inschrift, die in den rosafarbenen Granit gehauen war, wenn ich daran dachte, daß die Geschichte sowohl Peter wie Katharina den Beinamen »Groß« verliehen hatte.

Wenn wir am Admiralitätskai die Anlegestelle passiert hatten, die hinunter zur Newa ging, befanden wir uns ganz in der Nähe des riesigen Winterpalais. An der prachtvollen und eindrucksvollen Fassade des Winterpalais, die zur Newa zeigte, fiel mir ein kleiner Eingang auf, an dem eine Schildwache postiert war. Diesen Eingang benutzte gewöhnlich nur der Zar, wenn er sich im Palast aufhielt.

Ich war immer sehr angetan von der kleinen gewölbten Brücke, die über den Winterkanal führte und die zwei breiten Streifen des Schloßkais verband. Diese kleine Brücke, von der aus man die Arkade zwischen der alten und der neuen Eremitage sehen konnte, war für den Verkehr auf dem Schloßkai ein großes Hindernis. Sie zwang die Equipagen – und später die Automobile –, ihre Geschwindigkeit zu verlangsamen und vorsichtig über das glatte Kopfsteinpflaster der Brücke zu fahren. Ich fand dieses Knäuel aus Kaleschen, Droschken und Pferdeschlitten damals ziemlich lustig, denn alle wollten sie am liebsten auf einmal hinüber.

Als wir über die Brücke gekommen waren, fuhren wir auf dem Abschnitt des Schloßkais, auf dem die höhere Gesellschaft Sankt Petersburgs unterwegs war. Hier begegnete man häufig schönen privaten Pferdewagen, geschlossenen Kutschen, auf deren Bock neben dem Kutscher ein livrierter Bereiter saß, von zwei Pferden gezogenen Schlitten, über die ein farbiges Netz gespannt war, das die Mitfahrenden vor dem Schnee, den die Hufe aufwirbelten, schützte, und Einspännern mit Trabern, die in ihrem gleichmäßigen Tempo dahinliefen. Am Schloßkai zu promenieren war in den höheren Kreisen zu der Zeit üblich geworden, als Zar Alexander I. selbst es in Mode brachte. Am lebendigsten ging es um die Mittagszeit zu, wenn man das uralte Glockenspiel von der Peter-und-Pauls-Festung auf der anderen Seite der Newa hören konnte, von wo auch ein dumpfer Kanonenschuß ertönte.

Am Schloßkai lag vom Winterpalais bis zum Sommergarten ein Palais neben dem anderen. Das erste gehörte Großfürst Wladimir Alexandrowitsch und war im italienischen Renaissancestil erbaut. Mein Vater wunderte sich immer darüber, warum Onkel Wladimir, der ansonsten einen feinen Kunstgeschmack hatte, dieses Gebäude mögen konnte, das weder vom Stil noch vom Baumaterial her zu Sankt Petersburg paßte. Doch das Innere des Palais war prächtig eingerichtet und umfaßte Kunstwerke, Gemälde und seltene Kunstschätze, die Onkel Wladimir und seine Frau, Großfürstin Maria Pawlowna, aus Paris oder Italien mitgebracht hatten. Sie liebten beide das mondäne Leben, waren sehr gastfreundlich und luden oft Diplomaten und Ausländer ein.

An der Ecke zur Moshkow-Straße lag Naryschkins Villa. Hier wohnte die Witwe des Oberkämmerers Emmanuel Dmitriewitsch, Alexandra Nikolajewna Naryschkina, geborene Chicherina. Als meine Mutter jung war, lud die Familie Naryschkin sie oft zum Ball ein. Nach Emmanuel Dmitriewitschs Tod besuchte sie noch häufig seine Witwe und traf dabei manchmal ihren Neffen, den Studenten Chicherin, der später Sowjetkommissar wurde …

An der anderen Ecke lag das Palais, das dem Feldmarschall Großfürst Michail Nikolajewitsch – dem jüngeren Bruder meines Großvaters – gehört hatte. Nach seinem Tod erbte es sein ältester Sohn, Großfürst Nikolai Michailowitsch – Onkel Bimbo, wie er von seinen Vettern und Kusinen genannt wurde. Im Palais wohnten häufig Onkel Bimbos zwei Brüder Georgi und Sergej. Da Nikolai

Michailowitsch im Besitz des gesamten väterlichen Majorats war, hatte er bedeutend größere Einkünfte als die Brüder und konnte als alter Junggeselle frei über seine Mittel verfügen. Das tat er eifrig, er kaufte Kunstwerke, Gemälde und insbesondere Miniaturen, die seine große Leidenschaft waren. Er besaß eine umfassende Bibliothek, die in der Hauptsache aus Büchern über die russische Geschichte und das Militärwesen bestand. Großfürst Nikolai Michailowitsch war ein ausgezeichneter Historiker, und seine Artikel, von denen viele die Regierungszeit Alexanders I. und die Zeit Napoleons zum Thema hatten, erschienen in wertvollen Ausgaben. Er war Ehrenmitglied der Kaiserlichen Geographischen Gesellschaft, Mitglied des Französischen Instituts und Ehrendoktor der Universität Berlin. Nikolai Michailowitsch wurde 1919 von den Bolschewiken in der Peter-und-Pauls-Festung erschossen.

Wenn wir den Neuen Klub, den Englischen Klub und die türkische Botschaft passiert hatten, kamen wir zum Marmorpalast, einem der prachtvollsten Paläste Sankt Petersburgs. Er gehörte dem Vetter meines Vaters, Großfürst Konstantin Konstantinowitsch, der den größten Teil des Jahres hier wohnte. Dieser Palast, erbaut unter Katharina der Großen, unterschied sich in seinem Äußeren von den meisten anderen Bauwerken in Sankt Petersburg dadurch, daß seine Außenmauern nicht verputzt, sondern mit Steinen verkleidet waren. Viele schöne Erlebnisse verbinden mich mit dem Marmorpalast, von denen ich im nächsten Abschnitt berichten möchte.

Wenn wir Kinder eine Spazierfahrt zum Sommergarten unternahmen, benutzten wir gewöhnlich den Eingang am Kai, und unser Landauer hielt bei einer Kapelle aus grauem Marmor, die zum Angedenken an die Rettung Zar Alexanders II. bei dem Attentatsversuch an dieser Stelle im Jahre 1866 erbaut worden war. Wenn wir aus dem Landauer stiegen, folgten wir dem Beispiel Maschas und Scharkows, machten vor der Kapelle ein Kreuzzeichen und gingen danach durch das großartige schmiedeeiserne Tor.

Dieser Garten, von Peter dem Großen angelegt, hieß Sommergarten, weil man hier im Sommer offizielle Feiern und Volksfeste abhielt, an denen der Zar und die Zarin mit ihren Günstlingen häufig teilnahmen. Im Winter sah dieser Garten seltsam aus. Tiefer Schnee bedeckte den Rasen, auf den Alleen und Wegen lagen mit feinem Sand bestreute Holzbretter, und die Statuen waren mit Holzverschlägen gegen den Frost geschützt. Letzteres traf auch für die schöne, rosafarbene Porphyrvase zu, die der schwedische König Karl XIV. Zar Nikolaus I. zum Geschenk gemacht hatte. Nur das Bronzedenkmal von Krylow stand ungeschützt da und zog Kinder an, die sich neugierig die Tierfiguren anguckten, die zur Erinnerung an Krylows Fabeln auf dem Sockel zu sehen waren.

Manchmal besuchten wir das Sommerpalais von Peter dem Großen, das in der Ecke des Gartens am Ufer des kleinen Fontanka-Kanals lag. Auf dem Platz vor dem Eingang sahen wir Kinder, die sich mit Schneebällen bewarfen und Schneemänner bauten, leider durften Nadja und ich bei ihren ausgelassenen Spielen nicht mitmachen.

Ich erinnere mich nur vage, was sich in dem kleinen Palais befand, wo man viele Dinge aufbewahrte, die Peter dem Großen gehört hatten, sowie einige Arbeiten, die er selbst ausgeführt hatte, beispielsweise geschnitzte Holzrahmen. Als ich größer wurde und die Bedeutung dieser historischen Erinnerungen besser schätzen lernte, begann ich das Sommerpalais sehr zu lieben, und ging oft durch die Zimmer, in denen der Geist Peter des Großen noch spürbar war. Von den Fenstern konnte ich auf den Lieblingsgarten des Zaren hinaussehen, den er zum öffentlichen Vergnügen für die ersten Einwohner, die beim Aufbau Sankt Petersburgs mitgeholfen hatten, anlegen ließ.

In den ersten drei Jahren, in denen ich Sankt Petersburg kennenlernte, kamen wir nach dem Weihnachtsfest, das wir auf der Krim feierten, zum Englischen Kai. Ich war damals nicht begeistert von den Wintern in Sankt Petersburg und sehnte mich nach den ersten Frühlingsboten, die hier im Norden so lange auf sich warten ließen.

Wenn es auf Ostern zuging, hatte ich zwei Dinge, auf die ich mich freuen konnte: die Osterwoche und darauf, daß das Eis der Newa brach. In der Osterwoche wurden meine Schwestern und ich zum Konnogwardejski Boulevard (heute Bulv. Profsojusow) mitgenommen, der nicht weit von unserem Haus entfernt war und am Nikolai Palais vorbeiführte, das meinem Großvater gehört hatte.

Auf dem Boulevard, wo es von Menschen wimmelte, schlenderten wir zwischen den Marktständen umher, an denen man die seltsamsten und unglaublichsten Dinge feilbot. Damals zog uns natürlich am meisten das Spielzeug an, besonders die »Amerikaner«, die wir dutzendweise kauften. Ich war ungeheuer fasziniert von den kleinen Glasflaschen mit der klaren Flüssigkeit und begriff nicht, wie es zuging, daß der kleine »Amerikaner« in der Flasche sich wegen der Wärme meiner Hand langsam zu bewegen begann und plötzlich wie ein Verrückter in die Höhe sprang.

Auf dem Ostermarkt verkaufte man Vögel in Käfigen, Goldfische und Schildkröten, doch weil uns untersagt war, Tiere zu kaufen, mußten wir uns damit begnügen, sie zu bewundern. Am Ende des Boulevards stand ein Jahrmarktszelt, auf dem mit großen schiefen Buchstaben stand, daß man für drei Kopeken den Fliegenden Holländer sehen könne. Hatte man bezahlt, um eintreten zu dürfen, wurde man in einen dunklen, kleinen Verschlag geführt, in dem man durch ein rundes Loch in der Bretterwand guckte. Und da sah man wahrhaftig hoch oben in der Luft ein Segelschiff – ein Segelschiff, das der Wetterhahn an der Admiralitätsspitze war!

Im Frühjahr, wenn der Eisgang auf der Newa einsetzte, gingen Scharkow und ich auf die Nikolai-Brücke und schauten zu, wie sich der Fluß von der Eisdecke befreite und die Strömung die Eisschollen mitnahm, die knirschend zusammenstießen und sich in einem wilden Tanz gegenseitig aus der Stadt jagten. Wenn das Eis weg war, kamen große weiße Eisschollen wie riesige Schwäne dahergetrieben, Eisschollen, die vom Ladoga-See kamen. War der Eisgang vorüber, änderte die Newa ihr Aussehen völlig, und Sankt Petersburg wurde eine ganz andere Stadt. Auf dem großen Fluß tauchten die ersten Schiffe auf: Dampfer und Kutter eilten von einem Ufer zum anderen, Schlepper kamen mit schweren, plattnasigen Lastkähnen daher, und Segelboote fuhren hierhin und dorthin. An den Anlegestellen herrschte ein lebhafter Verkehr, und an dem frischen Wind, der kleine unruhige Wellen auf der Newa erzeugte, spürte man das Kommen des Frühlings. Sobald der Fluß wieder eisfrei war, lagen viele Kriegsschiffe an der Mündung der Newa und fuhren manchmal bis zur Nikolai-Brücke herein, unter der nur kleine Schiffe und Flußdampfer hindurch konnten.

Wenn wir im Frühjahr am Englischen Kai wohnten, sahen wir von unseren Fenstern aus des öfteren Schiffe der baltischen Flotte und kaiserliche Yachten. Torpedoboote und der große Kreuzer »Diana« mit den drei Schornsteinen ankerten nicht weit vom Kai. Ich konnte lange dasitzen und die Schiffe bewundern. Besonders interessierte mich die »Diana«, die fast ganz am Kai etwas links vor unserem Haus lag. Ich verfolgte mit großem Interesse, was auf dem Oberdeck des Kreuzers passierte, und am Morgen saß ich da und wartete darauf, daß die Gösch am Bug gehißt wurde – die rote Flagge mit dem Andreaskreuz.

Der Anblick all dieser Kriegsschiffe machte einen tiefen Eindruck auf mich. Ich versuchte, mir ihre Namen zu merken und bemühte mich, den Unterschied zwischen den verschiedenen Schiffstypen und deren Bewaffnung herauszufinden. Eine große Hilfe waren mir die Erklärungen meines Vaters. Außerdem schenkte er mir Suworins »Russischen Kalender«, wo alle Schiffe unserer Kriegsflotte festgehalten waren sowie die wichtigsten technischen Daten, die ich mir in kurzer Zeit aneignete.

Eines Tages sah ich mitten auf der Newa – nicht weit von der kaiserlichen Yacht »Polarstern« – ein merkwürdiges Schiff, das sich als der Eisbrecher »Ermak« herausstellte. Meine Eltern bereiteten mir wirklich eine große Freude, als sie mich, den Adjutanten meines Vaters und Scharkow losschickten, die »Ermak« zu besichtigen. Als man uns auf dem Eisbrecher herumgeführt hatte, statteten wir als nächstes der »Polarstern« einen Besuch ab, einer Yacht, über die die Zarin verfügte. Scharkow strahlte vor Glück und Begeisterung über die Gelegenheit, die kaiserliche Yacht zu besichtigen, wo er vor zehn Jahren in der kaiserlichen Kajüte Schreinerarbeiten ausgeführt hatte; liebevoll glitt seine Hand über die glänzenden Holzflächen, mit denen die Trennwände in der Kajüte verkleidet waren und machte mich voller Stolz auf die schönen Möbel aufmerksam, die aus Palisander und anderen edlen Hölzern bestanden.

Meine Begeisterung für die Marine wuchs, und als ich älter wurde, nahm man mich auf eigenen Wunsch mit in die Admiralität, wo das Kriegsmuseum untergebracht war. Hier befand sich eine große Sammlung russischer und ausländischer Schiffsmodelle. Meine ganze Aufmerksamkeit galt dabei den moderneren Kriegsschiffmodellen und den Militäruniformen. Andere historische Raritäten interessierten mich damals weniger; ich erinnere mich nur noch an ein von Peter dem Großen gebautes Schiffsmodell sowie an eine Reihe von ausgezeichneten Bildern, die Seeschlachten darstellten.

Mein Besuch in der Admiralität vergrößerte noch mein Interesse an der Marine und den Militäruniformen. Ich begann, Bilder von Kriegsschiffen zu sammeln und Zinnsoldaten zu kaufen, die in den Nürnberger Spielzeugfabriken so kunstvoll hergestellt wurden.

Mein Hauptlieferant von Zinnsoldaten war Onkel Nikolascha. Er schenkte mir regelmäßig Holzkistchen, aus denen ganze Schwadronen Husaren, Kompanien des Preobraschenski-Regiments und Kosaken kamen, die alle sehr sorgfältig gearbeitet waren und ihre farbigen Regimentsuniformen trugen. Diese Geschenke überreichte er mir an Festtagen und manchmal auch, wenn ich ihn in der Italienstraße besuchte, wo er, bevor er heiratete, wohnte. In diesen Jahren hatte Onkel Nikolascha häufig Besuch von Frau Burenina, doch einige Zeit bevor er Tante Stana heiratete, gingen sie auseinander.

Im Haus meines Onkels hielten sich stets viele Militärpersonen verschiedener Dienstgrade auf. Besuchte ich ihn, traf ich bereits in der Diele irgendeinen General oder Offizier in Dienst- oder Gala-Uniform. Ab 1905 hatte Onkel Nikolascha das Kommando über die Einheiten des Militärdistrikts Sankt Petersburg – eine sehr verantwortungsvolle Aufgabe in dieser Revolutionszeit. An der Tür zur Diele stand immer ein Posten, der, nach seiner Uniform zu urteilen, einem Garderegiment oder der einen oder anderen Garnison der Hauptstadt angehörte. Auch wenn ich alleine kam und an diesem Posten vorbeiging, machte er eine Ehrenbezeigung, während ich bemüht war, seine Regimentsuniform zu bestimmen.

In der Zeit nach 1905, während der sich die Wogen noch nicht wieder geglättet hatten, sahen Onkel Nikolascha und mein Vater sich nur selten, denn beide Brüder, die verantwortungsvolle Posten bekleideten, verbrachten den größten Teil des Tages an ihren Dienststellen. Mein Vater kam immer erst abends nach Hause und arbeitete sehr oft bis spät in die Nacht in seinem Büro weiter. Das Amt meines Onkels war in politischer Hinsicht verantwortungsvoller, denn als Kommandant der Einheiten des Militärdistrikts Sankt Petersburg war es seine Aufgabe, Ruhe und Ordnung in der Hauptstadt aufrechtzuerhalten.

War mein Onkel bei meinen Eltern zu Besuch, wurde ich oft ins Wohnzimmer gerufen, um ihn zu begrüßen. Zu meinem großen Erstaunen kam mein Onkel eines Tages frühmorgens gemeinsam mit meiner Mutter in mein Schlafzimmer. Sie traten beide an mein Fenster, und während sie über die Hausdächer blickten, diskutierten sie irgendetwas. Daraufhin verließen sie mein Schlafzimmer, und ich blieb allein – wie ein großes Fragezeichen. Sie verrieten mir damals den Grund ihres unerwarteten Besuchs nicht. Erst mehrere Jahre später erzählte mir meine Mutter, daß mein Onkel an dem fraglichen Tag die Nachricht erhalten hatte, daß einige Revolutionäre das Stadtgefängnis, das Litowski-Schloß, in die Luft zu sprengen planten. Das Gefängnis befand sich relativ nah bei unserem Haus, und man konnte es von meinem Fenster aus überblicken. Ich erinnere mich, daß ich mich den ganzen Tag im anderen Teil des Hauses aufhalten mußte. Doch alles ging gut, und das Litowski Schloß wurde nicht in die Luft gesprengt.

Hätte sich mein Vater nicht dem Wunsch des Zaren, den Posten als Generalgouverneur anzunehmen, gebeugt, ich glaube nicht, daß wir in Sankt Petersburg gewohnt hätten – nicht einmal einige Monate im Jahr. Es gab nichts, was meinen Vater an Sankt Petersburg band, weder das gesellschaftliche Leben noch Erinnerungen an seine Jugend, eine traurige Zeit, die er im riesigen Nikolai-Palais des Vaters verbrachte. Meine Mutter machte sich ebenfalls nichts aus dem offiziellen Leben, und für uns Kinder war ein Aufenthalt in der Stadt aus schulischen Gründen nicht nötig, da wir zu Hause unterrichtet wurden. In den fünf Jahren, die mein Vater Generalinspekteur war, sah ich ihn nur selten, weil seine Freizeit so begrenzt war. Nur abends hatte er manchmal die Möglichkeit, einige Stunden mit der Familie zu verbringen.

Mein Vater hatte einen Mitarbeiter, General Wernander, dessen technisches Wissen er sehr schätzte; doch in ihrer Zusammenarbeit gab es ab und zu Probleme, weil sie einer dauernden Befestigungsanlage, die mein Vater unbedingt befürwortete, eine unterschiedliche Bedeutung beimaßen. Die berühmte Verteidigung der Festung in Iwangorod im Jahre 1914 bewies, daß die Beurteilung meines Vaters richtig war. Ich erinnere mich gut an den korpulenten, bärtigen General Wernander, der meinen Vater zu den ungünstigsten Gelegenheiten aufsuchte. Sie schlossen sich lange im Arbeitszimmer meines Vaters ein, wo sie diskutierten und Zigarren rauchten. Wernander nannte mich »den zukünftigen Pionier« – eine Bezeichnung, die mich damals sehr verwirrte.

Mein Vater hatte als Generalinspekteur einige schwere Jahre, wenngleich er die Arbeit mit den Pioniereinheiten mochte. Er zog ein stilles Familienleben vor, beschäftigte sich gerne mit Malerei oder architektonischen Projekten. Seine dienstlichen Aufgaben betrafen Bereiche, mit denen er vertraut war und für die er sich interessierte, doch die Verantwortung, die das Amt mit sich brachte, war ein Anlaß ständiger Sorge und häufiger Unannehmlichkeiten. Außerdem belastete ihn das Leben, das er in Sankt Petersburg führen mußte und das ihn – genauso wie die übrigen Mitglieder der kaiserlichen Familie – verpflichtete, an offiziellen Veranstaltungen teilzunehmen. Es war sehr unangenehm für meinen Vater, daß der Englische Kai so weit weg vom Ingenieur-Schloß lag, in dem er arbeitete, doch Pläne, ein günstigeres Haus zu mieten, wurden immer wieder verschoben, vielleicht deshalb, weil mein Vater in seinem tiefsten Innern nicht damit rechnete, länger Generalinspektor zu bleiben. Ich habe bereits erwähnt, daß sich meine Eltern nichts aus dem mondänen Leben machten, habe aber gleichzeitig das Gefühl, daß die Abneigung meines Vaters, sich in Sankt Petersburg ein Haus zu bauen, mit seinen schlimmen Kindheitserinnerungen im Nikolai-Palast zusammenhingen.

Der große, dunkelrote Palast sah ziemlich finster aus, obwohl er architektonisch schön war. Mein Vater sprach selten davon, und meine Mutter erzählte mir nur von den Gelegenheiten, wo sie als junges Mädchen mit ihren Schwestern vom Smolnyj Institut kam, um an großen Feiertagen in der Palastkirche dem Gottesdienst beizuwohnen. Sie erzählte mir, daß meine Großmutter meinte, sie sei zu blaß und ihr – die damals etwa 15 Jahre alt war – vorwarf, daß sie sich während des Gottesdienstes nicht hinsetze. Wenn meine Mutter von meiner Großmutter erzählte, an die ich mich nicht erinnere, hob sie die außerordentliche Güte und Freundlichkeit meiner Großmutter hervor, ihr heiteres Wesen, ihre Energie und die ständige Bereitschaft, jedem moralische und materielle Unterstützung zu gewähren, der ihre Hilfe benötigte. Im Jahre 1881 verließ meine Großmutter Sankt Petersburg für immer und begab sich nach Kiew ins Pokrowski Kloster, das sie gegründet hatte. Sie starb am 13. April 1900 als Nonne, genau am gleichen Tag wie mein Großvater neun Jahre zuvor. Auf besondere Erlaubnis Zar Nikolaus II. wurde meine Großmutter auf dem Friedhof begraben, der zum Kloster gehörte, und nicht wie mein Großvater in der kaiserlichen Kapelle der Peter-Pauls-Kirche beigesetzt.

Jedes Jahr am 13. April wurde am Grab meines Großvaters eine Seelenmesse gelesen, bei der meine Eltern zugegen waren, wenn sie sich in Sankt Petersburg aufhielten. Als ich zehn Jahre alt war, wurde auch ich zur Seelenmesse in der Peter-Pauls-Kirche mitgenommen. Bei der jährlichen Seelenmesse sah ich Onkel Nikolascha kein einziges Mal. Ich weiß nicht, ob das ein Zufall war oder eine Folge des Verhältnisses, das zwischen ihm und dem Vater bestand ... Wir fuhren durch das Peterstor in die Festung hinein und die Allee hinauf, die zum südlichen Seiteneingang der Kirche führte. Hier wurden meine Eltern vom Kommandanten der Festung, Baron Wladimir Iwanowitsch Stahl-von-Holstein, empfangen, einem Bruder unseres Barons Stahl, dem er im übrigen ungeheuer ähnlich sah.

Wie jeder Bewohner Sankt Petersburgs liebte ich den hohen Glockenturm der Kirche mit der goldenen Nadelspitze, die wie der spitze Turmhelm der Admiralität eine Zierde der Hauptstadt war. Die Turmspitze, an deren oberen Ende sich ein Engel mit dem Kreuz befand, war 120 Meter hoch und damit um etliche Meter höher als die Sankt-Pauls-Kathedrale in London. Das Innere der Kirche war im Gegensatz zu dem protestantischen Äußeren griechisch-orthodox eingerichtet, und obwohl sie als Grabkirche diente, kam sie mir nicht düster und deprimierend vor. Vergleiche ich jetzt die Kirche mit dem Escorial und den Mausoleen, die ich von den Habsburgern, den Bourbonen und dem Haus Savoyen gesehen habe, erscheint mir die Grabkirche der Romanows als ein heller und freundlicher Raum.

Die Grabstätte meines Großvaters befand sich an der Wand unweit des Südportals. Wie die übrigen Sarkophage war auch der meines Großvaters aus weißem Marmor, und am 13. April wurden dort Blumen hingestellt. Vor dem Gottesdienst holte der Priester einen kleinen vergoldeten Schrein vom Altar und stellte ihn auf den Sarkophag meines Großvaters. Der Schrein enthielt einen Zipfel des Kleides Christi, eine Familienreliquie der Romanows, die in der Uspenski-Kathedrale von Moskau aufbewahrt wird. Dieser Brauch wurde in der Peter-Pauls-Kirche bei allen Seelenmessen für die Mitglieder der kaiserlichen Familie eingehalten.

Während des Gottesdienstes sang der berühmte Chor der Kirche, und wenn der Gottesdienst vorbei war, ging mein Vater zur gegenüberliegenden Seite der Kirche, um den Sarkophagen von Zar Nikolaus I. und seiner Gemahlin Alexandra Fjodorowna – Großvater und Großmutter meines Vaters – Respekt zu erweisen. Beim Sarkophag Pauls I., der daneben stand, brannten immer viele Kerzen; man erzählte mir, daß diese Kerzen nicht ausschließlich zu Ehren des Zaren aufgestellt würden. Nach einem alten Aberglauben brachte es

Glück, und Wünsche gingen in Erfüllung, wenn man hier eine Kerze entzündete. Besonders viele Kerzen wurden in den Examenszeiten der Lehranstalten entzündet.

Ich erwähnte vorher, daß die Sarkophage in der Kapelle aus weißem Marmor waren; eine Ausnahme bildeten die von Zar Alexander II. und seiner Gemahlin Zarin Maria Alexandrowna. Diese Sarkophage waren aus grünem Jaspis und rosa Quarz gefertigt. An allen Grabstätten in der Kathedrale gab es viele Ikonen, und darüber hingen Öllämpchen. Einige der Ikonen waren sehr alt und wertvoll, andere – eingefaßt in Gold oder Silber – erstaunten mich wegen der Anzahl und Größe der Edelsteine, die zur Verzierung verwendet wurden. Unter all diesen Ikonen gab es auch einige ganz gewöhnliche, die historischen Wert besaßen oder verbunden waren mit familiären oder persönlichen Erinnerungen.

Außer dem Grab meines Großvaters erinnere ich mich nur an eines, wo geschrieben stand: »Unumschränkter Herrscher Rußlands, Zar Peter der Große«. Die Doppeladler aus Bronze schmückten die Ecken des Sarkophags, und außerdem hing hier die Ikone des heiligen Petrus, deren Größe der Größe des Zaren bei seiner Geburt entsprach. Nach altem Brauch wurden in unserer Familie bei der Geburt stets Ikonen mit dem Bild des Heiligen (oder der Heiligen) bestellt, nach dem das Kind den Namen erhielt. Größe und Gewicht der Ikone richteten sich dabei nach dem Neugeborenen. An der Wand hing die türkische Admiralsflagge, die bei Tscheschme erobert und persönlich zur Kapelle von Katharina der Großen gebracht wurde.

Kriegstrophäen schmückten die Wände der Kirche und legten Zeugnis ab von den Siegen des russischen Heeres und der Flotte; darunter befanden sich schwedische Banner und die Landsknechtsfahne Karls XII., die in Poltawa erbeutet wurde. Es gab auch türkische Flaggen und Standarten, die an die Siege in der Ära Katharinas erinnerten sowie französische Banner mit dem goldenen Adler Napoleons.

Bevor mir ein Erzieher zugeteilt wurde, ging ich mit Scharkow oder zusammen mit Nadja und ihrer Gouvernante Seni in die Stadt. Manchmal war ich mit unserem Französischlehrer, dem Schweizer Pierre Gilliard, unterwegs, der zu dieser Zeit auch Sergej und Jelena von Leuchtenberg unterrichtete. Er wohnte im Nachbarhaus, das

Tante Stana vor ihrer Scheidung von Onkel Georg gemietet hatte. Gilliard war ein ausgezeichneter Lehrer und sowohl von seinen Schülern wie auch von deren Eltern wegen seines heiteren und aufrichtigen Wesens beliebt. Als Zarin Alexandra Fjodorowna einen Französischlehrer für ihre älteren Töchter suchte, empfahl Tante Stana ihr Gilliard, der daraufhin regelmäßig nach Zarskoje Selo fuhr, um Stunden zu geben. Mit der Zeit wurde er fester Lehrer der Zarenkinder und war sowohl den Kindern wie dem Zaren und der Zarin innig verbunden. Seine Ergebenheit für die Zarenfamilie zeigte Gilliard – der ein freier Schweizer Bürger war –, indem er die Familie in der tragischen Zeit zuerst nach Tobolsk begleitete und dann nach Jekatarinburg (heute Swerdlowsk). Er scherte sich nicht um die Gefahr und kümmerte sich nicht um die Schikanen, die ihn eventuell erwarteten!

Meine Spaziergänge mit Gilliard beschränkten sich darauf, daß wir an der Newa auf und ab liefen und französische Sprachübungen absolvierten. Damit ersparten wir uns die Stunden zu Hause. Im Winter trafen wir Gilliard oft, wenn wir nach Sergejewka fuhren, um die Familie Leuchtenberg zu besuchen. Hier rodelte er zusammen mit uns und brachte uns das Schlittschuhlaufen bei.

Die Spaziergänge mit Seni und Nadja hatten manchmal einen dem Unterricht förderlichen Effekt; Anna Alexejewna war eine äußerst gebildete Frau mit einem umfassenden literarischen und geschichtlichen Wissen. Dank ihrer pädagogischen Fähigkeiten weckte sie bei Nadja und mir ein Interesse für die russische Geschichte, indem sie uns in mehrere Museen, Schlösser sowie in Bauwerke von besonderer historischer Bedeutung mitnahm. Sie führte uns zum kleinen Holzhaus Peters des Großen, wo wir im Vorraum das Boot sahen, mit dem der Zar die ertrinkenden Fischer auf dem Ladoga-See gerettet hatte. Ehrfürchtig bestaunten wir die Gegenstände und Möbel, die Peter der Große selbst angefertigt hatte und küßten die wundertätige »nicht-von-Menschenhand-geschaffene-Ikone« (auch das »Schweißtuch« genannt) – das Heiligtum von Sankt Petersburg.

Wir besuchten auch den »Großvater« der russischen Flotte, das Schiff von Peter dem Großen, das in der Peter-und-Pauls-Festung unweit der Kirche zu sehen war.

Ich erinnere mich deutlich an unseren ersten Besuch des Winterpalais. Wir besichtigten es wie Touristen, schritten durch die riesigen Säle und verweilten ein bißchen in der Gemäldegalerie, wo Seni uns die interessantesten Bilder zeigte. Ich erinnere mich deshalb so deutlich an diesen Tag, weil Nadja unsere Seni völlig durcheinanderbrachte. Als wir in den Peterssaal kamen, wo die Wände mit himbeerfarbenem Samt und aufgestickten Goldadlern verkleidet sind, wurde Nadja müde; Seni ließ sie laufen und riet ihr, sich irgendwo hinzusetzen und auszuruhen. Seni und ich gingen weiter und gelangten schließlich in den Sankt-Georgs-Saal, den großen Thronsaal. Ich werde Senis Gesichtsausdruck nie vergessen, als wir diesen Saal betraten! An der mit Purpur und einem mächtigen Doppeladler geschmückten Wand sahen wir unter einem Baldachin den erhöht stehenden Thron, und auf dem Thron saß Nadja und schlenkerte mit ihren Beinen, die nicht bis zum Boden reichten. Der armen Seni blieb fast das Herz stehen, und zuerst brachte sie vor Schreck kein Wort heraus. Dann ging sie langsam zur untersten Stufe des Thrones. Weil sie sich nicht näher heranwagte, forderte sie von dort aus Nadja auf, sofort herunterzukommen. Doch Nadja betonte immer wieder, daß es sehr bequem sei, auf diesem »Stuhl« zu sitzen. Als sie nach einigen Drohungen schließlich nachgab und vom Thron stieg, wich Seni nicht mehr von ihrer Seite und hielt sie fest an der Hand.

Es war auch sehr spannend, das hübsche Eremitage-Theater von Katharina der Großen zu besuchen, das durch einen geschlossenen Gang über den Winterkanal mit der alten Eremitage verbunden war. Hier ließ die Zarin große Stücke aufführen, zu denen der Hof sowie bekannte Persönlichkeiten eingeladen wurden. Unter den späteren Herrschern wurden auch noch solche Vorstellungen gegeben, zu denen man nur auf Einladung des Hofes Zutritt hatte.

Bevor ich meine Kindheitserinnerungen vom Besuch des Winterpalais abschließe, möchte ich eine Geschichte meines Vaters einfügen, die mit dem geschlossenen Gang über dem Winterkanal zusammenhängt. Mein Vater war 14 Jahre alt, als er während des Russisch-Türkischen Krieges 1877–78 bei Zar Alexander II. im Winterpalais wohnte. Eines Tages, als der Zar und mein Vater durch diesen breiten, geschlossenen Gang gingen, blieb der Zar stehen und erzählte eine Episode, die sich ein halbes Jahrhundert vorher hier ereignet hatte.

Zu Beginn der Regierungszeit von Nikolaus I., als am ersten Abend nach dem vaterländischen Krieg (1812) wieder eine Vorstellung im Eremitage-Theater stattfand und Nikolaus I. nach der Vorstellung durch diesen Gang auf dem Weg zu seinen Gemächern war, bemerkte er, daß da ein Spieltisch stand, mit Karten darauf und zwei Kandelabern mit brennenden Kerzen. Das wunderte ihn sehr, und er fragte den Höfling, der ihn begleitete, wer veranlaßt habe, den Tisch dort aufzustellen. Das wußte der Höfling nicht. Dieses Schauspiel wiederholte sich am nächsten Abend – der Tisch war erneut zum Kartenspiel gedeckt. Der Zar bat den Höfling, der Schloßverwaltung zu melden, daß der Tisch in Zukunft nicht dort zu stehen habe. Es verstrich einige Zeit, aber als Nikolaus I. zum dritten Mal vom Theater zurückkam, sah er wieder den verbotenen Tisch an derselben Stelle. Diesmal wurde der Zar zornig und forderte, daß die Schuldigen, die seine Anordnung mißachtet hätten, einen Verweis erhielten. An einem der folgenden Tage, als der Minister seinen täglichen Rapport ablegte, kam Fürst Wolkonoski auf diesen Vorfall zu sprechen, und zum großen Erstaunen von Nikolaus I. machte er den Zaren darauf aufmerksam, daß die den Spieltisch betreffende Angelegenheit nicht einfach mit einer mündlichen Anordnung aus der Welt zu schaffen sei, sondern in diesem Fall einer schriftlichen Verordnung bedürfe. Bei der Nachforschung der Schloßverwaltung hatte sich herausgestellt, daß Katharina die Große persönlich in einer Note verfügt hatte, daß stets ein Spieltisch mit Spielkarten und entzündeten Kandelabern an den Abenden im Gang über dem Winterkanal zu stehen hätten, an denen im Eremitage-Theater Vorstellungen gegeben würden. Diese Note mit der Unterschrift der Zarin war im Archiv der kaiserlichen Verwaltung aufbewahrt. Eine vom Monarchen unterschriebene Anordnung könne aber nicht anders aufgehoben werden als durch ein neues kaiserliches Dekret! Nikolaus I., der großen Wert auf den Formalismus der kaiserlichen Verwaltung legte, drückte sein Wohlwollen aus und beschloß, den Befehl der Großmutter nicht aufzuheben, da er das Ganze als schöne Tradition bewahren wollte.

Wenn sich der Sommer näherte und wir gewöhnlich Sankt Petersburg verließen, um nach Znamenka, auf die Krim oder ins Ausland zu reisen, besuchte meine Mutter vor der Abreise gern noch einige Kirchen der Hauptstadt. Dabei nahm sie meine Schwestern und mich häufig mit.

Wir fuhren zur Kasan-Kathedrale, um die »Gottesmutter von Kasan«-Ikone zu küssen und zur Erlöserkapelle beim Holzhaus

Peters des Großen, wo die »nicht-von-Menschenhand-geschaffene« Ikone aufbewahrt wurde, ein Heiligenbild, das den Zaren bei seinen Feldzügen begleitete. Wir gingen auch zum Glashaus der kleinen Holzkapelle hinüber, um vor der wundertätigen »Gottesmutter, Trösterin aller Leidenden«-Ikone zu beten. An dieser Ikone hafteten Kupfermünzen, die angeblich durch einen Blitzschlag aus der Büchse mit den Spenden für die Kirche auf die Ikone geflogen waren.

Vor einer Abreise machten meine Eltern manchmal einen Besuch in Kronstadt, um Vater Johann zu sehen, den Oberpriester der Andreaskathedrale. Zu meinem großen Ärger erinnere ich mich nicht mehr an Vater Johann von Kronstadt, obwohl ich bei seinen Besuchen in unserem Haus am Englischen Kai zu ihm gerufen wurde und seinen Segen erhalten hatte. Wenn er in unser Haus kam, versammelte sich die Dienerschaft in der Diele, wo er mit ihnen sprach und ihnen mit dem Kreuzzeichen den Segen gab. Kam Vater Johann, wurde im Wohnzimmer meiner Mutter der Teetisch gedeckt. Einmal bot mein Vater ihm auch ein Glas Portwein an, das er gerne annahm. Von da an wurde immer eine Flasche Portwein auf den Tisch gestellt. Vater Johann hatte, wenn er von Kronstadt kam, gewöhnlich ein dunkles, bescheidenes Priestergewand an, doch manchmal trug er ein auffälligeres aus Seide, das ihm ein Bewunderer verehrt hatte. Auf einen derartigen Aufzug legte er allerdings keinen Wert und trug ihn nur, wenn er in Sankt Petersburg die Person, von der er das Geschenk erhalten hatte, treffen sollte.

Meine Eltern erzählten mir, daß Vater Johann, wenn sie mit ihm geistliche Fragen diskutierten, seine Meinungen in einer klar verständlichen Sprache vorbrachte und Wörter benutzte, die seinen Gedanken einen lebendigen Ausdruck verliehen. In seiner Rede konnte man die Aufrichtigkeit seiner Überzeugung und seines tiefen Glaubens spüren. Er sprach auch von der Notwendigkeit eines unablässigen Kampfes mit den Gegnern der griechisch-orthodoxen Kirche, und obwohl ihm eine religiöse Intoleranz eigentlich fremd war, warf er den Jesuiten und dem Papst in Rom Intoleranz dem griechisch-orthodoxen Glauben gegenüber vor. Wenn Vater Johann von Leuten sprach, die der Kirche Schaden zufügten, erwähnte er auch Leo Tolstoi. Obwohl er zugab, daß er ein literarisches Genie war, tadelte er Tolstoi wegen seines Hochmuts und wegen seiner eigenmächtigen Deutung des Evangeliums.

Viele, die Vater Johann von Kronstadt kannten, berichteten mir von seiner Bescheidenheit und seiner strengen Askese. Dieser Ruhm, den er in ganz Rußland genoß, war ihm ein bißchen unangenehm. Vater Johann hatte sowohl die Gunst und Achtung Zar Alexanders III. wie auch die Nikolaus' II. Als der im Sterben liegende Alexander III. den Wunsch äußerte, Vater Johann zu sehen, reiste dieser von Kronstadt auf die Krim und blieb beim Zaren bis zu dessen Ende. Vater Johann kannte Nikolaus II. schon, als er noch Thronfolger war. Wenn er mit meinen Eltern über den Zaren sprach, dann stets mit aufrichtigem Respekt und ebensolcher Ergebenheit. Er schätzte seine geistigen Eigenschaften und war erstaunt über die Ruhe und Besonnenheit des Zaren in schwierigen Familienangelegenheiten oder bei den öffentlichen Aufgaben. Er war dem Zaren zutiefst dankbar für dessen Hilfe bei seinem wohltätigen Wirken und für die Unterstützung, die der Zar der »Zwangsarbeiteranstalt«, die Vater Johann besonders am Herzen lag, zukommen ließ.

Als meine Eltern im Herbst 1908 von der schweren Krankheit des 80jährigen Vater Johann erfuhren, fuhren sie nach Kronstadt, um ihn zu besuchen. Bei ihrem letzten Gespräch erzählte Vater Johann, daß er wie immer für den Zaren bete und besonders an seinem Namenstag, am 6. Dezember, für ihn beten werde. Am Namenstag des Zaren sollte ein Festgottesdienst im Winterpalais abgehalten werden. Vor dem Gottesdienst kam der Zar zu meiner Mutter und sagte ihr, daß er aus Kronstadt soeben die Nachricht vom Tode Vater Johanns erhalten habe. Als meine Mutter dies hörte, erwiderte sie, die Meldung müsse falsch sein, denn Vater Johann habe versprochen, gerade an diesem Tag für den Zaren zu beten. Es stellte sich tatsächlich heraus, daß die Nachricht falsch war; Vater Johann starb zwei Wochen später – am 20. Dezember.

In der Fontankastraße

Im Jahre 1907 mietete mein Vater das Haus in der Fontankastraße 22, fast unmittelbar gegenüber des Ingenieur-Schlosses auf der anderen Seite der Fontanka, einem kleinen Flußarm der Newa. Als Sankt Petersburg aufgebaut wurde, lief die Fontanka durch eine sumpfige Wiese. Sie erhielt ihren Namen, als der Sommergarten angelegt wurde, weil man ihr Wasser für die Springbrunnen des geliebten Gartens Peters des Großen benutzte. In den ersten Jahrzehnten der Hauptstadt schenkte der Zar seinen engsten Mitarbeitern an der Fontanka liegende Bodenparzellen unter der Bedingung, daß sie Häuser bauten und die Ufer des Flusses befestigten. Unter Katharina der Großen wurden die Flußufer mit Granit stabilisiert, und am Ende des 18. Jahrhunderts war dieser Teil der Hauptstadt fertig und sah schon so aus wie zu meiner Zeit.

Das Haus, in dem wir die Winter bis zum Ausbruch des Krieges 1914 verbrachten, lag in nächster Nähe des Ingenieur-Schlosses, was für meinen Vater sehr angenehm war. Meine Eltern zogen auch deshalb das Haus in der Fontankastraße vor, weil die Fassade nach Südwesten und nicht nach Norden zeigte wie am Englischen Kai. Dadurch waren die Räume an den langen dunklen Wintertagen in Sankt Petersburg viel heller. Das Haus war eine schöne zweigeschossige Villa mit einem Seitenflügel, dessen Fenster auf einen von Pferdestall und Garagen begrenzten Innenhof zeigten. Der Haupteingang befand sich in der Mitte der Fassade zur Fontankastraße, und meine Zimmer lagen im Erdgeschoß, rechts vom Eingang.

Mein Wohnbereich bestand aus einem Schlafgemach und einem Wohnzimmer – welches mir außerdem als Schulstube diente –, dazu einem Badezimmer, einem Ankleidezimmer, ScharkowsRäumen und einem Gästezimmer, dessen Fenster auf den Hofplatz gingen. Über meinem Schlafgemach und dem Wohnzimmer befand sich der große

Ballsaal, und über den Zimmern meiner Mutter lagen die Wohnzimmer und das Kabinett meines Vaters. Im oberen Stock des Seitenflügels wohnten meine Schwestern, und neben ihren Zimmern war das Atelier meines Vaters, in dem er Entwürfe und Skizzen anfertigte. Dieser Teil des Hauses gefiel mir nicht, ich fand ihn düster und ungemütlich. Auf derselben Etage lagen neben dem Ballsaal und den Wohnzimmern auch das große Eßzimmer, das Billardzimmer, der Wintergarten und die Hauskapelle. Der Wintergarten diente an Sonn- und Feiertagen oder wenn meine Eltern große Festessen veranstalteten auch als Eßzimmer.

Die ersten Winter, die ich im Haus in der Fontankastraße verbrachte, schienen kein Ende nehmen zu wollen. Nach meinem behaglichen Dasein auf Znamenka und in der südlichen Sonne der Krim machte mich Sankt Petersburg ganz schwermütig! Natürlich hatte dieses Gefühl der Bedrücktheit auch andere Gründe. Im Winter verbrachte ich die meiste Zeit mit Schularbeiten an meinem Schreibtisch, und wenn ich frei hatte, machten mir die »verordneten« Spaziergänge in die Stadt überhaupt keinen Spaß.

Als ich zwischen zwölf und dreizehn Jahre alt war, waren meine einzige Zerstreuung Ausflüge vor die Stadt, wo wir skifahren, schlittschuhlaufen oder rodeln konnten. Das Schlittschuhlaufen in Sankt Petersburg fand meistens auf der zugefrorenen Fontanka, direkt vor dem Scheremetjew Palais, statt, das damals dem Großvater meiner späteren Frau gehörte. Hier liefen Nadja und ich zusammen mit Alescha Stahl und Sesja Warawka Schlittschuh oder sausten mit unseren Schlitten die Hügel hinunter. Auf dem Eis trafen wir die Scheremetjew-Kinder nie, denn Graf Scheremetjew hatte für seine Enkel im eigenen Garten Eisbahnen und Rodelhügel angelegt. Deshalb hatte ich zu diesem Zeitpunkt keine Gelegenheit, meine spätere Frau kennenzulernen. Wir fuhren am Stadtrand in dem schönen hügeligen Gebiet Ski, das dem Institut für Forstwirtschaft gehörte. Damals hatte ich noch Freude am Wintersport, aber mit jedem Jahr ließ mein Interesse nach, weil ich außer Alescha und Sesja niemanden hatte, mit dem ich Wettkämpfe austragen konnte.

In der Zeit zog ich es dann vor, meine Sonntage zu Hause zu verbringen. Die Morgenstunden vor dem Gottesdienst gehörten meinen Lieblingsbeschäftigungen – der Astronomie und der Ägyptologie. Ich saß während dessen in meinem Wohnzimmer, wo ich in der

Ecke beim Fenster eine hohe, hölzerne Trennwand aufgestellt hatte. In dieser »Pferdebox«, wie Nadja dazu sagte, stand mein Schreibtisch, und hier hatte ich alle meine Lieblingsbücher. Niemand außer mir hatte Zutritt zur »Box«, selbst Fursenko – mein Erzieher – durfte nur mit meiner ausdrücklichen Erlaubnis hinein. Um elf Uhr ging ich dann hinauf zu meinen Schwestern, damit wir gemeinsam in die Kapelle gehen konnten.

Unsere schöne Hauskapelle hatte mein Vater in einem großen Zimmer im zweiten Stock des Hauses einrichten lassen. In diesem Teil der Villa war außerdem noch genug Platz für den Stab meiner Eltern und die gesamte Dienerschaft. Den Gesang bei der Messe übernahm der vortreffliche Chor des tüchtigen Kapellmeisters und Komponisten Chesnokow, der häufig in unsere Kapelle kam, um mit dem Chor zu üben. Chesnokow war außerdem Chorleiter in der Peter-Pauls-Kirche. Er wußte um die musikalischen Fähigkeiten meiner Mutter und wollte bezüglich der Ausführung mehrerer Psalmen, die sein Chor in Sankt Petersburg sang, gerne ihre Meinung wissen. Als meine Mutter jung war, studierte sie Komposition und schrieb einige Kompositionen. Leider habe ich nur zu einem der Musikstücke meiner Mutter die Noten aufbewahrt, das sie komponierte, als sie 18 Jahre alt war – eine Romanze zu Hugos Text »Si j'étais Roi«. Einmal hatte sie eine Melodie zu dem Gebet »Herr sei uns gnädig« komponiert und Chesnokow gebeten, seinen Chor nach dieser Melodie das Bittgebet singen zu lassen. Die Melodie gefiel ihm so gut, daß er meine Mutter um Erlaubnis bat, die Melodie auch in anderen Kirchen von Sankt Petersburg verwenden zu dürfen. Meine Mutter gab sie ihm unter der Bedingung, daß ihre Melodie anonym bleibe.

Die Kapelle war dem heiligen Grigori Nisski geweiht, dessen Gedenktag der 10. Januar war, der Geburtstag meines Vaters. An diesem Tag wurde eine Festliturgie abgehalten, bei der der gesamte Stab meines Vater in Gala-Uniform zugegen war. Onkel Nikolascha, Tante Stana und Jelena von Leuchtenberg nahmen gewöhnlich auch am Gottesdienst teil. Ich erinnere mich, wie der Diakon einmal durch ein Versehen für große Aufregung in unserer Kapelle sorgte. Als er am Ende der Liturgie das feierliche Gebet sprechen sollte, in dem meinem Vater ein langes Leben gewünscht wurde, trat er in die Mitte der Kapelle und begann plötzlich mit leiser, trauriger Stimme das Gebet vom »selig Dahingeschiedenen« anzustimmen, um dann wie vom Blitz getroffen zu verstummen! Nach einer kurzen Pause hatte sich der arme Diakon gefaßt, trug das Gebet um ein langes Leben für meinen Vater vor und schloß sich dann in der Sakristei ein. Als der Gottesdienst vorbei war, ging mein Vater zu ihm und fand einen weinenden, zerknirschten Diakon vor. Um ihn zu trösten, sagte mein Vater lachend, auch wenn man nicht an Prophezeiungen glauben sollte, so verspreche doch ein altes Sprichwort dem, der zu Lebzeiten für tot erklärt werde, ein langes Leben.

Während des Schuljahres aßen wir mit unseren Eltern nur an Fest- und Feiertagen zu Mittag. Dann wurde im Wintergarten gedeckt, wo stets viele immergrüne Blumen und Pflanzen aus den Treibhäusern auf Znamenka standen. Ich erinnere mich an den herrlichen Duft der Maiglöckchen, der Hyazinthen oder des Flieders, der wunderbar blühte und mir die Hetmann-Allee ins Gedächtnis rief. Auf Znamenka gedieh der Flieder in Treibhäusern, um bis Ostern schon in voller Blüte zu stehen. Die meisten der Blumen wurden von den Gärtnern samstags erneuert.

Obwohl das Essen in Sankt Petersburg von denselben Köchen zubereitet wurde wie auf Znamenka oder Djulber, fand ich, daß die Mittag- und Abendessen im Haus an der Fontankastraße anders schmeckten. Wir bekamen häufig Wild serviert, das in der Gegend um Sankt Petersburg erlegt worden war, oder geräucherten Ostseelachs, den mein Vater sehr schätzte, und Dorsch vom Weißen Meer, den ich nicht mochte. Eine besondere Delikatesse waren die kleinen Wyborger Brötchen, die in Scheiben zu dem anderen Brot auf jedes Gedeck gelegt wurden. Außerdem bekamen wir ein klares, rosafarbenes Moosbeerenbier, das in dünnen, mit feinen Spitzenmustern gravierten Gläsern ausgeschenkt wurde. In Sankt Petersburg hatten wir ein anderes Kristall und Porzellan als auf Znamenka und Djulber. Auf diese Weise brauchten wir es nicht hin und her transportieren und dabei riskieren, daß etwas zu Bruch ging.

Sonntags bekamen Nadja und ich gleich nach dem Essen Besuch von Alescha und Sesja. Zuerst tobten wir eine Weile im Ballsaal herum und begaben uns dann in mein Gästezimmer hinunter, wo wir unser Lieblingsspiel spielten. Auf einem Dutzend Tischen errichteten wir hier Jahr für Jahr eine Stadt aus Bauklötzen. Jedes Jahr, wenn wir nach Sankt Petersburg kamen, entstand die Stadt nach genau demselben Plan und war mit denselben Tieren aus Pappmaché, Holz oder Metall bevölkert. Von den Hunderten von Tieren hatte jeder ein »persönliches«, das Oberhaupt einer mehrköpfigen Familie war. Der jüngste Sohn meines Kaninchens zum Beispiel war ein winziger Strauß aus Bronze. Unsere Tiere hatten eigene Häuser und betrieben in ihren Geschäften und Läden, wo sie Spielzeugobst, Gemüse und Stoffreste verkauften, einen Handel mit allen Kniffen und Tricks. Die mit dem Handel beschäftigten Bürger – alles Tiere – waren mit Geld versehen. Die Finanzregeln unseres Spiels waren ziemlich kompliziert, doch das Ergebnis aller Transaktionen bestand immer in der Bereicherung unseres »persönlichen« Tieres.

An den Wänden meines Zimmers waren Regale, auf denen aufziehbare kleine Züge standen. Das Theater der Stadt, mit Logen und Stuhlreihen, hatte eine Bühne mit schönen Kulissen, die von bunten, elektrischen Lämpchen beleuchtet waren. Bei der Beleuchtung half uns der Hauselektriker Morosow, ein sehr netter Mensch, der seine Arbeit mit großem Vergnügen verrichtete und sich über die Lichteffekte freute, die die Lampen hervorbrachten. Das Spiel mit »unserer Stadt« hielten wir vor anderen Kindern, die uns besuchten, streng geheim, und sobald wir sie auf der Treppe hörten, wurde mein Gästezimmer sorgfältig verschlossen.

Manchmal fuhren wir ins Oldenburg Palais zur Messe, zu Onkel Alexander. Dieses große Palais gefiel mir ausnehmend gut. Es war schön gemütlich und seine Lage zur Newa neben dem Sommergarten gefiel mir sehr. Jeden Winter verbrachten Onkel Alexander und Tante Eugénie hier einige Monate, während sie das übrige Jahr entweder auf Gut Romani im Gouvernement Woronesch, auf Gagry an der kaukasischen Schwarzmeerküste oder auf dem Oldenburgischen Herrensitz nicht weit von Peterhof wohnten.

Das Oldenburg Palais, das Anfang des 18. Jahrhunderts gebaut worden war, hatte in vielen Zimmern den Hauch früherer Zeiten bewahrt. Onkel Alexander, der alles Neue liebte und für die verschiedenartigsten neuen Erfindungen schwärmte, besaß trotz allem so viel Geschmack, daß er der Versuchung widerstand, seine Wohnzimmer und Säle in Labore oder Depots für alle möglichen Apparate und Maschinen zu verwandeln, deren Verwendung nur er kannte. Er hatte für all diese Apparate ein ganzes Stockwerk reserviert, ein Stockwerk, das zu besuchen ich nie die Gelegenheit bekam. Dessen ungeachtet stand mitten in einem sehr großen Wohnzimmer, das im Louis-Quinze Stil eingerichtet war, ein riesengroßer Tisch, auf dem sich eine Reliefkarte von ganz Kaukasien befand. Durch dieses Wohnzimmer mußte man hindurch, um in die griechisch-orthodoxe Hauskapelle zu gelangen (im Palais gab es auch eine lutherische Kapelle), und wenn ich auf dem Weg zur Messe war, blieb ich oft bei der Karte stehen, um mir das Relief anzuschauen, das verschiedenfarbig bemalt war. Ich berührte die schneebedeckten Gipfel des Elbrus, den Kasbek und den kaukasischen Gebirgsrücken, der mit einem feinen Glaspulver bestreut war, das wie Schnee glitzerte. Onkel Alexander interessierte sich sehr für Kaukasien – genauer gesagt für die Kaukasische Schwarzmeerküste, an der sein Gut Gagry lag. Er war davon überzeugt, daß die klimatischen Verhältnisse dieser Gegend für den Anbau vieler Heilkräuter geeignet war. Medizin war eines seiner Steckenpferde, und er begann sich ernsthaft mit diesem Thema zu beschäftigen, als er den Militärdienst verlassen hatte und über mehr Zeit verfügte.

In seinen letzten Jahren beim Militär war Onkel Alexander Kommandant im Gardekorps und beendete seine militärische Karriere als Generaladjutant. Onkel Alexander war ein sehr begabter Mensch, der sich für viele wissenschaftliche Fragen interessierte, speziell für die Entwicklung neuer Heilmittel. Seine besondere Liebe galt dem »Kaiserlichen Institut für experimentelle Medizin« – nach seiner Idee gegründet –, das in einigen großen Gebäuden auf der Aptekarski Insel in Sankt Petersburg untergebracht war. Er verfolgte mit großem Interesse die Arbeit des Instituts, das neben der wissenschaftlichen Forschung neue Heilmethoden für ansteckende Krankheiten suchte und Arzneimittel herstellte. Das Institut vertrieb beispielsweise ein Serum gegen Tollwut.

Die Prinzen von Oldenburg waren zwar deutscher Abstammung, aber als Nachkommen des russischen Zweigs der Familie – Prinz Georg und seine Gemahlin Großfürstin Jekaterina Pawlowna – völlig russifiziert. Sie hatten jedoch ihren protestantischen Glauben beibehalten. Tante Eugénie, eine Enkelin Nikolaus' I., war griechisch-orthodox, und deshalb gab es im Oldenburg Palais an der Newa die oben erwähnte Hauskapelle. Onkel Alexander ging auch in diese Kapelle, und wenn man ihn dabei beobachtete, konnte man nur schwer glauben, daß er Protestant war und nicht griechisch-orthodox, denn während des Gottesdienstes bekreuzigte er sich und küßte wie wir andern die Ikonen.

Nach Süden zeigte das Oldenburg Palais hinaus auf das Marsfeld – auf die »Zarinwiese«, wie man dieses große Gebiet auch nannte. Die Maiparaden, die unter den früheren Herrschern fast jedes Jahr auf dem Marsfeld abgehalten wurden, hörten – soviel ich weiß – nach 1905 unter Nikolaus II. auf. Ich erinnere mich schwach an eine dieser Maiparaden, der wir von Tante Eugénies Wohnzimmerfenster aus zuschauten. Während ich, zusammen mit den anderen Gästen, an den offenen Fenstern stand, konnte ich nicht nur die Vorbereitung zur Parade verfolgen, ich hörte außerdem einzelne Kommandorufe; besonders deutlich erklangen die Kommandos von Onkel Nikolascha. Es machte einen tiefen Eindruck auf mich, den Zaren von der Millon-Straße (heute Ul. Khalturina) her mit seinem glänzenden Gefolge auf das Marsfeld reiten zu sehen. Nach der Truppenschau, den andauernden »Hurra«-Rufen und dem Anstimmen der Nationalhymne begann die Parade. Ein Regiment nach dem anderen zog am Zaren vorbei. Die glänzenden Militäruniformen, die blitzenden Helme, Säbel und Bajonette bildeten ein lebendiges, schön geordnetes Bild, das sich kaleidoskopartig ständig veränderte und unerwartete Formen annahm.

Im Dezember 1909, kurz vor Weihnachten, wurde ich zum Oldenburg Palais gefahren, um dem Leichenzug zuzuschauen, der dem Sarg des jüngsten Bruders meines Großvaters, Großfürst und Feldmarschall Michail Nikolajewitsch, folgte. Im Wohnzimmer, das an der Ecke des Palais neben der Englischen Botschaft lag, traf ich meine Halbvettern Andrej, Fjodor und Nikita, die »Alexandrowitscher«, Enkel des verstorbenen Feldmarschalls. Trotz der Proteste unserer Erzieher stürzten wir uns, während wir auf das Trauergefolge warteten, sogleich in wilde, lärmende Spiele.

Der Leichenzug sollte die Troitski Brücke (heute Kirow Brücke) passieren, um auf die andere Seite der Newa zur Familiengruft in der Peter-Pauls-Kirche zu kommen. Die Brücke befand sich etwa 100 Meter links vom Oldenburg Palais, und hinter der Brücke konnten wir die niedrige graue Mauer der Festung erkennen sowie den Glockenturm der Kirche. Auf der gegenüberliegenden Seite der Newa – direkt vor uns – erstreckte sich der Peterskai und weiter rechts stand das Haus Peters des Großen. Der ganze linke, unbebaute Teil des Kais gehörte meinem Vater. Einen Teil des Grundes hatte er an Onkel Nikolascha abgetreten, der sich hier nach seiner Heirat ein Palais baute. Den größeren Teil des Geländes vermachte mein Vater mir.

Endlich tauchte der Leichenzug am Kai bei der Troitski Brücke auf. Wir liefen ans Eckfenster und konnten trotz der dreifachen Scheiben den dumpfen und gemessenen Glockenschlag der Kirche hören. Der Zug bewegte sich langsam über die Brücke, die an der breitesten Stelle über die zugefrorene Newa ging. Als wir die Lafette mit dem Sarg sehen konnten, bedeutete man uns, das Kreuzzeichen zu machen. Im Wohnzimmer herrschte andächtige Stille, doch auf einmal hörte ich den kleinen Nikita ausrufen: »Da, seht doch, der Pferdewagen mit Großvater!«

Vor Weihnachten fuhren wir mit meiner Mutter in die Stadt, um Geschenke einzukaufen. Sie besorgte Geschenke für unsere Verwandten, für die Mitglieder des Stabs und deren Familien, für unsere Erzieher, die Gouvernanten, die Hauslehrer und für unser persönliches Gesinde. Alle Diener, die Lakaien, Mädchen, Köche und Waschfrauen erhielten ihr Weihnachtsgeschenk in Form von Geld.

Meine Mutter tätigte ihre Einkäufe im Stadtzentrum. Wir fuhren die Fontankastraße hinunter, bogen beim Zirkus Cinsinelli nach links in die Karawanstraße ab, in der ein großes Geschäft lag, das nicht nur ein Schreibwarenladen war, sondern wo auch Lehrbücher, Kinderbücher und Spielzeug verkauft wurden. Nadja und ich betrachteten das Spielzeug mit großem Interesse, wagten aber unsere Wünsche nicht direkt zu äußern. Meine Mutter beobachtete unsere Gesichter genau, um herauszufinden, womit sie uns eine Freude machen könnte. War meine Mutter zu einem Entschluß gekommen, schickte sie uns in die andere Abteilung des Geschäfts, damit wir nicht sehen sollten, was sie für uns kaufte.

Von hier aus fuhren wir auf dem Newski Prospekt direkt zum Anitschkow Palais, in dem die Zarin-Mutter Maria Fjodorowna im Winter wohnte. Dem Palais gegenüber hatte der berühmte Juwelier Sumin seinen Laden. Meine Mutter kaufte selten wertvollen Schmuck bei Sumin, meist nur Kleinigkeiten und Nippes. Gewöhnlich wählte sie etwas, das aus sibirischen oder Steinen des Ural bestand: Aquamarine, Topase, Turmaline und Bergkristalle.

Vom Anitschkow Palais bogen wir nach rechts in den Newski

Prospekt und fuhren am Palaisgarten entlang, der sich bis zum Alexandra Theater (heute Puschkin Theater) erstreckte. Vor dem Theater stand eine Statue von Katharina der Großen, die für mich im Winter wie ein Hochzeitskuchen mit Puderzucker aussah.

Zwischen der Kaiserlichen Volksbibliothek und dem prachtvollen Palais Graf Stroganows wimmelte es um diese Jahreszeit vor Menschen. Die Käufer wurden von den vielen Geschäften magisch angezogen. Wir sahen nur selten Automobile auf der Straße. Es gab unzählige Pferdeschlitten, Equipagen und geschlossene Kutschen, die die breite, schneebedeckte Fahrbahn des Newski Prospekts hinunterfuhren. Der Schnee dämpfte alle Geräusche, und in das geschlossene Auto drang der Lärm der Stadt nur wie ein schwaches Summen zu uns herein. In dieser Zeit verweilten die Kauflustigen vor den hell erleuchteten Schaufenstern, wo die besten Waren ausgestellt waren. In der Abenddämmerung strahlten die Lichter aus den Fenstern auf den Newski Prospekt, dessen lange Reihe von Straßenlaternen ein seltsames, lilafarbenes Licht auf die fallenden Schneeflocken warf.

Um die Weihnachtszeit versöhnte ich mich ein Weilchen mit dem Winter in Sankt Petersburg, mit den kurzen, dunklen Tagen, dem Schnee und dem klirrenden Frost, der unbarmherzig in den Ohren biß und im Gesicht brannte. Mit viel Freude und Spannung begleiteten Nadja und ich meine Mutter auf ihren Einkäufen – besonders, wenn sie im Warenhaus Gostinnyj Dwor einkaufte. Unter den Arkaden des Warenhauses waren stets viele Menschen. In dieser wogenden Menge traf man Bürger aller Schichten und Berufe. Auch Bauern waren darunter, die in die Hauptstadt gekommen waren, um Weihnachten zu feiern. Viele Männer, mit warmen Schafpelzen und Filzstiefeln bekleidet, trugen lächerlich hohe Hüte, die mich an Zylinder erinnerten. Straßenhändler liefen in der Menge auf und ab und boten alle möglichen kleinen Haushaltsartikel feil, Frauen mit wollenen Kopftüchern verkauften Kandis und selbstgemachte Süßigkeiten, und man begegnete auch fliegenden Händlern mit warmen runden Weißbrotkränzen an einem Stock, die riefen: »Warme Kränzchen, drehn am Stock ein Tänzchen, rasch kommt herbei, fünf Kopeken für zwei!« An den Straßenecken vor dem Gostinnyj Dwor brannten schöne Feuer, wo die frierenden Mietskutscher auf ihre Kunden warteten.

Nach den Einkäufen im Gostinnyj Dwor suchte meine Mutter noch viele andere Geschäfte am Newski Prospekt auf. Bei den »Gebrüdern Jelisejew« wählte sie frisches Obst und verschiedene Lekkerbissen aus, die zu uns nach Hause gebracht wurden. Bei der »Abrikosowa« kaufte sie außer verschiedenen Süßigkeiten auch konservierte Früchte. Ich erinnere mich sogar noch an die Glasbehälter, in denen nur eine große Birne in klarem Zuckerwasser schwamm. In einem anderen Geschäft wurde ich Zeuge einer Szene, die meine Mutter gut charakterisiert. Während sie gerade einige Weihnachtsgeschenke aussuchte, wurde sie auf eine Glasvitrine mit königlich-dänischem Porzellan und Glas aufmerksam, das sie sehr mochte. Der Ladeninhaber, der meine Mutter gut kannte, bat einen jungen Verkäufer, ihr die Glasfiguren zu zeigen. Meine Mutter war völlig von einer Möwe in natürlicher Größe mit ausgebreiteten Schwingen begeistert. Der Verkäufer, der offensichtlich etwas nervös war, weil er eine so vornehme Kundin bedienen mußte, hatte seine Bewegungen nicht recht unter Kontrolle und stieß die Möwe vom Verkaufstisch, wobei der eine Flügel abbrach. Der Besitzer wollte meiner Mutter sofort eine andere Figur als Ersatz für die beschädigte Möwe anbieten, doch meine Mutter, die sich die Strafe, die der arme Verkäufer bekommen würde, vorstellen konnte, sagte ruhig und bestimmt, daß sie die Möwe als Modell benötige und der Schaden deshalb für sie ohne Bedeutung sei. Beim Verlassen des Geschäfts drohte sie dem Inhaber, nie mehr einen Fuß in seinen Laden zu setzen, falls der Verkäufer trotzdem wegen seines Ungeschicks bestraft würde.

In den Läden bezahlte meine Mutter immer bar, Ausnahmen waren die Geschäfte, die feste »Hoflieferanten« meines Vaters waren. Solche Geschäfte versahen ihre Schilder mit einer Krone und dem Monogramm »PN« und schickten, wie es Tradition war, alle Rechnungen an unser Kontor. Ihre Einkäufe auf dem Newski Prospekt beendete meine Mutter gewöhnlich in der Buchhandlung Wolf, dann bogen wir in die Seestraße ab (heute Ul. Gertsena). Hier lag der Kaiserliche Yachtklub, der aristokratischste Klub der Hauptstadt, und gegenüber befand sich das seinerzeit beste Restaurant, das Cubat. Daneben war Henrys Schneiderei, die alljährlich die zivile Garderobe meines Vaters erneuerte, bevor er ins Ausland reiste. Vom Newski Prospekt die Seestraße hinunter lagen die erstklassigsten Geschäfte und das beste Hotel der Stadt – das Astoria. Eine Sonderstellung unter den Geschäften nahm Fabergés Juwelierladen ein. Die gesamte Fassade war mit rotem Granit verkleidet. Um die

Schaufenster im Untergeschoß war die Mauer blankpoliert wie Glas, während der Granit weiter oben ganz matt war. Konstantin Fabergé, der Gründer des Juwelierladens, kannte meine Eltern gut. Erfuhr er, daß meine Mutter im Geschäft war, kam der alte Fabergé von seinem Kontor herunter, um sie zu begrüßen und ihr persönlich Schmuck oder andere Gegenstände zu zeigen, die sie möglicherweise interessierten. Manchmal kam er auch in unser Haus in der Fontankastraße, um meine Mutter zu beraten, wenn sie ihren Schmuck neu fassen oder wenn sie Edelsteine, die sie gekauft hatte, gefaßt haben wollte. In Sankt Petersburg mußte meine Mutter bei offiziellen Gelegenheiten ein Diadem tragen – außer, sie mußte das »russische Kleid« anziehen, zu dem eine fächerförmige Kopfbedeckung gehörte. Einige Diademe meiner Mutter waren sehr alt und schwer, und deshalb schenkte ihr mein Vater – dem im übrigen Schmuck gleichgültig war – ein neues, nach seinem Entwurf gearbeitetes Diadem. Dieses Diadem wurde von Fabergé angefertigt. Es bestand aus einem Ährenkranz, dessen Körner längliche Brillanten waren.

Nach der Revolution entdeckte meine Mutter zufällig eine Fotografie dieses Diadems in einer englischen Illustrierten, die auf mehreren Seiten Schmuckstücke zeigte, welche die Bolschewiken in London verkauft hatten. Eines Tages brachte Konstantin Fabergé meinem Vater ein bestelltes Zigarettenetui, das seiner Meinung nach ein einzigartiges Kunstwerk war, weil das Emaille eine spezielle Rotnuance aufwies, die ihm bisher nie gelungen war. Fabergé war selbst so begeistert von dem Etui, daß er meinem Vater vorschlug, ihm an Stelle des bestellten Etuis zwei andere anzufertigen. Doch mein Vater beschloß, dies Zigarettenetui zu behalten, weil die wie Glut schimmernde Farbe des Emailles wirklich unglaublich schön war.

Vor der Abendmesse am 23. Dezember wurde ein mächtiger Weihnachtsbaum in unseren Ballsaal gebracht, den wir zusammen mit Seni, der Puschkina und Mascha, unserem Kindermädchen, schmückten. Nach der langen Abendmesse und dem darauffolgenden Essen schmückten wir den Baum gemeinsam mit unseren Eltern fertig. Von einer hohen Leiter aus hängte mein Vater die letzten, glitzernden Ketten um den Baum, dann wurden wir Kinder aus dem Ballsaal geschickt und durften uns bis zum Heiligen Abend dort nicht mehr blicken lassen. In der Zwischenzeit wurden Tische mit

Zarin Maria Feodorowna mit ihrem Sohn, dem späteren Zaren Nikolaus II, ca. 1870.

oben: Gemälde von Laurids Tuxen, die Königsfamilie bei ihrem Besuch der Ny Carlsberg Glyptothek/Kopenhagen am 1. Juni 1892 zeigend. Auf dem Bild sieht man u. a. Kronprinz Christian, den späteren König Christian X., Zar Alexander III. und Zarin Maria Feodorowna, Prinzessin Dagmar von Dänemark. Ganz links der Brauer Carl Jacobsen.
unten links: Zar Alexander III.
unten rechts: Zarin Maria Feodorowna, Prinzessin Dagmar von Dänemark, ca. 1883.

oben: Mitglieder der russischen kaiserlichen Familie. Auf dem Boden von links: Großfürst Alexej Michajlowitsch, Großfürst Michail Alexandrowitsch, Großfürst Andrej Wladimirowitsch und Großfürst Boris Wladimirowitsch. Sitzend von links: Großfürstin Xenia Alexandrowna, Großfürstin Maria Pawlowna (Tante Michen), Prinzessin Jelena Wladimirowna, Großfürstin Alexandra Josephowna (Tante Seni), Zarin Maria Feodorowna, Zar Alexander III., Großfürst Michail Nikolajewitsch und Großfürst Pawel Alexandrowitsch. Stehend von links: Herzog Karl-Michael von Mecklenburg-Strelitz, Großfürst Konstantin Konstantinowitsch (Onkel Kostja), seine Schwester Königin Olga von Griechenland, Großfürst Sergej Michajlowitsch, Thronfolger Nikolaj Alexandrowitsch, der spätere Zar Nikolaus II., Großfürst Wladimir Alexandrowitsch, Großfürst Nikolaj Nikolajewitsch der Jüngere (Onkel Nikolascha), Prinz Alexander von Oldenburg, Großfürst Dmitrij Konstantinowitsch (Onkel Mitja), Prinz Pjotr von Oldenburg und Herzog Georg von Leuchtenberg, ca. 1890.
unten: Das kaiserlich-russische Reichswappen mit dem Doppeladler.

Gemälde von Laurids Tuxen, Gartensaal des Schlosses Frederiksborg, darstellend König Christian IX. und Königin Louise mit Familie, 1883.

Zarin Alexandra Feodorowna (Alix).

Zar Nikolaus II. und Zarin Alexandra Feodorowna auf dem berühmten Kostümball/Hofball im Jahre 1903.

oben links: Großfürst Nikolaj Nikolajewitsch als Statthalter in Kaukasien.
rechts: Prinz Romans Vater, Großfürst Pjotr Nikolajewitsch.
unten links: Venedig, Sommer 1914. Prinzessin Marina Petrowna, Herzogin Jelena von Leuchtenberg und Großfürst Pjotr Nikolajewitsch.
rechts: Prinz Romans Mutter, Großfürstin Militza Nikolajewna.

großen weißen Tischdecken in den Saal gebracht, um darauf für jeden die Geschenke zu legen.

Am Heiligabend versammelten sich alle, die zur Weihnachtsfeier eingeladen waren, im Wohnzimmer neben dem Ballsaal. Außer dem Stab meiner Eltern, Baron Stahl und Doktor Warawkas Familie war noch unsere persönliche Dienerschaft anwesend. Manchmal wurden auch noch andere Mitglieder unserer Familie zur Weihnachtsfeier eingeladen. Im Wohnzimmer unterhielten sich meine Eltern zuerst mit allen Gästen, und dann begab sich mein Vater unauffällig in den Ballsaal, wo er, unterstützt von einigen Lakaien, die Kerzen am Baum anzündete. Gleich darauf vernahmen wir das Bimmeln des kleinen Silberglöckchens – es war jedesmal dasselbe Glöckchen, mit dem mein Vater uns rief –, und dann wurden die Türen zum Saal weit geöffnet.

Da stand der Weihnachtsbaum in all seiner Pracht, strahlte mit Hunderten von Kerzen und kam mir jetzt doppelt so groß vor. Zuerst standen Nadja und ich wie angenagelt auf der Schwelle zum Saal, aber dann liefen wir zu den Gabentischen!

An den Weihnachts- und Neujahrstagen war der Verkehr auf den Hauptstraßen Sankt Petersburgs besonders lebhaft. Viele waren in der Stadt unterwegs, um Weihnachtsbesuche zu machen; einige waren privater Art, während andere abgestattet wurden, weil das Amt, das man bekleidete, es so verlangte.

Bei uns in der Fontankastraße stand der Pförtner Naratow in Gala-Uniform bereit, um die Besucher zu empfangen. An solchen Feiertagen sah er sehr eindrucksvoll aus: Auf dem Kopf hatte er den dreieckigen Hut mit Goldrändern und Kokarde, schräg über der Brust trug er ein breites Band, dessen Goldsaum mit einer Reihe aufgestickter Doppeladler verziert war. In der Hand hielt er einen langen Marschallstab mit Goldknauf, von dem aus sich ein vergoldetes Band nach unten schlängelte und in einer Quaste endete. Naratow kam seiner Aufgabe mit großer Würde und offensichtlich mit ebenso großer Freude nach, denn an Feiertagen bekam er ein beträchtliches Trinkgeld. Wenn die Lakaien – die auch in Gala-Uniform waren – die Besucher von Mänteln und Pelzen befreit hatten, führten sie sie ins Zimmer, wo ein Tisch mit den beiden Gästebüchern meiner Eltern stand, in die die Besucher erst ihre Namen schrieben.

Als Nadja und ich klein waren, bereiteten uns diese Besuche ganz unbekannter Personen, meistens Männer in Uniformen und mit Orden geschmückt, großen Spaß. Um sie richtig in Augenschein nehmen zu können, versteckten wir uns hinter der Fenstergardine unweit des Tisches, auf dem die Gästebücher vor einem schweren Tintenfaß aus Silber lagen. Durch den Spalt zwischen den beiden Gardinen konnten wir bequem und unbemerkt beobachten, wie die Besucher sich an den Tisch setzten und ihre Namen in die Bücher schrieben. Am Neujahrstag fiel uns ein Streich ein, den wir später nie zu wiederholen wagten. Aus einem Zauberkasten, den wir zu Weihnachten bekommen hatten, nahmen wir eine schwarze, glänzende Platte, die verschütteter Tinte täuschend ähnlich sah. Wir benutzten den Augenblick, als die Lakaien hinausgegangen waren, um einem Besucher in den Mantel zu helfen, und legten diese Platte auf den Tisch neben das Tintenfaß. Blitzschnell versteckten wir uns wieder hinter der Gardine. Ein Lakai führte einen dicken Herrn an den Tisch, der eine goldbestickte ausländische Uniform mit einem glänzenden Ordensband über der Schulter trug. Der Ausländer setzte sich auf den Stuhl, schrieb seinen Namen in die Bücher – und als er den »Tintenfleck« entdeckte, machte er den Lakai verlegen darauf aufmerksam. Kaum war der Besucher fort, schlüpften wir aus unserem Versteck, um den Namen unseres Opfers zu lesen – es war der spanische Botschafter, Graf de la Viñaza.

Daß wir für diesen Schelmenstreich nicht die wohlverdiente Strafe bekamen, verdankten wir nur der Tatsache, daß der diensthabende Lakai Auguste war, der uns sehr mochte. Er versprach, unseren ungehörigen Spaß geheimzuhalten, wenn wir dafür versprachen, ihn nicht zu wiederholen. Nach der Revolution hatte ich Gelegenheit, Graf Viñaza mit Familie zu begrüßen, als er in Rom am Quirinal den Posten eines Gesandten innehatte. Damals gestand ich ihm unsere Missetat.

Ein anderer Botschafter, den wir uns an diesem Tag mit großem Interesse anschauten, war Turkhan Pascha, ein eindrucksvoller, gesetzter Türke, der sich an den Tisch setzte, ohne seinen dunkelroten Fez abzunehmen. Soviel ich weiß, war Turkhan Pascha der einzige ausländische Diplomat, den meine Eltern am Neujahrstag in ihrem eigenen Wohnzimmer empfingen. Meine Eltern hatten Turkhan Pascha 1900 in Rom kennengelernt, als mein Vater beim Begräbnis von König Umberto I. den Zaren vertrat.

An Feiertagen konnten meine Eltern außerdem nicht so viele Gäste empfangen, da sie selbst ausfuhren, um Familienbesuche zu machen. Im Lauf des Jahres allerdings mußten meine Eltern Personen Audienz gewähren, die ihnen aus irgendeinem Grund die Aufwartung zu machen hatten, und ebenso mußten sie frisch ernannte ausländische Diplomaten empfangen. Während mein Vater Generalinspekteur war, beanspruchten diese Empfänge einen großen Teil seiner Freizeit, und an solchen Tagen verbrachte er den Abend am liebsten im Yachtklub, wo er sich mit Freunden und Verwandten traf. Mein Vater spielte weder Karten noch nahm er am Glücksspiel teil, er zog eine Unterhaltung mit den Klubmitgliedern oder ein Spiel am Billardtisch oder der Kegelbahn vor.

Meine Mutter hielt, wie gesagt, nichts vom offiziellen Leben und pflegte in den besseren Kreisen der Gesellschaft keine engen Freundschaften, außer zu Sinaida Nikolajewna Jusupowa, die sie besuchte und der sie voll Freude ihr Haus öffnete.

Manchmal lud meine Mutter einen Herren aus der Akademie, den bekannten Orientalisten Oldenburg ein, oder ein anderes Akademiemitglied, Professor Uspenski, dessen Arbeiten über die Geschichte der asiatischen Volksgruppen sie sehr interessierten. Mit ebenso großer Freude empfing meine Mutter den alten Senatoren und hervorragenden Wissenschaftler Semjonow-Tjan-Shanski, der viele Schriften über die Geologie und Geographie Sibiriens herausgegeben hatte. In Sankt Petersburg mußte meine Mutter Vertreter mehrerer Armenvereine und wohltätiger Institutionen empfangen, bei denen sie Mitglied war, und sie wies nie jemanden ab, der sie um Hilfe oder um eine Empfehlung bat.

Bei meiner Beschreibung der Audienzen und der Gäste, die unser Haus besuchten, möchte ich auch Rasputin erwähnen, obwohl ich ihn nur ein einziges Mal getroffen habe. Eines Tages, als ich mit meinem Erzieher gerade einen Spaziergang machen wollte, begegnete ich auf der Treppe unserer Diele einen mir unbekannten Priester. Als er mich erblickte und erkannte, daß ich der Sohn des Hauses war, grüßte er mich mit übertriebener Liebenswürdigkeit – und ich bekam einen sehr schlechten Eindruck von ihm. Unten an der Treppe stand ein Bauer im blauen Kittel, mit Bart, langem Haar und Mittelscheitel. Er stand ganz steif da und starrte mich mit weit aufgerissenen Augen an. Das war Rasputin. Als ich von dem Spaziergang zurückkehrte, fragte ich meine Mutter, was das für ein Priester gewesen sei, den ich in der Diele getroffen hatte. Ich sprach offenbar nicht respektvoll genug von ihm, denn ich erinnere mich, daß ich von meiner Mutter gerügt wurde. Dann teilte sie mir mit, daß sie Besuch von dem Archimandrit (Klostervorstand) gehabt hatte, der den Pilger Grigori mitgebracht hatte, einen sehr interessanten Menschen, der ihr von seinen Wanderungen und von Sibirien erzählt habe.

Heutzutage gibt es so viele Bücher, in denen über Rasputin geschrieben wird, und da stößt man oft auf eine Menge Ungenaues und auf so phantastische Geschichten, daß ich hier berichten will, was ich über ihn weiß. Meine Eltern haben mir einiges über ihn erzählt, und ich habe von Rasputin zu einem Zeitpunkt gehört, als sein Einfluß am Hof zunahm. Nach der Revolution 1917 erfuhr ich eine Menge darüber von Fürst Wladimir Nikolajewitsch Orlow (Nadjas Schwiegervater), der lange Zeit den Posten als Leiter der Feldkanzlei Seiner Majestät bekleidete und eine enge Verbindung zur kaiserlichen Familie hatte.

Grigori Jefimowitsch Rasputin war kein Mönch, was viele unwissende Menschen und Literaten in ihren Werken behaupteten, in denen die Wahrheit verzerrt wird um einer größeren Wirkung willen. Er war Bauer – ein Sibirier aus dem Dorf Pokrowskoje, das im Werkhoturje Distrikt im Gouvernement Tobolsk lag. Schon in früher Jugend fiel er wegen seiner großen Frömmigkeit auf und besuchte regelmäßig das Werkhoturje Kloster, wo er mit den Mönchen redete und Pilger traf. Rasputin heiratete sehr früh und hatte drei Kinder. Als er einige Jahre still und friedlich in Pokrowskoje gelebt hatte, gab er sich ganz dem Gebet hin und führte religiöse Gespräche mit den Bauern. Er war offenbar nicht zufrieden mit diesem Dasein, denn er beschloß, sich aufzumachen zum heiligen Berg Athos in Griechenland. Unterwegs machte er in den bekanntesten Klöstern Halt und diskutierte dort mit den Mönchen religiöse Fragen. Als er zurückkehrte in sein Dorf, scharte er mit seinen interessanten Berichten von den heiligen Stätten, die er gesehen hatte, nicht nur die Bauern der umliegenden Dörfer um sich, sondern auch Leute aus entfernteren Gegenden, wohin der Ruf seiner Erzählungen gedrungen war. Rasputin fing an, eigene Deutungen der Heiligen Schrift zu verkünden, und seine Popularität wuchs dermaßen, daß die Leute sich in persönlichen Fragen an ihn wandten. Sein Scharfsinn und seine Fähigkeit, sich in den Seelenzustand der Menschen, die sich an ihn wandten, hineinzuversetzen, war erstaunlich und brachte ihm den Ruf eines Hellsehers ein. Rasputins Predigten in seinem Dorf hatten großen Erfolg, und er zog aus, das Evangelium in Sibirien zu verkünden und kam bei seinen Wanderungen bis zum Eismeer. Er verließ seine Familie, nahm seine Pilgerfahrten durch Rußland wieder auf und gelangte zu Fuß bis Kiew. Auf dem Rückweg machte er in Kasan halt.

In Kasan entschied sich sein Schicksal. Er traf hier zufällig einen Priester, den Rasputins Persönlichkeit gewaltig beeindruckte. Der Priester riet Rasputin, nach Sankt Petersburg zu gehen, zu dem Archimandriten Theophan, welcher Inspekteur der Geistlichen Akademie war, und er gab ihm ein Empfehlungsschreiben mit. Leute, die den Archimandriten Theophan kannten, haben mir erzählt, daß er als ein rechtschaffener Mensch mit einem starken Glauben galt und eine Neigung zum Mystizismus hatte. Er war ein gelehrter Theologe, und die hohe Geistlichkeit achtete sehr auf seine Meinung. Der Archimandrit setzte sich für eine religiöse Annäherung zwischen der gewöhnlichen Bevölkerung und den höheren Gesellschaftsschichten ein.

Rasputin mußte einfach das Interesse von Theophan wecken; dieser Bauer, der es durch seine Predigten geschafft hatte, so viele Anhänger um sich zu scharen, flößte ihm offenbar große Achtung ein und wurde sein Freund. Theophan stellte ihn dem Rektor der Geistlichen Akademie vor, dem ehrwürdigen Bischof Sergej, welcher Rasputin mit großem Wohlwollen behandelte. Bischof Sergej und Theophan hielten es für angebracht, Rasputin solchen Personen vorzustellen, die in der sogenannten Intelligenzija und in Regierungskreisen wichtige Stellungen bekleideten. Theophan, der in der Hauptstadt gute Verbindungen hatte, übernahm es, den sibirischen Prediger in die Gesellschaft Sankt Petersburgs einzuführen. Daß diese Initiative erfolgreich war, lag ohne Zweifel an den Empfehlungen des ehrwürdigen Bischofs Sergej und der Autorität Theophans, welcher der Beichtvater von Zarin Alexandra Fjodorowna war. Rasputins Originalität und das Interesse, das seine gut vorgetragenen Geschichten über seine Pilgerreisen weckten, führten dazu, daß sich der Ruf des sibirischen Wanderpredigers in ganz Sankt Petersburg verbreitete. Viele luden ihn aus lauter Neugier ein – andere wollten mit ihm religiöse Fragen erörtern.

Theophan stellte Rasputin dem Premierminister, Graf Witte, vor, dessen Frau Rasputins Verehrerin wurde. Er führte ihn auch in die erste Gesellschaft ein, und Großfürstin Maria Pawlowna, die gerne interessante Gäste in ihrem Salon empfing, machte ebenfalls die Bekanntschaft Rasputins. Im Laufe kurzer Zeit hatte Rasputin so einen engen Kreis begeisterter Anhänger aus allen Gesellschaftsschichten um sich gesammelt.

Als der Archimandrit Theophan erfuhr, daß Onkel Nikolascha beabsichtigte, dem Walaamski Kloster (ein Mönchskloster am Ladoga-See) einen Besuch abzustatten, arrangierte er ein Treffen mit Rasputin im Haus in der Italienstraße, wo mein Onkel 1905 vor seiner Heirat wohnte. Onkel Nikolascha fand Rasputins Erzählungen und Pilgerreisen sehr beachtenswert, und der Mann machte einen ausgezeichneten Eindruck auf ihn. Da Onkel Nikolascha wußte, daß meine Mutter sich sehr für die Geschichte alter Klöster begeisterte, riet er ihr, Rasputin einzuladen. Er erwähnte ihn auch dem Zaren gegenüber. Zu dem Zeitpunkt wollten meine Eltern aber auf die Krim fahren, und deshalb kam das Treffen nicht zustande.

Weil Theophan Rasputins Sache weiter fördern wollte, richtete er es ein, ihn Zarin Alexandra Fjodorowna vorzustellen, der er von den erstaunlichen Fähigkeiten des Pilgers berichtet hatte. Man hat mir erzählt, daß Rasputin bei dieser Gelegenheit keinen besonderen Eindruck auf die Zarin gemacht habe.

Als wir von der Krim zurück nach Sankt Petersburg kamen, brachte Theophan Rasputin in das Haus meiner Eltern. Meiner Mutter gefiel er sofort, und sie sagte mir, daß er auf sie den Eindruck eines frommen und aufrichtigen Menschen gemacht habe und daß sie seinen Bericht über Sibirien und die Klöster, in denen er gewesen war, aufmerksam angehört hatte. Die Bekanntschaft mit Rasputin mußte meiner Mutter einfach großes Vergnügen bereiten. Sie war interessiert an Sibirien und angezogen vom nördlichen Rußland, seit sie als junges Mädchen in den Sommerferien auf das Gut Uspenskoje gefahren war. Das Gut lag in der Nähe des Dorfes Staraja Ladoga ausgesprochen malerisch am Ufer des Flusses Wolkhow und gehörte der Leiterin des Smolnyj Instituts, Olga Alexandrowna Tomilowa. Meine Mutter war sehr angetan von der Landschaft um den Fluß und bedauerte immer, daß sie nicht noch weiter nördlich gewesen war. Sie war auch an alten russischen Klöstern interessiert, in denen die Heiligen gewirkt hatten, die sie besonders verehrte. In der privaten Bibliothek meiner Mutter befand sich eine beachtliche Sammlung von Büchern über die Geographie Sibiriens und den russischen Norden. Eine andere Abteilung ihrer Bibliothek umfaßte Bücher religiöser Thematik, vorwiegend Lebensbeschreibungen von Heiligen und eifrigen Anhängern der griechisch-orthodoxen Kirche. Für dogmatische Theologie hatte meine Mutter nichts übrig. Sie hielt sich strikt an die Lehre der griechisch-orthodoxen Kirche, war aber sehr tolerant. Obwohl sie die römisch-katholische Kirche respektierte, tadelte sie den Vatikan wegen der Einführung neuer Dogmen und war nicht bereit, den Papst als Stellvertreter Christi auf Erden anzuerkennen. In diesem Punkt vertrat sie dieselbe Auffassung wie die Protestanten. Meine Mutter sagte immer, es sei schwerer, ein richtiger Christ zu sein als ein glühender Anhänger der orthodoxen, katholischen oder protestantischen Kirche.

Rasputin und Theophan trafen sich mit Tante Stana und Onkel Georg von Leuchtenberg bei meinen Eltern. Über diese Gespräche mit Rasputin redete meine Mutter des öfteren mit Zarin Alexandra Fjodorowna, die den Wunsch äußerte, ihn näher kennenzulernen. Damals sorgte sich die Zarin mehr und mehr um die Gesundheit des Thronfolgers Alexej, denn es hatten sich erste Symptome seiner Bluterkrankheit gezeigt. Sie führte bereits ein zurückgezogenes Dasein im Schoß der Familie und einem engen Freundeskreis, zu dem unter anderen die Hofdame Fürstin Orbeliani, Frau Dehn und Anna Alexandrowna Tanéjewa gehörten. Letztere wurde, nachdem sie Rasputin kennengelernt hatte, seine begeisterte Anhängerin.

Anna Alexandrowna, Tochter des Oberhofmeisters Tanéjew, die großen Einfluß am Hof besaß, ging eine Ehe mit Leutnant Wyrubow ein; die Ehe war nicht glücklich und wurde nach Ablauf einiger Monate geschieden. Ich erinnere mich an Anna Wyrubowa von Liwadia her; sie war eine rotgesichtige, dickliche Frau, die nichts für ihr Äußeres tat. Sie war bekannt für ihren exaltierten Charakter und ihren Mystizismus. Als sich die Wyrubowa dem Kreis der Anhänger Rasputins anschloß, in dem sie einen Erneuerer der Kirche sah, ja sogar einen Hellseher, dessen Gebete sie für wunderwirkend hielt, wurde sie eine enthusiastische Verehrerin dieses sibirischen »Mönchs«. Sie schlug der Zarin vor, bei Rasputins Gebeten Zuflucht zu suchen, wenn der Thronfolger Blutungen hatte, die die Ärzte nur mit größter Mühe stoppen konnten. Jede Besserung des Kranken schrieben die Zarin und die Wyrubowa den Gebeten Rasputins zu.

Meine Kenntnisse der ärztlichen Kunst sind sehr begrenzt, und ich möchte mir kein Urteil über die Richtigkeit der Behauptung anmaßen, daß psychische Beeinflussung oder Hypnose in einigen Fällen eine günstige Wirkung auf das Stillen von Blutungen haben können. Diese Möglichkeit wurde diskutiert, und es gibt darüber medizinische Abhandlungen.

Die Wyrubowa war ständig mit der Zarin zusammen, die sie in ihr Haus in der Nähe des Schlosses in Zarskoje Selo einlud. Bei solchen Gelegenheiten schickte sie nach Rasputin. Sie begleitete die Zarin auf Kreuzfahrten im Finnischen Meerbusen, und sie war dabei, wenn die Zarenfamilie nach Liwadia auf die Krim fuhr.

Es kam so weit, daß einige politische Emporkömmlinge und Mitglieder der Finanzaristokratie in den Kreis der echten Bewunderer Rasputins drängten, wie zum Beispiel Graf Witte und Stolypin. Rasputins Pilgerreisen hörten auf, er lebte einen großen Teil des Jahres in Sankt Petersburg und besuchte nur selten seine Familie in dem sibirischen Dorf. Dafür erschien er immer öfter in Zarskoje Selo, aber seine Besuche bei meinen Eltern wurden seltener. Er konnte ihnen nicht viel Neues erzählen, und seine religiösen Betrachtungen interessierten sie nicht. Meine Mutter bemerkte überdies in seiner Rede eine Neigung zu ketzerischen Ansichten, was sie dem Archimandriten Theophan gegenüber auch erwähnte.

Als meine Eltern Ende 1909 von der Krim nach Sankt Petersburg zurückkehrten, begegnete ihnen Rasputin erst an dem Tag wieder, der das Ende ihrer Bekanntschaft werden sollte. Meine Mutter erzählte mir, daß Rasputin an diesem Tag meine Eltern gebeten habe, ihn wegen einer dringenden Angelegenheit zu empfangen. Er kam in erregtem Zustand in unser Haus in der Fontankastraße und fing sofort an, über Zarin Alexandra Fjodorowna zu reden. Der Zweck seines unerwarteten Besuchs war, daß er wollte, daß meine Eltern mit ihm zur Zarin nach Zarskoje Selo führen. Als meine Mutter antwortete, sie sähe dazu keine Veranlassung, ereiferte sich Rasputin und fing an, von der Bedeutung seiner Mission als Prediger zu reden. Er führte eine Unmenge so seltsamer religiöser Argumente an, daß meine Mutter ihn unterbrach und meinte, seine Ansichten klängen doch recht ketzerisch. Diese Worte kränkten Rasputin, und er beschuldigte meine Mutter, dem Volksglauben gegenüber voreingenommen und ohne Verständnis zu sein. Während er sich mehr und mehr ereiferte, wurde seine Rede verworren, und man verstand ihn kaum noch. Als er begriff, daß meine Eltern ihre kritische Haltung nicht aufgaben, und da er wußte, daß sie den heiligen Seraphim von

Sarow sehr verehrten, sprach er auf herausfordernde Weise grob und unfreundlich über ihn. Mein Vater, den Rasputins Ausbruch erzürnte, forderte ihn auf, unverzüglich zu schweigen und teilte ihm barsch mit, daß sein Haus ihm in Zukunft verschlossen sei. Beim Hinausgehen blieb Rasputin an der Tür stehen und sagte mit gehässigem Gesichtsausdruck, daß Gott sie für ein solches Verhalten bestrafen werde!

Als Onkel Nikolascha von diesem Ereignis erfuhr, erzählte er es dem Zaren. Meine Mutter beschloß, die Zarin zu warnen und berichtete ihr bei der ersten Gelegenheit von Rasputins Neigung zur Ketzerei – einer Ketzerei, die der glich, die von den Chlysten – einer religiösen Sekte, die in Rußland Mitte des 17. Jahrhunderts entstand und die die Mysterien, die Priesterschaft und die etablierte Kirche ablehnte – praktiziert werde. Die Zarin hörte meiner Mutter zu und bat sie, ihr zu erklären, was es mit den Chlysten (russisch: Geißler) auf sich habe, und meine Mutter, die auch nicht viel über die Sekte wußte, versprach, die nötigen Fakten zu beschaffen. Nachdem meine Mutter sich bei sachkundigen Personen informiert und einige Bücher gefunden hatte, die von Geißlern und anderen Ketzern handelten, fuhr sie mit meinem Vater nach Zarskoje Selo. Als meine Mutter der Zarin Bücher und Auskünfte gegeben hatte, erzählte sie ihr von dem schlechten Eindruck, den Rasputin hinterlassen hatte. Einige Tage nach dem Besuch in Zarskoje Selo reisten wir an die Französische Riviera.

Im Sommer kehrten wir zurück, um einige Monate auf Znamenka zu verbringen. Nach der Ankunft begaben sich meine Eltern nach Alexandria, wo der Zar sie gutgelaunt empfing, während die Zarin meiner Mutter mit einer offensichtlichen Kühle begegnete. Im Sommer pflegten der Zar und die Zarin oft nach Znamenka zu Besuch zu kommen, und man traf sich ebenso häufig auf Alexandria. Als meine Mutter beim Abschied die Zarin zu einem Essen nach Znamenka einlud, schlug sie die Einladung aus und entschuldigte sich mit Unpäßlichkeit. Den ganzen Sommer lang äußerte die Zarin nie den Wunsch, sich mit meinen Eltern zu treffen. Von da an war die früher so enge Beziehung zwischen ihr und meinen Eltern für immer zerbrochen. Meine Mutter hegte keinen Zweifel, daß der Grund für die plötzliche abweisende Kälte der Zarin mit Rasputin zusammenhing, der erfahren hatte, wie kritisch sich meine Mutter über seinen religiösen Wahn geäußert hatte und daß sie der Zarin Bücher über die Chlysten und andere Geißler besorgt hatte. Gleichzeitig hatte der Archimandrit Theophan, voller Reue über seine Protektion Rasputins, ein Gespräch mit der Zarin. Die Unterredung endete nicht so, wie er gefürchtet hatte. Kurz darauf wurde Theophan zum Bischof geweiht, und er verließ Sankt Petersburg, um in sein Bistum zu reisen.

In meinen Erinnerungen ist kein Platz für meine persönlichen Ansichten zu politischen Fragen, und außerdem habe ich nicht das Gefühl, in moralischer Hinsicht berechtigt zu sein, mich zum Richter über Vorfälle in den letzten Jahren der Regierung Nikolaus' II. zu erheben. Allerdings möchte ich die Haltung der Zarin zumindest zu erklären versuchen, denn es ist viel über diese Zeit geschrieben worden, und in einigen Büchern habe ich ungerechte Beschuldigungen und böswillige Lügen über Zarin Alexandra Fjodorowna gefunden. Das tragische Schicksal der Zarin hat die Personen, die sie aus persönlichem Interesse verleumdeten, nicht dazu veranlaßt, ihr den nötigen Respekt zu erweisen. Ich habe auf den vorangehenden Seiten die Zarin so oft erwähnt, daß ich es für meine Pflicht halte, ihr Angedenken zu verteidigen. Die Ankläger der Zarin machten sich selten die Mühe, die Ursachen für Rasputins großen Einfluß auf sie zu suchen.

Ich persönlich sehe zwei Erklärungen dafür. Einmal lag es an ihrer zunehmenden Ungeselligkeit, die im Laufe der Jahre dazu führte, daß sie nur ganz wenige Freundschaften pflegte. Unglücklicherweise gehörte dazu die exaltierte und kurzsichtige Anna Wyrubowa, die ja eine begeisterte Anhängerin Rasputins war. Gleichzeitig verlor die Zarin in ihrer Zurückgezogenheit allmählich den Kontakt zur Außenwelt, und es fiel ihr schwer, die politischen Verhältnisse im Land richtig zu beurteilen. Die falsche Einschätzung, die die Zarin in vielen nationalen Fragen hatte, verstärkte sich während des Ersten Weltkriegs, als sie, angestiftet von der Wyrubowa, Rasputins Schützlinge näher an sich herankommen ließ, welche sie um des eigenen Vorteils willen in die Irre führten.

Eine andere Erklärung für Rasputins Einfluß ist, so glaube ich jedenfalls, die unheilbare Bluterkrankheit des Thronfolgers. Die Zarin fühlte sich schuldig, die erbliche Krankheit ihrem einzigen Sohn übertragen zu haben. Weil sie die Gefahr, die dem Thronfolger bei jeder Verletzung drohte, und die Unheilbarkeit seiner Krankheit erkannte, setzte sie all ihre Hoffnungen in Gebete. In diesem seelischen Zustand wandte sie sich an Rasputin, der nach der Behauptung der Wyrubowa ein wunderwirkender Prediger war. Von dem Moment an geriet die Zarin, die auf Rasputins Hilfe hoffte, unter seinen Einfluß – einen Einfluß, den verantwortungslose politische Glücksjäger ausnutzten. Auf deren Betreiben hin wurden alle, die Rasputin kritisierten, zu Feinden des Zaren erklärt. In dieser Fehleinschätzung verdächtigte sie sogar so ergebene Männer wie Onkel Nikolascha und Fürst Orlow der Illoyalität.

Während des Krieges, als das Land eine schwere Zeit durchmachte, kam es zu Unzufriedenheiten mit der Staatsführung, und die Zarin wurde beschuldigt, sich in Staatsangelegenheiten eingemischt zu haben. Man sprach von »finsteren Kräften«, und es verbreiteten sich Gerüchte, daß sie hinterhältige, ehrgeizige Absichten verfolge, daß sie eine deutsche Spionin sei. Wer die Zarin kannte, wußte, daß ihr Patriotismus über jeden Zweifel erhaben war, denn die Zarin liebte Rußland über alles und war dem Land innig verbunden.

Im Herbst 1910 wurde ich 14 Jahre und hatte damit das Alter erreicht, um an der Kadettenschule eingeschrieben zu werden. Die langwierige Behandlung meines Beines, das ich mir in Nizza gebrochen hatte, verzögerte allerdings meine Aufnahme in die Schule, und ich erhielt meine Kadettenuniform erst im folgenden Jahr. Obwohl ich an der Wladimir Kadettenschule in Kiew eingeschrieben war, wurde ich die nächsten vier Jahre zu Hause unterrichtet und drückte erst ab 1914 wirklich die Schulbank. In diesen vier Jahren war mein Erzieher Fursenko, ein Historiker und Philologe, für meine Ausbildung verantwortlich. Mein Unterricht war orientiert am Lehrplan der Kadettenschule, der auf Wunsch meines Vaters durch einige Fächer erweitert wurde, die seiner Meinung nach von wesentlicher Bedeutung waren. Wasili Wasiljewitsch Fursenko unterrichtete mich in russischer Sprache und Geschichte. Ich hatte auch andere Lehrer, und von denen mochte ich Bilibin, Makschejew und Gilliard besonders gerne.

Alexander Jakowlewitsch Bilibin, der Bruder des begabten Künstlers Iwan Jakowlewitsch, besaß die Fähigkeit, in mir ein Interesse für Mathematik zu wecken. Makschejew unterrichtete mich in Chemie und Physik. In einem der Gänge meines Wohnbereichs richtete er ein Labor für chemische und physikalische Versuche ein und brachte dort ein ganzes Arsenal von allen möglichen Instrumenten, elektrischen Apparaten, Glasschalen der seltsamsten Formen und eine Reihe von Fläschchen mit mysteriösen Flüssigkeiten oder Pulvern unter. Im Labor stand auch ein gutes Mikroskop, mit dem Makschejew mir den Aufbau tierischer und pflanzlicher Zellen erklärte. Als ich älter wurde, erhielt ich die Erlaubnis, diese Instrumente auch in meiner Freizeit zu benutzen und führte oft selbständig Versuche in diesem Labor durch. Makschejew warnte mich vor der Gefährlichkeit einzelner chemischer Verbindungen, und mein Erzieher übertrug mir – in pädagogischer Absicht – die gesamte Verantwortung für die Risiken, die meine Experimente in sich bargen. Ich verbrannte mich mehrere Male, schnitt mich an Glas, bekam elektrische Schläge und erzeugte einmal eine Explosion, als ich eine Mischung von Flüssigkeiten erwärmen wollte. Trotzdem führten diese Versuche, deren Zweck es war, mir die Eigenschaften chemischer Verbindungen zu zeigen oder physikalische Phänomene aufzuspüren, die bei besonderen Umständen eintraten, dazu, daß ich viele chemische und physikalische Gesetze besser verstand, und gleichzeitig erleichterte ich Makschejew seinen theoretischen Unterricht. Dank dieser beiden Lehrer haben mich die Fächer, die sie unterichteten, mein Leben lang interessiert.

Der dritte Lehrer, den ich gerne mochte, war mein Französischlehrer Gilliard. Wie schon erwähnt, hatte Gilliard damals gerade seinen Posten bei Sergej und Jelena von Leuchtenberg aufgegeben, um sich dem Französischunterricht der Zarentöchter zu widmen. Er kam zweimal die Woche von Zarskoje Selo, nicht nur, um mir die französische Sprache beizubringen, sondern auch, um mich mit französischer Literatur vertraut zu machen. Wenn ich mit Problemen der französischen Grammatik kämpfte, munterte er mich auf, indem er mir die älteste Tochter des Zaren, Olga, als Vorbild hinstellte. Sie erzählte mir übrigens, daß Gilliard mich ihr gegenüber als gutes Beispiel nannte!

Im Lehrplan der Kadettenschule legte man großes Gewicht auf Frontlektionen und eine elementare Kenntnis des militärischen Reglements. Mir wurde deshalb ein Ausbilder zugeteilt, der Unteroffizier im Pionierbataillon der Leibgarde, Rjabschenko. Er brachte mir die Gewehrgriffe bei, zeigte mir, wie man ein Gewehr zerlegte und reinigte, wie man militärisch grüßte und erklärte mir einige Punkte der Dienstvorschriften. Rjabschenko hatte die Größe eines Gardisten und sah aus wie Peter der Große in seiner Jugend. Tauchte mein Vater unerwartet in unseren Stunden auf, erstarrte der arme Rjabschenko vor Nervosität und Verlegenheit, denn es kam häufig vor, daß mein Vater bei solchen Gelegenheiten selbst das Gewehr ergriff und ihn aufforderte, die Kommandos der verschiedenen Gewehrgriffe zu geben. Was Rjabschenko in diesen Minuten durchmachte, erfuhr ich später von seinem Regimentskameraden, einem Pionier der Garde Owsjannikow, der 1916 während des Kriegs mein Bursche war.

Ich möchte keinen Hehl daraus machen, daß meine Studienzeit in Sankt Petersburg eine schwere Periode meines Lebens war, und ich möchte nicht den Eindruck erwecken, daß die Tage heiter und sorglos verstrichen. Natürlich hatte ich viele schöne und erlebnisreiche Tage, doch sie wurden überschattet von den mühevollen und langweiligen, an denen ich stundenlang am Schreibtisch neben dem Fenster sitzen mußte, wo das dämmrige Licht Sankt Petersburgs hereinfiel. Die Abende benutzte ich meistens zur Vorbereitung meiner Lektionen. Unter diesen Umständen verliefen Lernen und Unterricht ziemlich monoton, besonders, weil ich keine Schulkameraden hatte, und das mußte sich einfach auf meine Stimmung auswirken. Als ich die Kadettenuniform tragen durfte, wurden sogar meine Spaziergänge in der Stadt, die ich bei jedem Wetter nach dem Mittagessen unternahm, zu einer Last für mich, denn ständig mußte ich die Augen offen halten, ob ein Offizier unterwegs war, den ich korrekt zu grüßen hatte. Besonders aufpassen mußte ich bei einem General, denn dem hatte ich mit vier Schritt Abstand in Habtachtstellung zu begegnen – streng nach Rjabschenkos Anweisungen. Um allzu häufige Gänge durch die Stadt zu vermeiden, die unter solchen Umständen wenig vergnüglich waren, nahm mich Fursenko manchmal auf eine Fahrt im Pferdeschlitten mit. Wir fuhren dann zu Stellen in Sankt Petersburg, wo wir uns etwas freier bewegen konnten – doch in einer »Militärstadt« waren solche Orte schwer zu finden!

Lag der Frühling in der Luft, und verwandelte sich der Frost in Tauwetter, wurden die Spaziergänge in der Stadt sehr unangenehm. Auf den Bürgersteigen war es glatt, und von den Hausdächern tropften die langen Eiszapfen schmutziges Wasser auf die Fußgänger. Dann fuhren wir lieber hinaus auf die »Inseln«, wo Nadja und ich in den

Parkalleen herumlaufen konnten. Hier draußen in der frischen Luft nahmen wir bereits den Geruch des Frühlings wahr und entdeckten an Bäumen und Büschen die ersten Knospen. Um auf die »Inseln« hinaus zu gelangen, nahmen wir das Auto und wurden nur von Nadjas heißgeliebter Seni begleitet. Zuerst folgten wir dem Schloßkai, passierten dann den Sommergarten und das Oldenburg Palais und kamen schließlich zur Troitski Brücke. Diese große und schöne Brücke war oft von Fahrzeugen verstopft, denn sie stellte die beste Verbindung zwischen dem Stadtzentrum und der sogenannten Petersburger-Seite dar. Diese alte Bezeichnung des rechten Ufers der Newa stammte aus der Zeit Peter des Großen, als er hier den Grundstein für seine neue Hauptstadt legte.

Auf der anderen Seite der Brücke begann der Kamennoostrowski Prospekt (heute: Kirow Prospekt), wo man ein Stück weiter unten das von einem Garten umgebene Kaiserliche Alexander Lyzeum sah. Der Prospekt führte uns zur Brücke, die zur Kamennyj Insel (heute Ostrow Trudjaschtschichsja) hinüberführte – eine der drei »Inseln«, die bei Frühlingsbeginn die Bewohner Sankt Petersburgs anlockten. Die Inseln – Kamennyj, Jelagin und Krestowski, die durch Brücken verbunden waren, waren vor allem für diejenigen ein beliebtes Ausflugsziel, die über eigene Beförderungsmittel verfügten, denn die Inseln lagen etwas außerhalb der Stadt. Von der Brücke über die Malaja Newka sahen wir den auf der Spitze der Insel liegenden, von einem Park umgebenen Kamenno-Ostrowski Palast. Neben diesem Palast gab es noch viele andere prächtige Bauwerke, so zum Beispiel die Kirche Johannes des Täufers, das Invalidenheim Zar Pauls I. und viele private Sommerhäuser, die der Aristokratie und den Wohlhabenden Sankt Petersburgs gehörten. Was diese Sommerhäuser betraf, waren die meisten aus Holz und eben nur für einen Sommeraufenthalt gedacht, doch ein Teil stand auch im Sommer leer, weil es damals nicht modern war, seine Ferien auf den »Inseln« zu verbringen. Ich erinnere mich an Graf Stroganows schöne Sommerresidenz, deren Fenster zugenagelt waren – ein Haus, über das unheimliche Spukgeschichten erzählt wurden.

Herrliche Alleen, gesäumt von hohen Linden oder weißstämmigen Birken, durchschnitten die Insel. Eine dieser Alleen, die wir oft benutzten, führte zum Kaiserlichen Sommertheater (heute Kamennoostrowski Theater), das auch aus Holz gebaut war. Hinter dem Theater ging eine Brücke zur Jelagin Insel hinüber. Der Jelagin

Palast, der unweit der Brücke stand, hat mir immer gut gefallen. Alexander I. hatte ihn seiner Mutter, Zarin Maria Fjodorowna, nach der Tragödie im Michail Schloß – ihr Gemahl Paul I. wurde dort im März 1801 ermordet – überlassen.

Wir machten gewöhnlich an einer der Alleen auf der Jelagin Insel halt, um zu Fuß weiterzugehen. Wir ließen das Auto auf Strelka stehen, einer Landzunge auf der Westseite der Insel. Von der Hauptallee zweigten überall kleine Wege ab, und hier liefen Nadja und ich voraus, um zum Ufer der länglichen, gewundenen Teiche zu kommen, wo an schmalen Stellen hübsche kleine Brücken mit Geländern aus Birkenholz angelegt waren. Eines Tages, als wir aus dem Labyrinth der Wege, die um die Teiche liefen, herauskamen, standen wir auf einer großen Allee, wo wir eine offene Equipage erblickten, die langsam dahinfuhr. Der Kutscher war mit Medaillen behängt, und neben ihm saß ein Lakai. Der Lakai hatte seinen dreieckigen Hut quer auf, das hieß, er begleitete einen Großfürsten oder eine Großfürstin. Traf ein Kadett ein Mitglied des kaiserlichen Hauses, mußte er Habtachtstellung einnehmen. Als die Kutsche auf unsere Höhe kam, stand ich also stramm und erkannte Tante Maria Alexandrowna wieder, die Kusine meines Vaters, die ich vor einigen Tagen zum ersten Mal in unserem Haus gesehen hatte, als sie bei meinen Eltern zu Besuch war. Maria Alexandrowna, die Schwester Alexanders III., wohnte damals fest in Coburg und besuchte nur selten ihr Vaterland; ich war deshalb neugierig, sie nochmal zu sehen. Als der Wagen an uns vorbeifuhr, nickte unsere Tante Nadja und mir geistesabwesend zu – anscheinend, ohne uns zu erkennen. Um sie nochmal zu treffen, nahmen wir eine Abkürzung zu der Stelle, wo die Allee einen Bogen machte, doch auch unseren zweiten Gruß beantwortete die Tante mit demselben zerstreuten Nicken. Aber wir ließen uns nicht entmutigen und liefen weiterhin vor der Equipage her – und ich stand erneut beharrlich und korrekt in Habtachtstellung. Endlich erkannte uns die Tante, rief uns zum Wagen, begrüßte uns freundlich und sagte dann zu mir – halb im Spaß und halb im Ernst, wobei sie ihre kurze Nase rümpfte: »Richte deinem Vater aus, daß du mir auf die Nerven fällst!«

Als ich den Eltern von unserer Begegnung erzählte und die Worte meiner Tante wiederholte, wurden mir von meinem Vater die Leviten gelesen, und ich wurde diesmal erstaunlicherweise bestraft, weil ich eifrig den militärischen Gruß entbot!

Die Ausflüge auf die »Inseln« beendeten wir auf Strelka. Zu dieser westlichen Landzunge der Insel Jelagin, die in die Newamündung hineinragte, kamen viele bei Sonnenuntergang, wenn die Sonne langsam in den Nebelbänken des Meeres versank. Ich liebte es, ganz draußen auf der Landzunge bei der Granitmauer zu stehen, die im sanften Bogen zwischen zwei steinernen Löwen zum Wasser hinunterging. Dieser Blick übte eine so starke Anziehungskraft auf mich aus, daß ich Sankt Petersburg mit den riesigen Palästen, dem Gedränge in den Straßen und auch meinen Schreibtisch – völlig vergaß.

Ein Teil der großen Krestowski Insel gehörte damals den Fürsten Beloselski-Beloserski, die auf dem Südteil der Insel einen herrlichen Sommersitz hatten. Der letzte Besitzer, Fürst Konstantin Jesperowitsch, verheiratet mit Nadeschda Dmitriewna Skobelewa – einer Schwester des »Weißen Generals« Michail Dmitriewitsch Skobelew – war ein richtiges Original. Viele Gäste des Fürsten waren Ausländer, und weil es ihnen schwerfiel, seinen schwierigen Nachnamen auszusprechen, nannten sie ihn einfach: »Prinz Belo-Belo«.

Der einzige Sohn des Fürsten, Sergej, war mit einer sehr sympathischen Amerikanerin verheiratet, die in den besseren Kreisen Sankt Petersburgs für ihre Eleganz bekannt war. Fürstin Susi – Susanna Kalowna – konnte sich allerdings nicht mit Fürstin Orlowa messen – der zweiten Tochter von Fürst Belo-Belo, die ihr in punkto Eleganz noch überlegen war.

Auf der Krestowski Insel legte Fürst Sergej Konstantinowitsch, ein Sportler und tüchtiger Kavallerist, auf dem Grund und Boden des Vaters ein Polofeld an. Als er seinen Dienst in der Leibgarde des Reiterregiments angetreten hatte, erhielt er vor Ausbruch des Ersten Weltkrieges das Kommando über das Ulanen-Regiment der Leibgarde. Nach Übernahme des Regiments reizte es ihn, bei den jungen Offizieren ein Interesse für den Sport zu wecken. Doch sein Wunsch, ihnen das Polo-Spielen beizubringen, scheiterte daran, daß es in der Umgebung von Peterhof, wo das Ulanenregiment lag, kein geeignetes Areal gab. Mein Vater, der in seiner Jugend im selben Regiment gedient hatte, zeigte volles Verständnis für die Initiative des neuen Regimentskommandeurs und trug die Sache Onkel Nikolascha vor, der damals Generalinspekteur der Kavallerie war. Der Gedanke, einen Sportplatz für die Wettkämpfe der Offiziere anzulegen, wurde gutgeheißen und Fürst Sergej Beloselskis

Vorschlag, die Grasfläche auf der Krestowski Insel dafür zu nehmen, akzeptiert.

Unter den Offizieren wuchs die Begeisterung für das Polo-Spiel mehr und mehr, und bald waren einige Kommandanten der Kavallerieregimente Sankt Petersburgs dafür, daß talentierte einfache Soldaten ebenfalls versuchen sollten, diesen Sport zu lernen. Fürst Sergej Beloselski erzählte meinem Vater von den unerwarteten Folgen, die ein solches Experiment mit sich brachte. Eines Tages erschien ein Kommando des Kosakenregiments der Leibgarde auf der Krestowski-Bahn, hundert Mann, die sibirischen Kosakeneinheiten angehörten. Diese Kosaken, darunter viele Kirgiser, wollten zum ersten Mal mit den Kavalleristen eines anderen Regiments einen Wettkampf austragen. Anfangs verlief das Polo-Spiel noch ganz normal, bis einer der Kavalleristen mit seinem Schläger versehentlich ein Kosakenpferd traf. Der Reiter – ein Kirgise –, dessen Pferd getroffen worden war, schlug sofort zurück und jagte daraufhin zusammen mit den anderen Kirgisen johlend die Kavalleristen des »feindlichen« Regiments vom Spielfeld und über die ganze Insel!

Bevor ich mit der Kadettenschule begann, oder genauer gesagt, bevor ich eine eigene Kadettenuniform bekam, war ich selten im Theater. Manchmal wurden Nadja und ich zu Nachmittagsvorstellungen ins Alexandra Theater gefahren, wenn es Komödien von Ostrowski gab. Sonntags waren wir ab und zu in der Matinee des Mariinski Theaters bei einem Ballett, öfter gingen wir jedoch in den Zirkus Ciniselli, der nicht weit von unserem Haus auf der anderen Seite der Fontanka lag. Die Zirkusvorstellungen waren sehr abwechslungsreich, und wir sahen jedesmal neue Nummern im Programm. Die Vorstellungen waren besonders unterhaltend, wenn der berühmte Durow auftrat, er wurde immer mit donnerndem Beifall begrüßt. Im Zirkus Ciniselli erlebte ich zum ersten Mal eine Kinovorführung. Dieser erste Film, den ich sah, wurde auf einer riesigen Leinwand gezeigt, die man in der Pause gegenüber von der kaiserlichen Loge heruntergerollt hatte. Trotz der schlechten Bildqualität und des sinnlosen Inhalts beeindruckte mich dieses Erlebnis sehr, weil ich nicht begriff, wie die »Fotos« sich auf der Leinwand bewegen konnten. Dieses Rätsel löste mein Lehrer Makschejew für mich.

Als ich nach dem Lehrplan der Kadettenschule unterrichtet wurde, durfte ich an den Sonntagen häufig in die Museen von Sankt

Petersburg mitgehen – statt in den Zirkus, ins Theater oder zu anderen Belustigungen. Fursenko, der nicht nur mein Erzieher, sondern auch mein Geschichtslehrer war, begnügte sich nicht mit unseren Besuchen der Eremitage, der Gemäldegalerien und verschiedener anderer Museen, wie beispielsweise dem Suworow Museum, er zeigte mir außerdem die wichtigsten Bauwerke der Hauptstadt, die über den künstlerischen Wert hinaus von historischem Interesse waren. Mit Makschejew besichtigten wir Museen und Sammlungen, die wissenschaftlichen Charakter hatten. Am liebsten mochte ich die Sammlungen, die zur Kaiserlichen Akademie der Wissenschaften gehörten. Wir besuchten die Museen der Akademie für Anthropologie, Ethnographie, Zoologie und Botanik mehrfach. Ich interessierte mich besonders für das zoologische Museum, das von Peter dem Großen unter dem Namen »Kunstkammer« gegründet wurde – und für das mineralogische Museum (das spätere Museum für Geologie und Paläontologie). Hier begeisterte mich die Sammlung der Meteorsteine und die Abteilung mit Skeletten versteinerter Ungeheuer, in der es auch sehr seltene Exemplare riesiger Dinosaurier gab. Was ich in diesen Museen sah, beschäftigte mich so sehr, daß Makschejew nicht umhin konnte, so manches Thema in seinen Unterricht aufzunehmen, das nicht im Lehrplan stand.

Im Turm des alten Teils der Kunstkammer zeigte man mir sehr alte Instrumente, die im ersten astronomischen Observatorium Rußlands benutzt worden waren, das hier seinen Platz hatte, bis Zar Nikolaus I. ein neues Observatorium in Pulkowo gründete. Die Besichtigung dieses Turms weckte in mir natürlich den Wunsch, das berühmte Observatorium in Pulkowo zu sehen, um die neuen Teleskope und astronomischen Instrumente kennenzulernen.

Auf meine Bitte hin organisierte Fursenko eine Fahrt nach Pulkowo, was er mit der Direktion des Observatoriums abgesprochen hatte. Nach Pulkowo waren es 15 Kilometer auf einer schnurgeraden Straße, die anfangs durch ein ziemlich trostloses Industrieviertel führte. Wir fuhren schnell, und sehr bald erkannte ich den Pulkowo-Berg, der mehr einer Anhöhe glich, die von allen Seiten von flachem Land umgeben war. Als wir näher kamen, konnte ich zwischen einigen Bäumen auf der Spitze des Berges das Hauptgebäude des Observatoriums mit seinen drei Türmen unterscheiden. Als wir aus dem Auto stiegen, begrüßte ich einen Angestellten, der uns in ein großes Kontor führte, wo mich mein Erzieher dem Direktor des Observatoriums, Professor Baklund, vorstellte. Als Professor Baklund nach einem kurzen Gespräch offenbar begriff, daß ich mich ernsthaft für Astronomie interessierte, übernahm er es, mir persönlich das Observatorium zu zeigen. Wir begannen die Besichtigung im mittleren Turm, in dem sich ein großer Refraktor aus der Zeit Nikolaus I. befand, und danach nahmen wir uns das gesamte Gebäude vor, indem wir bei verschiedenen Apparaten und Instrumenten stehenblieben und Baklund mir deren Verwendung erklärte. Neben dem zentralen Teil des Gebäudes befand sich ein separater Turm, in dem der neueste Refraktor des Observatoriums mit einem Objektiv von 30 Zoll Durchmesser aufgestellt war.

Fursenko, der sich mehr für Geschichte als für Astronomie interessierte, blieb in der Bibliothek – worüber ich sehr froh war, denn so konnte ich mich mit dem Professor ungehindert über die Themen unterhalten, die mich interessierten. Der Besuch in Pulkowo bereitete mir eine große Freude. Die Besichtigung des Observatoriums und das Gespräch mit dem liebenswürdigen Professor gefiel mir außerordentlich, doch ärgerte ich mich, daß wir tagsüber dort waren, denn so konnte ich nicht durch das Teleskop schauen, wie in Simeiz bei meinem nächtlichen Besuch. Bevor wir Pulkowo verließen, zeigte mir Professor Baklund den Saal, in dem die Büste Nikolaus I. stand, der das Observatorium gegründet hatte. An den Wänden hingen Portraits von Zaren und vielen bekannten Astronomen und, an einem Sonderplatz, das Portrait des ersten Direktors des Observatoriums, Wasili Jakowlewitsch Struwe. Sein Sohn, Otto Wasiljewitsch, ebenfalls ein hervorragender Astronom, wurde sein Nachfolger. Während ich »Großvater« Struwes Portrait betrachtete, schilderte mir Baklund ein Ereignis, das ich später als Anekdote in leicht verfälschter Form hörte. Diese Geschichte ereignete sich zu Beginn der Regierungszeit Alexanders II., als der Zar mit großem Gefolge dem Observatorium in Pulkowo einen Besuch abstattete. Der alte Struwe – schon bei schwächlicher Gesundheit – führte den Zaren in den Turm mit dem größten Teleskop und fing an, ihm zu erklären, wie man die Sterne beobachte. An der interessantesten Stelle seiner Erklärung wurde er von irgendeinem höheren General unterbrochen, der einen dummen Witz zum Besten gegeben hatte. Struwe runzelte die Stirn und verstummte. Auf die Frage des Zaren, warum er in seiner Erklärung nicht fortfahre, antwortete der erboste Struwe, indem er auf die mit Orden behängte Brust des unhöflichen

Generals deutete: »Das kann ich nicht, Eure Majestät – ich sehe Sterne, wo keine sein sollten!«

Außer mit der Astronomie beschäftigte ich mich im Alter von 14 bis 15 Jahren intensiv mit der Ägyptologie. Ich besuchte häufig die Abteilung für ägyptisches und assyrisches Altertum in der Eremitage, die nicht ganz den Standard anderer europäischer Sammlungen aufweisen mochte, aber trotzdem eine Reihe interessanter Raritäten enthielt.

Mein Erzieher war ein ausgezeichneter Pädagoge, und seine didaktischen Methoden gereichten mir sehr zum Nutzen, doch wenn er mir sein Wissen auf dem Gebiet der Kunst vermitteln wollte, zog er den kürzeren, denn Kunst reizte mich absolut nicht. Mein Vater, der Künstler war, bedauerte es sehr, daß ich keinerlei Interesse für die Malerei an den Tag legte. Er fand, ich hätte eine Begabung zum Zeichnen, doch wenn er ab und zu meine Arbeiten lobte, kreidete er mir meine Neigung an, alles so darzustellen, wie ich es sah und meinte, meinen Bildern fehle jede künstlerische Phantasie. Wenn mein Vater Gemäldeausstellungen in Sankt Petersburg besuchte, nahm er uns Kinder oft mit. Schritten wir durch die Säle, mußte ich in der Nähe meines Vaters bleiben und seinen Worten lauschen, wenn er Marina gegenüber mit leiser Stimme seine Beurteilung der Bilder zum Ausdruck brachte. Ich muß zugeben, daß ich damals lieber das Publikum beobachtete, das uns umgab ...

Auf den alljährlichen Wanderausstellungen, die zuerst in Sankt Petersburg, dann in Moskau und anderen großen Städten veranstaltet wurden, erschien mein Vater nicht nur zur Vernissage, sondern auch an anderen Tagen, an denen er sich freier in den Sälen bewegen konnte. Unter den Malern, die auf diesen Ausstellungen ihre Werke präsentierten, waren Künstler, die mein Vater persönlich kannte. Wenn er sie traf, unterhielt er sich gerne mit ihnen über die ausgestellten Bilder. Obwohl mein Vater eigentlich kein richtiger Sammler war, erwarb er trotzdem ab und zu ein paar Bilder auf den Ausstellungen. Ich erinnere mich, daß darunter Werke von Bakalowski, Pasternak und Kuindschi waren. Mein Vater erklärte mir, daß er sich bei der Betrachtung eines Bildes, das ihn interessierte, von einer bestimmten Regel leiten ließ: Zuerst beurteile er das Gute und Schöne an dem Bild – und erst dann analysiere er dessen Mängel. Er hielt diese kritische Methode für die beste – sowohl in praktischer wie ethischer Hinsicht –, und er vertrat die Auffassung, daß man dieses Prinzip auch auf Menschen anwenden solle. Schon in seiner Jugend hatte mein Vater gerne gemalt. Seine ersten Versuche mit Ölfarben machte meine künstlerisch begabte Großmutter auf seine Arbeiten aufmerksam. Ich habe mir das »Interieur« des Nikolai Palais aufgehoben, das mein Vater im Alter von 16 Jahren gemacht hatte. Als er erwachsen wurde, nahm er bei dem Akademiemitglied Chistjakow Stunden in Zeichnen und Malen. Unter dessen Anleitung machte mein Vater große Fortschritte, und es entstand eine herzliche Freundschaft zwischen ihnen, die bis zum Tode von Pawel Petrowitsch Chistjakow (1919) dauerte.

Kurz vor Ausbruch des Ersten Weltkrieges stellte mein Vater eine Ausstellung seiner architektonischen Projekte und seiner Entwürfe von kirchlichen Gefäßen, Schmuckstücken und Einrichtungsgegenständen zusammen. Zu diesem Zweck benutzte er einige Räume in den leeren Wohnungen von zwei großen Mietshäusern, die er auf der Aptekarski-Insel besaß. Zur Vernissage kamen viele bekannte Künstler, Architekten und berühmte Persönlichkeiten aus Kunst und Wissenschaft. Für mich war der interessanteste Gast der Ausstellung der 80jährige Semjonow-Tjan-Schanski, Akademiemitglied, Senator und Mitglied des Ministerrates, dessen Arbeiten über die Geographie Sibiriens ich in einem Zug gelesen hatte. Seine Expeditionen in den Altai und den Tien-shan verdienten mehr Beachtung – fand ich jedenfalls damals – als die Anerkennung, die er als Politiker, Wohltäter und Kunstkenner genoß.

Offizielle Feiern, die bei kaiserlichen Gedenktagen, Festen oder bei besonderen Gelegenheiten im Winterpalais abgehalten wurden, berührten mich nicht, da ich, bevor ich mündig wurde, nicht zur Teilnahme verpflichtet war. Meine Schwester Marina nahm ab 1912 an derartigen Veranstaltungen teil, während Nadja und ich den Festverlauf nur von den hohen Galerien in einigen Sälen des Winterpalais verfolgten. Von den Festlichkeiten, die fast jährlich im Winterpalais stattfanden, waren die am interessantesten, die man die »großen Empfänge am Kaiserlichen Hof« nannte.

Diese Empfänge entstammten einer uralten Tradition, die Sofia Paléologue, die Gemahlin Iwans III., zusammen mit anderen byzantinischen Bräuchen am Hof von Moskau eingeführt hatte. Die kaiserlichen Empfänge waren streng festgelegte Zeremonien, bei denen der Zar vor seinen Hof und seine Günstlinge trat. Es gab viele verschiedene Anlässe für solche Empfänge, und jeder hatte einen speziellen Namen. Die radikalen Reformen Peters des Großen, die in vielen Bereichen die Verbindung zur Vergangenheit brachen, wirkten sich auch auf das Leben am Hof aus. Der größte Teil der Traditionen am Hof wurde aufgehoben, doch der Brauch der kaiserlichen Empfänge blieb bestehen, obwohl Änderungen an der äußeren Form der Zeremonie vorgenommen wurden. Peter der Große führte ausländische Kleidung ein, die überhaupt nicht der der Bojaren glich, und die Anwesenheit von Frauen bei kaiserlichen Festlichkeiten veränderte Aussehen und Ablauf der Empfänge völlig.

In den letzten Jahren ihrer Regierungszeit beschloß Katharina die Große, den kaiserlichen Zeremonien ein mehr russisches Gepräge zu geben und wich ab von der französischen Kleidung. Sie erschien deshalb an Tagen, an denen sie Hof hielt, im »russischen Kleid«, das in seinem Schnitt der weiblichen Kleidertracht der Bojaren des 17. Jahrhunderts ähnelte. Die Tracht, die Katharina die Große »kreiert« hatte, war nicht obligatorisch an ihrem Hof. Ab Mitte des 19. Jahrhunderts sollte das »russische Kleid« allerdings bei feierlichen Zeremonien von der Zarin, den Großfürstinnen und den Damen des Hofes getragen werden. Es bestanden genau festgelegte Regeln dafür, wie das »russische Kleid« für die Damen des Hofes aussehen mußte, sowohl was die Farbe wie den Schnitt anbelangte – je nachdem, welche Stellung man am Hof einnahm. Nur die Zarin und die Großfürstinnen, deren »russisches Kleid« einen speziellen Schnitt hatte, waren bei der Auswahl der Farbe nicht gebunden.

Zu Beginn seiner Regierungszeit legte Alexander II. Regeln für die wichtigsten Zeremonien bei Hofe fest. Die Tradition der kaiserlichen Empfänge wurde von ihm unter der Bezeichnung »Empfänge am Kaiserlichen Hof« beibehalten, und man unterschied zwischen »großen« und »kleinen« Empfängen. Die großen Empfänge wurden an kirchlichen Fest- und Feiertagen abgehalten, an denen die Majestäten mit den Mitgliedern des kaiserlichen Hauses in einer feierlichen Prozession von den kaiserlichen Gemächern zur Schloßkirche des Winterpalais gingen. Auf der Einladungskarte war nicht nur die Kleidung angegeben, in der der Geladene erscheinen sollte, sondern auch, wo er sich während der Zeremonie aufzuhalten hatte. Der Saal, in dem die Feldwache des Gardekavallerieregiments stand, wurde als ehrenvollster Platz angesehen. Die Gardekavalleristen, die in den Mauern des Winterpalais den Wachdienst versahen, trugen bei den großen Empfängen eine besondere Gala-Uniform. Auf dem Kopf saß ein Goldhelm mit einem Doppeladler aus Silber und über der engen, weißen Reiteruniformjacke hatten sie eine rote Küraßschärpe, auf der die großen Sterne des Sankt Andreasordens aufgenäht waren. Der Zugang zu diesem Saal, der den kaiserlichen Gemächern am nächsten lag, war hohen Würdenträgern und Höflingen vorbehalten. Vor den Empfängen versammelten sich die Mitglieder der kaiserlichen Familie im Malachitsaal, wo sie auf das Erscheinen der Majestäten warteten, um diesen dann durch die Säle zur Schloßkirche zu folgen.

Meine Eltern fuhren zu den großen Empfängen mit ihrem gesamten Gefolge, das aus dem Hofverwalter, dem Stallmeister, der Hofdame, den Adjutanten und dem Bürovorsteher bestand. Bei solchen Gelegenheiten zog mein Vater die Gala-Uniform mit dem Ordensband des heiligen Alexander Newski an, während meine Mutter das klassische »russische Kleid« trug. Das »russische Kleid«, das meine Mutter meistens wählte, bestand aus hellrotem, leicht gelblichem Samt, der mit einem feinen silbernen Muster bestickt war. Der glatte Sarafan (ein blusenartiges Kleidungsstück), der bis zum Boden reichte, wurde mit Knöpfen aus echten Brillanten geschlossen. Der Umhang war hinten an den Schultern des ausgeschnittenen Kleides befestigt und bildete eine Schleppe von fast drei Metern, die mit einem breiten Saum aus Zobel eingefaßt war. Das »russische Kleid« der Zarin unterschied sich von dem der Großfürstinnen dadurch, daß dessen Umhang aus Gold- oder Silberbrokat bestand – und nicht aus farbigem Samt. Die Großfürstinnen konnten die Farbe ihres »russischen Kleides« selbst bestimmen, ebenso wie es ihnen gestattet war, die fächerförmige Kopfbedeckung nach eigener Wahl mit Juwelen zu schmücken. Meine Mutter, die Farben sehr gut kombinieren konnte, entschied sich für eine feine Tönung ihres Sarafans und hatte dadurch die Möglichkeit, zu ihrem »russischen Kleid« jede Art farbigen Schmucks zu tragen. Weil sie eine große Sammlung an Juwelen besaß, konnte sie sich je nach Gelegenheit unterschiedlich »schmücken«. Wenn meine Mutter an Stelle von Rubinen, Smaragden und Saphieren nur Brillanten trug, verzierte sie ihre Kopfbedeckung mit farbigen Edelsteinen, wie man es in früheren Tagen vor der Zeit Peter des Großen gemacht hatte. Von der fächerförmigen Kopfbedeckung fiel ein langer, dünner Spitzenschleier auf den Umhang und bedeckte das Haar. Zum »russischen Kleid« trugen die Großfürstinnen den scharlachroten Sankt Katharinenorden mit Silberrand, während die Zarin das blaue Band des Andreasordens auf ihrem Brokatkleid hatte.

Meine Kindheitserinnerungen an die Empfänge im Winterpalais sind ziemlich dunkel, ich erinnere mich aber noch gut an einen, den ich miterlebte, als ich 16 Jahre alt war. Am 6. Januar 1912, dem Dreikönigstag, fand am Kaiserlichen Hof ein großer Empfang statt. Marina sollte zum ersten Mal daran teilnehmen und weihte an diesem Tag ihr »russisches Kleid« ein, das keinen Umhang hatte, weil er verheirateten Frauen vorbehalten war. Obwohl Nadja und ich den Empfang nur unauffällig von den Galerien des Winterpalais aus verfolgen durften, mußte ich meine Gala-Kadettenuniform und ein Ordensband mit Orden und Medaillen anziehen. Bevor wir zum Palais aufbrachen, begab ich mich um zehn Uhr morgens in unser großes Wohnzimmer, wo der ganze Stab auf meine Eltern wartete. Ich erinnere mich, wie meine Mutter den Raum betrat. Ihr »russisches Kleid« hatte eine sehr lange und breite Schleppe, deren Muster aus Silberfäden glänzte. Sie trug einen Halsschmuck aus Rubinen, große Rubinringe, und ihre Kopfbedeckung war mit lauter Brillanten besetzt. Als wir die Treppe hinuntergingen, um zum Winterpalais zu fahren, mußten zwei Lakaien die Enden der langen Schleppe meiner Mutter halten, die jede Bewegung erschwerte. Vorne am Auto, mit dem meine Eltern fuhren, steckte die Flagge mit den großfürstlichen Wappen auf weißem Grund; meine Eltern benutzten diese Flagge nur bei offiziellen Anlässen, denn sie war eine Art Berechtigungsschein für die Zufahrten, die nur die Mitglieder der kaiserlichen Familien benutzen durften. Ansonsten verwendeten meine Eltern die Flagge nicht, denn dadurch waren alle Militärpersonen, denen sie begegneten, verpflichtet, beim Passieren des Autos in Habtachtstellung zu stehen. Ich möchte hier bemerken, daß nicht alle Großfürsten dieser Praxis meiner Eltern folgten …

Nadja und ich kamen allein zum Winterpalais, und zwar auf einem anderen Weg als dem, den meine Eltern mit ihrem Gefolge benutzt hatten. Soviel ich mich erinnere, nahmen wir die Saltykow-Zufahrt und wurden in der Vorhalle von Baron Stahl empfangen, der uns einem Hofbediensteten anvertraute. Wir stiegen mit ihm einige Treppen zur Galerie über dem Nikolai-Saal hinauf. In dem riesigen weißen Saal mit Säulen hörte man ein leises und gleichmäßiges Stimmengesumm. In der bewegungslosen Menschenmenge, die hauptsächlich aus Männern in Zivil und Männern in Hof- oder Militäruniformen bestand, fielen mir unter den ausländischen Diplomaten mehrere Türken mit rotem Fez auf. Die Zeremonie ließ nicht lange auf sich warten. Ich hatte den Eindruck, daß die farbige Menschenmenge unten in dem prächtigen Saal, wo an einer Wand in der Mitte ein großes Gemälde von Zar Nikolaus I. zu Pferd hing, von einem Gefühl der Spannung ergriffen war.

Plötzlich tat sich etwas im Saal. Ich sah, daß links bei den großen, geschlossenen Türen Platz gemacht wurde für einen uniformierten Höfling, der mit Orden behängt ganz allein dastand. Das war der Oberzeremonienmeister Baron Korw mit dem Marschallstab in der Hand, einem langen Stab mit dem Doppeladler aus Gold an der Spitze. In der Stille, die augenblicklich eintrat, vernahm man drei gemäßigte Schläge auf den Parkettboden, und der Oberzeremonienmeister teilte mit lauter Stimme mit: »Seine Kaiserlichen Majestäten!« Langsam öffneten sich die schweren Türen, und der Zar betrat mit Zarin-Mutter Maria Fjodorowna am Arm den Saal. Die Zarin, deren Krondiamanten glänzten, trug das »russische Kleid« aus Silberbrokat und eine mit dunklem Pelz eingefaßte Schleppe; ihr folgte ihr Kammerpage. Ein zweiter Page, Sergeant erster Klasse im Pagenkorps, folgte dem Zaren. Beide Pagen, die schwarze Uniformen mit Goldtressen auf der Brust trugen, hatten enge weiße Hosen aus Elchleder an und dazu hohe Reitstiefel.

Zarin Alexandra Fjodorowna nahm wegen einer Unpäßlichkeit nicht an dem Empfang teil. Ihr Platz im Zug wurde von Großfürstin Maria Pawlowna eingenommen, die am Arm des Bruders des Zaren, Großfürst Michail Alexandrowitsch, ging. Die übrigen Mitglieder der Zarenfamilie folgten paarweise nach ihrem Alter und bildeten eine lange Prozession. Am Ende des Zuges befanden sich Mitglieder von Häusern, die mit uns verwandt waren: Romanowski-Leuchtenberg, Oldenburg und Mecklenburg-Strelitz. Die langen, verschiedenfarbenen Schleppen der Großfürstinnen machten einen tiefen Eindruck auf mich. Eine Schleppe nach der anderen glitt über den Boden und glich breiten hellblauen, gelblichen, blauen und grünen Flecken in allen Tönungen, unter denen ich sofort die hellrote Schleppe meiner Mutter erkannte. Sie hatte Großfürst

Pawel Alexandrowitsch am Arm, den Onkel des Zaren, und sie schritten hinter Tante Stana, die lila gekleidet war. An der Spitze des Zuges, der sich langsam durch den Saal bewegte, ging der Oberzeremonienmeister, und wenn er sich näherte, wurde Platz gemacht, traten alle seitlich zurück. Die Majestäten erwiderten den Gruß der Gäste, die am nächsten standen, und Zarin-Mutter Maria Fjodorowna beugte leicht ihren Kopf, auf dem der traditionelle, fächerförmige Kopfschmuck wie eine von Diamanten funkelnde Krone saß.

Als die Prozession den Nikolai-Saal passiert hatte, führte uns der Hofbedienstete durch mehrere dunkle Gänge in ein niedriges Zimmer, dessen eine Wand eine Wölbung hatte, die auf einen Balkon hoch oben in der Schloßkirche führte. Auf dem Balkon trafen wir die Töchter von Großfürst Kirill Wladimirowski, Maria und Kira. In der großen Schloßkirche des Winterpalais – es gab auch eine kleine – hatte der Gottesdienst bereits begonnen. Der Messegesang des Hofchors schallte hinauf zu den Wölbungen der Kirche, dieses Gotteshauses, das mich mit seinem Überfluß an kunstvollen Goldverzierungen, die die Wände und die Ikonostase bedeckten, entzückte. Während ich die Kirche bewunderte, war die feierliche Prozession unterwegs durch die Säle des Winterpalais.

Als der Zar die Kirche betrat, hatte er seine Mutter nicht mehr am Arm – er schritt hinter ihr. Die Zarin-Mutter stellte sich neben einen Stuhl, der sich auf der einen Seite eines niedrigen silbernen Gitters befand, das den Bereich der Ikonostase von der übrigen Kirche abtrennte. Die älteren Großfürsten und Großfürstinnen stellten sich ebenfalls hinter dem Gitter auf, während die übrigen Mitglieder der Familie auf der anderen Seite stehen blieben.

Als der Chor die »Hymne der Cherubim« anstimmte und Priester und Oberdiakon aus dem Altarraum herausgekommen waren, verrichteten sie die Weihrauchzeremonie auf besondere Weise. Sie wandten sich mit ihrem Rauchfaß dreimal zum Zaren hin und schwangen es jedes Mal wiederum dreimal. Die Ornate der Geistlichkeit waren kirschrot. Dieselbe Farbe hatten die Fähnchen bei der Ikonostase und die Vorhänge der Kirche.

Nach Beendigung der Liturgie – die Zarin-Mutter hatte sich bis jetzt noch kein einziges Mal auf den Stuhl gesetzt – stellte man ein Pult mit dem Evangelium und einem Kreuz in die Mitte der Kirche. An diesem Tag waren Großfürst Dmitri Pawlowitsch und Fürst Sergej Georgiewitsch Romanowski (Sergej von Leuchtenberg) an der Reihe, den Eid zu leisten. Der Priester stellte sich mit der Eidesformel in der Hand an die linke Seite des Pultes. Der Wachtmeister des Reiterregiments der Leibgarde kam mit der Regimentsstandarte und blieb einige Schritte vom Pult entfernt stehen. In der Stille, die in der Kirche herrschte, vernahm ich deutlich das Klingen seiner Sporen. Ohne seinen Platz zu verlassen, wandte sich der Zar mit dem Gesicht zur Mitte der Kirche und gab dem Hofminister ein Zeichen, der unverzüglich zu Dmitri Pawlowitsch ging. Nachdem er ihm ein paar Worte gesagt hatte, kehrte der Hofminister, Baron Frederiks, an seinen Platz zurück, während Dmitri ans Pult trat, an dem der Priester wartete. Nun begann das Ablegen des Eides. Während Dmitri mit der linken Hand einen Zipfel der leicht gesenkten Standarte hielt, hob er die rechte Hand, wobei er die drei ersten Finger zusammen nach oben streckte. Mit lauter Stimme sprach er die Worte des Priesters nach, der die Eidesformel leise und langsam vorlas. Dmitri Pawlowitsch leistete zwei Eide; den ersten als Mitglied der kaiserlichen Familie, in dem er dem Zaren Treue schwor und versprach, über die gesetzmäßige Thronfolge zu wachen, und den zweiten, den alle Militärpersonen zu leisten hatten, ehe sie zum Offizier ernannt wurden. Als die Zeremonie beendet war, küßte Dmitri das Kreuz und die aufgeschlagene Seite des Evangeliums (Johannes Evangelium, erster Vers: »Im Anfang war das Wort«). Dann trat er vor, verbeugte sich vor dem Zaren und ging nun zu der Seite, wo Außenminister Sasonow stand. Dmitri übergab ihm die unterschriebene Eideserklärung zur Aufbewahrung im Staatsarchiv.

Nach Dmitri Pawlowitsch legte Sergej nach demselben Zeremoniell die Eide ab. Ein Matrose der zweiten Flottenbesatzung stellte sich auf den Platz des Wachtmeisters beim Pult und hielt die Fahne mit der Andreasflagge in der Hand. Die Eideserklärung übergab Sergej dem Oberdiakon.

Es war nun Zeit für die Prozession, die Kirche zu verlassen. In derselben Reihenfolge bewegte sich der Zug hinter den Majestäten durch die Säle des Winterpalais wieder zurück in den Malachitsaal. Der traditionelle »große Empfang« war beendet, doch danach sollte im Beisein der Majestäten – an diesem Dreikönigstag – eine Kirchenprozession zur Newa stattfinden, um ihr Wasser zu segnen. Als Abschluß war die Dreikönigs-Truppenparade vorgesehen. Leider hatte ich damals keine Gelegenheit, Kirchenprozession und Parade mitzuerleben. Wir gingen hinunter zur Saltykow-Zufahrt, wo uns Baron Stahl erwartete. In der Vorhalle begegnete uns Bischof Antoni, Metropolit von Sankt Petersburg und Lagoda. Ich folgte dem Beispiel Baron Stahls und nahm Habtachtstellung ein, was dem Reglement entsprach, da der Metropolit an diesem Tage das Band des Andreasordens trug.

Im Frühjahr 1912 starb in Paris der Vater meines Vetters, Fürst Georg Maximilianowitsch Romanowski, Herzog von Leuchtenberg. Nach der Scheidung von Tante Stana war er nicht mehr nach Rußland zurückgekehrt, sondern lebte im Ausland – in Frankreich oder Italien. Onkel Georgs Tod wirkte sich sehr auf die Lebensumstände seiner Kinder aus. Sergej und Jelena waren durch die Vermögensteilung gezwungen – zusammen mit ihrem Halbbruder Alexander (Onkel Georgs Sohn aus erster Ehe mit Prinzessin Therese von Oldenburg) –, den herrlichen Sommersitz Sergejewka bei Peterhof zu verkaufen. Mit dem Verlust von Sergejewka, das wir im Sommer von Znamenka aus oft besuchten, waren sie in eine schwierige Situation geraten, denn sie hatten weder in Sankt Petersburg noch in der Umgebung ein eigenes Dach über dem Kopf. Das war besonders für Sergej sehr unangenehm, weil er damals bei der Zweiten Flottenbesatzung Dienst tat, deren Kasernen in Sankt Petersburg lagen. Mit seinem ihm eigenen Feingefühl löste Onkel Nikolascha das Problem sehr einfach: Er bot seinen Stiefkindern an, zu ihm ins Palais zu ziehen, das er gerade am Peterskai gebaut hatte.

Die Überführung von Onkel Georgs Sarg in die Familienkapelle der Peter-Pauls-Kirche fand im Mai 1912 im Beisein der Mitglieder der kaiserlichen Familie statt, die sich zu der Zeit in Sankt Petersburg aufhielten. Der Zar und seine Gemahlin, Alexandra Fjodorowna, waren nicht anwesend, weil sie sich bereits auf der Krim befanden; Tante Stana und Onkel Nikolascha waren ebenfalls auf der Krim und zogen es aus verständlichen Gründen vor, auf Chair zu bleiben und dem Begräbnis nicht beizuwohnen. Am Tag des Begräbnisses fuhren meine Mutter, meine Schwestern und ich zur Peter-und-Pauls-Kirche – ohne meinen Vater, der am Bahnhof war, um den Sarg, der mit einem Sonderzug aus Paris ankam, zu empfangen.

Als wir in die Peter-und-Pauls-Kirche kamen, gingen wir zuerst zur Grabstätte meines Großvaters und begaben uns danach durch einen Gang in die neue Kapelle, die neben dem Sarkophag von Nikolaus I. gebaut worden war. Die neue Kapelle, die auch die »Großfürstliche« genannt wurde, war seit kurzem fertiggestellt. Hier ruhten Mitglieder der kaiserlichen Familie, die zu Beginn dieses Jahrhunderts gestorben waren, sowie einige Großfürsten und Großfürstinnen, deren Sarkophage man von der Kathedrale überführt hatte. Die neue Kapelle wies gar keine Ähnlichkeit mit der alten auf, wo die Zaren und Zarinnen zusammen mit den Familienmitgliedern ruhten, die in den vergangenen Jahrhunderten gestorben waren. Sie hatte eine niedrige Decke, und die Wände waren nicht mit Kriegstrophäen und historischen Gegenständen geschmückt, wie das in der Peter-und-Pauls-Kirche so reichlich der Fall war.

Als wir die neue Kapelle betraten, stellte ich fest, daß Oleg und Igor die einzigen männlichen Familienteilnehmer des Begräbnisses waren. Sie waren wie ich noch nicht mündig, und deshalb durften wir bei der offiziellen Zeremonie nicht dabeisein, die am Bahnhof mit der Entgegennahme von Onkel Georgs Sarg begann.

Ich erinnere mich noch, wie Großfürstin Maria Pawlowna die Kapelle betrat. Zu meinem Erstaunen trug sie einen großen Porzellanhahn in der Hand, der als Vase fungierte und in dem Blumen steckten. Tante Miechen ging zur Grabstätte ihres Mannes und stellte die »Vase« auf die Steinplatte. Beim Anblick dieses auffällig bunten Hahnes, der einen starken Kontrast zur ernsten Atmosphäre der Kapelle bildete, konnte sich Nadja – trotz vorwurfsvoller Gesten meiner Mutter– das Lachen nicht verbeißen und steckte mit ihrem Gelächter die in der Nähe stehenden Verwandten an. Auf dem Heimweg wurde uns erklärt, daß der Hahn Tante Miechen sehr viel bedeutete, weil er immer auf dem Schreibtisch ihres Mannes – Großfürst Wladimir Alexandrowitsch – gestanden hatte.

Es war das erste Mal, daß ich an einer solchen Zeremonie teilnahm, und ich hatte mich an die Instruktionen meines Vaters zu halten. Mir wurde gesagt, ich solle mich nach Igor richten, was hieß, ihm zu folgen, wenn die Familienmitglieder nach der Seelenmesse vorgingen, das Kreuz küßten und sich vor Onkel Georgs Sarg verneigten. Weil wir noch nicht mündig waren, konnten wir die uns nach der Erbfolge zustehenden Plätze vor vielen anderen Familienmitgliedern nicht einnehmen. Ich erinnere mich, daß Igor eine schmucke Junkeruniform der Jelisawetgrad Kavalierschule trug, die ich voller Neid betrachtete, während ich mich in meiner schwarzen Kadettenuniform ein bißchen schämte.

Onkel Nikolaschas Palais lag auf der rechten Seite der Newa, dem Oldenburg Palais und dem Sommergarten gegenüber. Die Lage am Peterskai, auf der sogenannten Petersburger Seite, war unglaublich schön. Das Palais war auf einem Grundstück gebaut, das mein Vater von meinem Großvater geerbt hatte und wovon er einen Teil an Onkel Nikolascha verkauft hatte. Das Grundstück, das sich vom Palais meines Onkels bis hin zur Troitski-Brücke erstreckte, war ein großes Areal von 13 000 Quadratmetern. Die unglaublich schöne Lage am Ufer der Newa und unmittelbar bei der Peter-und-Pauls-Festung hatte Leute in Regierungskreisen auf die Idee gebracht, das Stück Land zu kaufen und hier die Reichsduma zu errichten. Als mein Vater von diesen Plänen hörte, verweigerte er schlichtweg jede Art von Verhandlungen bezüglich eines Verkaufs seines »Troitski-Grundes«, da ihm ein solches Projekt nicht gefalle. Um seine Haltung nicht begründen zu müssen, teilte mein Vater mit, er trage sich mit dem Gedanken, mir das Grundstück zu vermachen. Und wirklich, als ich am 5. Oktober 1916 volljährig, also 20 Jahre alt wurde, bekam ich neben anderen Geschenken auch diesen »Troitski-Grund«. Heute hat man an dieser Stelle einen Park angelegt. Ich habe in einem Buch über Leningrad eine Fotografie davon gesehen, wo der Platz »Revolutionsplatz« heißt.

Von außen sah Onkel Nikolaschas Palais ziemlich häßlich aus. Ich konnte nie begreifen, warum sich mein Onkel bei den Entwürfen für das Palais nicht von meinem Vater, der Architekt war, hatte beraten lassen – um so mehr als mein Onkel, der selbst keine Kinder hatte, mich als seinen Erben betrachtete. So mißglückt das Palais von außen aber war – so schön war es von innen. Von der großen und hellen Diele führte eine imposante Marmortreppe hinauf in eine Etage, in der die offiziellen Räume, das Eßzimmer für Empfänge und ein Saal untergebracht waren. Unten an der Treppe stand stets ein Posten von einem der Garnisonsregimenter Sankt Petersburgs. Ein außerordentlich kunstvoll gefertigtes Bronzegeländer rahmte die Treppe ein, die an der Wand entlang nach oben führte, um dann eine Drehung nach links zu einem breiten Absatz mit Topfpflanzen und Blumen zu machen. In der Mitte des Palais befand sich der große, viereckige Saal, der keine Fenster hatte, weil das Licht von oben durch eine matt geschliffene Glaskuppel kam.

Onkel Nikolascha war nicht sonderlich kunstinteressiert und hatte keine Ahnung von Musik, aber er besaß einen sehr feinen künstlerischen Sinn für Einrichtung und verstand sich wirklich auf die verschiedenen Stilarten. Der Lieblingsstil meines Onkels war der Empirestil, und er möblierte viele der Zimmer des Palais in diesem Stil.

Im Unterschied zu meinem Vater, der absolut keine Sammlermanie hatte, war Onkel Nikolascha ein leidenschaftlicher Sammler von Objekten, für die es keinerlei gemeinsamen Nenner gibt. Neben seinem Interesse fur Begonien sammelte er englische Jagdradierungen, russische Interieur-Bilder, die die Einrichtung von Privathäusern zeigten, Goldschmiedearbeiten aus grünem Chrysotil, Tabakdosen vom Beginn des 19. Jahrhunderts und vieles mehr. Am meisten hatte er sich jedoch immer für Porzellan interessiert. Schon von Jugend an hatte er russisches Porzellan gesammelt und im Laufe der Jahre eine Sammlung erworben, die nicht bloß ungeheuer kostbar, sondern auch ziemlich umfassend war. Daneben besaß mein Onkel auch eine Sammlung russischer Fayencen sowie ausländisches Porzellan, viele schöne Exemplare von Sèvres-Porzellan und Porzellan aus Sachsen und Berlin.

In zwei Wandnischen zu beiden Seiten der Eingangstür stand Teegeschirr, das zwei Zarinnen gehört hatte: Elisabeth Petrowna und Katharina der Großen. Soweit ich weiß, befindet sich diese Sammlung jetzt in der Eremitage. Außerdem hat man mir erzählt, daß die sowjetische Regierung tatsächlich etwas aus der Sammlung dem englischen Premierminister Lloyd George zum Geschenk machte, nachdem England die UdSSR anerkannt hatte. Diese Sammlung, die als die beste Privatsammlung Rußlands galt, bewahrte mein Onkel im großen Speisezimmer seines Palais in Sankt Petersburg auf. Hier hatte er alles auf Regalen und niedrigen Schränken stehen, die sich an den Wänden des Raumes entlangzogen. Unter den breiten Fenstern waren ebenfalls Regale angebracht, die voller Kristall – facettengeschliffene Becher, farbig emaillierte Vasen, Pokale und graviertes Glas in allen Größen – standen. Im Speisezimmer gab es keinen Kronleuchter, und so wurden abends kleine elektrische Lämpchen entzündet, die hinter einem Sims versteckt oben an den Wänden installiert waren. Während der Essen brannte in allen Regalen Licht, das von all dem Porzellan strahlend widerschien. Dieses Speisezimmer benutzten mein Onkel und meine Tante nur bei besonderen Gelegenheiten, wenn sie viele Gäste hatten oder für offizielle Festessen und Mahlzeiten. Gewöhnlich benutzten sie ein kleineres Eßzimmer in der oberen Etage, wo sich auch ihre Privatgemächer befanden.

Ich erinnere mich genau an ein großes Jagdessen, das mein Onkel im Winter 1913 gab. Er hatte dazu seine Jagdkameraden und die Freunde eingeladen, die an den Jagden auf seinem Gut Perschio im Gouvernement Tula teilnahmen. Ich saß zusammen mit anderen jungen Männern meines Alters – Söhnen der eingeladenen Gäste – am Ende der Tafel. Das Essen dauerte ungeheuer lange; die erstklassigen Köche meines Onkels zeigten ihre Talente, indem sie erlesene Gerichte zauberten, von denen ich mich besonders an kleine ganze Schweineschinken erinnere, die extra aus Moskau geliefert worden waren. Als der Champagner in die Gläser geschenkt wurde, hielt mein Onkel eine kurze, witzige Rede. Er schloß sie, indem er sich an uns wendete, die wir am Tischende saßen – an die junge Generation, von der er hoffte, sie werde einmal zu würdigen Nachfolgern der »alten« Jäger. Die »Nachfolger« schwiegen. Auf ein Zeichen meines Vaters erhob ich mich und ging mit einem Champagnerglas in der Hand zu Onkel Nikolascha. Während wir uns zuprosteten, flüsterte er mir zu, daß ich nach dem Essen ein Geschenk von ihm bekäme – ein Jagdgewehr! Als ich meinem Onkel gedankt hatte, kehrte ich an meinen Platz zurück – eher bedrückt als froh, denn die Jagd zog mich, wie bereits erwähnt, nicht besonders an. Nach dem Essen wurde den Gästen im Saal irgendein Film gezeigt, der ausschließlich von der Jagd handelte. Während der Vorführung saß ich nicht weit weg von einer ungeheuer hübschen jungen Frau, Fürstin Wjasemskaja, die mir bei dieser Gelegenheit vorgestellt wurde. Die Fürstin, eine geborene Gräfin Jelisaweta Dmitrijewna Scheremetjewna, wurde knapp zehn Jahre später meine Schwägerin.

Onkel Nikolaschas Palais lag direkt vor dem Stabshaus, in dem außer dem Stab die gesamte Dienerschaft untergebracht war. Dieses Haus, das so schön eingerichtet war, sah von außen ziemlich häßlich aus. Als man mir mitteilte, daß ich vielleicht das Palais meines Onkels erben würde – ebenso wie das Oldenburg Palais auf der anderen Seite der Newa –, beschloß ich bereits im voraus, daß ich, wenn ich einmal zwei Söhne hätte, jedem ein Palais vermachen und selber nur auf kurze Besuche nach Sankt Petersburg kommen würde ...

Der Troitski-Grund, der meinem Vater gehörte, zog sich auf einer Länge von 130 Metern am Peterskai entlang, der nach Norden hin zur Troitski-Kathedrale ein Dreieck bildete. Die Troitski-Kathedrale, in der Peter der Große zum Kaiser gekrönt wurde, baute man nach dem Sieg bei Poltawa. Sie brannte 1913 ab, und man errichtete auf derselben Stelle eine neue Kirche, eine getreue Kopie der alten Holzkathedrale. Mit dieser malerischen Gegend, deren Geschichte in enger Verbindung mit den ersten Projekten Peters des Großen stand, war ich sehr vertraut; ich fuhr oft dort vorbei – nicht nur auf dem Weg zum Palais meines Onkels, sondern auch bei Ausflügen auf die Inseln.

Seitdem ich über einen eigenen Einspänner verfügen konnte, bereiteten mir meine Ausflüge eine noch größere Freude. Ich war zwischen 16 und 17 Jahre alt, als mein Vater einige Traber aus seinem Gestüt für mich aussuchte, die aus dem einen oder anderen Grund nicht auf der Semjonow-Trabrennbahn liefen. Auf diese Weise bekamen meine Touren in die Stadt eine größere Anziehung, denn das Fahren eines Einspänners mit einem prächtigen Traber davor bereitete mir eine besonders große Freude. Ich fuhr am Ufer der Newa entlang und zu solchen Plätzen in der Stadt, wo bei gutem Wetter viele Fußgänger waren. Aber die besten und geeignetsten Stellen für die Fahrten mit meinem Einspänner waren Alleen und die geraden Straßen auf den Inseln, wo mein Traber ausgreifen und zeigen konnte, was in ihm steckte.

Auf belebten Straßen mit viel Verkehr, wie beispielsweise dem Kamennoostrowski Prospekt war das ganz anders. Eines Tages, ich befand mich auf dem Rückweg von den Inseln, fuhr ich mit meinem Einspänner diesen Prospekt hinunter. Ich hatte den Kutscher gebeten, die Geschwindigkeit zu erhöhen, denn ich wollte rasch zum Marmorpalast, wo meine Halbvettern Oleg und Igor auf mich warteten. Als wir uns der Troitski-Brücke näherten, zügelte der Kutscher das Pferd, weil die Brücke immer stark befahren war. Auf der Brücke wurde der Verkehr außerdem von der Pferdebahn behindert, an der Automobile, Equipagen, Droschken und Fuhrwerke nur schwer vorbeikamen. Das Pferd, das der Kutscher vom Trab zum

Schritt bringen wollte, geriet in Aufregung und fiel in Galopp. Wir schossen auf die Brücke zu, und während wir uns zwischen Autos und Equipagen hindurchmanövrierten, gerieten wir zwischen der Pferdebahn und einer Droschke in die Klemme – und hatten auf einmal auch noch einen Bollerwagen vor uns. Dieses plötzliche Hindernis regte das Pferd noch mehr auf, es warf sich hin und her und versuchte, sich aufzubäumen. Mein Einspänner war neben eine Droschke mit zwei Damen geraten. Sie waren beide entsetzt beim Anblick des wilden Pferdes, und eine von ihnen rief, sie wolle sich beim Chef meines Korps wegen dieser Fahrweise beschweren und verlangte meinen Namen. Ich gab ihr keine Antwort, denn ich fühlte mich unschuldig an dem Vorfall, der außer dem Schreck keine weiteren Folgen hatte. Sobald mein Kutscher wieder die Herrschaft über das Pferd hatte, fuhren wir unserer Wege. Als wir die Brücke hinter uns hatten, beruhigte sich das Pferd, und ich erreichte wohlbehalten den Marmorpalast.

Als ich zu Oleg und Igor kam, fiel mir ein Streich ein. Ich erzählte den Vorfall von der Troitski-Brücke und trug dick auf. Am Ende meiner Geschichte erzählte ich ihnen, ich hätte die Frage der entsetzten Dame beantwortet und gesagt, ich hieße Prinz Roman ... Konstantinowitsch. Igor glaubte das und warf mir erbittert vor, daß der Verdacht jetzt auf ihn fiele, denn er sei ebenfalls Kadett und führe wie ich in einem eigenen Einspänner durch die Stadt. In der Hitze des Gefechts bezichtigte Igor meinen Kutscher der Unfähigkeit, und mein Pferd nannte er einen alten Klepper. Ich zahlte ihm das mit gleicher Münze heim, sowohl was seinen Kutscher wie sein Pferd betraf – doch schließlich sagte ich die Wahrheit. Wir vertrugen uns wieder und verabredeten, nach dieser gegenseitigen Kritik die Kräfte unserer Pferde in den Straßen von Sankt Petersburg zu erproben. Von diesem Wettstreit möchte ich etwas später berichten, auf den folgenden Seiten werde ich ein paar Worte über den Marmorpalast sagen.

Der Marmorpalast, den ich in meiner Jugend so oft besuchte, gehörte damals Konstantin Konstantinowitsch. Onkel Kostja wohnte hier im Winter mit seiner Frau, Großfürstin Jelisaweta Mawrikiewna – Tante Marwa –, wie ihre Neffen und Nichten sie respektlos nannten, die sie alle sehr liebten. Sie bewohnten den Marmorpalast mit ihrer ganzen Kinderschar: Johann, Gawriil, Konstantin, Tatjana, Oleg und Igor, die älter als ich waren, und Georgi und Wera, die jünger waren. Der Altersunterschied zwischen mir und Johann war groß – zehn Jahre –, während Igor und ich beinahe gleichaltrig waren. Johann wohnte im Marmorpalast mit seiner Frau Jelena Petrowna – Jabe –, die er 1911 geheiratet hatte. Jabe war meine Kusine, da ihr Vater, König Peter I. von Serbien, mit meiner Tante verheiratet war. Die Kinder bewohnten jedes seinen privaten Teil im Palast; die größte »Wohnung« hatten Johann und seine Familie, sie lag im Erdgeschoß mit Fenstern auf das Marsfeld hinaus. Oleg und Igor wohnten im selben Stockwerk, aber auf der gegenüberliegenden Seite des Palastes, die zur Newa ging.

Oleg, Igor und Alescha Stahl waren meine besten Freunde, und wenn wir uns in Sankt Petersburg aufhielten, war ich am liebsten mit ihnen zusammen, entweder im Marmorpalast oder in der Fontankastraße. Als ich 17 Jahre alt wurde, änderte sich meine Lebensweise; ich durfte freier und selbständiger über die Zeit verfügen, in der ich nicht mit Schularbeiten beschäftigt war. An Feiertagen und an Werktagen, wenn ich mit den Aufgaben für die Schule fertig war, durfte ich, nachdem ich Fursenko Bescheid gesagt hatte, wohin ich wollte, ungehindert das Haus verlassen. Außer dem Einspänner stand mir ein Auto mit Chauffeur zur Verfügung. Damals konnte ich schon selber Autofahren, doch in der Stadt war das für Kadetten verboten. Deshalb fuhren an meiner Stelle manchmal Oleg und Alescha – die beide Schüler am Lyzeum waren –, während Igor und ich uns in der Umgebung von Sankt Petersburg nicht ans Steuer setzen durften.

Wenn wir uns im Marmorpalast bei Oleg trafen, kam häufig sein Bruder Konstantin zu uns herein. Er war bereits Offizier, Leutnant in der Leibgarde des Ismajlow-Regiments und Flügeladjutant. Konstantin war sechs Jahre älter als ich, und obwohl wir beide gute Freunde waren, spürte man den Altersunterschied, und unser Verhältnis war anders als das zwischen mir und seinen jüngeren Brüdern. Oleg und mich verband eine sehr enge Freundschaft. Wir hatten dieselben Zukunftsträume und waren beide erpicht darauf, unser Wissen zu erweitern – obwohl die Themen, die uns interessierten, weit auseinanderlagen. Unsere Freundschaft vertiefte sich weiter, als Oleg sich mit Nadja verlobte.

Igor war ebenfalls ein guter Freund von mir, aber unsere Freundschaft war anderer Art. Er war eher mein Kamerad. Er steckte mich mit seiner Lebensfreude an, und es gefiel mir, daß er jederzeit zu irgendwelchen Streichen aufgelegt war. Er liebte Streit und heiße Diskussionen. Dabei sprach er oft so laut, daß er von seinen Eltern oder von älteren Verwandten gerügt wurde. Bei solchen Gelegenheiten versuchte Igor sich zu rechtfertigen, indem er erklärte, daß er bei der Geburt aus Luftmangel blau gewesen sei und schon damals gezwungen war, zu schreien, um nicht zu ersticken. Von allen »Konstantinowitschern« war Igor der umgänglichste; mit seiner Offenheit und seinem heiteren Wesen fiel es ihm nicht schwer, Sympathie zu gewinnen, und so schloß er schon früh enge Bekanntschaften in der Sankt Petersburger Gesellschaft.

Die älteren »Konstantinowitscher« führten ein ruhiges Leben. Johann, ein bescheidener und tief religiöser Mensch, schätzte das Familienleben und hielt sich vom mondänen Leben fern. Gawriil war auch kein Lebemann und pflegte einen engen Freundeskreis – und das Zusammensein mit Rafailowna Nesterowskaja, einer Ballettänzerin des Mariinski-Theaters, die er später heiratete. In den Jahren, die ich hier beschreibe, hatte ich selten Gelegenheit, Gawriil zu treffen; ich schloß nach der Revolution im Ausland mit ihm Freundschaft und lernte auch seine Frau kennen – eine sehr sympathische und feine Frau, die ihn vor der Erschießung durch die Bolschewiken rettete. Der dritte Bruder, Konstantin, erfüllte seine Regimentspflichten mit großem Eifer und verbrachte die Freizeit am liebsten im Schoß der Familie. Alle Brüder lebten bescheiden und führten ein harmonisches Familienleben im Marmorpalast, wo ihre Eltern einen Großteil des Jahres verbrachten und in dem sie zu der Zeit, als ich häufiger Gast bei den »Konstantinowitschern« war, weder Gesellschaften noch Bälle gaben. Die Säle und Wohnzimmer des prachtvollen Palastes standen alle stets offen, doch niemand benutzte sie. Wenn ich hindurchging, war ich voller Bewunderung und fand es schade, daß Onkel Kostja und Tante Marwa sie einem so trostlosen Schicksal überließen.

In dem riesigen Marmorpalast wurden nur in Johanns Teil des öfteren Gäste empfangen und kleine Empfänge gegeben. Meine Schwestern und ich aßen häufig bei Johann und Jabe; die Abende verbrachten wir in einem großen, behaglichen Zimmer, das Johann als Kanzlei diente, und hier saßen wir lange gesellig mit seinen Brüdern beisammen, die er und Jabe bei diesen Gelegenheiten zu sich einluden. Johann und Jabe zogen das Leben mit Familie und Freunden den gesellschaftlichen Empfängen vor, die sie in ihrer Stellung geben mußten. Johann war stets sehr pflichtbewußt, sowohl bezüglich seines Dienstes im Reiterregiment der Leibgarde wie auch hinsichtlich seiner Familie, doch hatte ich immer das Gefühl, daß er mit seinem Leben nicht ganz zufrieden war. Erst später verstand ich, daß Johanns wirkliche Bestimmung weder einen Bezug zum militärischen noch zum weltlichen Leben hatte. Seine Religiosität und seine moralischen Prinzipien zogen ihn zur Kirche, zum Gebet und zum Dienst an Gott.

Die Religiosität von Onkel Kostja und seiner ganzen Familie war aufrichtig und tief; sie besuchten die Gottesdienste, wo die Söhne in der Kapelle des Marmorpalastes dem Priester abwechselnd zur Hand gingen. Onkel Kostjas jüngster Bruder, Großfürst Dmitri Konstantinowitsch, war ebenfalls tief religiös. Er hielt sich streng an die Lehre der griechisch-orthodoxen Kirche und kannte alle Regeln und Rituale der Gottesdienste bis ins einzelne. In der Kapelle des Marmorpalastes las er oft mit lauter Stimme und leicht rollenden R's die Apostelgeschichte vor.

In einer solchen griechisch-orthodoxen Familie hatte es Großfürstin Jelisaweta Mawrikiewna (geborene Elisabeth von Sachsen-Altenburg), die bis zu ihrem Tode an ihrem protestantischen Glauben festhielt, oft schwer. Sie nahm gewöhnlich an den Gottesdiensten in der Palastkapelle und an den mit den Gottesdiensten verbundenen Zeremonien teil. Wenn wir anderen jedoch das Kreuz oder die Ikonen küßten, begnügte sich Tante Jelisaweta damit, sich zu verbeugen, um nicht gegen ihren Glauben zu handeln. Tante Marwa war eine gute Freundin meiner Mutter, und wenn ihre Seelenqualen zu schlimm wurden, schüttete sie meiner Mutter gern ihr Herz aus, die sie stärkte, so gut sie es vermochte.

Der Haupteingang zum Marmorpalast ging zum Garten. In der riesigen Vorhalle des Palastes, wo ich immer einen Lakaien als Wachtposten stehen sah, kam mir alles übertrieben groß vor. Die Wände waren zu hoch und die Steintreppe, die hinauf zu den offiziellen Wohnzimmern führte, zu aufwendig. Die zwei Kandelaber, die am Fuße der Treppe standen, waren meiner Meinung nach ebenfalls zu groß. In dieser Vorhalle erschien manchmal ein »richtiges« Gespenst – »die weiße Frau«, die ein Vorzeichen für irgendein Ereignis in der Familie war. Die einen hielen sie für ein gutes Omen, die anderen für das Gegenteil. Wer hatte recht? Ich bin nie dahintergekommen. Igor glaubte an »die weiße Frau«, und ich brannte darauf, ihm bei einer günstigen Gelegenheit einen ordentlichen Schrecken einzujagen. Die Gelegenheit bot sich, als ich mich nach einem Besuch bei Oleg spät abends anschickte, den Marmorpalast zu verlassen. Es war beinahe Mitternacht, und in der Vorhalle, die gewöhnlich im Halbdunkel lag, brannten nur die beiden großen Kandelaber. Ich fragte den Lakaien, wen er erwarte, und er antwortete, daß Seine Hoheit Prinz Igor Konstantinowitsch demnächst vom Theater zurückkehren werde. Kurz entschlossen bat ich den Lakaien, die Kandelaber zu löschen und beschloß, die weißen Möbelüberzüge abzuziehen und damit »die weiße Dame« zu spielen. Der erstaunte, aber ehrerbietige Lakai half mir, den Überzug abzuziehen, der mir sogar über den Kopf ging, und damit versteckte ich mich hinter einem der Kandelaber. Eigentlich war dieses Versteck verkehrt, denn das Gespenst erschien normalerweise bei der großen Wanduhr auf dem oberen Absatz der Steintreppe, doch wollte ich unten beim Kandelaber spuken, um nicht zu riskieren, die Steintreppen hinunterzufallen, weil ich durch meinen Umhang nichts sehen konnte.

Ich mußte ziemlich lange warten und war kurz vor dem Ersticken, da hörte ich endlich das Geräusch eines Autos und das Knarren der Eingangstür, die der Lakai öffnete. Mein Augenblick war gekommen. Nun wollte ich ihm »die weiße Frau« zeigen. Langsam und schwankend bewegte ich mich Richtung Tür. Plötzlich vernahm ich ein ängstliches Frauengekreisch und ein erschrecktes Stammeln von der Tür her. Ich riß den Überzug weg und vor mir stand – die ehrenwerte alte Baronesse Luzia Korw, Tante Marwas Hofmeisterin. Zu meinem Glück hatte sich die Baronesse nicht allzusehr erschreckt; sie hörte sich meine Entschuldigung an, und ich erklärte ihr den Grund meines Auftritts. Als sie sah, wie verlegen und kleinlaut ich war, versuchte sie mich aufzumuntern und schlug mir sogar vor, »die weiße Frau« noch einmal für den zu erwartenden Igor zu spielen. Beschämt über meinen mißglückten Scherz, dessen Opfer die liebe alte Dame geworden war, verzichtete ich darauf und fuhr nach Hause.

Wenn ich meine Halbvettern im Marmorpalast besuchte, rief uns Onkel Kostja häufig zu sich. Das geschah gewöhnlich an den Tagen, an denen mein Onkel und meine Tante im Wohnzimmer des oberen Stockwerks Tee tranken. Hier saßen sie traulich an einem kleinen Tisch in der hübschen Stube beisammen, deren eine Wand abgerundet war. Der Raum war sehr vornehm mit antiken Möbeln aus der Zeit Ludwig XVI. sowie vielen Bildern und Gegenständen aus derselben Epoche eingerichtet. Sie waren sehr wertvoll und besonders deshalb interessant, weil Zar Paul I. sie nach der Französischen Revolution erworben hatte.

Wenn Onkel Kostja »die junge Generation« begrüßte, gab er nicht die Hand, sondern kniff seinen Kindern und Enkeln mit zwei Fingern in die weiche Haut unterm Kinn – was fürchterlich weh tat. Er war ein großer Mann mit tadelloser Haltung. Vom Körperbau her ähnelte er vielen meiner Onkel, doch sein sanftes und ansprechendes Gesicht mit dem akkurat gestutzten Bärtchen hatte einen eigentümlichen Ausdruck, weil er immer das linke Auge zukniff. Onkel Kostja unterhielt sich bei diesen Gelegenheiten am liebsten über unsere Studien und darüber, was uns im Unterricht am meisten interessierte. Er war auf den militärischen Lehranstalten, die er in seiner Eigenschaft als Generalinspekteur leitete, sehr beliebt. Er bewies eine glückliche Hand bei den Kadetten, deren Sympathie er sofort gewann. Er war in den Einheiten, in denen er diente, wegen seiner Herzlichkeit und Gerechtigkeit beliebt und weil er eine besondere Fähigkeit besaß, mit den Soldaten zu reden. Er liebte Musik und spielte hervorragend Klavier, zog jedoch die Literatur allen anderen Künsten vor. Onkel Kostja war ein begabter Schriftsteller und Dichter und gab seine Werke unter den Initialen »K. R.« heraus. Außer dem Drama »Der König der Juden« veröffentlichte er mehrere Gedichtsammlungen religiösen Charakters sowie Essays und Erzählungen. Er machte eine Übersetzung von Shakespeares Hamlet, was Fursenkos Meinung nach die beste Arbeit meines Onkels war. In seiner Sprache vermied er jedes überflüssige Wort ausländischen Ursprungs – er benutzte Fremdwörter nur, wenn es unbedingt nötig war. Er drückte sich stets schön und fließend aus und belehrte ab und zu seine Kinder, wenn sie ihre Muttersprache »beschmutzten«. Nur Oleg wurde nicht von seinem Vater zurechtgewiesen, mein Onkel stellte ihn den anderen Kindern sogar als Vorbild hin – und mir auch.

Onkel Kostja redete mit seiner Frau meistens deutsch oder französisch, denn Tante Jelisaweta beherrschte die russische Sprache sehr schlecht und sprach mit starkem deutschen Akzent. Darunter litten ihre Kinder sehr. Ich mochte Tante Marwa, die mich immer sanft und herzlich behandelte, sehr gern. Wenn ich bei meinem Onkel und meiner Tante war, wies sie mir stets den Platz neben sich zu und wollte alle möglichen Kleinigkeiten wissen und hören, wie es zu Hause stehe. Sie sprach französisch mit mir, gewöhnlich ziemlich schnell und fast undeutlich. Meine Verbindung zu Tante Jelisaweta wurde noch enger, als sich Oleg und Nadja 1914 inoffiziell verlobten – damals sah ich sie zum letzten Mal in Sankt Petersburg. Als Oleg zu Beginn des Krieges starb, hielt ich mich an der Kadettenschule in Kiew auf. Von da an schrieb sie mir immer wieder und schickte mir später Briefe nach Tiflis, Trapezunt und an die türkische Front, wohin ich nach meiner Ernennung zum Offizier versetzt wurde. Nach der Revolution 1917 lebte Tante Jelisaweta in Stockholm, und wir setzten unseren Briefwechsel bis zu ihrem Tod im Jahre 1927 fort.

Igor und ich wetteten sehr gerne, sei es beim Tennis oder bei anderen Spielen. Mit derselben Leidenschaft spielten wir Karten – doch nie um Geld.

Die spannendste Wette, die wir abschlossen, folgte unserem denkwürdigen Streit, der nach dem Vorfall auf der Troitski-Brücke entbrannte, als mein Pferd durchging. Igor sagte so viele verletzende Dinge über mein Pferd und den Kutscher, daß ich ihn zum Zweikampf aufforderte. Ich schlug ihm vor, mit unseren Einspännern um die Wette zu fahren. Wir beschlossen, die Wettfahrt nicht allzu lange hinauszuschieben, sondern sie an einem geeigneten Tag in den Straßen von Sankt Petersburg durchzuführen. Es war Frühling und Fastenzeit, und wir hielten deshalb den Gründonnerstag für geeignet, da an diesem Tag die Straßen natürlich menschenleer sein mußten …

Ich muß hier erwähnen, daß die »Konstantinowitscher« keine eigenen Traber hatten. Manchmal liehen sie sich Pferde von ihrem Onkel, Großfürst Dmitri Konstantinowitsch, der allerdings nicht immer dazu bereit war. Dieser Onkel, den sie sehr liebten und der sehr ängstlich war, besaß ein prachtvolles Gestüt und war äußerst empfindlich, was seine Traber anging. Meine Situation war anders. Obwohl die Pferde, die ich benutzte, meinem Vater gehörten, konnte ich sie als meine eigenen betrachten, da ich jederzeit über sie verfügen durfte.

Der Wettlauf mußte natürlich aus zwei Gründen geheimgehalten werden. Zum einen würde die Wahl ausgerechnet dieses Tages weder den Beifall Onkel Dmitris noch den meines Vaters finden und zum anderen konnte ein Rennen zwischen zwei Trabern aus ihren Ställen zu unangenehmen Schlußfolgerungen bezüglich der Eigenschaften des verlierenden Pferdes führen. Die Geheimhaltung klappte. Der Start fand auf dem Schloßkai vor dem Marmorpalast statt, und ich war zeitig an Ort und Stelle, um die Einzelheiten des Rennens zu erörtern. In Olegs Wohnzimmer legten Oleg, Igor, Konstantin und ich – anhand einer Karte von Sankt Petersburg – die Route fest, die die Einspänner vom Marmorpalast bis zu unserem Haus in der Fontankastraße einhalten mußten. Oleg und Konstantin weigerten sich, uns zu begleiten, versprachen aber, uns am Ziel zu empfangen.

Unsere Route war drei Kilometer lang. Nach dem Start mußten wir an der Newa entlang bis zur Schloßbrücke fahren, dann nach links abbiegen und den Schloßplatz überqueren. Nach der Generalstabsarkade mußten unsere Einspänner die Seestraße hinunter zum Newski Prospekt laufen. Der Weg von der Seestraße/Ecke Newski Prospekt zur Anichkow-Brücke war wegen des Verkehrs, der sogar an diesem Feiertag möglicherweise Schwierigkeiten bereitete, der gefährlichste Abschnitt der Route. Nach einer Linkskurve an der Anichkow-Brücke hatten wir auf der Fontankastraße des Katharina-Institut und das Scheremetjew-Palais zu passieren, und von dort waren es noch etwa 500 Meter bis zum Ziel.

Die Likörflaschen, die Igor und ich als Siegerprämie eingesetzt hatten, standen bereits in Olegs Wohnzimmer, und Konstantin und Oleg hatten ebenfalls einige Flaschen beigesteuert. Olegs Kammerdiener, der nette Makarow, dem wir den Transport aller Flaschen zu mir in die Fontankastraße aufgetragen hatten, verhielt sich unserem Einfall gegenüber ziemlich skeptisch, da er unangenehme Folgen voraussah. Als er aber erfuhr, daß »sein« Oleg nicht an diesem Rennen teilnahm, ließ er sich überreden und zog mit den Flaschen los.

Problematisch war, daß Igor und ich trotz des Wettkampfes Offiziere und Generale, denen wir begegneten, grüßen mußten, also Haltung annehmend in unseren Einspännern sitzen, ohne unsere Aufregung zu zeigen, denn andernfalls würde man sich bei unseren Vorgesetzten beschweren, was besonders für Igor Nachteile bringen konnte, weil er gerade einige Fachkurse im Pagenkorps angefangen hatte. Wir beschlossen, unsere Kutscher in unser Vorhaben einzuweihen. Sie zeigten große Begeisterung für die Sache – um so mehr, weil wir ihnen zur Belohnung schöne Geschenke versprachen.

Als Makarow mit den Preisen losgegangen war, begaben wir vier uns hinunter zum Start. Igor und ich bestiegen jeder seinen Einspänner, und auf ein Signal von Konstantin gaben die Kutscher den Pferden mit den Zügeln einen Klaps – und wir ratterten den Schloßkai hinunter. Vor einer kleinen, schmalen Bogenbrücke über den Winterkanal gelang es meinem Kutscher, Igors Einspänner einzuklemmen, und ich fuhr als erster über die Brücke. Ich blieb in Führung bis zum Schloßplatz, wo mein Pferd plötzlich in Galopp fiel. Obwohl der Kutscher das Pferd zügelte, fielen wir zu Igors Freude zurück. Er stand aufrecht in seinem Einspänner, hatte jedes gebührende Verhalten bezüglich des Pagenkorps vergessen und winkte mir mit seinem Käppchen zu. Auf der anderen Seite der Generalstabsarkade fuhren wir wieder Seite an Seite, und an der Kreuzung Seestraße/Newski Prospekt wurden wir von einem Gendarmen aufgehalten, der den Verkehr regelte. Wir hatten noch eineinhalb Kilometer den Newski Prospekt hinunter vor uns, der trotz des Feiertages stark befahren war. Während wir uns zwischen Autos, Equipagen, Droschken und Pferdewagen hindurchschlängelten, überholten wir uns ständig gegenseitig, wobei Igor und ich uns bemühten, die Offiziere, an denen wir vorbeifuhren, korrekt zu grüßen. Wir waren beide kurzsichtig und haben höchstwahrscheinlich auch einige uniformierte Beamte gegrüßt.

Nachdem wir die Hindernisse auf dem Newski Prospekt geschafft hatten – ohne erkannt oder angehalten worden zu sein –, jagten wir nach der Anichow-Brücke die Fontankastraße hinunter. Beim Scheremetjew Palais zeigte mein Pferd noch keinerlei Müdigkeit und lief weiterhin mit voller Kraft, während Igors Einspänner mehr und mehr zurückfiel. Die letzten 200 Meter vor dem Ziel legte mein Pferd in flotter Geschwindigkeit zurück, und ich erreichte als erster unsere Haupttreppe, wo Oleg und Konstantin warteten. Ich hatte gesiegt und die Wette gewonnen, doch fiel ein Schatten auf meinen Triumph, weil ich bei meinem Endspurt Baron Stahl erblickt hatte, der uns, mit jemandem plaudernd, auf dem Bürgersteig entgegenkam. Dieser Umstand machte mir Kummer, denn ich war mir nicht sicher, ob der Baron meine rasende Fahrt im Einspänner bemerkt hatte. Oleg und Konstantin überreichten dem Sieger in meinem Wohnzimmer, wo die Likörflaschen auf dem Tisch standen, den Gewinn. Ich öffnete sofort eine der Flaschen, einen Chartreuse, und bot Igor ein Glas an. Aber er lehnte mürrisch ab und sagte, daß er in der Fastenzeit keinen Likör trinke ...

Am selben Abend wartete ich voller Angst auf die Begegnung mit meinem Vater, da ich es für möglich hielt, daß Baron Stahl trotz allem gesehen hatte, wie Igor und ich an einem Gründonnerstag mit unseren Einspännern um die Wette fuhren und daß er am Abend meinem Vater von diesem unpassenden Verhalten berichten würde.

Viele Jahre später, als ich Baron Stahl die Geschichte erzählte, gab ich zu, die Strafe meines Vaters gefürchtet zu haben und dem Baron dankbar gewesen zu sein, die Angelegenheit verschwiegen zu haben. Baron Stahl erklärte daraufhin, ich hätte keinen Grund, Dankbarkeit zu empfinden, denn er habe uns nicht bemerkt. Widrigenfalls hätte er unser freches Verhalten selbstverständlich meinem Vater mitgeteilt!

In diesen Jahren fuhr ich häufig zum Hippodrom auf den Semjonow Platz. Die Rennen fesselten mich sehr, denn mein Vater hatte ein Gestüt und Ställe für Rennpferde. Ich versuchte mir die Namen der Pferde zu merken, wenn ich den Gesprächen meines Vaters mit Alexander Iwanowitsch Puksing zuhörte, dem Verwalter des Gestüts meines Vaters auf Gut Chesmenka. Außerdem wollte ich diese Traber gerne mit eigenen Augen sehen und ihre Fähigkeiten, über die in meinem Beisein so interessant geredet wurde, einschätzen lernen.

Mein Vater hielt mehr von Pferden als mein Onkel; das schien mir merkwürdig, denn Onkel Nikolascha hatte in seiner Jugend im Gardehusarenregiment Seiner Majestät gedient und danach den Posten als Generalinspekteur der Kavallerie bekleidet. Pferde interessierten meinen Onkel allerdings nur in praktischer Hinsicht – ob sie für das Militär taugten oder für seine geliebten Parforce-Jagden geeignet waren. Nach dem Tode meines Großvaters war mein Onkel völlig damit einverstanden, daß mein Vater das Gut Chesmenka im Gouvernement Woronesch bekam. Als mein Vater das Gut übernahm, führte er das Konzept meines Großvaters, die Verbesserung der Orlowtraberzucht, weiter, und im Gestüt Chesmenka wurden fast ausschließlich reinrassige Traber gezüchtet. Neben den Orlowtrabern war mein Vater an den Bitjug-Pferden interessiert, eine Packpferde-Rasse, die im Gouvernement Woronesch bei dem Fluß Bitjug gezüchtet wurde. Mein Vater hatte keine amerikanischen Pferde oder Mischrassen in seinem Stall, obwohl er die Eigenschaften solcher Pferde durchaus schätzte.

Er nahm mich manchmal mit nach Chesmenka in der Hoffnung, in mir die Freude an der Pferdezucht zu wecken, eine Freude, die er von meinem Großvater geerbt hatte. Ich habe übrigens erfahren, daß das Gestüt Chesmenka die Zerstörungen, der viele andere Gestüte nach 1917 zum Opfer fielen, heil überstand und heute unter dem Namen »Staatliches Gestüt Chesmenka – ehemaliger Besitzer P. N. Romanow« weiterbesteht.

Die Pferde meines Vaters nahmen an Wettkämpfen in den Hippodromen von Sankt Petersburg, Moskau und einigen Provinzstädten teil. Waren die Pferde meines Vaters in Petersburg dabei, packte mich immer eine enorme Spannung, eine Spannung, die ich zu verbergen suchte. Ich verfolgte die Pferde mit einem Fernrohr und ließ unseren Reiter mit der blauen Jacke und dem gleichfarbenen Käppchen auf dem Kopf keine Sekunde aus den Augen. In diesen Jahren stammten die besten Pferde aus der Züchtung meines Vaters von seinem rabenschwarzen Hengst »Magnet«. Ich muß zugeben, daß ich Herzklopfen bekam, wenn unser Gegner die Gangart wechselte und zurückfiel, und meine Freude war noch größer, wenn sich herausstellte, daß der geschlagene Rivale ein »Amerikaner« oder ein »Mischling« war. Aus patriotischen Gründen bevorzugte ich die russischen Pferderassen und wünschte ihnen das beste, auch wenn sie nicht aus unseren Ställen kamen. An Tagen, wo es um wertvolle Preise ging, verfolgte ich mit großem Interesse die Zeiten der Pferde auf der Zieluhr und notierte mir ihre Rekorde für die verschiedenen Distanzen. Mit diesen Zeiten und Rekorden füllte ich ganze Aufsatzhefte.

Trabrennen gefielen mir besser als Galopprennen. Die Galoppbahn von Kolomjagi lag ziemlich weit im Norden der Stadt, und wenn ich dorthin wollte, mußte ich allein für die Fahrt viel von meiner kostbaren Freizeit opfern. Das Hippodrom von Kolomjagi (wo sich Puschkin mit d'Anthes duelliert hat) war nur dann reizvoll für mich, wenn um den Kaiserlichen oder um andere bedeutende Preise gekämpft wurde. Ich war wie gesagt mehr an Trabrennen interessiert, obwohl ich in den letzten Jahren meines Aufenthaltes in Sankt Petersburg ein begeisterter Zuschauer des »Concours Hippique« in der Michail-Manege wurde. Das riesige Gebäude der Michail-

Manege lag zwischen der Bereiterschule und der Kadettenschule Zar Alexanders II., deren Kadetten dieselben weißen Schulterklappen trugen wie ich.

Vor der Michail-Manege stand ein Reiterdenkmal meines Großvaters, Feldmarschall Großfürst Nikolai Nikolajewitsch. Dieses prächtige Denkmal, das inzwischen zerstört wurde, war eines der größten Werke des italienischen Bildhauers Pietro Canonicas. Das Komitee, das für die Errichtung des Denkmals zuständig war (welches aus Mitteln geschaffen werden sollte, die Bewunderer meines Großvaters gesammelt hatten), lud Canonica nach Sankt Petersburg ein, nachdem der Entwurf des italienischen Bildhauers Beifall gefunden hatte. Canonicas Aufenthalt in Rußland erstreckte sich über einige Monate, in denen er mehrere Details seines Projekts zu Ende führte. Bei dieser Arbeit war ihm mein Vater von großem Nutzen, denn er gab dem Künstler wertvolle Hinweise über das Aussehen meines Großvaters und seine charakteristische Haltung zu Pferde.

Zu meiner großen Freude bekam ich 1928 in Turin Gelegenheit, Pietro Canonica zu begrüßen, als meine Frau und ich sein Atelier besuchten. Wir sahen uns auch in Rom, als Canonica in die uralte »Fortezzola« einzog, die sich in der Villa Borghese befand. Hier erzählte er mir oft von seinem Aufenthalt in Rußland, das er lieben gelernt hatte, und mit Tränen in den Augen sprach er mit mir über Nikolaus II. Als er uns eines Tages durch die Säle führte, in denen viele seiner Skulpturen aufgestellt waren, machte uns Canonica auf eine Vertiefung in der Wand aufmerksam, wo ein großes und kunstvoll gefertigtes Kruzifix hing. Davor standen zwei Büsten auf Sockeln, die Zar Nikolaus II. und Zarin Alexandra Fjodorowna darstellten. Als wir zur Büste des Zaren kamen, einer Kopie des Originals, das in Rußland geblieben ist, lenkte Canonica unsere Aufmerksamkeit auf eine kaum sichtbare Schramme im oberen Teil der Stirn des Zaren. Er erzählte mir, daß er, als er gerade letzte Hand an das noch in Lehm befindliche Werk anlegte, den Zaren, der Modell saß, bat, ihm zu sagen, was er von der Ähnlichkeit der Büste halte. Der Zar erhob sich und betrachtete sie aufmerksam. Dann erwiderte er Canonica, daß an der Büste eine Kleinigkeit fehle – eine Narbe auf der Stirn, die von dem Säbelhieb eines Japaners herrühre, der dem Zaren nach dem Leben getrachtet hatte, als dieser die Stadt Otsu besuchte. Canonica schickte sich an, die Narbe zu ergänzen, da hielt ihn der Zar zurück und bat, das selbst tun zu dürfen – und ritzte mit dem Fingernagel die Schramme in den Lehm der Büste.

Während seines langen Rußlandaufenthaltes hatte Canonica viele Aufträge von Vertretern der russischen Aristokratie bekommen. Ich sah mehrere Kopien von Büsten in seiner Werkstatt und erkannte in den gut getroffenen Arbeiten die Großfürstin Maria Pawlowna, die Fürstin Orlowa und den Grafen Scheremetew. Ich fand natürlich, daß Canonicas interessanteste Arbeit das Denkmal meines Großvaters war, eine Gipskopie, die in Lebensgröße den größten Teil eines Raumes in Anspruch nahm. Diese Kopie mochte Canonica ganz besonders, und er war traurig darüber, daß das Werk, das er für sein bestes hielt, zerstört worden war. Als Canonica 1959 im Alter von 90 Jahren starb, wurde die »Fortezzola« mit seinem Namen versehen und ist heute ein Museum.

Die Enthüllung des Denkmals meines Großvaters fand am 1. Januar 1914 im Beisein des Zaren statt. Zur Enthüllung hatte die »Zeremonienabteilung im Kaiserlichen Hofministerium« Einladungen an solche Personen verschickt, die nach Ansicht der Ministerialbeamten bei der Feier zugegen sein sollten. Onkel Nikolascha und mein Vater erhielten eine solche Einladung, aber mein Vater fand es empörend, daß es niemand für nötig erachtet hatte, den einzigen Enkel des Feldmarschalls – also mich – einzuladen. Die Enthüllung des Denkmals gehörte offenbar zu den großen Zeremonien, an denen ich auf Grund meines Alters nicht teilnehmen durfte. Trotzdem nahm mich mein Vater an diesem Tag mit und gebot mir, während des feierlichen Aktes bei Baron Stahl zu bleiben.

Als wir zum Manegeplatz kamen, schloß sich mein Vater den Verwandten an, die auf die Ankunft des Zaren warteten, während ich mit Baron Stahl zu dem Platz ging, wo der Stab und die oberste militärische Führung wartete. Kurz darauf hörte man ein militärisches Kommando, die angetretene Einheit präsentierte das Gewehr, und der Zar fuhr mit seinem Wagen an der Front entlang. Als der Zar aus dem Auto gestiegen war, ging er sogleich zu Onkel Nikolascha und meinem Vater, die bei den anderen Großfürsten standen. Als er sie begrüßt hatte, bezeigte er den übrigen Anwesenden seine Ehre und sprach ein paar Worte mit Onkel Nikolascha; dann wandte er sich meinem Vater zu, der, während er militärisch grüßte, etwas zu ihm sagte. Als der Zar mit Onkel Nikolascha zur

Linken vortrat, kam mein Vater zu mir und forderte mich auf, ihm zu folgen und an seiner Seite zu bleiben. Ich folgte meinem Vater, der zum Zaren und Onkel Nikolascha ging, und als ich die Ehrenbezeigung für den Zaren gemacht hatte, stellte ich mich links neben meinen Vater hin. Ich war so verlegen, daß ich von der ganzen Zeremonie nur den Augenblick in Erinnerung habe, an dem das weiße Tuch langsam zur Seite fiel und die bronzene Reiterstatue meines Großvaters auf einem Sockel enthüllte, auf dem Kriegskameraden und Szenen des Russisch-Türkischen Krieges abgebildet waren.

Nach der Zeremonie, als ich auf dem Heimweg mit meinem Vater im Auto saß, erklärte er mir, was vorgegangen war. Mein Vater hatte dem Zaren erzählt, daß er sich erlaubt habe, mich als Zuschauer mitzunehmen, worauf ihm der Zar geantwortet hatte, daß das völlig richtig gewesen sei, jedoch hinzufügte, mein Platz sei nicht bei den Zuschauern – sondern an der Seite meines Vaters.

Von allen Theatern Sankt Petersburgs erinnere ich mich am besten an das Mariinski-Theater. Schon von früher Kindheit an wurden meine Schwestern und ich oft zu Opern- und Ballettvorstellungen gefahren. Als ich größer war und selbst bestimmen konnte, bevorzugte ich das Mariinski-Theater, weil ich schon immer eine Vorliebe für Musik gehabt habe, dagegen weniger an Dramen interessiert war.

Wir kamen durch einen kleinen Eingang ins Mariinski-Theater, weil der große nur bei offiziellen Gelegenheiten benutzt wurde. Jedesmal, wenn ich hierherkam, ergriff mich bereits im Foyer ein Gefühl froher Erwartung. Ich sah einer schönen Vorstellung mit guter Musik entgegen und freute mich darüberhinaus auf ein mögliches Wiedersehen mit Verwandten in meinem Alter. In dem kleinen Foyer wurden wir von Theaterbediensteten empfangen, die unseren Lakaien unsere Pelze und Jacken abnahmen. Zu dieser Zeit trugen die Damen im Winter über ihren Abendkleidern manchmal ärmellose Wintermäntel, die mit kostbaren Fellen gefüttert waren. Den Kopf bedeckten sie mit erwärmten Tüchern, und an den Füßen trugen sie niedrige Pelzstiefel. Ich liebte den Augenblick, wenn sich die Damen von den schweren Mänteln befreit hatten und plötzlich in schönen Abendkleidern und mit Schmuck behängt dastanden. Die Damen kleideten sich besonders fein, wenn sie ins Theater gingen, und fand eine Premiere statt, trug meine Mutter oft ein Diadem. Besuchte mein Vater die kaiserlichen Theater, hatte er eine normale Uniform an, nur zu Festveranstaltungen trug er seine Gala-Uniform.

Wenn wir ohne unsere Eltern ins Theater gingen, wurde Marina von Baronesse Brunowa begleitet, die ihr sehr nahestand, während Nadja mit Seni zusammen war und ich in die Obhut meines Erziehers gegeben wurde, bis ich 16 Jahre alt war. Von da an durfte ich unter der Bedingung, daß ich nach der Vorstellung unverzüglich nach Hause kam, allein ins Theater fahren. Ich mußte in der Gala-Uniform meines Korps im Theater erscheinen; im Foyer kontrollierte ich deshalb vor einem Spiegel, ob alles in Ordnung war, straffte den Gürtel, an dem das Bajonett hing, streifte meine Handschuhe über und richtete die vergoldeten Knöpfe meiner Uniform, damit die Doppeladler nicht schief saßen. War ich sicher, daß sich alles in tadelloser Ordnung befand, begab ich mich in die kleine Kaiserliche Loge. Vom Foyer des Mariinski-Theaters ging eine Treppe nach oben, die mit einem hellblauen Läufer belegt war und an deren unterster Stufe immer ein Wachtposten aus einem der Sankt Petersburger Regimenter stand. Am obersten Absatz der Treppe führte eine Tür in die Gemächer, die zur unteren Loge gehörten, welche von den Majestäten und den älteren Mitgliedern der Familie benutzt wurden. Die obere Loge mit den dazugehörigen Gemächern stand der jüngeren Generation zur Verfügung. In dem ersten großen Zimmer »unserer« Loge waren die Einrichtung und der Teppich hellblau; mitten im Raum stand ein vergoldeter Tisch, auf dem ein Stoß »Silberbogen« lagen, auf die die Programme aller Vorstellungen gedruckt waren, die im Laufe der Woche in den kaiserlichen Theatern aufgeführt wurden. In diesem Raum traf ich häufig jüngere Verwandte. Wir plauderten ein bißchen miteinander, bis wir die Glocke hörten, die auf den baldigen Beginn der Vorstellung hinwies; wir mußten dann durch das zweite, kleinere Zimmer gehen, um in unsere Loge zu kommen.

Ich spüre noch heute den tiefen Eindruck, den der Anblick des mit Besuchern gefüllten Theaters auf mich machte. Der ganze Saal erstrahlte von unzähligen Lichtern, die die goldverzierten Wände und die Logen beleuchteten, die innen mit hellblauem Stoff ausgeschlagen waren. Aus dem Orchestergraben hörte man diskrete Töne der Instrumente, die die Musiker nachstimmten, und Bruchstücke einer bekannten Oper. In dem riesigen Saal vernahm man das Gemurmel des Publikums, das darauf wartete, daß sich der Vorhang hebe. Die

Kadetten durften erst Platz nehmen, wenn der Vorhang auf war, und in den Zwischenakten mußten wir ebenfalls stehen, mit dem Käppchen in der linken Hand. Es war den Kadetten auch nicht erlaubt, das Publikum mit einem Opernglas zu betrachten, ich tat es hinter dem Vorhang der Loge versteckt aber trotzdem.

Vor Beginn der Vorstellung, meine Schwestern hatten bereits in der Loge Platz genommen, erschien an der Tür ein Theaterbediensteter mit einer großen weißen Schachtel Konfekt, die vorher in der Konditorei am Theaterplatz bestellt worden war. In der oberen Loge trafen wir fast immer Jelena von Leuchtenberg, die derselben Musikleidenschaft frönte wie ihr Bruder Sergej, welcher Gesang studierte und manchmal auf privaten Konzerten Opernarien zum besten gab. Von den übrigen Verwandten trafen wir in dieser Loge meistens die »Konstantinowitscher« sowie Großfürst Dmitri Pawlowitsch. Manchmal gesellten sich ältere Verwandte zu uns, Onkel und Tanten, die aus irgendeinem Grund den Abend lieber in der oberen Loge verbrachten. In diesen Fällen verließen Baronesse Brunowa, Seni und Fursenko sogleich unsere Loge und setzten sich in die zentrale Loge, die an gewöhnlichen Tagen den Mitgliedern des kaiserlichen Stabes, die ins Theater gefahren waren, zustand.

Während der Pausen versammelten wir uns am liebsten in der großen Vorloge; diese heiteren Augenblicke mit der Familie gehörten zu den Freuden eines Theaterbesuches im Mariinski-Theater. Es kam auch vor, daß wir in den Pausen nach unten gerufen wurden. Wenn wir in das zur unteren Loge gehörende Zimmer kamen, trafen wir bei solchen Gelegenheiten den Zaren, die Zarin, Onkel oder Tanten, die uns gerne begrüßen wollten. Das untere Zimmer und die Vorloge glichen den »unseren« oben; die Einrichtung war ebenfalls hellblau und vergoldet, doch waren die Räume niedriger. Im ersten Raum wurde meine Aufmerksamkeit immer von einem bronzenen Aschenbecher angezogen, der auf einer Konsole unter einem großen Wandspiegel stand. Der Aschenbecher war rund und sah ganz gewöhnlich aus, war aber sehr wertvoll, und man gab sehr auf ihn acht, weil damit eine Familienerinnerung verbunden war.

Wir alle kannten die Geschichte des Aschenbechers. Eines Tages, als Zar Alexander III. und sein Bruder Großfürst Alexej Alexandrowitsch sich in der Vorloge aufhielten, wetteten sie, wer von ihnen der Stärkere sei; sie waren beide sehr kräftige Männer und konnten ein Hufeisen geradebiegen oder ein Kartenspiel zerreißen.

Um seine Überlegenheit zu beweisen, nahm der Zar den Aschenbecher und drückte den dicken Rand an drei Stellen nach innen. Alexander III. reichte den Aschenbecher seinem Bruder und forderte ihn auf, den Rand wieder geradezubiegen. Trotz größter Anstrengung gelang es Alexej Alexandrowitsch nicht, dem Aschenbecher seine ursprüngliche Form wiederzugeben – und der Zar war Sieger! Wenn niemand von den Älteren zuguckte, versuchten meine Halbvettern und ich mit vereinten Kräften, den Aschenbecher zurechtzubiegen – ohne Erfolg! Die drei Vertiefungen der Finger Alexanders III. würden für immer an diesem Bronzeaschenbecher zu sehen sein.

In der unteren Loge hielten sich manchmal auch die »Alexandrowitscher« auf, denn deren Eltern, Alexander Michailowitsch und Tante Xenia Alexandrowna, wollten ihre Kinder in der Nähe haben, sonst könnten sie in der oberen Loge anfangen zu streiten und zu viel Lärm machen. Wurden wir in der Pause hinuntergerufen in die Loge der »Alten«, trafen wir des öfteren die Onkel Konstantin und Dmitri Konstantinowitsch und auch Onkel Esi, den Herzog Karl-Michael von Mecklenburg-Strelitz, die alle drei große Musikliebhaber waren. In der unteren Loge trafen wir häufig die Großfürstin Maria Pawlowna, die im feinsten Kleid und mit dem erlesensten Schmuck ins Mariinski-Theater kam; ihr Sohn Andrej Wladimirowitsch war ein eifriger Ballettbesucher, während sein älterer Bruder Kirill, ein Musikliebhaber und hervorragender Pianist, keine einzige Oper von Wagner, die in der Woche vor Ostern im Repertoire waren, versäumte. Kirill Wladimirowitschs Frau, Großfürstin Victoria Fjodorowna, war sehr elegant und erregte stets das große Interesse des Publikums – besonders das der Damen, die bei ihrem Erscheinen ihre Operngläser auf die kaiserliche Loge richteten.

Der Zar kam meistens allein ins Theater oder in Begleitung seiner älteren Töchter; die langen Abendvorstellungen ermüdeten Zarin Alexandra Fjodorowna – speziell die Opern, denn sie war nicht besonders an Musik interessiert. Im Gegensatz zu ihr war die Zarin-Mutter eine häufige Zuschauerin, und wir sahen sie fast jedesmal in der unteren Loge des Mariinski-Theaters oder in anderen Theatern. In den Logen setzte sie sich stets auf den rechten Stuhl und bot der ältesten anwesenden Großfürstin oder einem ausländischen Gast den Platz an ihrer Seite an. In den Theatern trug die Zarin-Mutter gewöhnlich ein dunkles oder schwarzes Abendkleid und hatte bei diesen Gelegenheiten Brillanten oder Perlen angelegt. Nach altem Brauch wurde an Abenden, an denen die Zarin-Mutter im Theater war, in der Vorloge ein Teetisch gedeckt, an den sie sich beim letzten Zwischenakt setzte. Alles, was dazu gebraucht wurde – Porzellan, Silberzeug, leichte Gerichte und Süßigkeiten –, wurde vom Anichkow-Palais gebracht. Weil die Zarin-Mutter die Gastgeberin war, schenkte sie selbst den Verwandten Tee ein und verwies die, die ein Glas Portwein wünschten, auf einen Extratisch mit Weinflaschen. Wurden wir zu diesem Zeitpunkt in die Loge hinunter gerufen, reichte die Zarin-Mutter meinen Schwestern und mir an Stelle des Tees einen Teller mit Süßigkeiten.

In den letzten Jahren nahm sich Großfürstin Maria Pawlowna das Recht heraus, während der Abende, an denen beide Zarinnen zwischenzeitlich aus Sankt Petersburg verreist waren, ihre eigenen »privaten« Teetische im Mariinski-Theater zu führen. Der Zar übte Tante Miechens Usurpation gegenüber Nachsicht, doch Maria Pawlownas Eigenmächtigkeit kränkte die Zarin-Mutter, die im übrigen Tante Miechen nicht mochte. Die Zarin-Mutter tat, als wüßte sie nichts von dem neuen Brauch der Schwägerin und wartete nur auf eine Gelegenheit, wo sie ihr zeigen konnte, was sich gehörte. Eine solche Gelegenheit bot sich, als Großfürstin Maria Pawlowna eines Abends, in der Annahme, die Zarin-Mutter sei nach Zarskoje Selo gefahren, ins Mariinski-Theater kam und »ihren« Teetisch bestellt hatte. Zu ihrer großen Bestürzung erschien die Zarin-Mutter Maria Fjodorowna gegen Ende der Vorstellung in der Loge; sie war früher als erwartet aus Zarskoje Selo zurückgekehrt. Tante Miechens Verlegenheit wurde nicht geringer, als sie in der Vorloge, in der sich alle während der Pause versammelten, zwei gedeckte Teetische sah. Ihren eigenen – und den der Zarin-Mutter! Damit der Denkzettel nicht zu schlimm ausfiel, machte Maria Fjodorowna aus dem Vorfall einen Spaß und schlug Tante Miechen vor, die Tische zu tauschen. Sie setzte sich also an den Tisch der Schwägerin und fing an, den Verwandten Tee einzugießen. Meine Eltern, die dabei waren, erzählten mir diese Episode. Von dem Abend an verletzte Großfürstin Maria Pawlowna die Regeln für das Teetrinken im Theater nie wieder!

Die russische Gewohnheit, abends Tee zu trinken, hatten auch mein Vater und der Zar, doch der Zar bestellte sich selbst, wenn er ohne die Zarinnen im Theater war, keinen Tee. Während einer Vorstellung im Mariinski-Theater bedauerte der Zar, daß er seine übliche Tasse Tee nicht bekomme, weil die Zarinnen nicht anwesend seien. Meine Mutter schlug vor, einfach im Winterpalais anzurufen, um das Erforderliche zum letzten Zwischenakt zu bestellen. Doch der Zar wollte sein Personal nicht stören, das um diese Zeit frei hatte. Meine Mutter wurde ärgerlich über diese Antwort und erklärte dem Zaren, daß sich seine Dienerschaft ihrer Meinung nach durchaus noch für ihn bemühen könnte, er arbeite schließlich auch den ganzen Tag und frage nicht nach Bequemlichkeit. Als sie merkte, daß ihre Worte den Zaren nicht überzeugt hatten, bat sie ihn um Erlaubnis, den Tee aus ihrem Haus zum Theater bringen zu lassen. Der Zar akzeptierte diesen Vorschlag, und mein Vater wurde per Telefon mit Haushofmeister Zajetschew verbunden, den er bat, den Tee und alles, was dazugehörte, ins Mariinski-Theater bringen zu lassen. Mein Vater ordnete außerdem an, das sehr alte englische Wedgewood-Porzellan zu nehmen, das der Zar so sehr bewunderte. Trotz der raschen und unerwarteten Bestellung erfüllte der erfahrene Zajetschew seine Aufgabe tadellos; als der Zar und meine Eltern im letzten Zwischenakt in das Zimmer traten, stand bereits ein schön gedeckter Teetisch sowie eine Flasche Portwein der Marke bereit, die der Zar bevorzugte. Als der Zar erfuhr, daß Zajetschew den Portwein auf eigene Initiative gebracht hatte – ohne Wissen meines Vaters –, war er sehr gerührt und bat, seinen Dank zu überbringen. Als meine Eltern nach Hause kamen und mein Vater die Worte des Zaren an Zajetschew weitergab, antwortete dieser, das königliche Wohlwollen sei ihm wertvoller als jeder Orden.

Das dramatische Alexandra-Theater begeisterte mich weniger als das Mariinski-Theater. Trotzdem war ich des öfteren dort, wenn ich unter den aufgeführten Rollen Namen las wie Warlamow, Dawydow oder Strelskaja. Wenn Dawydow im »Revisor« den Stadthauptmann spielte und Warlamow den Semljanika, schien es mir, als ob die Rollen diesen begabten Schauspielern auf den Leib geschrieben wären. Deshalb schaute ich mir diese herrliche Komödie von Gogol mehrere Male mit derselben Begeisterung an.

Im Alexandra-Theater befand sich die kaiserliche Loge ebenfalls auf der linken Seite, wurde aber sowohl von der älteren wie der jungen Generation benutzt. Mich störte es, daß diese Loge etwas über die Bühne hinausragte und zum Zuschauerraum hin offen war; man fühlte sich dort nicht so geborgen wie in unserer oberen Loge im Mariinski-Theater.

Als Nadja und ich klein waren, wurden wir manchmal zur Matinee ins Alexandra-Theater gefahren, wenn Stücke von Ostrowski oder andere für unser Alter passende Stücke gespielt wurden. Diese Theaterfahrten, die sonntags stattfanden, »betrogen« uns um unsere heimlichen Vergnügen, und deshalb machte ich mir lange nichts aus Dramen. Doch im Laufe der Jahre interessierte ich mich mehr für die Aufführungen des Alexandra-Theaters – zum Teil weil Fursenko mir auf einleuchtende Weise die Thematik der Stücke erklärte und meine Aufmerksamkeit auf das Spiel der Darsteller lenkte. Das Repertoire des Alexandra-Theaters war sehr abwechslungsreich; die hervorragenden Aufführungen von Tschechows Stücken gefielen mir sehr, wenn mir auch sein Pessimismus nicht zusagte. Manchmal spielte Stanislawskis Truppe unter der Regie dieses genialen Regisseurs. Diese Vorstellungen machten in Sankt Petersburg Furore, und ich hörte, wie man bei mir zu Hause darüber sprach. Meine Mutter war begeistert von Stanislawskis Inszenierungen und ließ keine Gelegenheit vorübergehen, seine Aufführungen zu sehen, wo sie fast immer die Zarin-Mutter Maria Fjodorowna traf, die ebenso von ihm angetan war.

Seltener besuchte ich das Michail-Theater (heute Maly Theater), in dem eine französische Truppe Stücke aufführte. Man betrachtete das Repertoire offenbar als ungeeignet für mein Alter. Später, als ich selbst ins Theater fahren durfte, ging ich manchmal ins Michail-Theater, um mir die Aufführung klassischer französischer Dramen anzuschauen, oder um moderne französische Komödien zu sehen.

Außer diesen drei Theatern besuchte ich manchmal noch das »Haus des Volkes« von Nikolaus II., das 4000 Plätze hatte und von Onkel Alexander von Oldenburg protegiert wurde. Zweck dieses Etablissements war die Aufführung von Opern und Dramen, die dank niedriger Eintrittspreise für ein breites Publikum zugänglich waren. Ich war mehrmals in dem prächtigen Saal, der dem Adeligen Club gehörte und in dem oft Konzerte gegeben wurden, bei denen berühmte russische und ausländische Künstler auftraten: Sänger, Geiger und Pianisten. Im Adeligen Club hörte ich die Plewitskaja, die russische Volkslieder sang; in ihrer Darbietung hatten die russischen Volkslieder und Weisen großen Erfolg beim Publikum der

Hauptstadt. Ihre etwas schrille Stimme gefiel mir nicht so sehr, doch ihren kleinen Liedern hörte ich trotzdem gern zu.

In den Jahren 1913 und 1914 trat Andrejews Balalaika-Orchester im Adeligen Club auf. Der Erfolg war so groß, daß es modern wurde, bei Andrejew Stunden im Balalaika-Spiel zu nehmen. Meine schönsten Erinnerungen an den Adeligen Club sind mit den Abenden verbunden, an denen der Pianist Hofmann spielte. In seinem Repertoire hatte er viele Stücke von Chopin und Grieg, die ich schon von klein auf kannte, weil mein Vater sie auf dem Pianola spielte. Ich war begeistert von Hofmanns ausgezeichnetem Vortrag und jedesmal voller Freude, ihn zu hören. Seine Interpretation von Griegs »Klavierkonzert« beeindruckte mich so sehr, daß es mein liebstes Musikstück wurde.

Der Adelige Club bot auch Kammermusik an; doch Mozart zu hören machte mir kein Vergnügen. Nadja, die ihn sehr bewunderte, schalt mich wegen dieses Banausentums. Der Halbvetter meines Vaters, Herzog Karl-Michael von Mecklenburg-Strelitz, Musikliebhaber und Junggeselle, war immer bei den Kammerkonzerten anwesend. Trafen wir uns im Adeligen Club, setzte er sich jedesmal neben uns und brachte mich völlig aus der Fassung, weil er ständig leise mitsummte und mit dem Fuß den Takt klopfte. Mein Onkel war der liebenswürdigste Mensch und ein großer Sonderling; er hatte eine Schwäche für Nadja, und das gemeinsame Interesse an Mozart verband sie – mir gegenüber zeigte er dafür eine gewisse Portion an gütigem Mitleid.

Vor Ausbruch des Ersten Weltkrieges, in den Jahren 1913 bis 1914, machte ich ab und zu die Bekanntschaft der besseren Gesellschaft von Sankt Petersburg, ohne daß ich daran allerdings große Freude gehabt hätte. Lieber besuchte ich mit meiner Mutter und meinen Schwestern die Fürstin Jusupowa. Meine Mutter und Fürstin Jusupowa, unsere Nachbarin auf der Krim, waren sehr gute Freundinnen. In Sankt Petersburg waren sie oft zusammen und telefonierten noch öfter miteinander. Das Palais der Familie Jusupow gefiel mir nicht; es lag am kleinen Mojka-Fluß und sah aus wie ein großer Kasten. Das Palais wurde Ende des 18. Jahrhunderts gebaut und hatte eine hellgelbe Fassade mit weißen Säulen. Solche Säulen umrahmten auch den Innenhof, der sehr schön war.

Vom Innern des Palais erinnere ich mich deutlich an das private

Wohnzimmer der Fürstin. In diesem kleinen Gemach, wo sie Gäste empfing, befanden sich viele Bilder und eine Menge kostbaren Nippes; auf einem Tisch stand eine schöne, geschliffene Steinschale, in der nichtgefaßte Rubine, Amethyste und Saphire lagen. Auf Anregung meiner Mutter vertraute die Fürstin meine Schwestern und mich ihrem Sohn Felix an, der uns durch einige prächtige Räume zur Bildergalerie führte. In den Räumen, durch die wir gingen, gab es so viele schöne Bilder, Statuen und Bronzearbeiten, daß sie ein ganzes Museum hätten füllen können! In einem runden Zimmer, dessen Decke hübsch dekoriert war, hingen Bilder französischer Meister: Lorrain, Boucher, Fragonard und andere Künstler. Nach Durchquerung des weißen Ballsaals gingen wir durch eine Reihe anderer Säle, die in die berühmteste private Bildergalerie Rußlands führten. Wenn ich diese Galerie erwähne, möchte ich eine Anekdote einflechten, die von Fürstin Jusupows Vater handelt, der sehr knickerig war. Zu einer Zeit, als die elektrische Beleuchtung noch eine Seltenheit war, wurde eines Abends im Jusupow-Palais ein Ball veranstaltet, bei dem die kaiserlichen Majestäten zugegen waren. Im Gegensatz zu seiner Gemahlin, die sehr gerne tanzte, nahm Zar Alexander III. nicht am Ball teil und hatte Fürst Nikolai Borisowitsch Jusupow gebeten, ihm seine berühmte Galerie zu zeigen. Es stellte sich heraus, daß die Räumlichkeiten in tiefster Dunkelheit lagen. Um keinen Strom zu vergeuden, zündete der sparsame Fürst eine Kerze an und zeigte in deren Flamme die Gemälde von Rembrandt und Ruysdael und geleitete so den Zaren durch die ganze Sammlung.

Am Ende der Bildergalerie führte uns Felix Jusupow in ein Haustheater mit einem netten Foyer; der kleine Zuschauerraum mit der eleganten Gestaltung gefiel mir außerordentlich. Die Bühne war mit allen nötigen Einrichtungen und Maschinen zur Bewegung der Kulissen ausgestattet und überhaupt so ausgerüstet, daß man mit großem Erfolg Theatervorstellungen geben konnte. Als der älteste Sohn von Fürstin Sinaida Nikolajewna, Nikolai Jusupow, erwachsen wurde, renovierte man das Theater und nahm einige technische Verbesserungen vor. Nikolai Jusupow hatte die Liebe zum Theater von seiner Mutter geerbt, die in ihrer Jugend zusammen mit anderen Amateuren auf ihrer eigenen Bühne aufgetreten war, wo sie die Hauptrollen in russischen und französischen Stücken spielte. Wenn Nikolai Jusupow keinen Regimentsdienst hatte, beschäftigte er sich eingehend mit der Kunst des Dramas. Nicht nur seine Bekannten und Freunde hielten ihn für einen begabten Schauspieler, sondern auch viele Schauspieler und Theaterexperten. Nach Nikolai Jusupows tragischem Tod – er wurde bei einem sinnlosen Duell getötet – hörten die Vorstellungen auf der Bühne des Jusupowschen Theaters auf.

Der Bekanntenkreis meiner Eltern in den besseren Kreisen Sankt Petersburgs war ziemlich klein und betraf hauptsächlich Personen, mit denen sie auf Znamenka oder der Krim zusammenkamen. Trotzdem mußten meine Eltern notgedrungen manchmal Empfänge geben, die in ihrer gesellschaftlichen Stellung unumgänglich waren. Als Marina das Alter erreicht hatte, in dem junge Mädchen in die Gesellschaft eingeführt wurden, kam meine Mutter nicht umhin, auch die Gastgeberinnen der Häuser, in die Marina eingeladen wurde, zu empfangen. Marinas Teilnahme am offiziellen Leben Sankt Petersburgs verpflichtete meine Mutter, einen Ball in unserem Haus in der Fontankastraße zu veranstalten. An diesem Abend – im Winter 1913 – war ich krank und brauchte deshalb zum Glück nicht an dem Ball teilzunehmen, während Nadja, die zum ersten Mal mit den Erwachsenen tanzen durfte, außer sich war vor Freude. Unter den zum Ball Geladenen waren die Töchter des Zaren, Olga und Tatjana Nikolajewna, Onkel Peter von Montenegro – der jüngste Bruder meiner Mutter, der damals 34 Jahre alt war –, unser Vetter Alexander von Serbien (der künftige König von Jugoslawien) und die jungen Leute, welche meine Mutter für notwendig gehalten hatte, einzuladen.

Ein anderer Ball, dem ich mich allerdings nicht entziehen konnte, wurde im selben Winter von Großfürstin Maria Pawlowna in ihrem Palais an der Newa abgehalten. Dieser Ball fand zu Ehren der Töchter des Zaren statt; aus irgendwelchen Gründen wurde er mehrmals verschoben und schließlich genau auf den Tag festgelegt, den Onkel Nikolascha von vornherein für die Jagd auf seinem Gut Bessabotnoje bestimmt hatte. Auf Onkel Nikolaschas Anregung hin war Tante Miechen damit einverstanden, daß ich etwas verspätet zum Ball kommen durfte. Auf diese Weise mußte ich an ein und demselben Tag zwei Unannehmlichkeiten über mich ergehen lassen: die Jagd und den Ball!

Von Bessabotnoje fuhren mein Vater und ich mit dem Auto direkt zu Tante Miechens Palais, wo ich mit ihrer Erlaubnis die Jagdkleidung mit der Kadettenuniform vertauschen durfte. Mein Vater hatte sich seine Uniform bereits angezogen, bevor wir Bessabotnoje verließen und begab sich deshalb unverzüglich in den Ballsaal, nachdem er mir eingeschärft hatte, mich zuerst dem Zaren vorzustellen – und dann der Gastgeberin. In dem großen Zimmer, das dem verstorbenen Wladimir Alexandrowitsch als Ankleidezimmer gedient hatte, wartete Scharkow bereits auf mich. Er hatte meine Gala-Kadettenuniform mit Ordensband, Orden und Medaillen mitgebracht sowie das Käppchen und die weißen Handschuhe. Weil ich wegen des bevorstehenden Auftritts auf dem Ball nervös war, kleidete ich mich hastig um und überprüfte vor Verlassen des Ankleidezimmers im Spiegel noch meine Uniformknöpfe. Das Käppchen in der linken behandschuhten Hand begab ich mich zum Ort meiner Bewährung – dem Ballsaal. Der Lakai, der mich begleitete, öffnete die schicksalsträchtige Tür ... und ich, betäubt von der Musik, geblendet vom Licht und außerdem verlegen, erblickte direkt vor mir eine Gruppe von Generalen. Völlig ratlos blieb ich wie angewurzelt stehen und überlegte fieberhaft, wie ich am besten um dieses Hindernis herumkommen könnte. Plötzlich bohrte mir der größte und dickste der Generale den Finger in die Brust. O, welches Unglück! Einer der Uniformknöpfe, die ich so sorgfältig kontrolliert hatte, erwies sich als nicht geknöpft. Als ich das Versäumnis in Ordnung gebracht hatte, blieb ich stehen, bis der imposante General (wie ich später erfuhr, Generaladjutant Besabrasow, Kommandeur des Gardekorps) ein Zeichen gab, daß ich den Saal betreten durfte.

Eingedenk der Instruktion meines Vaters begab ich mich auf die Suche nach dem Zaren und fand ihn in einem Wohnzimmer beim Dominospiel mit Tante Minnie, der Frau von Großfürst Georgi Michailowitsch, und zwei anderen, die ich nicht kannte. Als der Zar bemerkte, wie ich unschlüssig in der Tür stand, rief er mich zu sich, begrüßte mich und stellte fest, daß ich seit dem letzten Sommer, als er mich auf der Krim gesehen hatte, schon wieder gewachsen sei. Die erste Aufgabe, die mir mein Vater auferlegt hatte, war geschafft. Nachdem ich Tante Minnie geküßt hatte, die mir viel Vergnügen auf dem Ball wünschte, begab ich mich auf die Suche nach der Gastgeberin. Ich entdeckte sie in einer Ecke des Ballsaals, wo sie mit Zarin Alexandra Fjodorowna saß. Tante Miechen gab ihrer Freude Ausdruck, daß ich nicht allzu verspätet zu ihrem Ball erschienen sei und erkundigte sich, ob ich eine erfolgreiche Jagd auf Bessabotnoje gehabt habe. Die Zarin ihrerseits bat mich, ihre Töchter oft zum Tanz aufzufordern. Nach der Hofetikette gehörte es sich nicht, Großfürstinnen zum Tanz aufzufordern – sie wählten sich selbst ihre Kavaliere. Das Resultat dieser Regel war, daß die Töchter des Zaren, die sich dieses Vorrechts schämten, selten zum Tanzen kamen. Wenn ich sie deshalb aufforderte – und obwohl ich ihnen oft auf die Zehen trat –, schätzten sie meine Bemühungen sehr.

Während unserer Aufenthalte in Sankt Petersburg hatte ich Gelegenheit, Verwandte zu treffen, mit denen ich weder auf Znamenka noch auf Djulber zusammenkam. Meistens traf ich diese Onkel und Tanten in den Theatern. Zu Beginn des Jahres 1912 ergab es sich aber, daß ich fast die ganze Verwandtschaft, die sich in Sankt Petersburg aufhielt, auf einmal traf. An diesem Tag gaben die Majestäten zu Ehren meines Großvaters, der mit seinem jüngsten Sohn Peter aus Montenegro gekommen war, ein Familienessen in Zarskoje Selo. An solchen Familienessen nahmen nur Angehörige der kaiserlichen Familie teil, nur manchmal wurden auch unsere ausländischen Verwandten eingeladen. Obwohl Nadja und ich damals eigentlich zu jung waren, um an dem Essen teilzunehmen, hatte der Zar, weil er unserem Großvater seine Aufmerksamkeit zeigen wollte, uns mit eingeladen.

Wir kamen zusammen mit unseren Eltern und vielen Verwandten im kaiserlichen Zug nach Zarskoje Selo. Die Reise war kurz, denn die Eisenbahnfahrt erstreckte sich nur über 25 Kilometer. Mein Großvater befand sich bereits im Alexander-Palast, in dem das Essen stattfand. Er trug eine russische Uniform des 15. Schützenregiments, dessen Chef er am Verlobungstag meiner Mutter geworden war. Mein Großvater saß neben Zarin Alexandra Fjodorowna, die seinen lebhaften Schilderungen in einem seltsamen Französisch aufmerksam zuhörte. Meine Schwestern und ich küßten die Hand der Zarin und auch die des Großvaters. Er betrachtete mich unzufrieden. Ich erfuhr erst später den Grund: Ich trug nämlich nicht das montenegrinische Ordensband Fürst Danilos. Mein Vater, den mein Großvater deshalb gerügt hatte, erklärte ihm, es gehöre sich nicht für mich, auf einer Kadettenuniform ein Ordensband zu tragen, ich dürfe lediglich das montenegrinische Kreuz, den »Orden des Fürstlichen Montenegrinischen Geschlechts« tragen – einen Orden, der ausschließlich Angehörigen des königlichen Hauses und Verwandten des Königs verliehen werde.

Das Familienessen zog sich lange hin. Wir waren über 30 Leute bei Tisch; unter den Verwandten entdeckte ich viele Onkel und Tanten, die ich fast nicht kannte – so selten hatte ich Gelegenheit, sie zu sehen. Als der Champagner eingeschenkt wurde, hielten der Zar und mein Großvater keine offiziellen Tischreden. Sie wechselten nur einige Liebenswürdigkeiten, und mein Großvater brachte dem Zaren gegenüber seine Dankbarkeit über die Gastfreundschaft zum Ausdruck sowie seine Freude, in Rußland zu weilen.

Im Jahre 1913 wurden die Feierlichkeiten anläßlich des 300jährigen Jubiläums des Hauses Romanow mit Festen und Feiern in Sankt Petersburg, Moskau und Kostroma begangen. Alle diese Zeremonien wirkten sich kaum auf meinen Alltag aus, und in der Unterrichtsperiode setzte ich fleißig meine Studien fort. Nur zweimal betrafen mich die Festlichkeiten direkt, denn Mitglieder meiner Altersgruppe hatten keinen Zugang zu den übrigen Feiern. Diese Restriktion verbitterte meinen Vater, denn er war der Meinung, daß bei Feiern, die das Haus Romanow betrafen, sämtliche Familienangehörigen dabei sein sollten – auch die kleinsten!

Zu Beginn des Jahres, in einer Mathematikstunde, überraschte mich mein Lehrer Bilibin mit der Frage, wann ich »Großfürst« werden würde. Ich wußte nicht, was ich antworten sollte und beschloß, mich bei meinen Eltern nach dem Grund für die Frage zu erkundigen. Man erklärte mir, daß im Jubiläumsjahr eigentlich beabsichtigt gewesen sei, den ältesten Söhnen der Großfürsten, die Nachkommen des Zaren waren, diesen Titel zu verleihen. Damals hätte das Johann Konstantinowitsch, mich und Andrej Alexandrowitsch betroffen. Der Wunsch des Zaren stieß jedoch auf einigen Widerstand im Senat, der darin eine Änderung der Verfassung des Staates sah und nicht nur eine in den Statuten der kaiserlichen Familie. Nach einer Bestimmung von 1886 waren es nur Söhne und Enkel der Zaren, die den Titel »Großfürst« bekommen konnten. Im vorliegenden Fall drehte es sich um Urenkel von Nikolaus I. Man beschloß, die Angelegenheit zu verschieben und die entsprechende juristische Interpretation zu finden. Onkel Kostja – Johanns Vater, der sich für die Durchsetzung dieser Angelegenheit eingesetzt hatte, ärgerte sich über die Verschiebung und sagte, daß man 1913, als das

Jubiläum der Familie gefeiert wurde, lieber Hofminister Baron Frederiks zum Grafen als seinen eigenen Sohn zum Großfürsten ernannt habe.

Die Festlichkeiten anläßlich des 300jährigen Jubiläums begannen mit einem großen Empfang im Winterpalais. An diesem Tag, an dem der Zar und die Zarin die Glückwünsche der Beamten aus den höheren staatlichen Institutionen entgegennahmen, zog Nadja zum ersten Mal ihr »russisches Kleid« sowie einen hellroten Sarafan an, wie ihn Großfürstinnen und Fürstinnen kaiserlicher Abstammung an Empfängen zu tragen hatten. Als wir mit unseren Eltern zum Winterpalais kamen, gingen wir in eines der privaten Zimmer der Majestäten, wo sich die Familie versammelte. Zu den Jubiläumsfeierlichkeiten der Dynastie reisten viele Großfürstinnen aus dem Ausland an, die dort geheiratet hatten, und deshalb sah ich an diesem Tag fast die ganze Familie. Es war schwierig für die Großfürstinnen, sich in ihren »russischen Kleidern« und der langen schweren Schleppe hinzusetzen, sie standen deshalb in Gruppen und plauderten – teils miteinander und teils mit meinen Onkeln, die fast alle ziemliche Riesen waren. Alle diese »russischen Kleider«, in ihren verschiedenen Farben und Nuancen, sowie die mit Edelsteinen besetzten, fächerförmigen Kopfbedeckungen bildeten einen sehr schönen Anblick.

Als die beiden Zarinnen und der Zar den Raum betraten, verstummten die Gespräche. Die Majestäten begrüßten uns, wechselten ein paar Worte mit einigen Familienangehörigen, und dann begaben sich alle in den anstoßenden Malachitsaal. Hier erteilte der Zar dem Oberhofmarschall, Graf Benkendorf, Instruktionen für den bevorstehenden Empfang. Endlich schritt der Zar mit der Zarin-Mutter am Arm auf die hohen, geschlossenen Türen zu, an denen zwei Afrikaner standen – zwei Schwarze aus dem Sudan, die mit roten, goldbestickten, märchenhaft orientalischen Gewändern, einem breiten Brokatband über der Brust und einem weißen Turban bekleidet waren. Katharina die Große hatte die Bewachung einiger Türen zu ihren Privatgemächern Schwarzen übertragen, die ihr der türkische Sultan geschenkt hatte. Diese Tradition wurde seitdem am kaiserlichen Hof bewahrt. Auf ein Zeichen des Zaren öffneten die Schwarzen langsam die schweren Türen, und die gesamte Familie folgte den Majestäten in den Saal, wo höhere Staatsbeamte, Hofleute und einige Delegationen ihre Glückwünsche überbringen wollten. Mitten im Saal standen zwei weit voneinander entfernte Stühle für die Zarinnen. Der Zar stellte sich vor die Stühle, während die Familie hinter ihm einen Halbkreis bildete – die ältesten Großfürsten und Großfürstinnen in vorderster Reihe und der Rest dahinter. Die Zarin-Mutter stellte sich neben den einen Stuhl, auf den sie sich während der ganzen Zeremonie nicht ein einziges Mal setzte. Ein Stück weg von ihr setzte sich Zarin Maria Fjodorowna auf den anderen Stuhl. Soweit ich mich erinnere, überbrachten zuerst die Senatoren ihre Glückwünsche, dann folgten die Mitglieder des Ministerrates und danach Hunderte von anderen Personen. Alle betraten der Reihe nach den Saal und verbeugten sich zuerst vor dem Zaren, der ihnen die Hand drückte. Daraufhin traten sie zur Zarin-Mutter, küßten ihr die Hand und gingen nun zu dem Stuhl, auf dem Alexandra Fjodorowna saß, und küßten ihr ebenfalls die Hand. Schließlich verließen sie den Saal durch die gegenüberliegenden Türen.

Das strenge Reglement der Hofetikette und die ernste Feierlichkeit des Ortes war wohl für viele eine Bewährungsprobe; das merkte man bei so manchem Gratulanten. Die Einförmigkeit der langen Zeremonie wurde zweimal unterbrochen, das erste Mal, als ein ehrwürdiger Grcis an der Reihe war, sowohl vom Alter wie von seinen Orden gebeugt. Er ging mit Hilfe eines Stocks und betrachtete sichtlich angestrengt den langen Weg über das Parkett, der vor ihm lag. Als er sich mit unsicheren Schritten dem Zaren näherte und dabei mehrmals stehenblieb, um Luft zu holen, ignorierte der Zar alle Hofregeln und kam dem Alten entgegen, drückte ihm die Hand und überließ ihn dem Zeremonienmeister, der ihn hinüber zu den Zarinnen geleitete.

Die zweite Unterbrechung der einförmigen Zeremonie ereignete sich, als ein Mitglied der Duma den Saal betrat – ein bärtiger Bauer. Als er hereinkam, verlor er völlig den Kopf. Irgendwie schaffte er es, dem Zaren seine Glückwünsche zu überbringen. Als er dann zur Zarin-Mutter ging, erstarrte er plötzlich und blieb wie versteinert stehen. Die Pracht der kaiserlichen Gemächer und der Ernst der Prozedur erzeugten in ihm offenbar das Gefühl, in der Kirche zu sein. Als er die Zarin-Mutter erblickte, die mit ihren Diamanten wie eine kostbare Ikone glänzte, bekreuzigte er sich und fiel auf die Knie. Ich sah nicht, was weiter geschah, denn meine Halbkusine Irina Alexandrowna, die neben Nadja und mir stand, fing laut zu kichern an, worauf Tante Maria Alexandrowna, die Schwester Alexanders III., augenblicklich reagierte. Sie drehte sich blitzschnell um und, indem sie ihre kurze Nase rümpfte, drohte sie streng mit dem Finger – nicht Irina, sondern Nadja, die völlig unschuldig war.

In diesen Tagen wurde in der Kasan-Kathedrale eine Festliturgie gelesen, an der die ganze Familie teilnahm. Wir kamen mit unseren Eltern vor den Majestäten in der Kathedrale an, die bereits voller Menschen war. Vorne standen die hohen Beamten: Minister, Angehörige der wichtigsten staatlichen Einrichtungen, Hofleute, Ehrendamen und das diplomatische Korps. Dahinter drängten sich zahllose Kirchgänger – Männer wie Frauen. Der Gottesdienst hatte bereits vor unserer Ankunft begonnen. Unter den hohen Gewölben ertönte der göttliche Gesang des herrlichen Chores. Ich stand neben meinen Eltern und bestaunte die wunderbare Silber-Ikonostase mit ihren Säulen aus Jaspis und der schönen heiligen Pforte zum Altarraum. Über der heiligen Pforte bildeten Edelsteine unter einem Nimbus das Wort »Gott«.

Als der Zar und die Zarin eintrafen, stand ich – gemäß den Anweisungen meines Vaters – die Hände an der Hosennaht, und in dieser Stellung blieb ich starr stehen, bis die Messe zu Ende war. Die Liturgie wurde von dem Metropoliten über Sankt Petersburg und Ladoga, Antoni, gehalten, dem eine Schar von Bischöfen und Priestern assistierte. Am Altar nahm der antijochische Patriarch Grigori am Gottesdienst teil; er war aus Damaskus zu den Festlichkeiten der Romanows angereist.

Leider durfte ich, weil ich noch zu jung war, den übrigen Zeremonien und Feiern, die anläßlich des Jubiläums stattfanden, nicht beiwohnen. Besonders ärgerte mich, daß wir Jüngeren keinen Zutritt zu den Festlichkeiten in Moskau und Kostroma hatten. Zur Erinnerung an die Jubiläumsfeiern der Dynastie erhielt jeder, der dem Zaren Glückwünsche überbracht hatte, ein besonderes Emblem, das auf der rechten Seite der Brust zu tragen war und an den ältesten Sohn vererbt werden mußte. Wie die übrigen Familienmitglieder, bekam auch ich dieses Jubiläumsemblem.

Im Winter und Frühjahr 1914 fuhr ich häufig ins Mariinski-Theater. In den Wochen vor Ostern war es nicht erlaubt, auf dieser Bühne

Opern und Ballette aufzuführen. Daher wurden ausschließlich Stücke von Wagner gespielt. Obwohl ich von diesem Komponisten nicht besonders begeistert war, besuchte ich in diesem Winter trotzdem alle seine Opern. Bei der Aufführung des »Rings der Nibelungen« waren der Thronfolger Prinz Ferdinand von Rumänien, seine hübsche Gemahlin und ihr Sohn Carol anwesend. Ich begrüßte sie im Foyer der kleinen kaiserlichen Loge. Sie waren mit Großfürstin Victoria Fjodorowna ins Theater gekommen, einer Schwester von Prinzessin Maria. Prinz Carol, der einmal König von Rumänien werden sollte, machte damals einen ziemlich schlechten Eindruck auf mich. Er führte sich unmöglich auf und erlaubte sich Streiche, über die niemand lachte. Eine solche Lausbüberei leistete er sich genau an dem Abend, an dem ich ihm vorgestellt wurde. Nachdem er abgelegt hatte, krabbelte er auf allen Vieren die Treppe hinauf und bellte wie ein Hund. Mich erzürnte dieses Verhalten, denn am Fuße der Treppe, die hinauf in die Loge führte, stand ein Wachtposten und präsentierte das Gewehr.

Bei dieser Wagneraufführung war sonst niemand von der Familie in der kaiserlichen Loge. Als die Vorstellung vorüber war, wollten Prinz Ferdinand und sein Sohn den Abend in einem Restaurant beschließen. Ich bot deshalb Victoria Fjodorowna an, sie und ihre Schwester in meinem Auto in die Million-Straße zu bringen, wo die Rumänen bei Großfürst Kirill Wladimirowitsch abgestiegen waren. Der Besuch des rumänischen Thronfolgerpaares in Sankt Petersburg hatte den Zweck, den Sohn mit Großfürstin Olga Nikolajewna, der Tochter des Zaren, zu verloben. Diese Aufgabe hatte Carols Tante, Victoria Fjodorowna, übernommen, und sie hoffte, es würde ihr gelingen, denn – wie gemunkelt wurde – sie gedachte die Sympathie der Zarin zu erringen, die nach der Scheidung von dem Herzog von Hessen nicht gut auf ihre ehemalige Schwägerin zu sprechen war. Die Heiratspläne endeten in einem heillosen Fiasko, denn von der ersten Begegnung an zeigte Olga Nikolajewna eine heftige Abneigung gegen Carol.

Der Winter in Sankt Petersburg war im Januar und Februar 1914 ungewöhnlich schön. Zur Mittagszeit, wenn die niedrig stehende Sonne auf das Eis der Newa schien, glänzten die Paläste an den Ufern in all ihrer Pracht. Die Sonnenstrahlen blitzten im Gold des hohen Glockenturms der Peter-Pauls-Kirche, und die langen bläulichen Schatten legten sich auf den breiten, zugefrorenen Fluß. Am Kai herrschte lebhafter Verkehr; Scharen von Fußgängern spazierten an der niedrigen Granitmauer den Fluß entlang. Auf dem Kai durfte der Schnee liegenbleiben, und deshalb glitten die Pferdeschlitten wie über eine weiche, weiße Decke leicht dahin.

Auf dem Kai oder am Newski Prospekt begegnete ich mehrere Male dem Schlitten der Zarin-Mutter. Eingehüllt in ihren Pelz und mit einem kleinen Fellhut mit Schleier, der ihr Gesicht schützte, saß sie sehr aufrecht und beantwortete den Gruß der Leute mit einem leichten Kopfnicken. Wer das Glück hatte, sie aus der Nähe zu sehen, glaubte, das anmutige Lächeln der Zarin-Mutter gelte ihm persönlich, weil sie ihn wiedererkenne ... Da war es nicht verwunderlich, daß die Bürger von Sankt Petersburg sich freuten, der Zarin-Mutter zu begegnen! Man konnte ihren Schlitten schon von weitem erkennen, weil hinten auf dem Schlitten stets zwei Kosaken mit hohen Fellmützen standen. Diese zwei Kosaken – Poljakow und Jaschtschik, trotzten jeder Gefahr. Sie ließen die Zarin-Mutter auch während der Revolution nicht im Stich und befanden sich an ihrer Seite, als wir alle auf Djulber eingesperrt wurden.

Wenn ich heute, nach so vielen Jahren im Exil, an das ferne Sankt Petersburg zurückdenke, diesen »unsterblichen Irrtum« Peters des Großen, sehe ich die kaiserliche Hauptstadt immer in ihrer majestätischen Wintertracht vor mir: Mit Schnee auf den breiten Straßen, auf Gebäuden, Palästen, Kirchen und der großartigen, zugefrorenen Newa. Ich erinnere mich an das Knirschen der Schlittenkufen in den Wagenspuren, wenn ich abends nach meinen Schularbeiten zu meinen Freunden in den Marmorpalast fuhr. Ich sehe die unzähligen Lichter auf dem Newski-Prospekt und die Reflexe der goldenen Admiralitätsnadel am dunstigen Himmel; ich höre den gemessenen Schlag der schweren Glocken der Isaak-Kathedrale, die zur Abendmesse rufen, und am Ufer der Newa sehe ich den Umriß des Winterpalais mit der wehenden kaiserlichen Standarte auf dem Dach.

Moskau und Kiew

Meine drei Reisen nach Moskau

Ich besuchte Moskau zum ersten Mal 1911, anschließend an einen kurzen Aufenthalt auf unserem Gut Chesmenka. Bis dahin hatte ich keine Gelegenheit gehabt, Rußlands alte Hauptstadt kennenzulernen, obwohl wir sie auf unseren häufigen Reisen auf die Krim immer wieder passierten.

Von Chesmenka kamen wir frühmorgens in Moskau an und begaben uns vom Bahnhof direkt zur Kapelle der Iberischen Gottesmutter – von den Bolschewiken nach der Revolution abgerissen –, um die wundertätige Ikone zu küssen, das Heiligtum Moskaus. Die kleine Kapelle, die an die Mauer zwischen das doppelte Iberische Tor am Roten Platz gebaut worden war, hinterließ einen tiefen Eindruck in mir. Unzählige Kerzen brannten vor der Ikone, und die Kapelle war voller Kirchgänger. Die sehr alte Ikone der »Gottesmutter von Iberia« (vom Iberischen Kloster auf dem Berg Athos), die von kostbaren Edelsteinen nur so glitzerte, war undeutlich zu sehen, aber ich erkannte das Gesicht der Gottesmutter sofort wieder, das ich von frühester Kindheit an auf den Ikonen zu Hause abgebildet gesehen habe.

Von der Iberischen Kapelle fuhren wir durch die Tore über den Roten Platz und in den Kreml hinein. Am Ende des langgezogenen Platzes sah ich zum ersten Mal die seltsamen farbigen Kuppeln der Wassili-Blashénni-Kathedrale, die ich bis dahin nur von Abbildungen kannte, und während ich sie betrachtete, fiel mir ein, daß ich einmal gehört hatte,wie man diese prächtige Kathedrale mit einem märchenhaften Drachen verglichen hatte.

Wir fuhren durch das Spasskia Worota (Erlösertor) in den Kreml, über dem ein eindrucksvoller Turm mit dem Doppeladler auf der Spitze (heute durch einen Stern aus Rubinglas ersetzt) aufragte. Beim Passieren des Tores schlugen wir nach alter Gewohnheit das Kreuzzeichen, als wir unter der Ikone »Unseres Erlösers« vorbeifuhren, an der immer ein Öllämpchen brannte. An diesem Morgen drehten wir nur mit dem Auto eine Runde innerhalb der Mauern des Kreml, denn wir hatten es eilig, zu Fürst Jusupow zum Essen zu kommen. Natürlich beeindruckte der uralte Kreml mich mit all seinen Kathedralen, prächtigen Kirchen und Plätzen sehr, und ich bat meinen Vater flehentlich um Erlaubnis, mich ein anderes Mal gründlicher umsehen zu dürfen. Das versprach er mir und stillte an jenem Morgen wenigstens teilweise meine Neugier, indem er mir an Ort und Stelle die Architektur erklärte.

Von meiner ersten, ziemlich oberflächlichen Bekanntschaft mit dem Kreml erinnere ich mich nur des Anblicks dreier herrlicher Kathedralen: Der Uspenski-, Archangelski- und der Blagowjeschtschenski-Kathedrale, die mit ihren weißen Mauern und goldenen Kuppeln in der Sonne glänzten; als Ensemble bildeten sie einen prachtvollen Anblick! Zu meinem großen Verdruß endete unser Kremlbesuch viel zu schnell; ich hätte eine ausführlichere Besichtigung des Kremls dem Essen bei Fürst Jusupow vorgezogen.

Mein Vater hielt sein Versprechen, das er mir 1911 gegeben hatte. Den folgenden Sommer besuchte ich Moskau zum zweiten Mal. Bei dieser Gelegenheit hatte ich mehr Zeit zu meiner Verfügung und konnte den Kreml sowie viele Sehenswürdigkeiten der Stadt gründlich besichtigen.

Im August 1912 feierte man das 100jährige Jubiläum der Schlacht bei Borodino. Gemeinsam mit anderen Mitgliedern der Familie sollten meine Eltern an diesen Festlichkeiten teilnehmen, die mit einer Truppenparade auf dem Schlachtfeld bei Borodino begannen und in Moskau fortgesetzt wurden.

Ich kam von Znamenka aus später als meine Eltern nach Moskau, begleitet von meinem Erzieher, Baron Stahl und Doktor Warawka, der mitkam, weil meine Mutter sich nicht ganz gesund fühlte. Vom Bahnhof begaben wir uns direkt ins Hotel Metropol in der Twerskaja-Straße (heute Ul. Gorokowo). Am selben Morgen brachen mein Erzieher und ich unverzüglich zur Besichtigung des Kremls auf. Wasili Wasiljewitsch Fursenko war Historiker, und deshalb hatte ich in ihm einen hervorragenden Führer.

Wenn ich auf diesen Seiten über den Kreml erzähle, ist es nicht meine Absicht, mich in Beschreibungen zu ergehen, die für den, der die russische Geschichte und die Gebäude des Kreml kennt, überflüssig sind; meine Beschreibungen beschränken sich auf die Eindrücke, die ich nach Ablauf so vieler Jahre bewahrt habe.

Wir fuhren durch das Erlösertor in den Kreml hinein, und als wir den Platz des Zaren überquert hatten, besuchten wir die Uspenski-Kathedrale (Mariä-Himmelfahrts-Kathedrale), wo wir mit unserer Besichtigung des Kreml anfangen wollten; auf dem Weg dorthin machte mich Fursenko auf das Wosnessenski-Kloster (Christi-Himmelfahrts-Kloster) aufmerksam, dessen Besuch wir uns für den nächsten Tag vorgenommen hatten. Als wir die häßliche, bläuliche Sankt-Katharina-Kirche passiert hatten, deren pseudo-gotischer Stil überhaupt nicht zu den übrigen Gebäuden des Kreml paßte, fiel mein Auge auf den Nikolai-Palast, wo Zar Alexander II. geboren wurde; dem Palast gegenüber, der auch Kleiner Kremlpalast genannt wurde, stand zur Erinnerung an den Zaren eine Statue unter einem hohen Baldachin, von einer Galerie und einem Garten umgeben. Dieses Denkmal vom Ende des 19.Jahrhunderts gefiel mir außerordentlich und stimmte völlig mit der ganzen Atmosphäre des Kremls überein. Es wurde von den Kommunisten zerstört.

Als wir an dem Gitter angelangt waren, das den Zarenplatz vom Kathedralenplatz trennte, stiegen wir aus dem Auto. Vor mir ragte der hohe weiße Iwan-Weliki-Glockenturm auf, dessen goldene Kuppel im blauen Himmel funkelte. In der Ferne sah ich noch viele andere goldene und blaue Kuppeln über den Kremldächern.

Bevor wir die Uspenski-Kathedrale betraten, verweilten wir ein wenig beim Glockenturm, weil ich mir gerne die berühmte Zarenglocke näher anschauen wollte, die mir noch größer erschien als auf den Bildern, die ich davon gesehen hatte. Als ich so in die dunkle Öffnung am unteren Rand der Glocke guckte, wurde ich von unwiderstehlicher Neugier gepackt, durch das Loch in die Glocke zu schlüpfen, was ich dann zu Fursenkos großer Entrüstung auch tat. Als ich wieder aus der Glocke herauskam, verewigte mich einer der örtlichen Fotografen, der Bilder von Touristen und Besuchern des Kreml machte, als ich gerade in der Öffnung der Zarenglocke auftauchte! Um eine mögliche Verbreitung dieses Bildes zu vermeiden, mußte Fursenko dem Fotografen den ganzen Film abkaufen.

Fursenko hatte mich bereits rechtzeitig auf unsere Reise nach Moskau vorbereitet, damit ich die historische und künstlerische Bedeutung der Denkmäler des alten Moskau besser verstehen würde. Ihm habe ich es zu verdanken, daß vieles, was ich in diesen Tagen sah, einen unvergeßlichen Eindruck auf mich machte. Ich erinnere mich an ein Gefühl der Ehrfurcht, das mich ergriff, als ich vor der altehrwürdigen Uspenski-Kathedrale stand, in der alle russischen Zaren gekrönt wurden und die durch viele Jahrhunderte dem Spott und Hohn der Feinde ausgesetzt gewesen war. Wir blieben direkt vor der Kathedrale stehen, um die alten Fresken auf der Außenmauer und das Bild der Gottesmutter zu bewundern.

Beim Betreten der Kathedrale mußte ich mich erstmal allmählich an die Dunkelheit gewöhnen. In dem spärlichen Licht, das durch die hohen, schmalen Fenster hereindrang, sah ich Fresken, die nicht nur die Wände bedeckten, sondern auch die Säulen und Gewölbe der Kirche; diese wunderbaren Wandmalereien stellten unzählige Heilige dar, unter denen ich Engel und Beschützer des griechisch-orthodoxen Glaubens erkannte; der feine Umriß der Figuren bestand aus verblichenem Gold, das vor meinen Augen flimmerte, als ich mich auf den unebenen Steinfliesen der Ikonostase näherte. Ich ging auf die heilige silberne Pforte der hohen Ikonostase zu, um das Heiligtum der Uspenski-Kathedrale zu küssen – die Ikone der Gottesmutter von Wladimir (genauer gesagt küßte ich das Glas, das die Ikone schützte).

Die drei alten Thronsessel für den Zaren, den Patriarchen und den Großfürsten machten einen überwältigenden Eindruck auf mich. Oberhalb des Zarenthrones, der mit Brokat bezogen war, stützten gedrehte, vergoldete Säulen einen Baldachin mit Doppeladler, während der Thron des Patriarchen aus himbeerfarbenem Samt bestand und einen steinernen, mit einem Kreuz gekrönten Überbau hatte. Neben dem Thron des Patriarchen stand ein Krummstab aus schwarzem Holz, der, wie mir mein Erzieher erklärte, über 600 Jahre alt war. Unweit des Patriarchenthrones stand der Thron Iwan des Schrecklichen. In sein verdunkeltes Holz waren Reliefs eingeschnitzt, die Begebenheiten aus dem Leben Wladimir Monomachs zeigten. Während ich den Erklärungen meines Erziehers lauschte, standen diese drei Throne wie leblose Symbole längst vergangener Tage vor mir.

Bei der Besichtigung der Uspenski-Kathedrale, deren Inneres byzantinisch geprägt ist, kamen wir in einen Bereich der Kirche, in dem Reliquien mehrerer Apostel aufbewahrt wurden – von Johannes dem Täufer und einigen bekannten russischen Heiligen. In einer Ecke der Kathedrale entdeckte ich einen schön gearbeiteten Tabernakel aus Bronze, in dem man einmal ein Zipfelchen des Gewandes Christi aufbewahrt hatte, das später in den Hauptaltar kam. Einige Fäden dieses heiligen Gewandes, von Wachs zusammengehalten, wurden in die Taufkreuze der Angehörigen der Zarenfamilie getan; nach der Taufzeremonie wurde dieses Kreuz sorgfältig aufbewahrt. Ich besitze meines heute noch.

Als wir die Uspenski-Kathedrale verließen, gingen wir ein paar Schritte weiter bis zur Archangelski-Kathedrale (Erzengel-Michael-Kathedrale), an der wir stehenblieben und uns die herrlichen Steinmetzarbeiten am Haupteingang anschauten. Mein Erzieher hatte mir schon vorher erzählt, daß Großfürst Iwan III. die Kathedrale hatte bauen lassen. Dem Rat seiner Gemahlin folgend, hatte er den Bau dem milanesischen Architekten Alvisio Novi übertragen und verfügt, daß die Kathedrale als Grabkapelle für moskowitische Fürsten dienen sollte. Weil ich wußte, daß hier die moskowitischen Herrscher der Dynastie Rurik und die ersten Zaren des Hauses Romanow beigesetzt worden waren, drängte es mich danach, die Grabstätten so vieler Herrscher und die meiner fernen Vorfahren zu sehen.

Als wir die Kathedrale betraten, in der Wände, Säulen und Wölbungen mit Wandmalereien versehen waren, entdeckte ich zu meiner Verblüffung etwas Eigentümliches: Hier waren unüblicherweise Porträts angebracht. Nachdem ich mich an die Dunkelheit gewöhnt hatte, sah ich, daß es sogar noch andere Holzporträts an den Wänden der Kirche gab. Diese Abweichung von der Norm war in der Archangelski-Kathedrale erlaubt, weil die Porträts Herrscher darstellten, die hier bestattet waren. Ich erinnere mich nur undeutlich an das Innere der Kathedrale, dafür um so deutlicher an die Sarkophage, die mich sehr interessierten. Bei deren Besichtigung hielt sich mein Erzieher an eine streng chronologische Reihenfolge: Iwan Kalita, seine Söhne Simeon der Stolze und Iwan II., Dmitri Donskoi, Iwan III. und Basil III. Aufgeregt und neugierig trat ich an die Grabstätte Iwan des Schrecklichen. Die Oberfläche war ziemlich dunkel, und daß der Sohn Iwan, der Iwan den Schrecklichen getötet hatte, neben ihn gebettet war, trug noch zur düsteren Atmosphäre des Ortes bei. Der zweite Sohn Iwan des Schrecklichen, der letzte Nachkomme Iwan Kalitas auf dem moskowitischen Thron, Zar Fjodor I., fand neben seinem Bruder seine Ruhestätte; als ich an sein Grab trat, überraschte mich das dort angebrachte

Porträt. Der unbekannte Künstler hatte Fjodor I. mild und gütig dargestellt – Eigenschaften, die er höchstwahrscheinlich von seiner Mutter, Zarin Anastasia Romanow, geerbt hatte. Im selben südlichen Teil der Kirche, rechts der Ikonostase, hatte man früher den Schwager Fjodor I., Boris Godunow, begraben, doch wurden dessen sterbliche Reste aus der Kirche entfernt. Sie befinden sich jetzt in Zagorsk.

Wir kamen nun zu den Grabstätten der ersten Zaren des Hauses Romanow. Zu diesem Zeitpunkt gab es noch keinen Baldachin über dem Sarkophag Zar Michail Fjodorowitschs. Dieser wurde erst 1913 anläßlich des 300jährigen Jubiläums des Hauses Romanow angebracht. Der Zar wünschte, daß sich das Grabmal des ersten Zaren aus dem Geschlecht der Romanows von den übrigen in der Kathedrale unterscheiden solle, und das Komitee, das die Festlichkeiten zu arrangieren hatte, schlug vor, das Grabmal mit einem Baldachin zu schmücken. Dieser Vorschlag wurde vom Zaren angenommen, und er verfügte, die Ausführung des Projektes meinem Vater zu übertragen. Als der Zar die Angelegenheit zum ersten Mal meinem Vater gegenüber erwähnte und bemerkte, er hielte es für eine gute Idee, die Arbeit in die Hände eines Nachkommen von Zar Michail zu legen, wurde mein Vater etwas verlegen. Er meinte, jede Neuerung in der Archangelski-Kathedrale berge die Gefahr in sich, deren Atmosphäre zu zerstören. Außerdem hielt mein Vater nichts davon, daß sein Name mit dem Anbringen dieses Baldachins verbunden würde. Doch der Zar beharrte auf seinem Wunsch und gab ihm die Form eines »Befehls« – wie er es scherzhaft nannte. Mein Vater sah sich genötigt, dem »Befehl« des Zaren Folge zu leisten, und er nahm das Projekt in Angriff. Es war keine leichte Aufgabe, denn der Baldachin sollte in die altehrwürdige Umgebung der Kathedrale passen. Der Zar billigte den Entwurf meines Vaters, und der Baldachin über dem Grabmal Zar Michail Fjodorowitschs wurde rechtzeitig zu den Festlichkeiten anläßlich des Jubiläums unserer Dynastie angebracht.

Die »historische« Besichtigung der drei wichtigsten Kathedralen im Kreml, die Fursenko mit pädagogischem Augenmerk geplant hatte, folgte genau dem Weg, den die Prozession des Zaren ging, wenn eine Krönungszeremonie in der Uspenski-Kathedrale stattfand. Nach der Krönung ging man zu der Archangelski-Kathedrale, um den irdischen Resten der Vorfahren die letzte Ehre zu erweisen, und danach begab sich der feierliche Zug zur Blagowjeschtschenski-Kathedrale (Mariä-Verkündigungs-Kathedrale), in der man ein Hochamt mit dem Gebet um ein langes Leben feierte.

Die Blagowjeschtschenski-Kathedrale wurde von jeher als Hofkirche betrachtet; die Oberpriester der Kathedrale waren seit Jahrhunderten die Seelsorger der Zaren gewesen, und als die Hauptstadt nach Sankt Petersburg verlegt wurde, trug der Oberpriester beider Blagowjeschtschenski-Kathedralen – der im Kreml und der in der Schloßkirche des Winterpalais – den Titel des Seelsorgers für den Zaren und die Zarin.

Von den drei Kathedralen, die ich an diesem Tag besuchte, habe ich die Blagowjeschtschenski-Kathedrale am besten in Erinnerung; der Boden beeindruckte mich sehr, nicht nur wegen seiner Schönheit, sondern auch, weil mein Erzieher mir erzählte, daß der Boden von dem gottesfürchtigen Zaren Alexej Michailowitsch stammte, dem vom persischen Schah Jaspis-Stücke und andere bunte Steine als Geschenk geschickt worden waren, um die viereckigen Marmorfliesen des Fußbodens zu verzieren.

Die Fresken der Kathedrale verblüfften mich: Eine unglaubliche Mischung von Abbildungen an den Wänden führte zu den erstaunlichsten Kontrasten. Seite an Seite mit den konventionellen Darstellungen von Heiligen und Märtyrern, Aposteln und Patriarchen, entdeckte ich neben den Propheten des Alten Testaments weissagende Sibyllen und griechische Philosophen – Aristoteles, Platon, Zenon, mit Pergamentrollen in den Händen. Zwischen diese Gemälde hatten die Künstler phantastische Drachen, Jonas mit dem Walfisch und sogar Dämonen in Schweinegestalt eingefügt.

Außer der Blagowjeschtschenski-Kathedrale besichtigten wir an diesem Tag den Granowitaja Palata (Facettenpalast), von dem mir Fursenko in den Geschichtsstunden so viel erzählt hatte. Leider war die ursprüngliche Ausschmückung dieses altehrwürdigen Palastes wegen einiger Brände im Kreml, wovon der letzte auf Befehl Napoleons gelegt worden war, verlorengegangen. Auch die wegen ihrer Schönheit berühmten Wandmalereien waren zerstört. Nur der kaiserliche Thron, der auf einem Podest unter einem Jahrhunderte alten Zelt-Baldachin stand, erinnerte an die einstige Größe des Facettenpalastes, in dem die moskowitischen Fürsten – sowohl des Rurik- wie des Romanowgeschlechts – ausländische Gesandte empfangen hatten und wo die bojarische Duma sich versammelt hatte.

Vom Facettenpalast aus gingen wir durch den »heiligen Vorsaal« in den großen Kreml-Palast hinein. Das Äußere dieses Palastes, der um 1830 unter Nikolaus I. erbaut wurde, hat mir nie besonders gefallen. Das Bauwerk wirkte neben den altehrwürdigen Gebäuden des Kreml wie ein Anachronismus, obwohl die Hauptfassade in ihrer erdrückenden Monotonie eine lange Fensterreihe aufwies, die den Fenstern des Terempalais (Belvederepalais), welches sich anschließt, glichen. Das Innere des Großen Kremlpalastes erschien mir mehr aufwendig und übertrieben als schön. Im Sankt Georgssaal fielen mir die weißen Marmorplatten an den Wänden mit den ungeheuer vielen Inschriften auf. Neben den Namen der Regimenter, die sich in verschiedenen Feldzügen Ruhm erworben hatten, waren die Marmorplatten beschriftet mit den Namen der Träger des Sankt Georgskreuzes, und dort entdeckte ich auch die Namen meines Großvaters und Onkel Nikolaschas.

Wir wollten unsere Besichtigung des Kremls mit dem Terempalais beenden, das mit dem Großen Kremlpalast und dem Facettenpalast durch Korridore verbunden war. Als ich das Terempalais betrat, hatte ich sogleich das Gefühl, in eine andere Welt versetzt zu sein – zurückversetzt in eine andere Epoche. Das Palais kam mir eher wie ein Kloster als ein Palast vor; die niedrigen und schlecht beleuchteten Zimmer erinnerten an Zellen, und das Eßzimmer mit dem Gewölbe sah wie ein Refektorium aus. Der Aufseher im Terempalais zeigte mir die interessantesten Zimmer, und dank seiner langen und umständlichen Erklärung sind mir noch viele Details frisch im Gedächtnis; während er meine Aufmerksamkeit auf die historischen Gegenstände in den Zimmern lenkte und mir die damit verbundenen Begebenheiten erzählte, entstand eine Diskussion zwischen ihm und meinem Erzieher, welcher nicht immer seiner Ansicht war.

Am besten gefielen mir die privaten Gemächer Zar Alexej Michailowitschs und das vergoldete Teremok (Giebelzimmer) seiner Kinder. Diese Räume, die ihr ursprüngliches Aussehen fast bewahrt hatten, sahen aus, als seien sie immer noch bewohnt. Im Vorzimmer des Zaren, dem Wartezimmer für die Bojaren, erinnere ich mich an einen großen Kachelofen mit holländischen Kacheln. Das nächste Zimmer benutzten die Bojaren ab und zu für ihre Versammlungen, und die Wände sowie die niedrige, gewölbte Decke, die mit verschnörkelten Ornamenten bedeckt waren, erinnerten mich an die

Kulissen, die ich in Sankt Petersburg im Mariinski-Theater bei der Vorstellung »Boris Godunow« gesehen hatte.

Wir betraten den Thronsaal des Terempalais durch eine niedrige Tür. Die rot, gelb und purpurn verzierten Wände und Möbel ließen die goldenen Ornamente funkeln und den Raum gleichsam erglühen. Nur ein schwaches Licht drang durch die kleinen farbigen Fenster in den Thronsaal und beleuchtete ihn auf eine sonderbare Weise. Der Zarenthron von Alexej Michailowitsch stand in der Ecke beim Fenster, und darüber sah ich einen gemalten Doppeladler in Gold. Der Thron, der etwas erhöht stand, glich einem bequemen Lehnstuhl, und davor lag ein abgetretener Teppich, den angeblich die Töchter von Alexej Michailowitsch bestickt haben. Der Führer zeigte mir einen großen vergoldeten Schrein, welcher eine unschätzbare bibliographische Rarität enthielt: Das Buch über die Wahl von Michail Fjodorowitsch Romanow zum Zaren.

Obwohl ich damals bereits 16 Jahre alt war, fühlte ich mich nach dem langen Rundgang durch die Kathedralen und Paläste recht müde, und auch Fursenko, der sich während der Besichtigung kein einziges Mal hingesetzt und ausgeruht hatte, mußte schließlich zugeben, daß er ziemlich erschöpft war. Wir beschlossen, den Besuch des Kremls zu beenden und zum Essen ins Hotel zurückzukehren.

Nach einem üppigen Mahl kamen wir überein, unseren Museumsbesuch auf den nächsten Tag zu verschieben und stattdessen eine Stadtrundfahrt mit dem Auto zu unternehmen. Als wir ins Zentrum fuhren, fiel mir der Unterschied zwischen den Einwohnern Moskaus und denen von Sankt Petersburg auf. Die Moskowiter verließen die Trottoirs oft, spazierten sogar mitten auf der Straße und störten den Verkehr, während anständige Fußgänger in Sankt Petersburg sich stets auf den Bürgersteigen bewegten. In der lärmenden und lebhaften Menschenmenge hier in Moskau konnte ich außerdem nur wenige Militärpersonen ausmachen. Mir fielen sowohl Landfrauen mit bunten Kopftüchern und Bauern mit Käppchen auf, die mit langen Kaftanen und Bastschuhen oder hohen Stiefeln bekleidet waren, wie auch ab und zu elegante Frauen in den modernsten Kleidern.

Auf dem Weg zum Sokolniki-Park fuhren wir durch den nördlichen Außenbezirk der Stadt, der mir wie ein eigenes Provinzstädtchen vorkam. Die niedrigen, ein- oder zweigeschossigen Häuser hatten grüne oder blaue Blechdächer, und außerdem gab es viele kleine, typisch russische Holzhäuser. Die bescheidenen Läden und Geschäfte wirkten ebenfalls ziemlich provinziell und fielen mir wegen ihrer unverhältnismäßig großen Schilder auf, deren Text oft durch naive Zeichnungen und Bilder ergänzt war. Die Friseure lockten mit dem Bild eines Barbiers, der gerade einen eingeseiften Kunden rasiert; die Bäcker hatten an den Bäumen Brot und Kalati (Weißbrot) aufgehängt, und die Leichenbestatter machten auf sich aufmerksam mit einer Ausstellung farbiger oder vergoldeter Särge! Aus den Wirtshäusern drang das betrunkene Gegröhle billiger Schlager.

Als wir am Sokolniki-Park anlangten, war es, als würde man ein Erholungsgebiet betreten; unter den hohen Kiefern leuchteten Birken, und entlang der Alleen erblickte ich ein Sommerhäuschen neben dem anderen – von derselben Art, wie ich sie von Peterhof bei Znamenka kannte. Die Häuschen waren aus Holz und hell bemalt. Sie hatten angebaute Veranden, wo die Feriengäste im Sommer ihren Tee tranken. Vor der Zeit Peters des Großen war Sokolniki ein geschütztes Waldgebiet gewesen, in dem der Zar auf Falkenjagd ging. Doch nachdem Peter der Große dort einen Park angelegt hatte, wurde dieser Ort ein beliebtes Ausflugsziel für die Moskowiter. Nachdem wir in dem ausgedehnten Park einen langen Spaziergang gemacht hatten, stiegen wir wieder ins Auto und fuhren zurück zum Hotel.

Mein Erzieher und ich verließen am nächsten Morgen zeitig das Hotel. Diesmal benutzten wir nicht das Auto, weil es vom Hotel zum Roten Platz und dem Kreml nicht sehr weit war. Als wir an der Iberischen Kapelle vorbeikamen, waren dort trotz der frühen Morgenstunde schon zahlreiche Menschen, und vor der wundertätigen Ikone brannten Kerzen. Auf dem Weg zur Wassili-Blashénni-Kathedrale (Basilius-Kathedrale) sah ich den berühmten Lobnoje Mesto (Schädelstätte), eine kleine runde Steinplattform auf dem sonst ebenen, großen Roten Platz. Hier stand ich lange und betrachtete die Basilius-Kathedrale. Anfangs schien es mir, als sei der Zweck dieses phantastischen Bauwerks, das so unterschiedlich in Farbe und Form, so chaotisch und ohne Symmetrie ist, den Beschauer zu verwirren! In dieser Menge von eng nebeneinander gebauten Türmen war nur der mittlere und höchste mit einer Goldkuppel geschmückt. Die übrigen Türme krönten phantastische Kuppeln, bedeckt mit verschiedenfarbigen Kacheln, und während ich sie betrachtete, mußte ich an blühende Tulpen, riesige Rosenknospen, an Früchte und Ananas denken.

Nicht weniger erstaunt war ich über das Innere der Kathedrale. Ich hatte erwartet, einen großen Kirchenraum zu betreten, und geriet stattdessen in ein Labyrinth von Gängen, Korridoren, verwinkelten Ecken und Treppen. Manchmal mußte ich mir den Weg im Dunkeln suchen und war gezwungen, den Kopf einzuziehen, um durch die niedrigen Gewölbe zu kommen; oft mußte ich auf unserem Weg durch die etwa zehn inneren Kirchen, die auf verschiedenen Ebenen lagen, ausgetretene Stufen benutzen. Die am tiefsten liegende Kirche, die Wassili dem Gesegneten geweiht war, erstaunte mich wegen ihrer bescheidenen Größe und der schlichten Ausschmückung. Nur einige Kerzen, die vor der Ikone Wassilis brannten, brachten Leben in diese kleine Kirche. Als wir schließlich wieder hinaustraten auf den Roten Platz, der in der Sonne strahlte, kam es mir vor, als seien wir nicht in einer Kirche, sondern im Innern eines Berges gewesen!

Am selben Vormittag statteten wir dem Historischen Museum, das auf dem Roten Platz lag, einen Besuch ab. Im Jahre 1912 war der Bruder des Zaren, Großfürst Michail Alexandrowitsch, Direktor des Museums. Fürst Scherbatow war sein Stellvertreter. Mir hatte dieses Gebäude aus dunkelroten Backsteinen, mit seinen Vorsprüngen, Verzierungen und Fenstern verschiedener Größe schon auf Bildern immer gefallen. Ich liebte die zwei hohen, spitzen Türme mit den goldenen Doppeladlern.

In der großen Vorhalle hingen Bilder von sämtlichen russischen Herrschern – von Rurik bis Nikolaus II. Die außergewöhnlich schöne Sammlung war so angeordnet, daß man von Saal zu Saal schreitend verschiedene Zeitalter durchwanderte. Die ersten Säle enthielten Funde aus der Stein- und Bronzezeit, dann folgten Säle, in denen sich Gegenstände befanden, die die Skythen und die Griechen der Schwarzmeerküste hergestellt hatten, dann kam die Einführung des Christentums in Kiew-Rußland (um 988), die Abteilung des feudalen Zeitalters und schließlich die Renaissance.

Zur Mittagszeit, wo das Museum geschlossen war, gesellte sich Fürst Scherbatow zu uns, den mein Erzieher von unserem Museumsbesuch unterrichtet hatte. Fürst Nikolai Sergejewitsch lud mich in einen Bereich des Museums, den er bewohnte, zum Essen ein, und wir gingen hinunter ins Wohnzimmer, wo er mich seiner

Frau und seinem Sohn Emmanuel vorstellte, der Kornett im Gardekavallerieregiment war.

Nach dem Essen sollte ich meine vorgesehene Besichtigung des Kremls beenden. Es wurde ein ziemlich kurzer Besuch, weil wir bereits am nächsten Morgen nach Znamenka zurückfahren wollten. Bevor wir das Erlösertor passierten, entblößten wir unsere Köpfe, und ich bekreuzigte mich vor der Ikone Unseres Erlösers, die sich über dem Tor befand und an der als ewiges Licht ein Öllämpchen brannte. Auf dem Weg zu Oruscheinaja Palata – der Rüstkammer – kamen wir an der Zaren-Glocke, der Zaren-Kanone und dem Arsenal-Gebäude vorbei, wo ich an der Mauer entlang Hunderte von Kanonen sah, die man von Napoleon erobert hatte. Die meisten Kanonen waren französische Fabrikate; die übrigen stammten aus Österreich, Preußen, Italien, Holland, Spanien und Polen ... Die Trophäen waren auf Befehl Nikolaus I. an diesen Ort gebracht worden. Unser Besuch der Rüstkammer beanspruchte sehr viel Zeit. Die unglaublich reichen und vielfältigen Sammlungen dieses Museums – eines der ältesten Europas – ist jedermann bekannt, und ich erwähne deshalb nur das, woran ich mich am besten erinnere und was mich am meisten interessiert hat.

In dem Saal, der eine Reihe unschätzbarer Kunstgegenstände zeigte – Tiaren, Kronen, die vor Diamanten funkelten, Zepter und Reichsäpfel, Halsschmuck und prächtige kaiserliche Gewänder –, fesselte mich Wladimir Monomachs altehrwürdige Krönungskappe, das Symbol der souveränen Macht Rußlands am stärksten. Sie bestand aus acht dreieckigen Goldplättchen, die mit feiner Filigranarbeit und Edelsteinen verziert waren, und glich den kaiserlichen byzantinischen Kronen, war aber von einem russischen Zobelfell umrandet. Ich weiß, daß Nikolaus II. den Wunsch geäußert hatte, das Reglement für seine eigene Krönung zu ändern und zum alten Ritual der Krönung mit Monomachs Krönungskappe zurückzukehren. Aber der Senat weigerte sich, weil er in einer solchen Veränderung einen Angriff auf die Grundauffassung des russischen Imperiums sah.

Ich erinnere mich außerdem ganz deutlich an den Elfenbeinthron von Großfürst Iwan III.; Boris Godunows Thron erstaunte mich wegen der unendlich vielen bunten Edelsteine, die ihn schmückten. Die Sammlung alter russischer und ausländischer Waffen weckte mein besonderes Interesse; darunter befanden sich zahlreiche Schwerter,

Krummsäbel, Dolche, eine Menge Schilder, Brustpanzer und anderes Kriegsmaterial, wovon besonders das »großfürstliche Banner« von Zar Iwan dem Schrecklichen auffiel. Von der Abteilung für alte Equipagen erinnere ich mich an die prächtig vergoldete Gala-Kutsche, die Katharina die Große benutzte. Hier stand auch die Kutsche von Boris Godunow, die er als Geschenk von der englischen Königin Elisabeth erhalten hatte. Nach dem Besuch der Rüstkammer machten wir noch einen Stadtrundgang und kehrten dann zum Hotel zurück.

Ich mußte zeitig essen, weil ich am Abend eine Vorstellung des Bolschoi Theaters ansehen wollte. In meiner Gala-Uniform fuhr ich mit dem Auto, das mir der Generalgouverneur zur Verfügung gestellt hatte, zum Theater und traf kurz vor Beginn der Vorstellung irgendeiner italienischen Oper, deren Namen ich vergessen habe, ein. Mich interessierte nicht so sehr die Oper als mehr das berühmte Bolschoi Theater, das damals mit dem Mariinski-Theater in Sankt Petersburg konkurrierte. Zu meiner großen Bestürzung wurde ich zur kaiserlichen Loge geführt, die über den Bühnenrand in den Zuschauerraum ragte, und mitten in dieser großen, offenen Loge erblickte ich einen einsamen Stuhl ... Meine Ankunft im Theater zu einem Zeitpunkt, zu dem der Zuschauerraum noch voll beleuchtet war, mußte einfach die Aufmerksamkeit des Publikums auf sich ziehen, da lange kein Mitglied unserer Familie in dieser Loge gewesen war. Das war mir klar, und weil ich das Reglement kannte, wonach Kadetten und Soldaten sich erst setzen durften, wenn der Vorhang hochging, blieb ich unbeweglich stehen und erwartete zitternd diesen Augenblick. Während der Pause verschwand ich rasch im Aufenthaltszimmer und kehrte erst wieder in die Loge zurück, als der Vorhang sich hob. Ich erinnere mich, daß die Aufführung recht nett war, doch den riesigen Zuschauerraum, der in rot und gold gehalten war, fand ich nicht so schön wie den hellblauen Theatersaal des Mariinski-Theaters in Sankt Petersburg. Danach habe ich im Hotel übernachtet und bin mit dem Zug nach Znamenka zurückgekehrt.

Ich habe schon früher erwähnt, daß man am 10. Januar 1914, als mein Vater 50 Jahre alt wurde, das 50jährige Jubiläum seiner Aufnahme in fünf Regimenter feierte. Mein Vater war seit seiner Geburt ebenfalls zum Chef des Grenadierpionierbataillons ernannt worden. Als er die Bataillonsdelegation empfing, die nach Sankt Petersburg gekommen war, um ihrem Chef Glückwünsche zu überbringen, versprach mein Vater dem Bataillonskommandeur, Oberst Tomilowski, daß er nach Moskau kommen werde, wo die Kasernen der Grenadierpioniere waren, um sich für die Glückwünsche und Geschenke zu bedanken. Es wurde festgelegt, daß mein Vater dem Bataillon seinen Besuch abstatten wollte, sobald die Festlichkeiten in Sankt Petersburg beendet waren, und daß seine Familie ihn nach Moskau begleiten würde.

Wir reisten ohne Nadja, die krank geworden war, nach Moskau und stiegen im Hotel National ab. Zwar hatte man auch im Kreml-Palast für uns Zimmer reserviert, aber meine Mutter zog das Hotel vor, weil sie von hier aus freier und weniger offiziell in die Stadt fahren konnte, um Sehenswürdigkeiten zu besichtigen und Einkäufe zu tätigen. Bei dieser Gelegenheit verbrachten wir drei Tage in Moskau. Am ersten Tag in der Stadt wurde in der schönen Bataillonskirche auf der Sokolniki-Wiese ein Festgottesdienst von dem Oberpriester der militärischen Geistlichkeit, Vater Schawelski abgehalten, der aus Sankt Petersburg gekommen war und dem beim Gottesdienst nicht nur der leitende Priester der Kirche beistand, sondern auch einige Priester der Moskauer Garnison.

Die große Kirche war überfüllt; es waren sämtliche Soldaten der niedrigen Ränge des Bataillons anwesend, sowie die Offiziere mit ihren Frauen und Personen der höchsten militärischen Ränge in Moskau: der Kommandant des Distrikts Moskau, General Plehwe, der Kommandant des Grenadierkorps, General Mrosowski, Stadtgouverneur Generalmajor Adrianow und viele Zivilpersonen, die meinem Vater Glück wünschten. Nach dem kurzen Gottesdienst brachte man meinem Vater die Sankt Peters Ikone, und als wir uns anschickten, die Kirche zu verlassen, überreichte die Frau des Bataillonskommandanten meiner Mutter und Marina Blumensträuße, die mit dem Bataillonsband aus schwarzem und rotem Samt geschmückt waren.

Die Sonne schien, es war klares Frostwetter, und vor der Kirche lag hoher Schnee. Es war abgesprochen, daß mein Vater und ich den Kasernen einen Besuch abstatten sollten, während meine Mutter und Marina ins Hotel zurückkehrten.

Auf dem geräumten Weg machte ich dem Bataillonskommandanten Platz, damit er neben meinem Vater gehen konnte; ich trat einen Schritt zur Seite und landete in einer mächtigen Schneewehe. Als ich mühsam versuchte, wieder auf die Beine zu kommen, sah ich einen Fotografen, der eifrig dabei war, die Episode zu knipsen ...

Während der Besichtigung der Kasernen, wo die Grenadierpioniere ihren Chef mit lauten Hurra-Rufen empfingen, machte mein Vater einen Abstecher zur Bataillonsküche, um das Essen zu kosten; auch ich bekam eine Kostprobe der ausgezeichneten Weißkohlsuppe. Dann gingen wir zur Krankenstation, um die kranken Soldaten zu besuchen; mein Vater redete lange mit jedem einzelnen, und bei den Gesprächen äußerten mehrere der Kranken meinem Vater gegenüber dringende Bitten – Bitten, die meist ihre Familien betrafen. Mein Vater ließ mich diese Bitten aufschreiben, und ich gab sie später an Baron Stahl weiter. Ich weiß, daß die Wunsche der kranken Soldaten erfüllt wurden.

Nach der Besichtigung der Kasernen begaben wir uns in das Offiziersheim. Unten an der Treppe standen sechs Schildwachen in den historischen Uniformen des Bataillons, die ich mir genauer anschaute. Auf dem Weg in den Club passierten wir einige geräumige und gut eingerichtete Räume und kamen in das Bataillonsmuseum. An einer Wand, wo Fotografien und Radierungen hingen, die Episoden aus der Geschichte des Bataillons zeigten, fiel mein Auge auf einen Schrank mit Glastüren, der zwei Uniformen enthielt. Die eine, eine Soldatenuniform, war ganz klein, während die andere, eine Offiziersuniform, etwas größer war. Man erklärte mir, daß die kleine Uniform für meinen Vater genäht worden war, als er sieben Jahre alt war, während er die Offiziersuniform mit zehn Jahren getragen hatte. In einem der Räume hatte man viele alte französische Waffen gesammelt, sie stammten vom Schlachtfeld bei Borodino.

Ein ehemaliger Grenadierpionier, General Rakint, ein ehrwürdiger Greis, der uns das Museum zeigte, überreichte meinem Vater ein prachtvoll eingebundenes Album mit Fotografien und Portraits sämtlicher Offiziere des Bataillons von 1864–1914. Ich erinnere mich deutlich an das Album mit dem Monogramm meines Vaters aus kleinen, farbigen Edelsteinen. Zusammen mit dem Album nahm mein Vater den Willkommensgruß der Grenadierpioniere entgegen, der auf Pergament geschrieben und mit Bildern des Nikolai Palais in Sankt Petersburg und Djulber auf der Krim versehen war. Nach der Museumsführung gab es einen Imbiß, und zum Abschluß brachte mein Vater einen Toast auf den Zaren aus; als Antwort auf den

Toast dröhnte ein lautes Hurra, und der Soldatenchor stimmte »Gott schütze den Zaren« an.

Als wir nach dem Essen den Club verließen, war das ganze Bataillon der Grenadierpioniere in Reih und Glied vor dem Offiziersheim bis zum Kasernentor angetreten, wo unsere Autos warteten. Als ich mit dem Bataillonskommandeur hinter meinem Vater herging, sah ich den Fotografen, der mich geknipst hatte, als ich in der Schneewehe zappelte, aber diesmal war mein Auftreten völlig korrekt.

Als wir zurück ins Hotel kamen, zog sich mein Vater in seine Zimmer zurück, um auszuruhen, während meine Mutter die Bataillonsfrauen empfing, die ihr die Frau des Kommandeurs vorstellte. Ich benutzte die Gelegenheit, um noch etwas auszufahren. Begleitet wurde ich von Pleschtschejew, der den Vorschlag machte, vom Spatzenberg (südwestlich der Stadt) die Aussicht über Moskau zu genießen. Als ich da oben stand und über die Stadt schaute, mußte ich an Napoleon denken, der vergeblich auf die Übergabe der Stadt durch eine Deputation gewartet hatte ... Die Aussicht war unglaublich schön. Während die Sonne unterging, schimmerte der Schnee hellrot, und die letzten Strahlen funkelten in den Kuppeln der Kathedralen, Kirchen und Glockentürme. Es herrschte beißende Kälte, und ein scharfer Wind blies; Nikolai Alexejewitsch schlotterte brav in seiner dünnen Kammerherrnjacke und bat mich inständig, ins Auto zu steigen und nach Hause zu fahren.

Am selben Abend veranstaltete die Stadtverwaltung von Moskau für alle Offiziere und niederen Dienstgrade des Grenadierpionierbataillons eine Galavorstellung im Haus des Volkes. Das Stück handelte von Kiew-Rußland und dauerte sehr lange. In der Pause gingen wir hinaus ins Foyer, wo meine Mutter und Marina den Offizieren vorgestellt wurden, mit denen sich meine Mutter angeregt unterhielt. Während des letzten Aktes genehmigte ich mir ein kleines Nickerchen, aus dem ich von dem lauten Chorgesang der letzten Szene jäh gerissen wurde. Als wir zurück ins Hotel kamen, schlief ich nach dem anstrengenden Tag sofort ein und erwachte erst am nächsten Tag gegen Mittag zum Essen. Danach besuchte ich, wie ich mich dunkel erinnere, mit meiner Mutter einige Kirchen.

Am Abend waren wir mit unseren Eltern auf einem Ball im Offiziersclub des Bataillons. Als wir ankamen, war der Saal voller Menschen; zwischen den Uniformen erblickte ich Frauen in hellen Gewändern. Marina und ich sollten den Ball eröffnen. Das Orchester spielte zum Tanz auf, und Marina bewegte sich im Walzerschritt am Arm eines Bataillonsadjutanten auf die Tanzfläche. Baron Stahl führte mich zu einer jungen Dame, die neben ihrem Vater stand, einem General, den ich nicht kannte, und ich forderte das Fräulein zum Tanz auf; nachdem ich meiner Pflicht genügt und den Ball eröffnet hatte, tanzte ich noch mit einigen anderen jungen Damen, zog mich dann aber in das Museum des Clubs zurück, das mich mehr interessierte als der Tanz. Nach dem Ball mußten Marina und ich während des Soupers unsere Namen zur Erinnerung an diesen Ball auf viele der Menükarten schreiben.

Am dritten und letzten Tag unseres Aufenthaltes in Moskau lud mein Vater alle Offiziere des Bataillons zu einem großen Essen in das berühmte Restaurant Eremitage ein. Meine Mutter und Marina nahmen nicht an diesem Essen teil, ich aber saß direkt meinem Vater gegenüber und mußte mich jedesmal, wenn ein Toast ausgebracht wurde, vom Tisch erheben.

Nachmittags statteten wir der Großfürstin Jelisaweta Fjodorowna, der Schwester der Zarin Alexandra Fjodorowna, einen Besuch im Martha-Maria-Kloster ab, welches sie nach dem tragischen Tod ihres Mannes (der Sohn Alexanders II., Sergej Alexandrowitsch, starb 1905 nach einem Bombenattentat vor dem Kreml) gegründet hatte. Wir wurden von Tante Ella in einem sehr kleinen, bescheiden eingerichteten Zimmer empfangen. Sie trug eine hellgraue Klostertracht; ihre glänzenden, hellblauen Augen und die schmalen, zusammengepreßten Lippen verliehen ihrem schönen Gesicht einen fast kalten Ausdruck. Sie sprach mit meinen Eltern französisch und benutzte nur manchmal russische Ausdrücke, die sie mit einem stark deutschen Akzent aussprach.

Vor diesem Tag kannte ich Tante Ella kaum, die nur selten Moskau verließ, um nach Sankt Petersburg zu kommen, wo sie im Marmorpalast bei Tante Jelisaweta Mawrikiewna wohnte. Bei ihren Aufenthalten in Sankt Petersburg besuchte sie die Zarin Alexandra Fjodorowna, wohnte aber nicht bei ihr im Schloß von Zarskoje Selo. Sie wollte damit ihrer Schwägerin, Großfürstin Maria Pawlowna, aus dem Wege gehen, welche ein sehr gesellschaftliches Leben führte und Tante Ellas seelischen Zustand nicht verstehen konnte; Maria Pawlowna äußerte sich ziemlich ironisch über den humanitären Einsatz und die Religiosität ihrer Schwägerin. Als sie einige Jahre vorher zum griechisch-orthodoxen Glauben übergetreten war, hielt sie nur formell an ihrem neuen Glauben fest, während sich Tante Ella mit ganzem Herzen hingab. Ein weiterer Grund für die Unstimmigkeiten zwischen den Schwägerinnen war die Ehe von Maria Pawlownas ältestem Sohn, Großfürst Kirill, der mit der geschiedenen Großherzogin von Hessen (Viktoria Fjodorowna, vorher verheiratet mit Ellas Bruder Ernst Ludwig) verheiratet war. Tante Ella verhehlte nicht, daß sie Scheidungen für unzulässig und auch das Eingehen einer Ehe mit einem Geschiedenen für eine Sünde hielt. Deshalb verurteilte sie auch Onkel Nikolaschas Ehe.

Der Besuch meiner Eltern bereitete Tante Ella offensichtlich große Freude; während ihres gemeinsamen Gesprächs lebte sie mehr und mehr auf. Zuerst redeten sie über das Jubiläum meines Vaters und unseren Besuch in Moskau. Dann begann meine Tante über ihre Schwester, Zarin Alexandra Fjodorowna, zu erzählen und über die Krankheit des Thronfolgers; sie äußerte sich dabei sehr mitfühlend, bemitleidete sowohl die Zarin wie die andere Schwester, Irene von Preußen, die an derselben erblichen Krankheit litt. Ich erinnere mich, daß Tante Ella Rasputins Einfluß auf ihre Schwester erwähnte, wobei sie Rasputin nicht beim Namen nannte, sondern nur von »cet homme« sprach. Als ihr meine Mutter von der unverschämten Verhöhnung des heiligen Seraphim von Sorowo durch Rasputin berichtete, zeigte sich Tante Ella so erbittert, daß eine feine Röte ihr ansonsten blasses Gesicht überzog und sie irgend etwas vor sich hin murmelte. Als Tante Ella von uns Abschied nahm, umarmte sie meine Mutter, küßte sie und sagte, sie hoffe meine Eltern zu sehen, wenn sie das nächste Mal nach Sankt Petersburg komme.

In Moskau waren die Festlichkeiten anläßlich des Jubiläums meines Vaters inzwischen beendet. Am Abend fuhren wir zum Nikolai-Bahnhof, wo sich meine Eltern in den »Zarengemächern« von den Offizieren des Grenadierpionierbataillons verabschiedeten, die an den Zug gekommen waren. Als sich der Sonderzug in Bewegung setzte, grüßten die Offiziere auf dem Perron ein letztes Mal ihren Chef mit einem donnernden »Hurra«.

Kiew und das Pokrowski-Kloster

Ich war etwa acht Jahre alt, als ich zum ersten Mal nach Kiew kam. Meine Mutter brachte mich von der Krim aus dorthin, wo ich mir eine fieberhafte Infektion zugezogen hatte. Unser Hausarzt Warawka, der uns auf der Reise begleitete, hatte darauf bestanden, einen bekannten Kinderarzt zu konsultieren, an dessen Namen ich mich nicht erinnere; außerdem war man der Ansicht, eine Reise nach Kiew sei nützlich für mich – als eine Art Luftveränderung.

Wir bezogen den Zarenpalast, der auf der Lipki Anhöhe lag. Es war ein großer weißer Palast, im Rokokostil unter Nikolaus I. erbaut, und die schöne Gartenanlage erstreckte sich bis hinunter an die Ufer des Dnjepr. Der Palast war voll mit hervorragenden Gemälden und besaß eine herrliche Sammlung von Rembrandt-Radierungen, aber in meinem damaligen Alter interessierte ich mich nicht sonderlich für die Kunstwerke des Zarenpalastes. Sie zogen mich erst bei meinem nächsten Kiew-Aufenthalt in Bann. Die Zimmer, in die wir einzogen, waren sehr groß, und ihre Fenster gingen zum Garten. Es war Herbst, und die hohen Bäume hatten bereits gelbe Blätter. Ich erinnere mich, daß unsere Zimmer mit farbig gekachelten Öfen erwärmt wurden und daß diese duftende Wärme sehr angenehm war.

Als ich wieder völlig gesund war, unternahm meine Mutter mit mir in der geschlossenen Kutsche Ausflüge vor die Stadt; manchmal fuhren wir bis hinunter an den Dnjepr und über die gewaltige Nikolai Brücke hinüber zur flacheren Uferseite. Wir besuchten auch das Höhlenkloster Petscherskaja Lawra (Rußlands ältestes Kloster) und einige altehrwürdige schöne Kirchen und Kathedralen, von denen mir besonders die Andreaskathedrale gefiel, die an einem Hang lag, der steil zum Dnjepr abfiel. Von hier eröffnete sich eine herrliche Aussicht über den breiten Fluß und die Landschaft am anderen Ufer, wo ich in der Ferne große, dunkle Wälder erkannte.

Angeblich sollte der heilige Apostel Andreas auf seiner Wanderung am Dnjepr entlang der Stadt, die an diesem Höhenzug, wo heute Kiew liegt, eine ruhmreiche Zukunft prophezeit haben. »Die Mutter der russischen Städte« – das tausendjährige Kiew mit den uralten Kathedralen, Kirchen und Klöstern wuchs an diesem Höhenzug und auf sanften Hügeln. In den Senken dazwischen legte man Straßen an, und die Hauptstraße, der Kreschtschatik, trennte den alten Teil der Stadt von dem Gebiet um den Palast. Bevor der Zarenpalast gebaut wurde, hatte dieses Gebiet von alters her wegen der vielen Linden, die hier wuchsen, »Lipki« geheißen.

In diesem Jahr besuchte ich zum ersten Mal das Pokrowski-Kloster, das meine Großmutter gegründet hatte, doch ist mir dieser Besuch nur unklar in Erinnerung. Ich weiß nur noch, daß mich die Nonnen mit wunderbar süßer Marmelade traktierten!

So verbrachte ich etwa 14 Tage in Kiew und kehrte dann völlig gesund auf die Krim zurück.

Ich besuchte Kiew zum zweiten Mal, als ich 15 Jahre alt war. Auf dem Weg zu unserem alljährlichen Aufenthalt auf der Krim beschlossen meine Eltern, dem Pokrowski-Kloster einen Besuch abzustatten. Die Reiseroute wurde so gelegt, daß der Sonderzug durch Kiew fuhr, wo wir einige Stunden Aufenthalt hatten. Als wir morgens am Bahnhof in Kiew ankamen, begaben wir uns direkt in das Pokrowski-Kloster, wo wir von der Äbtissin, Mutter Sophia, empfangen wurden. Als meine Eltern ein bißchen mit ihr geplaudert hatten, gaben sie aus irgendeinem Grund ihren Plan, Petscherskaja Lawra zu besuchen, auf und blieben mit Marina im Kloster. Man benachrichtigte Petscherskaja Lawra von der Änderung, und Nadja und ich wurden, begleitet von Baron Stahl, allein losgeschickt.

Als das Auto vor der Heiligen Pforte anhielt, die in die hohe Mauer eingelassen war, wurden die Glocken geläutet, und ich sah eine schwarze Gruppe von Mönchen, die uns erstaunt betrachtete. Man hatte unsere Eltern erwartet! Offensichtlich war die Nachricht von den geänderten Plänen noch nicht bei dem Vizeprior des Klosters, Archimandrit Ambrosius, eingetroffen, der an der Heiligen Pforte stand, um sie zu empfangen. Baron Stahl eilte zu ihm und erklärte, was geschehen war; als der Archimandrit ihn angehört hatte, kam er zu Nadja und mir, die wir verlegen neben dem Auto standen. Als uns der Archimandrit gesegnet hatte, führte er uns durch die Heilige Pforte, die man nach der Tradition nur zu Fuß passieren darf.

Als wir auf den großen Platz hinein kamen, fiel mein Auge auf den langen, roten Teppich, der von der Heiligen Pforte bis zur Uspenski-Kathedrale führte – dem Heiligtum von Petscherskaja Lawra (außer dieser Kathedrale gibt es etwa 20 andere Kirchen in Petscherskaja Lawra). Ziemlich verlegen folgten wir langsam dem Archimandriten über den roten Teppich an den Menschenmassen vorbei, die sich auf dem Platz versammelt hatten. Wir gingen in einigem Abstand hinter ihm, um nicht auf seinen langen, schwarzen Umhang zu treten. Plötzlich löste sich ein altes Mütterchen aus der Menschenmenge, näherte sich Nadja und kniete vor ihr nieder, ein Stück Papier über den Kopf haltend. Nadja war völlig verwirrt, und weil sie nicht wußte, was sie tun sollte, küßte sie die alte Frau. Es stellte sich heraus, daß das Papier eine Bittschrift war, und man übergab sie Baron Stahl. Nach dieser Unterbrechung kamen wir endlich zur Kathedrale, wo wir am Eingang von dem Prior, einem alten, zum Priester geweihten Mönch mit einem dichten weißen Bart, empfangen wurden. Als wir die Kathedrale betraten, erstaunte mich vor allem die seltsame Beleuchtung. Die Kirche wurde ausschließlich von den Kerzen einer Vielzahl von alten Leuchtern und Kronleuchtern erhellt. Ein langer Festgottesdienst begann in Anwesenheit von Mönchen in schwarzen Umhängen; nach dem Gottesdienst wurden wir in die heilige Pforte (die Ikonostase) geführt, über der sich die alte Ikone der »Entschlummerten Gottesmutter« befand. Die wundertätige Ikone wurde langsam zu uns heruntergelassen, damit wir sie küssen konnten.

Der offizielle Teil unseres Klosterbesuches war damit beendet. Als ich zu Archimandrit Ambrosius trat, um Abschied zu nehmen, bot er an, uns die nahegelegenen Höhlen zu zeigen, die für viele Heilige die letzte Ruhestätte waren und in denen auch die irdischen Reste tapferer Kämpfer und Krieger lagen – angeblich auch die des sagenhaften Riesen Ilja Muromet. Auf der steil nach unten führenden, engen Steintreppe trat Nadja versehentlich auf den langen Umhang des Archimandriten. Zwei Mönche mit Fackeln in den Händen gelang es, ihn vor einem Sturz zu bewahren. Doch Nadjas Prüfungen waren noch nicht vorüber. Während sie bei einem Grabmal stand und den Erklärungen des Archimandriten zuhörte, geriet einer der Mönche mit seiner Fackel ihren Haaren zu nahe und mußte schnell mit seinem Umhang das Feuer ersticken.

Als wir wieder aus den Höhlen herauskamen, dankten wir Vizeprior Ambrosius für den Empfang, den wir gar nicht verdient hatten, da er ja für unsere Eltern bestimmt gewesen war. Bevor wir das Kloster verließen, gingen wir noch in das Gebäude, in dem Pilger aus allen Gebieten Rußlands sich ausruhen konnten und wo man gratis zu essen bekam. Hier sahen wir viele Männer und Frauen jeden Alters, ganz unterschiedlich gekleidet, je nachdem, aus welchem Teil des Reiches sie stammten. Die Pilger empfingen uns herzlich, wir durften uns an einen Tisch setzen und wurden mit einer wohlschmeckenden Suppe bewirtet. Nadja und ich waren hungrig, und wir ließen uns das Essen schmecken, während man uns verschiedene Fragen stellte, die vor allem den Zaren und seine Familie betrafen.

Als wir etwas erschöpft zum Pokrowski-Kloster zurückkehrten, nahmen wir voller Freude Mutter Sophias Angebot an, die Marmeladen des Klosters zu kosten, die uns auf schneeweißem Abendmalsbrot serviert wurden. Nachdem wir uns von der Äbtissin verabschiedet hatten, begaben wir uns mit unseren Eltern zum Bahnhof – zum Zug, der uns auf die Krim bringen sollte.

Nach der Kriegserklärung von 1914 wurde mein Vater auf Wunsch des Zaren dem Oberkommandierenden attachiert, und er verließ zusammen mit Onkel Nikolascha Znamenka, um in das Hauptquartier des Generalstabes nach Baranowitschi zu fahren. Im September desselben Jahres verließen meine Mutter, meine Schwestern und ich zusammen mit Tante Stana und deren Tochter Jelena von Leuchtenberg ebenfalls Znamenka, um nach Kiew zu reisen. Wir wurden von Baron Stahl, dessen Frau und der Tochter Muscha begleitet, sowie von der Hofmeisterin meiner Mutter, Puschkina, meinem Erzieher Fursenko und Nadjas Gouvernante Seni.

Der Entschluß für die Reise nach Kiew wurde von meiner Mutter getroffen, denn sie wollte sich aktiv bei der Organisation der Hilfe für die Verwundeten in den Krankenhäusern des Pokrowski-Klosters beteiligen. Marina, Jelena von Leuchtenberg und Muscha Stahl, die bereits das Diplom in Krankenpflege hatten, sollten in den Krankenhäusern des Klosters die Kranken und Verwundeten versorgen, die von der südwestlichen Front gebracht wurden; weil Nadja noch nicht alt genug war für eine Krankenschwester, sollte sie ebenso wie die Novizinnen des Klosters bei der Krankenpflege hospitieren.

Der Krieg hatte eben begonnen, und es hieß, er werde kaum länger als zwei Monate dauern ... Ich war damals 17 Jahre alt, und bevor ich zum Offizier ernannt werden konnte, mußte ich die Kadettenschule abschließen, um danach auf der Ingenieurakademie weiterzumachen. Mein Aufenthalt in Kiew sah aus, als würde er qualvoll werden. Bis dahin war ich ja formell als Kadett der Wladimir Kadettenschule Kiew geführt worden, hatte aber noch keinen Fuß hineingesetzt. Natürlich gingen meine Kompaniekameraden davon aus, daß ich, nachdem ich mich nun in Kiew aufhielt, bei ihnen in der Schule wohnen würde. Aber dazu sollte es nicht kommen. Statt in der Schule zu wohnen, zog ich in den Zarenpalast ein, wo mir einige Zimmer zur Verfügung gestellt wurden. Bei der Ankunft in Kiew stellte mich Baron Stahl dem Leiter der Schule, Generalleutnant Semaschewski, vor, der mich seinerseits mit meinen künftigen Klassenkameraden bekanntmachte.

Zeitig fuhr ich jeden Morgen durch die ganze Stadt, um am Unterricht der Kadettenschule teilzunehmen; mittags fuhr ich zum Essen nach Hause, um am Nachmittag erneut meinen schulischen Verpflichtungen nachzukommen. Es ist klar, daß ein derartig ungewöhnliches Verhalten meinem Verhältnis zu den übrigen Kadetten nicht förderlich war. Mir fiel es schwer, Freundschaften zu knüpfen; die Kadetten betrachteten mich als einen »Fremden« an der Schule, weil ich nicht an ihrem täglichen Leben teilnahm. Mein Aufenthalt in Kiew wurde, wie ich vorausgesehen hatte, äußerst qualvoll und zu einer wahrhaft schweren Zeit für mich.

Wasili Wasiljewitsch Fursenko, der so viele Jahre lang mein Erzieher gewesen war, blieb nach wie vor bei mir als Lehrer und wiederholte zu Hause die Lektionen mit mir, die ich in der Schule durchgenommen hatte. Der Posten des Erziehers in der Kadettenschule wurde den Kompanieführern übertragen, die dem Schulleiter unterstellt waren. Oberstleutnant Ugrjumow war der Kommandant meiner Kompanie, aber damals war meine Verbindung zu ihm nur rein formaler Art. In einem anderen Abschnitt werde ich Michail Alexandrowitsch Ugrjumow oft erwähnen, der mir nach meiner Beförderung zum Offizier auf Befehl des Zaren attachiert wurde. Auf diesem neuen Posten erwies er mir viele Dienste, und ich schloß mich eng an ihn an.

Mein Dasein im Zarenpalast war ziemlich monoton. Ich sah meine Mutter und meine Schwestern nur beim Mittagessen und abends – aber nicht lange, denn ich mußte zeitig zu Bett gehen, um am nächsten Morgen nicht zu spät in die Kadettenschule zu kommen. An den Sonn- und Feiertagen unternahmen wir manchmal mit den Autos Ausflüge hinaus aus der Stadt.

Meine Mutter war immer sehr beschäftigt; außer den häufigen Besuchen der Militärhospitäler in der Stadt brauchte sie viel Zeit für ihre Arbeit im »Hilfskomitee für verwundete und kranke Offiziere der unteren Ränge« – ein Komitee, dessen zweite Vorsitzende sie war. Tante Stana leitete das Komitee, das Bürger von Kiew gegründet hatten. Es bestand aus Vertretern des Roten Kreuzes, dem Stadtrat, Verwaltungsbeamten und Personen, die mit den örtlichen Wohltätigkeitsorganisationen Verbindung hatten.

Bevor ich über unser Leben in Kiew vom Herbst 1914 bis Sommer 1915 berichte, möchte ich nochmal vom Pokrowski-Kloster erzählen, dem die Familie stets herzlich zugetan war. Es wurde wie gesagt von meiner Großmutter, Großfürstin Alexandra Petrowna, gegründet. Als sie nach dem Russisch-Türkischen Krieg 1877/78 nach Kiew zog, nahm sie sich vor, ein Kloster zu gründen, in dem sie ihre philantropischen Ideen am besten verwirklichen konnte und das ihr gleichzeitig ermöglichte, ein Leben als Nonne zu führen und sich von ihrem früheren Dasein zurückzuziehen. In Kiew erwarb sie ein großes Stück Land am Hang des Wosnesenskaja-Berges, auf dem jahrhundertealte Bäume wuchsen, und sie ließ das Kloster sowie Gebäude für künftige Hospitäler, Asyle und andere Häuser für wohltätige Zwecke bauen. Zur Verwirklichung dieses Vorhabens benutzte meine Großmutter ihr gesamtes privates Vermögen, das sich schon nach kurzer Zeit als nicht ausreichend herausstellte. Danach verkaufte sie all ihren Schmuck, den sie von ihren Eltern und meinem Großvater väterlicherseits bekommen hatte. Mit der ihr eigenen Entschlossenheit beaufsichtigte sie die Arbeiten, wobei sie der bekannte Arzt Solomka, Privatdozent an der Universität von Kiew, unterstützte.

Als das Vorhaben meiner Großmutter Wirklichkeit geworden war, standen neben dem Kloster mehrere Kirchen und die Sankt Nikolai-Kathedrale, deren Größe nicht hinter den übrigen Kathedralen Kiews zurückstand. Auf dem Klosterbereich gab es neben der üblichen Krankenstation zwei Hospitäler – ein therapeutisches und ein chirurgisches. Daneben lagen Asyle für Blinde und unheilbar Kranke, und am Rande des Bereiches war eine Apotheke, die gratis Medikamente ausgab. Zwischen dem zweistöckigen Gebäude, in dem die Nonnen wohnten, und der schönen, mit mehreren Kuppeln versehenen Kathedrale befand sich die Abteilung meiner Großmutter, die aus zwei kleinen Zimmern bestand. Ein gesonderter Bereich diente als Wohnung für ihre Verwandten, wenn sie zu Besuch kamen. Man betrat das Kloster durch ein kleines Gebäude mit Gewölben im alten russischen Stil. Über dem Eingang war eine kleine blaue Kuppel mit einem Kreuz mit acht Spitzen angebracht.

In den etwa zehn Jahren, die das Kloster vor dem Tod meiner Großmutter existierte, nahmen die Krankenhäuser des Pokrowski-Klosters etwa 200 000 Kranke auf, in den Asylen wohnten Hunderte von Menschen, und die Klosterapotheke gab 500 000 Medikamente aus. Die Kranken wurden von den Laienschwestern des Klosters betreut, die in der Krankenpflege ausgebildet waren und die unter der Aufsicht von mehreren Ärzten arbeiteten, deren Leiter zu Lebzeiten meiner Großmutter Solomka war. Nach ihm kam Jaroschewski, der vorher Arzt am Hofe meines Vaters war.

Nach dem Tode meines Großvaters 1891 wurde das Erbe zwischen Onkel Nikolascha und meinem Vater aufgeteilt. Unter den Kostbarkeiten befand sich ein edler Smaragdschmuck, ein Hochzeitsgeschenk Zar Alexanders II. Obwohl diese Smaragde rechtmäßig meiner Großmutter gehörten, bat sie ihre Söhne um Erlaubnis, sie verkaufen zu dürfen, weil sie das Geld für den Bau des Klosters benötigte. Als sie natürlich deren Zustimmung erhielt, wandte sie sich an verschiedene Juweliere, aber der Wert der Schmuckstücke war so immens, daß sie keinen Käufer fand. Als Zar Alexander III. davon erfuhr, wies er das Kaiserliche Departement an, diesen Schmuck zu erwerben. Das Departement verwahrte eine Schmucksammlung, die aus Geschenken bestand, welche die Mitglieder der kaiserlichen Familie bei Hochzeiten und anderen bedeutenden Anlässen erhalten hatten. Zar Alexander III. war meiner Großmutter herzlich zugetan und ihr auch bei einer anderen Gelegenheit behilflich, als sie in der Nähe von Kiew ein Erholungsheim für ältere Nonnen errichten wollte. Ihre Wahl fiel auf Meschigorje, das am Dnjepr etwa zehn Kilometer flußaufwärts von Kiew lag. Für den Kauf des Grundstückes gewährte Alexander III. eine beträchtliche Summe.

Meine Mutter hat mir erzählt, daß sie mit meinem Vater bei ihrem ersten Besuch des Pokrowski-Klosters von meiner Großmutter durch das Kloster geführt wurde. Während der Besichtigung deutete meine Großmutter auf verschiedene Gebäude und sagte: »Das da ist meine Smaragdhalskette, das dort sind meine Ohrringe – und da drüben seht ihr meinen Ring«.

Meine Großmutter bekam häufig Besuch von ihren Brüdern, den Prinzen Alexander und Konstantin von Oldenburg. Onkel Alexander, der sich von jeher für Medizin interessiert hatte, fand hier reichlich Gelegenheit, neue Behandlungsmethoden kennenzulernen. Die beiden Brüder begegneten ihrer älteren Schwester mit größter Hochachtung, und manchmal hielt sie ihnen eine Moralpredigt. Meistens traf es Onkel Konstantin, der ein leichtsinniges Wesen hatte. Einmal zog er sich wirklich den Unmut meiner Großmutter zu. Das war während eines Besuches im Pokrowski-Kloster, als er in der für Familienangehörige bestimmten Gästeabteilung wohnte. In der Diele hing ein Käfig mit einem Papagei, den meine Großmutter zusammen mit einer Schenkung für das Kloster bekommen hatte. Der Papagei, den ich auch einmal erlebte, konnte nur zwei, drei Wörter krächzen, und Onkel Konstantin wollte ihm beibringen, sie deutlich auszusprechen; als er jedoch die Aussprache des Vogels verbessert hatte, stellte sich heraus, daß der kurze Satz, den der Papagei gelernt hatte, so unanständig war, daß Onkel Konstantin eiligst das Kloster verlassen mußte.

Außer ihren nächsten Verwandten besuchten auch andere Familienmitglieder meine Großmutter. Eifrigster Besucher war Onkel Dmitri Konstantinowitsch, der gute Freund meines Vaters, dessen Gut Dubrowka im Gouvernement Poltawa in der Nähe Kiews lag. Onkel Dmitri, der sehr religiös war, sang leidenschaftlich gerne im Kirchenchor, und wenn er bei meiner Großmutter zu Gast war, schloß er sich dem dortigen Kirchenchor an. Er hatte eine gute Stimme, doch wenn er sich in die Mitte der Kirche stellte, um die Apostelbriefe zu lesen, konnte meine Großmutter nur schwer ein Lächeln unterdrücken, wenn sie seine stark rollenden R's hörte. Als Zar Nikolaus II. auf der Durchreise nach Kiew kam, besuchte auch er meine Großmutter im Pokrowski-Kloster. Der Zar wurde mit Glockengeläut von allen Kirchen des Klosters empfangen, und die

Äbtissin, die Nonnen und die Novizinnen begrüßten ihn auf dem Weg vom Tor zu dem Gebäude, wo meine Großmutter wohnte. Hatten sie miteinander geplaudert, statteten meine Großmutter und der Zar manchmal den Krankenhäusern einen Besuch ab und sprachen mit den Kranken. Die größte Freude für meine Großmutter war es, wenn ihre Söhne ins Kloster kamen – und besonders ihr Liebling, Onkel Nikolascha, den sie seltener als meinen Vater sah, weil er durch den Dienst im Husarenregiment in Zarskoje Selo abgehalten wurde.

Nachdem sie das Pokrowski-Kloster gegründet und ihr Leben der Nächstenhilfe gewidmet hatte, beschloß meine Großmutter ihre Tage im Kloster. Zwischen schlichten weißen Holzkreuzen steht auch das ihre auf dem dortigen Friedhof. Es hat die Inschrift: »Schwester Anastasia«. Außer Onkel Nikolascha, meinen Eltern und dem Zaren wußte niemand, daß meine Großmutter in ihren letzten Lebensjahren den Schleier getragen hatte. Im Kloster trug sie die weiße Tracht der Novizinnen und richtete sich nach den Regeln, denen auch die Novizinnen folgten. Erst nach ihrem Tod, als man ihr Testament öffnete, das in der Sakristei der Sankt Sophienkathedrale Kiews aufbewahrt war, wurde bekannt, daß Großfürstin Alexandra Petrowna unter dem Namen »Schwester Anastasia« den Schleier getragen hatte.

Die kalten Herbsttage setzten ein. Der erste Schnee bereitete meinen Ausflügen in die Umgebung Kiews ein Ende. Jetzt mußte ich mich mit Spaziergängen im Palastgarten begnügen, und ich begab mich oft zur Terrasse am Hochufer, das hinunter zum Dnjepr führte, von wo ich eine Aussicht über den breiten Fluß hatte, der bereits die ersten Eisschollen mit sich führte.

Im Juli 1914 bekamen wir Besuch von meinem Vater, den wir nicht gesehen hatten, seit er Znamenka verließ, um in das Hauptquartier des Generalstabes nach Baranowitschi zu fahren. Er erzählte uns von seinem Leben im Hauptquartier, wo er sein eigenes Abteil im Zugwaggon Onkel Nikolaschas hatte, der auf einem Abstellgleis stand. Mein Vater berichtete von den Überlegungen und inneren Kämpfen Onkel Nikolaschas, wenn er wichtige Entscheidungen treffen mußte, und er erzählte von den Personen, mit denen er während der vier Monate, die er sich in Baranowitschi aufgehalten hatte, zusammengetroffen war. Er lobte Fürst Golitzyn wegen seiner verständnisvollen, moralischen Unterstützung Onkel Nikolaschas, und er nannte des öfteren zwei Vertreter der alliierten Streitkräfte: General de Laguiche und Hanbury Williams. Diese beiden Generäle sowie der serbische Oberst Leonkewitsch nahmen jeden Tag ihre Mahlzeit zusammen mit meinem Vater im Speisewagen des Zuges ein. Bei Kriegsausbruch wurden Marquis de Laguiche und Oberst Leonkewitsch, beide Militärattachés in Sankt Petersburg, von ihren Regierungen dem Oberkommandierenden attachiert, während Sir John Hanbury Williams direkt von London aus in das Hauptquartier des Generalstabes kam.

Während seines mehrjährigen Aufenthalts in der Botschaft von Sankt Petersburg hatte General de Laguiche ein bißchen Russisch gelernt; vorher hatte de Laguiche den Posten eines Militärattachés in Deutschland und Österreich-Ungarn inne, und deshalb waren seine intimen Kenntnisse der Streitkräfte dieser Länder für Onkel Nikolascha, der ihn oft um Rat fragte, von großem Wert. Wenn mein Vater vom Generalstab erzählte, nannte er die Mitarbeiter meines Onkels, von denen er die Generäle Januschkewitsch und Danilow am besten kannte. Mein Vater berichtete, daß Onkel Nikolascha sich allmählich an die Zusammenarbeit mit seinem Stabschef, General Januschkewitsch, gewöhnt habe.

General Januschkewitsch hatte noch nie das Kommando über eine Truppeneinheit gehabt – nicht einmal über ein Bataillon. Seine bisherige Karriere beschränkte sich auf seine Arbeit im Kriegsministerium, wo General Suchomlinow seit 1909 Minister gewesen war. Viele hielten Januschkewitsch für ein Ziehkind des Kriegsministers, zu dem Onkel Nikolascha ein sehr schlechtes Verhältnis hatte. Mein Onkel verhehlte seinen Zorn über den bürokratischen Geist des Kriegsministeriums nicht und verurteilte mehrere Maßnahmen Suchomlinows heftig. Dieser übte seinerseits offene Kritik an Onkel Nikolascha, seinem Erzrivalen an der militärischen Spitze. Es ist nur zu verständlich, daß die Bedingung, mit Menschen zusammenzuarbeiten, die er kaum kannte, für Onkel Nikolascha eine große Belastung werden konnte; darüberhinaus hatte er ein ungutes Gefühl bei der Zusammenarbeit mit Januschkewitsch, der früher so eng mit Suchomlinow verbunden gewesen war.

Im Laufe der Zeit änderte sich das Verhältnis zwischen Onkel Nikolascha und Januschkewitsch. Während der 13 Monate, die er Oberkommandierender war, gewöhnte er sich an seinen Stabschef.

General Januschkewitsch gewann sein volles Vertrauen, und Onkel Nikolascha schätzte die Fähigkeit seines Mitarbeiters, die häufig divergierenden Ansichten der Kommandeure bei der Planung von Kriegshandlungen in Einklang zu bringen.

Als Onkel Nikolascha von seinem Posten abgesetzt und zum Statthalter Kaukasiens ernannt wurde, bat er den Zaren, General Januschkewitsch mit dem Posten seines Militärassistenten zu betrauen. Als Onkel Nikolascha das Kommando über die kaukasischen Streitkräfte übernahm, behielt er General Bolchowitinow als Stabschef, eine Dienststellung, die er unter General Judenitsch hatte. Ich traf Januschkewitsch in Tiflis. Er war sehr freundlich mir gegenüber und machte auf mich den Eindruck eines Weltmannes; liebenswürdig im Umgang mit seinen Mitarbeitern und Untergebenen. Als Militärassistent des Statthalters erwies sich General Januschkewitsch nicht nur wegen der Ausführung seiner neuen Dienstpflichten für Onkel Nikolascha nützlich, sondern auch wegen seiner Fähigkeiten im Umgang mit den Politikern Kaukasiens, das sich aus so vielen verschiedenen Volksgruppen zusammensetzte.

Als Weihnachten vorüber war, kehrte mein Vater nach Baranowitschi zurück, um seine nicht ganz leichte Aufgabe als Onkel Nikolaschas »Schutzengel« – wie ihn sogar Onkel Nikolascha selbst nannte – zu erfüllen. Der Zar war sich völlig im klaren, welche moralische Stütze mein Vater seinem Bruder sein konnte, als er ihn dem Höchstkommandierenden zur Seite stellte. Onkel Nikolaschas heftiges und aufbrausendes Wesen war schon von Friedenszeiten her in Militär- und Regierungskreisen wohlbekannt; seine anspruchsvolle Haltung den Untergebenen gegenüber und sein Eifer, mit dem er sich auf die Lösung dienstlicher Aufgaben stürzte, hatte ihm den Ruf eines strengen und energischen Chefs eingetragen. Sofort nach der Kriegserklärung 1914 verbreitete sich dieser Ruf im gesamten Heer und nahm manchmal legendären Charakter an. Die Beurteilung von Onkel Nikolaschas Charakter war nicht unbedingt verkehrt, doch hatte sein Wesen auch andere Züge, die Außenstehenden nur wenig bekannt waren – Züge, von denen ich hier berichten möchte.

Onkel Nikolascha wurde im militärischen Geist Nikolaus I. aufgezogen und bereitete sich von frühester Jugend auf seinen Dienst im Heer vor. Dieser Dienst war ganz nach seinem Geschmack und mit den Jahren wurde er sein ein und alles. Nachdem er seine Karriere im Gardehusarenregiment begonnen hatte, absolvierte er die Ausbildung an der Akademie des Generalstabes mit Bravour und nahm im Alter von 22 Jahren am Russisch-Türkischen Krieg teil, wo er 1878 mit dem Sankt Georgskreuz ausgezeichnet wurde. Nach dem Krieg bekam er das Kommando über die Gardehusaren und wurde dann zum Chef der Division ernannt. Danach erhielt er den Posten des Generalinspekteurs der Kavallerie, wo er sich durch seine Reformen in der russischen Kavallerie verdient machte.

Weil der Zar den Charakter meines Onkels kannte, setzte er ihn in der unruhigen Revolutionsperiode 1905 auf den verantwortungsvollen Posten des Oberkommandierenden für die Gardetruppen und den Militärdistrikt Sankt Petersburg, wo man ihm die Verantwortung für die Sicherheit der Hauptstadt übertrug. Onkel Nikolascha behielt diesen Posten, bis er zum Höchstkommandierenden (für die gesamten Streitkräfte 1914) ernannt wurde.

In der Friedenszeit, zwischen dem Russisch-Japanischen Krieg und dem Kriegsausbruch 1914, wurde Onkel Nikolaschas dienstliches Wirken in den höheren militärischen und politischen Kreisen unterschiedlich beurteilt. Im Kriegsministerium waren viele Onkel Nikolascha gegenüber feindlich eingestellt. Sie lehnten die Reformen, die er für die Landstreitkräfte eingeführt hatte, ab. Auf politischem Gebiet hatte Onkel Nikolascha Feinde unter den Politikern der äußersten Rechten, die er mit seinen liberalen Initiativen beunruhigte, während seine Gegner am linken Flügel aus Personen bestanden, die an der revolutionären Bewegung 1905 teilgenommen hatten.

Onkel Nikolascha stand nicht mit allen seinen Vettern auf gutem Fuß; er hielt nur scheinbar eine freundschaftliche Verbindung mit ihnen aufrecht. Einige seiner Vettern konnten ihn nicht leiden, und Großfürst Nikolai Michailowitsch – Onkel Bimbo – nahm eine äußerst feindselige Haltung ihm gegenüber ein und versäumte keine Gelegenheit, ihn zu kritisieren. Ich glaube, daß, über eine Meinungsverschiedenheit hinaus, der Grund von Nikolai Michailowitschs Ablehnung Neid war, da er nach dem Abschluß der Generalstabsakademie schnell merkte, daß er es schwer haben würde, sich bezüglich seiner militärischen Karriere mit Onkel Nikolascha zu messen. Die jüngere Generation der kaiserlichen Familie verhielt sich Onkel Nikolascha gegenüber respektvoll – und ein bißchen ängstlich, denn den jungen Leuten war klar, daß er im Dienst sehr

oben: Winterpalais in Sankt Petersburg vom Schloßplatz gesehen, mit der Alexandersäule in der Mitte. Aquarell von Sadownikow.
unten: Parade auf dem Platz vor der Westfassade des Winterpalais. Aquarell von Sadownikow.

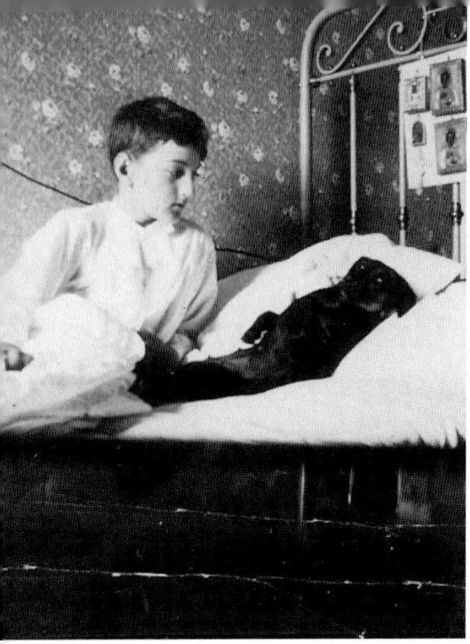

oben links: Kiew, ca. 1905. Prinz Roman muß wegen einer fiebrigen Krankheit das Bett hüten.
rechts: Prinz Roman bei der Parforcejagd auf Gut Perschino, August 1916.
unten: Herrschaftliches Gutsgebäude des Landgutes Perschino. Das Gut von Großfürst Nikolaj Nikolajewitsch an der Upa, etwa 35 Kilometer westlich von Tula, wo er seine berühmte Hundezucht hatte.

oben: Florenz, Mai 1914. Von links: Leibarzt Koslowskij, Anna Alexejewna Witkowskaja (Seni), Prinzessin Nadeschda (Nadja) Petrowna und Hofmeisterin Anna Alexandrowna Puschkina.
unten: Sommer 1915. Prinz Roman als Kadett auf dem Gut Djulber auf der Krim, wo er sich nach einer Typhusinfektion erholte, die er in Kiew bekam.

Prinz Romans Großmutter väterlicherseits, Großfürstin Alexandra Petrowna, die nach der Gründung des Pokrowskij-Klosters in Kiew unter dem Namen »Schwester Anastasia« den Schleier nahm.

Die große Kathedrale des Pokrowskij-Klosters in Kiew.

oben: Die Halbvettern Prinz Romans, die Brüder Prinz Igor Konstantinowitsch und Prinz Oleg Konstantinowitsch. Prinz Igor machte mit bei dem erwähnten Kutschenrennen in den Straßen Sankt Petersburgs; er wurde von den Bolschewisten während der Revolution von 1918 in Alapajewsk im Ural getötet. Prinz Oleg, hier in der Uniform des Gymnasiasten, wurde 1914 an der russisch-deutschen Front tödlich verwundet.
unten links: Prinz Romans Kompaniekommandeur an der Kadettenschule in Kiew, Oberst Michail A. Ugrjumow, welcher später Prinz Romans militärischer Ausbilder in Tiflis wurde. Oberst Ugrjumow wurde 1919 in Kiew von den Bolschewisten erschossen.
rechts: Fürst Felix Jusupow mit seiner Frau, Prinzessin Irina Alexandrowna, der einzigen Tochter von Großfürst Alexander Michajlowitsch. Jusupow war u. a. mit Großfürst Dmitrij Pawlowitsch beteiligt am Mord an Rasputin 1916.

Herzogin Jelena von Leuchtenberg, Baronesse Maria (Musja) Stahl und Prinzessin Marina Petrowna als Krankenschwestern des Roten Kreuzes nach Ausbruch des 1. Weltkrieges.

oben: Djulber, 18. April 1917. Hochzeit von Prinzessin Nadeschda (Nadja) Petrowna mit Fürst Nikolaj Orlow. Stehend von links: Großfürstin Anastasia (Tante Stana), Großfürst Pjotr Nikolajewitsch, Großfürstin Militza Nikolajewna und Fürstin Olga Orlowa. Sitzend von links: Großfürst Nikolaj Nikolajewitsch (Onkel Nikolascha), Fürst Nikolaj Orlow, Prinzessin Nadezhda Petrowna und Wladimir Nikolajewitsch Orlow.
unten: Die Braut mit von links: Prinzessin Marina Petrowna, Herzogin Jelena von Leuchtenberg und Baronesse Maria (Musja) Stahl.

streng war und alle gleich behandelte, da er jeden Nepotismus verabscheute.

Onkel Nikolascha war dem Zaren nicht nur aus Pflichterfüllung treu ergeben. Ich bin mir sicher, daß seine aufrichtige und herzliche Ergebenheit dem Zaren gegenüber von der Zeit herrührte, als er Kommandeur des Gardehusarenregiments war und der Zar zu seinen Offizieren gehörte.

Mein Onkel hatte wahrhaftig ein feuriges Temperament! Doch im Privatleben zeigte er sich ganz anders. Seine Hitzigkeit war in seiner Jagdleidenschaft zu merken, aber hier zeigte er keine Spur von Strenge. Im Schoße der Familie und beim Umgang mit seinen wirklichen Freunden war er ein ganz anderer Mensch. Seine große Gastfreundschaft offenbarte Onkel Nikolascha nicht nur bei seinen Jagdgesellschaften, sondern auch bei den großen Einladungen, wo seine Köche sich voll dafür einsetzten, seinem Renommee gerecht zu werden. Mit ausgesuchter Freundlichkeit empfing Onkel Nikolascha die eingeladenen Damen und schmeichelte den Gästen durch sein entgegenkommendes Wesen – sogar den Gästen, mit denen er dienstlich zu tun hatte.

Ich habe oft Bestätigungen für seine herzensgute Haltung bekommen. Er half vielen großzügig und gern, die einer moralischen oder materiellen Unterstützung bedurften; er verstand es jedoch, sein Mitgefühl für die Sorgen anderer zu verbergen, als sei ihm dieses Gefühl ein bißchen peinlich. In religiöser Hinsicht neigte Onkel Nikolascha einem Mystizismus zu, doch war sein Glaube tief und aufrichtig – fast kindlich. Ich habe ihn in unseren Kirchen gesehen, wenn er in tiefer Andacht vor den Ikonen kniete – selbst dann, wenn keine Gottesdienste stattfanden.

Um den Charakter meines Onkels besser zu erhellen, kann ich hier, wo ich meine Beschreibung unseres Aufenthaltes in Kiew fortsetze, die Geschichte meines Vaters über eine Episode aus seinem Leben mit Onkel Nikolascha im Hauptquartier des Generalstabes einfügen. Das war während des Krieges, als eine der schwierigsten Entscheidungen über einen massiven Truppenaufmarsch an der südwestlichen Front getroffen werden mußte; mein Onkel, den seine Arbeit mit dem Stab voll in Anspruch nahm, verbrachte Tage – und oft Nächte – damit, Meldungen entgegenzunehmen und Befehle auszugeben. Eines Abends kam mein Onkel plötzlich in den Teil des Zuges, wo mein Vater wohnte, und ohne ein Wort zu sagen, umarmte er ihn heftig und innig. Weil mein Vater die gewaltige Gefühlsaufwallung des Bruders spürte, forderte er ihn auf, sich zu ihm zu setzen und versuchte, ihn zu beruhigen. Nach kurzem Schweigen erzählte Onkel Nikolascha ihm mit Tränen in den Augen, daß er gerade den Befehl zu einer Offensive an der Front mit einer enormen feindlichen Stärke unterschrieben habe. Er wußte, daß ein solcher Befehl sein Gewissen mit vielen Menschenleben belasten würde. Mein Onkel litt so fürchterlich unter dieser Verantwortung, daß mein Vater ihm riet, eine Linderung seiner Seelenqualen im Gebet zu suchen. Als Onkel Nikolascha die Worte meines Vaters gehört hatte, warf er sich auf die Knie und betete sehr, sehr lange.

Am 27. Januar 1915 sah ich Zar Nikolaus II. zum letzten Mal. Er kam frühmorgens nach Kiew und fuhr direkt vom Bahnhof zur Sankt Sophienkathedrale, wo ein Festgottesdienst abgehalten wurde, dem wir nicht beiwohnten, weil der Zar den Wunsch geäußert hatte, uns im Pokrowski-Kloster zu besuchen. An diesem Tag hatten die Schüler aller Lehranstalten in Kiew wegen des Zarenbesuchs frei bekommen, und früh am Morgen begab ich mich mit meinen Schwestern ins Pokrowski-Kloster, wo man bereits emsig mit den Vorbereitungen für den Empfang des Zaren beschäftigt war. Das Wetter war kalt aber klar; die Strahlen der Morgensonne beleuchteten die hellroten Mauern des Klosters und spielten in den goldenen Kuppeln der Kirchen. Der Weg zwischen Klosterpforte und Kathedrale war vom Schnee geräumt worden, und es sammelte sich eine Menschenmenge vor den Klostermauern. Kurz nach uns trafen meine Mutter und Tante Stana ein und gingen mit der Äbtissin, Mutter Sophia, in die Kathedrale, wo sie den Zaren begrüßen wollten. Nadja, Jelena von Leuchtenberg und ich folgten ihnen in die Kathedrale, während Marina im Krankenhaus bei den Kranken bleiben mußte, da sie dort Frühdienst hatte.

Der Zar wurde mit einem Glockengeläute von sämtlichen Kirchen des Klosters willkommen geheißen, und auf dem Platz vor der Kathedrale ertönten aus der Menschenmenge freudige Hurra-Rufe. Der Zar stieg die Treppen zur Kathedrale hinauf, wo ihn Mutter Sophia erwartete. Sie verbeugte sich tief vor ihm und berührte dabei den Boden mit ihrer Hand. In der Kathedrale begrüßte der Zar uns und stellte sich dann an seinen Platz, an dem ein Teppich lag. Nach einem kurzen Gottesdienst stimmte der prächtige Chor das

Gebet um ein langes Leben für den Zaren an, Mutter Sophia segnete ihn mit einer Ikone und wünschte ihm Glück und Erfolg. Von der Kathedrale aus ging der Zar mit uns einige Holzstufen hinunter, die zum Friedhof des Klosters führten. Als er zum Grab meiner Großmutter kam, blieb er stehen und verharrte eine Weile schweigend vor dem weißen Kreuz mit der kleinen Ikone, vor der ein Öllämpchen brannte.

Als sich der Zar in die Hospitäler begab, um die Kranken und Verwundeten zu besuchen, kehrte ich zurück nach Hause, während meine Schwestern im Kloster blieben, wo sie bis zum Abend im Krankendienst tätig waren. Nach dem Besuch im Pokrowski-Kloster fuhr der Zar zu anderen Lazaretten in der Stadt und suchte später das Höhlenkloster Petscherskaja Lawra auf. Gegen Abend kam er in den Palast, wo er mit meiner Mutter und Tante Stana den Tee nahm. Als der Zar das Eßzimmer verließ, um die Treppen hinunterzugehen, begleitete ich ihn und benutzte die Gelegenheit, um meiner Enttäuschung Ausdruck zu geben, daß ich noch so lange warten mußte, bis ich zum Offizier ernannt werden würde. »Alles hat seine Zeit«, sagte der Zar und klopfte mir wohlwollend auf die Schulter. Das war das letzte persönliche Wort, das ich von meinem Zaren vernommen hatte.

Spät abends fuhren wir zum Bahnhof, um den Zaren an den Zug zu bringen, der ihn in das südliche Rußland befördern sollte. Der Zar nahm in den »Zarenzimmern« von uns Abschied und trat hinaus auf den Perron, um die Front der Junker der Zweiten Militärakademie in Kiew abzuschreiten. Dann wandte er sich mit einer kurzen Rede an die angetretenen Junker, in der er ihnen einen erfolgreichen Abschluß an der Lehranstalt wünschte und sie anhielt, in ihrem zukünftigen Dienst dem Vaterland Ehre zu machen. Als der Zug langsam aus dem Bahnhof rollte, stimmten alle die Zarenhymne an, und der Zar erschien am Fenster; wir sahen ihn im abfahrenden Zug, während die Töne von »Gott beschütze den Zaren« über den Bahnsteig schallten.

Am Morgen des 9. März erhielten wir aus dem Hauptquartier des Generalstabes die Nachricht von der Kapitulation der Festung Prsemysl. Diese frohe Botschaft verbreitete sich rasch in der ganzen Stadt, und im Laufe des Tages bewegten sich die Abordnungen vieler sozialer Organisationen – begleitet von jungen Menschen mit der

Nationalflagge in den Händen – Richtung Zarenpalast, um der Frau des Höchstkommandierenden ihre Begeisterung kundzutun. Viele schlossen sich dem Zug durch die Straßen an, und bald hatte sich eine beachtliche Menschenmenge auf dem Platz vor dem Palast versammelt.

Die Repräsentanten der Delegationen baten darum, von Tante Stana empfangen zu werden. Meine Tante war ganz verwirrt und aufgeregt, als sie davon erfuhr, und bat meine Mutter, das Telegramm vorzulesen, das sie von Onkel Nikolascha über die Eroberung von Prsemysl erhalten hatte. Nachdem meine Mutter vergeblich versucht hatte, auf ihre Schwester einzureden, gab sie schließlich nach, und als die Delegierten im Empfangszimmer erschienen, erklärte meine Mutter ihnen, daß ihre Schwester erkältet sei und deshalb schwer reden könne. Das Telegramm wurde von meiner Mutter vorgelesen, und sie versprach im Auftrag ihrer Schwester, daß dem Höchstkommandierenden mitgeteilt würde, welcher Jubel Kiews Bürger anläßlich dieses Freudentages befallen habe. Während sich die Delegierten im Palast aufhielten, konnte man häufige Hurra-Rufe hören, die wie ohrenbetäubende Explosionen aus der Menschenmenge ertönten, die sich auf dem Platz versammelt hatte. Als die Repräsentanten der Organisationen gegangen waren, trat Tante Stana auf den Balkon hinaus – ganz alleine, ohne meine Mutter, welche der Meinung war, daß diese patriotische Geste vor der Menschenmenge von der Frau des Höchstkommandierenden allein gemacht werden müsse.

Es wurde Ostern, und wir waren zum Mitternachtsgottesdienst in der kleinen Kirche des Pokrowski-Klosters. Meine Schwestern konnten nicht während des ganzen Gottesdienstes anwesend sein, denn sie mußten zurück zu den Kranken, die nicht schliefen, um zusammen mit ihnen bis Mitternacht zu warten, wenn die wachhabende Nonne ihnen das »Christus ist uns auferstanden« verkündete. Sie verließen die Kirche mit Körben voller roter Eier; sie wollten jedem Patienten ein Osterei überreichen, nachdem sie mit ihm den dreimal wiederholten Osterkuß gewechselt hatten.

Nach dem Gottesdienst, der mir unendlich lange vorkam, lud uns Mutter Sophia zu einer Mahlzeit ein, damit wir zum ersten Mal nach dem Fasten Fleisch essen konnten. Ein großer Tisch mit weißer Decke war im Eßzimmer des klösterlichen Gästetraktes gedeckt. Als

Mutter Sophia das Tischgebet gesprochen und mit ein paar älteren Nonnen das »Christus ist uns auferstanden« gesprochen hatte, setzte sie sich zwischen meine Mutter und Tante Stana an den Tisch. Mein Platz befand sich auf der gegenüberliegenden Seite der langen Tafel, zusammen mit drei oder vier alten Nonnen, die mir sofort die kalten Gerichte anboten, die man auf den Tisch gestellt hatte. Bevor ich jedoch zu essen anfing, gaben mir die Nonnen ein Osterei, das mit feinen Bildern in verschiedenen Farben und Vergoldungen bemalt war. Als ich das schöne Kunstwerk sah, brachte ich es nicht übers Herz, es kaputtzuschlagen, und auf meine Bitte erhielt ich ein anderes, gewöhnliches rotes Ei. Am Ostermorgen selbst aßen die Nonnen kein Fleisch und bekamen stattdessen Fisch serviert. Nur meiner Mutter, Tante Stana und mir wurden Fleischgerichte angeboten, und wir nahmen von dem traditionellen kalten Lammfleisch.

Während der Ostertage war an der Kadettenschule kein Unterricht. Um diese einwöchigen Ferien auszunützen, machte ich mit meinen Schwestern aus, daß sie einen Tag bestimmten, an dem es ihnen möglich war, sich von ihren Pflichten im Krankenhaus zu befreien, damit wir gemeinsam einen Ausflug nach Meschigorje zum Erholungsheim des Pokrowski-Klosters unternehmen konnten, das nördlich von Kiew am Ufer des Dnjepr lag. Außer meinen Schwestern und mir sollten Jelena von Leuchtenberg, Muscha Stahl und ihr Vater, sowie Seni und mein Erzieher Fursenko an dem Ausflug teilnehmen.

Wir gingen am Podol Kai in Kiew an Bord eines kleinen Flußdampfers. Nachdem richtig Feuer unterm Kessel war, steuerte das Schiff den Dnjepr aufwärts, der zu dieser Zeit Hochwasser führte. Es war ein herrlicher Sonnentag, und wir hatten einen wunderbaren Blick über den breiten Fluß, auf dem sich der Dampfer langsam gegen die Strömung vorankämpfte. Unterwegs begegneten uns Passagier- und Handelsschiffe, viele stumpfnasige Lastkähne, die bis zum äußersten beladen waren, Zweimaster mit Waren an Deck, große Flöße mit Baumstämmen und leichte Segelschiffe des Kiewer Yachtklubs. Wir fuhren ungefähr eine Stunde gegen den Strom, und währenddessen erläuterte mir mein Erzieher die enorme Bedeutung des Dnjepr – dieses Flusses, den die alten Geschichtsschreiber »Warägerweg nach Griechenland« nannten. Er erzählte mir von den historischen Ereignissen, deren Zeuge der Fluß gewesen war, als

Kiew die Hauptstadt Rußlands war. Aber ich hörte nur mit einem Ohr zu. Die Ereignisse früherer Zeiten wurden von all den gegenwärtigen Eindrücken in den Schatten gestellt, die ich auf diesem mächtigen Fluß, der so voller Leben war, sammelte.

Als wir uns Meschigorje näherten, erblickte ich an dem kahlen Steilufer einen schmalen Zickzackweg, der hinauf zu einem Wald führte. Die Matrosen vertäuten den Dampfer an der Anlegebrücke, und wir stiegen an Land. Der Pfad war steil, und als wir oben waren, befanden wir uns in einem wunderbaren, schattigen Wald, wo es nach der langen Schiffahrt in der Sonne herrlich kühl war. Hier wurden wir von einer jungen Nonne, umgeben von Novizinnen mit weißen Kopftüchern, empfangen; sie waren aus Kiew von unserer Ankunft unterrichtet worden. Wir wurden zu einem kleinen gemütlichen Holzhaus geführt, in dem ein Teetisch mit Honig und fein schmeckendem Weißbrot gedeckt war.

Dieses Erholungsheim, das zum Pokrowski-Kloster gehörte, bestand aus mehreren einstöckigen Häusern, und dort konnten Nonnen, die krank gewesen waren, wieder zu Kräften kommen. Außerdem wohnten im Sommer hier Mädchen eines Kinderasyls, das meine Großmutter in Kiew gegründet hatte. Zum Erholungsheim gehörte eine Landwirtschaft, die die Bewohner mit Milch und Milchprodukten versorgte. Die Gebäude sowie eine kleine Holzkirche lagen am Waldrand von Meschigorje, und nicht weit entfernt auf einer Wiese gab es einen Brunnen mit ganz klarem Wasser, dem Heilkräfte zugesprochen wurden.

Wir hatten Lust auf einen Spaziergang im Wald und zerstreuten uns in alle Winde. Nadja und Jelena besorgten sich Körbe in der Hoffnung, Walderdbeeren oder andere Beeren zu finden. Da ich die anderen aus den Augen verlor, wanderte ich aufs Geratewohl durch den hohen Wald, zwischen Eschen, Eichen und Buchen, und gewöhnte mich allmählich an das Dämmerlicht. Plötzlich vernahm ich ein Rascheln in der Stille und erblickte einen Fuchs, der sich direkt vor mir eilig davonmachte. Noch lange sah ich den roten Schwanz mit der weißen Spitze, dann war das Tier verschwunden. Ich war weit in den dichten Wald vorgedrungen und hatte völlig vergessen, daß wir gegen Abend nach Kiew zurückkehren wollten. Als mir das einfiel, bezweifelte ich, ob ich sofort die richtige Richtung aus dem Wald hinaus und zum Heim finden würde, ohne mich zu verirren! Der Weg, den ich wählte, erwies sich als richtig, doch als ich bei meinen Schwestern und Fursenko eintraf, empfingen sie mich ziemlich kühl, da sie lange auf mich hatten warten müssen.

Bei Sonnenuntergang bestiegen wir das Schiff, und die letzten Sonnenstrahlen warfen ein rötliches Licht über das Hochufer bei Meschigorje, an dem die Nonnen noch lange standen und uns mit ihren Taschentüchern nachwinkten. Während unserer Fahrt zurück nach Kiew war der Fluß bereits dunkel. Die Lichter der Stadt wurden deutlicher, je näher wir kamen; der kleine Dampfer tutete hohl, verlangsamte die Geschwindigkeit und legte am Podol-Kai an. Als ich zum Palast zurückkam, war ich voller Eindrücke von dem Ausflug. In einer Zeit, in der der Krieg mit seinen Schrecken so viel Trauer und Leid brachte, erschien mir das friedliche Meschigorje in dem prachtvollen Wald wie eine abgeschiedene Insel – fern von dem Streit und dem Bösen der Menschen.

Gegen Ende des Frühjahrs bereiteten sich meine Klassenkameraden auf ihr Abschlußexamen vor. Mich machte das bevorstehende Examen nicht besonders nervös, weil ich wußte, daß meine bisherigen Noten im großen und ganzen zufriedenstellend waren. Doch ich sollte meine Studien an der Kadettenschule nicht auf normale Weise abschließen. Kurz vor dem Abschlußexamen erkrankte ich schwer an Typhus und mußte einen Monat im Bett bleiben. Über die physischen Folgen der Krankheit hinaus, die zum Teil chronisch wurden, litt ich auch unter der Tatsache, daß meine Hoffnung, Anfang 1916 zum Offizier ernannt zu werden, vergeblich war. Nach Abschluß der Kadettenschule sollte ich sofort an der Ingenieurakademie anfangen, wo mich ein Lernpensum erwartete, das wegen des Krieges auf acht Monate begrenzt war. Obwohl ich das Glück hatte, nicht zum Examen antreten zu müssen und die Kadettenschule mit meinen Jahresnoten abschloß, mußte meine Aufnahme an der Nikolai-Ingenieurakademie bis zum Jahresende verschoben werden. Mein Krankenlager war langwierig, und als ich wieder auf die Beine kam, beharrten die Ärzte Warawka und Sofjin darauf, daß ich zur Erholung an die Krim fuhr. Zehn Tage vor meiner Abreise kam der Leiter der Wladimir Kadettenschule, Generalleutnant Semaschkewitsch, zusammen mit dem Kommandeur meiner Kompanie, Oberstleutnant Ugrjumow, sowie einem Oberfeldwebel in den Palast. Nachdem mir der General zum Abschluß der Kadettenschule gratuliert hatte, übergab er mir ein Emblem, das alle Schüler beim Abgang von der Schule erhielten.

Ich fuhr mit meiner Mutter auf die Krim, die, nachdem sie mich in die Obhut der Ärzte Warawka und Sofjin gegeben hatte, sofort nach Kiew zurückkehrte. Das ferne Kiew mit all seinen Heiligtümern und ehrwürdigen Denkmälern werde ich stets von ganzem Herzen lieben, ebenso wie das Pokrowski-Kloster, das mit so vielen Erinnerungen an meine Familie verbunden ist.

Kaukasien

Im Palast des Statthalters

Den Sommer 1915 verbrachte ich in Djulber auf der Krim, wohin man mich nach dem Typhus, an dem ich in Kiew erkrankt war, zur Erholung geschickt hatte. Diesen Abschnitt meines Lebens habe ich schon in meinen Erinnerungen über Djulber geschildert und dabei erzählt, daß Alescha Stahl, als er von meinem unfreiwilligen und einsamen Aufenthalt auf der Krim erfuhr, seine Sommerferien nutzte, um mir Gesellschaft zu leisten.

Der Krieg, der im Jahr zuvor ausgebrochen war, war überall auf der Welt zu spüren, und auf der Landkarte verfolgten Alescha und ich aufmerksam die Kriegshandlungen an der russischen und der alliierten Front. Am Ende des Sommers war ich wieder völlig gesund, und allmählich nahm meine Unruhe über meine weitere militärische Ausbildung, die zur Ernennung zum Offizier führen sollte, mehr und mehr zu. Ich hoffte, daß diese Frage, die mir Kummer machte, sobald ich wieder in Kiew war, rasch geklärt werden würde.

Aber aus meiner Reise nach Kiew wurde nichts! Am Abend des 23. August erfuhr ich, daß der Zar das Oberkommando über die Landstreitkräfte übernommen hatte und Großfürst Nikolai Nikolajewitsch zum Oberkommandierenden der kaukasischen Streitkräfte mit dem Titel eines Statthalters Seiner Kaiserlichen Majestät für Kaukasien ernannt worden war. Einige Tage später erhielt ich einen Brief von meinem Vater aus Mogilew, in dem er mir seine baldige Abreise aus dem Hauptquartier des Generalstabes mitteilte, gemeinsam mit Onkel Nikolascha, der vor seiner Abreise auf seinen neuen Posten in Kaukasien einen kurzen Aufenthalt auf seinem Gut Perschino einlegen wollte. Der Brief meines Vaters endete mit der Mitteilung, daß ich mich nach Perschino begeben sollte. Einige Tage später erschien Baron Stahl, um Alescha und mich zum Bahnhof nach Sewastopol zu bringen, von wo aus wir nach Perschino fahren sollten, wo mein Vater und mein Onkel bereits angekommen waren.

Bevor ich von dem Aufenthalt in Perschino berichte, möchte ich auf diesen Seiten den Brief Nikolaus' II. ungekürzt wiedergeben – jenen Brief, der die Ablösung des Höchstkommandierenden betrifft. Das Original dieses Briefs befindet sich in meinem Besitz.

Zarskoje Selo *6. August 1915*

Mein lieber Nikolascha!
Jetzt, wo der Krieg ein Jahr gedauert hat und der Feind sich eine Menge Land unterworfen hat, habe ich den Entschluß getroffen, den Posten des Höchstkommandierenden über unsere Streitkräfte zu übernehmen.

Ich erkenne die Verantwortung und die unermeßlichen Schwierigkeiten, die mit der mir bevorstehenden Aufgabe verbunden sind, völlig. Ich verlasse mich auf Gottes Hilfe und Gnade und auf die heldenhafte Unbeugsamkeit unserer Truppen. Durch Leiden zum Sieg! Ich habe General Alexejew als meinen Stabschef ausgewählt, und Dich ernenne ich zum Statthalter in Kaukasien und zum Oberkommandierenden über die kaukasischen Streitkräfte – wegen der Unpäßlichkeit von Graf Worontsow.

Jetzt, *während der Krieg dauert**, ist das kein Platz für Georgi.

Ich bin davon überzeugt, daß Du diese wichtige Ernennung als klaren Beweis dafür auffassen wirst, daß meine Gefühle für Dich unverändert sind und Du mein volles Vertrauen genießt.

Ich bitte Dich, General Januschkewitsch und General Danilow meinen Dank für treue Dienste und für den Einsatz auszusprechen, den sie nach bestem Vermögen gezeigt haben. Ich hoffe, ihnen demnächst den einen oder anderen Posten übertragen zu können. Ich bitte Dich, General Alexejew von diesen Veränderungen zu unterrichten, damit er sich unverzüglich einen neuen Generalquartiermeister für den Höchstkommandierenden an der Front auswählen kann sowie Leute für andere freigewordene Posten.

Weil ich weiß, wie sehr Du Fürst Orlow schätzt, stelle ich ihn Dir

* Großfürst Georgi Michailowitsch sollte eigentlich zum Statthalter in Kaukasien ernannt werden; die Worte »während der Krieg dauert« hat der Zar selbst unterstrichen.

zur Verfügung, und ich glaube, daß er Dir ein tüchtiger Helfer im zivilen Bereich sein wird.

Ich danke Dir aus ganzem Herzen für Deinen Einsatz, für all die Qualen und Leiden, die Du in diesem Krieg ausgestanden hast unter der drückenden Verantwortung, die auf Deinen Schultern lastete. Wenn Fehler vorgekommen sind – wir sind alle nur Menschen – vergebe ich sie ehrlich und aufrichtig.

Alle vorgesehenen Änderungen werden bei meiner Ankunft im Hauptquartier um den 14. August in Kraft treten. Solltest Du eine Ruhepause benötigen, würde ich vorschlagen, diese in Boschom in Kaukasien einzulegen. Gleichzeitig mit diesem Brief unterrichte ich Graf Worontsow von der Situation.
Die herzlichsten Grüße an Dich und Pjotr

Dein innigst ergebener
Niki

Nachdem ich die Nacht im Zug verbracht hatte, kam ich am nächsten Morgen in Tula an, wo ich am Bahnhof von dem Adjutanten Onkel Nikolaschas, Rittmeister Derfelden, abgeholt wurde. Wir stiegen in den offenen roten Fiat meines Onkels und fuhren auf einer schlechten Straße nach Perschino, das etwa 35 Kilometer westlich von Tula lag.

Das Gut wurde einst am steilen Ufer der Upa gebaut; von weitem – bereits von der gegenüberliegenden Flußseite – erblickte ich das ziemlich große, weiße Gebäude, auf dessen Dach die Flagge wehte. Nach der Brücke fuhr das Auto auf einer ebenen Straße, die zum Haupteingang des Hauses führte, wo wir vom Kammerdiener meines Onkels empfangen wurden, dem lieben Smirnow, den ich schon so viele Jahre kannte. Er führte mich in meine Zimmer. Als ich mich gewaschen und frisch gemacht hatte, ging ich zu meinem Vater. Wir hatten uns lange Zeit nicht gesehen – seit Weihnachten, als er vom Hauptquartier des Generalstabes nach Kiew gekommen war. An diesem Morgen hatte ich den Vater für mich und so Gelegenheit, frei und ausführlich mit ihm zu sprechen, weil Onkel Nikolascha längst unterwegs war, um das Gut zu besichtigen und erst zum Mittagessen zurückerwartet wurde.

In unserem Gespräch berührten wir verschiedene Themen. Zuerst erzählte mir mein Vater, wie mein Onkel durch den Brief des Zaren davon erfahren hatte, daß er von seinem Posten als Höchstkommandierender abgesetzt und zum Oberkommandierenden in Kaukasien ernannt worden war. Der Brief war vom Kriegsminister, General Poliwanow, ins Hauptquartier gebracht und persönlich überreicht worden. Mein Vater erzählte mir, daß Onkel Nikolascha dem Stab nichts vom Beschluß des Zaren mitgeteilt und den Brief nur ihm gezeigt habe. Die offizielle Mitteilung erfolgte zweiWochen später, als Onkel Nikolascha – bei seiner neuen Ernennung – den Zaren bat, als Mitarbeiter in Kaukasien General Januschkewitsch zugeteilt zu bekommen, dessen Posten als Stabschef im Hauptquartier General Alexejew übertragen worden war. Gleichzeitig beließ der Zar meinen Vater auf seinem Posten an der Seite meines Onkels, attachierte ihn dem Oberkommandierenden über die kaukasischen Streitkräfte. Während wir über diese Änderungen in der obersten Heeresleitung sprachen, erklärte mir mein Vater, daß die Beschlüsse des Zaren nicht zu diskutieren seien, und daß ich, sollte ich gelegentlich eine Erörterung in dieser Angelegenheit mit anhören müssen, mich nicht dazu äußern sollte.

Mein Vater erzählte mir, daß sie noch am selben Tag die Ankunft Tante Stanas aus Kiew erwarteten, und einige Tage später würden auch meine Mutter, Marina und Nadja ankommen, damit wir gemeinsam mit Onkel Nikolascha nach Kaukasien fahren könnten. Diese Neuigkeiten verwirrten mich, denn meine Zukunftspläne sahen ganz anders aus. Ich hatte damit gerechnet, nach Znamenka zu fahren, um mich für die Aufnahme in die Nikolai Ingenieurakademie vorzubereiten, damit wäre ich näher bei Petrograd und dem Ischoralager gewesen, wo die Junker um diese Zeit ihre Truppenübungen absolvierten. Zu meiner großen Enttäuschung teilte mir mein Vater mit, daß ich nicht damit rechnen könne, in diesem Herbst an der Ingenieurakademie anzufangen, da ich im Mai wegen meiner Krankheit nicht eingeschrieben worden war. Um mich aufzumuntern, versicherte er mir, daß ich bereits Ende dieses Jahres die Junkeruniform anziehen dürfe, wenn meine achtmonatige Ausbildung an der Akademie beginne. Um mich möglichst gut auf die Aufnahme in die Akademie vorbereiten zu können, beschloß mein Vater, einen militärischen Ausbilder anzustellen. Dieser sollte den Unterricht, den ich bei Lehrern erhielt, die er für mich in Tiflis aussuchen wollte, überwachen.

Als mich mein Vater fragte, wen ich mir als Ausbilder wünsche, nannte ich nach kurzer Überlegung meinen früheren Kompanieführrer in der Kadettenschule, Oberstleutnant Ugrjumow, dessen aufrechtes Wesen ich schätzte und dem ich wegen seines Beistandes in vielen schwierigen Situationen, in die ich auf der Kadettenanstalt kam, zutiefst dankbar war. Prinzipiell billigte mein Vater meine Wahl, doch mußten wir vorher die Zustimmung von Oberstleutnant Ugrjumow haben und die Erlaubnis des Schulleiters einholen. Mein Vater versprach, die nötigen Verhandlungen sofort Baron Stahl zu übertragen. Nach den Worten meines Vaters sollte mein zukünftiger Ausbilder nur meine militärische Ausbildung überwachen und nicht mein Erzieher sein, also nicht meinen geliebten Wasili Wasiljewitsch Fursenko ersetzen, von dem ich mich zu meinem großen Leidwesen in Kiew endgültig verabschieden mußte.

Als es Zeit zum Essen war, begaben mein Vater und ich uns in das große Wohnzimmer, wo sich der Stab Onkel Nikolaschas bereits versammelt hatte: Seine Adjutanten, Dr. Malama und Waltsow, die beide am großfürstlichen Hof Dienst taten und aktiv an der Vorbereitung der Jagden auf Perschino mitwirkten; anwesend war auch Baron Stahl, den mein Vater über unser Gespräch bezüglich Oberstleutnant Ugrjumow instruierte.

Mit gewohnter Pünktlichkeit traf Onkel Nikolascha zu der von ihm festgesetzten Zeit zum Essen ein. Als er das Wohnzimmer betrat, das Club genannt wurde, blieb er an der Tür stehen und rief mich zu sich. Als ich zu ihm kam, um ihn zu begrüßen, umarmte er mich unerwartet, statt mir wie sonst die Hand zu drücken. Er trug einen grünlich-grauen Jagdanzug, und obwohl ich ihn nicht gesehen hatte, seit er nach Baranowitschi aufgebrochen war, wo er schwere Seelenqualen ausgestanden hatte, bemerkte ich damals keine Veränderung seines Gesichtsausdrucks; er sah frisch und gesund aus – ja sogar munter.

Es vergingen zwei, drei Tage, an denen mein Onkel das Haus nicht verließ, weil offizielle Besuche aus Kaukasien und Petrograd eingetroffen waren. In diesen Tagen machten Alescha und ich mit Erlaubnis meines Onkels Ausritte und besuchten einige Höfe, die sich auf den ausgedehnten Ländereien des Gutes befanden. Neben Kühen und Ardennenpferden wurden hier auch Hühner und Enten gehalten, und in der Nähe des Dorfes Perschino gab es eine Schweinezucht.

Außer seiner Liebe zur Jagd hatte Onkel Nikolascha sich immer sehr für die Haustierhaltung interessiert. Er war ein vorbildlicher

Gutsbesitzer und darum bemüht, Neuerungen in seinen Betrieben einzuführen. Als er Ende der 90er Jahre Perschino erwarb, war seine ursprüngliche Absicht, das Gut für Parforcejagden zu nutzen, doch dann gefiel ihm sein neuer Besitz mehr und mehr, und er begann, Land von den Nachbargütern zu kaufen. Perschino wuchs und vergrößerte sich schließlich auf 3000 Hektar. Das Gut, das sich zu beiden Seiten der Upa und deren feuchte Wiesen erstreckte, umfaßte viele Birkenwäldchen und mehrere Seen. Dazu gab es Felder und einen großen Wald mit allen Arten von Wild. Das Herrschaftshaus hatte man auf einen Hügel gebaut; hinter dem großen, schönen Gebäude im russischen Empirestil befand sich ein dunkler Park mit jahrhundertealten Linden. Auf der einen Seite des Hauses war ein langer, ebenerdiger Seitenflügel mit über zehn Zimmern für Gäste errichtet, die mein Onkel zu den Parforcejagden auf Perschino einlud.

Die Tage mit Alescha, an denen wir auf dem weiten Gelände des Gutes ausritten, waren die schönsten bei meinem Aufenthalt auf Perschino. Das änderte sich, als die Jagden begannen, und meine kurze Freiheit nahm ein Ende! Onkel Nikolascha beschloß, seine Zeit vor der bevorstehenden Abreise nach Kaukasien voll und ganz mit seinen geliebten Parforcejagden zu verbringen. Es war früh am Morgen, als Smirnow, der Kammerdiener meines Onkels, an meine Zimmertür klopfte und mit zwei Jagdanzügen über dem Arm eintrat. Smirnow teilte mir mit, daß ich auf Wunsch meines Onkels die Anzüge anprobieren und den passenden anziehen solle, denn in einer Stunde würde die Jagd beginnen. Als ich den passenden Anzug ausgewählt und angezogen hatte, ging ich zu Alescha, dessen Zimmer im langen Gästeflügel an meines stieß. Alescha hatte ebenfalls Bescheid bekommen, sich für die Jagd vorzubereiten, und er hatte sich über seine Lyzeumsuniform eine warme Jacke gezogen, die er sich von irgendwem geliehen hatte. Zur Jagd gekleidet, begaben wir uns in den »kleinen Club«, der im selben Flügel lag. Hier hatten sich bereits die Jäger versammelt: Waltsow, die Adjutanten meines Onkels – Graf Mengden, Derfelden und Fürst »Wawa« Golitzyn.

Zur verabredeten Zeit begaben wir uns in die Diele des Hauses, wo sich uns Onkel Nikolascha in voller Jagdausrüstung anschloß. An der Vortreppe warteten eine Troika und einige Equipagen. Mein Onkel setzte sich mit Waltsow in die Troika, während wir anderen uns auf die Equipagen verteilten. Wir fuhren ziemlich lange auf schlechten Nebenstraßen. Das Wetter war schon herbstlich, der Himmel bedeckt, und über die gelb werdenden Felder blies ein feuchter Wind. Als wir unseren Bestimmungsort erreichten, sah ich die Piköre, die in Reih und Glied dastanden, sowie den Leiter der Jagd, Golowin, zu Pferd. Als mein Onkel aus der Troika gestiegen war, begrüßte er die Piköre lautstark, bestieg seinen grauschimmligen Kabardiner und ritt mit zwei Windhunden an der Koppel los. Hinter ihm folgte sein Reitknecht mit einem Windhund und einem Greyhound als Reservekoppel.

Bevor Alescha und ich aufs Pferd stiegen, zeigte uns Waltsow unsere zwei Koppeln, die aus je zwei Hunden bestanden; die meinen waren schwarz gefleckt, Aleschas waren rotbraun. Waltsow erklärte uns sehr umständlich, wie wir die Führleinen halten sollten. Die Schlaufe legte er über unsere rechte Schulter und gab uns das eine Ende der Leine in die Hand, das durch das Halsband des Hundes führte. Waltsows Erklärungen und Ermahnungen zogen sich in die Länge, und als wir schließlich in den Sattel stiegen, waren mein Onkel und die anderen Jäger schon weit draußen auf den Feldern. Zusammen mit Waltsow mußten wir uns beeilen, nachzukommen, und hielten dabei sorgfältig die Führleinen fest. Als wir meinen Onkel einholten, der mitten in der Schar der übrigen Jäger sein Pferd im Schritt gehen ließ, ritt Waltsow, nachdem er einige Worte mit meinem Onkel gewechselt hatte, an den linken Flügel. Mein Onkel bedeutete Alescha und mir, an seine Seite zu reiten. Er ritt schweigend dahin, starrte geradeaus und hielt seine wunderbaren, grau gesprenkelten Hunde.

Plötzlich sprang der erste Hase aus einer Ackerfurche, und einer der Adjutanten meines Onkels am linken Flügel ließ seine Hunde los und sprengte mit dem Pferd hinterher; der Hase wurde eingeholt. An den Flügeln war den Jägern mehrmals das Glück hold, aber vor uns in der Mitte war noch kein einziger Hase aufgetaucht. Während es anfangs nur leicht geregnet hatte, nahm der Regen nun mehr und mehr zu; als schließlich ein Platzregen daraus wurde, gab mein Onkel gereizt das Zeichen zur Umkehr. Ich war ziemlich enttäuscht.

Kurz danach kam Tante Stana nach Perschino. Ich war bei dem Zusammentreffen mit meinem Onkel, den sie ein ganzes Jahr nicht gesehen hatte, nicht dabei. Gleichzeitig mit ihr und der Tochter Jelena traf auch meine Mutter ein, doch ohne meine Schwestern, die in Kiew geblieben waren. Tante Stana war glücklich darüber, daß sie dank der Versetzung ihres Mannes nach Kaukasien wieder mit ihm unter einem Dach wohnen konnte. Sie verließ selten das Haus und nahm sich all der häuslichen Pflichten an, die mit der Übersiedelung nach Tiflis verbunden waren, wohin die Koffer und das andere Gepäck von Perschino und Petrograd geschickt werden mußten.

Die ersten Tage nach Tante Stanas Ankunft fanden keine Jagden statt, aber dann begann mein Onkel wieder auszureiten – zuerst allein, aber nach ein paar Tagen beschloß er, die Jagden mit seinen Gästen wieder aufzunehmen. Bei diesen Jagden nahmen außer Alescha und mir die Freunde meines Onkels, Fürst Golitzyn und Fürst Schachowskoj teil, die nach Perschino gekommen waren, um meinen Onkel nach Tiflis zu begleiten. Die übrigen Jäger stellten Onkel Nikolaschas Adjutanten, und manchmal tauchte Doktor Malama auf. Er saß wie ein Sack auf dem Pferd und nahm nicht aktiv an der Jagd teil.

Während der ersten Jagd scheuchte ich zwei Hasen auf, was meinen Onkel unsagbar freute und meiner Eitelkeit schmeichelte. An den folgenden Tagen rief jeder Hase, den ich aufspürte, ein Gefühl des Mitleids in mir hervor, und meine Gewissensqualen wurden beim Anblick jeden neuen Opfers, das von den Hunden zerrissen wurde, größer. Mir wurde rasch klar, daß die Parforcejagd nichts für mich ist.

Zu meiner großen Freude kam schließlich auch Nadja nach Perschino. Sie war von Baron Stahl aus Kiew geholt worden. Ich nutzte einen freien Tag zwischen den Jagden und ritt mit Jelena und Alescha aus, um sie auf dem Weg nach Perschino abzuholen und bis zum Haus zu eskortieren. Marina war in Kiew geblieben, um ihre Arbeit in den Lazaretten fortzusetzen. Bezüglich der Übersiedelung der Familie nach Kaukasien hatte sie sich vorgenommen, Kiew zu verlassen und an die südwestliche Front zu reisen, um sich dort der Verwundeten anzunehmen. Sie träumte davon, mit eigenen Mitteln einen Sanitätsstützpunkt zu organisieren. Nach Diskussionen mit meiner Mutter und Korrespondenzen mit meinem Vater stimmte Marina einer Reise nach Tiflis unter der Bedingung zu, daß sie die Möglichkeit erhielt, ein Feldlazarett an der Kaukasischen Front einzurichten.

Meine Jagdprüfungen waren mit der Ankunft Nadjas nicht vorbei; sie wurden durch ihre Anwesenheit nur gelindert, wenn Nadja auf ihrer grauen Stute, die »Walderdbeere« hieß, an meiner Seite ritt.

Schließlich wurden mir die Jagden unerträglich, und ich beschloß, die Teilnahme zu verweigern. Aber wie sollte ich das machen, ohne meinen Onkel zu kränken, der so sehr hoffte, einen Parforcejäger aus mir zu machen? Zum Glück holte ich mir eine Erkältung und nützte die unerwartete Chance, meine Mutter um ihre Unterstützung zu bitten, und schilderte ihr offen meine schwierige Situation. Meine Mutter, die selbst keine Anhängerin der Jagd war, zeigte sich sehr verständnisvoll und versprach, mit Onkel Nikolascha zu reden. Indem sie auf meinen Husten verwies, sagte sie zu meinem Onkel, sie hielte gar nichts davon, daß ich bei diesem kalten Wetter das Haus verließe ... Ich blieb einige Tage in meinem Zimmer und sparte mir einige Jagden.

Die Abreise nach Kaukasien rückte näher. Mein Onkel unterbrach die Jagden und fuhr auf seinem geliebten Gut herum, um die für den Betrieb nötigen Anordnungen zu geben. Er nahm mich auf diesen Fahrten mit, und wir kamen bis an den äußersten Rand des Gutes, zu dem Hof Borschtschewka, den mein Onkel kürzlich gekauft hatte. Dieser Hof lag in einer malerischen Umgebung, eingebettet in Birkenwäldchen, Wiesen und Senken. Zu den Gebäuden des Hofes gehörte ein Pferdestall mit Ardennenpferden und ein großer Kuhstall. Auf dem Rückweg fragte mich mein Onkel, ob mir der Ort gefiele. Ich erwiderte irgend etwas Bekräftigendes. Am selben Abend nach dem Essen kam Waltsow zu mir und stellte mir bezüglich Borschtschewka dieselbe Frage. Ich antwortete ihm, daß ich den Ort sehr schön fand. »Warum haben Sie dem Großfürsten das nicht gesagt?« fragte mich Waltsow verwundert und erklärte, mein Onkel habe den Eindruck gewonnen, mir sei der Hof gleichgültig. »Im übrigen hat es ja keine Bedeutung«, schloß Waltsow, »obwohl der Großfürst die Absicht gehabt hatte, Ihnen Borschtschewka zu schenken. Wenn Sie mündig werden, erben Sie ja ohnehin das ganze Gut Perschino!« Diese Bemerkung, die Waltsow in aller Öffentlichkeit äußerte, hinterließ ein sehr unangenehmes Gefühl bei mir.

Bald darauf mußte Alescha zurück nach Petrograd, um sein Studium auf dem Lyzeum fortzusetzen. Wir unternahmen noch lange gemeinsame Ausflüge, führten endlose Gespräche und schmiedeten Pläne über unsere Zukunft nach Beendigung des Krieges. Alescha wußte genau, daß die Aussicht, in Tiflis im Palast des Statthalters zu wohnen, nichts Verlockendes für mich hatte und ich die Zeit vor der Ingenieurakademie lieber anders verbringen würde. Er munterte mich auf und meinte, Kaukasien würde bestimmt interessant für mich sein und daß er mich in den Weihnachtsferien in Tiflis besuchen wolle. Als Alescha abreiste, waren die letzten Tage auf Perschino sehr langweilig.

Am Tag vor der Abreise nach Kaukasien wollte mein Onkel noch ein letztes Mal auf die Jagd gehen, und Nadja, Jelena und ich sollten ihn begleiten. Es war ein bewölkter und kalter Morgen. Mit zwei Greyhounds an einer Koppel ritt mein Onkel auf seinem rotbraunen Kabadiner weit hinaus auf die Felder und an der Upa entlang. Hinter ihm ritt der Pikör, und in einigem Abstand folgten wir. Plötzlich hielt mein Onkel an, um die Aufmerksamkeit der Hunde auf einen Hasen zu lenken, der sich im hohen Gras schlafen gelegt hatte. Die Hunde spitzten die Ohren und standen bereit; es verging eine Minute – noch eine Minute, aber im Gras rührte sich nichts. Mein Onkel befahl dem Pikör, mit der Hundepeitsche zu knallen, doch der Hase, den wir deutlich im hohen Grase sahen, bewegte sich nicht. Der Pikör stieg vom Pferd, stapfte in das hohe Gras und kam wieder heraus, den Hasen hoch in die Luft haltend. »Der ist mausetot, Eure Kaiserliche Hoheit!« schrie der Pikör mit unterdrückter Fröhlichkeit. Mein Onkel versetzte dem Pferd einen Schlag mit der Peitsche, wendete abrupt und galoppierte rasch zurück zum Gutshof. So endete die Abschiedsparforcejagd meines Onkels auf Perschino – eine Jagd, die seine letzte sein sollte.

Am nächsten Tag wurde in der Kirche, die zwischen Haus und Fluß lag, ein Abschiedsgottesdienst gehalten. Wir stiegen in die Autos, die uns zur Bahnstation bringen sollten und fuhren die breite Straße hinunter, die von der Haupttreppe direkt zur Kirche führte. Am Eingang der schönen weißen Kirche mit dem hohen Glockenturm hatte sich, mit dem Chef an der Spitze, fast das gesamte Jagdpersonal versammelt: Piköre in roten Kaftanen, Reitknechte, Stallburschen und das übrige Jagdpersonal; alle wollten sie ihrem Herrn eine gute Reise wünschen, der aufs neue als Heerführer die Verantwortung für sein Vaterland übernahm.

Als mein Onkel, der seinen Jagdanzug mit der Uniform vertauscht hatte, nach dem Gottesdienst aus der Kirche kam, sprach er zu den Versammelten ein paar herzliche Worte und schloß seine kurze Rede mit einer Huldigung an den Zaren – das souveräne Oberhaupt. Ein Hurra-Ruf erschallte, und nachdem mein Onkel mit seinem wachhabenden Adjutanten ins Auto gestiegen war, begab er sich zur Bahnstation Rurikowo, einige Kilometer von Perschino entfernt. Ihm folge Tante Stana mit meinen Eltern und all denen, die mit uns nach Kaukasien reisten.

Der Zug, mit dem wir fuhren, bestand aus gewöhnlichen Waggons – außer einem, der Onkel Nikolascha gehörte; dieser Waggon, von ihm selbst erworben und nach eigenen Anweisungen ausgestattet, wurde ungefähr ein Jahr vor Beginn des Ersten Weltkriegs gebaut. In der Wagenmitte befand sich ein geräumiges Wohnzimmer, in dem hoch oben in einer Ecke eine sehr alte Ikone hing. Von diesem Raum führten zwei Gänge weg; der eine hatte eine Tür zum Schlafabteil meines Onkels, in dem die Möbel mit einem hellblauen Stoff bezogen waren. Daneben lag das Ankleidezimmer und am Ende des Wagens das Abteil des Kammerdieners. Der andere Gang hatte eine Verbindung zu Tante Stanas in hellem lila gehaltenen Schlafzimmer, ihrem Ankleidezimmer und dem dahinterliegenden Abteil für die Kammerzofe. An dieser Stelle war ein zweiter Waggon angekoppelt, der für meine Eltern bestimmt war und in dem Nadja, Jelena von Leuchtenberg und ich unsere Abteile hatten. An das andere Ende des Waggons von meinem Onkel schloß sich ein Speisewagen an, und dann kamen die Waggons für den Stab und die Dienerschaft.

Als wir in Tula ankamen, stiegen General Januschkewitsch und Fürst Orlow zu; sie waren zu den Assistenten meines Onkels im militärischen und zivilen Bereich ernannt worden. Auf dem Bahnhof von Tula schlossen sich außerdem noch seine guten Freunde Fürst Dmitri Borisowitsch Golitzyn und Fürst Leonti Alexejewitsch Schachkowskoi an.

Nachdem wir die ganze Nacht gefahren waren, kamen wir in Rostow am Don an. Auf dem Bahnhof sollte sich Onkel Nikolascha mit dem scheidenden Statthalter Kaukasiens, Graf Worontsow-Daschkow, treffen. (Graf Ilarion Iwanowitsch Worontsow-Daschkow war der Großvater meiner künftigen Frau.) Ich hatte viel von dem Grafen gehört und war neugierig darauf, ihn zu sehen. Bevor der Zug in Rostow einfuhr, begab ich mich mit meinen Eltern hinüber in den Waggon meines Onkels. Beim Einfahren des Zuges in den Bahnhof stand Graf Worontsow-Daschkows Zug auf dem Nachbargleis; wir hielten direkt neben dem Waggon des Grafen und sahen ihn am Fenster stehen, den Andreasorden am hellblauen Band über der Schulter. Im selben Augenblick hörte ich, wie mein Onkel mit lauter Stimme nach seinem Kammerdiener rief und ihn anwies, das Band des Andreasordens zu bringen; der Kammerdiener erschien sofort und legte das Band über die Schulter der khakifarbenen Sommeruniform meines Onkels. Der alte Graf kam nun an der Tür seines Waggons zum Vorschein und stieg mit Hilfe eines Dieners auf einer kleinen Treppe aus, um in den Waggon meines Onkels zu kommen. Wir gingen alle in Tante Stanas Abteil und ließen meinen Onkel im Wohnzimmer allein.

Hier möchte ich meine Schilderung unterbrechen und einen Auszug aus den »Erinnerungen« meines Onkels bringen, der sich auf das Treffen mit Graf Worontsow-Daschkow bezieht.

»Ich verbrachte drei Wochen auf Perschino, das heißt die Zeit, die Graf Worontsow-Daschkow benötigte, um sich zur Abreise fertigzumachen. Unser Treffen fand in Rostow statt. Mein Sonderzug hielt direkt neben dem Zug des Grafen. Sobald wir standen, kam der schon ältere Graf in Galauniform in meinen Wagen. Nach einem ziemlich langen Gespräch ging er zurück zu seinem Zug. Gleich darauf stattete ich ihm einen sogenannten Gegenbesuch ab, und hier hatten wir eine ausführliche und interessante Unterredung, in der er das Gespräch, das in meinem Wagen stattgefunden hatte, durch viele interessante und nützliche Informationen ergänzte.

Ich habe dieses Treffen in der allerbesten Erinnerung.«

Ich möchte nun erzählen, was im Wohnzimmer meines Onkels vor sich ging, während er sein Treffen mit dem Grafen hatte. In dieser Zeit stattete Gräfin Worontsowa-Daschkowa Tante Stana und meiner Mutter einen Besuch ab; mein Vater und ich waren ebenfalls anwesend. Als meine Mutter mich der Gräfin vorstellte und ich ihre Hand küßte, sagte sie zu mir: »Sie kenne ich ja schon lange!« Als die Gräfin mein Erstaunen bemerkte, erklärte sie mir, daß sie mich über das Taufbecken gehalten habe, als ich auf Znamenka getauft wurde. Sie war an die Stelle meiner Großmutter Alexandra Petrowna getreten, die wegen einer Krankheit nicht zur Taufe kommen konnte. Gräfin Worontsowa sah streng aus. Sie war einfach gekleidet, trug nur um den Hals mehrere Reihen großer Perlen. Als die Gräfin wieder in ihren Waggon zurückgekehrt war, gesellte sich mein Onkel, nachdem er sein Gespräch mit dem scheidenden Statthalter beendet hatte, zu uns.

Der Zug setzte sich in Bewegung, und wir rollten aus dem Bahnhof von Rostow. Mein Onkel zog sich in sein Abteil zurück. Kurz darauf, als der Zug die lange Brücke über den Don passierte, tauchte er wieder im Wohnzimmer auf. Er hatte sich umgezogen. Anstelle der Sommeruniform trug er eine dunkelgraue Tscherkeßka, von der sich das weiße Emaille seines Sankt-Georgs-Kreuzes abhob. Auf den Schultern hatte er rote Kuban-Schulterstücke, und ein Dolch in einer silbernen Scheide war mit einem schmalen Riemen am Gürtel befestigt. In der Hand hielt mein Onkel eine Lammfellkappe. Von diesem Tag an, und während seines ganzen Aufenthaltes in Kaukasien, trug er stets Tscherkessen-Jacken. Als Statthalter Kaukasiens war mein Onkel der oberste Befehlshaber über die Distrikte Kuban und Terek und Angehöriger der Kuban-Truppen.

Eine Stunde später hielt der Zug auf dem Bahnhof von Kuschtschewsk im Distrikt Kuban, der zum Bereich des kaukasischen Statthalters gehörte. Auf dem Perron war eine Ehrenformation von Kuban-Kosaken mit ihrem Hetman (Oberhaupt der Kosaken) angetreten.

Mein Onkel stieg aus dem Zug, und als er über die Bohlenbrücke gegangen war, die man über die Schienen gelegt hatte, nahm er auf dem Perron die Meldung des Hetmans, General Babitsch, entgegen. Danach begrüßte er die Ehrenformation, die ihm laut und deutlich antwortete: »Willkommen Eure Kaiserliche Hoheit!« General Babitsch stellte meinem Onkel die Ehrenveteranen der Kosakendörfer vor, wonach mein Onkel und der General in den Zug stiegen. Nachdem der General sowohl Tante Stana wie meinen Eltern vorgestellt worden war, verweilte er bis zum Abfahrtssignal im Zug. Nachdem er sich von allen verabschiedet hatte, stieg er aus und überquerte rasch die Bohlenbrücke. Und schon war das Unglück geschehen! Babitsch strauchelte, stürzte und fiel mit dem Kopf auf die Schienen. Als er wieder aufstand, sah ich, daß er stark am Kopf blutete. Mein Onkel schickte sogleich einen Adjutanten, der den armen Babitsch stützte und zum Zug zurückführte. Im Stabswaggon wurde er von Doktor Malama untersucht, und zum Glück war die Wunde nicht ernst. Mein Onkel sah nach ihm und bot dem General an, bis nach Tichoresk mitzufahren, um von dort mit dem Zug nach Jekaterinodar (heute Krasnodar) zu kommen, der wichtigsten Stadt des Kuban-Distrikts.

Nach Kuschtschewsk führte die Strecke Rostow–Wladikawkas

(heute Ordschonikidse) durch eine wenig bewachsene Ebene. Ich setzte mich in meinem Wagenabteil ans Fenster; ab und zu sah ich kleine Dörfer und Gutshöfe mit bestellten Feldern und kleine, wasserarme Flüsse, an deren Rändern Schilf wuchs.

Als der Zug in Tichoresk stehenblieb, stieg General Babitsch aus und stellte sich auf den Bahnsteig, um auf die Abfahrt des Zuges zu warten. Als sich der Zug in Bewegung setzte, grüßte er militärisch, indem er die Hand an seine Lammfellkappe legte, die er über den weißen Verband gezogen hatte.

Von Tichoresk fuhr der Zug weiter durch dieselbe, fast ebene Landschaft. Ich ging hinüber zu Nadja, um zusammen mit ihr aus dem Fenster zu gucken. Nach Armawir folgte der Schienenstrang dem bewaldeten Ufer des Kuban-Flusses und stieg allmählich in hügeliges, waldreiches Gelände an. Wir befanden uns bereits in Ziskaukasien. Die Sonne stand schon ganz tief, die Dämmerung brach herein. In der Hoffnung, bald die Berge zu erblicken, schauten wir nach vorne. Die Hügel lagen im Dunst, aber plötzlich sahen wir einen länglichen, dunklen Streifen aus dem Dunst auftauchen – es war die gewaltige Bergkette des Kaukasus. Kurz darauf ging die Sonne unter, und es begann, dunkel zu werden. Die Berge verschwanden in der Finsternis, aber wir konnten immer noch den Elbrus erkennen, auf dessen unzugänglichem Gipfel der ewige Schnee schimmerte.

Der Zug blieb in Mineralnye Wody stehen, das im Terek-Distrikt lag. Hier fand ebenso wie im Distrikt Kuban ein offizieller Empfang statt. Auf dem Perron wurde mein Onkel von General Fleischer begrüßt, dem Kosakenhetman über die Einheiten des Terek-Distrikts. Als der Zug Mineralnye Wody verließ, war es Zeit zum Essen. Ich setzte mich mit einigen der Adjutanten meines Onkels an einen kleineren Tisch. Mein Onkel saß zusammen mit Tante Stana, meiner Mutter und Fürst Golitzyn an einem anderen Tisch. Nach dem Essen zogen sich alle vier in den Waggon meines Onkels zurück. Nachdem alle den Speisewagen verlassen hatten, gingen mein Vater und ich in das Wohnzimmer meines Onkels. Hier bot sich uns ein merkwürdiger Anblick! Mitten im Raum stand Onkel Nikolascha, vor ihm kniete Fürst Golitzyn, der den Saum der Tscherkeßka meines Onkels umfaßt hatte. Wir erhielten eine Erklärung. Während des Essens hatte Fürst Dmitri Borisowitsch meinen Onkel freundschaftlich darauf aufmerksam gemacht, daß seine Tscherkeßka zu lang sei. Der

Fürst, der selbst den Terek-Einheiten angehörte, trug eine tadellose Tscherkeßka mit blauen Terek-Schulterklappen. Er kleidete sich immer elegant, egal ob mit Uniform, Jagdrock oder Zivilanzug. Weil sich mein Onkel auf die Erfahrung und den Geschmack des Fürsten verließ, bat er ihn, die seiner Ansicht nach richtige Länge der Tscherkeßka anzugeben. Als Onkel Nikolascha zum Statthalter ernannt worden war, hatte er sich einige dieser Überröcke der Tscherkessen bei seinem Uniformschneider in Petrograd bestellt, welcher bestens mit den strengen Regeln für den Schnitt militärischer Uniformen vertraut war. Diesen Regeln zufolge mußte die Tscherkeßka einen bestimmten Abstand vom Boden haben. Doch der gewissenhafte Schneider hatte vergessen, die kolossale Größe seines Kunden in Betracht zu ziehen. Nach eigener Vorstellung hatte er eine Reihe grauer, dunkelgrauer, schwarzer, brauner und beinahe weißer Überröcke genäht. Um diesen ästhetischen Mangel wiedergutzumachen, steckte Fürst Dmitri Borisowitsch die Tscherkeßka meines Onkels ab, und die Dienstmädchen Tante Stanas kürzten den Überrock bis zum nächsten Morgen.

Wir durchfuhren den Terek-Distrikt während der Nacht, und als ich am nächsten Morgen erwachte, schien die Sonne durch die Seidengardine herein, die vor mein Fenster gezogen war. Ich lüpfte sie und blickte direkt auf das hellblaue Kaspische Meer. In der Ferne sah ich Segelschiffe und am sandigen Ufer einige Fischerboote. Der Zug fuhr rasch südwärts. Als ich das Fenster herunterzog, schlug mir ein warmer Luftstrom entgegen, der nach Meer roch. Nach den herbstlich grauen Tagen auf Perschino war es, als würde der Sommer zurückkehren. Als ich mich angezogen hatte, ging ich hinüber zu Nadja, um gemeinsam mit ihr das Meer zu bewundern; ab und zu passierten wir kleine Stationen, wo die dagestanischen Bergbewohner den Zug meines Onkels willkommen hießen, indem sie zu den Tönen von Holzblasinstrumenten Volkstänze tanzten. Es war deutlich zu merken, daß wir von Europa nach Asien gekommen waren.

Der Zug hielt in Derbet an. Auf dem Bahnhof wurde mein Onkel dem Militärgouverneur über das dagestanische Gebiet vorgestellt, und er empfing eine Deputation der in den Bergen lebenden Volksstämme. Onkel Nikolascha, der jetzt seine gekürzte Tscherkeßka trug, sprach ziemlich lange mit den Delegationen, wobei er sich eines Dolmetschers bediente.

Ungefähr acht Stunden später, es war fast Nacht, kam der Zug in Bjaladari an, von wo eine Nebenstrecke nach Baku führte. Obwohl es schon so spät war, hatten sich örtliche Militärpersonen, Leute der zivilen Behörden und viele Zuschauer auf dem Bahnhof eingefunden. Man übermittelte meinem Onkel, daß einige offiziell erschienene Frauen der Großfürstin vorgestellt werden wollten, um ihr Blumen zu überreichen.

Auf dem Perron war eine Ehrenformation von Matrosen der kaspischen Marine angetreten, und auch eine Kapelle stand da. Mein Onkel schritt grüßend die Formation ab und begab sich dann in den Wartesaal der Ersten Klasse. Tante Stana, meine Eltern und ich folgten. Hier wurde er vom Gouverneur Bakus den Mitgliedern der örtlichen sozialen Vereine vorgestellt sowie einer Deputation aus Baku. Unter den Anwesenden, die Zivil trugen, befanden sich auch einige vornehme Ölbarone. Als mein Onkel alle begrüßt hatte, überreichten die Frau des Gouverneurs und eine andere Dame Tante Stana und meiner Mutter Blumen.

Jetzt war der Augenblick gekommen, wo mein Onkel, bevor er wieder in den Zug stieg, seiner Dankbarkeit für den Empfang Ausdruck verleihen und den Delegationen auf ihre Begrüßungsreden antworten mußte. Einige dieser Reden hatten auch soziale Probleme angesprochen. Mein Onkel wußte, daß sich im Wartesaal Journalisten der kaukasischen Zeitungen und einzelner überregionaler Blätter befanden. Er stellte sich mitten in den Raum, hielt eine Rede und schloß mit dem Wunsch, daß ihm die örtlichen Behörden und offiziellen Personen beistehen mögen, damit dieser Teil des Landes, den ihm der Zar anvertraut hatte, prosperiere. Unter Hurra-Rufen verließ mein Onkel den Saal, und wir kehrten in den Zug zurück. In den Aufzeichnungen meines Onkels, von denen ich schon früher Auszüge gebracht habe, schreibt er:

»Es war zum ersten Mal in meinem Leben, daß ich als Vertreter des Zaren eine offizielle Rede für *zivile* Rangpersonen und Vertreter der Presse halten mußte. Und das ohne jede Vorbereitung – wohl wissend, daß jedes Wort, das ich in meiner Eigenschaft als neu ernannter Statthalter sagte, analysiert werden würde und von politischer Bedeutung war.«

Nach Mitternacht verließen wir Baladjari, und der Zug brachte uns direkt nach Westen zur transkaukasischen Eisenbahnlinie.

Während des Treffens von Onkel Nikolascha und Graf Worontsow-Daschkow in Rostow am Don hatte der scheidende Statthalter seinem Nachfolger wertvolle Ratschläge und Informationen über das kaukasische Gebiet gegeben. Der Graf war mit Kaukasien bereits aus der Zeit vertraut, als er als junger Offizier im kaukasischen Heer gedient hatte und an den Feldzügen teilnahm, bei denen Dagestan und das westliche Kaukasien besiegt wurden. In seinen zehn Jahren als Statthalter hatte er das Gebiet klug und effektiv verwaltet und unter den verschiedenen Bevölkerungsgruppen Vertrauen und Wohlwollen gewonnen. Von den drei wichtigsten nichtrussischen Volksstämmen – Grusinier, Armenier und Tataren – hatte seit ewigen Zeiten eine Feindschaft zwischen den beiden ersten bestanden, während die Tataren eifersüchtig über ihre religiöse Eigenart wachten. Der Graf riet meinem Onkel, auf diese Verhältnisse in Kaukasien Rücksicht zu nehmen.

Ein anderer Rat des scheidenden Statthalters betraf die dringend erforderliche Durchführung vieler Reformen. Er empfahl Onkel Nikolascha, dabei Bürgermeister Khatisow hinzuzuziehen, der in Tiflis eine bedeutende Rolle in der Gesellschaft spielte.

Weil der Graf sich mit den Sitten und Gebräuchen des Orients gut auskannte, bat er Onkel Nikolascha eindringlich, die Ankunft in Tiflis als sehr feierlichen Akt zu gestalten. Diesem letzten Rat folgte mein Onkel und ließ schon von Derbent aus Tiflis von den Änderungen des früher festgelegten Festprogramms benachrichtigen und gab neue Anordnungen über seine offizielle Ankunft in der Stadt.

Mit dem Eintreffen in Kaukasien begann für mich eine neue Zeit, die Verbindung zur Vergangenheit sollte abreißen, meine Verbindung zum friedlichen Familienleben in Znamenka, Djulber und Sankt Petersburg ...

Kaukasien hat mich von jeher angezogen, und ich freute mich, diese eigenartige Landschaft kennenzulernen, die so extreme natürliche und klimatische Gegensätze aufwies. Ich hatte Lust, mich mit der Lebensweise der vielen Volksgruppen zu beschäftigen. Teilweise kannte ich die orientalische Lebensweise der Krimtataren schon, doch diese mußte in Kaukasien wegen der Lebensumstände der einzelnen Volksgruppen noch deutlicher zum Ausdruck kommen. Ich hoffte auch, Gelegenheit zu bekommen, die vorhandenen historischen Denkmäler der alten Reiche zu besichtigen, welche vor der russischen Oberherrschaft in Kaukasien existierten.

Bevor der Zug am Morgen des 23. September in Tiflis ankam, hatte ich bereits die Gala-Uniform angelegt. Zusammen mit meinen Eltern begaben wir uns in den Waggon meines Onkels; er war mit Tante Stana im Wohnzimmer. Als mein Onkel uns begrüßt hatte, schlug er das eine Bein über das andere und wippte mit dem Fuß. Wer ihn gut genug kannte wußte, daß dieses Wippen entweder ein Zeichen von Nervosität oder schlechter Laune war. In diesem Fall war es natürlich Nervosität, denn ihm stand der erste unmittelbare Kontakt mit dem Landesteil bevor, den er ab jetzt verwalten sollte. Mein Vater ging deshalb zu ihm und sagte leise irgend etwas.

Als der Zug langsam in den Bahnhof rollte, sah ich auf dem Perron Kuban-Fußkosaken in Reih und Glied stehen, dazu einige Militärpersonen und eine Gruppe Zivilisten, die beim roten Teppich standen, der zum Eingang der Bahnhofshalle führte. Der Zug blieb stehen. Onkel Nikolascha stieg aus, und es ertönten laute Kommandorufe. Die Kuban-Fußkosaken präsentierten das Gewehr. Mein Onkel grüßte, schritt die Front ab und trat dann zu der Gruppe der Militärpersonen, an der ganz vorne sein Stabschef, General Bolchowinow, stand, um allen die Hand zu schütteln. Außer den militärischen Dienstgraden war eine Deputation der Staatsduma von Tiflis, mit Khatisow an der Spitze, gekommen – jenem Khatisow, den Graf Worontsow-Daschkow meinem Onkel so anempfohlen hatte. Sie redeten kurz miteinander. Später erfuhr ich, daß mein Onkel ihn dabei für einen der kommenden Tage in den Palast eingeladen hatte. Die Empfangszeremonie auf dem Bahnhof war zu Ende, und Onkel Nikolascha durchquerte mit schnellen Schritten die Bahnhofshalle, um aus dem Haupteingang hinauszukommen. Dank seiner unglaublichen Selbstbeherrschung wirkte er ruhig und gefaßt. Als er hinter der blumengeschmückten Tür des Bahnhofsgebäudes verschwunden war, stiegen Tante Stana, meine Eltern, Nadja, Jelena und ich aus dem Zug und folgten ihm über den roten Teppich. Es war strahlender Sonnenschein, als wir auf den Bahnhofsvorplatz kamen. Hier erblickten wir Onkel Nikolascha zu Pferd. Er war dabei, den Platz mit einer Eskorte von einigen Dutzend Kosaken in blitzenden roten Tscherkeßkas zu verlassen.

Vor dem Haupteingang hielten einige Automobile. Meine Mutter und Tante Stana setzten sich mit Fürst Orlow neben dem Chauffeur in das erste, mein Vater und ich stiegen in das zweite, und Nadja und Jelena nahmen im dritten Platz. Wir folgten meinem Onkel langsam eine lange, breite Straße hinunter, wo zu beiden Seiten Soldaten Spalier standen und an der sich auch Schüler aller Lehranstalten von Tiflis versammelt hatten. Hinter ihnen drängte sich eine Menschenmenge, und von den Balkonen der Häuser winkten Frauen mit ihren Taschentüchern. Als wir das Ende der Straße erreicht hatten, bogen wir nach rechts ab und kamen zur Kura, auf der an dieser Stelle eine Insel ist. Nachdem wir den Fluß überquert hatten, fuhren wir durch einen schattigen Garten und befanden uns kurz darauf auf einem riesigen Platz, wo mir eine große weiße Kathedrale ins Auge fiel. Sie war im byzantinischen Stil erbaut und hieß Militär-Kathedrale. Vor dem Eingang wurde mein Onkel von der Geistlichkeit empfangen, mit der er die Kathedrale betrat, wobei die Glocken läuteten. Wir folgten Onkel Nikolascha und stellten uns beim rechten Chor hinter ihn. Der lange Festgottesdienst begann. Mein Vater machte mich zwischendurch auf große Schilde an den Wänden aufmerksam, die mit Fahnen geschmückt waren, und er erklärte mir, daß auf diesen Schilden die Namen der Militäreinheiten aufgeführt waren, die sich an der Eroberung Kaukasiens und den kaukasischen Kriegen beteiligt hatten.

Dem ursprünglichen Programm zufolge beendete der Gottesdienst in der Militär-Kathedrale die mit der Ankunft des neuen Statthalters in Tiflis verbundenen Feierlichkeiten. Aber dieses Programm hatte Onkel Nikolascha auf Anraten des Grafen Worontsow-Daschkow geändert. Statt direkt zum Palast des Statthalters zu fahren, begab sich mein Onkel zur Zions-Kathedrale des grusinischen Exarchen. Dabei benutzte er das Auto, und wir folgten in derselben Reihenfolge wie vorher. Die Programmänderung an diesem Morgen hatte den Zweck, den wichtigsten Volksgruppen nicht-russischer Abstammung Aufmerksamkeit zu erweisen. Es war deshalb vorgesehen, nach der Zions-Kathedrale die Kathedrale der Armenier und die Moschee der Tataren zu besuchen.

Die Zions-Kathedrale, die teilweise aus dem fünften Jahrhundert stammte, lag in der Altstadt. Wir fuhren durch enge, verwinkelte Gassen orientalischer Prägung, die in scharfem Kontrast zu den europäisch aussehenden Vierteln standen, die wir bisher passiert hatten. Als wir durch diesen alten Stadtteil fuhren, fühlte ich mich sofort wie in Asien. Doch damals konnte ich der Umgebung nur wenig Aufmerksamkeit schenken, denn ich mußte still und in aufrechter Haltung sitzen und geradeaus schauen, während mein Vater ständig die Hand an die Mütze legte, um den Gruß der Volksmenge zu erwidern. Diesen alten Stadtteil lernte ich erst später kennen, als ich Gelegenheit hatte, ihn zu Fuß zu durchstreifen.

Schließlich erreichten wir die Zions-Kathedrale, nachdem die Autos in den engen Gassen nur mit Schwierigkeiten durch die dichte Volksmenge, die sich hier drängte, gekommen waren. Auf dem Domplatz wurde mein Onkel von dem Exarchen Grusiniens, Erzbischof Pitirim empfangen, der ihn, umgeben von der grusinischen Geistlichkeit, erwartete. Der Exarch segnete meinen Onkel – und danach uns –, und wir betraten die Kathedrale. Nachdem der Erzbischof zu dem erhöhten Platz vor der Ikonostase gestiegen war, hielt er eine Begrüßungsrede, die voll des Lobes für meinen Onkel war. (Derselbe Pitirim, der kurz darauf Metropolit in Petrograd wurde, befreundete sich mit Personen, die gegen meinen Onkel intrigierten, und wurde ein Anhänger Rasputins!) Diesmal war der Gottesdienst kurz und endete mit einem grusinischen Gebet, in dem meinem Onkel ein langes Leben gewünscht wurde. Nach dem Gottesdienst küßten wir die alte Ikone der »Gottesmutter von Zion« und das Kreuz der heiligen Nina. Dieses Kreuz, das aus zwei Stücken einer Weinranke bestand, war angeblich mit dem Haar der Heiligen umwickelt.

Von der Zions-Kathedrale fuhren wir zu der altehrwürdigen armenisch-gregorianischen Wank-Kirche. Vor dem schönen Portal mit steinernen Ornamenten wurde Onkel Nikolascha von dem Patriarchen der Armenier, Kework V., empfangen. Nach dem Segen, der von einem wehmütigen und seltsamen armenischen Gesang begleitet wurde, segnete der Patriarch Onkel Nikolascha und hielt in ziemlich gutem Russisch eine Rede für ihn. Er wünschte den russischen Truppen den Sieg und äußerte die Hoffnung auf eine baldige Befreiung der Armenier, welche unter dem türkischen Joch lebten. Die Verwirklichung des Traumes von einem selbständigen Armenien schien damals möglich.

Als wir aus der Kirche kamen, sprach mein Onkel lange mit dem Patriarchen, der einen sehr guten Eindruck auf mich machte. Wir bestiegen dann die Autos, um zu den Moscheen zu fahren – zuerst zu der der Schiiten und dann zu der der Sunniten.

Die große Moschee der Schiiten mit einem niedrigen Minarett, das mit grünen, glänzenden Kacheln geschmückt war, lag in der Nähe einer Brücke über die Kura, die sich an dieser Stelle zwischen hohen Ufern hindurchschlängelte. Vor Betreten der Moschee stiegen wir eine Innentreppe zu einem Zimmer hinunter, in dem wir Filzpantoffeln über unsere Schuhe ziehen mußten. Als wir in die Moschee kamen, wirkte sie nach dem strahlenden Sonnenschein im Freien ziemlich dunkel. Sie war nur von dem schwachen Licht, das durch die kleinen, farbigen Fenster fiel, erhellt. Wir gingen dem Scheich-ül-Islam entgegen, der sich, umgeben von Mullas in weißen Turbanen, uns langsam und würdig näherte. Als er stehenblieb, las er ein Gebet auf Arabisch und sprach dann den Segen für Onkel Nikolascha in russischer Sprache.

Der letzte Punkt der Tagesordnung war der Besuch der sunnitischen Moschee. Diese Mohammedaner gehörten einer Glaubensrichtung an, zu der sich nicht nur der größte Teil der Mohammedaner Kaukasiens bekannte, sondern auch die Türken, gegen die wir Krieg führten ... Diese Moschee war sehr klein. Mein Onkel wurde hier von dem Mufti und den Mullas der transkaukasischen sunnitischen Mohammedaner begrüßt. In gutem Russisch hielt der Mufti eine kurze Rede, worin er versicherte, daß die kaukasischen Mohammedaner Rußland und dem Zaren ergeben seien.

Nach diesen stundenlangen Fahrten durch Tiflis erreichten wir endlich den Palast des Statthalters, wo man schon lange mit dem Essen auf uns gewartet hatte.

Wenn ich jetzt dazu übergehe, meinen Aufenthalt in Kaukasien zu beschreiben, werde ich aus meiner Sicht schildern, wie sich Onkel Nikolascha nach seiner Absetzung vom Posten des Höchstkommandierenden seiner neuen Aufgabe zuwandte. Meine Auffassung basiert darauf, was ich von meinen Eltern und von Tante Stana darüber erfahren habe, da mein Onkel seine Probleme nur ihnen und sehr engen Freunden anvertraute.

In den ersten Kriegstagen – vor seiner Ernennung zum Höchstkommandierenden – war Onkel Nikolascha ein Anhänger derjenigen militärischen Führer und Politiker, die meinten, das höchste Kommando über die gesamten bewaffneten Streitkräfte sollte vom Zaren wahrgenommen werden. Diese Auffassung wurde von vielen in den Kreisen des Militärs kritisiert, besonders vom Kriegsminister,

General Suchomlinow, welcher in jenen Tagen davon überzeugt war, daß der Posten des Höchstkommandierenden ihm übertragen werden sollte. Als der Zar nun Onkel Nikolascha mit dieser Aufgabe betraute, wurde Suchomlinows Selbstwertgefühl ernsthaft gekränkt, und er wurde zu einem unversöhnlichen Feind meines Onkels. Onkel Nikolaschas Absetzung vom Posten des Höchstkommandierenden erfolgte auf Grund von Intrigen am Hofe, wobei der rachedurstige Suchomlinow eine zentrale Rolle spielte; darüber hegte Onkel Nikolascha keinen Zweifel – das kann ich versichern.

Als die Situation im Sommer 1915 unter dem Druck der deutschen und österreichischen Streitmacht an der Front ernster wurde, fing man an, von einem zweiten »Vaterländischen Krieg« zu sprechen (der erste war 1812, als Napoleon I. nach Rußland vordrang). Es ist hier nicht der Platz, die Gründe für den Rückzug unserer Truppen zu erörtern. Einer davon ist allerdings allgemein bekannt; er war gewiß entscheidend und zweifellos an der Front selbst offensichtlich: Der katastrophale Mangel an Munition und Waffen wurde immer deutlicher und führte zu Mißstimmungen innerhalb der Streitkräfte. Diese Krise, eine Folge der unzureichenden Voraussicht des Kriegsministeriums, stürzte die Heeresleitung in große Schwierigkeiten. Onkel Nikolascha machte Suchomlinow für die Misere verantwortlich und schob ihm die Schuld an allen Fehlschlägen in dieser Periode des Krieges zu.

Noch in Friedenszeiten, als unsere Festungen in Polen auf Initiative des Kriegsministers abgerissen wurde, zeigte Onkel Nikolascha unverblümt seine Verärgerung, indem er die strategische Einschätzung, von der sich Suchomlinow leiten ließ, in Frage stellte. Die Kritik meines Onkels am Kriegsministerium erzürnte Suchomlinow, der mit allen Mitteln versuchte, Onkel Nikolascha daran zu hindern, den Kurs des Ministeriums zu ändern. In seinen Erinnerungen von 1914, die Onkel Nikolascha 1921 niederschrieb, äußert er sich folgendermaßen zu diesen Vorfällen:

»... obwohl ich es als unverzeihlichen Fehler betrachtete, eine Reihe unserer Festungen abzureißen, erfolgten noch im Sommer 1914 Sprengungen unserer Befestigungsanlagen in Warschau. Diese schreckliche Fehleinschätzung wurde mir während der Stunden, die ich in Verbindung mit dem Kriegsausbruch und der Ernennung zum Höchstkommandierenden erdulden mußte, um so klarer. Mein Gewissen war rein. Ich unternahm alles, was in meiner Macht stand, nicht nur, um die Zerstörung der Festungen zu verhindern, sondern auch, um Iwangorod wiederaufzubauen und daraus eine moderne, erstklassige Festung zu machen. Hätte man auf mein Wort gehört, das sich auf sachliches Wissen stützte, wäre der Krieg anders verlaufen. Ich habe lange vor Beginn des Krieges über Iwangorod gesprochen. Kriegsminister Suchomlinow trägt einzig und allein die Schuld – ohne mildernde Umstände. Er ist ausgebildeter Militarist und nicht dumm. Das Abreißen der Festungen kam einem Landesverrat gleich.«

Später schreibt er:

»... Zu dieser Zeit und in der ersten Periode des Krieges war General Suchomlinow mein Hauptfeind, obwohl er sich nach außen untadelig verhielt, wie es sich für einen klugen und schlauen Mann geziemt. Ich kannte General Suchomlinow bereits als jungen Offizier im Generalstab während des Russisch-Türkischen Krieges 1877–78. Wir begegneten uns nach dem Krieg des öfteren, und es gab weder im Dienst noch im Privatleben Mißstimmigkeiten zwischen uns. Seine Ernennung zum Kriegsminister fand meine volle Zustimmung, da es sich um die *persönliche* Entscheidung des Zaren handelte und ich keinen Grund zu der Annahme hatte, daß er in menschlicher Hinsicht oder bezüglich seiner militärischen Fähigkeiten ungeeignet sein könnte. Bei unserem ersten Zusammentreffen nach seiner Ernennung drückte ich meine aufrichtige Freude und Bereitwilligkeit aus, ihm in allem behilflich zu sein. Ziemlich bald stieß ich aber auf den größten Unwillen seinerseits, der sich zur Hinterhältigkeit entwickelte.

In meiner Eigenschaft als Generalinspekteur der Kavallerie, des Leiters im Nationalen Verteidigungsrat und schließlich des Oberkommandierenden über die Garde und den Militärdistrikt von Sankt Petersburg erhielt ich persönliche Anweisungen des Zaren. Hielt ich es auf Grund dieser Anweisungen – der Stimme meines Gewissens, der Liebe zum Vaterland und zum Zaren folgend – für erforderlich, mich in militärischen Fragen über Angelegenheiten zu äußern, die außerhalb meiner dienstlichen Verantwortung lagen, bat ich um Erlaubnis, meine Auffassung dazu vorzubringen, und diese wurde mir stets gegeben. Mehrmals berichtete ich dem Zaren von Handlungen General Suchomlinows, die ich für schädlich hielt. Ach, es zeigte sich, daß ich recht hatte – der Krieg bewies es. Möglicherweise hat der Zar General Suchomlinow gegenüber etwas davon angesprochen. Das glaube ich aber nicht. Nicht zu bezweifeln ist jedoch, daß General Suchomlinow, der die allergnädigste Haltung des Zaren mir gegenüber kannte, dies nicht ertrug und alles unternahm, um mich von sämtlichen wichtigen militärischen Entscheidungsbereichen zu entfernen und mir im Falle des Krieges eine Nebenrolle zuzuteilen.

... Trotz seiner – vorsichtig ausgedrückt – hinterhältigen Böswilligkeit hatten General Suchomlinow und ich keine einzige richtige Auseinandersetzung. Das Gefühl der Kränkung und des Ärgers darüber, daß er, General Suchomlinow, nicht zum Höchstkommandierenden ernannt worden war, ist verständlich und menschlich – aber nicht patriotisch. Ich habe keine schriftlichen Beweise dafür, daß General Suchomlinow aus Rache meine Tätigkeit als Höchstkommandierender untergrub und hemmte. Es kamen noch andere Dinge vor – aber wiederum habe ich darüber keine juristisch verwertbaren Beweise.

Wegen seiner Handlungen vor und während des Krieges ist er vor dem Militärgericht für schuldig erklärt worden. Aber es erwartet ihn und seine Handlanger ein anderes Urteil – das der Geschichte. Und das fällt höchstwahrscheinlich wesentlich härter aus.«

Wie erwähnt, wuchs zu Beginn des Sommers 1915, als die Offensive des deutschen und österreichischen Heeres zu einer schwierigen Situation führte, die Unzufriedenheit im Land, und die öffentliche Meinung kritisierte die militärisch Verantwortlichen, die die Truppen nicht mit der nötigen Ausrüstung versorgten. Weil General Suchomlinow sich rechtfertigen und gleichzeitig sein gekränktes Selbstwertgefühl retten wollte, setzte er sich zum Ziel, das Vertrauen des Zaren in Onkel Nikolascha zu untergraben. Um dieses Ziel zu erreichen, intrigierte er, warf meinem Onkel Fehler in der militärischen Führung und politische Unzuverlässigkeit vor und beschuldigte ihn eines maßlosen Liberalismus und der Machtgier. Indem er sich der Hilfe des Schloßkommandanten General Wojeschkows versicherte, freundete er sich mit dem Kreis um Zarin Alexandra Fjodorowna an, in dem die Wyrubowa – Rasputins Verehrerin – einen besonderen Platz einnahm. Da Suchomlinow die naive Wyrubowa und Leute, denen das persönliche Interesse wichtiger als die Pflicht für das Vaterland war, zu seinem Werkzeug machte, brachte er die

Zarin, die von Natur aus wankelmütig und mißtrauisch war, gegen Onkel Nikolascha auf.

In diesen Intrigen spielte Rasputin eine untergeordnete Rolle, denn er war nicht klug genug, um ein politisches Ziel zu verfolgen. Man sagt, er habe zu Beginn des Krieges einen Brief an meinen Onkel geschrieben, worin er den Wunsch äußerte, ins Hauptquartier kommen und mit ihm sprechen zu dürfen. Als Antwort sei ihm folgendes ausgerichtet worden: »Kommen Sie nur, und ich werde Sie aufhängen!« Rasputin hatte wirklich die Absicht gehabt, ins Hauptquartier zu fahren, und hatte nur wegen der kategorischen Absage meines Onkels, die sicher nicht in diesen Worten erfolgt war, darauf verzichtet.

Die Absetzung Onkel Nikolaschas vom Posten des Höchstkommandieren wirkte sich auf die Offiziere und auf die gesamten Streitkräfte nachteilig aus, weil die meisten ihn als ihren wirklichen Anführer betrachteten. Einige der Oberkommandierenden an den Fronten und andere hohe Vorgesetzte beurteilten die Angelegenheit anders. Als sie vom Plan des Zaren erfuhren, die oberste Heeresleitung zu übernehmen, erwarteten sie, daß mein Onkel zu seinem Stabschef ernannt und General Januschkewitsch sowie Generalquartiermeister Danilow entfernt werden würden, deren Handlungsweisen sie kritisierten.

Onkel Nikolascha selbst verhielt sich meiner Meinung nach besonnen und gefaßt, indem er die Absetzung als unumgängliches Resultat der gegen ihn gesponnenen Intrigen betrachtete. Es ist möglich, daß er sich ungerecht behandelt fühlte, aber in erster Linie war er unsäglich betrübt darüber, daß er das Vertrauen des Zaren verloren hatte – des Zaren, dem er innig und in aufrichtiger Liebe zugetan war.

Was seine Versetzung nach Kaukasien betraf, so kam sie völlig überraschend für ihn. Der ehrenvolle Posten eines Statthalters des Zaren konnte unter diesen Umständen von vielen als Degradierung interpretiert werden. Diese Ansicht vertrat Graf Worontsow-Daschkow, als er dem Zaren auf die Nachricht antwortete, in der er von der Versetzung Onkel Nikolaschas nach Kaukasien erfahren hatte. Der Graf schreibt in diesem Zusammenhang:

»Die Ernennung von Großfürst Nikolai Nikolajewitsch zu Ihrem Statthalter in Kaukasien halte ich für äußerst wünschenswert ... Aber wünscht er, diesen Posten zu bekleiden? Die Degradierung vom ›Papst zum Diakon‹ muß für sein Ehrgefühl eine ziemliche Kränkung und von ihm sehr schwer zu verwinden sein ...«

Ich weiß, daß mein Onkel, als er den Brief mit der Nachricht von der Änderung der obersten Heeresleitung und das Angebot des Statthalterpostens erhielt, zuerst tatsächlich im Sinne hatte, diese Ernennung auszuschlagen. Nicht so sehr wegen der von Worontsow-Daschkow angesprochenen Gefühle, sondern weil er sich unvorbereitet fühlte, um die zivile Verwaltung Kaukasiens zu übernehmen. Mein Vater erzählte mir, daß der Entschluß meines Onkels, den Posten des Statthalters trotzdem anzunehmen, der Haltung entsprang, sich dem Wunsch des Zaren, dem eine so schwierige Periode im Krieg bevorstand, zu fügen. Der Posten des Statthalters umfaßte auch die Leitung der kaukasischen Streitkräfte und gab meinem Onkel die Möglichkeit, weiterhin aktiv seinem Vaterland zu dienen. Auch dieser Umstand beeinflußte seine Entscheidung.

Nachdem Onkel Nikolascha das Hauptquartier des Generalstabes verlassen hatte und nach Perschino gekommen war, hatte er Gelegenheit, sich drei Wochen auf seinem geliebten Gut zu erholen. In dieser kurzen Zeit suchte er sich Leute aus, die ihm in der Zivilverwaltung nützlich sein konnten. Mein Onkel kannte Kaukasien nicht besonders. Er war erst zweimal dort gewesen. Um seine Einstellung zu seiner Versetzung besser zu dokumentieren, bringe ich wieder einen Auszug aus seinen Erinnerungen.

»Als Generalinspekteur der Kavallerie war ich einmal im nördlichen Kaukasien und einmal in Alexandropol (heute Leninakan) zu einer Musterung der Kavalleristen von drei Divisionen.

Kaukasien lockte mich, und ich freute mich über die Aussicht, dorthin zu kommen. Über die Schwierigkeiten, die wegen der vielen Volksgruppen als Statthalter auf mich zukommen würden, war ich mir durchaus im klaren. Aber ich habe eine sehr große Neigung zum Orientalischen und war deshalb zuversichtlich, mit den Leuten zurechtzukommen.

Die zivilen Angelegenheiten, die wegen der verwickelten Verhältnisse der Gegend ziemlich kompliziert waren, machten mich durchaus nervös. Ich habe mich nie mit zivilen Angelegenheiten beschäftigt und bin in meinem mehr als vierzigjährigen Frontdienst nie damit in Berührung gekommen. Ich habe mich auch nie mit politischen Fragen beschäftigt – war nicht einmal indirekt damit befaßt, doch gehörte das nun zu meinem Amt als Statthalter. Was die militärischen Angelegenheiten betrifft, schreckten sie mich nicht. Ich war davon überzeugt, daß ich als militärischer Oberbefehlshaber zusammen mit der uneingeschränkten Macht des Statthalters – und das in Kriegszeiten – die besten Voraussetzungen haben würde, gute und nützliche Arbeit zu leisten. Ich hatte das Gefühl, daß unumgängliche Hindernisse von außen keinen so schädlichen Einfluß haben konnten wie bei meiner Tätigkeit als Höchstkommandierender, obwohl meine Macht in dieser Position dem Gesetz nach größer war.

Es ist zu früh, um über andere Gefühle zu sprechen, die mich beherrschten, und eigentlich sind sie von geringem Interesse.«

Den Posten des Vertreters des Statthalters in zivilen Angelegenheiten, die meinen Onkel so »schreckten«, erhielt Fürst Wladimir Nikolajewitsch Orlow. Er war ein Mann mit offenherzigem Charakter und unerschütterlich in seinen Anschauungen. (Fürst Orlows einziger Sohn Nikolai heiratete 1917 meine Schwester Nadja.) Fürst Orlow, begabt und kultiviert, lebte sich rasch in die neuen dienstlichen Aufgaben ein. Er war lange Leiter der Kaiserlichen Feldkanzlei gewesen und hatte sich am Hofe, wo er große Achtung genoß, immer neutral verhalten. Fürst Orlow war dem Zaren treu ergeben, und dieser schätzte ihn sehr. Diese Ergebenheit des Fürsten kam auch auf untraditionelle Weise zum Ausdruck. Häufig, wenn der Zar auf Reisen war, setzte Orlow sich auf den Platz des Chauffeurs, um das kaiserliche Gefährt zu steuern. Er hatte sich immer für Mechanik interessiert und war ein tüchtiger Fahrer. Er setzte sich aber nicht ans Steuer, weil er dem Hofchauffeur nicht traute, sondern um dem Zaren zur Seite stehen zu können, falls er in eine gefährliche Lage geraten sollte. Im Revolutionsjahr 1905 fuhr Orlow den Zaren bei fast allen öffentlichen Anlässen. In seiner Stellung als Leiter der Feldkanzlei traf er sich oft mit dem Zaren und hatte reichlich Gelegenheit, mit ihm privat zu reden.

Als Rasputins Einfluß in der Umgebung von Zarin Alexandra Fjodorowna wuchs, warnte der Fürst den Zaren und versuchte die Personen, die diese Gelegenheit für ihre eigenen Ziele ausnützten, zu bekämpfen. Er stieß häufig mit dem Schloßkommandanten, General Wojeschkow, zusammen, der bei der Wyrubowa Unterstützung suchte, welche das volle Vertrauen der Zarin genoß. Wojeschkows Feindschaft gegen Orlow erreichte während des Krieges ihren Höhepunkt. Als er zusammen mit General Suchomlinow gegen Onkel Nikolascha zu intrigieren begann, bemühte er sich gleichzeitig, den Fürsten zu kompromittieren, indem er beweisen wollte, daß Orlows Verbindung zu Onkel Nikolascha politische Bedeutung habe. Als mein Onkel das Hauptquartier verlassen mußte und nach Kaukasien beordert wurde, benutzte Wojeschkow die Gelegenheit, Fürst Orlow vom Hof zu entfernen. Der Fürst erhielt mit Billigung meines Onkels in Tiflis den Posten des Vertreters des Statthalters für zivile Angelegenheiten.

General Januschkewitschs Rolle auf dem Posten des Vertreters des Statthalters auf militärischem Gebiet hatte administrativen Charakter. Man konnte natürlich auch in seinem Fall die Versetzung nach Kaukasien als einen Abstieg vom ›Papst zum Diakon‹ bezeichnen, denn nach Januschkewitschs wichtigem und verantwortungsvollem Posten als Stabschef des Höchstkommandierenden war sein neues Amt von geringerer Bedeutung. Nichtsdestotrotz verhielt er sich »philosophisch« – wie er es selbst ausdrückte – zur Veränderung seines Amtes. Weil er aus seinem langen Dienst im Kriegsministerium große administrative Erfahrung hatte, zeigte er in Kaukasien ein Engagement, das nur zum Besten des Gebietes war, dessen Verwaltung ihm oblag. Er mischte sich nicht in Angelegenheiten, die die Führung der kaukasischen Streitkräfte angingen, und beschränkte sich strikt auf die Rolle des Militärassistenten des Statthalters.

Die ständige Anwesenheit des Statthalters in Tiflis war für die allgemeine Verwaltung des Gebietes unerläßlich, und deshalb war die Leitung der militärischen Einheiten an der kaukasischen Front bereits unter dem vorigen Statthalter, Graf Worontsow-Daschkow, von General Judenitsch übernommen worden, wobei der Statthalter den Titel des Oberkommandierenden über die kaukasischen Streitkräfte behielt. Als Onkel Nikolascha sein Amt übernahm, änderte er an dieser Regelung nichts, abgesehen von dem Unterschied, daß er selbst von Tiflis aus sämtliche bewaffneten Einheiten, die gegen die Türkei kämpften, befehligte. General Judenitsch erhielt den Titel des Kommandeurs über die kaukasischen Truppen, während General Bolchowitinow weiterhin den Posten des Stabschefs innehatte – wie schon zur Zeit Graf Worontsow-Daschkows. General Bolchowitinow, der sich wie Onkel Nikolascha in Tiflis aufhielt, war sowohl mit der militärischen wie der politischen Situation bestens vertraut, die damals zu dem Krieg gegen die Türkei geführt hatte, und er war der unentbehrliche Mitarbeiter meines Onkels, wenn generelle Anordnungen in der Kriegsführung erforderlich waren.

Als Onkel Nikolascha 1915 in Kaukasien ankam, war die Situation an der kaukasischen Front zu beiden Seiten abwartend. Nach der Niederlage der Türken bei Sarikamis im Dezember 1914 hatten die Kriegshandlungen nachgelassen. Zu diesem Zeitpunkt wendete sich die Aufmerksamkeit der russischen und der alliierten Heerführer nach Persien und Mesopotamien. In Persien, das offiziell neutral war, versuchte die deutsche Diplomatie, den russischen Einfluß zu bekämpfen, der seit langer Zeit dank der Anwesenheit der »Persischen Kosakenbrigade«, die unter russischem Kommando stand, eine feste Position im nördlichen Teil des Landes hatte. Durch politische Intrigen war es der deutschen Regierung gelungen, mit schwedischen Offizieren in Tauris einen Grenzposten aufzubauen, der offensichtlich mit den Deutschen sympathisierte. Dieses deutschenfreundliche Kommando sollte ein Gegengewicht zu den Kosakenbrigaden darstellen.

Die deutsche Politik in Persien wurde allmählich spürbar. Wegen der geschickten deutschen Propaganda und dem Beistand der schwedischen Grenzoffiziere kam es zu Unruhen in Persien, die Deutschland offenbar benutzen wollte, um das Land in einen offenen Krieg mit Rußland und seinen Verbündeten hineinzuziehen. Tatsächlich existierte die Persische Front schon im Herbst 1915, nach der Invasion der Türken in das nordwestliche Persien und auch als Folge der Tätigkeit bewaffneter Banden – Banden, die von den Türken aufgestachelt worden waren.

Die allgemeine strategische und politische Situation wurde trotz der zwischenzeitlichen Ruhepause an der kaukasischen Front wegen des Vordringens der Türken nach Mesopotamien verwickelter, wo die türkischen Truppen unter Führung des deutschen Generals von der Goltz einen entscheidenden Sieg über die Engländer errangen und sie zum Rückzug nach Kut al Imra zwangen.

Als Onkel Nikolascha in Tiflis ankam, waren seine Aufgaben auch politischer Art, denn er mußte auf die Politik des Außenministeriums Rücksicht nehmen, an dem Sasonow damals Minister war.

Vor dem Krieg war die persische Frage der Zankapfel zwischen

Rußland und England gewesen, jeder hatte seine Einflußbereiche in bestimmten Gebieten Persiens. Als Rußland und England während des Ersten Weltkrieges zu Verbündeten wurden, mußten unsere Diplomaten so agieren, daß die strategischen Rücksichten mit der generellen russischen Politik im Nahen Osten übereinstimmten. Sasonow, der nach dem Sieg über die Deutschen und deren Verbündete dabei war, ein zukünftiges Friedensdekret vorzubereiten, hatte Pläne, die Gründung eines Großarmeniens vorzuschlagen, das sich von Eriwan bis Alexandretta (heute Iskenderun) an der Mittelmeerküste erstrecken sollte. Dieses neue Reich sollte natürlich unter russischem Einfluß stehen, und auf diese Weise wollte Rußland die Möglichkeit erhalten, den Hafen am Mittelmeer zu benützen. Gleichzeitig brauchte es England nicht länger mit seinen Bemühungen, Zugang zum Persischen Golf zu bekommen, aufzuschrecken.

General Judenitsch, der das Kommando an der kaukasischen Front innehatte, besaß keine Befugnis, strategische Fragen zu entscheiden, die von politischer Bedeutung waren. Direktiven für die allgemeine Kriegsführung gegen die Türkei im Nahen Osten zu geben, war die Prärogative Onkel Nikolaschas, und General Judenitsch mußte sich nach seinen Instruktionen richten. Eine solche Nebenrolle befriedigte General Judenitsch nicht, er war unter Graf Worontsow-Daschkow mehr Freiheit gewöhnt. Doch seine Unzufriedenheit wirkte sich nie auf die Ausführung der Instruktionen aus, die er von Onkel Nikolascha empfing. Seine wahren Gefühle verriet nur manchmal sein Gesichtsausdruck, wenn er mit verbissener Miene zu den Treffen mit dem Oberkommandierenden erschien. Ich war nie Zeuge solcher Auftritte, man hat mir nur davon erzählt, als ich mich als Offizier in Trapezunt aufhielt.

Onkel Nikolascha schätzte General Judenitschs strategische Fähigkeiten hoch ein und nahm bei der Erstellung von Plänen für Kriegshandlungen stets Rücksicht auf seine Meinung. Indem er die Gedankengänge des Generals erriet, bemühte er sich, dessen Ehrgefühl zu schonen, und wenn Onkel Nikolascha privat oder bei offiziellen Anlässen mit ihm sprach, dann nur in Ausdrücken des Kompliments und der Hochachtung.

Der komplizierten militärisch-politischen Situation Kaukasiens entsprachen auch die inneren Angelegenheiten des Landes. Ich habe bereits erwähnt, daß mein Onkel Kaukasien vor seiner Ernennung zum Statthalter nicht kannte. Als er diesen hohen und verantwortungsvollen Posten übernahm, mußte er sich sofort um Fragen der inneren Ordnung kümmern, die einer raschen Lösung bedurften. Die Lösung vieler dieser Fragen wurde von all den Überlegungen erschwert, die angestellt werden mußten, weil es in Kaukasien so viele verschiedene, sich feindlich gegenüberstehende Volksgruppen gab. Es war unerläßlich für meinen Onkel, sich mit der Situation in diesem Randgebiet Rußlands vertraut zu machen, wo soziale Verhältnisse und die Interessen der Volksgruppen die zentrale Regierung vor große Probleme stellte. Deshalb beauftragte er eine kompetente Kommission, einen Bericht über die Situation dieses Gebietes zu erstellen, bevor er daranging, Vorstellungen der Regierung zu verwirklichen.

Die wichtigste Reform in Transkaukasien war die Einführung des »Semstwo«, eines Organs für die örtliche Selbstverwaltung. Das Reformprojekt hatte aus verschiedenen Gründen – nicht nur politischen – jahrelang geruht. Das Hindernis für die Einführung des Semstwo lag in der Eigenart der geographischen Verhältnisse Transkaukasiens und in den Verschiedenheiten der Bevölkerung. Neben den geographischen Gegensätzen – schneebedeckte Berge, weite, trockene Steppen oder Küstengebiete mit feuchtem und warmem Klima – gab es gravierende Gegensätze innerhalb der verschiedenen Volksgruppe bezüglich ihrer Lebensweise und den Sitten und Gebräuchen.

Die inner-gesellschaftlichen Verhältnisse Transkaukasiens wurden insbesondere durch die Rivalität zweier Volksgruppen nichtrussischen Ursprungs erschwert – der Grusinier und der Armenier. In Tiflis, der Hauptstadt Grusiniens, waren die Armenier in Handel und Gewerbe dominierend, zum Schaden der Grusinier, die sich über die armenische »Übermacht« beklagten, während die Armenier den Grusiniern ein nationalistisches und rassistisches Verhalten vorwarfen. Diese Feindschaft bot einen guten Nährboden für die Propaganda revolutionärer Provokateure, mit denen die links gerichteten Kreise der Regierungsopposition sympathisierten.

Unter solchen Verhältnissen mußte Onkel Nikolascha mit großer Vorsicht und Feinfühligkeit zu Werke gehen. Bereits in den ersten Tagen nach seiner Ankunft begann er, wichtige Vertreter sozialer Organisationen zu empfangen sowie Industrie- und Handelsdelegationen, Gewerkschaften und all die Leute, die ihm nützlich sein konnten, um ein Bild über die örtlichen Bedürfnisse zu gewinnen. Er empfing jeden – Russen und Nicht-Russen. Einer der ersten war der Bürgermeister von Tiflis, Khatisow, den ihm Graf Worontsow-Daschkow bei ihrem Treffen in Rostow so dringend empfohlen hatte zu konsultieren. Der frühere Statthalter hatte volles Vertrauen zu Khatisow und machte sich seinen Rat bezüglich der inneren Regierungsangelegenheiten Kaukasiens zunutze.

Der Palast des Statthalters lag im Zentrum von Tiflis an der Schloßstraße, einer Verlängerung des breiten und schönen Golowinski Prospekts. Die imponierende Fassade des Palastes ging nach Norden zur Schloßstraße hin und besaß zwei Haupteingänge – einen offiziellen und einen privaten. Der westliche und niedrigere Teil lag an der Auffahrt zur Jermolow-Straße, hinter der sich die Militär-Kathedrale befand. Der östliche Teil des Palastes, in dem der Statthalter und seine Familie ihre privaten Gemächer hatten, ging zum Palastgarten hinaus. Auf der Rückseite des Gebäudes lagen die Wohnungen der Bediensteten, die durch Korridore mit dem vorderen Teil verbunden waren. In der Mitte des Innenhofes stand die Palastkirche mit direktem Zugang zum Palast.

Als Onkel Nikolascha einzog, erstellte er ein festes Programm für seinen Tagesablauf. Vormittags beschäftigte er sich in der Regel mit militärischen Angelegenheiten, nahm Berichte entgegen und gab Audienzen in seinem Arbeitszimmer, das über dem privaten Eingang des Palastes lag. Morgens arbeitete er häufig mit seinem Stabschef General Bolchowitinow oder mit den Generälen Januschkewitsch und Palitsyn. Die gute Bekanntschaft meines Onkels mit Fjodor Fjodorowitsch Palitsyn bestand bereits seit der Zeit, als Palitsyn an der Spitze des Generalstabes stand. Nachdem mein Onkel zum Höchstkommandierenden ernannt worden war, schlug er als Stabschef Palitsyn statt Januschkewitsch vor, den der Zar unbedingt auf diesem Posten haben wollte. Seitdem war etwas über ein Jahr vergangen, und das Schicksal hatte beide Kandidaten in Tiflis als Mitarbeiter Onkel Nikolaschas zusammengeführt.

Nachmittags kümmerte sich mein Onkel gewöhnlich um Angelegenheiten, die die innere Ordnung betrafen, und er empfing verschiedene Personen, die um Audienz baten. Des öfteren bekam er Besuch von Fürst Orlow, seinem Vertreter in zivilen Belangen, der sich manchmal stundenlang im Arbeitszimmer meines Onkels aufhielt, zusammen mit Ratsmitgliedern des Statthalters und dem Bürovorsteher. Eines der Ratsmitglieder war Vertreter des Innenministeriums und somit ein Verbindungsglied zur Regierung.

Ich sah Onkel Nikolascha fast täglich – meistens beim Mittagessen an der Tafel im großen Speisesaal oder abends im Wohnzimmer von Tante Stana. An Sonn- und Feiertagen, manchmal auch an anderen Tagen, nahmen wir das Mittag- und das Abendessen gemeinsam mit meinem Onkel ein. Hierbei war auch ein Teil seines Stabes anwesend und ab und zu eingeladene Gäste. Wenn es Zeit zum Mittagessen war, verließ ich meine Zimmer, über die ich später berichte, und ging durch einen Korridor zum Billardzimmer, das neben dem Arbeitszimmer meines Onkels lag. Hier traf ich häufig einige der Adjutanten meines Onkels, Doktor Malama, General Balinski, den Bürovorsteher meines Onkels, und Fürst Leonti Alexejewitsch Schachowskoi, ein pensionierter Oberst und guter Freund Onkel Nikolaschas. Während man auf meinen Onkel wartete, wurde Billard gespielt, und auch ich nahm manchmal an einem Spiel teil. Ich erinnere mich, daß der beste Spieler die Ordonnanz meines Onkels war, Fürst Tundutow, welcher die Adjutanten fast immer besiegte. Damals gehörten zu den Adjutanten meines Onkels: Fürst Scherbatow, Graf Mengden, Kotzebue, Baron Wolf, Derfelden und Fürst »Wawa« Golitzyn; sie verrichteten abwechselnd ihren Dienst.

Pünktlich um 12.30 Uhr – so pünktlich, daß viele im Stab ihre Uhren nach ihm stellten – betrat Onkel Nikolascha das Billardzimmer, und nach einer leichten Verbeugung zu den Anwesenden ging er mit langen Schritten an uns vorbei zu den geöffneten Türen in den Saal, wo sich weitere Stabsangehörige sowie Nadja und Jelena von Leuchtenberg aufhielten. Der große weiße Saal mit zwei Fensterreihen zur Schloßstraße hin lag in der Mitte des Palastes. An der einen Wand hing ein großes Bild mit vergoldetem Rahmen und einer Krone. Es stellte Zar Nikolaus II. dar, der vor einem Tisch stand, auf dem die kaiserlichen Regalien lagen – Krone, Zepter und Reichsapfel.

Der Saal war durch einen breiten Korridor mit dem großen Speisezimmer verbunden, in dem die Möbel mit gelbem Stoff bezogen waren. Hier warteten Tante Stana und meine Mutter und unterhielten sich mit dem einen oder anderen der Stabsangehörigen. Vor dem Mittag- und Abendessen stand mitten im Saal ein Tisch mit kleinen Erfrischungen. Dort schenkte mein Onkel meinem Vater ein Glas

Wodka ein und manchmal auch einem Gast, dem er eine besondere Gunst erweisen wollte. Es kam vor, daß er junge Offiziere, die von der Front gekommen waren und die er morgens empfangen hatte, um ihnen eine Auszeichnung zu verleihen, auf diese Weise in Verlegenheit brachte.

Danach betraten wir den wunderbaren Speiseraum. Er war ziemlich groß, und alle Wände waren mit Mosaikornamenten aus kleinen Spiegelstückchen und verschiedenfarbigem Glas bedeckt, genauso wie die Säle in einigen Palästen der persischen Schahs. Die Fenster gingen zum Garten hinaus, wo sich zwischen Büschen und Blumen ein Bassin befand.

An manchen Tagen waren wir über 30 an der langen Tafel, in deren Mitte mein Onkel und Tante Stana sich gegenübersaßen. Rechts von Tante Stana saß mein Vater und zu ihrer Linken Fürst Golitzyn. Meine Mutter hatte ihren Platz an der Seite meines Onkels, während ihm zur Linken die Frau eines seiner Stabsangehörigen oder irgendein eingeladender General saß. Die Herren plazierten sich nach ihrem Rang an den Tisch; mein Platz war der letzte, solange ich noch kein Offizier war. Damals saß die Ordonnanz meines Onkels, Fürst Tundutow, neben mir, der den Rang eines Kornetts im Grodnenski Gardehusarenregiment bekleidete. Er war äußerst sympathisch und kultiviert, und wir wurden gute Freunde. Tundutow stammte von einem sehr alten buddhistischen Kalmückengeschlecht ab, dessen Oberhaupt im 13. Jahrhundert der Statthalter des kalmückischen Khans gewesen war. Er ähnelte einem Mongolen, denn er hatte rundgewölbte Wangen, schräge Augen und einen gelblichen Teint. Man erzählte mir, daß er immer noch das überlieferte Recht seiner Familie wahrnahm, von den Kalmücken, die als Nomaden auf seinen Ländereien östlich von Astrachan lebten, eine Art Abgabe zu erheben. Nach der Mittagstafel in dem großen Speisezimmer begaben sich die meisten in ihre Gemächer, mit Ausnahme einiger Billardliebhaber, die ihr Spiel fortsetzten. Darunter befand sich häufig auch Fürst Tundutow.

Seine Abende verbrachte Onkel Nikolascha am liebsten mit der Familie, wenn er nicht gerade eine dringende Arbeit zu erledigen hatte. Saß er mit Tante Stana und meinen Eltern im gelben Wohnzimmer, wo Fürst Golitzyn und Fürst Schachowskoi auch willkommen waren, genoß er eine lange Zigarre und entspannte sich bei einer gemütlichen Plauderei von den Pflichten des Tages. Meistens redeten sie über die Jagd oder über ihre gemeinsamen Erlebnisse vor dem Krieg. Manchmal erschienen General Palitsyn und Fürst Orlow, der mit seinen witzigen Bemerkungen Leben in die Runde brachte. Außer meinem Onkel rauchten auch Dmitri Borisowitsch Golitzyn und mein Vater ihre Zigarren, wogegen Fürst Leonti Schachowskoi sorgfältig Tabak aus einer Tabaksdose in Reispapier rollte und seine selbstgedrehten Zigaretten rauchte.

An einigen Abenden gingen mein Onkel und mein Vater in einen anderen Saal hinter dem großen Speisezimmer, um Schach zu spielen. Hier wurden Tische aufgestellt, und sie spielten lange mit so vorzüglichen Spielern wie General Balinski, dem Bürovorsteher meines Onkels, und mit Boldarew, dem Sekretär Tante Stanas. In diesem Saal hingen viele Portraits, von denen einige sehr gut ausgeführt waren. Besonders das eine, das den berühmten Jermolow darstellte, der ruhmreich an der Schlacht bei Borodino teilgenommen hat und große Bekanntheit als hervorragender Heerführer und glänzender Administrator erlangt hatte. Die übrigen Portraits stellten weitere Statthalter und Kommandeure dar – Jermolows Nachfolger.

Als ich nach der Ankunft im Palast in meine Zimmer kam, traf ich meinen Kammerdiener Scharkow, der mir einige Sachen und Bücher aus Petrograd und Znamenka mitgebracht hatte, um die ich ihn in einem Brief von Perschino aus gebeten hatte. Meine Abteilung, die aus drei großen Zimmern bestand, lag in dem Flügel, dessen Fassade zum Palastgarten zeigte. Ich war zwei Tage damit beschäftigt, meine Sachen auszupacken und mich einzurichten. An der Wand meines Wohnzimmers hängte ich zwei Landkarten auf. Das eine war eine Karte über den westlichen Teil Rußlands, auf der ich die Kriegsereignisse gegen die Deutschen und Österreicher verfolgen konnte, die andere Karte zeigte Kaukasien. Ich hatte sie von General Palitsyn bekommen, der den Frontverlauf darauf markiert hatte.

In diesen ersten Tagen meines Aufenthaltes im Palast des Statthalters ging ich nur in den Garten, um meinen Dackel Muzi spazierenzuführen. Der Hund freute sich, nach der Zugfahrt an die frische Luft zu kommen, und auch in Perschino hatte ich ihn in meinem Zimmer eingesperrt aus Angst, er könnte hinauslaufen und auf einen der Windhunde treffen. In diesen warmen und sonnigen Septembertagen war der Palastgarten wunderschön. Er duftete nach südlichen Pflanzen, wie ich sie von der Krim kannte, und ich wanderte auf den gepflegten Wegen zwischen den großen Platanen,

Wacholderbüschen, Walnußbäumen, Edeltannen und anderen Bäumen, die für diesen Teil Kaukasiens typisch sind. Im oberen Teil des Gartens befand sich ein großes Bassin mit weißen Wasserlilien und Lotus, auf dem einige Schwäne majestätisch dahinschwammen und Muzi in Aufregung versetzten. Am Ende des Gartens gab es Gewächshäuser, die mich sehr interessierten, da man hier Pflanzen der kaukasischen Flora züchtete, die ich nicht kannte. Ich lernte den Chefgärtner kennen – einen Grusinier, der mir bereitwillig die jungen Pflänzchen zeigte und sowohl ihre lateinischen wie grusinischen Namen nannte. Unter seinen Helfern war ein junger Gärtner, der Armenier Grikor, der kaum Russisch konnte, aber irgendwie klappte unsere Verständigung doch. Später versorgte Grikor meine Sammlung von Zwergrhododendren, für die der Chefgärtner eine Ecke des Treibhauses reserviert hatte.

Damit ich Tiflis kennenlernen konnte, hatte mir mein Vater seinen Peugeot überlassen, das einzige seiner Autos, das nicht bei Kriegsbeginn beschlagnahmt worden war. Auf diesen Fahrten in die Stadt begleiteten mich Nadja und Seni. Als ich am Tage unseres ersten Ausfluges die große Treppe hinunterging, die zur Vorhalle des Privateingangs führte, begegnete ich dem Kommandeur der Eskorte des Statthalters, Kosakenkapitän Bigajew, der mir einen Kosaken in grauer Tscherkeßka mit den blauen Schulterklappen der Terek-Einheit vorstellte. Er trug einen schwarzen kurzen Kaftan und die Lammfellmütze keck überm Ohr. Der Kosakenkapitän erklärte, daß dieser Kosake, der Potapow hieß und meinem Vater als Ordonnanz zugeteilt war, uns begleiten würde, wenn wir den Palast verließen. Von der Vorhalle, in der die Wache der Eskorte in roten Gala-Tscherkeßkas stand, gingen wir hinaus auf die Haupttreppe, an der der Peugeot vorgefahren war.

Vom Palast bogen wir nach links ab, an der Militär-Kathedrale vorbei, und fuhren den Golowinski Prospekt hinunter, den Stolz der Stadt. Am Anfang des Prospekts lag das Hotel Orient, in dem einige Angehörige vom Stab meines Onkels wohnten. Der Golowinski-Prospekt mit seinen prächtigen Bauwerken sah europäisch aus. Als wir das Ende des Prospekts erreicht hatten, wendeten wir und fuhren zum Eriwan-Platz, dem Zentrum der Stadt, in dem die Obrigkeit untergebracht war und viele Banken und Handelshäuser lagen. Als wir von dem Platz die Sololaki-Straße hinauffuhren, kamen wir in ein sehr ordentliches Viertel, wo viele Paläste grusinischer Fürsten und der Bürger von Tiflis standen. Bei meiner ersten Rundfahrt durch Tiflis erschien mir die Stadt nicht besonders interessant; die Gebäude waren denen sehr ähnlich, die ich in den großen Gouvernements-Städten im europäischen Teil Rußlands gesehen hatte. Einen ganz anderen Eindruck von Tiflis bekam ich allerdings bei meiner zweiten Rundfahrt.

An diesem Tag wollten wir den alten Stadtteil und die Metechi-Kirche aus dem fünften Jahrhundert besichtigen. Vom Palast fuhren wir zum Eriwan-Platz, und als wir ein Stück die Puschkin-Straße hinuntergekommen waren, stiegen wir aus dem Auto. In dieser Straße war eine Büste des Dichters aufgestellt, und an der Wand des Nachbarhauses befand sich eine Marmorplatte mit dem Hinweis, daß Puschkin 1829 hier gewohnt habe. Nachdem wir die Straße ein Stückchen weiter hinunterspaziert waren, erreichten wir die Altstadt. Kaum hatte ich ein paar Schritte in die armenische Basarstraße getan, die in das Zentrum der Altstadt führte, fühlte ich mich wie in einer anderen Welt. Mir wurde schlagartig klar, daß ich Europa verlassen hatte und in Asien gelandet war! Ich schlenderte langsam in der lärmenden Menschenmenge dahin und fiel hinter Nadja und Seni zurück, die mit Potapow vorausgegangen waren. Meine Aufmerksamkeit wurde von den Waren angezogen, die auf den Ständen entlang der Häuser auslagen. Die Stände quollen über vor Gemüse und Obst in allen Farben. Laut rufend lockten die Händler die Kunden an und klirrten dabei mit ihren Metallgewichten. An einigen Ständen gab es Kupfer- oder Silberzeug, an anderen lagen heimische Schalen aus Glas und Fayencen zum Verkauf. Ich drängte mich weiter durch das Gewimmel, vorbei an Händlern mit bunten Stoffen, Haushaltsartikeln und Küchengeräten, bis mein Auge auf einen Stand mit orientalischem Zuckerzeug fiel und ich Halwa, Dondurmá und Rachat-lukum erkannte. An einer der Buden fielen mir einige merkwürdige, zweihenkelige Tonkrüge mit schlanken Hälsen auf. Man erklärte mir später, daß diese Amphoren grusinische Leckereien enthielten, kleine Truthahnstückchen in Granatapfelsaft mit Walnüssen und Pistazien. Ich verweilte immer wieder vor den Buden, Geschäften und Werkstätten, die ihre Waren feilboten. Ich ging an Kaffeehäusern vorüber, aus denen es köstlich nach Kaffee duftete, und an Wirtshäusern, wo es nach heißem Lammfett roch. Durch die offenen Türen der Tavernen sah ich Tische, an denen Grusinier saßen und Wein tranken, der aus Lederschläuchen in die Gläser gegossen wurde. Die Grusinier sangen laut und falsch zu den Tönen klagender und schluchzender Flöten. Es herrschte ein unaufhörlicher Lärm auf der Basarstraße. Lastkarren rollten mit knirschenden Rädern dahin, Eseltreiber brüllten ihre Tiere an, die sich mit Säcken beladen durch die Menge schlängelten. Über allem lag ein Gesumm aus vielen Sprachen und Dialekten.

In dem bunten Menschengewimmel dominierten die Grusinier, die ihre Kaftane trugen. Viele hatten trotz der Hitze schwarze, zerrissene Filzstiefel an. Es waren Vertreter aller Volksgruppen Kaukasiens zu sehen. Die Armenier erkannte ich an ihrem Äußeren, ihren großen Nasen und den glatt rasierten Nacken; sie liefen mit länglichen Tabletts herum, die sie an einer Schnur um den Hals trugen, und darauf lagen kleine Juwelierwaren, die sie mir in gebrochenem Russisch anboten. Ich begegnete schwarzbärtigen Persern mit spitzen Hüten, die zusammengerollte Teppiche über der Schulter trugen. Ich kam an Tataren mit ihren typischen Käppchen oder den roten Lammfellmützen vorbei, dazu trugen sie einen gelben Schal um den Leib geschlungen. Weiß verschleierte Tatarenfrauen klapperten mit ihren Schuhen, die vorne nach oben gebogen waren, über das Kopfsteinpflaster. Die Grusinierinnen unterschieden sich durch ihre bunten Kleider und trugen kleine, mit glänzendem Schmuck verzierte Käppchen. Ab und zu erblickte ich einen Tscherkessen, der wegen seiner edlen Haltung und dem leichten Gang in seinen weichen Schuhen auffiel. Die dunkle Tscherkeßka hatte einen straffen Gürtel, an dem ein Dolch hing. In der Menge sausten barfüßige Knaben herum, jagten sich gegenseitig und verschwanden in den engen, dunklen Seitengassen.

Als ich an das Ende der Armenischen Basarstraße kam, erblickte ich Nadja, die bei einer Bude stand und sich Schmuck anguckte. Ich ging zu ihr, um die ausgestellten Waren zu betrachten. Hier lagen ziselierte silberne Armbänder mit schwarzem Emaille, Fingerringe, Perlenhalsbänder und viel anderer Zierrat von orientalischem Gepräge. Der Händler, natürlich ein Armenier, versuchte hartnäckig, Nadja zum Kauf einer bunten Perlenkette zu überreden, mit der er direkt vor ihrem Gesicht hin und her wedelte. Um den aufdringlichen Kerl loszuwerden, kaufte Nadja die Kette – zur Freude des Händlers – und legte sie sogleich an. Ich erinnere mich, daß Potapow zu dem Armenier irgend etwas Wütendes sagte, als er mit Nadja den Stand verließ.

Danach liefen wir gemeinsam durch das Labyrinth von dunklen und verschmuddelten Straßen und Gassen. Potapow, der sich auskannte, führte uns zur Awlabarbrücke über die Kura, an deren gegenüberliegendem Ufer die Metechi-Kirche lag, das Ziel unseres Ausflugs. Auf dem Weg über die Brücke sah ich zur Rechten die Steinmauern der alten Festung, die von den Türken gebaut worden war, als sie über Grusinien herrschten, und ich blieb stehen, um sie zu fotografieren.

Zum Gefängnis umgebaut, hieß die Festung jetzt nach der Kirche, die innerhalb der Mauern liegt, Metechi-Burg. Potapow führte uns durch den schmalen, überdachten Eingang auf den inneren Hofplatz der Burg, der zur Kura hin offen war. Hier stand die Metechi-Kirche, die älteste Kirche in ganz Tiflis und in früherer Zeit die Hofkirche der grusinischen Herrscher sowie der Klosterhof des armenischen Patriarchen. Diese kleine Kirche machte auf mich einen viel größeren Eindruck als die Zions-Kathedrale, die ihren ursprünglichen Charakter durch mehrere Zerstörungen und Restaurationen verloren hatte. Als wir die Besichtigung der Metechi-Kirche beendet hatten, stiegen wir wieder ins Auto, das vor der Festungsmauer auf uns wartete, und traten den Heimweg an.

Manchmal kamen Verwandte von Personen, die meinem Onkel attachiert waren, zu Besuch. Sie wohnten im Hotel Orient am Golowinski Prospekt. Ich erinnere mich an den Besuch von Fürstin Orlowa und ihrer Schwägerin Fürstin Beloselskaja-Beloserskaja, einer Amerikanerin. Sie galten in der feinen Gesellschaft der Hauptstadt stets als die elegantesten Frauen. Beide Fürstinnen wurden zum Essen eingeladen, und Onkel Nikolascha behandelte sie mit der besonderen Liebenswürdigkeit, die er dem schwachen Geschlecht immer entgegenbrachte. Fürstin Beloselskaja-Beloserskajas Mann, Sergej Konstantinowitsch, der im kaukasischen Heer diente, hatte sich im April 1916 ausgezeichnet, als er im westlichen Persien das Kommando über einen Truppenverband hatte. Seine Einheit war von Kermanschah Richtung Bagdad vorgerückt, um dem englischen General Townsend und seinen Soldaten beizustehen. Nach anstrengenden Tagesmärschen und vielen Kämpfen kamen Beloselskis Soldaten ganz nahe an Bagdad heran, aber da war es schon zu spät, um das Schicksal der Engländer noch zu ändern …
Auch mein Onkel Petja, Prinz Pjotr Alexandrowitsch von Olden-

burg, wohnte einige Monate im Palast. Er ließ sich damals gerade von seiner Frau, Großfürstin Olga Alexandrowna, der Tochter Alexanders III., scheiden. Meine Schwestern und ich mochten ihn sehr, und wir unternahmen häufig gemeinsame Ausflüge. Onkel Petja wohnte in den »Barjatinski-Zimmern«, dicht bei der Palastkirche. Nach der Messe am Sonntag versammelten wir uns vor dem Essen in seinem Wohnzimmer. Onkel Petjas politische Ansichten galten damals als linksorientiert, und es kam deshalb ständig zu Auseinandersetzungen mit meinem Vater, der für sein hitziges Temperament bekannt war. Doch Onkel Petjas »Linksradikalismus« äußerte sich nur darin, daß er die soziale Ungleichheit verdammte. Er war literarisch sehr begabt und verfaßte in einer einfachen, schönen Sprache kleine Erzählungen. Ich las einige davon und spürte darin seinen Wunsch nach größerer Gerechtigkeit im menschlichen Miteinander. Onkel Petja hatte ein Herz aus Gold, und sein Mitgefühl mit dem Unglück anderer war stets aufrichtig.

An einem der ersten Tage im Oktober, kurz vor meinem Geburtstag, kam Oberstleutnant Michail Alexandrowitsch Ugrjumow aus Kiew an. Er war mein früherer Kompaniechef in der Kadettenschule gewesen und nun nach Tiflis beordert worden, um während meiner Vorbereitung auf die Aufnahme in die Ingenieurakademie mein militärischer Ausbilder zu sein. Michail Alexandrowitsch begab sich direkt vom Bahnhof in ein Haus an der Jermolow-Straße, das für einige Personen aus Onkel Nikolaschas Stab gemietet worden war. Als ich von seiner Ankunft erfuhr, wollte ich ihn dort besuchen, doch mein Vater ließ es nicht zu. Er sagte, Oberstleutnant Ugrjumow solle sich zuerst bei ihm melden.

Ich war anwesend, als Michail Alexandrowitsch meinem Vater offiziell vorgestellt wurde, wobei er sich der vorschriftsmäßigen Formulierung bediente: »Ich habe die Ehre, vor Eure Kaiserliche Hoheit zu treten, um ...«, und ich bemerkte, daß er sehr blaß war. Mein Vater drückte ihm die Hand, sagte einige freundliche Worte zu ihm und forderte ihn auf, sich zu ihm auf das Sofa zu setzen. Zuerst erkundigte sich mein Vater nach dem Dienst in der Kadettenschule und nach seiner Familie, die in Kiew geblieben war. Danach brachte er das Gespräch auf meine Vorbereitung zur Aufnahme in die Nikolai-Ingenieurakademie in Petrograd. Oberstleutnant Ugrjumow informierte meinen Vater ausführlich und umständlich darüber, was er vom Leiter der Ingenieurakademie in Kiew erfahren hatte, und legte ihm einen Plan für meine weitere Ausbildung vor. Nach diesem Gespräch kam Michail Alexandrowitsch in meine Gemächer, wo wir lange miteinander redeten. Er gestand mir, daß er während seiner Vorstellung bei meinem Vater ungeheuer nervös gewesen sei, denn er sei zum ersten Mal in seinem Leben einem Großfürsten gegenübergetreten. Er erzählte, wie rasch seine Nervosität bei dem natürlichen Verhalten meines Vaters verflogen war.

Als Oberstleutnant Ugrjumow seine Stellung angetreten hatte, bestand seine erste Aufgabe darin, Lehrer in Tiflis zu finden, die mich in den Fächern unterrichten konnten, die im Lehrplan der Ingenieurakademie vorgesehen waren. Wegen des Krieges war die Ausbildungsdauer von drei Jahren auf acht Monate verkürzt worden. Bei einer solch gewaltsamen Straffung des Lernprogramms wurde natürlich von den Junkern verlangt, daß sie Kenntnisse in den wichtigsten Fächern mitbrachten, besonders in Fächern, die unmittelbar wichtig für die künftigen Offiziere in den Pioniereinheiten waren, und deshalb wurden viele andere Fächer entweder gekürzt oder ganz aus dem Lehrplan gestrichen. Michail Alexandrowitsch Ugrjumow wandte sich an den Leiter der Infanterieschule in Tiflis, der ihm einen pensionierten Oberst empfahl, welcher früher Kommandant eines der sibirischen Pionierbataillone gewesen war. Dieser Oberst, dessen Nachnamen ich leider vergessen habe, obwohl ich mich erinnere, daß er Fjodor Michailowitsch hieß, wurde während meines ganzes Aufenthaltes in Tiflis mein fester Lehrer. Er unterrichtete mich über das Leben im Felde und die Errichtung von festen Stellungen, in Topographie und im Grundrißzeichnen. Diese Fächer interessierten mich und verursachten mir keine größeren Probleme. Offiziere, die sich spezialisiert hatten, unterrichteten mich in anderen wichtigen Fächern wie Artillerie, Taktik oder den Prinzipien der Baukunst. Im Mathematikkurs, in dem großes Gewicht auf analytische Geometrie gelegt wurde, wußte ich bereits gut Bescheid aus der Zeit, zu der ich von meinen Hauslehrern unterrichtet wurde, und ich wiederholte diesen Kurs bei einem Lehrer des Gymnasiums von Tiflis. Michail Alexandrowitsch selbst unterrichtete mich in militärischer Administration und dem Reglement für den Garnisonsdienst.

Von allen Fächern des Lehrplans interessierte mich das Grundrißzeichnen, zu dem Fortifikation, Topographie und Baukunst gehörten, am meisten, und mit diesen Fächern beschäftigte ich mich auch häufig im Beisein meines Vaters, der mir mit Rat und Tat zur Seite stehen konnte. Sein Wissen auf diesen Gebieten war mir von unglaublichem Nutzen, und ihm verdanke ich es, daß ich mit dem Zeichnen keinerlei Probleme hatte. Später, als Offizier an der Kaukasischen Front, kamen mir diese Erfahrungen wirklich zugute.

Am 5. Oktober wurde ich 19 Jahre alt. Am selben Tag feierte man den Namenstag des Thronfolgers, und deshalb wurde in der Palastkirche eine Messe gehalten, bei der mein Vater und Onkel Nikolascha nicht anwesend waren, weil gleichzeitig eine Festliturgie in der Militär-Kathedrale stattfand, an der ihre offizielle Teilnahme erforderlich war.

Schon morgens mußte ich meine Gala-Uniform mit Orden und Medaillen anziehen. Das machte mich etwas verlegen, denn man könnte denken, ich würde mich in diesem Aufzug selber feiern! Nichtsdestotrotz hatte ich zusammen mit meiner Mutter, Tante Stana, Nadja und Jelena von Leuchtenberg in die Palastkirche zu gehen. Dort sah ich einen Teil von Onkel Nikolaschas Stab, der ihn nicht in die Militär-Kathedrale begleitete. Während des Gottesdienstes wurde vom Chor ein wunderschöner Gesang vorgetragen. Der Chor bestand aus Eskortekosaken in weißen Tscherkeßkas und wurde von dem Kosakenunteroffizier Kolotilin geleitet, einem talentierten Musiker und Komponisten, dessen schöne und außergewöhnliche Lieder auch in den Kosakeneinheiten sehr populär wurden.

Nach der Messe warteten wir in den sogenannten »Barjatinski-Zimmern« auf die Rückkehr meines Vaters und Onkel Nikolaschas von der Militär-Kathedrale. Dieser Name stammte aus der Zeit, als der Statthalter, Fürst Barjatinski, diesen Teil des Palastes bewohnte. Barjatinskis Nachfolger reservierten diese Zimmer für Gäste, und im November 1914 verbrachte sogar Zar Nikolaus II. hier einige Tage, als er die Truppen an der kaukasischen Front besuchte.

Meine Mutter und Tante Stana saßen in einem der Wohngemächer und plauderten mit einigen Damen, die zum Essen in den großen Speisesaal eingeladen waren. Darunter befand sich die Frau von General Krupenski, Maria Jegorowna, die die Hofmeisterin meiner Tante wurde und damit der lieben Anna Karlowna Peterson folgte, die auf Onkel Nikolaschas Geheiß in den ersten Kriegsmonaten den Dienst meiner Tante verlassen mußte, weil sie nahe Verwandte in Deutschland hatte. Endlich kamen mein Vater und Onkel Nikolascha von der Militär-Kathedrale zurück. Sie hatten Stabsuniformen an und trugen das hellblaue Band des Andreasordens. Als mich mein Vater begrüßte, gratulierte er mir zum Geburtstag und flüsterte mir ins Ohr, daß sein Geschenk unten an der Haupttreppe auf mich warte ... Ich wußte, daß das Geschenk der Peugeot sein mußte.

Beim Essen im großen Speisesaal waren wir über 30 Personen, und ich saß wie gewöhnlich am Ende der langen Tafel neben Fürst Tundutow. Als am Ende der Mahlzeit Champagner ausgeschenkt wurde, erhob sich mein Onkel, um einen Toast für den Thronfolger auszubringen. Nachdem alle Hurra gerufen hatten, setzten sie sich wieder, und mein Onkel machte mir ein Zeichen, zu ihm zu kommen. Ich ging um den ganzen Tisch herum und stellte mich neben meinen Onkel, der sein Glas in der Hand hielt. Als er sah, daß ich mein Glas nicht mitgebracht hatte, goß er ein bißchen von seinem Champagner in ein anderes Glas, und als er es mir gereicht hatte, stieß er mit mir an und gratulierte mir. Dann verkündete er mit lauter Stimme: »Heute ist der Geburtstag meines Neffen!« Der Stab meines Onkels erhob sich mit den Gläsern in den Händen und prostete mir zu. Verlegen kehrte ich an meinen Platz am Ende der Tafel zurück. Nach dem Essen lief ich hinunter zum Haupteingang, wo der Peugeot, den ich bekommen hatte, auf Anordnung meines Vaters bereits vorgefahren worden war. Ich setzte mich sogleich ans Steuer, um zum ersten Mal mit meinem eigenen Auto zu fahren. Da es Kadetten nicht erlaubt war, Auto zu fahren, saß ein Chauffeur neben mir, der jederzeit mit mir den Platz tauschen konnte, falls ich in eine prekäre Situation käme. An diesem Tag unternahm ich eine Rundfahrt durch die Stadt und freute mich schon auf die zukünftigen Ausflüge in die Umgebung von Tiflis.

Im Oktober 1915 kam ein Delegierter des Außenministeriums aus Petrograd, um Onkel Nikolascha über die persische Situation Bericht zu erstatten. Gleichzeitig traf der englische Major March ein, der als Verbindungsglied zwischen dem englischen Oberkommando und dem Stab der kaukasischen Streitkräfte fungieren sollte.

In diesem Herbst wurde die politische Lage im offiziell neutralen Persien gegenüber Rußland und dem mit ihm verbündeten England immer bedrohlicher. Die nationalistische Propaganda, angeheizt von deutschen Agenten, führte in ganz Persien zu Unruhen, und bewaffnete Banden suchten das Land heim. Die Anführer, die von den Deutschen bestochen worden waren, wurden über die Türkei mit Geld und Waffen versorgt. Die unsichere politische Lage in Persien diente den Absichten Berlins, wo man mit Hilfe der Bildung einer neuen »Persischen Front« mit dem Eindringen der Türken in Afghanistan rechnete. Um einer möglichen Invasion der türkischen Truppen entgegenzuwirken und die schwierige Lage zu entschärfen, war es notwendig, unverzüglich Verhaltensmaßregeln zu ergreifen. Um keine Zeit zu verlieren, beschloß Onkel Nikolascha gleich nach seiner Ankunft in Tiflis, im nördlichen Persien ein besonderes Expeditionskorps aufzustellen, dessen Kommando er General Baratow überließ, den er sehr schätzte.

Man erzählte mir, daß General Judenitsch meinem Onkel gegenüber seine ablehnende Haltung zu einer Verlängerung der Front zum Ausdruck brachte, als er von den Plänen zur Aufstellung dieses Korps erfuhr. Dadurch könnte nämlich die Notwendigkeit entstehen, dieses Korps auf Kosten der Truppen zu verstärken, die an dem Teil der Front standen, welcher seinem direkten Kommando unterstand. Auch wenn Judenitsch wirklich gegen dieses Projekt war, beeinflußten seine Argumente Onkel Nikolaschas Beschlüsse jedenfalls nicht. Im vorliegenden Fall ließ sich mein Onkel von übergeordneten strategischen und politischen Rücksichten in Übereinstimmung mit den Plänen der Alliierten leiten. Was eine Vergrößerung des Expeditionskorps betraf, so sollte sich zeigen, daß die Angst General Judenitschs unbegründet war, denn das Korps mußte bei der Truppenverschiebung an der Kaukasischen Front nicht verstärkt werden. Im Laufe einiger Wochen säuberte das Expeditionskorps, das im November in Funktion getreten war, den gesamten nordwestlichen Teil Persiens von aufrührerischen Banden und stellte wieder Ruhe und Ordnung in dem besetzten Gebiet her. Der Erfolg, den das Korps von General Baratow errungen hatte, machte alle Hoffnungen Deutschlands von einer Invasion der türkischen Streitkräfte in Afghanistan zunichte, und die Einnahme eines riesigen Gebietes in der Nähe Mesopotamiens bot eine Möglichkeit, die englischen Truppen zu unterstützen, die am Tigris gegen die Türken kämpften.

Ich hatte damals, als man beschloß, ein Expeditionskorps in Persien aufzustellen, des öfteren Gelegenheit, General Baratow zu sehen. Er machte einen energischen Eindruck auf mich und glich in seiner weißen Tscherkeßka und seinem Riesendolch am Gürtel einem typischen Kaukasier. Während seines langjährigen Dienstes bei den kaukasischen Truppen hatte sich General Baratow sehr beliebt gemacht, und seine Ernennung zum Kommandeur des Expeditionskorps stieß dort auf offensichtlichen Beifall.

Weihnachten näherte sich und damit der Zeitpunkt für meine Aufnahme in die Nikolai-Ingenieurakademie von Petrograd. Eines Morgens rief mich mein Vater in sein Wohnzimmer, wo ich Baron Stahl antraf, der am Vortag aus der Hauptstadt gekommen war. Ich nahm deshalb an, daß die Ankunft Stahls in Verbindung mit meiner Reise nach Norden stünde, er also beauftragt sei, mich nach Petrograd zu begleiten, wo ich dem Leiter der Ingenieurakademie vorgestellt werden sollte. Zu meinem großen Erstaunen und Kummer erfuhr ich, man habe beschlossen – nach Gesprächen mit dem Leiter der Ingenieurakademie –, daß ich den theoretischen Teil der Ausbildung in Tiflis absolvieren sollte. Mein Examen in diesen Fächern sollte ich in Petrograd ablegen. Danach war vorgesehen, daß ich den noch verbleibenden praktischen Teil der Ausbildung zusammen mit den Junkern im Ischora-Truppenlager an der Newa abschloß. All das kam völlig überraschend für mich, denn ich wußte nichts von Gesprächen, die stattgefunden hatten, und wurde sehr niedergeschlagen, weil ich an die Situation zurückdachte, in der ich mich befunden hatte, während ich an der Kadettenschule studierte. Die Gründe für einen solchen Beschluß blieben mir so lange unverständlich, bis ich von Umständen erfuhr, die mir mein Vater damals verschwieg und über die ich hier nichts erzählen möchte.

Nach dem Gespräch im Wohnzimmer meines Vaters überreichte mir Baron Stahl die Schulterklappen der Nikolai-Ingenieurakademie – stellvertretend für den Leiter der Schule, General Zubarew. Nach einigen Tagen waren meine neuen Uniformen fertig, und noch vor Weihnachten konnte ich meine Junkeruniform anziehen.

Wenn ich nicht mit meinem Studium beschäftigt war, unternahm ich mit meinem Peugeot Ausflüge in die Umgebung von Tiflis und saß dabei selbst am Steuer. Manchmal wurde ich von Nadja, Seni und Potapow begleitet. Als wir bei einem solchen Ausflug entlang der Kura an einer kaukasischen Schenke vorbeikamen, sahen wir einen kleinen Volksauflauf, der sich um einen Mann gebildet hatte, welcher ein Bärenjunges an einer Schnur hielt.

Das schien uns interessant zu sein, und wir stiegen aus dem Auto, um das Ganze aus der Nähe zu betrachten. Der alte Grusinier amüsierte das Publikum damit, daß er das Bärenjunge auf einem Tisch vor der Schenke krabbeln ließ. Als wir hinkamen, nahm der Grusinier seine rote Lammfellmütze ab und wollte den kleinen Bären dazu bringen, sie mit den Pfoten zu halten. Nadja streckte die Hand aus, um das Tier zu streicheln, doch der kleine Bär erschrak, stellte sich auf die Hinterbeine und riß mit einer Pfote ein Stück Stoff aus dem Saum ihres Rockes. Da fing der Grusinier an, mit der Peitsche auf das Tier einzuschlagen und murmelte dabei unverständliche Worte vor sich hin – offensichtlich, um keine Verantwortung für den Vorfall tragen zu müssen. Nadja legte Fürbitte für den kleinen Bären ein, doch der Besitzer drosch nur noch heftiger. »Er schlägt ihn tot!« protestierte Nadja und flehte mich an, das Tier zu kaufen, um es zu retten. Ich bat deshalb Potapow, die Verhandlungen mit dem Grusinier einzuleiten. Der Handel wurde abgeschlossen, und der Grusinier verkaufte mir das Bärenjunge zu einem Preis, mit dem er zufrieden sein konnte.

Als wir in den Palast zurückkamen, zog ich den indignierten Scharkow über den Kauf ins Vertrauen, der sich aber strikt weigerte, sich mit dem Tier abzugeben. Ich stellte mir vor, daß es zu Problemen zwischen dem Bärenjungen und meinem Dackel Muzi kommen könnte, doch die Angelegenheit ging gut aus. Als ich einen Teller Milch mit Brotstücken auf den Boden gestellt hatte, nahm ich meinen Dackel auf den Arm und ließ ihn an dem fremden Tier schnüffeln. Dann führte ich beide zu dem Teller. Zu meiner großen Überraschung fingen sie an, die Milch in friedlicher Eintracht nebeneinander zu schlabbern – als hätten sie sich lange gekannt!

Ich muß sagen, daß ich meinen kleinen Bären liebgewann, der mir überallhin folgte. Wenn ich mich setzte, kroch er hinter meinen Rücken und schlief ein. Ich ging mit ihm im Palastgarten spazieren und hatte ihn dabei an einer langen Kette. Er fraß vegetarisch – Gemüse und Obst – und liebte Zucker. Ein Monat verging. Ich versuchte, ihn allmählich dazu zu bringen, sich anständig aufzuführen und seine Notdurft auf unseren Spaziergängen zu verrichten ... doch vergebens! Ich war deshalb gezwungen, mich von ihm zu trennen; zuerst dachte ich daran, ihm seine Freiheit wiederzugeben und ihn in den Bergen, wo er geboren war, loszulassen, aber dazu hätte man eine richtige Expedition ausrüsten müssen. So endete es damit, daß ich den kleinen Bären zu meinem Leidwesen dem Zoologischen Garten in Tiflis überlassen mußte.

Als Onkel Nikolascha das Kommando über die kaukasischen Streitkräfte übernahm, richtete er seine Aufmerksamkeit zuerst auf die unsicheren Verhältnisse in Persien. Nachdem die Situation dank des glänzenden, von General Baratows Expeditionskorps errungenen Erfolges rasch stabilisiert worden war, beschloß er, sich dem kaukasisch-türkischen Teil der Front zuzuwenden. Zu diesem Zeitpunkt hatten die englischen Truppen unter General Townsend eine Reihe von Niederlagen in Mesopotamien hinnehmen müssen, und es war vorauszusehen, daß die freigewordenen türkischen Einheiten im Falle einer totalen Niederlage der Engländer Richtung Kaukasien marschierten, um ihre Front dort zu stärken. Um die Möglichkeit einer türkischen Offensive abzuwehren, beschloß Onkel Nikolascha, selbst die Initiative zu übernehmen. Er beorderte General Judenitsch, einen Vorstoß nach Erzerum zu unternehmen und diese Festung zu bedrohen, die eine sehr große strategische Bedeutung hatte. Onkel Nikolascha, der Rußlands Alliierten gegenüber stets sehr loyal war, verband damit auch die Hoffnung, General Townsends Truppen zu Hilfe zu kommen. Die politische Rivalität zwischen Rußland und England, die sich in dem Interesse an Einflußbereichen in Persien gebildet hatte, war ganz vergessen, und das englische Oberkommando hatte deshalb ja auch Major March als Verbindungsoffizier nach Tiflis geschickt, wo er von meinem Onkel äußerst liebenswürdig empfangen wurde.

Das Vorrücken des Heeres nach Erzerum nahm trotz der sehr schwierigen klimatischen Verhältnisse, wo Schneestürme die Bergpässe Armeniens zu schier unüberwindbaren Hindernissen für den Vormarsch der russischen Truppen werden ließen, einen guten Verlauf. Anfang Januar teilte General Judenitsch seine Streitmacht in drei Kolonnen ein, die gleichzeitig ihre Offensive auf das zehnte türkische Korps einleiteten. Die nördliche Kolonne mit Infanterie der turkestanischen Division, unter Führung von General Prschewalski, rückte über die Soganluks-Berge vor. Die mittlere Kolonne, die unter General Kaledins Kommando stand, bewegte sich Richtung Arakstal. Zu dieser Kolonne gehörten Regimenter der 39. Infanteriedivision, kaukasische Schützen- und Infanteriebrigaden sowie das Erste Kaukasische Pionierbataillion. Während der ständigen Kämpfe leisteten die Türken beharrlichen Widerstand, wurden jedoch unter dem Druck unserer Truppen gezwungen, sich in das Arakstal zurückzuziehen. Der türkische Widerstand wurde in der Nähe des Dorfes Keprika endgültig gebrochen, und sie zogen sich zurück in das Dewe-Bojnus Gebirge, das den Zugang nach Erzerum verhindert. Gleichzeitig rückte Judenitschs südliche Kolonne vom See Van vor und erreichte die Bergkette Pala-Teken, deren Kamm an Dewe-Bojnu anschließt.

Der Plan, Richtung Erzerum vorzurücken, den Onkel Nikolascha als wesentliches Ziel zur Abwehr der türkischen Angriffe angesehen hatte, war nun erfüllt. Die strategischen Pläne der deutschen Experten im türkischen Stab waren durch die Bedrohung Erzerums vereitelt. Mein Onkel war der Ansicht, es sei noch zu früh zur Stürmung der Festung in Erzerum, da das kaukasische Heer sowohl zahlenmäßig wie bezüglich der Ressourcen noch keine ausreichende Übermacht über die verteidigenden Kräfte in Erzerum hatte, deren Forts einige Schwierigkeiten boten. Er hielt es für klüger, sich zu verschanzen, Stellungen zu bauen und Verstärkung abzuwarten. Dieselbe Auffassung vertrat der stets vorsichtige General Palitsyn, dessen militärische Erfahrung Onkel Nikolascha sehr schätzte. General Judenitsch war ganz anderer Meinung. Er wollte Erzerum sofort stürmen und war sich eines glücklichen Ausganges völlig gewiß.

Mein Onkel zauderte einige Tage, bevor er einen Entschluß fassen konnte. Auf Außenstehende wirkte er ruhig, er fürchtete sich jedoch sehr vor den Konsequenzen einer Entscheidung, die man erwartete. In diesen Tagen war ihm mein Vater, der seine Sorgen mit ihm teilte, wie immer eine moralische Stütze.

General Judenitsch, der das Kommando über die Streitkräfte an der türkischen Front hatte, ließ sich nicht von den Ratgebern meines Onkels beirren, die meinten, ein Sturm auf die Festung sei zu früh, und er stürmte auf eigene Faust Khasan-Kale am Fluß Araks, rückte dann mit der Hauptarmee vorwärts und kam auf Schußweite an die ersten Forts Erzerums heran.

Die Würfel waren gefallen, und Onkel Nikolascha erteilte General Judenitsch den Befehl, die Festung zu stürmen. Erzerums Besatzung kämpfte verzweifelt – besonders die türkische Garde auf dem vorgeschobenen Fort Achmet. Nachdem der Feind besiegt war, überschritten die Regimenter der 39. Division zusammen mit der sibirischen Infanterie am vierten Tag des Angriffs die Dewo-Bojnus Höhen und nahmen am 3. Februar Erzerum ein. Die Türken hinterließen etwa 15 000 Gefangene, 100 Kanonen und neun Banner.

Die Eroberung von Erzerum machte einen gewaltigen Eindruck in Rußland. Glückwunschtelegramme strömten nach Tiflis – auch von den Alliierten, die die Bedeutung dieses Sieges auf dem Kriegsschauplatz im Nahen Osten erkannten. Unter den Telegrammen war auch eines von meinem Großvater, dem König von Montenegro.

Dank dieses glänzenden russischen Sieges mußten die Türken wirklich einen Teil ihrer Streitmacht von der Salonikischen Front nach Armenien abziehen, und damit entspannte sich für die Alliierten die Situation auf dem Balkan. Onkel Nikolascha überließ General Judenitsch den Ruhm an der Eroberung von Erzerum, und der Zar verlieh im eine seltene Auszeichnung – den Sankt-Georgs-Orden zweiter Klasse.

Als die Neuigkeit von der Eroberung Erzerums Tiflis erreichte, wurden die Straßen der Stadt beflaggt, und die Bürger strömten zum Palast, um den Statthalter zu beglückwünschen. Rasch sammelte sich eine jubelnde Menschenmenge vor dem Palast. Wir traten an die Fenster, und mir bot sich ein Anblick, der mir immer noch lebhaft in Erinnerung ist. Ich sah, wie eine Gruppe von Bürgern aus Tiflis vor der Menschenmenge einen Volkstanz aufführte und gleichzeitig einige Flötenspieler eine Melodie spielten, die für diese Gelegenheit etwas zu wehmütig klang. Eine fein gekleidete Dame trat zu den Tanzenden, nahm ihren Hut ab und tanzte mit. Plötzlich tauchte ein Dromedar auf; ohne das Gleichgewicht zu verlieren, tanzte ein Grusinier auf dem buckligen Rücken des Tieres und schwang dazu seine Lammfellmütze! Einige Zeit später erschien eine Delegation der Stadtverwaltung mit Bürgermeister Khatisow an der Spitze.

Dann öffnete Onkel Nikolascha das Fenster. Als die Menge ihn erblickte, erschallte ein ohrenbetäubendes Hurra. Auf Befehl meines Onkels ging ein Adjutant hinunter auf den Platz, um die Delegation in den Palast zu bringen. Der Empfang fand im großen weißen Saal statt, wo Tante Stana, meine Eltern und ich schon anwesend waren. Vertreter der örtlichen Organisationen folgten der Delegation in den

Saal. Khatisow hielt eine patriotische Rede, worauf Onkel Nikolascha in einer kurzen Erwiderung den Heldenmut des kaukasischen Heeres pries. Dann traten die Grusinier mit großen braunen, weingefüllten Lederschläuchen aus der Delegation hervor. Ein alter Grusinier mit einer Goldmedaille um den Hals bot meinem Onkel ein Glas Wein an. Mein Onkel leerte das Glas in einem Zug und reichte es meinem Vater, für den es ebenfalls aus dem Lederschlauch gefüllt wurde. Danach wurden alle Anwesenden mit diesem Wein bewirtet, und auch ich durfte auf das Wohl des russischen Heeres ein Glas des bitteren, etwas trüben Weines trinken, der nach Leder roch. Als die Delegation und alle Grusinier den Saal verlassen hatten, rief mein Onkel die Generäle Bolchowitinow und Januschkewitsch sowie Fürst Orlow zu sich, und plaudernd begaben sie sich in sein Arbeitszimmer.

Der Angriff auf Erzerum, vor dessen Ausgang sich Onkel Nikolascha gefürchtet hatte, fand ein so glänzendes Ende, daß in ihm der starke Wunsch aufkam, den Soldaten persönlich für ihre Tapferkeit zu danken, und er beschloß, sofort nach den Siegesfeiern in das eroberte Erzerum und an die Front zu fahren. Den Abend vor der Abreise verbrachte mein Onkel zusammen mit Tante Stana in der Wohnstube meiner Eltern. Wie gewöhnlich kam ich, bevor ich mich schlafen legte, ins Zimmer. Hier sah ich meinen Onkel in einem Lehnstuhl. Als ich zu ihm kam, fragte er mich mit einem merkwürdigen Lächeln, welche Pläne ich für den folgenden Tag habe. Ohne eine Antwort abzuwarten, verkündete mein Onkel, daß ich mit ihm nach Erzerum fahren dürfe. Diese unerwartete und frohe Botschaft überraschte mich so sehr, daß ich ihm einen richtigen Kuß gab!

Am nächsten Abend wartete ich zusammen mit der Begleitmannschaft am offiziellen Haupteingang auf Onkel Nikolascha. Er kam in einem knielangen Pelz die Treppe herunter. Ohne ein Wort zu sagen, setzte er seine graue Lammfellmütze auf und ging zu seinem roten Fiat. Gemeinsam mit dem wachhabenden Adjutanten fuhr er zum Bahnhof, wohin wir anderen folgten.

Auf dem Bahnsteig erklärte mir der wachhabende Adjutant, daß ich mich auf Wunsch meines Onkels nicht der Begleitmannschaft anschließen solle, sondern im persönlichen Waggon meines Onkels reisen würde. Nachdem ich in den Zug eingestiegen war, begab ich mich in das Wohnzimmer, das in der Mitte des Waggons lag. Hier erblickte ich meinen Onkel, der im Sessel saß und sich mit General Bolchowitinow unterhielt. Ich blieb an der Tür stehen und wartete, bis der General den Raum verließ. Nachdem er gegangen war, rief mich mein Onkel zu sich und forderte mich auf, neben ihm Platz zu nehmen. Er fragte mich über den Stand meiner Ausbildung aus und teilte mir dann mit, daß wir nach Verlassen des Zuges in Kars getrennt nach Erzerum fahren würden und ich mich an die Instruktionen Fürst Golitzyns halten solle. Als sich der Zug in Bewegung setzte, erhob sich mein Onkel, machte das Kreuzzeichen und setzte sich wieder, um sich eine Zigarre anzustecken. Nachdem er noch ein bißchen mit mir geplaudert hatte, zog er sich in sein Bett zurück. Ich folgte seinem Beispiel und begab mich in meine Abteile, die bei Reisen in Friedenszeiten von Tante Stana benutzt wurden.

Bevor die Sonne am nächsten Morgen aufging, erreichte der Zug Kars, wo unser Wagen auf ein Nebengleis geschoben wurde. Als es hell wurde, weckte mich der Kammerdiener Smirnow und ließ mir von meinem Onkel sagen, daß er mich in einer Viertelstunde erwarte. Als ich zu meinem Onkel kam, fand ich ihn auf dem Bett sitzend vor, bekleidet mit einem weiß bestickten, kurzen Kaftan mit Goldtressen – aber ohne Tscherkeßka. Smirnow stand vor ihm und stutzte ihm sorgsam seinen grau werdenden Bart. Als Smirnow uns verlassen hatte, setzten wir uns an den kleinen Tisch, auf dem ein Tablett mit Kaffee und ein Teller Kekse stand. Als wir Kaffee getrunken hatten, riet mir mein Onkel, mich für die Autofahrt mit Fürst Golitzyn fertigzumachen. Ich ging in mein Abteil und packte einen Mantelsack.

Ohne auf meinen Onkel zu warten, verließ ich den Zug und schloß mich auf dem Bahnsteig der Begleitmannschaft an. Überall lag Schnee, und den kalten Bergwind empfand ich nach dem warmen Tiflis als ziemlich unangenehm. Mein Onkel stieg aus dem Zug und ging mit weit ausgreifenden Schritten zu dem Militärfahrzeug, das als erstes vor einer langen Reihe von Autos stand. Als mein Onkel mit seinem Adjutanten vom Bahnhof abgefahren war, folgte ich Fürst Golitzyn. Gemeinsam mit dem Adjutanten meines Onkels, Graf Mengden, stiegen wir in einen offenen Wagen.

Wir fuhren zuerst durch einen dichten Frostnebel und konnten nur undeutlich die Felsen bei Kars erkennen. Die Straße stieg an, und wir kamen auf die Höhe Ziwins an der türkischen Grenze. Nach dem Arak-Fluß erreichten wir Khasan-Kale, wo die türkischen

Einheiten, von unseren Truppen in Bedrängnis gebracht, erst vor kurzem letzten Widerstand geleistet und sich dann in den Schutz der Forts von Erzerum zurückgezogen hatten. Die Räder umgekippter Fahrzeuge ragten aus dem Schnee, Pferdekadaver lagen herum, und wir sahen dunkle Granatlöcher. Wir passierten Fort Achmet, das zusammen mit den drei anderen Forts im Tal am Fuße des Berges Dewe-Bojnu lag. Das Auto dröhnte den Dewe-Bojnu hinauf, und als wir die Paßhöhe erreicht hatten, sahen wir unter uns Erzerum. Nach einer steilen Talfahrt kamen wir auf eine ebene Straße und erblickten nach einer Kurve einige Autos, die an der Straße parkten. Neben einem standen Onkel Nikolascha und General Judenitsch, der meinem Onkel von Erzerum aus entgegengefahren war, um ihn vor dem Einzug in die eroberte Stadt zu treffen.

Fürst Golitzyn wies unseren Fahrer an, zum Wagen meines Onkels zu fahren, in dem mein Onkel und General Judenitsch gerade Platz nahmen. Als sich das Auto meines Onkels in Bewegung setzte, folgten wir dicht dahinter. Die Straße führte an einem Abhang entlang, und in der Ferne links der Straße erkannte ich die angetretenen Truppen. Das Auto meines Onkels hielt an, General Judenitsch stieg aus und stellte sich auf das rechte Trittbrett des Fahrzeugs. Der Wagen fuhr langsam weiter und folgte dabei dem Auto mit dem wachhabenden Adjutanten und einem Kosaken, der das Banner des Oberkommandierenden hoch in die Luft hielt. Als mein Onkel die Regimenter, die die Festung erstürmt hatten, erreichte, erhob er sich in seiner ganzen imposanten Größe und grüßte im Vorbeifahren mit lauter Stimme. Die Soldaten erwiderten seinen Gruß mit anhaltenden Hurra-Rufen.

Vor einem der Regimenter, an dessen Namen ich mich leider nicht erinnere, das sich aber bei der Eroberung von Erzerum besonders hervorgetan hatte, nahm mein Onkel beim Gruß mit einer großartigen Bewegung seine Lammfellmütze vom Kopf und hielt sie am ausgestreckten Arm in die Höhe. Diese Geste, die seinen Respekt vor der Tapferkeit des Regiments verdeutlichen sollte, wurde verstanden – ein donnerndes Hurra rollte über die Mauern von Erzerum.

Wir kamen gegen Abend in Erzerum an. Man hatte für meinen Onkel einige Zimmer in dem Gebäude eingerichtet, in dem Judenitschs Stab untergebracht war, und irgendein türkisches Gymnasium war für die Begleitmannschaft beschlagnahmt worden, welche hier Räume zur Übernachtung zugewiesen bekam. Jeder von uns legte seine Sachen in eine Koje.

Nachdem wir zu Abend gegessen hatten, zogen sich alle zurück. Als ich in den »Schlafsaal« kam, stellte ich zu meiner Überraschung fest, daß weder mein Mantel noch mein Reisesack mehr in der Koje lagen, die ich gleich bei der Tür für mich reserviert hatte. Meine Sachen lagen auf einem anderen Bett. Es zeigte sich, daß der englische Major March offenbar lieber an der Tür schlafen wollte. Der Adjutant meines Onkels, Oberst Derfelden, wollte wegen der Eigenmächtigkeit des Engländers protestieren und nannte sein Verhalten die »Besetzung von Gibraltar«! Aber ich sagte zu ihm, es sei mir nicht so wichtig, wo ich schlafe. Major March verbrachte eine unruhige Nacht, denn die Tür zum Schlafraum ging ständig und knallte gegen sein »Gibraltar«!

Am nächsten Morgen empfing mein Onkel in den Stabszimmern eine Abordnung von Bürgern der Stadt, die ihm symbolisch die Schlüssel von Erzerum überreichten. Zu diesem Zeitpunkt hielt ich mich mit der Begleitmannschaft meines Onkels vor dem Stabsgebäude auf. Als die Abordnung das Gebäude verlassen hatte, erschien mein Onkel auf dem Vorplatz. Begleitet von dem wachhabenden Adjutanten, trat er vor die in Reih und Glied angetretenen Soldaten der niederen Ränge, die sich in den Kämpfen besonders ausgezeichnet hatten. Jeder von ihnen bekam von meinem Onkel das Sankt-Georgskreuz verliehen. Dann begab er sich zu der Formation, die die türkischen Banner hielt, die man bei der Eroberung Erzerums erbeutet hatte. Als er die Front abschritt, senkte man die grünen Banner mit den türkischen Halbmonden, dem Monogramm des Sultans, anderen komplizierten Ornamenten oder mit in Goldbuchstaben geschriebenen Textstellen aus dem Koran. Diese Banner und Erzerums Schlüssel wurden nach Petrograd geschickt und in der Kaserne des Preobraschenski Regiments aufbewahrt.

Als mein Onkel mit General Judenitsch ins Auto gestiegen war, um zu den Einheiten zu fahren, die er noch begrüßen wollte, unternahm ich einen Stadtrundgang. Ich erfuhr, daß die Zitadelle, welche die Residenz des Gouverneurs für das Gebiet Erzerum gewesen war, sehr schön und interessant sein sollte. Ich ging durch enge, verschmutzte und fast menschenleere Straßen. Die niedrigen Häuser mit den flachen Dächern sahen aus als seien sie in die Erde eingegraben, und ihre kleinen Fenster waren verschlossen. Auf meinem Weg sah ich mehrere hübsche Moscheen mit schlanken Minaretten.

Schließlich kam ich zur Zitadelle. Die hohen, gewaltigen Mauern waren sehr eindrucksvoll. Als ich durch einen großen Torbogen schritt, gelangte ich auf einen langgezogenen Hofplatz, an dessen Ende ein rundes Gebäude mit einem konisch geformten Ziegeldach stand. Angeblich war dieses Bauwerk das Grabmal irgendeines persischen Herrschers. Entlang der den Platz begrenzenden Mauer befanden sich mehrere geschlossene Holzkisten, und mitten auf dem Platz sah ich einen Berg von Waffen, Säbeln und zerfetzten türkischen Militärmänteln. Als ich näherkam, entdeckte ich in diesem Haufen eine Menge von Schilden, Helmen und verschiedenen altmodischen Waffen. Es kann sein, daß unsere Leute bei der Kapitulation der Türken einen Teil des Arsenals zusammengetragen hatten. Bei diesen erbeuteten Waffen erblickte ich einen jungen Offizier, der eifrig damit beschäftigt war, einen rostigen türkischen Säbel aus dem Haufen zu ziehen. Mich überkam ebenfalls die Versuchung, mir irgendeine Erinnerung an meine Reise nach Erzerum mitzunehmen. Mein Blick fiel auf eine alte Steinschloßpistole, die auf der Erde lag. Ich nahm sie, steckte sie unter meinen Mantel und verließ den Platz. Als ich zurückkam, ging ich zu Fürst Golitzyn und gestand, was ich getan hatte, aber der Fürst lachte nur. Aus irgendeinem Grund habe ich diese Pistole behalten und sie später meinem Sohn Dimitri geschenkt.

Nach einer zweiten Nacht in Erzerum kehrte mein Onkel mit seiner Begleitmannschaft auf demselben Weg nach Kars zurück. Ich fuhr nicht mit ihm im Auto, und wir trafen uns erst im Zug. Mein Onkel war in bester Stimmung. Es freute ihn, daß er Gelegenheit gehabt hatte, die Soldaten, die die Aktion gegen Erzerum so erfolgreich beendet hatten, zu sehen und ihnen zu danken.

Als wir wieder in Tiflis waren, nahm ich mein monotones Lernprogramm wieder auf und hatte nur selten Gelegenheit, mit meinem Auto längere Ausflüge in die Umgebung der Stadt zu unternehmen. Ich hatte große Lust, einmal auf der schönen grusinischen Militärstraße zu fahren, doch es war die falsche Jahreszeit für einen solchen Ausflug, da wegen des Klimas der Bergpaß häufig wegen Schnee ge-

Prinz Roman als Offizier in Trapezunt, 1916/1917

Erzerum 1916. Großfürst Nikolaj Nikolajewitsch dankt den Truppen für ihre Tapferkeit. General Judenitsch mit der hellen Lammfellmütze ist auf dem rechten Trittbrett des Militärfahrzeuges zu sehen.

oben: Großfürst Nikolaj Nikolajewitsch im Gespräch mit den Honoratioren der Stadt.
unten: 18. Februar 1916. Zwei Tage nach der Kapitulation Erzerums. Großfürst Nikolaj Nikolajewitsch vor eroberten türkischen Fahnen.

oben: 14. März 1917. Abreise aus Trapezunt. Ganz hinten Prinzessin Marina Petrowna und Prinz Roman. Links von Marina ihre Freundin Natascha Lischina. Rechts von Prinz Roman der amerikanische Konsul Jenkins (in Zivil).
unten: Eskortkosaken für den ehemaligen Höchstkommandierenden der gesamten russischen Streitkräfte, Nikolaj Nikolajewitsch, 1917 am Bahnhof Inkerman auf der Krim. Ganz links: der Kosake Potapow.

Prinz Roman während seiner Ausbildung an der Alexej-Ingenieurakademie in Kiew, 1916.

Царское Село. 6го Августа 1915 г.

Дорогой Николаша,

Теперь, что прошелъ годъ войны и что непріятель занимаетъ большое пространство нашей земли, я пришелъ къ рѣшенію принять на себя верховное командованіе арміями. Сознаю въ полной мѣрѣ отвѣтственность и неизмѣримую трудность предстоящей мнѣ задачи. Полагаюсь вовсемъ на помощь и милость Божію, а также на геройское упорство нашихъ войскъ.

Претерпѣвшій до конца спасется.

Начальникомъ моего штаба я избираю ген. Алексеева. Тебя назначаю намѣстникомъ на Кавказъ и главнокомандующимъ Кавказскою арміею — въ виду недомоганія гр. Воронцова. Георгію теперь во время войны тамъ не мѣсто.

Увѣренъ, что ты примешь это важное назначеніе, какъ видимое доказательство того, что мои чувства къ тебѣ ни малѣйшимъ образомъ не измѣнились и что ты пользуешься полнымъ моимъ довѣріемъ.

Передай ген. Янушкевичу и ген. Данилову мою благодарность за ихъ службу и за посильные ихъ труды. Надѣюсь дать имъ черезъ нѣкоторое время то или другое назначеніе.

Прошу тебя поставить ген. Алексеева объ этихъ перемѣнахъ въ извѣстность, съ тѣмъ, чтобы онъ теперь же намѣтилъ выборъ новаго генер. кварт., главноком. фронта и послѣдующихъ назначеній.

Зная насколько ты цѣнишь князя Орлова отдаю его въ твое распоряженіе и думаю, что онъ будетъ тебѣ полезнымъ помощникомъ по гражданской части.

Благодарю тебя отъ полноты сердца за твое стараніе, за всѣ тѣ муки и страданія, которыя ты перенесъ за годъ войны, отъ тяжести отвѣтственности лежавшей на твоихъ плечахъ.

Если были какія-либо ошибки — всѣ мы люди — то искренно прощаю ихъ.

Всѣ намѣченныя перемѣны произойдутъ по моемъ пріѣздѣ въ Ставку около 14го Августа.

Если ты считаешь нужнымъ отдохнуть совѣтую сдѣлать это на Кавказѣ — въ Боржомѣ.

Одновременно извѣщаю обо всемъ гр. Воронцова.

Обнимаю тебя и Петра.

Сердечно любящій тебя

Ники

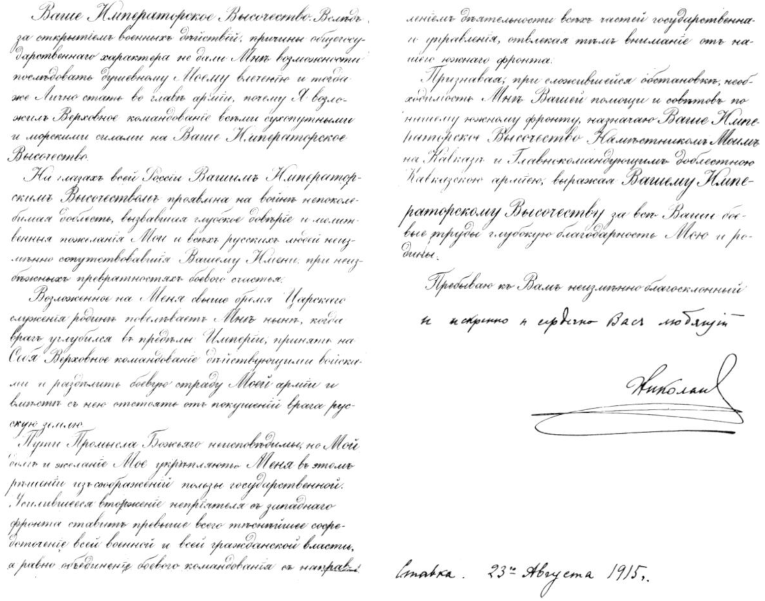

Ваше Императорское Высочество. Вслѣдъ за открытіемъ военныхъ дѣйствій, причины общегосударственнаго характера не дали Мнѣ возможности послѣдовать душевному Моему влеченію и тогда же лично стать во главѣ арміи, почему Я возложилъ Верховное командованіе всѣми сухопутными и морскими силами на Ваше Императорское Высочество.

На глазахъ всей Россіи Вашимъ Императорскимъ Высочествомъ проявлена на войнѣ непоколебимая доблесть, вызвавшая глубокое довѣріе и молитвенныя пожеланія Мои и всѣхъ русскихъ людей, неизмѣнно сопутствовавшія Вашему Имени при неизбѣжныхъ превратностяхъ боевого счастья.

Возложенное на Меня свыше бремя Царскаго служенія Родинѣ повелѣваетъ Мнѣ нынѣ, когда врагъ углубился въ предѣлы Имперіи, принять на Себя Верховное командованіе дѣйствующими войсками и раздѣлить боевую страду Моей арміи и вмѣстѣ съ нею отстоять отъ покушеній врага русскую землю.

Пути Промысла Божьяго неисповѣдимы, но Мой долгъ и желаніе Мое укрѣпляютъ Меня въ этомъ рѣшеніи изъ соображеній пользы государственной.

Усилившееся вторженіе непріятеля съ западнаго фронта ставитъ превыше всего теснѣйшее сосредоточеніе всей военной и всей гражданской власти, а равно объединеніе боевого командованія съ направленіемъ дѣятельности всѣхъ частей государственнаго управленія, отвлекая тѣмъ вниманіе отъ нашего южнаго фронта.

Признавая, при сложившейся обстановкѣ, необходимость Мнѣ Вашей помощи и совѣтовъ по нашему южному фронту, назначаю Ваше Императорское Высочество Намѣстникомъ Моимъ на Кавказѣ и Главнокомандующимъ доблестною Кавказскою арміею, выражая Вашему Императорскому Высочеству за всѣ Ваши боевые труды глубокую благодарность Мою и Родины.

Пребываю къ Вамъ неизмѣнно благосклонный

и искренно и сердечно Васъ любящій

Николай

Ставка. 23 Августа 1915.

Der offizielle Brief des Zaren vom 23. August 1915 (alte Zeitrechnung) aus dem Hauptquartier des Generalstabes an Großfürst Nikolaj Nikolajewitsch, in welchem er seine Absicht bekundet, selbst den Oberbefehl über die gesamte Streitmacht Rußlands zu übernehmen. Auf Grund des offiziellen Charakters des Briefes wurde die familiäre Anrede »Lieber Nikolascha« ersetzt durch die Anrede »Eure Kaiserliche Hoheit«, gemildert durch den handschriftlichen Zusatz »Euer herzlich ergebener Nikolaj«.

linke Seite: Der persönliche Brief von Zar Nikolaus II. vom 6. August 1915 (alte Zeitrechnung) aus Zarskoje Selo an Großfürst Nikolaj Nikolajewitsch, in dem er ihn über den Wechsel in der Heeresleitung unterrichtet und ihn zum Statthalter Kaukasiens ernennt.

oben rechts: Erzerum, Februar 1916. Großfürst Nikolaj Nikolajewitsch und Fürst Dmitrij Borisowitsch Golitzyn.
oben links: Prinz Roman im Peugeot, den er am 5. Oktober 1915, als er 19 Jahre alt wurde, von seinem Vater zum Geburtstag bekam. Rechts der Kosake Potapow.
unten links: Kaukasien, 12. Dezember 1915. Stehend von links: Der Kosake Potapow und Oberst Michail A. Ugrjumow am Steuer, wo er in die Handhabung des Wagens eingewiesen wird.
unten rechts: Armenischer Basar in Tiflis, 1916. Baronesse Maria (Musja) Stahl und Prinzessin Marina Petrownas Freundin Natascha Lischina.

sperrt war. Erst im nächsten Sommer ging mein Wunsch in Erfüllung.

Im Herbst 1916 wurden im Palast unter dem Vorsitz Onkel Nikolaschas Konferenzen über die regionale Gestaltung des Landes abgehalten. Als Statthalter mußte mein Onkel seine Pflichten als Oberkommandierender des kaukasischen Heeres mit der zivilen Verwaltung des Gebiets vereinen. Viele Reformen, die noch in Friedenszeiten entwickelt worden waren, warteten auf ihre Durchführung, und die Pläne über die Einführung des Semstwo in Kaukasien waren noch nicht einmal erarbeitet. Zweiter Vorsitzender bei diesen Konferenzen war Fürst Orlow. Man erzählte mir, daß auch Khatisow bei diesen Zusammenkünften eine wichtige Rolle spielte, an denen außer Vertretern der örtlichen Bevölkerung auch Mitglieder der Staatsduma teilnahmen: Die grusinischen Sozialrevolutionäre Chkheidse und Karaulow aus dem Terek-Gebiet, die ein Jahr danach bei der Revolution Mitglieder des Exekutivkomitees der Duma wurden.

In den 18 Monaten, die Onkel Nikolascha Statthalter war, wurde er mit vielen Problemen der Gegend vertraut, und es gelang ihm, das Vertrauen der verschiedenen Bevölkerungsgruppen zu gewinnen. In seinem Palast empfing er die Vertreter sämtlicher Klassen der Gesellschaft – Kosaken, Grusinier, Armenier, Tataren und anderer Volksgruppen – mit der gleichen Aufmerksamkeit.

Als im Januar 1916 die Eroberung Erzerums begann, wurde unter Führung von General Ljachkow eine Küsteneinheit aufgestellt. Diese Einheit hatte den Zweck, Trapezunt zu erobern, die Basis der türkischen Flotte im Schwarzen Meer. Die Einheit bestand aus dem 19. turkestanischen Schützenregiment, einer Landwehrbrigade, 300 Fußkosaken und 200 Berittenen sowie der Zweiten Kompanie des Ersten kaukasischen Pionierbataillons. Als ich zum Offizier ernannt wurde, teilte man mich dieser Kompanie zu.

Als die Küsteneinheit an der Küste entlang vorrückte, sollte sie nicht unter ähnlich schwierigen Verhältnissen kämpfen müssen wie die Truppen in den armenischen Bergen beim Vormarsch nach Erzerum. Dafür wurde Ljachows Einheit an diesem Teil der Schwarzmeerküste vor topographische Probleme gestellt, da die Gebirgsflüsse in den tiefen Schluchten den Vormarsch behinderten. Die

Türken nützten diese natürlichen Verhältnisse und leisteten ständig Widerstand. Nichtsdestotrotz überwanden unsere Truppen alle Hindernisse und rückten, unaufhörlich kämpfend, an der Küste entlang vor. Der Bau von Brücken und Straßen, der häufig unter feindlichem Beschuß von unseren Pionieren durchgeführt wurde, sicherte die Versorgung der Vorhut.

Obwohl das berühmte moderne Schlachtschiff »Goeben« oft auf dem Meer erschien, war unsere Schwarzmeerflotte für unsere Küsteneinheit eine große Hilfe. Zwar lief die Hauptmacht unserer Flotte von Sewastopol aus und verwickelte die »Goeben« in Kampfhandlungen, doch zugleich wurde das alte Panzerschiff »Rostislaw« zusammen mit Torpedobooten an die türkische Küste geschickt, um feindliche Stellungen zu beschießen.

Am 5. April, zwei Monate nach der Kapitulation Erzerums, nahm General Ljachows Küsteneinheit Trapezunt im Sturm ein. Ich erhielt die Nachricht von diesem freudigen Ereignis, als ich mit meinen Eltern und Schwestern in der Woche vor Ostern in der Palastkirche beim Abendgottesdienst war. Unerwartet betrat Onkel Nikolascha die Kirche. Er war ziemlich aufgeregt, als er meinem Vater die Neuigkeit zuflüsterte. Er sagte, das sei das kostbarste Geschenk, das er zu Ostern bekäme!

Am ersten Ostertag empfing mein Onkel Glückwünsche des Stabes, der obersten Heeresleitung und von Vertretern der örtlichen Zivilverwaltung. Auch das Personal im Palast überbrachte seine Glückwünsche. Mein Onkel stand in der Mitte des Saales, neben sich einen Kammerdiener, der ein riesiges Tablett mit geschmückten Ostereiern hielt. Nach einem dreifachen Osterkuß gab er jedem ein Ei. Als die lange Zeremonie vorüber war, eilte mein Onkel ins Badezimmer, um sich das Gesicht zu waschen!

Alescha und Muscha Stahl, die Söhne und Töchter von Graf Mengden sowie der Sohn von General Krupenski kamen von Petrograd, um in Tiflis Ostern zu feiern. Die Mengden-Kinder kannte ich schon aus Petrograd sehr gut. Sie stiegen alle im Orient-Hotel am Golowinski-Prospekt ab. Ihre Ankunft unterbrach meinen tristen Alltag.

Wir gingen am westlichen Stadtrand von Tiflis zum Reiten oder unternahmen Exkursionen mit den Autos. Wir machten eine interessante und lange Tour nach Borshom. Die Lage von Borshom am

Anfang des sogenannten kleinkaukasischen Grabens ist wegen der großartigen Wälder, die die Ausläufer der Bergkette vollkommen bedecken, sehr schön. In dem »Graben« lag ein damals berühmter Kurort mit der Heilquelle »Borshom«, die in ihrer chemischen Zusammensetzung mit den französischen Heilquellen bei Vichy vergleichbar ist. Das gesamte Gebiet gehörte zu dem weitläufigen Majorat Nikolai Michailowitschs – ein Gut, das er von seinem Vater, dem früheren Statthalter Großfürst Michail Nikolajewitsch, geerbt hatte. Der Palast lag in einem Park mit einem großen Teich, in dem eine Unmenge von Enten der seltensten Arten sowie andere Schwimmvögel lebten. Im Sommer war Borshom ein Anziehungspunkt für Sommergäste, und viele Kranke kurten mit dem Quellwasser. Mich begeisterte damals die reine Luft des Ortes und der Duft nach Nadelhölzern.

Nach den Osterferien schloß ich meine Studien ab, die mich auf meine praktische Ausbildung in der Ingenieurakademie vorbereitet hatten.

Als Alescha Stahl von Kaukasien nach Petrograd zurückgekehrt war, erkrankte er an einer akuten Blinddarmentzündung. Nach einer gefährlichen Operation starb er am 19. Mai. Mit Alescha verlor ich den besten Freund meiner Kindheit und Jugend.

Anfang Juni bereitete ich mich auf meine Abreise nach Kiew vor. Während des Sommers stand Oberstleutnant Ugrjumow im Briefwechsel mit der Alexej-Ingenieurakademie, an der ich den praktischen Teil meiner Ausbildung absolvieren sollte. Ebenso wie einige andere Junker der Nikolai-Ingenieurakademie sollte ich ein externer Schüler sein. Ich hatte die Erlaubnis, zu Hause zu wohnen, mußte aber jeden Morgen zum Unterricht erscheinen. Während meiner Zeit in Kiew sollte ich im Pokrowski-Kloster die Zimmer bewohnen, die unsere Familienangehörigen gewöhnlich bei einem Besuch der Stadt benutzten. Um meinen Aufenthalt bequemer zu gestalten, hatte man mein Auto bereits nach Kiew gebracht.

Das Erste kaukasische Pionierbataillon

Während des Krieges wurde die Ausbildung an der Ingenieurakademie auf acht Monate gekürzt, wovon die letzten beiden praktischen Übungen vorbehalten waren. Auf Wunsch meines Vaters sollte ich diese zwei Monate nicht im Ischora-Camp der Nikolai-Ingenieurakademie absolvieren, sondern in Kiew in der neu eingerichteten Alexej-Ingenieurakademie.

Ich fuhr Anfang Juli 1916 von Tiflis nach Kiew. Vor meiner Abreise erkundigte sich mein Vater, in welche Einheit ich nach meiner Ernennung zum Offizier am liebsten eintreten wollte und schlug das Gardepionierbataillon und das Erste kaukasische Pionierbataillon vor. Ich hatte ihm schon früher gesagt, daß ich an der türkischen Front dienen wollte und deshalb lieber nicht der Tradition folgend in die Garde, sondern in das Erste kaukasische Pionierbataillon eintreten wollte. Mein Vater billigte diese Wahl und erinnerte mich daran, daß mein Großvater Kommandeur dieses Bataillons gewesen war.

Während meines Aufenthaltes in Kiew sollte ich wie gesagt nicht in den Mauern der Lehranstalt wohnen. In derselben Situation befanden sich zwei andere Junker der Nikolai-Ingenieurakademie, die ebenso wie ich zur Absolvierung des praktischen Teils der Ausbildung nicht in das Camp geschickt worden waren, sondern an die Alexej-Ingenieurakademie. Sie wohnten bei ihren Eltern in der Stadt.

Als ich in Kiew ankam, wurde ich von der Äbtissin Mutter Sophia herzlich empfangen, und sie bemühte sich, meinen Aufenthalt so angenehm wir möglich zu gestalten. Ich verfügte über einige Zimmer und mein Kammerdiener Scharkow wurde in der Nähe einquartiert.

Am Tag nach meiner Ankunft stellte ich mich dem Leiter der Ingenieurakademie, Generalmajor Gradow, sowie dem Klasseninspekteur, Generalmajor Bylchinski, vor. Man teilte mir mit, daß ich jeden Morgen um sieben Uhr in der Lehranstalt zu erscheinen hätte. In diesen zwei Monaten fuhr ich jeden Tag – mit Ausnahme der Sonn- und Feiertage – zur Ingenieurakademie und kehrte abends um sechs Uhr wieder heim. Ich lebte mich, dank Oberfeldwebel Bylow und meinem Zugführer Gurando, die mir nützliche Ratschläge gaben, rasch in die Sitten und Gebräuche der Lehranstalt ein. Die Junker meiner Klasse waren fast alle älter als ich; nur Storoschenko, Gamaleja und Rogow gehörten meiner Altersgruppe an, wobei Wasili Rogow mit 18 Jahren der Jüngste war. Bereits beim ersten Zusammentreffen mit meinen künftigen Klassenkameraden merkte ich, daß ein freundschaftliches Verhältnis zu ihnen möglich war – ein ganz anderes Verhältnis als das, das zwischen mir und den Kadetten der Wladimir Kadettenschule bestanden hatte. In den zwei Monaten an der Alexej-Ingenieurakademie schloß ich mich am meisten Gamaleja und Rogow an. Nikolai Gamaleja fand ich besonders sympathisch. Er entstammte einem sehr alten, kleinrussischen Geschlecht, das eine bedeutende Rolle in der Epoche gespielt hatte, die der Vereinigung zwischen Rußland und der Ukraine vorausging. Seine Familie besaß Güter in Tschernigow und in den Gouvernements Poltawas.

Der Lehrplan für den verkürzten Teil der praktischen Fachausbildung, der bei der Mobilmachung erstellt worden war, bestand aus Vorlesungen und praktischen Unterweisungen in vielen unserer Fächer. Die wichtigsten Fächer betrafen das Festungswerk im Felde, die Topographie und das Verminen.

Die praxisorientierten Stunden, auf die man besonders Gewicht legte, wurden in der Regel auf der Pionierwiese vor der Stadt abgehalten. Wir wurden auch hinaus ins Gelände geschickt, wo wir Wegvermessungen durchführten. Eines Tages setzten wir auf dem Dnjepr zur Insel Truchanow über, wo wir bei der Matwej-Bucht gemeinsam mit den Soldaten des örtlichen Pionierbataillons eine Pontonbrücke bauten. Topographische Vermessungen bereiteten mir dank meinem Vater keine Schwierigkeiten, der mir das richtige Planzeichnen beigebracht hatte. Ich erntete sogar Lob für eine ordentlich durchgeführte Wegvermessung, und meine Karte wurde an der Wand des Klassenzimmers aufgehängt. Eine andere Sache, die ich gut beherrschte, war das Zielschießen mit dem Gewehr.

An Feiertagen unternahm ich oft mit meinem Auto Fahrten vor die Stadt, und dazu nahm ich einige Junker mit, unter anderen den Grusinier Khumaradse, der zehn Jahre älter als ich war und ein fröhliches Gemüt hatte. Manchmal fuhren wir Richtung Schitomir, stoppten nach etwa zehn Kilometern an einem Waldrand und verließen das Auto. Zu diesen Ausflügen nahm ich Proviant und Wein mit. Wir gingen in den Wald und machten zwischen den Bäumen unser Picknick. Wir blieben einige Stunden im Wald und genossen nach der Hitze und dem Staub der Stadt die frische Luft. Unsere Gespräche drehten sich meist um die Lebensumstände jedes einzelnen vor dem Krieg, und ich hörte mit großem Interesse zu, was meine Kameraden zu erzählen hatten. Sie kamen aus unterschiedlichen Gesellschaftsschichten und aus verschiedenen Gegenden des Russischen Reiches.

Am Ende des Sommers war eine Übung mit Scheinwerfern geplant. Ich erinnere mich besonders an einen Abend, an dem wir auf die Pionierwiese marschierten, wo die Artilleristen einige Scheinwerfer aus dem Arsenal holen sollten. Aus irgendeinem Grund wurden sie aufgehalten. Während wir warteten, durften wir uns in der Nähe der Stelle, wo die Übung vorgesehen war, niederlassen. Müde, nach einem ganzen Tag Unterricht, legten wir uns gruppenweise ins Gras. Meine Gruppe bestand aus Zugführer Gurando, Gamaleja und Rogow. Wir warteten so lange auf die Scheinwerfer, daß die Nacht hereinbrach. Es war vollkommen windstill, und während wir zum dunkelblauen, sternenklaren Himmel hinaufschauten, mußte ich an Puschkins Gedicht »Die ukrainische Nacht ist still« denken ... Diese Nacht wirkte so friedlich in einer Zeit, in der überall der Krieg wütete.

Wir schwiegen. Ich begann zu grübeln und überlegte, was wir wohl vom Schicksal zu erwarten hatten, wenn wir als Offiziere in alle Winde zerstreut wurden. Es war, als hätte Nikolai Gamaleja, der neben mir lag, meine Gedanken erraten, und er begann zu reden. Er fand es schade, daß er nicht gemeinsam mit mir im kaukasischen Heer dienen könne und befürchtete, daß wir uns möglicherweise nie wieder begegnen würden. Da fingen die Junker der Nachbargruppe leise an, ein uraltes ukrainisches Lied zu singen. Während wir diesem schönen Lied lauschten, sprachen Gamaleja und ich über unsere Zukunft. Er hoffte, sich nach dem Krieg der Landwirtschaft auf dem Gut seines Vaters widmen zu können, und ich hoffte, daß die Familientraditionen mir bei der Wahl einer Tätigkeit, zu der ich Lust und Anlagen hatte, nicht hinderlich werden würden. Nach dem März 1917 dachte ich oft zurück an dieses Gespräch auf der Pionierwiese in dieser wunderbar stillen Nacht ...

Von allen Fächern, in denen wir unterrichtet wurden, fand ich den Festungs- und Stellungsbau am interessantesten. Diese Fächer kannte ich bereits, weil ich darin vor meiner Ankunft in Kiew unterrichtet worden war. Die praktischen Übungen mit meinen Kameraden fielen mir leicht und bereiteten mir ein großes Vergnügen – obwohl ich diese Unterrichtsform nicht gewohnt war.

Wenn ich abends von der Lehranstalt zurückkehrte, stand auf Anordnung von Mutter Sophie der Samowar bereit sowie einige Gläser Konfitüre. Als ich mich zum ersten Mal an den Tisch setzte, wurde ich gefragt, welche Art von Konfitüre ich bevorzugen würde. Ich erwiderte, daß mir alle schmeckten. Als ich am nächsten Tag heimkam, sah ich eine lange Reihe Gläser auf dem Tisch. Ich zählte sie und kam auf 52 – wie im Kartenspiel! In den zwei Monaten, die ich mich in Kiew aufhielt, probierte ich jeden Tag eine neue Konfitüre. Kiew war von jeher berühmt für die Herstellung von Konfitüren, Marmeladen, Fruchtpastillen und anderen Süßigkeiten. Besonders berühmt war das Geschäft Balabuchi in der Kreschtschatikstraße.

An den Feiertagen ging ich zur Messe in die Kirche, die an das Gebäude stieß, in dem sich meine Gemächer befanden. Neben der Kirche gab es ein kleines Zimmer, in dem meine Großmutter gewohnt hatte und gestorben war. Die ganz alten Nonnen, die meine Großmutter noch gekannt hatten, behandelten mich – den einzigen Enkel der Gründerin des Pokrowski-Klosters – unglaublich rührend. Unter diesen war auch die Leiterin der Wirtschaft des Klosters. Sie sorgte dafür, daß ich zum Abendessen Fleisch und Milchprodukte bekam – auch wenn Fastenzeit war –, da sie davon ausging, daß ich in der Lehranstalt nichts aß, obwohl das Essen dort in Wirklichkeit ausgezeichnet war.

Ende August fingen die Junker an, sich um ihre Ausrüstung zu kümmern, die bei der Ernennung zum Offizier parat sein mußte. Zur Uniform gab es einen staatlichen Zuschuß, und wir bekamen einen Säbel, einen Trommelrevolver und einen Feldstecher gestellt. Für meine Uniform war schon lange bei einem Spezialschneider in Kiew gesorgt. Als sich der Tag unserer Ernennung, die auf den 15. September angesetzt war, näherte, beschlossen die Junker, am Abend vorher ein Abschiedsfest zu veranstalten. Der Anstaltsleiter gab seine Einwilligung unter der Bedingung, daß alle vor Mitternacht in den Betten zu liegen hatten. Wir machten aus, uns um 22 Uhr im Klassenraum zu treffen. Für mich war das – ebenso wie für Junker Storoschenko – problematisch, weil wir, als Junker der Nikolai-Ingenieurakademie, in der Stadt übernachteten. Einige Tage vor dem verabredeten Abschiedsfest schlug man Storoschenko und mir vor, mit meinem Auto zur Anstalt zu kommen. Im Schutze der Dunkelheit sollten wir uns zum Klassenraum schleichen, der im Erdgeschoß lag, und dort würde man uns, sobald wir ans Fenster klopften, einlassen. Und so geschah es. Am Abend des 14. September holte ich Storoschenko in der Stadt ab, und wir fuhren gemeinsam zur Akademie. Als wir aus dem Auto stiegen, packte uns beide die Nervosität wegen unseres kleinen Abenteuers. Trotzdem taten wir, was die anderen vorgeschlagen hatten; Storoschenko klopfte an das Fenster des Klassenraumes, sogleich wurde uns geöffnet und unser Eintreffen mit stürmischem Beifall begrüßt. Ich bin mir ganz sicher, daß die Anstaltsleitung von unserem Vorhaben wußte.

Am 15. September 1916 wurden wir nach einem festgesetzten Zeremoniell zu Offizieren ernannt. Ich war damals 19 Jahre alt.

Um sich vom Junker zum Offizier umzukleiden, begaben sich die meisten in die Anstalt, einige wenige fuhren in die Stadt. Am Eingang der Lehranstalt stand Oberst Ugrjumow, der ein paar Tage vorher aus Tiflis angekommen war, und wartete beim Auto auf mich. Er gratulierte mir zur Ernennung zum Offizier und teilte mir offiziell mit, daß er mir, gemäß einer Verordnung des Kaiserlichen Hofministeriums, attachiert wurde.

Als ich ins Pokrowski-Kloster kam, ging ich hinauf in meine Zimmer, wo ich Scharkow mit der neuen Uniform über dem Arm an der Tür stehen sah. Der alte Mann überreichte sie mir und umarmte mich herzlich. Ich zog mich rasch um, denn am selben Vormittag mußte ich mich bei der höheren militärischen Dienststelle des Militärdistrikts Kiew melden.

Ugrjumow hatte ein festes Programm für den Tag erstellt. Nach einem Abschiedsessen bei Mutter Sophia fuhr ich in die Stadt, um Einkäufe zu tätigen. Ich wollte mir gerne eine Uhr anschaffen – keine Taschenuhr, sondern eine Armbanduhr. Eine solche Uhr durften Junker nicht tragen. Ich erwarb zwei – eine aus Gold und eine aus Silber; die goldene benutze ich immer noch. Meine übrigen Anschaffungen waren Geschenke, die ich zur Erinnerung an diesen Tag verteilen wollte.

Ich kam gerade zur rechten Zeit nach Hause, um am Gottesdienst in der Kathedrale teilnehmen zu können. Die große Kathedrale des Pokrowski-Klosters lag bedeutend höher als das Gebäude, in dem ich wohnte. Ein gerader, steiler Weg führte hinauf. Als ich dort hinkam, sah ich, daß die Nonnen zu beiden Seiten des Weges – vom Beginn an bis hinauf zur Kathedrale – Aufstellung genommen hatten. Etwas verlegen schritt ich den Weg hinauf, als ich plötzlich von Ugrjumow eingeholt wurde, der mir mit dem Säbel und meiner Mütze hinterhergelaufen kam, die ich in der Eile im Zimmer vergessen hatte. Beim Eingang zur Kathedrale empfing mich Mutter Sophia und segnete mich mit einer Ikone. Nachdem ich die Ikone Ugrjumow gegeben hatte, stellte ich mich an meinen Platz. Die Kathedrale war überfüllt. Viele wußten von diesem Gottesdienst, der am vorhergehenden Sonntag bekanntgegeben worden war, und natürlich waren sie gekommen, um mit ihrer Anwesenheit das Andenken meiner Großmutter zu ehren – meiner Großmutter, die in Kiew so beliebt gewesen war. Bei dem Gottesdienst, der vom Hauptpastor der Kathedrale zelebriert und von Priestern der übrigen Kirchen unterstützt wurde, sang ein herrlicher Chor. Am Ende des Gottesdienstes küßte ich das Kreuz, und in diesem Moment erblickte ich die würdige Gestalt Bischof Flavians. Er war der Metropolit von Kiew und Galizien. Er kam vom Altarraum zu mir herüber und gratulierte mir zur Ernennung zum Offizier. Dann segnete er mich mit einer Ikone und bat mich, meinen Eltern seine Grüße zu übermitteln.

Von der Kathedrale fuhr ich direkt zum Zarenpalast, um mich der Zarin-Mutter Maria Fjodorowna vorzustellen. In der großen Vorhalle des Palastes, die ich von früheren Aufenthalten so gut kannte, erfuhr ich vom wachhabenden Lakaien, daß die Zarin-Mutter in der Stadt war. Deshalb schrieb ich mich in das Gästebuch ein und fügte hinzu: »Anläßlich meiner Ernennung zum Offizier.«

Es blieb nur noch wenig Zeit bis zum Abgang des Zuges, und ich eilte nach Hause, wo mich Oberst Ugrjumow erwartete. Das Ziel meiner langen Reise war die Stadt Erzincan im türkischen Armenien, wo sich der Stab des Ersten kaukasischen Pionierbataillons befand. Meine Kameraden von der Lehranstalt, die auch Offiziere geworden waren, mußten sich wie ich bei ihren entsprechenden Einheiten melden und das Treuegelöbnis ablegen. Als Mitglied der kaiserlichen Familie mußte ich noch einen weiteren Eid leisten. Ich mußte dem Zaren gegenüber ein Treuegelöbnis ablegen und außerdem geloben, über die gesetzliche Thronfolge zu wachen. Doch diesen zweiten Eid hatten die Mitglieder unserer Familie erst zu leisten, wenn sie mündig wurden, das hieß mit 20 Jahren, es war also noch zu früh für mich.

Die frisch ernannten Offiziere hatten eine bestimmte Frist, innerhalb derer sie sich bei ihrer neuen Einheit melden mußten. Sie errechnete sich aus der Entfernung zum Bestimmungsort. In meinem Fall betrug die Frist zwei Wochen, da die Entfernung zwischen Kiew und Erzincan über 2100 Eisenbahnkilometer betrug – dazu kam noch die Landstraße zu Pferde. Ich wollte die Annehmlichkeit einer solchen Berechnung nicht ausnutzen und beschloß, mich unverzüglich nach Erzincan zu begeben. Nur meinen Eltern wollte ich noch einen kurzen Besuch auf der Krim abstatten.

Bereits in der Lehranstalt hatte ich von meinen Plänen gesprochen und erklärt, daß ich Kiew am Abend zu verlassen gedächte. In Charkow wollte ich in den Zug nach Sewastopol umsteigen. Gamaleja und zwei andere Junker beschlossen, denselben Abendzug zu nehmen und im Laufe der Nacht an den Stationen auszusteigen, die für sie am günstigsten waren, um ihre Angehörigen zu besuchen. Bevor ich zum Bahnhof fuhr, ging ich zu Mutter Sophia, um Abschied zu nehmen und ihr für ihre Gastfreundlichkeit zu danken; danach suchte ich den Klosterfriedhof auf, um ein bißchen am Grab meiner Großmutter zu stehen.

Das Auto brachte Ugrjumow und mich zu den »Zarenräumen« am Bahnhof, wo ich am Eingang zu meiner großen Überraschung den Leiter der Alexej-Ingenieurakademie, General Gradow, sowie den Inspektor und Leiter der Kiewer Kadettenschule, General Semanskewitsch, traf. Ich sprach ein wenig mit ihnen und bedankte mich für die Aufmerksamkeit, die sie mir erwiesen hatten. Nachdem ich mich von ihnen verabschiedet hatte, stieg ich in den Waggon, in dem zwei aneinanderstoßende Abteile für Ugrjumow und mich reserviert waren.

Sobald sich der Zug in Bewegung gesetzt hatte, bat ich Ugrjumow, Gamaleja und die beiden anderen ehemaligen Junker zu holen. Vor Abfahrt des Zuges war auf meine Bestellung im besten Hotel Kiews hin eine leichte Mahlzeit und Champagner zu unserem Wagen gebracht worden. Als meine Gäste erschienen, öffneten wir die Tür zwischen den Abteilen, und nachdem Ugrjumow eine kurze Glückwunschrede gehalten hatte, tranken wir den Champagner. Ich freute mich, in Gesellschaft meiner früheren Kameraden reisen zu können und besonders über die Anwesenheit Nikolai Gamalejas, mit dem ich mich auf der Lehranstalt so gut angefreundet hatte. Er stieg an einer Station im Gouvernement Poltawa aus, nicht weit vom Gut seines Vaters. Als wir uns voneinander verabschiedeten, versprach er mir zu schreiben, und ich bekam in Trapezunt wirklich einen Brief von ihm, wohin man mich Anfang Dezember versetzte. Meine beiden anderen Kameraden kehrten um Mitternacht in ihre Waggons zurück. In Charkow stieg ich in den Zug nach Sewastopol um.

Als ich in Djulber ankam, empfing mich Nadja am Haupteingang und überreichte mir ein Zigarettenetui mit der Inschrift: »Meinem lieben Roman anläßlich seiner Ernennung zum Offizier«. Diese Gravur war bereits in Tiflis ausgeführt worden, und einige der Buchstaben zeichneten sich durch geschmacklose Schnörkel aus. Nadja erklärte mir, daß sie beim Kauf des Etuis die Inschrift nur auf ein Stück Papier geschrieben und darum gebeten hatte, die Worte genauso einzugravieren, wie sie auf dem Papier standen. Der Juwelier in Tiflis war offenbar der Ansicht gewesen, Nadjas Handschrift sei so unbeholfen, daß er die Buchstaben ein bißchen korrigiert hatte!

Mein Vater schenkte mir einen kaukasischen Säbel, der meinem Großvater gehört hatte. Die Klinge war sehr alt und die Scheide versilbert und mit einem schwarzemaillierten orientalischen Ornament verziert. Dieser Säbel befindet sich heute in der Sammlung meines Sohnes Dimitri.

Meine Eltern hielten sich damals wegen der schlechten Verfassung meines Vaters auf Djulber auf. Die Ärzte hatten ihm nach einer Lungenentzündung, die er sich in Tiflis zugezogen hatte, zu einem Aufenthalt am Meer geraten. Auf der Krim wohnte zu dieser Zeit meine Kusine Jelena von Serbien (Jabe), die meinen Halbvetter, Prinz Johann Konstantinowitsch, geheiratet hatte. Es war nach Olegs Tod das erste Mal, daß wir uns sahen. Wir führten lange Gespräche, während derer mir Jabe erzählte, wie Oleg verwundet wurde und wie sehr er sich gefreut hatte, vor seinem Tod das Sankt-Georgskreuz verliehen zu bekommen.

Mein Aufenthalt auf Djulber war kurz, weil ich es eilig hatte, nach Kaukasien zu kommen. Am Tag vor meiner Abreise fuhr ich nach Liwadia. Großfürstin Maria Pawlowna, die sich dort aufhielt, hatte mich sehen wollen. Tante Miechen besuchte in diesen Tagen die Verwundeten und Kranken, die vom Roten Kreuz in den Lazaretten auf der Krim behandelt wurden. Sie war sehr nett und freundlich zu mir, überraschte mich aber mit ihrer Frage, warum ich nicht in die Garde eingetreten sei – sondern in »irgendein« kaukasisches Bataillon.

Ende September war ich bereits in Tiflis. Ich wurde von Onkel Nikolascha herzlich empfangen, und als er erfuhr, daß ich mich eigentlich unverzüglich in Erzincan melden wolle, eröffnete er mir, er wünsche aus verschiedenen Gründen, daß ich noch für kurze Zeit in Tiflis bleibe. Onkel Nikolaschas »Wunsch« war gleichbedeutend mit einem Befehl! Später begriff ich, daß die Gründe, die er gemeint hatte, schwerwiegend gewesen waren.

Am 5. Oktober war mein Geburtstag, an dem ich mündig wurde. Nach dem Grundgesetz, in dem die Verfassung der kaiserlichen Familie enthalten war, bedeutete diese Tatsache, daß ich von diesem Tag an über Einnahmen aus den Kronländereien verfügen konnte, und man mir eine gesetzlich festgelegte Apanage aus der Staatskasse zu zahlen hatte. Die Summe belief sich auf ungefähr 150 000 Rubel pro Jahr. Die Verwaltung der Kronländereien fragte mich, ob ich ein Gut haben oder festes Kapital wolle. (Krongüter und Majorate zählen als Eigentum des Geschlechts und werden nach dem Erstgeburtsrecht vererbt.) Die Güter, zwischen denen ich wählen konnte, lagen an der Wolga. Da ich nicht an einem Gut interessiert war, zog ich das Kapital vor.

Gleichzeitig wurde nach dem Gesetz bis zu meinem 25. Lebensjahr für mich vom Zaren ein Vormund benannt. Auf mein Ersuchen ernannte der Zar Onkel Nikolascha dazu. Eine der Hauptaufgaben des Vormunds bestand darin, Dokumente zu billigen, die mit dem Kauf und Verkauf von festem Eigentum zu tun hatten. Mein Vater schenkte mir das unbebaute Stück Land am Peterskai in Petrograd. In meinen Erinnerungen über Sankt Petersburg habe ich bereits von dem Stück Land erzählt, das am rechten Ufer der Newa nahe bei der Peter-Pauls-Festung lag.

Während meines kurzen Aufenthaltes in Tiflis war ich gezwungen, mich um meine Geldangelegenheiten zu kümmern – was mir völlig ungewohnt war, und das machte einen Briefwechsel mit Petrograd erforderlich. Oberst Ugrjumow war mir in dieser Periode eine große Hilfe. Mein Vater erlaubte mir, zur Erledigung meiner persönlichen Angelegenheiten sein Kontor zu benutzen, außerdem unterstützte mich sein Bürovorsteher Plechtschejew.

Onkel Nikolascha feierte meinen Geburtstag mit einem großen Essen. Jetzt brauchte ich nicht länger den letzten Platz am Ende des Tisches einnehmen wie als Junker. Ich saß neben Tante Stana auf dem Platz, der vorher für meinen Vater bestimmt war.

Endlich war die Zeit für meine Abreise nach Erzincan zu meinem Bataillon gekommen. Vor der Abfahrt vertraute mir mein Onkel einen Brief an General Judenitsch an, den ich ihm persönlich in Erzerum überreichen sollte, wo sich sein Stab zu diesem Zeitpunkt aufhielt. Auf dieser langen Reise wurde ich von Oberst Ugrjumow begleitet, der mit dem Bataillonskommandeur über mein Dienstzeugnis verhandelte sowie über andere, den Dienst in der kaukasischen Armee betreffende Fragen.

Bevor ich Tiflis verließ, verabschiedete ich mich sehr herzlich von meinem lieben alten Kammerdiener Scharkow, mit dem ich seit meiner Kindheit zusammen war. Er litt inzwischen an der Gicht, und ich ließ ihn zu seiner Familie nach Petrograd reisen und versprach ihm, daß wir, sobald der Krieg vorbei sei, wieder zusammensein würden. Aber ich sollte ihn nicht mehr sehen. Er starb im darauffolgenden Jahr.

Ich fuhr mit dem Zug von Tiflis nach Kars, von wo ich die Reise in einem Militärfahrzeug nach Erzerum fortsetzte. Ich nahm dieselbe Route wie im Februar, als ich Onkel Nikolascha zur eroberten Stadt Erzerum begleitet hatte. Als ich aus dem Waggon stieg, lag überall Schnee, und es blies ein kalter Wind. Kars, das auf 1850 Meter über dem Meeresspiegel liegt, war von jeher bekannt für sein rauhes und ziemlich kaltes Klima, obwohl sich die Stadt im südlichsten Kaukasien befindet.

Ein Militärfahrzeug erwartete uns am Bahnhof, und Ugrjumow und ich stiegen ein. Die Ordonnanz meines Vaters, Potapow, der Urlaub bekommen hatte, um auf dieser Reise mein Bursche zu sein, setzte sich neben den Chauffeur. Ich verfolgte die Fahrtroute auf einer Karte und erkannte Orte wieder, die ich mit der Begleitmannschaft Onkel Nikolaschas im Februar desselben Jahres passiert hatte. Nach dem Dorf Khasan-Kale überquerten wir die Bergkette Dewe-Bojnu, und nach einer kurzen Talfahrt erreichten wir Erzerum. Es war etwa 12 Uhr. Das Fahrzeug blieb vor dem Eingang eines zweigeschossigen Hauses stehen, das für die Offiziere beschlagnahmt worden war. Man stellte uns einige Zimmer zur Verfügung, und als ich mich frisch gemacht hatte, begab ich mich unverzüglich zum Stab General Judenitschs. Der Adjutant ließ mich warten, ich schickte nochmal die Ordonnanz zu ihm. Schließlich tauchte er selbst auf und erklärte mir, daß Seine Exzellenz im Augenblick am Mittagstisch sitze und er nicht wage, ihn zu stören. Da stellte ich mich vor und erklärte, daß der Oberkommandierende mir einen Brief anvertraut habe, den ich General Judenitsch persönlich überbringen wollte. Der Adjutant zog sich zurück. Es verging kaum eine Minute, da erblickte ich an der Tür General Judenitschs korpulente Gestalt; er tauchte mit der Serviette unter dem Arm auf. Er begrüßte mich, und ich übergab ihm das Kuvert meines Onkels. Der General öffnete es sogleich und las den Brief, der ihm augenscheinlich große Freude bereitete. Lächelnd lud Judenitsch mich ein, mit ihm zu speisen, aber ich bedankte mich für die Freundlichkeit und lehnte unter dem Vorwand ab, man würde mich in der Offiziersmesse erwarten. In Wirklichkeit hatte ich keine Lust, Judenitschs Frau zu treffen, die ihren Mann häufig begleitete und auf Reisen bei seinem Stab logierte. Die Generalin genoß wegen ihres ziemlich links gerichteten politischen Standpunkts wenig Sympathie in Offizierskreisen. Sie war Vorsitzende in irgendeiner wohltätigen Frauenorganisation.

Als ich zurückkam, traf ich Ugrjumow zusammen mit den Offizieren, die im Hause wohnten, am Mittagstisch und gesellte mich zu ihnen. Am Abend wurde in meinem Zimmer zum Essen aufgedeckt. Als Ugrjumow und ich uns gesetzt hatten, wurde eine Terrine mit heißer Weißkohlsuppe auf den Tisch gestellt, auf dem eine Petroleumlampe brannte. Michail Alexandrowitsch Ugrjumow machte mich darauf aufmerksam, daß auf der Suppe winzige Spinnen schwammen, die beim Kochen in den Topf gefallen waren, und daß der Kohl nicht ordentlich gespült war. Wir fingen an, die Tierchen mit unseren Gabeln herauszufischen ... Im nächsten Augenblick ertönte ein dumpfes Dröhnen, danach hörten wir in der Ferne ein Donnern. Ich merkte, wie mein Stuhl zu wackeln begann und wurde einige Male gelüpft. Die Lampe am Tisch erlosch, und wir saßen im Stockfinstern. Ein Erdbeben! Irgendwo rieselte es von der Decke auf uns herunter, und auf einmal war alles still. Plötzlich leuchtete uns jemand mit einem Leuchter an. Es war Potapow, der uns zur Sicherheit unter den Türrahmen nötigte, falls die Decke einstürzen sollte. Der Vorsteher der Offiziersmesse forderte uns auf, das Gebäude zu verlassen. Wir standen ein Weilchen auf der Straße, doch Ugrjumow und ich froren ohne unsere Militärmäntel, die wir in der Eile nicht angezogen hatten, und wir beschlossen, ein Stück zu gehen, um uns aufzuwärmen. Es war dunkel, und ich sah keine Zerstörungen, aber wir trafen erschreckte Frauen mit Kindern – und Männer, die irgendwohin liefen. Die Kälte zwang uns, umzukehren, und auf der Straße stießen wir auf einen kleinen Soldaten, der Ugrjumow fragte, ob es nochmal »rütteln« würde? Darauf antwortete Michail Alexandrowitsch kategorisch, er würde rechtzeitig von seinem Vorgesetzten darüber Mitteilung erhalten. Dieser kleine Soldat kam offenbar aus der russischen Tiefebene! Ich erfuhr später, daß das Erdbeben in der Stadt Schäden angerichtet und es mehrere Tote und viele Verletzte gegeben hatte.

Wir fuhren im selben Auto, das uns von Kars geholt hatte, weiter nach Erzincan. Je weiter wir hinunter ins Tal kamen, um so wärmer wurde es, und ich stellte eine Veränderung in der Vegetation fest; es war ein fruchtbarer Landstrich mit mehreren Dörfern. Auf halbem Weg überquerten wir einen Fluß und folgten ihm an einem Berghang entlang. Dieser kleine Fluß, den ich von der Straße aus sehen konnte, war der Euphrat. Die Türken nannten ihn Kara-Suju, bis er sich mit dem Murad-Suju vereinte, worauf er wasserreicher wurde und Euphrat hieß. Ich hatte eine unbändige Lust, meine Hand in das Wasser dieses Flusses zu tauchen, der durch Mesopotamien bis zum Persischen Golf floß. Ich bat den Fahrer, anzuhalten und stieg aus dem Auto. Die Uferböschung war ziemlich steil, aber trotz Ugrjumows Proteste kletterte ich hinunter und klammerte mich dabei an Steine und Büsche. Plötzlich tauchte Potapow mit einem leeren Benzinkanister neben mir auf. Er überholte mich, erreichte rasch und behende das Ufer, füllte den Kanister mit Wasser und stieg wieder hinauf zum Auto. So erfüllte ich mir meinen Wunsch und tauchte die Hand in das Wasser des Euphrat – das nach Benzin roch!

Als wir in Erzincan ankamen, begab ich mich sogleich zum Kommandeur meines Bataillons, Oberst Kandaguri, um mich zu melden. Am folgenden Tag legte ich vor dem angetretenen Bataillon mein Treuegelöbnis ab, wozu mir General Judenitsch ein Glückwunschtelegramm aus Erzerum schickte.

Nach der feierlichen Zeremonie des Treuegelöbnisses führte Ugrjumow ein sachliches Gespräch mit dem Bataillonskommandeur bezüglich meines Dienstzeugnisses und meines Dienstablaufes. Offiziere, die vom Junker befördert worden waren, mußten zuerst einen Monat in den Reservebataillons Dienst tun und konnten erst danach in ihre Einheiten eintreten. Was mein Dienstzeugnis betraf, so sollte es die Nikolai-Ingenieurakademie an mein Bataillon schicken, welches dann dafür zuständig war. Ugrjumow wies darauf hin, daß meine Dienstzeit vom 16. Lebensjahr an gerechnet werden müsse – wie es üblich war für Mitglieder unserer Familie. Ich hatte bis dahin nichts von diesem Privileg gewußt. Als er seine Verhandlungen mit dem Bataillonsstab abgeschlossen hatte, fuhr Ugrjumow zurück nach Tiflis, während ich noch zwei Tage, bis zum 12. Oktober, in Erzincan blieb.

Als ich am Tag vor meiner Abreise erfuhr, daß ein Offzier von einem der Infanterieregimenter mit einigen Soldaten niederen Ranges ein paar vorgeschobene Stellungen westlich von Erzincan inspizieren wollte, bat ich Oberst Kandaguri um Erlaubnis, mich anschließen zu dürfen und im selben Militärlastwagen zurückzukehren. Die Erlaubnis wurde erteilt. In dem Tagebuch, das ich damals führte, erwähne ich diese Begebenheit, hier möchte ich aber nur von dem Treffen berichten, das wir unterwegs hatten.

Kurz nachdem wir Erzincan verlassen hatten, begegnete uns eine Gruppe türkischer Kriegsgefangener. Der Infanterieoffizier, der neben mir saß, befahl dem Fahrer, anzuhalten, da er beabsichtigte, die Gefangenen auszufragen, um nützliche Informationen zu erhalten. Unter den Kriegsgefangenen befand sich ein junger Offizier. Weil ich wußte, daß Französisch damals auf den türkischen Militärschulen obligatorisch war, übernahm ich es, mit ihm zu reden. Wie zu erwarten war, weigerte sich der türkische Offizier, mir die Informationen zu geben, die ich von ihm erfragen sollte. Da wandten wir uns auf russisch an die Kriegsgefangenen und fragten, ob jemand unsere Sprache verstehe. Ein ziemlich großer Türke trat vor, weigerte sich aber ebenso wie der Offizier, Informationen preiszugeben. Ich wollte gerne wissen, wo er russisch gelernt hatte. Wir verständigten uns mühsam, er in einem gebrochenen Russisch und ich in meinem gebrochenen Türkisch-Tatarisch, das ich von der Krim her konnte. Aus seinen Worten ging hervor, daß er Maurer war und vor vielen Jahren an der Schwarzmeerküste der Krim gearbeitet hatte, wo er für ein Gut eine hohe Mauer baute. Aus seiner Beschreibung ging hervor, daß es sich bei dem Gut um unser Djulber gehandelt hatte!

Von Erzincan reiste ich widerwillig nach Alexandropol (heute Leninakan), wo ich – dem kaukasischen Reservebataillon zugeordnet – einen ganzen Monat bleiben mußte. Alexandropol machte einen sehr schlechten Eindruck auf mich. Die unansehnlichen Häuser waren sehr einförmig, und die einzigen Bauwerke, die sich von der Größe her unterschieden, waren die militärischen Verwaltungsgebäude und die Kasernen, in denen die große Garnison untergebracht war, die bei der Festung in Alexandropol lag.

Man erzählte von Alexandropol, daß es an einer Stelle erbaut worden sei, wo der Teufel seinen Schwanz um einen Stein geschlungen habe, während er erzürnt nach Süden spähte – zum irdischen Paradies! Das einzig Schöne an der Stadt war, meiner Meinung nach, der Anblick des erloschenen Vulkans Alagöz. Dieser hohe Berg hatte eine erstaunlich regelmäßige Form, er sah aus wie eine Glocke mit einer schneebedeckten Haube.

Bei meiner Ankunft in Alexandropol stand eine Wohnung für mich in einem Haus bereit, das Agababow gehörte, einem armenischen Kaufmann. In der Wohnung wurde ich von meinem Burschen Owschannikow empfangen, der Potapows Stelle eingenommen hatte, welcher nach Tiflis zurückgekehrt war. Owschannikow hatte seine Wehrpflicht im Pionierbataillon der Leibgarde abgeleistet und zusammen mit Rjabschenko gedient, der mich 1914 in Exerzierübungen und Gewehrgriffen unterrichtet hatte. Owschannikow erzählte mir, daß dem armen Rjabschenko einmal, als mein Vater unerwartet den Raum, in dem er unterrichtete, betrat, vor Schreck beinahe das Herz stehengeblieben war.

Im kaukasischen Reservebataillon wurden technische Übungen durchgeführt, die ich bereits an der Lehranstalt absolviert hatte. Ich meine, es ist überflüssig, darüber zu berichten, ich muß jedoch ehrlich zugeben, daß mich meine Stationierung in Alexandropol deprimierte und ich auf eine baldige Versetzung hoffte.

Am 2. November verließ ich Alexandropol. Kurz vor meiner Abreise hatte ich meinen Eltern, die von der Krim nach Tiflis zurückgekehrt waren, geschrieben, daß ich mich in dem Reservebataillon langweilte, weil ich nichts Neues lernen könne; die technischen Übungen, die ich hier machte, hatte ich schon in meiner Ausbildung in Kiew bestens kennengelernt. Ich bat meinen Vater, für mich eine Aufgabe in einer der Kompanien meines kaukasischen Pionierbataillons zu finden, welches sich in Persien oder an der türkischen Front befand. Mein Ersuchen wurde mit einem persönlichen Befehl Onkel Nikolaschas beantwortet, mich vom Reservebataillon weg nach Tiflis zu versetzen, wo ich General Sologub zur Verfügung gestellt wurde.

Mein Aufenthalt in Tiflis dauerte länger als erwartet. Aus verschiedenen Gründen hing die Entscheidung einer künftigen Versetzung von Onkel Nikolascha ab. Im November reiste mein Onkel zum Zaren ins Hauptquartier nach Mogilew, um Bericht zu erstatten von der Lage an der türkischen Front und von den Plänen der Kriegsführung an der türkischen Schwarzmeerküste. Soviel ich weiß, wurde mein Onkel damals nicht nur zur Berichterstattung in das kaiserliche Hauptquartier gerufen, sondern auch, weil der Zar mit ihm über seinen Stabschef, General Alexejew, sprechen wollte, dem er die Schuld an den Niederlagen an der rumänischen Front gab. Man erzählte mir auch, daß Onkel Nikolascha mit dem Zaren ein ernstes Gespräch über Rasputin geführt habe, den er politischer Intrigen verdächtigte, bei denen Rasputin seinen Einfluß auf Ministerpräsident Stürmer benütze. Rasputins Entfernung aus Petrograd war offensichtlich eine Folge dieses Gesprächs.

Rasputins Persönlichkeit hatte mich bisher nicht interessiert, doch nun wurde mir allmählich der Schaden klar, den er dem Zaren zugefügt hatte, indem er sich in Dinge einmischte, die politische Bedeutung hatten. Wenn meine Eltern und Tante Stana mit Onkel Nikolascha in meinem Beisein über Rasputin redeten, erkannte ich mehr und mehr die für die öffentliche Ruhe und Ordnung schädliche Rolle, die Rasputin in Regierungskreisen gespielt hatte. Wenn Tante Stana nur den Namen Rasputin aussprach, wurde Onkel Nikolascha ganz blaß und fing an, leise ein Lied zu summen. Als Tante Stana meinen Onkel das erste Mal diese kleine Melodie singen hörte, so falsch wie nur möglich, fragte sie ihn nach dem Grund. Mein Onkel erwiderte, daß ihm gerade der berühmte Sänger Battistini eingefallen sei. Von diesem Tag an nannte Tante Stana Rasputin stets Battistini, und diesen Spitznamen behielt er in allen Gesprächen mit Onkel Nikolascha.

Im November sah ich im Palast zu Tiflis häufig den Bürgermeister Khatisow, der damals der Vorsitzende der kaukasischen Sektion des Semstwo-Vereins der Stadt war. Der frühere Statthalter, Graf Worontsow-Daschkow, hatte Khatisow – wie zuvor schon erwähnt – meinem Onkel wärmstens empfohlen. Er schätzte dessen ausgezeichnete Kenntnisse, was die wirtschaftlichen und sozialen Fragen des kaukasischen Gebiets betraf und vertraute Khatisows Patriotismus blind. Im Herbst 1916 hielt sich auch Chikheidse, ein Mitglied der Duma, des öfteren in Tiflis auf. Er verbreitete revolutionäre Propaganda in einer Zeit, in der Rußland an allen Fronten gegen Deutschland und seine Verbündeten kämpfte. Khatisow wußte über Chikheidses heimliche Propaganda genau Bescheid, er kämpfte unermüdlich dagegen an und hatte Onkel Nikolaschas volle Unterstützung.

Ende November, nach einem intensiven Briefwechsel mit dem Stab des Ersten kaukasischen Pionierbataillons, wurde meine Kommandierung nach Trapezunt beschlossen, wo ich dem Kommandanten der besetzten Stadt, General Schwartz, unterstellt werden sollte. Obwohl ich gehofft hatte, nach Persien geschickt zu werden, freute ich mich über diese Versetzung. Ich stellte mir vor, daß mein Dienst an der Schwarzmeerküste interessant werden würde, weil die Pionieraufgaben – über den Verteidigungsauftrag hinaus – sich auch auf die Hilfe und Unterstützung unserer Flotte beziehen mußten. Ich freute mich auch darauf, Marina wiederzusehen. Sie arbeitete als Krankenschwester in Trapezunt, in einer Abteilung des Roten Kreuzes, die sie selbst begründet hatte. Endlich kam der lang ersehnte Tag, und Anfang Dezember reiste ich nach

Batumi, um von dort mit dem Torpedoboot nach Trapezunt zu gelangen.

Als ich im Hafen von Trapezunt an Land ging, empfing mich am Kai der Adjutant von General Schwartz, mit dem ich zum Generalstab fuhr. Der Generalstab war in einem großen Gebäude auf einem Platz im Stadtzentrum untergebracht. Ich begab mich in die oberste Etage, und der Adjutant führte mich zum Dienstzimmer des Kommandeurs. Ich meldete mich bei General Schwartz, der mich sehr herzlich begrüßte und sogleich mit mir über meinen Vater zu sprechen begann. Er erinnerte sich der Jahre, in denen mein Vater Generalinspekteur der Pioniereinheiten gewesen war und erzählte mir von seiner Auseinandersetzung mit Kriegsminister Suchomlinow, der zu dieser Zeit die Abschaffung einiger Festungen plante, unter anderen die von Iwangorod, deren Verteidigung General Schwartz im Herbst 1914 übernommen hatte.

Am selben Tag, an dem ich mich bei General Schwartz gemeldet hatte, wurde ich in den Generalstab gerufen, wo Hauptmann Prochorow damals Stabschef war. Er teilte mir mit, daß ich nach Platana geschickt werde, um dem Chef des besetzten Gebietes im ersten Frontabschnitt zur Hand zu gehen. Platana war eine unbedeutende kleine Stadt an der Küste, etwa 15 Kilometer westlich von Trapezunt. Der Gebirgsfluß Kalanema-Dere mündete in der Nähe von Platana, an dessen rechtem Ufer und am Berghang Stellungen gebaut wurden.

Mein Chef in diesem befestigten Frontabschnitt war Hauptmann Ulanow von der Zweiten Kompanie des Ersten kaukasischen Pionierbataillons. Er war ein sympathischer, fröhlicher Mensch, und zwischen uns ergab sich sogleich ein glänzendes Einverständnis. Zuerst forderte Ulanow mich auf, die Umgebung in Augenschein zu nehmen, für die Pläne zum Bau von Stellungen erarbeitet wurden. Dann sollte ich die erforderlichen Bauzeichnungen anfertigen, damit die Details auf der Karte, die er benutzte, genauer wurden. Als ich meine Arbeit ausgeführt hatte, wies mich Ulanow an, die Arbeiten zu überwachen, die von unseren Pionieren und von Freiwilligen aus der Bevölkerung übernommen wurden.

Am selben Vormittag, als ich mich nach meiner Ankunft in Trapezunt bei General Schwartz gemeldet hatte, konnte ich mich zu meiner großen Freude mit Marina treffen, die die graue Schwesterntracht trug. Sie wartete in meinen Zimmern auf mich, die man mir in einem Gebäude zur Verfügung gestellt hatte, das am selben Platz wie das Stabsgebäude lag. Nach einem kurzen Gespräch eilte Marina zurück in ihr Lazarett.

Das Haus, in dem ich im ersten Stock meine Wohnung hatte, gehörte einem reichen Griechen, der Trapezunt verlassen hatte, als der Krieg zwischen der Türkei und Rußland begann. Eine Griechin war dageblieben, um sich um das Haus zu kümmern. Sie hieß mich bei meiner Ankunft willkommen. Ihren griechischen Willkommensgruß verstand ich zwar nicht, aber nach ihrem Gesichtsausdruck zu urteilen freute sie sich, mich als Untermieter zu haben. Mein Bursche Owschannikow führte bereits den Haushalt in meiner Wohnung, die aus einigen Zimmern bestand. Die Möblierung war völlig europäisch, und in den Zimmern waren einige Dinge zurückgeblieben, wie zum Beispiel ein Grammophon, die der Grieche auf seiner Flucht nicht hatte mitnehmen können. Während ich in Platana arbeitete, benutzte ich die Wohnung nur abends und um dort zu übernachten.

Trapezunt hat man wie ein Amphitheater um eine Reede an der steilen Küste am Fuße des Berges Boz-Tepe angelegt, der in Terrassen zur Stadt abfällt. Früher stand sicher einmal eine Statue des Gottes Mithras auf der Spitze des Berges. Im alten Teil der Stadt sind noch die byzantinischen Mauern erhalten, dort lebten außer den Türken viele Armenier, die während der Verfolgungen und der blutigen Aufstände zur Zeit von Sultan Abdul Hamid aus Armenien geflohen waren. Eine lange Straße – die Großfürstliche –, die nach Onkel Nikolascha benannt war, trennte die Altstadt von dem moderneren Teil Trapezunts. Hier gab es mehrere gute Geschäfte, deren Eigentümer Griechen waren. Ich hatte nur selten die Möglichkeit, mir Trapezunt anzuschauen und mußte die Gelegenheiten benutzen, wenn ich aus dem einen oder anderen Grund nicht nach Platana fuhr. Von den wenigen Stadtrundgängen, die ich in Trapezunt unternahm, erinnere ich mich am besten an den mit Marina, als wir den Felsen bestiegen, auf dem die Zitadelle lag. In einer der massiven Festungsmauern, deren Steine von grünem Efeu bewachsen waren, befand sich in Form eines schönen Torbogens der Eingang zur Zitadelle. Nachdem wir ihn durchschritten hatten, landeten wir in einem Gestrüpp aus Feigen- und Lorbeerbäumen und entdeckten in der Mitte die eingestürzten Mauern des Palastes der Komnenos Dynastie. Marina, die sich damals gerade mit der Geschichte Trapezunts beschäftigte, erzählte mir von der Dynastie Komnenos, zu der einige unserer Vorfahren über die byzantinische Paleologue Dynastie (Iwan III. war mit Sophia Paleologue verheiratet) gehört hatten. Wir erklommen die höchste der halb eingestürzten Mauern des Palastes und hatten von hier eine phantastische Aussicht über das Meer. In der Ferne am Horizont erkannte man wie eine kleine weiße Wolke den schneebedeckten Gipfel des Elbrus. Dabei lag der Elbrus 200 Kilometer entfernt!

Wenn ich aus Platana zurückkam, verbrachte ich die Abende häufig mit dem Zeichnen von Plänen und anderen Berechnungen. Außerdem schrieb ich Briefe an meine Verwandten und Freunde in Rußland. Ich korrespondierte mit meinen Kameraden von der Alexej-Ingenieurakademie und erhielt Briefe von Nikolai Gamaleja, der sich wie ich einige Zeit in einem Reservepionierbataillon aufhielt. Er wurde danach an die Westfront zur vierten sibirischen Fernmeldekompanie abkommandiert, hoffte aber, nach Kaukasien versetzt zu werden. Sehr rührte mich die Nachricht des Leiters der Alexej-Ingenieurakademie, daß ich, außer dem Emblem der Nikolai-Ingenieurakademie, auch die Genehmigung erhalten hatte, das Emblem der Alexej-Ingenieurakademie zu tragen.

Ich stand auch in regem Briefwechsel mit meinem Halbvetter Igor Konstantinowitsch, mit dem ich so viele Jahre befreundet war. Er schrieb aus Mogilew an mich, aus dem Hauptquartier des Generalstabes, wo er als Flügeladjutant dem Stab des Zaren angehörte. Ich hatte Igor das letzte Mal im Juli 1914 auf Znamenka gesehen, als er zum Kornett des Gardehusarenregiments Seiner Majestät befördert worden war. In einem seiner Briefe schrieb er, daß wir uns vielleicht in Mogilew treffen würden, weil der Zar – so Igors Worte – beabsichtigte, mich zu seinem Flügeladjutanten zu ernennen. Das beunruhigte mich sehr, denn in diesem Falle hätte ich meinen Dienst im kaukasischen Heer aufgeben müssen.

Am Abend besuchte ich Marina manchmal, die in der Nähe wohnte. Hier begegnete ich ihren Freunden, die beim Roten Kreuz ihren Dienst taten. Manchmal lud ich Marina zusammen mit Natascha Lischina und anderen Freunden zu mir ein. Ich hatte auch Besuch von dem bekannten Schriftsteller und Journalisten Mintslow, der vom Landwirtschaftsministerium nach Trapezunt geschickt worden war, wo er General Schwartz attachiert wurde. Als ich ihn kennenlernte, war er Redakteur der »Trapezunter Kriegsausgabe«. Diese kleine Zeitung wurde in der Druckerei des Generalstabes hergestellt, die ich einmal besichtigte. In der Druckerei arbeiteten Soldaten, Maschinenwärter und Setzer, die Mintslow angelernt hatte. Die Zeitung brachte Neuigkeiten von der Front sowie Begebenheiten, die nach Meinung Mintslows wichtig waren. In seiner Zeitung fand er außerdem noch Platz für seine eigenen, lebendigen Artikel über die verschiedenartigsten Themen. Wenn er mich besuchte, hörte ich mir sehr interessiert seine Berichte über die westliche Mongolei an, wohin ihn das Ministerium einige Jahre vorher geschickt hatte, um die Lebensumstände in diesem Gebiet zu studieren und etnographische Informationen über die Bevölkerung zu sammeln. Es gab nur einen Zug in Mintslows Charakter, den ich nicht mochte. Das war sein empfindliches Selbstbewußtsein. Er war ungeheuer verletzlich, wenn ihm ein Posten, mit dem er gerechnet hatte, durch die Lappen ging ... Deshalb konnte er General Schwartz nicht leiden, den er offen kritisierte, doch der General reagierte in seiner Herzensgüte nicht auf diese Kritik.

Bei den Pionierarbeiten benutzte Hauptmann Ulanow auch freiwillige Arbeitskräfte, die aus der örtlichen Bevölkerung rekrutiert wurden. Der größte Teil waren Türken, dazu kam eine geringe Zahl von Armeniern und Griechen. Sie wurden nach einer gegenseitigen Übereinkunft pro Stunde bezahlt. Eines Morgens, als ich zu Ulanow kam, um ein paar Anweisungen entgegen zu nehmen, erschien er mir nervös und aufgeregt. Es stellte sich heraus, daß er eine Verordnung des Generalstabes erhalten hatte, wonach der Lohn der griechischen Arbeiter um fast das dreifache erhöht werden sollte. Ein solches Vorgehen hielt Ulanow für ungerecht, und er bat mich, die Hintergründe dieser Verordnung in Trapezunt zu klären.

Als ich gegen Abend nach Hause kam, begab ich mich sogleich zum Generalstab und erfuhr, daß der den Lohn der Griechen betreffende Befehl von General Schwartz stammte. Ich beschloß, mich an den General zu wenden, um eine Erklärung für dieses Privileg zu bekommen. General Schwartz empfing mich, und als ich ihm die Frage bezüglich des Lohnes stellte, antwortete er, daß er zur Ausfertigung dieses Befehls gezwungen gewesen sei, um ein Ersuchen des griechischen Metropoliten Chrisanph, der in Trapezunt eine wichtige Position innehatte, zu erfüllen. Er fügte hinzu, er habe auch Rücksicht darauf genommen, daß der Metropolit das Vertrauen und Wohlwollen Onkel Nikolaschas genieße. Die beiden hätten sich in Trapezunt getroffen, als mein Onkel die kaukasische Front besichtigt habe. Bei dieser Gelegenheit hatte der Metropolit seine Hilfe bei der Bereitstellung von Arbeitskräften zum Bau der Festung bei Trapezunt versprochen. Nach dieser Erklärung gab General Schwartz zu, daß er mit Freuden den Befehl annullieren würde, denn er fürchte, die Verordnung könnte dem Metropoliten in Zukunft zum Vorwand dienen, seinen griechischen Verwandten weitere Privilegien zu verschaffen. Weil er die Sache gerne in Ordnung bringen wollte, schlug mir der General vor, doch die Gelegenheit zu nutzen und persönlich mit dem Metropoliten zu sprechen.

Das tat ich auch. Statt am nächsten Tag nach Platana zu fahren, nahm ich das Auto, um dem Metropoliten einen Besuch abzustatten, dessen Haus auf einem sehr hohen Felsen stand. Der Metropolit war von meinem Besuch unterrichtet worden. An der Tür wurde ich von einem Diener in einem goldbestickten Kaftan empfangen. Er führte mich in ein Gemach, wo ich einen kleinen Mönch mit schütterem Bärtchen und einer schwarzen, hohen, zylinderförmigen Mönchskappe auf dem Kopf erblickte. Er sagte irgend etwas Unverständliches auf griechisch zu mir und verschwand. Das Wohngemach des Metropoliten war geräumig und duftete nach einem Parfüm, das mich an Rosenöl erinnerte. An den Wänden hingen schlechte Porträts der Vorgänger des Metropoliten Chrisanph.

Kurz darauf öffnete sich die Tür des angrenzenden Zimmers, und der Metropolit trat ein. Ich war sehr erstaunt, einen ganz jungen Mann vor mir zu sehen. Nachdem er mich gesegnet hatte, bot er mir mit einem liebenswürdigen Lächeln einen Stuhl an, der neben einem großen Lehnsessel stand, in den er sich setzte. Der Metropolit Chrisanph machte auf mich den Eindruck eines klugen und kultivierten Menschen. Er war ein schöner, dunkelhaariger Mann mit einem schwarzen Spitzbart. Er trug eine schwarze Mönchskutte, aber ohne Heiligenbild, wie ich es auf der Brust von Bischöfen zu sehen gewohnt war. Das lange Haar fiel auf die Schultern seiner hohen Kapuze. Der Metropolit sprach ausgezeichnet französisch. Mit einem liebenswürdigen Lächeln auf den Lippen begann er sogleich von Onkel Nikolascha zu sprechen und gab seiner Bewunderung für ihn Ausdruck.

Der Metropolit hatte offensichtlich keine Ahnung von dem Grund meines Besuchs und ging vermutlich davon aus, daß ich lediglich einen Höflichkeitsbesuch mache. Als ich auf mein Anliegen kam, das vorzubringen mich General Schwartz gebeten hatte, verschwand das Lächeln augenblicklich von seinem Gesicht. Er hörte mir aufmerksam zu und strich sich dabei den Bart. Ich erklärte ihm, daß sein Wunsch nach einer Erhöhung des Lohns für die griechischen Arbeiter jeder Grundlage entbehre und daß General Schwartz derselben Meinung sei. Der Metropolit erwiderte mir kühl, daß die Griechen die Verbündeten der Russen seien und deshalb durchaus Privilegien in Anspruch nehmen könnten. Ich entgegnete, daß wir zwar Verbündete seien, die Griechen aber keine Privilegien verdienten, da sie weniger arbeiteten als die anderen; davon hatte ich mich selbst überzeugen können, während ich die Arbeiten in Platana überwachte. Ich drückte mich unmißverständlich aus, und meine Worte erzürnten den Metropoliten, doch er verbarg seine Gefühle und sagte, das Problem betreffe nicht die Arbeiten in Platana, sondern sei grundsätzlicher Art, und die Entscheidung sei eine Sache der militärischen Dienststellen. Hier brach er unser Gespräch ab, erhob sich mit seinem früheren liebenswürdigen Lächeln und schlug mir vor, die Aussicht vom Fenster des Wohngemaches zu genießen. Die Aussicht war wirklich überwältigend. Von der Spitze des Felsens, auf dem die Wohnung des Metropoliten von Trapezunt gebaut war, konnte man weit über das blaue Meer blicken – von der kaukasischen Küste bis weit nach Westen.

Als ich mich von dem Metropoliten Chrisanph verabschiedete, sagte ich ihm, ich würde General Schwartz unverzüglich davon benachrichtigen, daß die Frage nach der Höhe der Bezahlung für die örtlichen Arbeiter von den russischen Militärdienststellen geregelt werden solle. Als General Schwartz das Ergebnis unseres Gesprächs erfuhr, freute er sich sehr und annullierte den Befehl.

Der Metropolit Chrisanph, der seine Ausbildung auf einer Universität in Deutschland erhalten hatte, beherrschte außer Griechisch noch mehrere andere Sprachen. Man munkelte, er sei germanophil und sympathisiere im Krieg mit den Türken. Man erzählte auch, man habe nachts ein seltsames Licht in der Wohnung des Metropoliten bemerkt und daß am folgenden Tag feindliche U-Boote vor Trapezunt aufgetaucht seien.

Im Dezember war General Januschkewitsch auf der Durchreise in Trapezunt. Zu meinem großen Bedauern hatte ich keine Gelegenheit, ihn zu treffen, weil unaufschiebbare Arbeiten in Platana es nicht zuließen. In dem Jahr, das ich in Tiflis verbrachte, hatte ich ein ausgezeichnetes Verhältnis zu Januschkewitsch aufgebaut und mochte ihn wegen seines ausgeglichenen und offenherzigen Wesens sehr. Ugrjumow kam zusammen mit ihm aus Tiflis. Er war wegen meiner Geldangelegenheiten in Petrograd gewesen und auch, um sich dem Hofminister, Graf Fredericks, vorzustellen. Michail Alexandrowitsch führte verschiedene Dokumente mit sich, die ich unterschreiben mußte, und ich hatte mit ihm wegen einiger Fragen zu reden, die Marinas Frontlazarettabteilung betrafen, bei deren Organisation ich ihr behilflich gewesen war. Graf Fredericks hatte Ugrjumow gebeten, mir mitzuteilen, daß der Andreasorden, den ich an meinem Geburtstag bekommen hatte, nach Tiflis geschickt werden würde.

Michail Alexandrowitsch war beunruhigt über die Lage in Petrograd, wo ein großer Mangel an Lebensmitteln herrschte, was in der Stadt zu Unruhen führte. Man hatte ihm erzählt, daß sich in politischen Kreisen eine Unzufriedenheit über die Regierung ausbreite und besonders über Innenminister Protopopow. Diese schlechten Neuigkeiten beeindruckten mich damals nicht besonders – Petrograd lag so weit weg und was in den Streitkräften zu Unzufriedenheit führte, interessierte mich nur wenig ... Als Ugrjumow nach Tiflis zurückmußte, gab ich ihm einen Brief an meinen Vater mit, in dem ich ihm über mein Gespräch mit dem Metropoliten von Trapezunt berichtete und ihn bat, das Ganze Onkel Nikolascha zu erzählen.

Einige Tage nach Ugrjumows Abreise erreichte uns in Trapezunt die Nachricht vom Mord an Rasputin. Trotz allen Widerwillens gegen diesen Menschen empörten Marina und ich uns über das Verbrechen, das auf so hinterhältige Weise begangen worden war. Wir kannten Felix Jusupow gut von der Krim und vermochten nur schwer zu begreifen, daß er zur Ausführung einer solchen Tat fähig gewesen war. Früher hatte Felix im Ruf eines Schöngeists gestanden, und sein ganzes Interesse hatte sich darauf beschränkt, Gäste in seinen prachtvoll ausgestatteten Zimmern auf der Krim und in Sankt Petersburg zu empfangen. Er führte ein sorgloses Leben und interessierte sich eigentlich nicht für Politik. Allerdings war ihm sein Ansehen in der Öffentlichkeit nicht unwichtig, was vielleicht ein Motiv für die Ermordung Rasputins gewesen sein konnte. Ohne sich möglicherweise Gedanken darüber zu machen, daß er zum Mörder wurde, plante Felix seine Tat, die ihn ihrer politischen Bedeutung wegen mit einem Glorienschein des Ruhms umgab, was höchstwahrscheinlich seiner Eitelkeit geschmeichelt hatte.

Am Silvestertag 1917 teilte mir General Schwartz mit, daß er meine Anwesenheit bei einem Neujahrsgottesdienst wünsche, der auf seinen Befehl hin auf dem wichtigsten Markt der Stadt gefeiert werden sollte. Ich wurde am Morgen vom Stabschef, Oberst Grinewitsch, abgeholt. Wir begaben uns gemeinsam zum Gottesdienst, der unter Anwesenheit des gesamten Generalstabs und vieler Offiziere mit mehreren Einheiten der Garnisonen von einem Feldpastor abgehalten wurde.

Es war außergewöhnlich warm. Nach dem Gottesdienst ging ich zu einer Gruppe Offizieren, während General Schwartz auf das Podium stieg, auf dem sich der Metropolit Chrisanph und der Bürgermeister Trapezunts bereits befanden. Bevor die Abgeordneten der örtlichen Organisationen auf das Podium treten und dem General ihre Neujahrsgrüße überbringen sollten, schickte er seinen Adjutanten mit der Aufforderung zu mir, mich auf das Podium an seine Seite zu begeben. Als ich zu der engen Treppe kam, die hinaufführte, stand auf der untersten Treppenstufe ein kleiner, hagerer Mönch. Als ich mich näherte, wandte er mir den Rücken zu und hinderte mich daran, hinaufzukommen. Ich begriff, daß er das mit Absicht machte und erkannte ihn als den Klosterdiener wieder, dem ich im Hause des Metropoliten begegnet war. Das erregte meinen Zorn, und ich packte ihn kurzerhand an den Armen, hob ihn hoch und setzte ihn neben der Treppe wieder ab. Als ich das Podium betrat, neigte Chrisanph als Antwort auf meinen Gruß liebenswürdig seinen Kopf.

Anfang Januar kam der Vertreter des französischen Roten Kreuzes, Herzog de Luynes, aus Tiflis und General Schwartz wollte, daß ich ihn zum Essen einlud. Ich bestellte alles, was ich dazu benötigte, beim Koch der Offiziersmesse und bat Marina, die Gastgeberin zu spielen. Als ich mich an diesem Vormittag auf dem Heimweg von meiner Arbeit in Platana befand, nahm ich die »Großfürstliche«-Straße, um in einem griechischen Laden, dem besten Lebensmittelgeschäft der Stadt, Wein und einige Kleinigkeiten zu kaufen.

Das Essen – genauer gesagt das Souper – war auf 21 Uhr festgesetzt. Mein Gast wurde von seinem Assistenten und von Fürst Orlows Sohn Nikolai Wladimirowitsch begleitet. De Luynes machte sogleich einen guten Eindruck auf mich, der, als ich ihn näher kennenlernte, nur noch besser wurde. Er war um die 50 Jahre alt; im Rang eines Hauptmanns zur Reserve der französischen Streitkräfte einberufen, wurde er General Joffre zugeteilt und auf verschiedene Missionen zu den Verbündeten Frankreichs geschickt. Beim Souper erzählte Herzog de Luynes viel Interessantes von seinen Reisen durch die Länder der Verbündeten und äußerte sich begeistert über unsere Truppen. Am Ende der Mahlzeit hob ich mein Glas Champagner, und alle tranken auf sein Wohl. Der Herzog dankte auf die liebenswürdigste Weise für den Trinkspruch und brachte seinen Wunsch zum Ausdruck, Marina und mich nach dem Krieg in Dampierre zu sehen, um sich dort für das Essen zu revanchieren.

Nachdem uns de Luynes verlassen hatte, blieben Marina, Orlow und der Adjutant von General Schwartz noch ein Weilchen im Wohnzimmer sitzen und plauderten. Nach einiger Zeit fiel mir auf, daß der Adjutant immer blasser wurde. Er sagte, er habe Kopfweh und verabschiedete sich. Mir war klar, daß sein Kopfweh eine Ausrede war, um den wirklichen Grund seines Unwohlseins zu verschweigen, der irgendwie mit unserem Essen in Zusammenhang stehen mußte. Ich verdächtigte die Sardinen, die ich in dem griechischen Laden gekauft hatte, und dieser Verdacht machte mich ziemlich nervös, denn ich wußte ja nicht, ob ich auch unseren französischen Gast vergiftet hatte! Bevor ich am nächsten Morgen nach Platana zu meiner Arbeit fuhr, machte ich einen Abstecher zur Offiziersmesse, um mich nach dem Herzog zu erkundigen und erfuhr zu meiner Freude, daß er bereits mit dem Auto Richtung Erzincan unterwegs war.

Sieben Jahre später, nach der Revolution, besuchte ich Nadja auf ihrem Gut bei Orleans. Sie hatte Herzog de Luynes kennengelernt und ihn auf dem Schloß seiner Väter, Dampierre, besucht. Der Herzog, der sich an seine Reise nach Trapezunt erinnerte, hatte zu ihr gesagt, er erwarte, daß ich ihn besuche, damit er sich für das Essen revanchieren könne, das ich ihm zu Ehren gegeben hatte. Leider war er zu dieser Zeit nicht auf Dampierre, und so fand ich keine Gelegenheit, ihn zu treffen.

Im Januar gab es eine Menge Arbeit in Platana. Damals führten wir eine Aufgabe zu Ende, die General Schwartz uns gestellt hatte. Er hatte uns beauftragt, so rasch wie möglich eine Holzbrücke wiederaufzubauen, die die Türken beim Rückzug zerstört hatten. Als die Brücke fertig war, kam General Schwartz aus Trapezunt. Nachdem er die Pioniere begrüßt hatte, inspizierte er sorgfältig den Unterbau an den Ufern, die Brückenpfeiler und den Belag und kontrollierte dann die Zeichnungen. General Schwartz trat hier als ein ganz anderer Mensch auf als der, den ich im Generalstab oder in privater Umgebung zu sehen gewohnt war. Er hatte einen strengen Gesichtsausdruck und benahm sich wie ein richtiger Chef, der Respekt und Vertrauen einflößte. Nachdem er zu den Pionieren gesprochen hatte, setzte er sich in den Dienstwagen und rief Ulanow und mich zu sich, damit wir gemeinsam über die Brücke fahren konnten.

Einige Tage später endete meine Arbeit in Platana auf eine sehr unerwartete Weise. Als ich von meiner Arbeit nach Hause kam, klopfte ich wie gewöhnlich an die Tür meiner Wohnung, worauf mich Owschannikow einzulassen pflegte. An diesem Tag mußte ich mit meinem eigenen Schlüssel aufsperren, und als ich in die Diele kam, rief ich nach ihm. Weil ich keine Antwort erhielt, ging ich in sein Zimmer und sah ihn auf seinem Bett liegen. Er atmete schwer und hatte Fieberphantasien. Ich legte meine Hand auf seine Stirn, die glühend heiß war. Das beunruhigte mich sehr, denn ich wußte nicht, wie ich mich verhalten sollte, um ihm zu helfen, bevor es Nacht wurde. Ich rief den Militärarzt Wladimirow an und bat ihn, nach dem Kranken zu sehen. Wladimirow kam und stellte nach einer gründlichen Untersuchung ohne Zögern die Diagnose: Flecktyphus. Er erklärte mir, daß Owschannikow umgehend in die Epidemieabteilung des Militärkrankenhauses eingeliefert werden müsse und meine Wohnung einer gründlichen Desinfizierung bedürfe. Wladimirow unterrichtete General Schwartz von dem Vorfall. Gemeinsam mit einigen Sanitätssoldaten brachte ich den armen Owschannikow ins Krankenhaus. Als ich nach Hause zurückkam, rief mich General Schwartz an und befahl mir, sofort in das Generalstabsgebäude umzuziehen, wo auf seine Anordnung hin ein Zimmer vorbereitet worden war, in dem ich mich in Quarantäne zu begeben hätte.

Der Generalstab war in einem riesigen Gebäude untergebracht – beinahe einem Palast –, das dem türkischen Dignitar Nemli-zade gehörte. Mein Zimmer lag im Erdgeschoß und war früher vermutlich als Gästeempfangsraum benutzt worden. Es war in demselben üppig europäisch-orientalischen Stil eingerichtet, den man in vielen wohlhabenden Häusern im Nahen Osten findet. An den Wänden meines Zimmers hingen große Spiegel in bunten Glasrahmen, und die Kronleuchter waren aus dem gleichen bunten Glas. Die vergoldeten Stühle und Sessel, die mit auffällig gefärbtem Samt bezogen waren, zählten zu irgendeiner mir nicht bekannten Louis-Stilart und standen auf Perserteppichen erster Qualität. Auf den niedrigen Diwanen, die mit Seide bezogen waren, lagen viele Kissen, und auf einem Tisch stand ein Grammophon mit einem großen, schwarzen Schalltrichter. Mitten in dieses Arrangement hatte man mein Bett gestellt.

Ich war sehr verärgert über diesen unvorhergesehenen Müßiggang und beklagte mich bei General Schwartz. Er teilte mir mit, daß er beabsichtige, mich mit einer anderen Aufgabe zu betrauen – nicht in Platana, sondern in der Nähe von Trapezunt. Das neue Projekt, das er im Kopf hatte, bestand aus dem Bau einer Küstenstation zur Verteidigung gegen die feindliche Flotte. Er hatte bereits die Genehmigung für diese Befestigungsanlage, mit deren Ausführung bald begonnen werden sollte. Um die Zeit in meiner Einsiedlerklause zu nützen, hatte mir General Schwartz einige Fachbücher besorgt, mit deren Hilfe ich mein Wissen in den Gebieten, in denen die Lehranstalten nur eine mangelhafte Unterweisung geboten hatten, erweitern konnte. Ich erkundigte mich jeden Tag nach Owschannikow, dem es allmählich besser ging. Als meine Quarantäne aufgehoben wurde, war er bereits nach Batumi gebracht worden.

Nachdem ich meinen neuen Stationierungsbefehl erhalten hatte, fuhr ich täglich zu einem halb zerstörten türkischen Dorf an dem kleinen Fluß Kaglan-Deresi, etwa fünf Kilometer östlich von Trapezunt. Die Arbeit für den Bau eines Küstenstützpunktes interessierte mich sehr. Meine Vorgesetzten, alles Militäringenieure, waren ständig mit den Artilleristen in Kontakt, deren Geschütze sie aufstellen sollten, sobald die ersten Arbeiten abgeschlossen waren.

Ich will hier nicht über meine Rolle beim Bau des Stützpunktes berichten, ich möchte nur erwähnen, daß ich ungeduldig den Abschluß der Arbeiten herbeisehnte, um General Schwartz bitten zu können, mich in eine neu aufgestellte Einheit zu versetzen, die in der Gegend um Kerasund operieren sollte. General Schwartz hatte mir im Vertrauen von dieser Aktion erzählt, die von Judenitsch geplant war. Um Kerasund einzunehmen, hatte man an den Einsatz von Landungstruppen unter dem Schutz der Flotte gedacht und wollte gleichzeitig unsere Leute auf dem Landweg der Küste entlang dorthin schicken. Doch die Erfüllung meines Wunsches wurde mir nicht vergönnt ...

Am Morgen des 1. März rief mich Schwartz zu sich in den Generalstab. Als ich eintraf, fiel mir sogleich seine Erregung auf. Er saß hinter seinem Schreibtisch und reichte mir wortlos ein Stück Papier, auf dem der dechiffrierte Text eines Telegramms stand, das für mich bestimmt, aber an General Schwartz adressiert war. Ich traute meinen Augen nicht und las das Telegramm immer wieder von neuem. Es war mit »Onkel Nikolascha« unterzeichnet und beorderte Marina und mich nach Tiflis!

»Was bedeutet das?« fragte ich General Schwartz. »Das bedeutet«, erwiderte der General, »daß Sie und Ihre Schwester bereits morgen mit dem Zerstörer »Bystryj«, der unten an der Reede liegt, nach Batumi fahren.«

Nach einer kurzen Pause bemerkte Schwartz, daß das Bekanntwerden unserer Abreise aus Trapezunt zu einigem Gerede bezüglich der beunruhigenden Nachrichten aus Petrograd Anlaß geben werde. Zum ersten Mal redete Schwartz mit mir über politische Fragen, über die Unzufriedenheit mit der Regierung und über die Unruhen in Petrograd. Ich hörte ihn an ..., doch Petrograd schien mir so weit weg – Tausende von Kilometern von der kaukasischen Front entfernt!

Ich verließ den Stab ziemlich niedergeschlagen und fuhr zu Marina ins Lazarett, um sie von Onkel Nikolaschas Telegramm zu unterrichten. Wir diskutierten lange unsere Situation und gelangten zu dem Schluß, daß wir unseren Onkel bitten wollten, die Anordnung zu annullieren. Begründen wollten wir unser Ersuchen mit der Vermutung von General Schwartz, daß unsere plötzliche Abreise aus Trapezunt Anlaß zu unerwünschten Gerüchten geben könnte. Aber wie sollten wir das anstellen? Ich hatte die Idee, ein Telegramm an meinen Vater zu schicken mit der Bitte, Onkel Nikolascha unsere schwierige Situation zu erklären und die Annullierung des Befehls zu erwirken. Weil ich den Charakter meines Onkels kannte, wagte ich es nicht, mich direkt an ihn zu wenden, denn er würde eine solche Handlungsweise meinerseits als Verstoß gegen die militärische Disziplin ansehen. Deshalb telegrafierte ich an meinen Vater.

Ich ging von Marina direkt zu General Schwartz, überreichte ihm mein Telegramm zur Begutachtung und bat ihn, dafür zu sorgen, daß es verschlüsselt und an meinen Vater nach Tiflis gesandt werde. Der General rief sogleich seinen Adjutanten und erfüllte meine Bitte. Als ich gerade den Raum verlassen wollte, umarmte er mich völlig unerwartet.

Ich erledigte daraufhin meine Arbeit wie immer. Als ich nach Hause kam, erblickte ich vor der Eingangstür meinen Burschen, der an Owschannikows Stelle getreten war. Er meldete mir, daß man vom Generalstab aus angerufen habe und General Schwartz mich umgehend sehen wolle. Ich zweifelte keine Minute daran, daß es sich um die Antwort aus Tiflis handelte und eilte in den Stab. Als ich das Dienstzimmer des Generals betrat, saß er am Schreibtisch. Er erhob sich, kam zu mir und teilte mir mit deutlicher und offizieller Stimme, die ich nicht von ihm gewohnt war, mit: »Eure Hoheit, ich habe ein Telegramm von Seiner Exzellenz dem Oberkommandierenden mit dem Befehl erhalten, Sie und Prinzessin Marina Petrowna auf den Zerstörer »Bystryj« zu schicken, dessen Kommandant angewiesen ist, Sie morgen früh nach Batumi zu bringen. Das Telegramm ist mit Generaladjutant Nikolai unterschrieben.«

Mir schnürte sich das Herz zusammen. Aber da war nichts zu machen. Mein Kniff war nicht geglückt und meine vertrauliche Bitte an Onkel Nikolascha vergeblich. Als General Schwartz von mir Abschied nahm, drückte er sein tiefes Bedauern darüber aus, daß wir uns trennen mußten, und um mich aufzumuntern, sagte er, daß ich doch vielleicht einen neuen und interessanten Posten bekommen würde.

Es war bereits Abend, als ich nach Hause kam. Nachdem ich

Marina von dem Inhalt des Telegramms benachrichtigt hatte, beschlossen wir, am nächsten Morgen gemeinsam zum Hafen zu fahren. Den ganzen Abend und einen Teil der Nacht war ich damit beschäftigt, verschiedene Papiere zu ordnen – Pläne, Berichte und Dokumente, die meinen Vorgesetzten übergeben werden sollten. Ich packte nur das Nötigste für die Reise in einen Koffer sowie das, was ich stets mit mir führte. Alles übrige überließ ich der Obhut meines Burschen.

Am Morgen des 2. März stand ich im Morgengrauen auf und stellte mich reisefertig ans Fenster, um ein letztes Mal einen Blick auf die Stadt zu werfen. Es war bewölkt und regnete. Es war traurig, Trapezunt verlassen und meinen Dienst abbrechen zu müssen, an den ich mich in diesen wenigen Monaten gut gewöhnt hatte. Zur festgesetzen Zeit kamen Marina und Natascha Lischina, die uns zum Hafen begleiten wollte. Wir stiegen ins Auto und waren kurz darauf im Hafen, wo am Kai eine Schaluppe wartete. Hier hatte sich eine Gruppe von Menschen versammelt, die uns verabschieden wollten. Darunter war der Stabschef, Oberst Grinewitsch, der amerikanische Konsul Jenkins und einige Krankenschwestern aus Marinas Krankenhaus. Als wir von allen Abschied genommen und uns für die erwiesene Aufmerksamkeit bedankt hatten, stiegen Marina und ich an Bord der Schaluppe. Wir legten ab. Es nieselte, und der kalte Wind trieb die Wellen gegen die Reede. Der Zerstörer »Bystryj«, dem wir uns näherten, setzte die Kessel unter Dampf und rauchte aus den Schornsteinen. Als die Schaluppe längsseits kam, stieg ich als erster die Schiffstreppe hinauf. An Deck machte der Kommandant der »Bystryj« Meldung und grüßte militärisch. Marina kam nach mir an Deck. Der Kommandant schlug vor, mit ihm in die Offiziersmesse zu gehen. Er erkundigte sich, ob ich Befehle für ihn hätte. Als ich verneinte, ließ er uns alleine.

Kurz darauf vernahmen wir von oben verschiedene Kommandos und ein Hin- und Herlaufen auf Deck. Danach ertönte ein dumpfes Dröhnen, und der Zerstörer begann zu zittern. Mir war klar, daß wir jetzt ablegten. Ein starker Seegang setzte ein – wir waren schon auf dem offenem Meer. Marina legte sich auf ein Sofa, um sich ein bißchen auszuruhen, während ich den Militärmantel überzog und an Deck ging. Das Schwarze Meer toste und schäumte, Brecher spritzten über Deck, wenn sich der Bug hob und senkte, das Schiff von einem Wellental ins nächste tauchte. Zur Rechten erkannte ich die türkische Küste, deren Berge von dunklen Wolken verdeckt waren. Trapezunt lag schon weit hinter uns ...

Ich begann zu frieren und kehrte in die Offiziersmesse zurück, die nur schwach beleuchtet war. Ich folgte Marinas Beispiel und legte mich auf ein Sofa, um nach der fast schlaflosen Nacht ein Nickerchen zu machen. Ich lag mit geschlossenen Augen da, doch der Schlaf wollte meine Grübeleien über die Zukunft und die Flucht nicht vertreiben – Grübeleien über die Ungewißheit meines künftigen Dienstes. Ich dachte auch an die friedlichen und sorglosen Zeiten auf Djulber, auf Znamenka und in Sankt Petersburg zurück.

Plötzlich hörte ich ein Klopfen an der Tür. Ich kam zu mir und sah den Kommandanten der »Bystryj«. Unbeweglich stand er an der Tür, die Mütze in der Hand, und blickte zu mir. Als ich begriff, daß er mir etwas sagen wollte, erhob ich mich und ging zu ihm. Nur mit Mühe seine Gemütsbewegung unterdrückend, sagte der Kommandant leise: »Funkspruch aus Sewastopol ... Der Zar hat dem Thron entsagt!«

»1917–1918«

Mogilew

Als die »Bystryj« in Batumi ankam, wurde ich am Kai von Oberst Ugrjumow abgeholt, der mir mitteilte, daß Großfürst Michail Alexandrowitsch es abgelehnt hatte, seinem Bruder auf den Thron zu folgen, und daß der Zar vor seiner Abdankung Onkel Nikolascha zum Höchstkommandierenden und Fürst Lwow zum Ministerpräsidenten ernannt hatte. Ich erfuhr außerdem, daß Onkel Nikolascha vor zwei Tagen in Batumi Admiral Koltschak getroffen hatte und sich in nächster Zukunft in das Hauptquartier des Generalstabs nach Mogilew begeben werde. Ugrjumow berichtete, daß die Lage in Petrograd alarmierend sei und sich nach der Bildung der Provisorischen Regierung noch verschlimmert habe. Er sah der Zukunft pessimistisch entgegen. Erst jetzt erkannte ich die Wichtigkeit der Ereignisse, von denen ich in Trapezunt nicht die geringste Ahnung gehabt hatte.

Von Batumi fuhren wir mit dem Zug nach Tiflis, wo wir am nächsten Morgen eintrafen. Als ich zum Palast des Statthalters kam, ging ich sogleich zum wachhabenden Adjutanten, um ihn zu bitten, meinen Onkel von meiner Ankunft zu unterrichten. Nachdem er seinen Auftrag erfüllt hatte, teilte mir der Adjutant mit, daß ich mich in das Empfangszimmer begeben und warten möge, bis mein Onkel mich riefe. In dem Zimmer warteten noch andere darauf, empfangen zu werden. Als der letzte aus dem Dienstzimmer meines Onkels kam, war ich an der Reihe. Mit dem unguten Gefühl, mich jetzt für mein »freches« Telegramm rechtfertigen zu müssen, ging ich zu meinem Onkel hinein. Er saß an seinem Schreibtisch und war mit dem Ordnen von Papieren beschäftigt. Ich meldete sogleich offiziell meine Ankunft, doch mein Onkel unterbrach mich mit einer Handbewegung. Ohne ein Wort erhob er sich vom Schreibtisch und machte mir ein Zeichen, ihm zu folgen.

Wir gingen in sein Badezimmer, wo Smirnow mit Wasserschüssel und Handtuch bereitstand. Mein Onkel wusch sich die Hände, und während er sie abtrocknete, fragte er mich, ob ich meine Eltern schon begrüßt hätte. Als ich ihm antwortete, es sei meine Pflicht, zuerst zu ihm zu kommen, schaute er mich lange an. Da faßte ich mir ein Herz und fing an, über das Telegramm zu sprechen. Ohne mir richtig zuzuhören, sagte er rasch: »Ich weiß, ich weiß – ich habe Dich verstanden.« Mir wurde klar, daß mein Onkel Gnade vor Recht ergehen ließ! Nachdem er seine Hände abgetrocknet hatte, sagte er lächelnd zu mir: »Geh jetzt schnell zu deinen Eltern und komm dann mit ihnen zum Mittagessen.«

Ich hatte meine Eltern seit meiner Abreise nach Erzerum und zur Türkischen Front nicht gesehen. Auf dem Weg zu ihnen traf ich Nadja, die inzwischen offiziell mit Nikolai Orlow verlobt war, nachdem sie vom Zaren die Erlaubnis zu Hochzeit bekommen hatte. Ich war nicht lange bei meinen Eltern, wo auch Marina war, bevor wir alle gemeinsam zum Essen gingen.

Als ich in den Saal kam, in dem ein langer Tisch mit allen möglichen kleinen Gerichten und Wodka gedeckt war, begrüßte ich Tante Stana, Jelena und Sergej von Leuchtenberg. Sergej war aus Batumi zurückgekehrt, wohin er Admiral Koltschak begleitet hatte. Der gesamte Stab meines Onkels war ebenfalls anwesend, außerdem war auch die stets elegante Fürstin Olga Orlowa, Nadjas künftige Schwiegermutter, dort. Onkel Nikolascha stand an dem einen Ende des langen Tisches, wo man mehrere Flaschen mit verschiedenen Wodkasorten hingestellt hatte. Als er mich erblickte, rief er mich zu sich und schenkte mir ein Glas ein. Nach dem Essen ging ich zurück in das Wohnzimmer meiner Eltern, wo wir uns lange unterhielten. Hier erfuhr ich zum ersten Mal von vielen der politischen Ereignisse der letzten Zeit. Ich möchte hier den verkürzten Bericht meines Vaters über die Vorgänge der letzten paar Tage bringen.

Am Morgen des 3. März erhielt Onkel Nikolascha ein Telegramm von General Alexejew aus dem Hauptquartier des Generalstabs, in welchem ihm die Abdankung des Zaren und die Thronnachfolge von Großfürst Michail Alexandrowitsch mitgeteilt wurde. Im selben Telegramm unterrichtete er meinen Onkel davon, daß der Zar vor seiner Abdankung Fürst Lwow zum Ministerpräsidenten und Onkel Nikolascha wieder zum Höchstkommandierenden ernannt hatte. Alexejew wollte von meinem Onkel wissen, an welchem Tag er im Hauptquartier einzutreffen gedenke. Onkel Nikolascha antwortete General Alexejewsogleich, daß er den Posten des Höchstkommandierenden antreten und das Kommando über das kaukasische Heer an General Judenitsch übergeben werde, während er den Titel des Statthalters behalte. Mein Onkel versprach, rechtzeitig von dem Tag seiner Ankunft in Mogilew Nachricht zu geben.

Am selben Tag telegraphierte Onkel Nikolascha an Fürst Lwow und wies dringend auf die Notwendigkeit hin, daß der Senat so schnell wie möglich ein Manifest von Michail Alexandrowitschs Übernahme des Thrones veröffentlichen müsse. Onkel Nikolascha erreichte inzwischen die Mitteilung, daß Großfürst Michail Alexandrowitsch es abgelehnt habe, den Thron zu besteigen und die höchste Macht der Provisorischen Regierung übergeben habe, bis die verfassunggebende Versammlung eine neue Staatsform festgelegt habe. Trotzdem sah Onkel Nikolascha es als seine Pflicht an, den Posten des Höchstkommandierenden zu übernehmen und dem Zaren zu gehorchen, der ihn vor seiner Abdankung dazu ernannt hatte. Mein Vater erklärte mir, daß er meinen Onkel nach Mogilew begleiten wolle, während meine Mutter und meine Schwestern nach Kiew oder auf die Krim fahren würden. Ich äußerte daraufhin den Wunsch, entweder nach Trapezunt oder zu meinem Bataillon zurückzukehren. Mein Vater, der meine Gefühle verstand, riet mir, meine Ersuchen an General Januschkewitsch zu richten.

Noch am selben Abend ging ich zu Januschkewitsch. Ich hatte kaum von Trapezunt zu reden angefangen, als mir der General eröffnete, daß er am gleichen Tag einen Befehl unterzeichnet habe, daß ich dem Höchstkommandierenden als Ordonnanz attachiert werde! Diese Neuigkeit überraschte mich, und mir wurde klar, daß ich im kaukasischen Heer nicht mehr dienen würde. General Januschkewitsch teilte mir außerdem mit, daß die Abreise meines Onkels aus Tiflis auf den 7. März festgelegt sei und ich ihn, zusammen mit seinen Adjutanten, zum Hauptquartier begleiten solle. Ich begab mich daraufhin in meine Gemächer, wo mein Kammerdiener damit beschäftigt war, die Dinge, die ich auf der Reise brauchen würde, einzupacken. Er selbst würde in Tiflis bleiben und dafür sorgen, daß all unser Eigentum auf die Krim gebracht wurde.

Am Morgen des 7. März stand ich auf dem Bahnhof von Tiflis, zusammen mit der Begleitmannschaft meines Onkels, zu der auch Graf Stephan Tyszkewicz gehörte, der gleichzeitig mit mir zur Ordonnanz ernannt worden war. Einige höhere Dienstgrade sowie Vertreter der zivilen Behörden und Bürgermeister Khatisow hatten sich eingefunden, um sich von dem Oberkommandierenden zu verabschieden. Hinter ihnen hatte sich eine Menschenmenge versammelt, die dem scheidenden Statthalter zuwinken wollte. Während ich im Kreise des Stabs stand, erblickte ich Großfürst Andrej Wladimirowitsch. Er zog mich beiseite und erzählte mir, daß er am Vortag aus Kislowodsk angekommen sei, um meinen Onkel zu treffen sowie wegen eines Anlieges meiner Mutter Maria Pawlowna. Worin dieses Anliegen bestand, weiß ich nicht.

Mein Onkel erschien pünktlich zum abgemachten Zeitpunkt am Bahnhof. Als er sich von den offiziellen Persönlichkeiten verabschiedet hatte und gerade den Zug besteigen wollte, stimmte die Volksmenge Hurra-Rufe an, zwängte sich vor die hohen Herrn und drängte sich um ihn. In der Waggontür dankte ihnen mein Onkel für ihren Abschiedsgruß und gab seiner Überzeugung Ausdruck, daß das russische Heer den Feind bezwingen werde.

Ich begab mich inzwischen in den Waggon meiner Eltern. Sie waren etwas früher auf den Bahnhof gekommen und hielten sich mit meinen Schwestern schon im Zug auf. An den Sonderzug Onkel Nikolaschas hatte man einige Waggons angekoppelt, die für die Familien der Personen reserviert waren, die nach Tiflis gekommen waren, um in den Diensten meines Onkels zu stehen. Darunter befand sich die Familie General Krupenskis, Fürstin Olga Orlowa mit Sohn Nikolai und Tante Stanas Sekretär Boldarew. Dieser Teil des Zuges sollte nur bis Charkow fahren, während der Sonderzug meines Onkels direkt nach Mogilew ging. Im Sonderzug befand sich das Gefolge meines Vaters und meines Onkels. Dazu gehörten General Krupenski, Fürst Golitzyn, Fürst Orlow, Sergej von Leuchtenberg und ich. Außerdem wurde der Zug von einigen Eskortekosaken des Statthalters begleitet.

Der Zug setzte sich in Bewegung. Ich stand am Fenster und schaute auf den Sankt David-Berg hinaus, der langsam vorbeiglitt. Ich war traurig, Kaukasien verlassen zu müssen, und meine Gedanken verweilten in Trapezunt. Am nächsten Morgen ging ich durch die anstoßenden Waggons, um die letzten Neuigkeiten zu erfahren. Als ich an Fürst Golitzyns Abteil vorbeikam, sah ich ihn in einem gesteppten, kurzen Kaftan dasitzen, aber ohne Tscherkeßka. Ich setzte mich neben ihn. Der Fürst hielt seine Schulterklappen des Generaladjutanten mit dem Monogramm Zar Nikolaus' II. in der Hand. Nachdem er ein paar Worte zu mir gesagt hatte, verstummte er und begann, mit einer Schere sorgfältig die Goldfäden vom Monogramm des abgedankten Zaren zu entfernen.

Als wir durch die Terek- und Kuban-Gebiete fuhren, standen auf den Bahnhöfen Menschenmengen und jubelten dem am Zugfenster stehenden Onkel Nikolascha zu. Schließlich kamen wir nach Rostow am Don. Auf dem Perron erblickte ich eine Gruppe Kosaken mit einem Kosakenmajor an der Spitze, der zwischenzeitlich das Amt des Oberbefehlshabers der Donkosaken bekleidete. Neben ihm sah ich den Grafen Grabbe. Vor der Abreise aus Tiflis hatte Onkel Nikolascha erfahren, daß Grabbe seine Befugnisse als Oberbefehlshaber der Kosaken an den Kosakenmajor Woloschin übertragen hatte. Weil mein Onkel die Kriegserfahrung des Grafen kannte, wollte er ihn an die Front mitnehmen. Um darüber mit ihm reden zu können, hatte er ihn gebeten, bei der Ankunft des Zuges am Bahnhof zu sein. Sobald der Zug hielt, schickte mich mein Onkel zu Graf Grabbe, um ihn in den Waggon einzuladen. Nachdem ich meinen Auftrag erledigt hatte, stellte ich mich an die Waggontür, um zu warten, bis der Graf den Waggon wieder verlassen würde. Nach einem langen Gespräch mit meinem Onkel stieg der Graf mit einem sehr bekümmerten Gesicht aus dem Zug.

Nach dem Aufenthalt in Rostow fuhr der Zug am Asowschen Meer entlang und von Taganrog direkt weiter nach Charkow. Auf der Reise hatte ich ein längeres Gespräch mit meinem Vater. Ich wollte wissen, ob ich in Mogilew ständig Ordonnanz meines Onkels sein müsse oder ob es eine Möglichkeit für mich gebe, zurückzukehren zum kaukasischen Heer. Mein Vater antwortete mir, das hinge alles von der politischen Lage ab, die im Augenblick äußerst ungewiß sei. Er äußerte sich offen und ehrlich und meinte, daß er die Lage nach der Abdankung des Zaren für sehr ernst halte. Er sagte, man könne nicht voraussehen, wie sich die Situation, die bereits eine Trennung zwischen der Provisorischen Regierung und der Duma zur Folge hatte, auf die Streitkräfte auswirke. Mein Vater lenkte das Gespräch auf meinen Onkel und sagte, daß Onkel Nikolascha beschlossen habe, den Posten des Höchstkommandierenden, den ihm der Zar übertragen hatte, anzunehmen, wobei er die Rechtmäßigkeit der neuen Regierung anerkenne, der Michail Alexandrowitsch die Macht übertragen hatte. Mein Onkel war eigentlich davon überzeugt, daß die Provisorische Regierung seine Ernennung nicht anfechten würde. Er begründete seine Überzeugung damit, daß Fürst Lwow, der immer eine gute Beziehung zu ihm gehabt hatte, ihn selbst ins Hauptquartier bestellt habe. Mein Vater war der Ansicht, daß die Aufgabe meines Onkels sehr schwierig werden würde, weil ihm die Verhältnisse an den europäischen Fronten nicht bekannt seien, und er setzte sein Vertrauen auf General Alexejew, der ihn in Mogilew vom Stand der Kriegshandlungen unterrichten konnte.

Als der Zug in Isjum stehenblieb, wurde er von einer riesigen Menschenmenge umringt. Man hörte Hurra-Rufe, Leute wedelten mit der Nationalflagge und wollten den Höchstkommandierenden sehen. Mein Onkel war genötigt, auszusteigen. Mit lauter Stimme beantwortete er die Grüße und verkündete, daß er von einer siegreichen Beendigung des Krieges überzeugt sei. Diese Kundgebung war ein deutlicher Beweis für den Patriotismus und die ehrlichen Gefühle der Bevölkerung weit weg von dem aufrührerischen Petrograd!

Von Isjum dauerte es noch knapp drei Stunden bis Charkow. Der Zug fuhr durch ein hügeliges und fruchtbares Gebiet mit Äckern und Dörfern. Als ich am Fenster stand und hinausguckte, kam mir der Anblick dieser friedlichen Landschaft, die überhaupt keine Anzeichen der schweren Zeiten trug, die Rußland auferlegt waren, sehr merkwürdig vor. Bevor der Zug in Charkow eintraf, ging ich hinüber in Onkel Nikolaschas Waggon, wo mein Vater in Tante Stanas Abteile eingezogen war und ich mich im Abteil daneben eingerichtet hatte. Tante Stana, meine Mutter, meine Schwestern und Jelena von Leuchtenberg hatten sich im Wohnzimmer des Wagens versammelt, um sich von uns zu verabschieden, bevor sie weiter nach Kiew fuhren.

Der Zug rollte in den Bahnhof von Charkow. Vor dem Waggon meines Onkels strömte eine Menschenmenge zusammen und wollte ihn sehen. Als er am Fenster erschien, wurde er mit stürmischen Ovationen empfangen. Die Delegierten bedrängten ihn, nicht nach Mogilew weiterzufahren, sondern sogleich das Kommando über die Streitkräfte zu übernehmen. Onkel Nikolascha antwortete ihnen, daß er genötigt sei, nach Mogilew zu fahren, weil sich dort der Stab der Heeresleitung befinde.

Während des ziemlich langen Aufenthaltes am Bahnhof in Charkow tauchte unerwartet Fürstin Jusupowa auf. Sie war die Freundin meiner Mutter, und sie hatten sich seit Kriegsbeginn nicht gesehen. Sie wurde in das Wohnzimmer meines Onkels geführt. Die gerührte Fürstin konnte ihre Tränen nicht zurückhalten und berichtete voller Entsetzen von den Ereignissen der letzten Tage. Meine Mutter versuchte sie zu beruhigen, doch Fürstin Sinaida Nikolajewna hörte nicht auf zu weinen. Da zeigte ihr Onkel Nikolascha die Ikone in der Ecke des Raumes, und sie ging hin und küßte das Heiligtum. Nach dieser Szene ging ich hinaus in den Korridor, an dessen Ende ich Felix erblickte. Er trug die Uniform des Pagenkorps, in das er nach seinem Examen im Alter von fast 30 Jahren eingetreten war. Felix wirkte verlegen und ratlos, wie er so am Fenster stand und hinausschaute auf die vor dem Waggon versammelte Menschenmenge. Nach einem kurzen Gespräch mit mir ging er. Felix war mit seiner Mutter im privaten Salonwagen vom Gut Rakit der Familie Jusupow im Gouvernement Kursk angekommen, wohin man ihn nach dem Mord an Rasputin verbannt hatte.

Es war Zeit zur Abfahrt des Sonderzuges, der uns nach Mogilew bringen sollte. Die nach Kiew bestimmten Wagen waren bereits abgekoppelt worden. Als der Zug langsam aus dem Bahnhof rollte, begab ich mich in mein Abteil, um ins Bett zu gehen, damit ich früh am nächsten Morgen für meinen Dienst bei Onkel Nikolascha ausgeschlafen war.

Ich möchte hier meine Erinnerungen unterbrechen, weil es mir nötig erscheint, einige Fakten zu erwähnen, die Onkel Nikolaschas Reise von Kaukasien nach Mogilew betreffen. Diese Fakten dienen einem besseren Verständnis der politischen Lage, die durch die Ankunft meines Onkels in Mogilew entstanden waren.

Schon vor seiner Abreise aus Tiflis hatten die Revolutionäre in Petrograd eine starke Propaganda mit dem Ziel gemacht, die Autorität der Provisorischen Regierung zu untergraben und die Macht an sich zu reißen. Um den radikalsten Forderungen der Revolutionäre entgegenzuarbeiten, versuchte die Provisorische Regierung, sie durch Zugeständnisse zu bremsen. In der Regierung selbst spielte Minister Kerenski eine Doppelrolle. Auf der einen Seite ließ er den revolutionären Führern ihren Willen, auf der anderen Seite suchte er aber seine Popularität bei den Streitkräften zu erhöhen, indem er patriotische Reden schwang, in denen er zum Kampf gegen den

Feind an allen Fronten aufrief. Kerenski wußte sehr gut, daß Onkel Nikolascha seit langem bei den Streitkräften ein großes Ansehen genoß und sah deshalb in ihm einen kommenden Rivalen. Um Onkel Nikolascha vom höchsten Kommando zu verdrängen, behauptete Kerenski in aller Offenheit, daß die Ernennung meines Onkels ungültig und nur von kurzer Dauer sei, da sie von dem abgedankten Zaren vorgenommen worden sei. Indem er der Provisorischen Regierung damit drohte, die revolutionär aufgebrachten Volksmassen könnten sich in diese Frage einmischen, überredete er Fürst Lwow, einen Brief an Onkel Nikolascha zu schreiben. Ich lege hier eine Kopie des Briefs vor.

Die Provisorische Regierung
Der Ministerpräsident
9. März 1917
Nr. 9
Petrograd

Seine Kaiserliche Majestät
Nachdem Ihre Ernennung zum Höchstkommandierenden kurz vor der Abdankung des früheren Zaren gründlich erörtert wurde, ist die Provisorische Regierung zu dem Schluß gekommen, daß die bestehende Lage Ihren Verzicht auf diesen Posten erforderlich macht. Die öffentliche Meinung spricht sich kategorisch und unnachgiebig dagegen aus, daß Mitglieder des Hauses Romanow irgendein öffentliches Amt bekleiden. Die Provisorische Regierung hat nicht das Recht, die Stimme des Volkes zu überhören, wo eine Mißachtung von unserer Seite zu den schwersten Verwicklungen führen kann. Die Provisorische Regierung ist davon überzeugt, daß Sie, zum Besten des Vaterlandes, der Situation Rechnung tragen und bereits vor Ihrer Ankunft im Hauptquartier auf Ihren Posten als Höchstkommandierender verzichten.

Ministerpräsident Fürst Lwow

Dieser Brief wurde mit Verspätung abgesandt, da sich General Alexejew der Absetzung Onkel Nikolaschas widersetzte. Er meinte, die Popularität und das Prestige meines Onkels im Heer und bei der Marine würden ein Siegespfand in der Kriegsführung sein. Fürst Lwows Brief wurde trotzdem abgeschickt, und als er das Telegramm meines Onkels aus Rostow mit der Nachricht von seiner baldigen

Ankunft im Hauptquartier erhielt, schickte man ihm einen Offizier mit dem Auftrag entgegen, den Brief zu übergeben. Ein unvorhergesehener Umstand, der schwerwiegende Folgen hatte, vereitelte die Pläne der Provisorischen Regierung! Der abgesandte Offizier verfehlte Onkel Nikolaschas Zug und konnte damit seinen Auftrag nicht ausführen Wer weiß? ... Wenn der Brief des Fürsten Lwow meinen Onkel auf dem Weg zum Hauptquartier erreicht hätte, hätten die Ereignisse damals vielleicht eine andere Richtung genommen.

Als die Provisorische Regierung auf den Brief keine Antwort erhielt, wartete man im Hauptquartier verwirrt und unschlüssig auf die Ankunft meines Onkels. Die Regierung war sowohl über die Nachrichten von den begeisterten Kundgebungen beunruhigt, mit denen der Zug meines Onkels von den Menschenmassen auf dem Weg nach Mogilew empfangen wurde, wie auch über die Telegramme aus vielen großen Städten, in denen man seine Freude darüber äußerte, daß Onkel Nikolascha wieder das höchste Kommando übernommen hatte.

Am 10. März kam unser Zug in Mogilew an. Auf Befehl meines Onkels wurde der Zug auf ein Nebengleis geschoben. Er wollte ihn benutzen und im Waggon wohnen, wie er es 1914 in Baranowitschi getan hatte. Mein Onkel lehnte es ab, in die Gouverneurswohnung einzuziehen, in der sich der Stab aufhielt und wo der Zar kürzlich die letzten Tage vor seiner Abdankung verbracht hatte. Onkel Nikolascha teilte dem Fürsten Lwow sogleich seine Ankunft mit und telegrafierte, daß er den Posten des Höchstkommandierenden übernommen habe. Dann empfing er General Alexejew – dem der Inhalt von Fürst Lwows Brief bekannt war – und nahm dessen Bericht von der Lage an den Fronten entgegen.

Mein Onkel empfing auch den englischen Militärrepräsentanten, General Williams. Mit ihm konnte er die Versorgungsschwierigkeiten bezüglich des Kriegsmaterials erörtern, an dem schon lange ein akuter Mangel bestand. Materielle Hilfe von den Alliierten war zu diesem Zeitpunkt eine dringende Notwendigkeit. Onkel Nikolascha kannte General Williams schon lange – schon seit der Zeit vor seiner Versetzung nach Kaukasien. Mein Vater und mein Onkel hielten große Stücke auf Williams; sie schätzten seinen Edelmut und waren erfreut, ihn wieder zu treffen.

Nachdem ich die Wache an Stephan Tyszkewicz übergeben hatte, begab ich mich in die Stadt. Es war kalt und nieselte. Mein Eindruck war denkbar schlecht, es gab in der Stadt weder interessante noch schöne Bauwerke. Auf der Straße waren viele Menschen, und ich sah zum erstenmal Leute mit roten Armbinden. Als es anfing, dunkel zu werden, kehrte ich in unseren Waggon zurück. Später ging ich in den Speisewagen, wo der Stab die Ankunft Onkel Nikolaschas erwartete. Er erschien gemeinsam mit meinem Vater. Begleitet wurden sie von Williams und dem Vertreter der französischen Streitkräfte, General Janin, der zum Essen eingeladen worden war. Am Tisch meines Vaters saßen Fürst Golitzyn, General Danilow und ich. Das Gespräch bei Tisch drehte sich um ihre gemeinsamen Erinnerungen, aber ich stellte fest, daß jeder die aktuellen Ereignisse mied. Nach dem Essen kehrten mein Vater und ich in unsere Abteile zurück, während Onkel Nikolascha im Speisewagen blieb, um noch mit dem wachhabenden General Kondserowski und Fürst Golitzyn zu sprechen.

Am Morgen des 11. März traf der Offizier ein, der erfolglos versucht hatte, Onkel Nikolaschas Zug einzuholen, um ihm Fürst Lwows Brief zu überreichen. Als Onkel Nikolascha sich mit dem Inhalt vertraut gemacht hatte, mußte er einen Beschluß mit historischer Tragweite treffen. Ich weiß nicht, was er an diesem Morgen durchlebt hat, bin mir jedoch sicher, daß er mit vielen widerstreitenden Gefühlen zu kämpfen hatte, bevor er Fürst Lwow seine Antwort geben konnte.

Onkel Nikolascha schickte Fürst Lwow folgendes Telegramm:

»In Ihrem Brief vom 9. März bringen Sie im Namen der Provisorischen Regierung die Unzulässigkeit für Mitglieder des Hauses Romanow zum Ausdruck, ein öffentliches Amt zu bekleiden. Die Regierung drückt ihre Überzeugung aus, daß ich, zum Besten des Vaterlands, den Umständen der Zeit Rechnung tragen und vor meiner Ankunft im Hauptquartier auf den Posten des Höchstkommandierenden verzichten möge.

Ich freue mich, aufs neue meine Liebe zum Vaterland unter Beweis stellen zu können – eine Liebe, an der Rußland nie einen Zweifel haben konnte. Gemäß Paragraph 47 ›Verordnung zur Truppenführung‹, wonach beim Zurücktreten des Höchstkommandierenden zwischenzeitlich der Stabschef dieses Amt übernimmt, habe ich mit Wirkung des heutigen Tages mein Amt an General Alexejew übertragen, bis die Provisorische Regierung einen neuen Höchstkommandierenden ernennt. Gleichzeitig ersuche ich das Kriegsministerium um meine Entlassung.

Was den Wunsch der Regierung betrifft, daß ich auf das höchste Kommando vor meiner Ankunft im Hauptquartier verzichte, so konnte ich dem nicht nachkommen, weil ich am 10. März um 16 Uhr eintraf, den Brief jedoch erst am 11. März empfing.

Da ich mich auf dem Territorium der operierenden Armee befinde, werde ich – gemäß der ›Verordnung zur Truppenführung‹ – alle Befehle ausführen, die ich von General Alexejew, der zwischenzeitlich das Amt des Höchstkommandierenden bekleidet, erhalte.

Heute lege ich das Treuegelöbnis ab.

11. März 1917«

Die erste Kopie dieses Telegramms, unterzeichnet von dem Assistenten des Stabschefs, General Klembowski, befindet sich in meinem Besitz.

Onkel Nikolascha schickte ein zweites Telegramm an den Kriegsminister Gutschkow, in dem er – sich auf den Brief von Fürst Lwow beziehend – ihn davon unterrichtete, daß er die Pflichten des Höchstkommandierenden an General Alexejew übertragen habe. Er bat um seine Entlassung und um die Erlaubnis, Uniform tragen zu dürfen, was ihm als Kavalier des Sankt Georgsordens zustehe.

In Petrograd hatten meine Onkel und die »Konstantinowitscher« bereits um ihre Entlassung aus dem Dienst gebeten und den Schwur auf die Provisorische Regierung abgelegt. Auch ich war gezwungen, um meine Entlassung zu bitten. Im Laufe des Tages sollten wir der neuen Regierung die Treue geloben ... Wir versammelten uns im Zugwaggon meines Onkels im Wohnzimmer. Onkel Nikolascha unterschrieb als erster die Eidesformel. Als er seinen Namenszug mit Schnörkeln und Kringeln daruntersetzte, drückte er die Feder durch das Papier und verspritzte Tinte über das ganze Blatt. Nach meinem Onkel unterschrieb mein Vater das Treuegelöbnis und reichte mir den Federhalter. Dann folgten Onkel Alexander und Sergej von Leuchtenberg. Die Generäle Kondserowski und Klembowski waren Zeugen.

Als die Formalitäten erledigt waren, schickte Onkel Nikolascha ein Telegramm an Fürst Lwow, um ihm mitzuteilen, daß er das

Treuegelöbnis auf das Vaterland und die neue Staatsform abgelegt habe. Gleichzeitig bat er General Alexejew, Fürst Lwow anzurufen und die Erlaubnis zu erwirken, auf die Krim reisen zu dürfen, wo er sich als Privatperson aufzuhalten wünsche. Außerdem bat er darum, daß ihn ein Mitglied der Duma begleite. General Alexejew kam dem Ersuchen meines Onkels nach und sprach über eine direkte Telefonverbindung mit Fürst Lwow.

Im Laufe des Tages begab ich mich zum Generalstab, in das Dienstzimmer des wachhabenden Generals. Im Zimmer von General Kondserowski befanden sich bereits Fürst Golitzyn, Krupenski und Fürst Leonti Schachowskoi. Sie unterschrieben gerade ihre Entlassungsgesuche, die mit ihrem hohen Alter begründet waren. Ich war neugierig zu erfahren, womit mein Entlassungsgesuch begründet wurde. Als man mir das Gesuch zur Unterschrift vorlegte, las ich den Text und sagte zu General Kondserowski, daß mein Entlassungsgesuch keine Begründung enthalte. Er erwiderte mir lächelnd, daß es nicht möglich sei, auf mein Alter zu verweisen. Daraufhin gab ich zu bedenken, daß Offiziere in Kriegszeiten nicht um ihre Entlassung nachsuchten, es sein denn aus wichtigen Gründen. Der General erwiderte, daß Krankheit als ein wichtiger Grund betrachtet werde – oder außergewöhnliche Umstände. Ich antwortete Kondserowski, daß ich mich sehr wohl fühle und gezwungen sei, um meine Entlassung zu bitten, weil die Provisorische Regierung erklärt habe, es sei unzulässig für Mitglieder des Hauses Romanow, im Dienste des Staates zu bleiben – wozu der Militärdienst gehört. Der General verfügte daraufhin die Formulierung eines neuen Textes, welcher meinen Wünschen entsprach. Ich weiß nicht mehr, wie er abgefaßt war, aber ich war damit zufrieden und unterschrieb mein Entlassungsgesuch. So endete mein Militärdienst, der nur sechs Monate gedauert hatte.

Am Abend ging ich zu meinem Vater, bei dem ich Alexander von Oldenburg traf. Er war oberster Chef des Gesundheitswesens gewesen und am selben Tag unerwartet nach Mogilew gekommen. Auch Sergej von Leuchtenberg war bei meinem Vater. Onkel Alexander war äußerst erregt, er berichtete von den jüngsten Ereignissen in Petrograd und äußerte sich sehr kritisch über Großfürst Kirill Wladimirowitsch wegen der Rolle, die dieser in den Tagen vor der Abdankung des Zaren gespielt hatte. Er machte sich große Sorgen über das Schicksal des Zaren. Der Zar hielt sich zu dem Zeitpunkt in Zarskoje Selo auf, und Onkel Alexander hoffte, dem Zaren und seiner Familie würde sich eine Gelegenheit für die Flucht ins Ausland bieten. Persönlich hatte Onkel Alexander beschlossen, mit seiner Frau nach Finnland zu reisen, wohin Kirill mit Familie ebenfalls von Petrograd aus fahren wollte. Onkel Alexander ging nervös im Zimmer auf und ab – wie ein Tiger im Käfig –, während wir anderen mit hochgezogenen Beinen auf dem Sofa saßen. Nachdem er sich verabschiedet hatte, reiste er am selben Abend nach Petrograd.

Am nächsten Morgen sah ich General Iwanow, den Oberkommandierenden der südwestlichen Front; er sprach lange mit Onkel Nikolascha. General Iwanow war von der Front zurückgekommen, weil er hoffte, er könne meinen Onkel überreden, nicht auf das höchste Kommando zu verzichten; er war überzeugt von der Loyalität der Truppe.

Die Zeit verging, und die Antwort aus Petrograd bezüglich der Abreise meines Onkels auf die Krim zog sich hin. In der Umgebung meines Onkels befürchtete man allmählich, das Ausbleiben der Antwort könnte bedeuten, daß die Provisorische Regierung die Absicht verfolge, Onkel Nikolascha an irgendeinen weit entfernten Ort zu verbannen, wo er unter Aufsicht stehen würde – oder sie habe gar im Sinn, ihn in Arrest zu nehmen.

In diesen Tagen ereignete sich etwas, das einen Eindruck von der Gemütsverfassung der Leute geben kann, die nicht von der revolutionären Propaganda angesteckt worden waren. Ich saß zusammen mit meinem Vater in seinem Abteil, als Fürst Schachowskoi eintrat. Er teilte uns mit, daß Onkel Nikolascha in diesem Augenblick einige Arbeiter empfange, die er in den Aufenthaltsraum des Zugwaggons geführt habe. Viele Jahre später schilderte mein Onkel diese Begebenheit folgendermaßen:

»... An einem Abend, zwei oder drei Tage nach meinem Entlassungsgesuch, meldete Fürst Orlow, der mit mir von Tiflis gekommen war, daß drei Eisenbahnarbeiter dringend darum bäten, von mir empfangen zu werden. Eigentlich vermied ich es, wen auch immer zu empfangen, aber weil die Arbeiter sehr eifrig waren und unbedingt wissen wollten, ob es stimme, daß ich auf das höchste Kommando verzichtet habe, beschloß ich, sie zu empfangen. Sie waren außerdem nicht zufrieden damit, daß ihnen Fürst Orlow den Brief von Fürst Lwow gezeigt und vorgelesen hatte.

Die Arbeiter wurden in meinen Wagen geführt. Ihr Besuch zog

sich ziemlich lange hin, weil ich genötigt war, ihnen alles ausführlich zu erklären. Die Arbeiter waren erzürnt über den Brief des Fürsten Lwow und forderten mich auf, das höchste Kommando nicht abzugeben. Sie sagten, sie wollten den Zug zurückhalten und sofort alle Arbeiter von Mogilew zusammentrommeln, um so ihrer Forderung Nachdruck zu verleihen. Sie erklärten, umgehend ein Telegramm nach Petrograd schicken zu wollen. Um ein sinnloses Blutvergießen und eine Verschlimmerung des herrschenden Chaos zu vermeiden, überredete ich sie, das bleiben zu lassen.«

Endlich traf aus Petrograd Fürst Lwows Antwort auf Onkel Nikolaschas Ersuchen, auf die Krim reisen zu dürfen, ein. Er teilte mit, daß zwei Mitglieder der Duma meinen Onkel begleiten würden. Diese Mitteilung machte allen Zweifeln ein Ende. Am folgenden Tag kamen zwei Mitglieder der Duma zu meinem Onkel. Der eine von ihnen wandte sich sogleich mit den folgenden Worten, die mein Onkel in seinen Aufzeichnungen festgehalten hat, an ihn:

»Im Namen der Staatsduma und des Provisorischen Komitees danken wir für Eure hochherzige Entscheidung; damit habt Ihr Eure Liebe zu Rußland bewiesen.«

Beide Regierungskommissare schienen mir bescheiden, ja ein bißchen verlegen zu sein. Der eine war Mitglied der Duma des Gouvernements Ufa, Mitglied der Konstitutionellen Demokratischen Partei und hieß Gutorp; von Beruf war er Advokat. Der andere, Chistow, war Mitglied der Duma des Gouvernements Moskau, ein »Fortschrittsmann«, Bauer und Seifensieder.

Die Abreise zur Krim wurde für denselben Abend festgesetzt. Mein Onkel rief seine früheren Adjutanten zu sich, um sich von ihnen zu verabschieden und ihnen für ihre treuen Dienste zu danken. Ein Teil kehrte in die eigenen Einheiten zurück, andere erhielten neue Posten. Die Abreise meines Onkels aus Mogilew hatte keinen offiziellen Charakter. Nur General Alexejew und einige höhere Dienstgrade des Generalstabes kamen zu ihm in den Wagen, um sich zu verabschieden und ihm eine glückliche Reise zu wünschen. Ich bemerkte, daß Alexejew aufgeregter war als die anderen.

Kurz vor Abfahrt des Zuges begaben mein Vater und ich uns hinüber in die Wohnstube meines Onkels. Er saß nachdenklich am Fenster; große Schneeflocken wirbelten draußen durch die Dunkelheit. Als sich der Zug in Bewegung setzte, erhob sich mein Onkel in seiner ganzen stattlichen Größe, schlug das Kreuzzeichen und verschwand schweigend in seinem Abteil. Der Zug traf am nächsten Morgen in Charkow ein. Auf dem Bahnhof warteten meine Mutter, meine Schwestern und Tante Stana mit deren Gefolge aus Kiew auf uns. Sie stiegen in unseren Zug zur Krim. Die Nacht verging. Als die Sonne am nächsten Morgen durch die Gardine zu mir hereinschien, öffnete ich das Fenster. Ein warmer Luftstrom schlug mir entgegen, und ich erblickte eine Steppenlandschaft mit Dörfern in der Ferne – ein mir so vertrauter Anblick. Ich zog mich rasch an; kurz darauf hielt der Zug in Simferopol. Nach kurzem Aufenthalt fuhren wir weiter, und nach einer halben Stunde erblickte ich die Pappeln und Minarette der alten Stadt Bakhchisarai. Vor Sewastopol blieb der Zug in Inkerman stehen, wo Autos für uns bereitstanden, um uns über die Bejdarpforte an die Südküste der Krim zu bringen.

Auf dem Perron hatte sich vor der Waggontür ein Ehrengeleit von Eskortekosaken aufgestellt, die den ehemaligen Statthalter von Tiflis nach Inkerman begleitet hatten. Es waren acht Mann, und am rechten Flügel stand unser Potapow, den wir so gut aus Kaukasien kannten. Als mein Onkel aus dem Zug stieg, grüßte er alle mit lauter Stimme und dankte ihnen für treue Dienste. Als Antwort riefen die Kosaken: »Es ist uns eine Freude gewesen, Eure Kaiserliche Hoheit!«

Wir setzten uns in die Autos. Die staubige und kurvenreiche Straße wand sich über das Vorgebirge, das mit niedrigen Büschen bewachsen war. Wir gelangten zur berühmten Bejdarpforte hinauf, und von dort begann die Fahrt zur Südküste der Krim. Als wir den Paß hinter uns hatten, hielten unsere Fahrzeuge an, und wir bestiegen das Plateau, von dem wir jene großartige Aussicht hatten, die mir von frühester Jugend her so vertraut war. Die beiden Dumaleute, die noch nie auf der Krim gewesen waren, zeigten sich sehr beeindruckt. Wir stiegen wieder in die Autos und nahmen die obere Landstraße. Als wir zum astronomischen Observatorium von Simeis kamen, bogen wir nach rechts ab, und nun ging es steil hinunter zur unteren Landstraße. Wir passierten Alupka, Miskhor und die Weingärten der Familie Jusupow. Nach einem Bergbach folgten wir der hohen weißen Mauer, die zu unserem Djulber gehörte. Während Onkel Nikolascha und Tante Stana nach Chair weiterfuhren, rollten wir durch das Hauptportal hinein zum Schloß und hinunter in den Garten, vorbei an blühenden Büschen, Zedern und Zypressen, bis hin zur Haupttreppe.

Mir schien, daß sich Djulber nicht verändert hatte. Es sah aus wie immer …

H. M. S. Marlborough

Dieses abschließende Kapitel meiner Erinnerungen habe ich nach dem englischen Schiff »H. M. S. Marlborough« genannt, das mich aus Rußland fortbrachte.

Nach meiner Ankunft aus Mogilew verbrachte ich zwei Jahre auf der Krim, wo unsere Familie und so viele andere Russen an der Schwarzmeerküste mehrmals von den Bolschewiken bedroht wurden und wo wir um unser Leben fürchten mußten. Es war eine Zeit, in der die nahe Zukunft Rußlands abwechselnd rosig und dunkel aussah. Es ist mir nicht leicht gefallen, unser Leben in Djulber während dieser zwei Jahre zu beschreiben, und meine Schilderung erfolgt bruchstückhaft; ich erwähne nur einzelne Episoden und verschweige vieles, das zu erinnern mir schwerfällt.

Als wir in Djulber ankamen, fanden wir, dank unserem Verwalter Demidow das Schloß in schönster Ordnung vor. Alles wirkte so sorglos wie in der Vergangenheit, wenn wir auch nicht mehr über das frühere große Personal verfügten, das jetzt von unserer privaten Dienerschaft ersetzt wurde, welche aus Tiflis gekommen war. Nach der Kälte in Mogilew kam mir das Wetter auf der Krim ziemlich mild vor. Ich spazierte durch den Garten, wo schon überall die Frühlingsblumen zu sprießen begannen. Zwischen den schlanken Zypressen blickte ich auf ein himmelblaues Meer, und auf dem höchsten Gipfel des Aj-Petri erspähte ich den letzten Schnee des Winters.

Onkel Nikolascha und Tanta Stana bewohnten zusammen mit Boldarew und Doktor Malama das Hauptgebäude von Chair, während Sergej und Jelena von Leuchtenberg sich in einem anderen Haus des Gutes einrichteten, das das »Kinderhaus« genannt wurde. Fürst Orlow, der mit meinem Onkel aus Mogilew gekommen war, zog in die Wohnung des Verwalters nach Kharaks, dem Gut von Georgi Michailowitsch.

Fast gleichzeitig mit uns kam die Zarin-Mutter Maria Fjodorowna aus Kiew an. Sie wurde von Großfürst Alexander Michailowitsch begleitet und wohnte auf seinem Gut Aj-Todor. Zusammen mit der Zarin-Mutter kam auch ihre Tochter Olga Alexandrowna mit ihrem zweiten Mann, Oberst Kulikowski, sowie der Hofdame der Zarin-Mutter, Gräfin Mengden, und der Wasiljewa, die in Olga Alexandrownas Hospital in Kiew Krankenschwester gewesen war. Innerhalb weniger Tage schloß sich Großfürstin Xenia Alexandrowna, eine weitere Tochter der Zarin-Mutter, mit ihren sechs Söhnen an. Sie kamen aus Petrograd und wurden von Tante Xenias Hofdamen Sophia Dmitriewna Jewreinowa, von Onkel Sandrós Hofverwalter Schatelen, seinem Adjudanten Fürst Orbeliani und General Vogel begleitet.

Unsere Nachbarn, Fürstin und Fürst Jusupow, wohnten bereits auf Koreis, wo Irina und Felix mit ihrer noch minderjährigen Tochter einzogen. Kurz nach unsere Ankunft auf Djulber kam auch Baron Stahl mit seiner Frau und Muscha aus Petrograd. Sie bezogen die Zimmer der obersten Etage, die eine Veranda mit Ausgang aus das flache Dach des Schlossen hatten. Der Baron brachte Bilanzen aus dem Kontor meines Vaters mit und schlug vor, einige Equipagen an Stelle der Autos zu mieten, die wegen des Krieges beschlagnahmt worden waren. Diese Equipagen fanden zusammen mit den Pferden Platz in den leeren Garagen, die im oberen Teil des Gutes neben den Wohnungen der Dienerschaft lagen, wo für die Tatarenkutscher Zimmer bereitgestellt wurden. Da meine Eltern nun die Möglichkeit hatten, die Equipagen zu benutzen, fuhren sie nach Aj-Todor, um die Zarin-Mutter Maria Fjodorowna zu besuchen.

Als letzter kam Oberst Ugrjumow aus Kaukasien. Er war in Tiflis geblieben, um abzuwarten, ob ich zurückgerufen werden würde. Außer einigen Dingen, die ich im Palast des Statthalters zurückgelassen hatte, brachte er mir eine beträchtliche Geldsumme mit, die er auf meinen Wunsch für mich aufbewahrt hatte. Als Michail Alexandrowitsch erfuhr, daß sein Dienst bei mir beendet war, kehrte er zu seiner Familie nach Kiew zurück. Als wir Abschied nahmen, meinte er, wir würden uns kaum vor Ende des Kriegs wiedersehen ... Er wurde 1919 in Kiew von den Bolschewiken erschossen.

Nach den Bilanzen zu urteilen, die Baron Stahl aus dem Petrograder Kontor meines Vaters mitgebracht hatte, war der Kassenbestand kurz vor dem Ende. Bürovorsteher Pleschtschejew hatte Baron Stahl gebeten, meinem Vater mitzuteilen, daß die finanzielle Situation sich zunehmend verschlechtere, weil mit der wichtigsten Einnahmequelle meines Vaters – das Gut Borisowo, das er gemeinsam mit Onkel Nikolascha besaß – seit Beginn der Kriegshandlungen an der nordwestlichen Front nicht mehr zu rechnen war. Auf Borisowo im Gouvernement Minsk gab es 120 000 Hektar Nutzholz, und natürlich konnte man in Kriegszeiten in diesem Gebiet zu beiden Seiten der Beresina keine Forstwirtschaft mehr betreiben. Weil mein Vater die enormen Einnahmen von Borisowo verlor, deckten die übrigen Einnahmen aus seinem verfügbaren und festen Kapital nur die laufenden Kosten auf Znamenka, des Gestüts Chesmenka und der Entlohnung des zahlreichen Personals sowie der sich in Ruhestand befindlichen Personen. Die wirtschaftliche Situation meines Vaters wurde auch deshalb komplizierter, weil die künftigen Zahlungen der Krongüterverwaltung des Hofministeriums keineswegs gesichert waren. Als das Hofministerium noch existierte, hatte der Bürovorsteher meines Vaters es immerhin erreicht, von der Krongüterverwaltung die Summe Geldes für meinen Vater und mich ausbezahlt zu bekommen, die uns für das erste Quartal 1917 zustand.

Um auf der Krim über genügend Geldmittel zu verfügen, riet Baron Stahl, den Besitz Katemeis zu veräußern, der in der Nähe von Jalta lag; dieses Stück Land mit einem Obstgarten war vor 20 Jahren erworben worden. Ich erinnere mich, daß wir von Katemeis mit ausgezeichneten Pfirsichen und Aprikosen, aber sehr schlechten Äpfeln versorgt wurden. Baron Stahl fand einen Interessenten, und Katemeis wurde verkauft.

Die Hochzeit von Nadja und Fürst Nikolai Orlow wurde auf den 10. April festgelegt. Witkowskaja, unsere geliebte Seni, kam aus Petrograd, weil sie bei der Hochzeit ihrer Lieblingsschülerin dabeisein wollte. Sie ließ sich nicht von den großen Schwierigkeiten abschrecken, die die lange Reise zur Krim und zurück nach Petrograd damals mit sich brachte. Meine Eltern beschlossen, keine offiziellen Einladungen für diesen Tag zu verschicken, um so der politischen Situation Rechnung zu tragen. Weil sie auch nicht die Neugier der örtlichen Bevölkerung wecken wollten, zogen sie es vor, Nadjas Hochzeit nur im Kreis der Familie zu feiern. Sie erklärten der Zarin-

Mutter Maria Fjodorowna und den übrigen Verwandten auf Aj-Todor den Grund ihres Entschlusses privatim.

Die Hochzeitszeremonie fand in der entzückenden kleinen, im grusinischen Stil gehaltenen Kirche statt, die Onkel Georgi Michailowitsch auf Kharaks hatte bauen lassen. Sergej von Leuchtenberg, Stefan Tyszkewicz, Nikolai Orlows Freund, der Kornett Chicherin, und ich waren Brautführer. Neben meinen Eltern, der Fürstin und dem Fürsten Orlow, nahmen nur Marina, Jelena von Leuchtenberg, Onkel Nikolascha, Tante Stana, die Familie Stahl, Seni und Mascha teil. Als die beiden frisch Vermählten aus der Kirche traten, bemerkte ich, daß sich etwas im Gebüsch bewegte, das den Platz vor der Kirche umgab; es waren Onkel Alexander Michailowitsch und seine Söhne, die sich dort versteckt hatten ...

Nach dem Hochzeitsessen auf Djulber fuhr das Brautpaar nach Jalta, wo die Sommerwohnung des Adelmarschalls des Jalta-Distrikts, Popow, gemietet worden war. Nadjas Zimmer stand jetzt leer, sodaß ich mir darin ein Wohnzimmer einrichten konnte, welches eine Verbindung zu meinem Schlafzimmer hatte. Nadja besaß einige schöne Möbelstücke und auch einen Flügel, auf dem sie – mit ihrer großen musikalischen Begabung – gerne spielte.

Am 15. April erhielten mein Vater und ich Telegramme des Kriegsministeriums, unterzeichnet von Generalleutnant Nowitski. Wir wurden darin von unserer Entlassung aus der Armee benachrichtigt. Ich trug wieder Zivil – Sachen, die vor drei Jahren für mich genäht worden waren, als wir Anfang 1914 ins Ausland reisten.

Bald darauf heirateten Jelena von Leuchtenberg und Graf Stefan Tyszekewicz, der ehemaliger Offizier im Reiterregiment der Leibgarde war. Er war Katholik, und deshalb wurden zwei Gottesdienste abgehalten. Der eine, nach katholischem Ritual, wurde in der Kirche von Mishkor gefeiert, während der andere, nach griechisch-orthodoxem Ritual, in der Kirche von Kharkas stattfand, in der auch Nadja getraut worden war.

Die Neuigkeiten, die aus dem Norden zu uns gelangten, waren widersprüchlich. Die aus Petrograd kommenden Reisenden beurteilten die politische Situation des Landes unterschiedlich. Viele bezichtigten die englische Regierung unter Lloyd George der Nachsicht gegenüber den sozialistischen Führern der Revolution, weil sie damit rechnete, daß sich die Bedingungen für ein vorläufiges Übereinkommen in bezug auf Konstantinopel und die Öffnung der Meerengen, wie es für Rußland von Vorteil wäre, ändern würden. Man verdächtigte Botschafter Buchanan, an derartigen Intrigen beteiligt zu sein. Einige waren der Meinung, daß die radikalen Revolutionäre ihr Ziel nicht vor Einberufung der Verfassungsgebenden Versammlung erreichen würden, während andere für die Zukunft Rußlands schwarz sahen und an einem glücklichen Ausgang des Krieges zweifelten, der mit einer Armee geführt werde, die der revolutionären Propaganda ausgesetzt sei.

Als man mir von der revolutionären Propaganda in der Armee erzählte, fiel es mir schwer zu glauben, daß sie so wirksam sein sollte und den Kampfgeist der Soldaten tatsächlich zerstören könnte. Ich brauchte bloß an den unerschütterlichen Mut des kaukasischen Heeres zu denken, als es – vor den Februar-Unruhen in Petrograd – standhaft die eroberten türkischen Stellungen gehalten hatte. Vor meiner Abreise erfüllte die Garnison in Trapezunt ihre Pflicht wie immer, und unsere Vorhut bereitete sich gerade auf die Landung an der türkischen Küste vor. Erst später, im Mai, als der redegewandte Advokat Kerenski Kriegs- und Flottenminister wurde, legte die unglückselige Verordnung »Erklärung über die Rechte des Soldaten« auch in der kaukasischen Armee den Keim der Demoralisierung, und sie begann zu wanken. Gemäß dieser Verordnung hatte jeder Soldat das Recht, Mitglied jeder politischen Partei zu werden und konnte frei seine politische Überzeugung äußern. Es wurden Truppenorganisationen gebildet, die durch Wahlen zustandekamen, und es war erlaubt, Drucksachen – das heißt Propagandamaterial – zu verbreiten. In der Verordnung war auch von dem »Gefühl der bürgerlichen Menschenwürde im freien Rußland« die Rede; man schaffte die obligatorische militärische Grußpflicht gegenüber Ranghöheren ab, und zusätzlich gab es eine Unmenge von Bestimmungen, die das bisher festgelegte Verhältnis zwischen Militärpersonen abschafften. Es ist nicht verwunderlich, daß Kerenskis Verordnung im Heer und in der Flotte zu Unruhen führte – ein Gären, das nur schwer zu kontrollieren war!

Zu diesem Zeitpunkt wußten wir, daß die Zarenfamilie in Zarskoje Selo unter Arrest stand und waren über deren Schicksal besorgt. Wir hofften, daß es ihnen gelingen möge, wohlbehalten ins Ausland zu kommen – nach England, trotz Lloyd Georges alter Feindschaft dem kaiserlichen Rußland gegenüber. Doch wir setzten unser Vertrauen auf König Georg V., den Vetter und sehr guten Freund des Zaren, dessen edlen Charakter wir kannten.

Onkel Nikolascha führte auf Chair ein zurückgezogenes Leben und weigerte sich, egal welche, Reisende aus dem Norden zu empfangen. Ich fuhr ab und zu hinüber nach Chair, um meine Tante und meinen Onkel zu besuchen. Manchmal ging er mit seinem Jagdgewehr hinunter zum Strand, um Kormorane zu schießen.

Ich besuchte auch Fürst Orlow – Nadjas Schwiegervater –, der getrennt von seiner Frau im Stabsgebäude von Kharaks lebte. Bei solchen Besuchen traf ich auf dem Weg zur unteren Landstraße manchmal Onkel Sandro und seine Söhne, die die Landstraße überquerten, um von Aj-Todor hinunter ans Meer zu kommen. Ich kannte meine Halbvettern nicht so gut. Sie waren vor allem mit den Kindern des Zaren und den Scheremetjew- und Worontsow-Kindern befreundet. Wenn wir uns auf der Landstraße begegneten, wechselten wir deshalb nur ein paar Worte.

Nach einigen Wochen begann für die Bewohner von Djulber, Chair und Aj-Todor eine schwere Zeit. Von Sewastopol breiteten sich Gerüchte über eine konterrevolutionäre Aktion aus, die der lokale Sowjet verbreitet hatte. Diese Hetzkampagne hatte bei der Schwarzmeerflotte nicht viel Erfolg, obwohl ein Teil der Matrosen in den Sowjets vertreten waren. Angestiftet von Agitatoren fing man an, nach Feinden der Revolution zu fahnden. Die Ankunft von Mitgliedern der Familie Romanow auf der Krim veranlaßte den Sewastopol-Sowjet zu dem Verdacht, es könne eine konterrevolutionäre Bewegung in Südrußland entstehen. Zu dem Zeitpunkt mußte die Provisorische Regierung auf den wachsenden politischen Einfluß der Sowjets, die nach der Revolution überall in Rußland entstanden waren, Rücksicht nehmen.

In der Nacht des 26. April 1917 erwachte ich davon, daß die Tür meines Schlafzimmers geöffnet wurde. Ich machte Licht und erblickte einen Matrosen mit einem Gewehr in der Hand. Hinter ihm sah ich einen seltsam gekleideten Mann, der mit einer Taschenlampe im Zimmer herumleuchtete. Dieser Mann, der eine rote Armbinde trug, sagte zu mir, ich solle im Bett bleiben, während er meine zwei Zimmer durchsuchen werde. Der Matrose mit dem Gewehr stellte sich an mein Bett und hielt Wache. Während ich im Bett lag, dachte ich besorgt an meine Eltern und an Marina, die höchstwahrscheinlich dieselbe Durchsuchung über sich ergehen lassen mußten. Der Mann mit der roten Armbinde, ein Sowjetkommissar, durchwühlte das ganze Zimmer. Er steckte seine Nase in alle Schränke, kontrollierte meine Bücher und öffnete meine Schreibtischschublade, aus der er Briefe, Papiere, Dokumente und meine Tagebuchnotizen herausnahm. Alles, was er fand, steckte er in eine große Mappe. Als er an mir vorbei in meine Wohnstube ging, um sie zu durchsuchen, sagte er, ich könne mich ankleiden, dürfe aber die Zimmer nicht verlassen, bis die Hausdurchsuchung beendet sei.

Während der Kommissar mein Wohnzimmer durchsuchte, zog ich mich rasch an und wartete, daß er fertig würde. Dabei unterhielt ich mich mit dem Matrosen, der bereitwillig auf meine Fragen bezüglich der Schiffe der Schwarzmeerflotte antwortete. Als ich ihn fragte, woher er komme, nannte der Matrose eines der zentralen Gouvernements und fügte hinzu, daß er erst im Laufe dieses Jahres zum Dienst in der Flotte einberufen worden war. Sobald der Kommissar mein Wohnzimmer verlassen hatte, ging ich hinein, setzte mich an den Flügel und begann wie automatisch mit einem Finger zu spielen. Der Matrose stand neben mir. Nach kurzem Schweigen fragte er mich, wie ich heiße. Ich antwortete, daß mein Vater der Großfürst Pjotr Nikolajewitsch sei und ihm das Schloß gehöre. Plötzlich fiel mir ein, mit einem Finger den Anfang von »Gott schütze den Zaren« zu spielen. Als mein Wächter das Motiv erkannte, seufzte er tief und murmelte leise: »Der Teufel soll alle Deputierten holen und in die Hölle schicken!«

Als der Kommissar zurückkam, um mitzuteilen, daß die Hausdurchsuchung beendet sei, begab ich mich sogleich zu meinen Eltern. Sie erzählten mir, daß ein Mann mit einer roten Armbinde, ebenso wie bei mir, alle ihre Zimmer durchwühlt hatte. Als er ging, nahm er einen Stapel von Papieren aus dem Schreibtisch meiner Mutter mit, auf denen sie in den vergangenen Jahren die Namen der Pflanzen, die sie im Garten haben wollte, notiert hatte. Die Notizen enthielten auch die Namen russischer, französischer und deutscher Firmen, bei denen meine Mutter Pflanzen bestellte. Wahrscheinlich waren diese Adressen denen, die nach konterrevolutionären Plänen suchten, höchst verdächtig!

Aus Marinas Zimmer hatte man Briefe und ein Evangelium mitgenommen; sie hatte dem Kommissar erklärt, daß sie weder Notizen darin mache, noch daß dort verschlüsselte Nachrichten zu finden seien, die sie komprimittieren könnten.

Die Hausdurchsuchung fand im gesamten Schloß statt – auch beim Personal. Ergebnis der Durchsuchung war die Sicherstellung der Revolver, die mein Vater und ich das Recht hatten, zu besitzen, bis wir von unserem Militärdienst freigestellt wurden, und außerdem beschlagnahmten sie noch unsere Jagdwaffen. Der Kommissar nahm die »verdächtigen« Dokumente und Briefe mit.

Als es hell wurde, trat ich auf den Balkon vor dem oberen Arbeitszimmer meines Vater hinaus. In der Einfahrt stand eine Gruppe von Matrosen, die mit einigen unserer Dienstmädchen plauderten, bevor sie sich wieder zum Haupttor begaben, an dem die Fahrzeuge auf sie warteten. Als der Kommissar mit seinen Matrosen abgefahren war, stellte sich heraus, daß einem der Dienstmädchen ein Ring fehlte und ein Dutzend Gabeln des Silberbestecks verschwunden waren.

Dieselben Hausdurchsuchungen wurden auf Chair und Aj-Todor durchgeführt. In jener Nacht kam ein Kommissar der Provisorischen Regierung nach Chair und wollte Onkel Nikolascha treffen. Nachdem er von seinem Kammerdiener geweckt worden war, empfing mein Onkel ihn im Wohnzimmer. Der Kommissar stellte sich als Oberstleutnant Werchowski vor und erklärte, daß er auf Anordnung der Provisorischen Regierung eine Hausdurchsuchung vornehmen müsse. Als Beweise seiner Befugnis legte er eine Verordnung vor, die er von Konteradmiral Lukin – einem Kommandanten der Schwarzmeerflotte – erhalten hatte, und ein Telegramm der Provisorischen Regierung. Als Onkel Nikolascha beide Schreiben gelesen hatte, schrieb er sie im Beisein Werchowskis ab und bat um dessen Unterschrift zur Bestätigung der Richtigkeit der Abschriften, welche Werchowski unverzüglich leistete. Diese beiden Abschriften, die ich hier ungekürzt wiedergebe, befinden sich in meinem Besitz.

Express. Vertraulich

An Oberstleutnant WERCHOWSKI.

Auf Anordnung der Provisorischen Regierung erhalten Sie den Auftrag, sich mit Mitgliedern der Heeres-Flotten- und Arbeiterdelegierten des Zentralkomitees Sewastopol nach Jalta zu begeben, und nach Rücksprache mit dem örtlichen Kommissar Anstalten zur Sicherung der Südküste der Krim vor konterrevolutionären Aktionen und konterrevolutionärer Propaganda zu treffen.

Zur Bestätigung wird eine Kopie des Telegramms Nr. 4689 der Provisorischen Regierung vom 17. April des Jahres beigelegt.

Konteradmiral LUKIN
Vorläufiger Stabschef, Stabskapitän SMIRNOW
Beglaubigt: Flaggoffizier, Leutnant KOWENKO.

(Unterschrift)

An ..., Sewastopol
Mit Einverständnis der örtlichen Kommissare der Provisorischen Regierung wird bezüglich der Überwachung der ehemaligen kaiserlichen Familie ein Austausch der Kommandeure der Truppenteile verfügt, die um Jalta stationiert sind. Die Mitglieder der Familie werden, soweit möglich, auf ein oder zwei Güter konzentriert. Die militärische Bewachung wird verschärft, und mit Einverständnis der Offiziers-Matrosen- und Soldatendeputierten des Sowjetkomitees wird hierzu eine Sondereinheit gebildet. Den Familienmitgliedern ist es untersagt, Besuch von Militärpersonen von den Fronten zu empfangen. Zur Bewachung werden mittelfristig motorisierte Fahrzeuge bewilligt. Jede Art von Korrespondenz unterliegt der Kontrolle. Es wird vorgeschlagen, daß die Organisation, falls möglich, dem Vorsitzenden des Exekutivkomitees, Oberstleutnant Werchowski, übertragen wird. Es ist erforderlich, alle Kriegsgefangenen sowie Personen ausländischer Herkunft aus dem Personal der Familie zu entfernen. Der Plan ist ohne Ankündigung und auf einmal durchzuführen. Es wird um umgehende Meldung über die Durchführung des Befehls gebeten.

Fürst Lwow Kerenski

Die Echtheit der Abschrift wird bestätigt.
Vorläufiger Stabschef des Kommandanten der Schwarzmeerflotte, Stabskapitän Smirnow
(Auf dem Blatt, auf das Onkel Nikolascha dieses Telegramm abgeschrieben hatte, befand sich der Zusatz des provisorischen Regierungskommissars: »Beglaubigt. Oberstleutnant Werchowski.«)

Bei der Hausdurchsuchung auf Chair wurden ebenso Revolver und Jagdwaffen beschlagnahmt. Tante Stana nahm man ihre Briefe und Boldarew ein Heft mit eigenen Gedichten. Werchowski leerte Onkel Nikolaschas Schreibtischschubladen, aber einige seiner Dokumente und Notizen, die von politischer und militärhistorischer Bedeutung sein konnten, fielen nicht in seine Hände, weil sie in einem Koffer lagen, den er übersehen hatte.

Die Hausdurchsuchung auf Aj-Todor wurde von einem Zug Matrosen unter Führung eines Delegierten des Sewastopol-Sowjets durchgeführt, einem groben und unverschämten Mann. Die Matrosen stürzten einfach in das Zimmer, in dem die Zarin-Mutter schlief, öffneten mit ihrem Zugführer alle Schränke und Schubfächer und warfen alles, was sie fanden, auf den Fußboden. Der Zarin-Mutter entwendeten sie Briefe, die sie in letzter Zeit vom Zaren erhalten hatte, und ihre Bibel, die sie seit ihrer Kindheit stets bei sich hatte. Auf dieselbe Weise hauste die Bande in den Zimmern von Onkel Sandro, Tante Xenia, den Söhnen und den anderen Bewohnern Aj-Todors. Bei der Hausdurchsuchung verschwanden auch einige wertvolle Dinge. Wegen der Hausdurchsuchungen auf den drei Gütern schickte Onkel Sandro ein Protestschreiben an die Provisorische Regierung. Er trug Felix Jusupow, seinem Schwiegersohn, auf, Kerenski davon zu unterrichten, daß wertvolle Gegenstände verschwunden waren und unter welchen Umständen die Hausdurchsuchung auf Aj-Todor stattgefunden hatte.

Zwei Tage darauf kam die angekündigte »Sondereinheit« zu uns, abkommandiert von der Provisorischen Regierung. Sie bestand aus niederen Dienstgraden der Garnison in Sewastopol und stand unter dem Kommando eines grusinischen Offiziers. An den Eingängen der drei Güter wurden Wachposten aufgestellt, und in den Parks und Gärten patrouillierten Soldaten. Unten am Strand stellte man Beobachtungsposten auf. Das Haus, in dem früher unsere Gärtner und Djulbers Parkaufseher untergebracht waren, diente jetzt als Kaserne für die Soldaten dieser Sondereinheit.

Bald darauf setzte die Provisorische Regierung eine Kommission ein, die Onkel Sandros Protest behandeln und die Angelegenheit untersuchen sollte. Diese Kommission kam zuerst nach Aj-Todor, wo man seine Beschwerden vorbrachte. Danach sollten Onkel Nikolascha und mein Vater befragt werden. Der Einfachheit halber kam mein Onkel nach Djulber, wo im großen Eßzimmer ein langer Tisch aufgestellt wurde. Auf der einen Seite standen Stühle für die Kommission und gegenüber ein Stuhl für den, der befragt werden sollte. Während wir auf die Kommission warteten, spazierten wir auf dem Vorplatz des Schlosses auf und ab. Mein Onkel war zornig, und mein Vater versuchte ihn zu beruhigen. Als die Kommission eintraf, führte Baron Stahl sie ins Eßzimmer. Onkel Nikolascha wurde als erster befragt, und als er sich eine Weile im Eßzimmer aufgehalten hatte, kehrte er nach Chair zurück. Nach ihm wurden mein Vater und ich einzeln befragt.

Als ich in das Eßzimmer kam, setzte ich mich auf den Stuhl gegenüber des Vorsitzenden der Kommission, Konteradmiral Lukin. Bevor die Befragung begann, wollte der Sekretär der Kommission meinen Vor- und Vaternamen wissen. Ich antwortete: »Romanow, Prinz Roman Petrowitsch«, und fügte hinzu: »Aus dem Dienst entlassener Leutnant.« Dann fragte mich Lukin, ob ich die Absicht hätte, Beschwerden über mir abhandengekommene Gegenstände vorzubringen; gemäß dem Wunsch meines Vaters erwiderte ich, daß ich keine Beschwerden vorzubringen hätte. Nun nahm der Kommissionssekretär einen der großen Umschläge, die er vor sich auf dem Tisch liegen hatte, reichte ihn mir und bat mich, den Inhalt zu kontrollieren. Der Umschlag enthielt einen Teil meiner beschlagnahmten Briefe, sowie alle meine Notizen und Tagebücher.

Formal standen wir nicht unter Arrest. Anfangs, in den ersten Sommermonaten, durften wir das Gut noch verlassen. Manchmal fuhr ich mit der Equipage nach Jalta. Ich wollte dorthin, um Nadja zu besuchen und die Freunde von Nikolai Orlow zu treffen, die Brüder Fersen und Pawlow, alle Fähnriche im Achtyr-Husarenregiment. Alle drei hatten eine Ausbildung am kaiserlichen Lyzeum erhalten. Damals war Pawel Timofejewitsch Pawlow in Jalta, um nach einer Verwundung an der deutschen Front behandelt zu werden. Nachdem er vollständig genesen war, schickte er sich an, zu seinem Regiment zurückzukehren. In dem Garten, der zu Popows Sommersitz gehörte, wo Nadja mit ihrem Mann wohnte, gab es einen Tennisplatz, und dort spielte ich manchmal mit Pawlow oder Tennisspielern aus der Umgebung.

Im Sommer 1917 kam der bekannte Porträtzeichner Sorin nach Jalta. Er verfertigte ein hervorragendes Porträt des ehemaligen Außenministers Sasonow, der nach seiner Verabschiedung 1916 in

Jalta lebte. Sorins Porträts waren von unglaublicher Genauigkeit und zeichneten sich durch Geschmack und Eleganz aus. Er zeichnete auf Karton mit drei Bleistiften, einem schwarzen, einem weißen und einem rötlichen. Fürstin Olga Orlowa, von der er ein Porträt anfertigte, bat ihn, auch ein Porträt von Nadja zu machen. Ich möchte hier auf Sorins äußerst unwürdiges Verhalten in den Tagen zu sprechen kommen, als die Gefahr von seiten der Bolschewiken für Nadja und uns alle immer bedrohlicher wurde. Er tauchte eines Tages auf, um sein Porträt mit der Begründung, es könne sonst zusammen mit ihr vernichtet werden, mitzunehmen ...

Es wurde Sommer. Wie in den vorangegangenen Jahren war unser Garten sehr schön; die Rosen blühten, der Jasmin duftete, der Oleander entfaltete seine hellroten Blüten, und der Rasen wurde grün. Zwischen den Zypressen hörte man die Teiche plätschern, und alles erinnerte an damals, als noch Frieden war. Meine Mutter spazierte über die Gartenwege. Manchmal rief sie den alten Gärtner zu sich, um ihm Stellen zu zeigen, wo sie – mit großem Optimismus – geplant hatte, für das kommende Frühjahr verschiedene Pflanzen einzusetzen.

Mein Vater verbrachte einen Teil des Tages in seinem Arbeitszimmer, wo er Pläne für Bauwerke und Kirchen zeichnete. Wenn ich zu ihm hineinkam, drehten sich unsere Gespräche meistens um Trapezunt und General Schwartz, auf den mein Vater große Stücke hielt. Er erkundigte sich auch nach den Pionierarbeiten, an denen ich während meines Kommandos in Platana beteiligt gewesen war. Mein Vater vermied es, von den Ereignissen der letzten Monate zu sprechen.

Marina verbrachte ihre Zeit mit Malen; diese Beschäftigung lenkte ihre Gedanken von ihrem eineinhalbjährigen Einsatz beim Roten Kreuz in Trapezunt ab, den sie hatte aufgeben müssen. Sie malte ein Porträt mit Pastellfarben von mir, und dann beschloß sie, sich mit der Bildhauerei zu beschäftigen. Im Garten fanden wir einen großen Steinblock, der in das Zimmer gebracht wurde, das sie als Werkstatt benutzte. Marina wollte daraus eine Büste von mir anfertigen. Ich saß ihr brav Modell, und die Steinsplitter flogen mir um die Ohren.

Jeden Tag unternahm ich im Garten einen Spaziergang mit meinem Hund, der leidenschaftlich Eidechsen jagte, die in der Sonne

Prinz Roman, zum Offizier der Alexej Ingenieurakademie ernannt, 1916.
In der linken Hand hat er seine eifrig benutzte Kodak, die ihn sein ganzes Leben begleitete.

oben: Bruder und Schwester. Prinzessin Nadeschda (Nadja) Petrowna und Prinz Roman als Offizier in Kaukasien.
unten: Steinschloßpistole. Prinz Romans »Kriegsbeute« nach dem Sieg bei Erzerum, 1916.

Der Kosake Potapow, der Prinz Roman auf seinen Ausflügen in Tiflis begleitete und der auf der Reise nach Erzerum, wo Prinz Roman als Offizier Dienst tat, sein Bursche war. Ende der zwanziger Jahre spielte Potapow erneut eine Rolle im Leben von Prinz Roman. Diesmal im französischen Exil als Mädchen für alles für die Familie.

Schloß Djulber auf der Krim, 1917. Vom Balkon vor dem Arbeitszimmer seines Vaters hat Prinz Roman heimlich Matrosen fotografiert, die vom Sewastopol-Sowjet zu einer gründlichen Hausdurchsuchung geschickt worden waren.

Bootsmann Sadoroschnyj, Chef der »Sondereinheit«, die vom Sewastopol-Sowjet eingesetzt worden war. Er bewachte und beschützte später (1917/1918) die Romanows auf Schloß Djulber auf der Krim.

Auf der Krim. Der Leibkosake Jaschtschik der Zarin-Mutter Maria Feodorowna mit ihrem Enkelkind, Prinz Wasilij Alexandrowitsch, der den berühmten deutschen Kreuzer »Goeben« durch ein Fernrohr betrachtet.

oben: Das englische Schlachtschiff H. M. S. Marlborough, das Prinz Roman und seine Familie 1919 aus Rußland brachte.
unten links: Großfürst Pjotr Nikolajewitsch und Prinz Roman an Bord des Schlachtschiffes H. M. S. Marlborough, Jalta 1919.
unten rechts: Großfürst Nikolaj Nikolajewitsch an Bord des Schlachtschiffes H. M. S. Marlborough. Jalta 1919. Links im Hintergrund seine Nichte, Fürstin Nadeschda (Nadja) Orlowa.

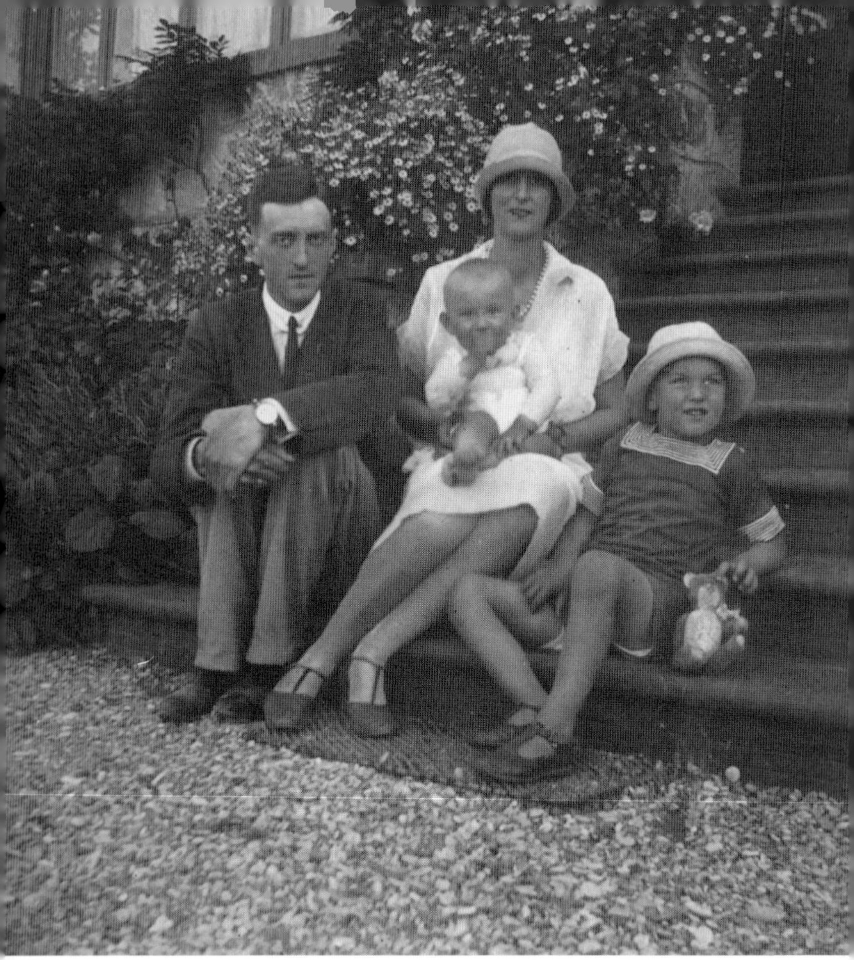

Im Exil in Cap d'Antibes, Südfrankreich. Prinz Roman mit seiner Frau, Prinzessin Praskowija, die er 1921 heiratete, und seinen zwei Söhnen Dimitri und Nikolaj.

dösten. Manchmal begegnete ich einem Soldaten, der die Wachtposten im Garten kontrollierte. Ein solcher Posten stand auf dem steilen Abhang, der hinunter zum Meer ging. Von dort aus konnte man nicht nur unseren Strand, sondern auch den von Jusupow überblicken. Hier befand sich eine Bank, auf die ich mich oft setzte, um auf das Meer hinauszuschauen. An diesem Aussichtspunkt marschierte der Soldat unserer Sondereinheit auf und ab. Wenn ich auf der Bank saß, kam er manchmal zu mir, um sich zu unterhalten. Die meisten dieser Wachtposten waren freundlich und gutmütig und beantworteten bereitwillig meine Fragen nach ihrem Leben in Friedenszeiten. Es war ein gutes Gefühl, zu spüren, daß die revolutionären Kampagnen nicht alle in den Streitkräften vergiftet hatten.

Gegen Ende des Sommers verschlimmerte sich die Situation auf der Krim. Lenin wurde der oberste Führer der revolutionären Bewegung, während Kerenski, berauscht von der Position, die er erreicht hatte, weiterhin seine flammenden Reden in politischen Versammlungen und auch vor Fronteinheiten hielt. Um seine Position noch mehr zu festigen, nahm Kerenski Verbindung mit dem Exekutivkomitee der Soldaten- und Arbeiterdeputierten auf, in dem Lenin eine wichtige Rolle spielte. Sowjets tauchten in der Provinz auf, und in Jalta wurde ein örtliches »Sowdep« gebildet – ein Sowjet aus Deputierten der Arbeiter, Bauern und der Rotarmisten. Der Sowjet in Jalta fing an, sich in Verwaltungsprobleme einzumischen und kontrollierte die örtliche Polizei. Unter dem Vorwand, nach Konterrevolutionären zu suchen, führten die Deputierten des Sowjets auf eigene Faust Hausdurchsuchungen durch.

Zu Beginn des Herbstes wechselte der Chef der Sondereinheit von Koreis nach Chair, wo er sich im Haus des Verwalters einrichtete. Sein Benehmen war tadellos, und weil er um uns besorgt war, untersagte er uns, das Gelände des Gutes zu verlassen. Nur Doktor Malama erhielt die Erlaubnis, Djulber und Aj-Todor zu besuchen, wenn dort ärztliche Hilfe benötigt wurde. Diese Erlaubnis war uns von großem Nutzen, da wir auf diese Weise die Verbindung zu unseren Verwandten aufrechterhalten konnten. Dank Doktor Malama wußten wir Bescheid darüber, was in Jalta und Umgebung passierte. Damals erfuhren wir, daß unser sympathischer Zahnarzt aus Jalta, Kostritsski – trotz aller Risiken – in das ferne Sibirien gereist war, um der Zarenfamilie seine Hilfe anzubieten. Sergej Sergejewitsch war kaiserlicher Hofzahnarzt, und wenn die Zarenfamilie sich in

Liwadia aufgehalten hatte, wurde häufig nach ihm geschickt. Als er aus Tobolsk zurückkehrte, hatte er heimlich Briefe für die Zarin-Mutter und Tante Xenia mitgebracht.

Es entwickelte sich ein herzliches Verhältnis zwischen Doktor Malama und dem Chef der Sondereinheit, nachdem der Doktor ihn von einer schweren Erkältung geheilt hatte. Malama gegenüber verhehlte er seine Angst nicht, daß die Bolschewiken aus Jalta versuchen könnten, sich in die Sondereinheit einzumischen, um die Bewohner der drei Güter überwachen zu können. Sein Beschluß, uns unserer Freiheit zu berauben, erfüllte einen doppelten Zweck. Einmal galt er der Sorge um die persönliche Sicherheit der Personen, die das Gut verließen, und zum anderen bewies er seine Strenge als Chef der Einheit. Da er die Verhaltensmaßregeln also offiziell verschärft hatte, konnte der Jalta-Sowjet der Sondereinheit nicht vorwerfen, mit den Romanows zu sympathisieren. Zu diesem Zeitpunkt befanden wir uns genau genommen unter Arrest. Wir bekamen auf Djulber häufig Besuch von dem Chef der Einheit, der in seiner Eigenschaft als Kommissar der Provisorischen Regierung weiterhin eine Verbindung mit Petrograd pflegte. Dieser freundliche und sympathische Mann sprach besorgt von der politischen Situation im Lande und von der mangelnden Disziplin in der Armee.

Mitte Oktober wurden Jalta und die Südküste dem skandalösen Benehmen der Bolschewiken ausgesetzt. Die örtliche »Sowdep« in Jalta verstärkte die Suche nach Personen, die früher wichtige Dienstposten oder soziale Stellungen innegehabt hatten, ebenso wurden wohlhabende Angehörige der Bourgeoisie verfolgt. Ohne jede Grundlage wurden sie verdächtigt, konterrevolutionäre Absichten zu haben. Bei diesen Personen nahmen die Bolschewiken Hausdurchsuchungen vor, die häufig mit Diebstahl, Gewalt – und sogar Mord endeten. In dieser schweren Zeit wurde der reiche französische Fabrikbesitzer Goujon, den wir kannten, in seinem Sommerhaus nicht weit von Aj-Todor erschlagen.

Am 27. Oktober erfuhren wir vom Chef unserer Bewacher, daß die Bolschewiken die Provisorische Regierung, der er unterstellt war, gestürzt hatten. Als er erkannte, daß seine Arbeit beendet war, zeigte er sich sehr beunruhigt und verhehlte seine Befürchtung nicht, daß der Jalta-Sowjet, dessen Mitglieder vorwiegend Schufte und Feiglinge waren, uns beseitigen würde. Wenige Tage später wurde dieser provisorische Regierungskommissar abgesetzt, und der Sewastopol-Sowjet setzte einen eigenen Kommissar – einen Bootsmann der Schwarzmeerflotte, Sadoroschnyj – zum Chef unserer Bewacher ein.

Der neue Chef der Wachmannschaft kam nach Djulber. Er wurde von Baron Stahl empfangen und erließ das strenge Verbot, daß niemand ohne besondere Genehmigung das Gut verlassen dürfe. Wir standen alle unter Hausarrest. Dieselbe Erklärung gab er auf Chair und Aj-Todor bekannt. Um die Überwachung der Güter zu vereinfachen, beschloß Sadoroschnyj, die Bewohner von Chair nach Djulber zu verlegen. Die Zarin-Mutter und Onkel Sandro mit Familie, Stab und Dienerschaft ließ er vorläufig auf Aj-Todor. Gemeinsam mit Onkel Nikolascha und meiner Tante zogen Sergej von Leuchtenberg, Boldarew, Doktor Malama und die private Dienerschaft nach Djulber. Mein Onkel und Tante Stana bekamen die großen Zimmer im Erdgeschoß, wo mein Vater seine Arbeitsräume hatte. Die übrigen Bewohner von Chair wurden in unbenutzten Zimmern untergebracht. Sadoroschnyj selbst zog am gleichen Tag in das Haus am Doktorhügel ein, in dem früher Doktor Warawka mit Familie gewohnt hatte.

Um den Versuch einer Einmischung in die Bewachung der Güter durch die »Sowdeps« in Jalta zu vermeiden, teilte ihnen Sadoroschnyj mit, daß er unmittelbar dem Sewastopol-Sowjet unterstehe und nach dessen Anweisungen handle.

Als ich Sadoroschnyj zum ersten Mal im Garten begegnete, machte er auf mich den Eindruck eines sehr strengen Mannes. Bekleidet mit einer Lederjacke und das Matrosenkäppi tief in die Stirn gezogen, ging er wortlos an mir vorbei – ja, er schaute mich nicht einmal an. Ich war erstaunt über seine Größe, die für einen Matrosen ungewöhnlich war, und über seinen kräftigen Körperbau. Sadoroschnyj kam manchmal ins Schloß, um Briefe abzugeben, die er bereits geöffnet und gelesen hatte, um sie auf politische Inhalte hin zu überprüfen. Oder er kam, um mit unserem Koch Gromow zu sprechen, der auch für das Essen der Bewacher zuständig war. Er war deshalb gezwungen, mit Baron Stahl praktische Fragen der Hauhaltsführung zu klären.

Im Laufe des Winters, während dessen wir unter Arrest standen, erfuhren wir keine Neuigkeiten von der Außenwelt außer denen, die Doktor Malama mitbrachte. Er benutzte sein Recht, Djulber anläßlich von Besuchen kranker Soldaten der Einheit, die auf Aj-Todor untergebracht waren, zu verlassen. Auf dieser Weise hatte Doktor Malama auch die Möglichkeit, mit den Soldaten zu reden, und von denen, die er besser kennenlernte, erhielt er Informationen über die Situation in Jalta und Umgebung. Diesen zufolge terrorisierte der »Sowdep« die Bevölkerung Jaltas und ärgerte sich darüber, daß er es nicht geschafft hatte, selbst eine Einheit zu organisieren, die über die Romanows wachte, sondern daß ihnen der Sewastopol-Sowjet zuvorgekommen war. Die Bolschewiken aus Jalta provozierten häufig Auseinandersetzungen und Zusammenstöße mit Sadoroschnyj, weil sie sich in seine Einheit einmischen wollten. Doch Sadoroschnyj spielte die Autorität des Sewastopol-Sowjets aus und lehnte kategorisch jede Teilnahme an der Bewachung ab. Am Ende des Winters spitzte sich die Situation zwischen Sadoroschnyj und Jalta so zu, daß man einen Angriff der örtlichen Bolschewiken auf Djulber und Aj-Todor erwarten konnte. Sadoroschnyj beschloß deshalb, alle Romanows auf Djulber zusammenzufassen und seine ganze Wachmannschaft hier zu konzentrieren.

Im Februar 1918 zogen die Zarin-Mutter Maria Fjodorowna und Onkel Sandro samt Familie nach Djulber, die von einem Teil des Stabes und der Dienerschaft begleitet wurden. Nadja, die durch ihre Heirat zu einer Fürstin Orlowa geworden war, und Olga Alexandrowna, die eine Ehe mit Kulikowski eingegangen war, wurden nicht länger als »Romanows« betrachtet und zogen deshalb nicht nach Djulber. Meine Eltern empfingen die unerwarteten Gäste in der Eingangshalle. Als erste kamen die Zarin-Mutter, Onkel Sandro und Tante Xenia. Als meine Mutter die Zarin-Mutter begrüßte, küßte sie ihr die Hand und sagte, sie hoffe, daß der Zarin-Mutter die Zimmer komfortabel genug seien. Die Zarin-Mutter erwiderte, sie wolle keine Umstände machen und sei für das einfachste Zimmer dankbar. Sie trug ein dunkles Kleid und auf dem Kopf einen kleinen Hut mit Schleier. Es war lange her, seit ich die Zarin-Mutter, die uns selten besuchte, das letzte Mal gesehen hatte. Ich erinnerte mich gut daran, daß ich sie 1913, anläßlich der Feierlichkeiten zum 300jährigen Jubiläum für das Haus Romanow, im Winterpalais erlebt hatte. Während meine Mutter die Zarin-Mutter in die Wohnstube führte, wo Onkel Nikolascha und Tante Stana warteten, plauderte mein Vater mit Onkel Sandro und Tante Xenia; ich weiß noch, daß es mir seltsam vorkam, meinen Onkel in Zivil und nicht in der Admiralsuniform zu sehen. Ich erinnere mich auch, wie Tante Xenia meinen Vater lächelnd auf Onkel Sandros auffälliges hellrotes Hemd und die schwarze Krawatte aufmerksam machte. Als sie alle drei ebenfalls bei der Zarin-Mutter in der Wohnstube saßen, begab ich mich mit Baron Stahl hinaus auf die Haupttreppe, um die übrigen Bewohner Aj-Todors zu erwarten. Zuerst trafen Onkel Sandros älteren Söhne ein, Andrej, Fjodor und Nikita, alle noch in Marineuniform; sie wurden von General Vogel begleitet. Danach kam das Auto mit den jüngeren »Alexandrowitschern« Dimitri, Rostislaw und dem erst zehnjährigen Wasili. Ich führte meine Halbvettern in die Wohnstube zu ihren Eltern, während Baron Stahl auf der Haupttreppe blieb, um auf die noch fehlenden Bewohner Aj-Todors zu warten.

Es waren bereits Vorbereitungen getroffen worden, um alle Ankömmlinge unterzubringen. Meine Eltern hatten der Zarin-Mutter ihre Privatgemächer im oberen Stockwerk überlassen, von denen man eine wunderbare Aussicht auf das Meer und zum Aj-Petri hatte. Meine Eltern zogen in das große Arbeitszimmer meines Vaters im Erdgeschoß, während Onkel Sandro und Tante Xenia sich im oberen Arbeitszimmer neben den Gemächern der Zarin-Mutter einrichteten. Nikita, Rostislaw und Wasili bekamen meine beiden Räume, und ich zog in das arabische Zimmer, wo man Matratzen für Andrej, Fjodor und mich auf den Boden gelegt hatte. Die Hofdame der Zarin-Mutter, Gräfin Mengden, und Tante Xenias Hofdame, Sophia Jewreinowa, erhielten im anderen Flügel des Schlosses eine Unterkunft, wo auch ein Zimmer für Olga Konstantinowna Wasiljewa hergerichtet wurde, die früher als Krankenschwester in Kiew in Olga Alexandrownas Krankenhaus gearbeitet hatte. Einige der Dienstleute aus Aj-Todor erhielten die Räume, die früher unser Personal, das in Petrograd geblieben war, benutzt hatte.

Einige Tage danach kamen noch Fürst Georgi Dmitrijewitsch Scherwaschidse und Fürst Sergej Alexandrowitsch Dolgoruki, der Sohn der Besitzerin von Mischkor. Sie waren beide bislang dem Hof der Zarin-Mutter attachiert und hatten beschlossen, ihr Schicksal zu teilen. Der alte Fürst Scherwaschidse, Oberhofmeister am kaiserlichen Hof, war ein alter Freund der Zarin-Mutter und genoß bei allen, die ihn kannten, großen Respekt.

Mit Ausnahme der Zarin-Mutter und Tante Xenia nahmen wir alle das Mittag- und Abendessen im großen Eßzimmer ein. Anfangs war das Menü erträglich, wenn auch einförmig; später wurde es rationiert, und in den letzten Wochen unseres Arrestes bestand es aus irgendeiner Grütze und nach Schimmel riechenden Kartoffeln und Erbsensuppe. Die erzwungene und strenge Diät wurde nur dank der hervorragenden und abwechslungsreichen Weine aus Djulbers Weinkellern einigermaßen erträglich. Unser Koch Gromow brachte es fertig, für die Zarin-Mutter anspruchsvollere Gerichte zuzubereiten, indem er sich einige unserer Wachtposten zu Komplizen machte und sich die nötigen Ingredienzien besorgte.

Als wir erfuhren, daß in Brest-Litowsk ein Dekret über den Frieden mit den Deutschen unterschrieben worden war, wurden wir alle sehr deprimiert. Es fiel schwer, mit dem Gedanken fertigzuwerden, daß der Krieg ein solches Ende genommen hatte – ein Krieg, der Rußland Millionen von Menschenleben gekostet hatte und in dem die russischen Streitkräfte so viele Siege errungen hatten. Es war nicht einmal ein Jahr nach der Abdankung des Zaren vergangen, und ein solcher verräterischer Frieden konnte nur wegen der revolutionären Kampagnen in der Truppe zustandegekommen sein. Onkel Nikolascha wollte die Gültigkeit dieses Friedensdekrets nicht anerkennen und betrachtete den Krieg weiterhin als nicht beendet. Der Friede, der auf Trotzkis beharrliches Drängen hin eingegangen worden war, wurde auch von Joffe unterzeichnet. Dieser Joffe war der ehemalige Besitzer des Bahnhofrestaurants in Sewastopol. Wenn wir auf die Krim kamen, pflegten wir im Speiseraum der »Zarenzimmer« zu essen, wo uns Joffe mit ehrerbietiger Verbeugung empfing und sich, wenn wir ihm für das gute Essen dankten, ebenso ehrerbietig verbeugte.

Als der Frühling kam, gingen wir häufiger hinaus in den Garten. Die Mandelbäume waren bereits mit weißen Blüten übersät, und auf den Gipfeln des Aj-Petri begann der Schnee zu schmelzen. Die Älteren setzten sich in bequeme Gartenstühle auf die Schloßterrassen, um sich von der Sonne wärmen zu lassen, während die Jüngeren auf den Wegen durch den Garten spazierten.

Meine Mutter besuchte die Zarin-Mutter jeden Tag in ihrer »Wohnstube« – dem früheren Boudoir meiner Mutter. Sie unterhielt sich mit ihr und versuchte, die traurigen Gedanken der Zarin-Mutter zu zerstreuen. Die Zarin-Mutter sorgte sich ständig um den Zaren und seine Familie und um den Jüngsten, Michail Alexandrowitsch, denn sie wußte nichts über deren Schicksal. Manchmal rief die Zarin-Mutter Onkel Nikolascha zu sich. Sie erinnerte sich gern mit ihm an die Vergangenheit.

Während unserer Internierung freundete ich mich sehr mit meinen Halbvettern an – den drei älteren »Alexandrowitschern«, die ich vorher kaum gekannt hatte. Es entstand eine enge Freundschaft zwischen Andrej, Fjodor, Nikita und mir – eine Freundschaft, die uns für immer verband. Sie verbrachten einen großen Teil des Tages zusammen mit mir im arabischen Zimmer, und oft kam auch Onkel Sandro zu Besuch, um seine Söhne zu sehen. Ich fand es interessant, mit ihm über die Ausgrabungen zu plaudern, die er jahrelang am Kap von Aj-Todor beim Leuchtturm hatte durchführen lassen, wo Reste einer römischen Festung lagen. Onkel Sandro kannte sich gut in alter Geschichte aus und beschäftigte sich intensiv mit der griechischen Mythologie. Wir bekamen im arabischen Zimmer auch Besuch von Marina, Muscha Stahl und Olga Wasiljewa; hier vertrieben wir uns die Zeit und halfen uns gegenseitig, nicht an die Zukunft zu denken, die uns ziemlich düster auszusehen schien.

Es war ein großer Schlag für die Zarin-Mutter, als Fürst Scherwaschidse nach einem kurzen Krankenlager plötzlich starb; wir konnten natürlich nicht an seiner Beerdigung teilnehmen und mußten uns damit begnügen, seinen Sarg bis zum Eingangstor zu begleiten. Der Sarg des Fürsten wurde nach Koreis auf den Friedhof gebracht.

Ich war wirklich ungehalten darüber, daß ich das Gebiet des Gutes nicht verlassen durfte und ärgerte mich, wegen dieses Verbotes Nadja nicht besuchen zu können, die in Jalta lebte. Auch meine Mutter litt darunter, Nadja nicht sehen zu können, die gerade ihr erstes Kind erwartete. Eines Tages, als sie im Garten spazierenging, sah sie Sadoroschnyj und beschloß, ihn zu bitten, ihr Nachrichten zu beschaffen, wie es Nadja ginge; damals sprach sie das erste Mal mit ihm. Als Sadoroschnyj meine Mutter angehört und den Grund ihrer Sorge verstanden hatte, bot er ihr sogleich an, mit ihm nach Jalta zu fahren. Am nächsten Tag fuhr ein Wagen mit einem Militärfahrer und noch einem Soldaten beim Schloß vor. Meine Mutter nahm in der Limousine Platz, die zum Tor fuhr. Hier stieg Sadoroschnyj ein, und sie fuhren nach Jalta. Als sie an der Strandpromenade in Jalta ankamen, verließen sie den Wagen, und Sadoroschnyj begleitete meine Mutter zur Sommerwohnung der Popows. Während des Besuches meiner Mutter hielt ständig ein Soldat am Eingang zum Garten Wache. Zur festgelegten Zeit kam Sadoroschnyj, um meine Mutter wieder abzuholen, und zusammen kehrten sie nach Djulber zurück. Nach diesem unerwarteten Ereignis legte ich meine ursprüngliche Abneigung gegen Sadoroschnyj ab.

Nach diesem kurzen Besuch meiner Mutter bei Nadja erschien ein Wagen mit Bolschewiken und einem Deputierten des Jalta-Sowjets vor dem Haupttor Schloß Djulbers. Er teilte Sadoroschnyj mit, daß er nach Djulber gekommen sei, um General Orlow zu verhaften. Sadoroschnyj erwiderte, auf Djulber befinde sich kein General dieses Namens und verwehrte ihm den Zutritt. Daraufhin fuhr das Auto nach Kharaks, wo Fürst Orlow gerade wohnte. Als wir davon erfuhren, erschraken wir natürlich sehr ... Erst später wurde uns klar, in welcher Gefahr Fürst Orlow an jenem Tag geschwebt hatte. Es stellte sich heraus, daß die Fahndung der Bolschewiken auf einem Irrtum beruhte. Sie hatten ihn mit einem anderen Orlow verwechselt, welcher vor zehn Jahren Unruhen im Gouvernement Estland niedergeschlagen hatte. Nachdem Sadoroschnyj Fürst Orlow per Telefon von der Gefahr benachrichtigt hatte, die ihm drohte, ging Orlow vor das Haus und stellte sich dort zusammen mit seinem Kammerdiener und einem Kuban-Kosaken hin. Als die Bolschewiken auftauchten, stimmten alle drei das Lied »Gott gib uns Schutz und Stärke« an. Die Bande wurde verwirrt, und als der Deputierte Fürst Orlow erblickte, wurde ihm sein Irrtum klar. Er stieg wieder in den Wagen und fuhr mit den Bolschewiken zurück nach Jalta.

Nach diesem Zwischenfall bestand Sadoroschnyj darauf, daß Fürst Orlow, sein Kammerdiener und der Kosake von Kharaks nach Chair übersiedelten, wo Jelena und Stephan Tyszkewicz bereits im »Kinderhaus« wohnten; er riet auch Nadja und ihrem Mann, dorthin zu ziehen, die seinen Rat beherzigten. Obwohl sich nun alle Romanows auf Djulber befanden, standen Chair und Aj-Todor nach wie vor unter Sadoroschnyjs Kontrolle. Auf Aj-Todor wohnte Olga Alexandrowna mit ihrem Mann und dem kleinen Sohn Tichon in dem Gebäude, in dem der Wein des Gutes hergestellt wurde. Hier wohnte auch Olga Orlowa. Mascha, die von Nadja unzertrennlich war, benutzte den Umstand, daß Chair nicht weit von Djulber entfernt lag, und kam zu unserer Einfahrt, wo sie mit einigen der Soldaten, die dort Wache standen, Freundschaft schloß. Über diese Beziehung gelang es ihr, unserem Koch heimlich einen Teil der Nahrungsmittel zukommen zu lassen, die sie in Koreis für Nadja besorgt hatte.

Am Morgen des 14. Mai kam Mascha ans Tor von Djulber gelaufen. Sie bat die Wache, meine Mutter davon zu benachrichtigen, daß Nadja Wehen bekommen habe und der Distriktsarzt Michailow bereits von Koreis nach Chair gekommen sei. Als Sadoroschnyj davon erfuhr, zeigte er sich meiner Mutter gegenüber erneut großzügig und erlaubte ihr, Djulber zu verlassen, um einen Tag bei Nadja zu bleiben. Auf Bitten meiner Mutter gestattete er, daß auch ich sie begleitete. Obwohl Chair ganz nahe bei Djulber liegt, wurde uns ein Wagen zur Verfugung gestellt, in dem ein Soldat saß. Wir verbrachten den ganzen Tag auf Chair, und nachdem das erste Enkelkind meiner Mutter – Irina – zur Welt gekommen war, kehrten wir nach Djulber zurück.

Während unserer Internierung erfuhren wir, wie gesagt, ziemlich wenig darüber, was sich in Rußland ereignete. Bereits im Januar 1918 hatte sich die ukrainische Volksrepublik in einer äußerst schwierigen Situation befunden. Die Ukraine wollte den Waffenstillstand mit den Mittelmächten nicht anerkennen und betrachtete sich als mit ihnen im Krieg befindlich. Gleichzeitig war die Ukraine jedoch gezwungen, gegen den Bolschewismus zu kämpfen, der sich im südlichen Rußland mehr und mehr ausbreitete. Schon Ende Januar näherte sich eine Abteilung der Roten Armee der Stadt Kiew, und die ukrainische Regierung – die Rada – verlegte ihren Sitz nach Schitomir und ersuchte von dort aus die Deutschen um Hilfe. Ein solches Ersuchen kam den Deutschen äußerst gelegen, da Lenins Regierung die Unterzeichnung des endgültigen Friedensvertrages hinauszog. Als die Bolschewiken Kiew einnahmen und in der Stadt blutige Bestrafungen durchführten, stellte der Rat der deutschen Volkskommissare ein Ultimatum und verlangte die sofortige Unterzeichnung des Vertrages. Dieses Ultimatum erzeugte Panik bei den Bolschewiken, und der ängstliche Lenin floh mit der Regierung von Petrograd nach Moskau, während die Deutschen, die keine Antwort auf ihr Ultimatum erhalten hatten, an sämtlichen Fronten in die Offensive gingen. Die Russen waren gezwungen, nachzugeben und die Friedensbedingungen zu unterzeichnen. Danach mußte Rußland außer auf Finnland, Estland, Lettland, Litauen und einen Teil von Transkaukasien auch auf die Ukraine verzichten. Einer »Bündnisabsprache« zwischen den Deutschen und der ukrainischen Rada zufolge war das gesamte südliche Rußland – bis Rostow am Don – von dem Verbündeten besetzt.

In dieser Zeit hatte man auf der Krim eine örtliche Regierung gebildet, der Vertreter der Tataren angehörten, außerdem Graf Tatischjew und Gräfin Panina, der das an Djulber angrenzende Gut Gaspra gehörte. Diese Regierung hatte ihren Sitz in Simferopol, besaß aber nicht genügend Stärke und Autorität an der Südküste, wo verschiedene Stadt-»Sowdeps« faktisch die Macht innehatten.

Im Jalta-Sowjet besaßen die Kommunisten die Mehrheit, doch darunter gab es Deputierte, die Mitglieder der Sozialrevolutionären Partei waren. Darunter befand sich ein gewisser Batjuk, der sich großer Beliebtheit erfreute. Von ihm will ich später berichten.

Als der deutsche Vormarsch mit den Ukrainern auf die Krim bekannt wurde, ergriff die Bolschewiken in Jalta die Panik. Besinnungslos vor Angst und von tierischer Wut gepackt, verübten die Bolschewiken in aller Hast noch letzte Strafaktionen und Plünderungen vor dem Eintreffen der Truppen, um – in Trotzkis Worten – »mit den Türen zu knallen, ehe sie das Weite suchten«.

Jetzt begann für uns auf Djulber die kritischste Zeit. Mit Drohungen wandten sich die Bolschewiken an Sadoroschnyj und forderten unter dem Vorwand, nach versteckten Waffen und altem Gold »für die Sache der Revolution« suchen zu wollen, die Freigabe des Schlosses, doch es gelang Sadoroschnyj, sie an ihrem Vorhaben zu hindern. Als die deutschen Truppen auf der Krim einmarschierten und sich der Küste näherten, erschien die bolschewistische Bande erneut vor Djulbers Toren, und dieses Mal kündigte sie an, zurückzukommen und mit Gewalt in das Gut einzudringen. Auf dem Rückweg nach Jalta töteten sie den Verwalter von Kharaks.

Die Lage wurde bedrohlich. Es war unmöglich, Djulber mit den Mitteln, über die Sadoroschnyj verfügte, gegen eine Horde bewaffneter Bolschewiken zu verteidigen. Sadoroschnyj beschloß deshalb, uns zu sagen, daß wir uns in Lebensgefahr befanden, und er wandte sich an Baron Stahl und bat um ein dringendes Treffen mit den »Großfürsten«. Als wir davon erfuhren, versammelten wir uns im Wohnzimmer; mein Vater, Onkel Nikolascha, Onkel Sandro,

Andrej, Sergej und ich waren anwesend. Sadoroschnyj kam herein; er knüllte seine Matrosenmütze nervös in der Hand. Sein Gesicht zeigte keine Spur der üblichen kühlen Strenge. Sadoroschnyj war ein völlig anderer Mensch geworden!

Er trat zu Onkel Nikolascha, titulierte ihn und erklärte den Grund seines Kommens. Er sagte, daß er anfangs, als er die Führung der Sondereinheit übernommen habe, vor allem nach den aus Sewastopol kommenden Anweisungen gehandelt, sich aber gleichzeitig bemüht habe, uns vor Gefahren zu schützen, die uns von seiten des Jalta-Sowjets drohen konnten. Nach seinen Worten herrschte ein fürchterlicher Terror in Jalta, hervorgerufen von der Nachricht über den Vormarsch der Ukrainer und der deutschen Truppen auf die Krim. Jetzt ginge seine Zeit als Chef der Einheit zuende; ein Teil der Einheit werden nach Sewastopol zurückkehren, weshalb er seine eigentliche Absicht vor seinen Untergebenen nicht länger verbergen könne, nämlich die, uns davor zu bewahren, von den Bolschewiki aus Jalta erschossen zu werden.

Sadoroschnyj wußte, daß er nicht in der Lage war, einer großen Bande Bolschewiken zu trotzen. Deshalb schlug er vor, wir sollten Djulber noch in derselben Nacht verlassen und in seinen Fahrzeugen nach Alupka fahren, wo wir uns in den Kellern, die zur Weinherstellung dienten, verstecken könnten. Sadoroschnyj bat um eine sofortige Entscheidung, damit er die nötigen Vorbereitungen treffen könne. Nachdem sie Sadoroschnyjs Worte vernommen hatten, begaben sich mein Vater, Onkel Nikolascha und Onkel Sandro in das angrenzende Zimmer, um sich zu beraten. Als sie zurückkamen, sagte Onkel Nikolascha zu Sadoroschnyj, daß wir auf Djulber bleiben wollten und »auf Gottes Gnade und Barmherzigkeit vertrauen« würden. Als Sadoroschnyj diese Entscheidung gehört hatte, erklärte er uns, daß er uns die Waffen, die bei der Hausdurchsuchung beschlagnahmt worden waren, zurückgeben werde, damit wir die Chance hatten, uns zu verteidigen. Sadoroschnyjs Wandlung war verblüffend! Unser finsterer Gefangenenwärter hatte sich in einen Menschen verwandelt, der bereit war, sein Leben zu riskieren, um uns zu retten. Nachdem man uns unsere Waffen gebracht hatte, verteilten wir sie unter uns. Anstelle eines Revolvers nahm ich eine doppelläufige Jagdflinte, die mir mein Vater geschenkt hatte, als ich 15 Jahre alt wurde.

Weil wir die Möglichkeit voraussahen, daß die Bolschewiken unter dem Vorwand, Gold sammeln zu müssen, kommen würden, beschlossen wir, wenigstens ein bißchen davon zu verstecken. Der Schmuck der Zarin-Mutter und der von Tante Xenia war schon von Olga Alexandrowna versteckt worden. Sie hatte ihn in einer Schachtel tief in dem Spalt einer der Klippen am Strand von Aj-Todor versteckt. Während des Krieges hatte meine Mutter nur einige Reihen Perlen und ein paar Gegenstände ideellen Wertes bei sich. Der Großteil ihres Schmuckes lag in einem Banksafe. Um ein bißchen Gold zusammenzubringen, begann mein Vater – bewaffnet mit einer Säge –, die Goldfassungen einiger Nadeln und Broschen abzumachen. Diese mühsame Arbeit dauerte den ganzen Tag. Ich gab ihm meinen Goldring mit einem Saphir, ein Geschenk meiner Mutter, als ich mündig wurde, und bat ihn, den Ring so durchzusägen, daß ich den Saphir behalten konnte. Mein Vater versuchte alles, doch es gelang ihm nur, eine Kerbe in den Ring zu sägen. Mein Vater gab mir den Ring zurück, und ich trage ihn bis heute mit der Kerbe, die vor so langer Zeit entstand. Das Gold, das wir gesammelt hatten, hat Sadoroschnyj irgendwie aufbewahrt. Wir bekamen es später vollständig zurück.

In der letzten Zeit unserer Internierung traf sich Onkel Sandro mit Sadoroschnyj und half ihm sogar, Scheinwerfer aufzustellen, die von Sewastopol geliefert worden waren. Sie sollten zur Beleuchtung des Gartens benutzt werden, falls U-Boote auftauchen würden … Der Sewastopol-Sowjet befürchtete, ein deutsches U-Boot könnte kommen, uns befreien und nach Konstantinopel bringen! Eine solche Naivität war erstaunlich, das erkannte auch Sadoroschnyj, aber trotzdem wurden die Scheinwerfer auf dem kleinen Pavillon befestigt, der auf der steilen Uferböschung zum Meer stand.

Als sich die deutsche Vorhut Jalta näherte, setzte uns Sadoroschnyj davon in Kenntnis, daß die Bolschewiken aus Jalta beabsichtigten, unverzüglich Djulber zu überfallen und uns den Garaus zu machen. Er zog ins Schloß und richtete sich in dem früheren Arbeitszimmer ein, in dem ein Telefon stand. Am selben Tag teilte Sadoroschnyj uns mit, daß er beschlossen habe, uns mit denjenigen seiner Untergebenen, auf die er sich verlassen konnte, zu schützen. Er wollte die Brücke auf der Straße nach Jalta und Djulbers Tore verteidigen. Weil er aber nicht über genügend Leute verfügte, wies er uns darauf hin, daß er keine Garantie für unsere Sicherheit übernehmen könne, falls es einigen Bolschewiken gelingen sollte, auf das Gelände des Gutes zu kommen und das Schloß anzugreifen. Weil er mit dieser Möglichkeit rechnete, riet uns Sadoroschnyj, daß wir uns selbst mit den Waffen verteidigten, die er uns zurückgegeben hatte. Er bestand außerdem darauf, daß wir alle Fenster und Türen im Erdgeschoß verriegelten und sie selbst verteidigten. Er riet uns, auch nachts einen Wachtdienst einzurichten, der die Straße von Jalta, woher die Gefahr drohte, beobachten sollte. Im Falle eines plötzlichen Alarms versprach Sadoroschnyj, uns durch das Abfeuern von drei Revolverschüssen zu warnen.

Die Organisation der Verteidigung des Schlosses wurde General Vogel übertragen. Tagsüber hielten wir an den Fenstern und den Eingangstüren des Erdgeschosses Wache. Mein Posten befand sich an der Terrassentür, von der Stufen zum Garten hinunter führten. Ich wachte zusammen mit meinem Kammerdiener Orlow, der mit einem Revolver bewaffnet war. Ich selbst hatte mein Jagdgewehr mit Kartätschen geladen! Für den nächtlichen Wachtdienst wollten wir zuerst das Schloßdach als Beobachtungsposten nehmen, verwarfen dann aber diesen Gedanken, denn es war ziemlich kompliziert, dort hinauf zu kommen. Wir entschieden uns deshalb für mein Badezimmerfenster, das einen guten Blick auf die Straße nach Jalta bot. Unsere Nachtwache begann mit Einbruch der Dunkelheit und dauerte bis zum Morgengrauen. Wir teilten für die Wache vier Zweiergruppen ein: Vogel und Andrej, Sergej und Malama, Fjodor und Dolgoruki und Boldarew und mich. Ich erinnere mich an diese Nachtwachen, als seien sie gestern gewesen. Wenn ich bei Einbruch der Dunkelheit an der Reihe war, hörte ich am offenen Fenster immer das langgezogene und wehmütige Heulen der Eulen, die irgendwo im Garten saßen. Die Straße, die ich im Auge hatte und welche vom Mond schwach erleuchtet war, konnte man auf der anderen Seite der Schlucht gut erkennen. Boldarew nickte oft in seinem Lehnstuhl ein, während ich eine Zigarette nach der anderen rauchte. In diesen Nächten, in denen wir uns in ständiger Alarmbereitschaft befanden, schlief Gräfin Mengden im Wohnzimmer der Zarin-Mutter, während Sophia Dmitrijewna Jewreinowa sich auf ein Sofa im breiten Korridor neben den Zimmern der jüngeren »Alexandrowitscher« legte. Das bisher so friedliche Djulber glich einer belagerten Festung!

Es vergingen etwa zehn Tage. Eines Morgens, als ich nach meiner Wachablösung schlief, kam Andrej in das arabische Zimmer gestürzt. Er weckte mich und rief, sein Vater habe ihm gerade mitgeteilt, daß sich Sadoroschnyj in aller Eile mit seinen Leuten in Richtung Sewastopol davongemacht habe und daß vor den Toren Djulbers deutsche Soldaten aufgetaucht seien! Wir waren frei! Befreit von den Deutschen ...

Später erfuhren wir noch, daß eine Bande von Bolschewiken von Jalta aufgebrochen war, um vor dem Eintreffen der Deutschen auf Djulber mit uns kurzen Prozeß zu machen. In einer scharfen Kurve war das Auto mit voller Fahrt in der Dunkelheit gegen eine Felswand geprallt und unbrauchbar geworden. Die Bolschewiken zerstreuten sich in alle Winde.

Den ersten Morgen, an dem wir frei waren, begaben wir uns voller Freude hinaus in den Garten. Das Wetter war schon warm und frühlingshaft. Nach dem langen Eingesperrtsein war es herrlich, auf den Wegen zu spazieren und sich von der Sonne wärmen zu lassen. Am selben Morgen kam Nadja aus Chair; sie ging sogleich zu unseren Eltern, die noch nicht zu einem Spaziergang im Garten fähig waren.

Weil unsere Bewacher sich nach Sewastopol abgesetzt hatten, organisierten wir eine Bewachung des Schlosses, denn wir mußten nach wir vor mit herumstreifendem Gesindel rechnen. Deshalb stellte Baron Stahl Wachtposten an den Toren auf. Sie rekrutierten sich aus unserer Dienerschaft und Tataren aus der Gegend – einige von den Fischern, die uns früher bei den Küstenausflügen in ihren Schiffen mitgenommen hatten. Zur Mittagszeit hatte ich die Idee, zum Doktorhügel hinauf zu gehen, in der Hoffnung, die berühmte »Goeben« zu Gesicht zu bekommen, die unter türkischer Flagge möglicherweise vor unserer Küste kreuzte. Als ich gerade zur Brücke über den Bergbach gehen wollte, erblickte ich Fjodor, der auf mich zulief. Ich blieb stehen. Außer Atem erzählte er mir, daß er auf dem Weg zum Haupttor einem Deutschen begegnet sei, der zu ihm irgend etwas auf französisch gesagt und dabei die Zarin-Mutter und Onkel Nikolascha erwähnt habe. Fjodors Französisch war nicht so gut, und er bat mich herauszukriegen, was der Deutsche gesagt hatte. Ich ging zurück zur Rückseite des Schlosses, wo ich einen deutschen General erblickte, der auf mich zukam. Als er bei mir war, fragte er mich auf französisch nach meinem Namen. Als ich ihm antwortete, daß ich der Sohn des Schloßbesitzers sei, grüßte der General militärisch korrekt und stellte sich vor (ich habe leider vergessen, wie er hieß). Dann sagte er, der deutsche Kaiser habe ihm aufgetragen, »à Sa Majesté l'Impératrice Marie et au Grand-Duc Nicolas« vorzusprechen.

Ich schickte Fjodor los, um meine Eltern zu suchen, die irgendwo im Garten spazierengingen. Der General, der neben mir stand, sagte – und verzog dabei seinen Mund zu einem Lächeln –, daß unser Posten am Tor ihn in der Annahme, einen Dieb vor sich zu haben, nicht passieren lassen wollte ... Dann schwieg er und betrachtete mit Bewunderung die hohen weißen Mauern des Schlosses mit seinen Arabesken. Es verstrich einige Zeit, bis ich Fjodor mit meiner Mutter, die einen Sonnenschirm in der Hand hatte, langsam heraufkommen sah. Ich machte den Deutschen auf sie aufmerksam und erklärte, die Dame sei meine Mutter. Der General trat sogleich vor sie hin und erbot in korrekter Haltung seinen Gruß. Ich stand neben meiner Mutter, als sich der General an sie wandte. Er wiederholte genau dasselbe, was er schon zu mir gesagt hatte, daß ihn also der Kaiser beauftragt habe, bei der Zarin-Mutter und dem Großfürsten vorzusprechen. Nachdem er das gesagt hatte, fügte er hinzu, daß er außerdem vom Kaiser eine Einladung zu überbringen habe, mit den Familien nach Deutschland zu kommen. Sobald der General fertig war, antwortete ihm meine Mutter, daß er nicht empfangen würde und daß er die Antwort auf seine Anfrage in Jalta erhalten würde. Der General änderte seinen Gesichtsausdruck, grüßte, schlug die Hacken zusammen und machte kehrt, um mit raschen Schritten zum Tor zu gehen, wo sein Wagen wartete.

Meine Mutter suchte nun nach meinem Vater und Onkel Nikolascha, um ihnen den Vorfall zu erzählen. Sie billigten ihr Verhalten und beschlossen, Baron Stahl nach Jalta zu schicken, um die Einladung des Kaisers auszuschlagen. Danach begab sich meine Mutter zur Zarin-Mutter, um auch sie davon zu unterrichten, was sich ereignet hatte. Als die Zarin-Mutter meine Mutter angehört hatte, dankte sie ihr herzlich, daß sie den Deutschen nicht zu ihr gelassen hatte und wollte, daß Baron Stahl den Auftrag, mit dem ihn Onkel Nikolascha betraut hatte, auch in ihrem Namen ausführe.

Als Onkel Sandro von Fjodor von der Begegnung mit dem deutschen General hörte, suchte er unverzüglich meine Mutter auf. Er fragte sie nach dem Inhalt ihres Gesprächs mit dem General. Als meine Mutter ihm erzählte, daß sie den Deutschen nicht in das Schloß gelassen hatte, wurde Onkel Sandro wütend und sagte, sie habe nicht das Recht, so zu handeln, ohne die Zarin-Mutter um Rat zu fragen. Meine Mutter erwiderte, sie sei gerade bei der Zarin-Mutter gewesen, welche ihr für ihre Handlungsweise gedankt habe. Die Zarin-Mutter habe darüber hinaus ebenso wie Onkel Nikolascha darauf gedrungen, die Deutschen wissen zu lassen, daß sie die Einladung des Kaisers nicht annehmen wolle. Als Onkel Sandro diese Entscheidung der Zarin-Mutter und Onkel Nikolaschas hörte, wurde er sehr aufgebracht. Er billigte den Entschluß, die Einladung des Kaisers auszuschlagen, nicht und erklärte, persönlich mit den Deutschen in Verbindung treten zu wollen. Onkel Sandros Vergehen erzürnte die Zarin-Mutter ziemlich, und sie verhehlte ihre Erbitterung ihm gegenüber nicht. Baron Stahl telefonierte nach Jalta zur deutschen Kommandantur, um ein Treffen mit dem General zu vereinbaren, bei dem er Onkel Nikolaschas Antwort überbringen konnte. Man teilte ihm mit, daß ihn am nächsten Morgen ein Auto holen würde.

Nachdem wir zu Mittag gegessen hatten, immer noch recht bescheiden, verbrachten wir den Rest des Tages im Garten. Wir erhielten Besuch von Jelena und Stephan Tyszkewicz, Irina Jusupowa mit ihrem Töchterchen und von Olga Alexandrowna. Nach der langen Trennung und nach allem, was wir durchgemacht hatten, war uns allen leichter ums Herz, doch das Kommen der Deutschen – der Deutschen, denen wir unsere Rettung verdankten – brachte uns in eine schwierige Situation. Die Deutschen waren trotz allem Rußlands Feinde gewesen. Onkel Nikolascha erkannte den Frieden nicht an, der zwischen Sowjetrußland und Deutschland geschlossen worden war, und betrachtete den Krieg als noch nicht beendet. Nachdem ihm vom Zaren vor dessen Abdankung das höchste Kommando übertragen worden war, konnte er diesen Frieden aus Pflichtgefühl dem Vaterland gegenüber nicht anerkennen – das war keine Folge einer Germanophobie! Viele von uns, mich eingeschlossen, teilten seine Haltung, was die Deutschen betraf. Die Ungewißheit, was uns die Zukunft bringen würde, quälte uns weiterhin.

An unserem ersten Tag in Freiheit kamen mehrere Tataren nach Djulber. Sie boten uns ihre Dienste auf dem Gut an; mein Vater dankte ihnen persönlich, und sie wurden im Gärtnerhaus untergebracht.

Nachdem Gromow endlich die Möglichkeit hatte, Lebensmittel zu beschaffen, brach er unverzüglich nach Koreis auf, um alles einzukaufen, was geeignet war, unser Menü bestmöglichst zu verändern. Und am selben Abend begeisterte uns Gromow wirklich mit einem Überfluß an den verschiedensten Gerichten, die er uns an der abendlichen Tafel vorsetzte. Obwohl damals gerade des Ende der Fastenzeit war, sagte niemand »nein« zu den Gerichten, die ansonsten in der Woche vor Ostern verboten waren! Den ganzen Abend saßen wir gemütlich im unteren Teil des blauen Zimmers beisammen, und es wurde sehr spät, bis sich jeder zurückzog. Es war ein seltsames Gefühl, daß plötzlich das nächtliche Wachestehen vorbei war und wir nicht mehr mit der Waffe in der Hand Fenster und Türen sichern mußten!

Am nächsten Morgen kam ein Wagen aus Jalta, um Baron Stahl zur Kommandantur zu bringen. Um nicht in direkten Kontakt mit dem Kaiser treten zu müssen, hatte Stahl die Gelegenheit mündlich mitzuteilen, daß mein Onkel die Einladung, nach Deutschland zu kommen, ausschlage, womit sich die Zarin-Mutter solidarisch erkläre.

Als Baron Stahl aus Jalta zurückkam, teilte er uns mit, daß des Kaisers General Eichhorn, der Befehlshaber über die deutschen Truppen, die das südliche Rußland besetzt hatten, befohlen habe, eine besondere Staffel aus der auf die Krim geschickte Einheit auszuwählen. Diese sollte mit dem Auftrag, uns vor den örtlichen Bolschewisten zu schützen, nach Jalta geschickt werden. An der Spitze dieser Staffel stand der General, dem der Kaiser befohlen hatte, uns seine Einladung nach Deutschland zu überbringen. Obwohl ich der edlen Gesinnung des deutschen Kaisers Gerechtigkeit widerfahren lassen will, glaube ich, daß dieser Einladung trotzdem noch ein anderes Motiv zugrunde lag. In politischer Hinsicht war es für die Deutschen möglicherweise von Bedeutung, den ehemaligen russischen Höchstkommandierenden als Kriegsgefangenen zu haben!

Nach dem Besuch Baron Stahls in Jalta stellte die deutsche Führung bereits am nächsten Morgen neben unseren eigenen Wachtposten an den Toren Djulbers Posten auf. Die deutschen Soldaten wurden mehrmals am Tag abgelöst und setzten nie einen Fuß auf das Gelände des Gutes.

Wir waren alle beunruhigt, als Baron Stahl uns erzählte, daß man ihn in der deutschen Kommandantur über Sadoroschnyj befragt habe, den die Deutschen einem Militärgericht übergeben wollten. Wir beschlossen, uns für ihn zu verwenden.

Erst jetzt erfuhren wir, daß Sadoroschnyj, während er uns beschützte, von seinem Freund Batjuk, einem Deputierten des Jalta-Sowjets, unterstützt worden war. In diesem Sowjet gab es einige Deputierte aus der sozialrevolutionären Partei, und einer davon war Batjuk; er besaß sowohl in Jalta wie auch im Disktrikt Jaltas wegen seiner Energie und seiner Fähigkeit, das Vertrauen der Kommunisten zu gewinnen, einen großen Einfluß. Es gelang ihm in vielen Fällen, den Bolschewisten bei ihren Verfolgungen von Personen aus der Bourgeoisie entgegenzuarbeiten – Verfolgungen, mit denen die friedliche Bevölkerung terrorisiert werden sollte. Batjuk, ein ehemaliger Soldat eines Reserveregiments, war zwar Revolutionär, aber kein Kommunist. Als Mitglied des Jalta-Sowjets war er außerdem Kommissar in Alupka. Auf Sadoroschnyjs Ersuchen hin, hatte er die Einheit auf Djulber mit Soldaten der Arbeitermiliz verstärkt, die den örtlichen Bolschewisten gegenüber feindlich eingestellt waren. Dieser Batjuk, von dessen Existenz wir keine Ahnung hatten, war es auch, der Sadoroschnyj in den kritischen Tagen angeboten hatte, uns auf Alupka zu verstecken. Batjuk entkam dem Militärgericht, weil er vor dem Eintreffen der Deutschen aus Jalta flüchtete.

Um Sadoroschnyj, der bereits verhaftet worden war, vor dem Militärgericht zu retten, mußten wir uns unverzüglich für ihn in die Bresche werfen. Es wurde beschlossen, daß Onkel Sandro, der bereits in Verbindung mit den Deutschen stand, mit dem General verhandeln sollte, der uns die Einladung des Kaisers überbracht hatte. Es fand ein Treffen zwischen ihnen statt, und mein Onkel gab unserem Ersuchen Ausdruck, gegen Sadoroschnyj keine Klage zu erheben, weil wir ihm zutiefst dankbar seien und in seiner Schuld stünden, da er uns davor bewahrt hatte, von den Bolschewisten getötet zu werden. Der General war erstaunt über dieses Ersuchen und sagte, daß Sadoroschnyj, Batjuk und die anderen Führer der Bolschewiken auf der Liste der Angeklagten stünden. Doch Onkel Sandros eindringliches Bitten obsiegte, und widerwillig erklärte sich der General einverstanden. Sadoroschnyj wurde freigelassen und fuhr nach Sewastopol.

Ostern näherte sich; in diesem Jahr wurde es am 22. April gefeiert. Mein Vater beschloß, eine Hauskapelle einzurichten und hielt das Zimmer, in dem Fürst Scherwaschidse gestorben war, für diesen Zweck geeignet. Mit Hilfe aller wurde dieses Zimmer im Laufe einiger Tage hergerichtet. Als es soweit war, daß man darin Gottesdienste abhalten konnte, wurde der Pfarrer der Schloßkirche von Liwadia gebeten, zu kommen und das Einweihungsritual vorzunehmen.

In der Passionswoche wurden hier mehrere Gottesdienste abgehalten, aber die Kapelle war so klein, daß nur Platz für die Zarin-Mutter, meine Eltern, Onkel Nikolascha, Tante Stana und Tante Xenia war. Onkel Sandro nahm nicht teil, weil er schon wieder nach Aj-Todor gezogen war. Marina und Muscha ersetzten den Kirchenchor. Sie standen an der offenen Tür, die zum Korridor führte, wo sich die übrigen Familienmitglieder, der Stab und das Gesinde befanden.

Nach dem Gottesdienst begaben wir uns in das Eßzimmer, wo der traditionelle lange Tisch bereits mit dem traditionellen Osterkuchen – aus Quark, Eiern, Mandeln und anderen Zutaten – gedeckt war und auf dem das kegelförmige Brot mit einer Blume auf der Spitze stand. Unser Koch hatte alle seine kulinarischen Fähigkeiten eingesetzt und die Chance genutzt, endlich all die Zutaten zu verwenden, die ihm bisher gefehlt hatten. Wir vergaßen die Erbsensuppe rasch!

Es wurde Frühling. Der ganze Garten stand in voller Blüte, und es duftete herrlich nach den Pflanzen des Südens, die von der Sonne erwärmt wurden. An einem der ersten Tage der wiedergewonnenen Freiheit verließ ich Djulber nur, um Nadja auf Chair zu besuchen. Zu meiner großen Verwunderung entbot der Wachtposten mir den militärischen Gruß, als ich das Haupttor passierte. Wir hatten ständig Besuch von Olga Alexandrowna, Fürstin und Fürst Orlow, der Familie Tyszkewicz, Irina und Felix. Wir versammelten uns auf der Terrasse vor dem Schloß, wo bequeme Gartenmöbel standen, oder wir machten Spaziergänge. Häufig gingen wir auch hinunter an den Strand. Eines Tages, als ich mit der Zarin-Mutter und ihren Enkeln unterwegs war, kamen wir zu einem Teil des Gartens, von wo aus man eine schöne Aussicht auf die Berge hatte. Auf der oberen Landstraße erblickten wir plötzlich eine Lastwagenkolonne mit deutschen Soldaten und motorisierter Artillerie auf dem Weg nach Sewastopol. Die Zarin-Mutter wechselte den Gesichtsausdruck und sagte leise: »Deutsche ... daß ich das noch erleben muß ...«

An einem dieser Tage erschien unerwartet Sadoroschnyj auf Djulber! Er kam, um uns zu danken, daß wir uns bei den Deutschen so sehr für ihn eingesetzt hatten. Dieser Dank rührte uns um so mehr, als wir selber wußten, wie tief wir in seiner Schuld standen. Wir erinnerten uns so gut an Sadoroschnyjs freimütige Worte, als er gesagt hatte, seine wichtigste Aufgabe während unserer Internierung sei es gewesen, uns gegen Gefahren von außen zu schützen. Wir konnten uns nicht erkenntlich zeigen, indem wir ihm Geld anboten. Das wäre eine schlimme Beleidigung gewesen, und er hätte sich gewiß geweigert, etwas anzunehmen. Sadoroschnyj, der mager und blaß geworden war, sah aus wie ein Mensch, der eine schwere Zeit hinter sich hatte und erweckte unser tiefstes Mitgefühl. Es fiel ihm schwer, die richtigen Worte zu finden, und er sagte, er freue sich, uns zu sehen und zu wissen, daß uns keine Gefahr mehr drohte. Mein Vater fragte ihn, welche Pläne er für die Zukunft habe. Sadoroschnyj antwortete, daß er einige Tage in Jalta bleiben wolle, um dann nach Sewastopol zurückzukehren, in der Hoffnung, auf einem Schiff anheuern zu können. Dann bot ihm mein Vater an, er könne einige Tage in dem Haus auf dem Doktorhügel verbringen, wo er als Chef der Sondereinheit gewohnt hatte. Sadoroschnyj bedankte sich und nahm die Einladung meines Vaters an.

Beim Abschied fragte ihn meine Mutter, ob er sich vorstellen könne, irgendeinen Gegenstand als Erinnerung an uns zu bekommen; Sadoroschnyj antwortete, er sei für jede Erinnerung dankbar. Wir suchten also nach einem Erinnerungsstück, das er problemlos transportieren konnte. Es wurde deshalb beschlossen, daß Sadoroschnyj die Wahl haben sollte zwischen dem Zigarettenetui meines Vaters und einigen Manschettenknöpfen und Broschen, die im Falle eines Verkaufs von gewissem Wert waren. Am nächsten Tag gingen Stephan Tyszkewicz und ich mit den Geschenken, zwischen denen er wählen sollte, hinauf zu dem kleinen Haus auf dem Doktorhügel. Als Sadoroschnyj die Geschenke sah, wurde er verlegen und nahm ohne zu zögern die kleinste Brosche.

Damals sahen wir Sadoroschnyj zum letzten Mal. Viel später erfuhren wir, daß er vermutlich mit seinem Schiff irgendwo auf dem Schwarzen Meer untergegangen war. Ende April hatten die Deutschen nämlich fast die ganze Krim-Halbinsel besetzt und näherten sich Sewastopol, wo die Schwarzmeerflotte lag. Bei der Eroberung Sewastopols konnte die Flotte in die Hände der Deutschen fallen, und diese Aussicht weckte bei vielen Matrosen patriotische Gefühle. Sie verlangten von ihren Offizieren, die Kriegsschiffe auslaufen zu lassen, solange es noch möglich war. Admiral Sablin stimmte diesem Vorschlag zu, und der größte Teil der Flotte bereitete sich auf das Verlassen des Hafens vor, als die Deutschen das Feuer auf die Schiffe eröffneten. Trotzdem gelang es Admiral Sablins »Eskadra«, mit Kurs auf Noworossisk, das sich zu diesem Zeitpunkt in der Gewalt der Weißen Armee befand, in See zu stechen. Möglicherweise war Sadoroschnyj auf einem dieser Schiffe.

Wir erfuhren damals von den Ereignissen in Rußland nur von den Leuten, die aus Kaukasien auf die Krim kamen, denn die Postverbindung zwischen uns und der übrigen Welt war längst abgebrochen. Ich wußte, daß General Denikin nach Kornilows Tod die Führung der Weißen Armee übernommen hatte. Wir verfolgten seinen Kampf gegen die Bolschewiken, doch halte ich es an dieser Stelle für überflüssig, darüber zu berichten, da das in den Geschichtswerken eingehend geschehen ist.

Anfang Mai beschloß Tante Stana, Chair zu verkaufen. Ein Interessent wurde gefunden; es war der reiche Fabrikbesitzer Iwanow aus dem Ural, der Mitglied des Ministerrats war. Vor dem Verkauf zog Nadja nach Djulber in das Baronhaus, das im oberen Teil des Gutes lag, jenseits der Landstraße, während sich die Familie Tyszkewicz nicht weit davon in der Verwalterwohnung einrichtete. Wir bekamen oft Besuch von Nadja, ihrem Mann und dessen Freund Pawlow sowie von der Familie Tyszkewicz, Irina und Felix. Abends setzten wir uns im unteren Teil des Blauen Zimmers zusammen. Manchmal brachte Felix seine Gitarre mit und sang russische Lieder und Romanzen mit englischem Akzent.

Andrej unternahm häufige Fahrten nach Jalta, wohin ich ihn manchmal begleitete. Die Deutschen hatten in der Stadt wieder Ruhe und Ordnung hergestellt. Hotels, Geschäfte und Restaurants öffneten wieder, und die Leute spazierten am Kai entlang wie zu Friedenszeiten. Die Stadtbevölkerung und die Gäste, die aus dem

Norden anreisten, konnten nach den überstandenen Tragödien wieder ein normales Leben führen.

Tante Xenia, ihre Söhne und das Gefolge verließen Djulber am 26. Mai, um nach Aj-Todor zurückzukehren. Die Zarin-Mutter wollte nicht nach Aj-Todor mitkommen und bat meine Eltern, noch kurze Zeit bleiben zu dürfen, bis sie nach Kharaks ziehen konnte, dem Gut von Onkel Georgi Michailowitsch. Er selbst hielt sich zu diesem Zeitpunkt in Petrograd auf. Meine Eltern teilten ihr mit, daß sie sich glücklich schätzten, die Zarin-Mutter als Gast zu haben, solange es ihr gefiele. Die Zarin-Mutter fühlte sich wohl auf Djulber und mochte die Zimmer, die man ihr zur Verfügung gestellt hatte. Sie bekam oft von Olga Alexandrowna Besuch, die von Aj-Todor nach Kharaks gezogen war, wo sie mit ihrer Familie in einem kleinen Haus unweit des Hauptgebäudes wohnte. Ich freundete mich mit Olga an, die ich nicht so gut kannte, während sie mit ihrem ersten Mann, Prinz Peter von Oldenburg, verheiratet war. Nach der Scheidung heiratete sie den sehr tüchtigen und sympathischen Nikolai Alexandrowitsch Kulikowski, einen Offizier im Gardekürassierregiment Seiner Majestät. Olga war eine glänzende Künstlerin; sie legte wenig Wert auf ihr Äußeres und kümmerte sich nicht um das mondäne Leben. Ich mochte ihr munteres Wesen und ihren natürlichen Umgang mit Leuten aus allen Gesellschaftsschichten. Nachdem sich die Zarin-Mutter einige Wochen auf Djulber aufgehalten hatte, zog sie in das Haupthaus auf Kharaks, das Onkel Georgi auf Wunsch seiner Frau nach dem Vorbild englischer Landhäuser gebaut hatte – ein Stil, der überhaupt nicht in die südliche Landschaft der Krim paßte.

Am 30. Mai heiratete Andrej in der Hauskapelle von Aj-Todor Jelisaweta Fabritsjewna Sasso-Ruffo. Ihr Vater, verheiratet mit Fürstin Meschtscherskaja, war von Geburt Italiener und stammte aus der herzoglichen Familie Ruffo. Fjodor, Nikita und ich waren Andrejs Trauzeugen. Onkel Sandros Hochzeitsgeschenk war ein Stück Land im unteren Teil von Aj-Todor. Das Brautpaar zog in ein kleines Haus, das an der Straße nach Jalta lag. Im Laufe des Sommers war ich häufig mit Andrej und seiner Frau zusammen. Sonntags versammelten wir uns alle bei Irina Jusupowa auf Koreis. Hier traf ich die Brüder Pawel und Alexander Fersen, Muscha Stahl und den Kornett Pawlow. Von Aj-Todor kamen Fjodor, Nikita und Olga Wasiljewa und von Djulber meine Schwester, die Familie Tyszkewicz und ich. Felix war ein großzügiger Gastgeber, und wir alle liebten diese Zusammenkünfte bei Irina.

Im Juli erreichte uns die Nachricht von der Ermordung des Zaren und der Zarenfamilie in Jekaterinburg. Wir konnten so eine Greueltat einfach nicht glauben, bis die Bestätigung aus vertrauenswürdiger Quelle die Krim erreichte. Nur die Zarin-Mutter blieb bei ihrer Überzeugung, daß die Nachricht falsch sei. Sie glaubte daran, daß die Gefangenen in Jekaterinburg von einer Organisation Altgläubiger gerettet worden waren, sie also die Freiheit erlangt hätten und sich irgendwo in Sibirien verborgen hielten. Auf Aj-Todor wurde eine Seelenmesse abgehalten; die Zarin-Mutter verweigerte ihre Teilnahme, und weil wir verstanden, was sie durchmachte, nahm keiner von uns auf Djulber an diesem Gottesdienst teil.

Noch eine tragische Botschaft erreichte uns auf der Krim. Wir erfuhren, daß Großfürstin Jelisaweta Fjodorowna, Großfürst Sergej Michailowitsch, die Prinzen Johann, Konstantin und Igor Konstantinowitsch und Großfürst Pawel Alexandrowitschs Sohn, Fürst Wladimir Palej, den Märtyrertod in Alapajewsk im Ural gestorben waren, wo die Bolschewiken sie in einen tiefen Schacht geworfen hatten. Mit Igors Tod hatte ich einen meiner besten Jugendfreunde verloren.

Am 11. Juli fuhr ich nach Kharaks, um Olga Alexandrowna anläßlich ihres Namenstages zu gratulieren. Ich benutzte einen Gartenweg, der zu dem Haus führte, in dem Olga wohnte. An einer bestimmten Stelle lief der Weg nahe am Haupthaus vorbei, unterhalb der Fenster der Zarin-Mutter. Um zu vermeiden, daß sie mich sah, duckte ich mich hinter einigen gestutzten Büschen und schlich gebückt an ihren Fenstern vorbei. Bei Olga traf ich Pawlow, der gekommen war, um seinem Chef, dem Kommandeur des Achtyr-Husarenregiments, Glückwünsche zu überbringen. Ich blieb nicht lange bei Olga, weil der Kosake der Zarin-Mutter, Jaschtschik, erschien, um zu melden, daß sie mich zu sehen wünsche. Mir war klar, daß sie mich gesehen hatte, als ich mich hinter den Büschen vorbeischlich!

Als ich das Wohnzimmer der Zarin-Mutter betrat, saß sie am Schreibtisch. Nachdem ich ihr die Hand geküßt hatte, küßte sie mich, gemäß der Familientradition, auf die Schläfe und forderte mich auf, in einem Stuhl neben ihr Platz zu nehmen. Lächelnd fragte sie mich, warum ich mich hinter den Büschen versteckt hätte. Bevor ich antworten konnte, machte sie mich auf ein großes Portrait von Zar Alexander III. aufmerksam, das an die Wand gelehnt am Boden stand. Bekümmert erzählte sie mir, daß das Porträt am Vortag heruntergefallen war. Bei dem Sturz war das Glas zerbrochen, und eine Scherbe hatte das Bild geritzt. Die Zarin-Mutter erklärte, sie habe meinen Vater fragen wollen, ob er den Schaden beheben könne. Ich erwiderte, daß ich ihre Bitte sofort ausrichten würde. Beim Abschied sagte die Zarin-Mutter zu mir, sie habe sich darüber gefreut, zu erfahren, daß keiner von uns an der Seelenmesse auf Aj-Todor teilgenommen habe und nahm mir das Versprechen ab, keiner Seelenmesse für den Zaren beizuwohnen, solange sie am Leben war.

Als ich nach Djulber zurückkam, gab ich sogleich die Bitte der Zarin-Mutter an meinen Vater weiter. Das prächtige Portrait von Zar Alexander III. war mit Pastellfarben gemalt; zum Glück war der Riß nur oberflächlich, und so gelang es meinem Vater, das Bild zu restaurieren. Nach einigen Tagen brachte er es der Zarin-Mutter zurück.

Im September erfuhren wir, daß die Alliierten an der gesamten deutschen Westfront mit der Offensive begonnen hatten und die Deutschen eine Reihe von Niederlagen hatten einstecken müssen. Einen Monat später brachten die Italiener bei einem Vorstoß den Österreichern eine entscheidende Niederlage bei, und sie mußten sich aus dem italienischem Territorium zurückziehen.

Nach der Kapitulation der Türkei und Österreich-Ungarns war klar, daß der Tag des endgültigen Sieges der Alliierten über Deutschland unmittelbar bevorstand. Der Sieg über die Deutschen mußte zu einer Räumung der besetzten Gebiete in Südrußland führen, und man konnte deshalb ein Einrücken der Roten Armee vorhersehen. Denikins Weiße Armee hielt die Stellungen an Don und Kuban, doch eine Verteidigung der Krim gegen die Bolschewiken schien für diese Einheit mit ihrer unbedeutenden Stärke unmöglich zu sein. Die Lage auf der Krim wurde immer ernster; viele, die Angst vor Repressalien der Bolschewiken hatten, verließen die Küste und nahmen ein Schiff nach Noworossisk. In dieser unruhigen Zeit, während derer die deutschen Posten nach wie vor Djulber, Kharaks und Aj-Todor bewachten, befürchteten wir, daß es den Deutschen, wenn sie die Krim verlassen müßten, einfallen könnte, Onkel Nikolascha als Kriegsgefangenen mitzunehmen. Deswegen stellten einige Offiziere eine Einheit aus einem Zug Tataren zusammen, die bisher im Reiterregiment der Krim gedient hatten und deren Chefin Zarin Alexandra Fjodorowna gewesen war. Die Einheit wurde mit Wissen der Deutschen gebildet, denen man erklärte, daß ihre Aufgabe darin bestünde, im Jalta-Gebiet an der Aufrechterhaltung von Ruhe und Ordnung mitzuwirken. Die Offiziere und Tataren verteilten sich auf verschiedene Sommerhäuser um Djulber. Als der lokale Stab der Weißen Armee, der sich in Simferopol befand, Kenntnis von dieser Einheit erhielt, wurde beschlossen, eine Hilfseinheit aufzustellen, die aus Offizieren und Junkern bestand. Diese besondere Hilfseinheit, die von Oberst Fedotjew befehligt wurde, hielt sich anfangs in den Wäldern um das Vorgebirge des Aj-Petri auf.

Am 29. Oktober 1918 (nach der neuen Zeitrechnung der 11. November) schloß Deutschland einen Waffenstillstand mit den Alliierten. In den besetzten Gebieten begann der Abzug der deutschen Soldaten. Die deutsche Garnison in Jalta versuchte, schnell nach Norden zu gelangen, um sich dem Rückzug der deutschen Truppen anschließen zu können. Die besondere Hilfseinheit trat an die Stelle der deutschen Posten und übernahm die Verteidigung von Djulber, Kharaks und Aj-Todor. Die Einheit hatte ihren Stützpunkt zwischen diesen drei Gütern im Sommerhaus von Doktor Malama. Es wurden Wachtposten an den Toren der Güter und am Strand aufgestellt. Nachdem die Deutschen das Gebiet verlassen hatten, trat Kerym-Girej an die Stelle von General Sulkewitsch, den die Deutschen als Chef der Regierung auf der Krim protegiert hatten. Das neue Ministerium, das aus Vertretern der Linksparteien bestand, besaß nicht genug Macht, um auf der Krim zu regieren, wo die Bolschewiken, die während der Besetzung der Deutschen handlungsunfähig waren, wieder aktiv wurden. Die Einheit, die uns schützte, wurde verstärkt und mit Waffen versorgt, die der Oberbefehlshaber der Donkosaken, Krasnow, lieferte. Viele Offiziere, die sich im Jalta-Gebiet befanden, meldeten sich zu dieser Einheit, unter anderen auch die Brüder Fersen, Pawlow und verschiedene unserer Freunde und Bekannten.

In Jalta hoffte man, daß die Alliierten nicht zögern würden, ihre Streitkräfte zur Verteidigung Südrußlands gegen die Rote Armee zu schicken. Die Nachrichten, die von außen auf die Krim gelangten, waren fragmentarisch, und wir wußten nicht genau Bescheid über den Verlauf des Bürgerkrieges – ein Krieg, an dem wir Romanows nicht teilnehmen konnten.

In meinem Taschenkalender habe ich mir notiert, daß am 8. November alter Zeitrechnung zwei englische Torpedoboote vor Jalta auftauchten. Ich erfuhr später, daß Admiral Calthorpe sie mit einigen Offizieren aus Konstantinopel geschickt hatte, die der Zarin-Mutter Maria Fjodorowna eine Einladung des englischen Königs überbringen sollten. Dieselben Offiziere brachten auch Briefe und Telegramme von Verwandten mit, zu denen wir seit März 1917 keinen Kontakt mehr gehabt hatten. Die Zarin-Mutter lehnte die Einladung des englischen Königs ab und schrieb an ihn und die Königin-Mutter Alexandra einen Brief. Meine Mutter bekam zwei Telegramme. Das eine stammte von meinem Großvater, dem König von Montenegro, und das andere kam vom König und der Königin Italiens mit der Einladung, dorthin zu kommen. Die Antworten auf diese Telegramme wurden an Admiral Calthorpe mit der Bitte um Weiterleitung adressiert.

Kurze Zeit später kam ein englisch-französisches Schiffsgeschwader nach Sewastopol. Mit der Ankunft der alliierten Schiffe im Schwarzen Meer war die Hoffnung auf eine Verstärkung der Kampfkraft gegen den Bolschewismus verbunden.

Am 12. Dezember lief ein englischer Torpedobootzerstörer Jalta an. Onkel Sandro ging mit Andrej und seiner Frau Jelisaweta an Bord, um nach Sewastopol und weiter nach Konstantinopel zu fahren. Nach den Worten meines Onkels wollte er nach Paris, wo er beabsichtigte, ein politisches Gespräch mit Clemenceau zustandezubringen; soviel ich weiß, ist aus diesem Gespräch nichts geworden.

Als Andrej abgereist war, fuhr ich eines Tages mit Nikita nach Alupka, weil er dort einige Jugendfreunde treffen wollte. Es handelte sich um die Jungen der Familie Scheremetjew, mit denen er und seine Brüder früher in Sankt Petersburg ständig zusammen waren. Als wir nach Alupka kamen, erfuhren wir, daß Graf Scheremetjew nur seine beiden Töchter Praskowja und Maria aus Kaukasien mitgebracht hatte. Nachdem er sie in die Obhut der großen Schwester Fürstin Wjasemaskaja gegeben hatte, kehrte er nach Kaukasien zurück, wo seine Frau mit den Söhnen geblieben war. Fürstin Jelisaweta Wjasemaskaja, die ich von Sankt Petersburg kannte, war zu diesem Zeitpunkt Witwe. Ihr Mann, Fürst Boris, war in der Nähe seines Gutes Lotarewo im Gouvernement Tambow auf bestialische Weise von den Bolschewiken umgebracht worden. Nach dem Tod ihres Mannes zog sie auf Alupka ein. Das Gut war im Besitz ihrer Großmutter, Gräfin Worontsowa-Daschkowa, die sich damals in Kaukasien aufhielt. Als Nikita und ich in das Schloß kamen, gingen wir ins Billardzimmer, wo sich die Fürstin mit ihren beiden Schwestern aufhielt. Hier lernte ich Praskowja kennen, die zwei Jahre später meine Frau wurde! In dem schön eingerichteten Billardzimmer brannte Feuer im Kamin, und wir ließen uns gemütlich nieder. Bevor wir Alupka verließen, spielten Praskowja und ich Dame – sie gewann ... Praskowjas Familie war im März 1917 von Petrograd zum Gut Kuskuwo der Familie Scheremetjew in der Nähe von Moskau umgezogen. Nachdem man den Sommer auf dem Gut verbracht hatte, reiste die Familie mit Gräfin Worontsowa-Daschkowa nach Mineralnye Wody in Kaukasien, wo sie in Essentuki einen Sommerwohnsitz mieteten.

Im Herbst 1918 fanden im Kuban-Gebiet heftige Kämpfe zwischen der Roten und der Weißen Armee statt. Die Bolschewiken terrorisierten die Bevölkerung und schonten weder Frauen noch Kinder. Damals versteckten sich viele Männer, die von den Bolschewiken gesucht wurden, in den Bergdörfern, darunter auch der Graf Scheremetjew und sein ältester Sohn Sergej. Die Gräfin, Praskowja, Maria und die jüngeren Söhne Nikolai und Wasili blieben in der Sommerwohnung in Essentuki.

Am 9. September erschien bei ihnen ein Sowjetkommissar mit einigen Bolschewiken unter dem Vorwand, eine Hausdurchsuchung durchführen zu müssen. Der Gräfin, den Kindern und den Dienstmädchen wurde befohlen, das Haus zu verlassen, und ein berittener Bolschewik brachte sie vor die Stadt zu einem Ort, wo Erschießungen durchgeführt wurden. Die Dienstmädchen heulten und baten um Gnade. Da hatte eine von ihnen eine Idee, die alle rettete. Sie rief dem Bolschewiken zu, er sei ein gutgläubiger Idiot, denn während seiner Abwesenheit würden seine Kameraden die Sommerwohnung plündern! Als der Bolschewik das hörte, ließ er die Gefangenen Gefangene sein und galoppierte zurück. Im Schutz der einfallenden Dämmerung lief die Gräfin in ein kleines Gäßchen und suchte in einem leeren Sommerhaus Zuflucht. Am nächsten Tag schickte sie die Kinder zu Gräfin Worontsowa, während sie selbst sich bei einigen Freunden versteckte. Es verging einige Zeit, und es gelang Gräfin Worontsowa, den Bolschewiken zu entkommen. Sie gelangte mit den Enkeln zur Weißen Armee in Jekaterinodar. Als Graf Scheremetjew davon erfuhr, verließ er sein Versteck in den Bergen und begab sich nach Jekaterinodar, um wieder bei seiner Familie zu sein. Doch hier fand er nur die Töchter Praskowja und Maria, weil sich seine Frau mit den jüngeren Söhnen immer noch in Mineralnye Wody aufhielt. Auf den Rat von Gräfin Worontsowa beschloß er, Praskowja und Maria nach Alupka auf die Krim zu bringen. Von Noworossisk nahmen sie das Schiff nach Jalta, und nachdem der Graf die Töchter auf Alupka abgeliefert hatte, kehrte er zurück, um Frau und Söhne zu finden und ebenfalls auf die Krim zu bringen.

Am 10. Januar 1919 verlobten sich Muscha Stahl und Graf Pawel Fersen. Ihre Verlobung wurde auf Djulber gefeiert, wo man einen kurzen Gottesdienst in der Hauskapelle abhielt. Meine Eltern luden Pawels Verwandte und Freunde zu dem Fest ein. Alle Wohnzimmer wurden benutzt und mit Blumen aus den Treibhäusern geschmückt. Baron und Baronesse Stahl begrüßten die Gäste in der Vorhalle, und ich führte sie in das große Wohnzimmer, in dem sich meine Eltern mit Onkel Nikolascha und Tante Stana aufhielten. Zusammen mit Pawel kamen Graf und Gräfin Fersen sowie seine Großmutter, Fürstin Dolgorukaja. Unter den zahlreichen Gästen waren natürlich die Familien Orlow, Jusupow, Tyszkewicz und Tante Xenia mit Söhnen. Von Alupka kamen Praskowja und Fürstin Wjasemaskaja.

Nach dem Gottesdienst blieben die Gäste lange auf Djulber; die Älteren saßen im Wohnzimmer, während wir Jungen uns im unteren Teil des Blauen Zimmers um Muscha und Pawel scharten und viel Spaß hatten. Damals wurde Djulber zum letzten Mal festlich geschmückt, wie in den guten alten Zeiten …

Im Januar erhielten wir die Nachricht, daß vier Großfürsten in Petrograd erschossen worden waren. Es handelte sich um Pawel Alexandrowitsch, Dmitri Konstantinowitsch und Nikolai und Georgi Michailowitsch. Meine Onkel Dmitri und Georgi, die ich in meinen Erinnerungen des öfteren erwähnt habe, waren sehr gute Freunde meines Vaters.

Mit der Ankunft der Alliierten auf der Krim erhielten wir endlich Kenntnis von der Lage in Rußland und dem Einsatz der Weißen. In den ersten Monaten des Jahres 1919 hatte die Weiße Armee unter Führung von General Denikin Erfolge im Kampf gegen die Bolschewiken zu verzeichnen. Vom Don aus drang die Armee weit nach Norden vor, und gleichzeitig näherte sich Admiral Koltjak von Sibirien aus der Wolga. Aber im südlichen Rußland wurde die Lage nach dem Abzug der Deutschen aus den besetzten Gebieten kritisch. In der Ukraine konnte der Nationalist Petljura, der die Macht im Dezember des Vorjahres übernommen hatte, der Roten Armee nicht standhalten, die sich nach der Einnahme von Charkow und Kiew dem in den Händen der Franzosen befindlichen Odessa näherten.

Die Bedrohung der Halbinsel Krim, die nur von einer kleinen Einheit der Weißen Armee geschützt wurde, wurde von Tag zu Tag deutlicher. Im Februar wandte sich die Führung der englischen Flotte mehrmals im Namen König Georgs an die Zarin-Mutter und riet dringend zum Verlassen der Krim. Doch die Zarin-Mutter lehnte mit der Begründung ab, auf russischer Erde bleiben zu wollen, solange Hoffnung bestand, daß die Krim nicht in die Hände der Bolschewiken fiel. Auf Djulber vertraten wir dieselbe Meinung.

Die Aussicht, die Rote Armee könne demnächst die Krim erobern, führte in Jalta zur Panik; viele, denen es nicht gelungen war, per Schiff nach Noworossisk zu kommen, strömten über die Meerenge bei Kertsch nach Kaukasien. Sergej von Leuchtenberg beschloß, nach Sewastopol zu fahren, wo die Flotte der Alliierten lag. Sie bestand aus englischen, französischen, italienischen und griechischen Schiffen, und er hoffte, in den Dienst der Alliierten treten zu können.

Die Rote Armee, die die ganze Ukraine in ihre Gewalt gebracht hatte, bewegte sich nun auf das Schwarze Meer zu. Da schickte Admiral Calthorpe, der das Kommando über den englischen Flottenverband in Konstantinopel hatte, das Schlachtschiff »Marlborough«, eines der größten Schiffe der englischen Flotte, nach Sewastopol. Der Admiral gab dem Kommandanten einen Brief der Königin-Mutter Alexandra mit, den er ihrer Schwester, der Zarin-Mutter Maria Fjodorowna, übergeben sollte. Als der Kommandant der »Marlborough«, Kapitän Johnson, am 24. März in Sewastopol eintraf, fuhr er nach Kharaks, um der Zarin-Mutter den Brief der

Königin zu übergeben. In diesem Brief flehte sie ihre Schwester an, so schnell wie möglich mit dem Schlachtschiff die Krim zu verlassen und nach England zu kommen. Die Zarin-Mutter gab jetzt unter der Bedingung ihre Zustimmung, ihre Verwandten und von ihr ausgewählte Personen mitnehmen zu dürfen. Kapitän Johnson versprach, den Wunsch der Zarin-Mutter zu erfüllen und brachte sich dadurch in eine schwierige Situation, da die »Marlborough«, den Anweisungen der englischen Admiralität zufolge, nur die Zarin-Mutter mit einem kleinen Teil ihres Gefolges mitnehmen sollte. Von Kharaks fuhr Johnson nach Djulber, um uns den Wunsch der Zarin-Mutter mitzuteilen. Wir beschlossen, uns zur Abreise fertigzumachen, und unsere Dienerschaft begann in fliegender Hast die wertvollsten Dinge in große Koffer zu verpacken. Johnson teilte Baron Stahl mit, daß unser gesamtes Gepäck bereits am folgenden Tag in Jalta sein müsse. Dann erklärte mir mein Kammerdiener Orlow mit Tränen in den Augen, daß er mich verlassen müsse, weil er hoffe, sich nach Petrograd durchschlagen zu können, wo er seine Familie zurückgelassen hatte. Ich bat ihn, alles, was ich für eine längere Reise benötigen würde, einzupacken. Meinen Dackel Muzi überließ ich der Obhut der Dienstmädchen meiner Mutter.

Am selben Tag teilte Olga Alexandrowna zum großen Kummer meiner Mutter mit, daß sie mit ihrem Mann nach Kaukasien reisen werde, wo Oberst Kulikowski in das Weiße Heer eintreten wolle. Sie begaben sich mit ihrem Sohn Tichon nach Sewastopol, um von dort die Weiterreise nach Kaukasien anzutreten. Die Rote Armee hatte inzwischen Odessa eingenommen, die Franzosen hatten in größter Eile abziehen müssen, und die Bolschewiken bewegten sich bereits auf die Landenge bei Perekop zu.

Am 25. März, an Mariä Verkündigung, fuhr die H. M. S. Marlborough mit Kurs auf Jalta an Djulber vorbei. Das Schiff wurde von zwei englischen Torpedobooten begleitet, und im Kielwasser folgten mehrere Frachtdampfer und kleinere Boote, die in Jalta Flüchtlinge aufnehmen sollten. Nachdem es unser Gepäck aufgenommen hatte, erschien das riesige graue Schlachtschiff, von einem Torpedoboot begleitet, vor Djulber. Die »Marlborough« ankerte in einigem Abstand vor der Küste, und das Torpedoboot näherte sich dem Strand. Auf Djulber war man bereit, um zur Anlegebrücke bei Koreis hinunterzugehen, wo wir auf Geheiß der Engländer warten sollten.

Ich bekam Lust, noch einmal zum Doktorhügel hinaufzusteigen, um ein bißchen auf einem Stein ganz vorne am steilen Abhang zu sitzen, einem Lieblingsplatz von mir, wo ich oft aufs Meer hinausschaute. Vielleicht war es heute das letzte Mal. Ich verließ das Schloß mit dem kleinen Handkoffer, in den ich meine wertvollsten Dinge eingepackt hatte, und begab mich zu meinem Stein. Die »Marlborough« lag nun näher an der Küste, und an der Längsseite erblickte ich einige Schaluppen. Es wurde Zeit, mich den anderen anzuschließen, die sich an der Anlegebrücke versammelt hatten. Als ich mich erhob, spürte ich unter meiner Hand einen Holzsplitter in einer Felsspalte. Ich zog ihn heraus und legte ihn in meinen Koffer. Diesen Holzsplitter trage ich immer bei mir.

Ich lief rasch den Hügel hinunter und kam zur Anlegebrücke, wo sich außer meinen Eltern und Schwestern auch Onkel Nikolascha, Tante Stana, die Familien Tyszkewicz, Jusupow und Dolgoruki befanden, sowie die Fürstin Olga Orlowa und Mitglieder des Gefolges und der Dienerschaft mit einem Teil des Gepäcks. Nikolai Orlow und Pawel Fersen waren auf Ersuchen des Kommandanten bereits vorher an Bord gegangen, um beim Empfang der Passagiere und ihrer Verteilung in die Kajüten behilflich zu sein.

Ganz vorne an der langen Anlegebrücke, die auf Pfählen gebaut war, stand eine Gruppe englischer Matrosen mit einem Offizier, und an dem Vertäuungspfahl lag eine Schaluppe.

Nun kam auch die Zarin-Mutter gemeinsam mit Tante Xenia und ihren Söhnen. Die Zarin-Mutter trug einen schwarzen Mantel und einen kleinen schwarzen Hut. Sie ging schweigend an uns vorbei zur Anlegebrücke. Ihr folgte Tante Xenia mit ihren Söhnen. Als die Zarin-Mutter das Ende der Anlegebrücke erreicht hatte, stieg sie in die Schaluppe mit der englischen Flagge, und die Matrosen grüßten militärisch. Sobald Tante Xenia mit den »Alexandrowitschern« an Bord war, legte die Schaluppe ab und nahm Kurs auf die »Marlborough«.

Eine zweite Schaluppe legte nun an, nahm Onkel Nikolascha, Tante Stana, meine Eltern, meine Schwestern und mich auf, und legte sogleich wieder ab. Onkel Nikolascha stieg als erster die Schiffstreppe hinauf. An Deck wurde er von einem Offizier empfangen, der ihn irgendwohin mitnahm. Nikolai Orlow brachte meine Eltern zu den Offizierskajüten, welche man ihnen zur Verfügung gestellt hatte. In der Kabine meines Vaters lag für mich eine Matratze auf dem Boden. Pawel Fersen nahm die übrigen Passagiere an Deck entgegen. Der Kommandeur hatte der Zarin-Mutter seine Räume überlassen, zu denen auch ein großes Wohnzimmer gehörte.

Als wir alle an Bord waren, lag ein Haufen von Koffern und anderem Gepäck an Deck. Die Engländer hatten keine Ahnung, wem was gehörte und wandten sich vergeblich an die Dienerschaft, die kein Englisch verstand. Oberleutnant Pridham, der die Aufgabe hatte, die Passagiere unterzubringen, war in großer Verlegenheit. Als rettender Engel übernahm Marina die Aufgabe der Dolmetscherin und war ihm eine große Hilfe. Später befreundeten wir uns gut mit diesem sympathischen Offizier.

Die Zahl der Passagiere lag weit höher als von der englischen Admiralität vorausgesehen, und Kommandant Johnson war deshalb gezwungen, in aller Eile zusätzlich Proviant aus Sewastopol zu beschaffen und außerdem ein Dutzend Matrosen.

Es wurde bereits dunkel, als die H. M. S. Marlborough mit Kurs auf Jalta langsam unsere Bucht verließ. Ich stand an Deck und blickte zur Küste hinüber. Djulber konnte ich nicht mehr erkennen. Nach Chair und Kharaks umrundeten wir das Vorgebirge bei Aj-Todor mit dem Leuchtturm, und nachdem wir Orleanda und Liwadia passiert hatten, waren wir schon fast in Jalta.

Ich ging hinunter in die Kabine meines Vaters. Er erzählte mir, daß Oberleutnant Pridham Baron Stahl einen Brief übergeben habe, den der italienische Vertreter der Alliierten-Kommission, Graf Sforza, ihm aus Konstantinopel geschrieben hatte. Sforza schrieb, ihm sei aufgetragen worden, uns bei Ankunft in Konstantinopel den Inhalt eines Telegramms der italienischen Regierung mitzuteilen, in dem der König und die Königin meinen Vater und Onkel Nikolascha mit ihren Familien einluden, nach Italien zu kommen. Nach kurzer Überlegung beschlossen meine Eltern und Onkel Nikolascha, die Einladung anzunehmen und einigten sich darauf, der italienischen Regierung zu antworten, daß sie von Konstantinopel mit dem Schiff nach Genua zu reisen gedächten, um dort an Land zu gehen und sich vorläufig in der Gegend niederzulassen. Die Aussicht, ihre Schwester zu treffen, die sie jahrelang nicht gesehen hatte, freute meine Mutter sehr. Als ich mit ihr über Italien und über unsere Zukunftspläne sprechen wollte, erwiderte mir meine Mutter, es sei noch zu früh, sich Gedanken über unser Leben im Ausland zu machen, doch wolle mein Vater am liebsten an der Italienischen oder Französischen

Riviera wohnen. Sie erzählte mir außerdem, daß Onkel Nikolascha Rom der Riviera vorziehe.

Meine Mutter hatten meinen Dackel Muzi in ihrer Kabine aufgenommen, und ich war besorgt, er müßte ständig eingesperrt sein. Da ich wußte, daß die Zarin-Mutter und Tante Xenia ihre Hunde mitgenommen hatten, und auch Nikita seinen kleinen Bobi dabeihatte, fragte ich ihn um Rat. Er beruhigte mich und sagte, daß man für die unerwarteten vierbeinigen Passagiere ein Eckchen auf Deck vorbereitet hatte, wo sie ihre Notdurft verrichten konnten. Ich nahm meinen Muzi mit an Deck, wo mir in einem Winkel eine mit Sand bestreute, viereckige Holzplatte gezeigt wurde. Die Aufmerksamkeit der Engländer freute mich, und ich war gänzlich gerührt, als ich erfuhr, daß unsere vier Hunde eine spezielle Kost erhalten würden!

Spät am Abend speisten wir in der Offiziersmesse – allerdings ohne die Zarin-Mutter, Tante Xenia, meine Eltern, Onkel Nikolascha und Tante Stana, die ihre Mahlzeit in dem Wohnzimmer der Zarin-Mutter einnahmen. In der Mitte unserer langen Tafel saß der Kommandant zwischen den zwei ältesten Damen – Fürstin Dolgorukaja und Fürstin Jusupowa. Die übrigen setzten sich, wie sie Lust hatten. Nach dem Essen blieben einige in der Offiziersmesse sitzen, ich zog es jedoch vor, mich in die Kabine meines Vaters zurückzuziehen. Die Kabine war leer, mein Vater hielt sich also vermutlich noch bei der Zarin-Mutter auf. Ich legte mich halb bekleidet auf die Matratze. Neben mir auf dem Boden stand mein Handkoffer, den ich beim Verlassen Djulbers mitgenommen hatte. Ich nahm mein Tagebuch heraus und schrieb: »Es ist Samstag. Wir sind an Bord der Marlborough gegangen. Ankunft in Jalta. Es heißt, daß wir morgen nach Konstantinopel weiterfahren.« Die Notizen in meinen Tagebüchern waren meist kurz. Ich hielt Tatsachen fest, die mir wichtig erschienen, aber auch Anmerkungen praktischer Art. An diesem Abend fiel meine Eintragung lakonischer als sonst aus, was nach dem anstrengenden Tag und den Gemütsbewegungen, denen ich ausgesetzt war, verständlich war. Ich schlief ein, noch bevor mein Vater kam.

Es war ziemlich früh, als ich von einem merkwürdigen Geräusch vor der Tür aus dem Schlaf gerissen wurde. Ich öffnete die Tür einen Spalt und erblickte einen Matrosen, der eifrig damit beschäftigt war, den Türgriff zu polieren. Ich kleidete mich rasch an, warf mir den Mantel über und ging an Deck. Hier blieb ich eine Weile. Ich stand an der Reling und schaute hinüber nach Jalta, wo der Rauch aus den Schornsteinen der Dampfer stieg, die in dem kleinen Hafen hinter der Mole lagen. Die Berge oberhalb der Stadt waren in Nebel gehüllt. Nun machte ich einen Rundgang auf Deck, wo die Matrosen mit der Morgentoilette des Schiffes beschäftigt waren. Einige strichen mit dem Pinsel schadhafte Stellen, andere schrubbten das Deck aus Teakholz. Die Offiziere, denen ich begegnete, blieben stehen und wechselten ein paar freundliche Worte mit mir – oder sie boten mir eine Zigarette an.

Als ich wieder in die Kabine kam, war mein Vater gerade beim Ankleiden und sagte, er wolle zu meiner Mutter, um mit ihr unsere Zukunft zu erörtern. Als ich meinen Mantel an den Haken hängte, fiel mir auf, daß mein alter Hut, den ich in der Kabine gelassen hatte, anders aussah als sonst. Das abgewetzte Hutband war ganz neu! Als ich die Sache näher in Augenschein nahm, stellte ich zu meiner großen Überraschung fest, daß auf der Rückseite des Bandes H. M. S. Marlborough stand. Während meiner Abwesenheit war ein Matrose in der Kabine gewesen, um meinem Vater Tee zu bringen. Ohne daß mein Vater es bemerkt hatte, mußte der Matrose meinen Hut genommen, das Hutband ausgewechselt und ihn wieder aufgehängt haben. Diese Begebenheit verstärkte noch meine Sympathie für die englischen Seeleute, die alle, von den Matrosen bis zu den Offizieren, für uns so viel Teilnahme in dieser schweren Zeit zeigten.

Die »Marlborough« sollte im Laufe des Tages die Anker lichten und Kurs Richtung Bosporus nehmen. Als die Zarin-Mutter erfuhr, daß die Einschiffung der Flüchtlinge in Jalta noch lange nicht abgeschlossen war, erklärte sie, es könne überhaupt keine Rede davon sein, abzufahren, bevor alle evakuiert seien. Sie schickte nach dem Kommandeur und stellte ihm kategorisch ein Ultimatum: Wenn die »Marlborough« die Reede von Jalta nicht als letztes Schiff verlasse, wolle sie an Land gehen und mit den Emigranten fahren! Kapitän Johnson wandte ein, daß er Befehl von Admiral Calthorpe habe, am nächsten Tag Konstantinopel anzulaufen. Doch die Zarin-Mutter blieb stur und erwiderte, sie werde es dem Admiral schon erklären, sobald man nach Konstantinopel komme. Johnson war gezwungen, nachzugeben.

Nachdem Nikolai Orlow und Pawel Fersen erfahren hatten, daß wir noch eine Weile vor Jalta liegen würden, baten sie den Kommandeur um Erlaubnis, kurz an Land gehen zu dürfen, um nach Angehörigen und Freunden Ausschau zu halten. Nikolai wollte versuchen, seinen Vater zu finden, der sich in Jalta einschiffen sollte, während Pawel beabsichtigte, sich nach seinen Eltern und seinem Bruder zu erkundigen, die mit einigen der Offiziere, die früher Djulber bewacht hatten, nach Sewastopol fahren wollten. Nachdem sie die Erlaubnis des Kommandeurs erhalten hatten, bestiegen sie zusammen mit Felix, der sich ihnen angeschlossen hatte, eine Schaluppe und waren bald im Hafen von Jalta. Als sie zurückkehrten, berichteten sie, was sich im Hafen und auf der Mole ereignete. Eine große Zahl von Flüchtlingen wartete darauf, mit einem der Schiffe nach Sewastopol, Noworossisk oder Konstantinopel zu kommen. Viele Familien waren auseinandergerissen worden, weil einige Schiffe nur Frauen und Kinder mitnahmen, während andere nur Männer an Bord ließen. Sie waren Zeugen dramatischer Szenen geworden, als Emigranten in der Menschenmenge nach Angehörigen suchten. Sie hatten gesehen, wie Kranke auf Bahren und Mütter, die ihre verängstigten Kinder beruhigten, transportiert wurden. Mit Koffern und Säcken beladen drängten sich die Flüchtlinge auf den Kais. Alle wußten, daß sich die Bolschewiken Jalta näherten, und jeder hoffte, dem Schicksal zu entgehen, das so viele, die in die Hände der »Roten« gefallen waren, erlitten hatten. Englische Kriegsschiffe setzten ein Sonderkommando Matrosen an Land, die in diesem Chaos mit großer Seelenstärke und Opferbereitschaft den unglücklichen Menschen in ihrer tragischen Situation halfen.

Nikolai machte seinen Vater auf dem englischen Torpedoboot »Speedy« ausfindig, das direkt nach Konstantinopel fuhr. Auf demselben Torpedoboot befand sich Graf Scheremetjew mit seinen Söhnen. Gleichzeitig mit der »Speedy« nahm ein Frachtschiff Kurs auf Sewastopol, das die Passagiere zu dem großen Fracht-Fahrgastschiff »Prinzess Ena« bringen sollte, welches nach Konstantinopel weiterfuhr. Unter den Passagieren dieses Schiffes war auch Gräfin Scheremetjewa mit ihren Töchtern.

Während des Vormittags liefen einige Frachtschiffe den Hafen von Jalta an, und der englische Kreuzer »Grafton« warf nicht weit von uns Anker. Ich stand den ganzen Morgen an der Reling und beobachtete die ein- und auslaufenden Schiffe. Neben mir standen

Fjodor, Nikita und der dunkelhäutige Diener von Irina und Felix, der Abessinier Tejfa, welcher Irinas vierjährige Tochter auf dem Arm hatte. Fürstin Irina Felixowna Jusupowa heiratete 1938 den Bruder meiner Frau, Graf Nikolai Scheremetjew. Während ich so mit Felix zusammen an der Reling stand, fiel mir eine längliche Rolle auf, die er in der Hand hielt. Er hielt sie mir hin und meinte, ich würde nie erraten, was das sei ... Und ich hätte es wahrhaftig nie erraten, denn die Rolle enthielt ein Gemälde von Rembrandt! Auf irgendeine Weise hatte der Verwalter des Jusupow Palais dieses Gemälde aus Petrograd mitgebracht. An einem der ersten Tage der Oktoberrevolution hatte er es aus der berühmten Gemäldegalerie des Palais geholt. Später wurde dieses Gemälde in New York verkauft.

Felix erzählte mir, daß er in Jalta eine Gruppe von Offizieren getroffen habe, die nach Noworossisk wollten, um bei den Weißen mitzumachen. Diese Offiziere hatten Felix dringend gebeten, Onkel Nikolascha mitzuteilen, daß er unbedingt das Oberkommando über die gesamte weiße Streitmacht übernehmen müsse – und im Falle seines Einverständnisses könne er mit ihnen auf einem Schiff unter russischer Flagge nach Noworossisk fahren. Felix, der meinen Onkel ein bißchen fürchtete, konnte sich nicht entschließen, dieses Anliegen der Offiziere vorzubringen und wollte die Angelegenheit lieber von seiner Mutter erledigen lassen. Fürstin Jusupowa erfüllte Felix' Bitte und führte ein Gespräch mit Onkel Nikolascha. Später erzählte mir mein Vater, daß dieses Gespräch meinen Onkel sehr erregt habe, doch weil er einsah, wie unrealistisch ein solches Projekt ohne das allgemeine Einverständnis der Führung der Weißen war, lehnte er das Ansinnen der Offiziere ab.

Im Laufe des Tages kamen die Zarin-Mutter, mein Vater und mein Onkel zum ersten Mal an Deck. Es herrschte ein wunderbares Frühlingswetter. Der freundliche Pridham hatte für die Zarin-Mutter eine gemütliche Ecke hergerichtet – neben den riesigen Geschütztürmen! Dort standen bequeme Stühle, und hierher lud die Zarin-Mutter Fürstin Dolgorukaja oder Fürstin Jusupowa ein. Sie bekam auch Gesellschaft von Mitgliedern des Gefolges und von Admiral Fürst Wjasemski. Manchmal kam das Enkelkind der Zarin-Mutter, Wasili, angelaufen und brachte sie mit seinen Streichen zum Lachen. Soviel ich mich erinnere, ließ sich meine Mutter vor Konstantinopel kein einziges Mal an Deck sehen. Tante Stana verbrachte diese Tage entweder zusammen mit meiner Mutter oder mit Jelena, die krank in ihrer Kabine lag.

An einem Tag, an dem mein Vater und mein Onkel einen Decksspaziergang machten, war herrliches Wetter. Während sie miteinander sprachen, kam ein junger Offizier zu meinem Onkel, und nachdem er militärisch gegrüßt hatte, fragte er, ob er ein Foto von ihm machen dürfe. Mein Onkel gab sein Einverständnis, und der Offizier lief irgendwohin. Ich war mit Nadja in der Nähe, und als ich erfuhr, daß mein Onkel eingewilligt hatte, sich fotografieren zu lassen, stürzte ich hinunter in die Kabine, um auch meinen Fotoapparat zu holen. Als ich an Deck kam, sah ich, daß man meinen Onkel an eine Stelle gebeten hatte, an der die Lichtverhältnisse besser waren. Mehrere Offiziere hatten sich dort versammelt, und weiter oben auf der Brücke stand eine Schar Matrosen. Jeder hatte einen Fotoapparat bei sich! Sobald mein Onkel, in der Tscherkeßka und mit Lammfellmütze, am angewiesenen Ort stand, begann das Knipsen. Ich machte bei dieser Gelegenheit auch ein Bild von ihm, das ich noch immer besitze.

Am Abend erörterten Onkel Nikolascha und mein Vater unseren bevorstehenden Aufenthalt im Ausland, den sie für zeitlich begrenzt hielten... Sie beschlossen, sich inkognito als Familie Borisowo niederzulassen, das war der Name ihres gemeinsamen Gutes im Gouvernement Minsk. Nach diesem Gespräch erklärte mein Vater mir, daß er im Ausland als Privatmann leben und sich in keine politischen Dinge einmischen wolle, denn nach fünf Jahren ständigen Zusammenseins mit Onkel Nikolascha, seit Kriegsausbruch also, habe er vor, »die Spur zu wechseln«.

So verging der erste Tag unseres Aufenthalts an der Reede von Jalta. Ich lief von morgens bis abends zusammen mit Nikita und Fjodor auf Deck herum, und machmal plauderte ich mit Nikolai, Pawel oder Stephan Tyszkewicz. Nikolai erzählte mir, er rechne damit, vom älteren Bruder seines Vaters einen größeren Besitz in Frankreich zu erben. Fürst Alexej Orlow, auf den Nikolai anspielte, war viele Jahre lang in der Botschaft von Paris Militärattaché gewesen. Stephan Tyszkewicz sagte, er wolle bei der erstbesten Gelegenheit mit Jelena nach Polen gehen, während Pawel Fersen sich nach seiner Heirat mit Muscha Stahl in Rom niederzulassen gedachte. Hier hatte seine Mutter aus der Zeit, als sie ihren Onkel Fürst Dolgoruki besuchte, der Botschafter am Quirinal war, italienische Freunde. Nur Nikita und ich hatten keine Vorstellungen über unser Dasein in der Fremde.

Im Laufe des nächsten Tages kamen zwei Torpedoboote an die Reede. Wir beobachteten Schiffe, die den Hafen anliefen, und andere, die ihn vollgepackt mit Flüchtlingen verließen. Dimitri stand neben mir an der Reling. Von Onkel Sandros Söhnen konnten sich nur er und Nikita für alles begeistern, was mit Kriegsschiffen zu tun hatte. Aber während sich Nikita auf seinen Dienst in der Flotte vorbereitete und bereits mit der Marineschule angefangen hatte, war der jüngere Dimitri vorerst nur daran interessiert, über russische und ausländische Kriegsschiffe Informationen zu sammeln. Er kannte die Namen von zahlreichen Schiffen und konnte bereits auf den ersten Blick jeden Schiffstyp genau bezeichnen. Dimitri freundete sich mit vielen der Offiziere auf der »Marlborough« an, und sie zeigten ihm das Schiff. Während ich ihm zuhörte, bekam ich Lust, gemeinsam mit ihm an so einer Besichtigung teilzunehmen und beschloß, schon für den nächsten Tag eine Erlaubnis zu erwirken.

Auf meinem Rundgang an Deck kam ich auch in den Bereich des Schiffes, der auf Befehl des Kommandeurs als »Kinderstube« eingerichtet worden war. Hier traf ich Nadja mit ihrer Tochter Irina, die inzwischen knapp ein Jahr alt war. Mascha hatte sie auf dem Arm und saß neben der Gouvernante der jüngsten »Alexandrowitscher«, Miss Coster. Vor ihnen lag ein schwarzer Bastteppich, auf dem die andere kleine Irina – Felix' Tochter – mit den beiden Enkelkindern der Fürstin Dolgorukaja spielte. Wenn Matrosen vorbeikamen, blieben sie des öfteren stehen, um ein bißchen mit ihrer Landsmännin, Miss Coster, zu plaudern, und manchmal beteiligten sie sich auch am Spiel der Kinder. Ich fand es immer rührender, wie uns die englischen Seeleute behandelten.

Am nächsten Morgen ging ich nicht an Deck, weil es in Strömen regnete. Ich begab mich zu den »Alexandrowitschern«, um mit ihnen zusammen eine Erlaubnis zur Besichtigung des Schiffes zu bekommen. Als Admiral Fürst Wjasemski erfuhr, daß wir die Erlaubnis erhalten hatten, schloß er sich uns an. Der Unterleutnant, der uns führen sollte, schlug vor, unten im Maschinenraum zu beginnen. Ich habe völlig vergessen, was wir sonst noch besichtigten, erinnere mich nur noch, daß ich von der Sauberkeit beeindruckt war, die überall in der Tiefe dieses Riesenschiffs herrschte. Der Admiralsrang Wjasemskis flößte den Engländern größten Respekt ein, und die Offiziere, denen wir begegneten, wandten sich nur mit der größten Hochachtung an ihn. Nach der Besichtigung wurden der Fürst und ich in die Offiziersmesse eingeladen, wo man uns ein Glas Whisky anbot. Die Offiziere und Fürst Wjasemski sprachen über die schwierigen Zeiten. Als das Gespräch auf die Evakuierung der Flüchtlinge kam, verurteilten viele der Offiziere die Franzosen und warfen ihnen vor, den Abtransport der Emigranten schlecht organisiert zu haben. Und tatsächlich erfolgte die Evakuierung der Flüchtlinge aus Odessa, die die Franzosen übernommen hatten, unter den denkbar schwierigsten Umständen. Wie anders waren da die Engländer bei der Behandlung der Flüchtlinge!

Kommandeur Johnson kam in die Offiziersmesse. Er teilte Fürst Wjasemski und mir mit, daß die Evakuierung fast abgeschlossen sei und wir am folgenden Tag – »gemäß dem Wunsche Ihrer Majestät«, und diese Worte betonte er – im Kielwasser des letzten mit Flüchtlingen besetzten Frachtschiffes in See stechen würden. Meine Eltern und Onkel Nikolascha waren bereits von der Zarin-Mutter davon unterrichtet worden. Nach dem Abendessen wurde es still in der Offiziersmesse. Fast alle hatten sich zurückgezogen, und als ich die Messe verließ, sah ich nur noch eine Gruppe von Offizieren im Gespräch mit Fürst Orbeliani und Baron Stahl, der sich mit General Vogel unterhielt. Ihr Gespräch drehte sich vermutlich um die Ankunft in Konstantinopel. Ich erinnere mich auch an »Papa Felix«, der alleine an einem Tisch saß und Patiencen legte. Vielleicht wollte sich Jusupow damit von quälenden Gedanken ablenken. Von der Messe begab ich mich zu meinen Eltern.

Es war der 29. März 1919. Ich erwachte zeitig. Nachdem ich mich angekleidet hatte, ging ich an Deck, das vom nächtlichen Regen noch naß war. Eine frische Brise hatte die Wolken auseinandergetrieben, die Sonne schien wieder. Ich war ganz allein und blickte nach Jalta hinüber. Im Hafen lagen immer noch ein paar rauchende Dampfer, die die letzten Flüchtlinge aufnehmen sollten. Ich blieb ein Weilchen stehen und verließ dann das Deck. Ich erinnere mich nicht mehr, wie ich den weiteren Vormittag verbrachte. Im Laufe des Tages trafen wir uns jedenfalls am gewohnten Platz auf dem Achterdeck. Das Wetter war schön geblieben, nur ein leichter Nebel hüllte noch die Höhen von Jalta ein, von wo die Bolschewiken die Stadt bedrohten. Weil jeder wußte, daß wir vor Sonnenuntergang die Anker lichten würden, hatten sich fast alle Passagiere an Deck versammelt – meine Eltern und Tante Stana blieben allerdings in ihren Kabinen. Onkel Nikolascha erschien später als die anderen und ging ganz nach achtern, wo die Zarin-Mutter mit ihrer Hofdame, Gräfin Mengden, stand. Nachdem mein Onkel die Zarin-Mutter begrüßt und ihr die Hand geküßt hatte, entfernte sich die Gräfin. Die Zarin-Mutter und mein Onkel standen allein und redeten. Ich erinnere mich an diesen Augenblick, als sei er gestern gewesen, denn in den nächsten Minuten spielte sich eine Szene ab, die alle, die sich an Deck befanden, zutiefst beeindruckte.

In unser Blickfeld geriet ein großes Fracht-Fahrgastschiff, das gerade Jalta verließ und dem ein kleiner Trawler folgte. Das waren die beiden letzten Schiffe mit Emigranten an Bord. Das Frachtschiff näherte sich und glitt dann langsam an uns vorbei. Plötzlich tönte das »Gott schütze den Zaren« zu uns herauf. Es waren die Flüchtlinge, die da sangen. Sie hatten die Zarin-Mutter und Onkel Nikolascha an der Reling erkannt. Mein Onkel, der eine Tscherkeßka trug, grüßte mit der Hand an der Lammfellmütze, und die Zarin-Mutter segnete sie mit dem Kreuzzeichen.

Wir standen noch an Deck, als plötzlich der schwarze Rauch aus den Schornsteinen quoll. Vom Bug her vernahm ich das Rasseln der Ankerketten, und über uns flatterte die britische Kriegsflagge bereits am Besanmast. Dann trat der Moment ein, der entscheidend für unser künftiges Los werden sollte. Langsam, fast unmerklich, verließen wir Jaltas Reede. Die vertrauten Konturen der Küste glitten an uns vorbei. Nach Aj-Todors Leuchtturm erkannte ich Djulber ganz deutlich, dessen Mauern von den letzten Strahlen der Sonne hellrot glänzten. Ich blieb noch lange an Deck stehen. Als die Sonne am Horizont verschwand, begab ich mich hinunter in die Kabine. Die H. M. S. Marlborough brachte uns von der russischen Küste weg zum Bosporus. Es wurde Nacht.

Nachwort der Herausgeber

»Sobald uns die Marlborough nach Konstantinopel gebracht hatte, wurden wir von Graf Sforza aufgesucht. Er teilte uns mit, daß die italienische Regierung ihm aufgetragen habe, uns davon zu unterrichten, daß der König und die Königin ›sich glücklich schätzen würden, die Kaiserlichen Hoheiten in Italien begrüßen zu dürfen‹. Er hatte den Befehl erhalten, mit Baron Stahl Kontakt aufzunehmen, um unsere weiteren Pläne zu erfahren.

In Konstantinopel, am Marmara-Meer, gingen wir an Bord des Panzerkreuzers Lord Nelson, der uns nach Genua brachte, während die Marlborough ihren Weg nach England über Malta fortsetzte. Von Malta aus verteilten sich die Emigranten in die verschiedenen Länder Europas. Die Familie Scheremetjew ging nach Paris.«

Das schrieb unser Vater in einer abschließenden Fußnote. Er war knapp 23 Jahre alt, als er Rußland 1919 verließ, um den Rest seines Lebens im Exil zu verbringen. Nach einem kurzen Aufenthalt in Italien ließen sich unser Großvater und unsere Großmutter, Großfürst Pjotr und Großfürstin Militsa, mit ihren damals noch unverheirateten Kindern Roman und Marina in einem Haus nieder, das sie am Cap d'Antibes an der Französischen Riviera erworben hatten. Hier wohnten sie, umsorgt vom treu ergebenen Gesinde, dem »Überbleibsel« des einstigen großfürstlichen Hofes. Vater heiratete 1921 die Gräfin Praskowja Schermetjewa, und in Antibes kamen wir, die beiden Söhne, zur Welt. Einige Jahre später heiratete Tante Marina den Fürsten Alexander Galitsine und ließ sich in der Nähe von Toulouse nieder. Vaters jüngere Schwester Nadeschda, Tante Nadja, die noch in Rußland Fürst Nikolai Orlow geheiratet hatte, ließ sich in Nordfrankreich nieder. Tante Marina starb 1981 und Tante Nadja 1988.

Großvater, Großfürst Pjotr, der seine letzten Jahre damit verbrachte, historische und religiöse Themen zu malen, starb 1931 in Antibes. Der ältere Bruder von Großvater, der berühmte Großfürst Nikolai – »Onkel Nikolascha« – und seine Frau »Tante Stana«, die jüngere Schwester der Großmutter, wohnten nicht weit entfernt in einer gemieteten Villa. Onkel Nikolascha starb 1929 in Antibes und erhielt ein großes Ehrenbegräbnis vom französischen Staat, der nicht vergessen hatte, daß Frankreich während des Ersten Weltkrieges in dem ehemaligen Höchstkommandierenden der kaiserlich russischen Armee einen verläßlichen und treuen Verbündeten hatte. Tante Stana starb 1935, ebenfalls in Antibes.

Im Jahre 1936 zog unsere Familie auf eine Einladung von Königin Jelena von Italien, Großmutter Militsas jüngerer Schwester, nach Rom. Während des Krieges hielten wir uns in Rom auf, und als Rom von den Deutschen besetzt wurde, befanden wir uns in einer sehr kritischen Situation. Großmutter Militsa mußte schließlich in den Vatikanstaat flüchten, während wir uns mit unseren Eltern in Rom versteckten. Nach der Befreiung Roms 1944 blieben wir bis 1946 in der Stadt. Dann zogen wir nach Ägypten, wo Großmutter Militsa 1951 starb. Im folgenden Jahr kehrten wir wieder nach Europa zurück und ließen uns erneut in Rom nieder, wo Vater 1978 und Mutter zwei Jahre später starb.

Rougemont, 3. Februar 1991 *Nikolai und Dimitri Romanow*

Personenregister

Paul I
*1754, 1796–1801
~
Maria Fjodorowna von Württemberg
†1828

Alexander I *1777, 1801–1825
Konstantin 1779–1831
Alexandra 1783–1801
Jelena 1784–1803
Maria 1786–1859
Jekaterina 1788–1819

Alexander II *1818, 1855–1881 ~ Maria Alexandrowna von Hessen-Darmstadt 1824–1880
Maria 1819–1876 ~ Maximilian von Leuchtenberg 1817–1852
Olga 1822–1892 ~ Karl I von Württemberg 1823–1891
Alexandra 1825–1844

Alexandra 1842–1849
Nikolai 1843–1865
Alexander III *1845, 1881–1894 ~ Maria Fjodorowna, Dagmar von Dänemark 1847–1928
Wladimir ④ 1847–1909
Alexej 1850–1908

Nikolaus II *1868, 1894–1917 †1918 ~ Alexandra Fjodorowna (Alix) von Hessen-Darmstadt 1872–1918
Alexander 1869–1870
Georgi 1871–1899
Xenia 1875–1960 ~ Alexander Michailowitsch (Sandró) 1866–1933
Michail 1878–1918
Olga 1882–1960 ~ 1. Pjotr von Oldenbur 1868–1924 ~ 2. Nikolai Kulikovsk 1881–1958

Olga 1895–1918
Tatjana 1897–1918
Maria 1899–1918
Anastasia 1901–1918
Alexej 1904–1918

Tikhon 1917–1993
Guri 1919–198

Olga
1792–1795

Anna
1795–1865

Nikolaus I
*1796, 1825–1855
~
Alexandra Fjodorowna,
Charlotte von Preußen
1798–1860

Michail
1798–1849

Konstantin ①
1827–1892

Nikolai ②
1831–1891

Michail ③
1832–1909

Maria
1853–1920

Sergej
1857–1905
~
Jelizaweta Fjodorowna
(Ella) von Hessen-Darmstadt
1864–1918

Pawel
1860–1919
~
2. Olga Karnowitj
1866–1929

Wladimir Palej
1897–1918

Irina
1903–1990

Natalie
1905–1981

~ 1. Alexandra von
Griechenland
1870–1891

Maria
1890–1958

Dmitri
1891–1942

bl. a.

Eugénie
1845–1925
~
Alexander von
Oldenburg
1844–1922

Pjotr
1868–1924

Georg
1852–1912
~
2. Anastasia von
Montenegro
1868–1935

Sergej
1890–1974

Jelena
1892–1970
~
Stefan Tyszkewicz
1894–1974

~ 1. Therese von
Oldenburg
1852–1883

Alexander
1881–1942

① Nikolaus' I. Sohn, Prinz Konstantin Nikolajewitsch
1827–1892
~
Alexandra Josephowna (Sani)
von Sachsen-Altenburg
1830–1911

- Nikolai 1850–1918
- Olga 1851–1926 ~ Georg I von Griechenland 1845–1913
  - bl. a.
  - Maria Georgijewna 1876–1940 ~ Georgi Michajlowitsch 1863–1919
  - Christopheros 1888–1940
- Vera 1854–1912
- Konstantin 1858–1915 ~ Jelizaweta Mavrikijewna (Marwa) von Sachsen-Altenburg 1865–1927
  - Johann 1886–1918 ~ Jelena Petrowna von Serbien 1884–1962
    - Vsevolod 1914–1973
    - Jekaterina *1915
  - Gawriil 1887–1955 ~ Antonina Nesterowskaja 1890–1950
  - Konstantin 1890–1918
  - Tatjana 1890–1970 ~ Konstantin Bagration-Mukhranskij 1889–1915
  - Oleg 1892–1914
  - Igor 1894–1918
  - Georgi 1903–1938
  - Vera *1906
- Dmitri 1860–1919
- Wjatscheslaw 1862–1879

② Nikolaus' I. Sohn, Prinz Nikolai Nikolajewitsch (d. Ä.)
1831–1891
~
Alexandra Petrowna
von Oldenburg
1838–1900

- Nikolai (d. J.)
  1856–1929
  ~
  Anastasia (Stana)
  von Montenegro
  1868–1935
- Pjotr
  1864–1931
  ~
  Militza von Montenegro
  1866–1951
  - Marina
    1892–1981
  - Roman
    1896–1978
    ~
    Praskowja Scheremetjewa
    1901–1980
    - Nikolai
      *1922
      ~
      Sveva Della Gherardesca
      *1930
    - Dimitri
      *1926
      ~
      Jeanne von Kauffmann
      1936–1989
      ~
      Dorrit Reventlow
      *1942
  - Sophia
    1898–1898
  - Nadeschda (Nadja)
    1898–1988
    ~
    Nikolai Orlow
    1893–1961
    - Irina
      1918–1990
    - Xenia
      1921–1963

③ Nikolaus' I. Sohn, Großfürst Michail Nikolajewitsch
1832–1909
~
Olga Fjodorowna, Cecilia
von Baden
1839–1891

- Nikolai (Bimbo) 1859–1919
- Anastasia 1860–1922
- Michail 1861–1929
- Georgi 1863–1919
  ~ Maria Georgijewna (Minni) von Griechenland 1876–1940
  - Nina 1901–1974
  - Xenia 1903–1965
- Alexander (Sandró) 1866–1933
  ~ Xenia Alexandrowna 1875–1960
  - Irina 1895–1970
    ~ Felix Jusupov 1887–1967
    - Irina 1915–1988
  - Andrej 1897–1981
    ~ Jelizaweta Fabritsijewna Sasso Ruffo 1887–1940
  - Fjodor 1898–1968
  - Nikita 1900–1974
  - Dimitri 1901–1980
  - Rostislav 1902–1978
  - Wasili 1907–1989
- Sergej 1869–1918
- Alexej 1875–1895

④ Alexander II. Sohn, Großfürst Wladimir Alexandrowitsch
1847–1909
~
Maria Pawlowna (Miechen) von
Mecklenburg-Schwerin
1854–1920

Alexander	Kirill	Boris	Andrej	Jelena
1875–1877	1876–1938	1877–1943	1879–1956	1882–1957
	~			~
	Victoria F odorowna von Sachsen-Coburg-Gotha			Nikolaos von Griechenland
	1876–1936			1872–1938

Kinder von Kirill:

Maria	Kira	Wladimir
1907–1951	1909–1967	1917–1992

SERIE PIPER

Vincent Cronin

Katharina die Große

Biographie. Aus dem Englischen von Karl Berisch. 423 Seiten. SP 2319

Vincent Cronin porträtiert die schillernde Persönlichkeit der russischen Kaiserin, ihr ereignisreiches Privatleben und ihre großen Leistungen als Regentin – gerade auch bei der Verwirklichung weitreichender Sozialreformen.
Im Jahre 1762 bestieg die deutsche Prinzessin Sophie Friederike von Anhalt-Zerbst in Moskau den Thron der russischen Zaren und wurde Katharina II. Die Geschichte verlieh ihr den Beinamen »die Große«. Bis zu ihrer Thronbesteigung hatten erschreckende Brutalität, derbe Ausschweifungen und Günstlingswirtschaft das Leben am Zarenhof geprägt. Doch dann lenkte Katharina während einer glänzenden Regierungszeit von mehr als dreißig Jahren ihr Land mit politischem Weitblick. Das russische Volk verdankt ihr Reformen in Justiz und Verwaltung, die Verbesserung der sozialen Wohlfahrt und die Neuordnung des Bildungswesens. Katharina die Große war es auch, die 32000 deutsche Bauern an der Wolga ansiedelte und ihnen je 142 Morgen Land gab. Unter Verwendung neuer Quellen korrigiert Vincent Cronin ein falsches Geschichtsbild und läßt vor dem Hintergrund von Katharinas widerspruchsvollem Leben die bewegte Epoche der europäischen Aufklärung und des höfischen Rokoko lebendig werden.

»Cronins Werk ist *das* Musterbeispiel einer geglückten Lebensbeschreibung überhaupt.«
Die Welt

Prinz Roman Romanow

Am Hof des letzten Zaren

1896–1919. Herausgegeben von Prinz Nikolai und Prinz Dimitri Romanow. Aus dem Dänischen von Lothar Schneider. 480 Seiten mit 32 Seiten Abbildungen. SP 2460

Eine interessante Innenansicht der prächtigen, streng abgeschirmten, fast mystischen Welt der Zarenfamilie.

Biographien

Brigitte Hamann

Elisabeth

Kaiserin wider Willen. 660 Seiten mit 57 Fotos. SP 990

Das übliche süße Sisi-Klischee wird man in diesem Buch vergeblich suchen: Elisabeth, Kaiserin von Österreich, Königin von Ungarn, war eine der gebildetsten und interessantesten Frauen ihrer Zeit; eine Königin, die sich von den Vorurteilen ihres Standes zu befreien vermochte. Häufig entfloh sie der verhaßten Wiener »Kerkerburg«, weil sie nicht bereit war, sich von den Menschen »immer anglotzen« zu lassen. Statt dessen war sie monatelang auf Reisen, lernte Sprachen und trieb – im Rittersal der Hofburg! – Sport. Schon vor dem Attentat war sie eine legendäre Figur geworden.

Meine liebe, gute Freundin!

Die Briefe Kaiser Franz Josephs an Katharina Schratt aus dem Besitz der Österreichischen Nationalbibliothek. Herausgegeben und kommentiert von Brigitte Hamann. 560 Seiten mit zahlreichen Abbildungen. SP 2228

Rudolf

Kronprinz und Rebell. 534 Seiten mit 35 Abbildungen. SP 800

»... ein Buch, das keineswegs nur historisch interessierte Leser fesseln kann, sondern auch eine reiche Fundgrube für psychologisch Interessierte bedeutet, weil Rudolfs späteres unglückliches Schicksal hier ganz klar und eindeutig aus den katastrophalen äußeren Umständen seiner Kindheit und Erziehung erklärt wird.«

Wochenpresse, Wien

Kronprinz Rudolf »Majestät, ich warne Sie...«

Geheime und private Schriften. Herausgegeben von Brigitte Hamann. 448 Seiten. SP 824

Diese Schriften geben einen aufschlußreichen Einblick hinter die Kulissen der k.u.k. Monarchie.

»Hier kommt der Kronprinz unmittelbar zu Wort... Es spricht ein erschütternd wirkender Zeuge für eine sich ausweglos abzeichnende Lage, die der sensible Prinz offenbar schon sehr früh erkannt hatte und nicht ändern konnte.«

Die Presse, Wien

SERIE PIPER

Biographien

Thea Leitner

Habsburgs verkaufte Töchter

272 Seiten mit 16 Abbildungen. SP 1827

Thea Leitner bringt in ihrem Bestseller eine unbekannte Seite der europäischen Geschichte zur Sprache, nämlich die Biographien Habsburger Prinzessinnen, die schon im Kindesalter der Politik verschrieben wurden. Ihre Wünsche und Gefühle hatten keinen Platz. Obwohl von Kindesbeinen an über sie verfügt wurde, waren sie als erwachsene Frauen keineswegs passive Opfer ihrer Herkunft. Im Gegenteil, unter ihnen gab es eine Reihe brillanter Politikerinnen, teils klüger und geschickter als die Herren des Hauses Habsburg.

Habsburgs vergessene Kinder

288 Seiten mit 34 Abbildungen. SP 1865

Thea Leitner verfolgte die Spuren von Nachkommen des Erzhauses, die von der Geschichtsschreibung bislang kaum beachtet wurden. Dabei stieß sie auf Menschen »mit ihren Ängsten und Leidenschaften und Verstrickungen, ihren heroischen Höhepunkten und ihren abgrundtiefen Nöten«.

Skandal bei Hof

Frauenschicksale an europäischen Königshöfen. 320 Seiten. SP 2009

Vor dem Hintergrund europäischer Politik eröffnen diese erschütternden Tragödien ein Gesellschaftsbild, das die Skandale heutiger gekrönter Häupter als harmlose Geschichten erscheinen läßt.

Fürstin, Dame, Armes Weib

Ungewöhnliche Frauen im Wien der Jahrhundertwende. 352 Seiten mit 38 Abbildungen. SP 1864

Die sechs hier porträtierten Frauen aus dem Wien der Jahrhundertwende stammen aus höchst unterschiedlichen sozialen Kreisen. Kennzeichnend für sie ist jedoch die Tatsache, daß jede dieser Frauen das ihr vorgezeichnete Lebensmuster modifizierte oder sogar sprengte – auch um den Preis der Gefährdung der eigenen Person.

Biographien

SERIE PIPER

Burkhard Nadolny

Louis Ferdinand

Das Leben eines preußischen Prinzen. 332 Seiten. SP 1741

Louis Ferdinand, kunstsinniger Liebling der Frauen und weitblickender Politiker, fiel 1806 im Alter von 34 Jahren im Krieg gegen Frankreich. Laut Nadolny war der schöne Prinz der erste Star der neuen Geschichte. Eine überzeugende Deutung des Lebens und Wesens Louis Ferdinands.

Heinz Ohff

Der grüne Fürst

Das abenteuerliche Leben des Hermann Pückler-Muskau. 327 Seiten mit 30 Abbildungen. SP 1751

Ein luxusverwöhnter, exzentrischer Snob, der Duelle focht und mehr Liebschaften hatte als Casanova; ein Abenteurer, der zu Pferd halb Afrika durchquerte, von höchstem Adel, aber republikanisch gesinnt, begabter Autor, genialer Gartenarchitekt: So jemanden wie den Fürsten Pückler-Muskau hat es im Deutschland des 19. Jahrhunderts nicht noch einmal gegeben.

Heinz Ohff

Ein Stern in Wetterwolken

Königin Luise von Preußen. Eine Biographie. 493 Seiten mit 34 Abbildungen. SP 1548

Zahllose Legenden ranken sich um das Leben Königin Luises von Preußen, die schon zu ihren Lebzeiten außergewöhnliche Popularität genoß: Schön und lebenslustig, charmant und wenig gebildet mußte sie bereits als junge Frau zusammen mit ihrem Mann, Friedrich Wilhelm III., in schwierigen Zeiten den Thron besteigen und starb mit vierundreißig Jahren in der Blüte ihres Lebens. Bedeutende Zeitgenossen wie Kleist und von Arnim waren ihre Bewunderer, und Napoleon nannte sie respektvoll seine »ärgste Feindin«. Heinz Ohff zeichnet in seiner Biographie das Bild einer Frau zwischen Legende und Historie und vermittelt zugleich einen lebendigen Eindruck der damaligen Zeit.

»Ein lesenswertes, kluges Buch.«

Die Presse